香港史新編

HONG KONG HISTORY : NEW PERSPECTIVES

香港史新編

HONG KONG HISTORY : NEW PERSPECTIVES

下 冊

增訂版

主編

王賡武

三聯書店〔香港〕有限公司

責任編輯　梁偉基

封面設計　鍾文君

書　　名	香港史新編增訂版（下冊）
主　　編	王賡武
執行主編	鄭德華
執行主編助理	符愔暢
出　　版	三聯書店（香港）有限公司 香港北角英皇道 499 號北角工業大廈 20 樓 Joint Publishing (H.K.) Co., Ltd. 20/F., North Point Industrial Building, 499 King's Road, North Point, Hong Kong
香港發行	香港聯合書刊物流有限公司 香港新界荃灣德士古道 220-248 號 16 樓
印　　刷	美雅印刷製本有限公司 香港九龍觀塘榮業街 6 號 4 樓 A 室
版　　次	2017 年 1 月香港第一版第一次印刷 2022 年 1 月香港第一版第二次印刷
規　　格	16 開（187 × 245 mm）下冊 632 面
國際書號	ISBN 978-962-04-3885-1（套裝）

© 2017 Joint Publishing (H.K.) Co., Ltd.

Published & Printed in Hong Kong

目錄

第二十四章

結論篇：香港現代社會　　王賡武　　**965**

附錄

香港歷史學術研究中英文論著書目（1997－2015）　黃文江　**975**

第十一章

教育的回顧（上篇）

吳倫霓霞

一 · 引言

　　教育為社會及文化的重要環節，其發展與社會人口的組成、階層結構、經濟
地位、以至政治及尤為重要的政府所制定的教育目標與政策，都有直接關係。

　　鴉片戰爭後，香港島、九龍半島先後被英國奪取為殖民地及租借地，歸英國
管理。但香港地區本屬中國領土的一部分，並在民族與傳文化統上，有著不可分
割的關係。殖民時代的香港在政治、經濟和社會等多方面的發展，都與中國息息
相關；同時，亦受到西方的制度、觀念、思想、甚至生活方式，特別是殖民政府
管制的方針與政策等方面的影響。中英兩套不同制度的衝擊及糅合，加上香港社
會人口組成的特色，對香港在二次大戰前的教育發展，有著重要影響。

　　1841 年英人首次登陸香港，島上水陸人口只有五千多人，而香港日後人口
的增加及居民的組成，絕大部分都是在不同時期從中國內地移入的。在不同時段
的移民中，其來源地區、所屬階層、文化取向、教育背景及遷港原因與目的都與
香港的社會結構、經濟發展及教育所需有著重要關係。大致而言，最早的外來人
口，大都來自香港附近的黃埔地區，多為尋找建造工作的單身男性，故流動性極
大。其後，較多來自珠江三角洲，大多為勞工、僱員或做小買賣者。19 世紀 50 年
代末，因太平天國之亂而南逃的人口使香港人口突增，並帶來多批由廣州、福建
等經濟條件較佳、預備在香港發展的商人階層。這些新分子，迎合了 60 年代香港

在行政、社會、經濟乃至教育等方面踏入新一階段的發展需要。

英國人佔領香港的主要目的，是要在中國門戶的珠江口建立基地，以擴展英人在華的外交及商業活動，從而爭取更大利益，當初並無意提供教育以教化島上居民，更無意接納英國殖民地部在印度及其他管轄地推行的“馬可尼會議記錄”倡議的同化政策。[1]英人接管香港後，銳意闢山開路，主要是為配合城市建設及貿易擴展所需。島上只有非常簡陋的鄉村傳統私塾，每所私塾的就學兒童數量約為十名，亦有少至三四人的。教育情況惡劣，政府無意伸出援手，亦不加以干預。而早期到港教士所開辦的教會學校，政府也不給予任何資助，因為在英國本土，有關宗教教育與政府資助額的糾紛尚未解決。

基於上述情況，政府撥出非常有限的資源，利用所謂資助方式，選出數所私塾，交予教會管理，稱之為官立鄉村中文學校。政府實際參與管理，實際不過是免費私塾，辦得遠不及私人所設的傳統私塾，因而不少都被迫關閉。同時，早期由教會所設立的學校，亦因未合符學術要求而先後關閉，在 1859 年只餘下三所。實際上，由政府資助的中國傳統私塾與獨立的西方教會學校都同告失敗。

19 世紀 60 年代香港的社會經濟與行政都日漸鞏固，帶來對既懂英語又對西方有認識的人才的需求。1861 年政府決定把三所最具規模的中文鄉村學校合併為中央書院，以英國文法學校為模式，由政府直接管理。書院立刻受到港人的歡迎，就讀人數遠超其所能提供的學額。

其後學校的發展及改革，奠下了重視英語及培育精英為政府教育政策的取向，而政府亦計劃以有限的教育經費，與重視西方傳統教育的教會學校合作，建立了輔助學校的體制。

本章將就著上述背景，對自早期至第二次世界大戰前香港教育發展的特色，做一個回顧；並對中國傳統私塾在香港立足而發展成為中文教育支柱、英語教育被納入政府的英語精英政策這兩方面的問題，做比較深入的探討，分三節進行討論。

（1）　“馬可尼記錄” 倡議在印度推行英化教育，目的在培養一班有印度血統及膚色，但志趣、道德及思想都完全英化的知識分子。印度總督於 1835 年接受此倡議作為在印度教育發展的指引。有關此教育政策的分析見 Ng Lun, Ngai-ha, *Interactions of East and West, Development of Public Education in Early Hong Kong,* Hong.Kong., 1984, pp. 29—30。

二·中國傳統學塾教育在香港的延續與發展

私塾教育是中國傳統的"啓蒙學"，亦是科舉考試制度下入學初期進行古典文學基本學習的階段。

19 世紀中國的地方學塾教學方式，都是由一位塾師主持，每館人數一般不超過二三十人，不分班級，由老師就個別學生程度分別授之識字、背誦、作對等課程。初學課本為《三字經》、《百家姓》、《千字文》等，然後有《龍文鞭影》、《幼學故事瓊林》，進而是《四書》、《五經》。預備參加科舉考試的則必須學習八股駢文。

隨着 1905 年清廷廢科舉及推行多次教育改革後，學塾在中國各地已漸式微，至民國初年已由新式學校取代。作為具有濃厚中國傳統文化的香港地區，學塾亦為香港早期教育的主要部分，不但存在於英人接管前的新界地區，而且在香港建埠後，仍在不同形式下繼續發展，至 20 世紀初更顯得特別發達。

（一）新界前代的鄉村教育

19 世紀初新界約有人口八九萬人。區內大族有鄧、文、侯、廖、彭五姓，多為佃農或小地主，並沒有顯赫官宦之家。1685 年中式的鄧文蔚，是區內僅有的進士。[2] 根據筆者研究所得，有清一代，區內獲中舉人的共只得二十名左右；貢生數目則比較多，包括恩貢、歲貢及例貢等，共有約一百名。[3] 生員（秀才）數目按新安縣所獲配額計算，亦只維持有 150 名，這與 1898 年駱克報告書所述頗為相同。[4] 因此，根據不同資料所示，新界地區在前代的科舉，功名並不顯赫。但從實地考察分佈於新界各地的學舍遺蹟所見及父老記述等所得，相信在 19 世紀期間，新界鄉民對於子弟教育，可算相當重視。

在新界各村中，利用祠堂作為教學之所的，最為普遍。有些較小的村落，則

（2）　鄧文蔚為元朗錦田人，於康熙二十四年（1685）中式進士紀錄見《明清進士題名碑索引》，1963 年，上冊，頁 594；至於在新界區內牌匾所載其他進士或狀元人物，均非屬廣東新安縣人。

（3）　數字是根據《新安縣志》、祠堂碑匾、族譜及碑文紀錄等計算出來。見 Ng Lun, Ngai-ha, "Village Education in the New Territories Region under the Ch'ing" in Faure, Hayes & Birch（eds.）, *From Village to City,* 1984, pp. 111—112。

（4）　"Report by Mr. Stewart Lockhart on the Extension of the Colony of Hong Kong," Hong Kong Sessional Papers, 1899, p.12.

圖 11.1　新界錦田水頭村二帝書院

有利用鄉民集款而建的廟宇，但較富有的家族則往往另設家塾或書室，以為教書講學及藏書之所，因而各地書室，有些頗為宏偉，可容學生超過 100 人，亦有比較簡陋，只容學生二十名左右。前輩學者王齊樂先生於 20 世紀 70 年代初曾到新界各地考察，找到了 25 所舊書室或其遺蹟，並逐一作詳細研究。[5] 筆者於 80 年代再至各區作詳細訪問，找到了另外二十多所，其中已有改建為新式屋宇，但仍有資料可查。[6] 這些古舊書室大都分佈於錦田、屏山、厦村、上水、大埔及新田、泰亨村等地的新界的望族，如鄧氏、廖氏及文氏等的居地，其中有幾所書室的建築、裝飾雕刻等，相當精緻。如位於屏山的若虛書室、述卿書室，及錦田的周王二公書院等都是，可惜這些原有建築物目前大部分都已殘破或拆卸。成功被列為法定古蹟的包括有建於道光年間的屏山覲廷書室。其共有可用作課室的書房六間，可容納 150 人以上。另一所別具規模的是位於沙頭角的鏡蓉書屋。書屋為該區客家李氏族人於 1872 年建成，設有宿舍，使遠地學生也可來就讀。這是當時新界區內唯一的"高等學府"，為教導學生前往南頭參加縣考、獲童生資格，以便晉身秀才。

　　培育子弟參加科舉考試，不過是鄉村教育的一面。因為名額的限制和中式的不易，能花十多年甚至數十年的時間以應付所學的士子，實在有限。根據張仲禮在《中國士紳》一書中的研究所得，19 世紀應縣考童生數目，平均約佔全國人口 5% 左右。但是新界並非富饒之鄉，文風亦遠遜江南地區，應考人數比例當低於此數。不過一般村民，對入學"讀詩書，頌聖賢"，都非常重視。加上學費低廉，在清末時期一年平均只花 100 銅錢，況家貧者會獲酌免，因此使就讀塾學人數相當多。據新界鄉中父老記憶及區中之家塾書室資料估計，19 世紀期間，新界男子差不多有 65% 曾入塾學讀書。[7] 根據筆者在上水的實地資料研究，計算出在 19 世紀末，村中在學兒童比新界的平均更高，佔全村人口 7.5%，更佔七至十五歲男童中的 75%。[8] 這亦與休・貝克（Baker, Hugh）對上水鄉研究所得，認為在 19 世紀村中很少男童沒有讀書的機會相符。[9] 不過，入學時間則長短不一，家境較富裕的，多七歲入學，直至十四五歲左右，有意考取科舉功名的多往縣城求學；家境清貧

（5）　王齊樂：《香港中文教育發展史》，香港，1982 年，頁 47—68。

（6）　見拙作〈清代新界地區的學會與科舉〉，《明報月刊》，1982 年 7 月（199 期），頁 53—56。

（7）　Ng Lun, Ngai-ha, "Village Education in the New Territories Region under the Ch'ing," op. cit., pp.116—117.

（8）　Ng Lun, Ngai-ha, "Village Education in Transition: The Case of Sheung Shui," *Journal of the Hong Kong Branch, The Royal Asiatic Society*, Vol. 22（1982）, p.253.

（9）　Baker, Hugh, *Sheung Shui, A Chinese Lineage Village*, Hong Kong, 1965, p.83.

圖 11.2　新界沙頭角上禾坑村鏡蓉書屋

者，則只讀兩三年，甚至短至數月，多在九至十一歲之間就讀。

　　鄉中的塾師供應亦不缺乏。但因為塾師並沒有資格限制，他們的品質和學問亦參差不齊，有些唸上四至五年書者，獲得老師傳授的手冊後，便可設館招生。資格較好的塾師，一般都是應考秀才不第的童生。因應考沒有年齡的限制，他們便屢敗屢試，鍥而不捨，家境清貧的便一面教學維持生活，一面自己苦讀。駱克的報告書中，亦有提及上水是"科場失意"之士聚集之所。有秀才功名的老師數目不多，有者亦大都在規模較大的書室設館。以鏡蓉書屋為例，老師大都是由外地聘來，原因是本地考獲秀才的飽學之士，大部分是來自較富裕的大家族，需教書為生的並不多。塾師收入一般很低，不過都獲得村民的敬重，常獲他們生活上的供應。同時塾師亦常替村民作文書、主持禮儀，亦有兼任風水師、醫師等工作。事實上，資格較低的鄉村老師多來自本村或附近，與鄉民的關係很密切，兼任這多方面的工作，不一定只為獲得酬勞，而是作為鄉民所信賴的一分子。這是新界鄉村教育的一大特色。(10)

（二）塾館教育在香港政府資助下的演變

　　英人於 1841 年登陸香港島時，水陸居民一共只得五千人左右，都是以打魚、打石或務農為生。島上共有村落二十多個，其中有不少鄉村只得十數戶，甚至只有兩三戶。根據歐德理（E. J. Eitel）所存香港早期教育史料的記錄，當時島上只有私塾四所，都是設在簡陋的屋舍內，並沒有在新界所見那些較有規模的書室或祠堂。教育情況顯然很落後，就學兒童只佔島上人口約 1%。(11)

　　英國人佔領香港後，銳意經營的是闢山開路，為貿易拓展的建設，對於人口迅速增加所需的教育供應，只採取不干預政策。事實上，早期遷入的移民，多為單身男子，所以私塾數目並沒有與人口相應增加。至於隨英人而來的西方傳教士所開辦的學校先後有不下十多所，但就讀學生人數都很少，有開辦不到一年左右

（10）有關新界鄉村教師工作及其教學內容可參閱王爾敏、吳倫霓霞：〈儒學世俗化及其對民間風教之浸濡〉，《中央研究院近代史研究所集刊》，18 期（1989 年），頁 75—94。

（11）歐德理為倫敦傳道會教士，1870 年來港。他對中國文學、歷史及客家等研究均有興趣，曾任港督中文秘書及政府各委員會成員，1879 至 1897 年間任學校監督（即今教育署長）。著作甚豐，其中有關香港早期教育資料一文："Materials for A History of Education in Hong Kong," *The China Review*, XIX（5）（1890—91）pp.308—324; XIX（6）（1890—91），pp.335—368。該文是研究 1841 至 1878 年間香港教育發展的珍貴史料。

圖 11.3 新界上水鄉莆上村應龍廖公家塾

便被逼關閉。1847 年，島上人口已近 2.5 萬人。港督戴維斯（Davis, John）接納其中文秘書郭士立牧師（Gutzlaff, Karl）意見，委任一教育小組，調查島上人口較多地區的學校情況，以便給與少量資助。根據該小組的報告，當時在島上共有中文私塾八所，學生人數非常不平均，亦不穩定，有少至四人，最多者有 28 人，其中以在新開拓的維多利亞城（即今中上環區）三所的學生人數比較穩定。至於教學方式與課本，都與一般鄉村私塾一樣，學生不分班級，注重背誦，用的是《三字經》、《百家姓》、《千字文》等蒙學書本。學費也參差不同，由每人每年二至六元不等。(12)

　　根據該項調查所得及報告書的建議，政府選出三所私塾，分別位於人口最多的香港仔、赤柱及維多利亞城，每所每月給予十元的資助，學生可免費入學。這一項決定有謂是基於英殖民政府對當地傳統的重視，或謂是要安撫中國居民以鞏固殖民地統治的一種手段。實際上，政府沒有按照英國的傳統辦法，把教育資助給與當時在港由教會所辦的數所學校，主要的原因，是由於當時英國本土的教派，在宗教教育及資助分配問題的紛爭尚未獲解決，所以港府受命必須小心處理，不能用公款支持不同教會在島上所開辦的學校，以免引起非議。因此，此決定是受英國情況的影響，殖民地都對此決定表示同意，因為在中文學塾"沒有宗派爭論發生，所需的資助，又非常適度"。事實上，1847 年的支出，不到 20 英鎊，至 1853 年所花的亦只有 104 英鎊，佔政府該年總支出不到 0.3%。(13)

　　政府給予中文學塾的資助，可説是公立教育制度的開始，但政府卻把管理責任，交由一個教育委員會（Education Committee）負責。該會主席為香港區聖公會史丹頓（Vincent Stanton）牧師，政府官員則只佔有三席。1852 年該委員會改組後，更只剩下負責華人事務的註冊署長（Registrar-General，時稱撫華道）一人，其他則由來自不同教會的教士組成。至此，港府仍按照英國傳統，把地方教育事務交予教會辦理，其結果是這些政府資助學塾（1854 年後改稱官立土語學校，Government Vernacular Schools 或官立鄉村學校，Government Village Schools）一直被用作教會傳播福音之所。1857 年被委任為第一位官校督察（Inspector of Government Schools），就是德國傳教士羅士列牧師（Lobscheid, William）。

（12）報告書全文，載 Lobscheid, W., *A Few Notices on the Extent of Chinese Education and the Government Schools of Hong Kong, Hong Kong*, 1859, pp.19－22。

（13）Ng Lun, Ngai-ha, *Interactions of East and West*, p.26, 167, Department of Public Education in Early Hong Kong, H.K Press, 1984.

在政府資助由教會人士管治下的每一塾館都由一位教師負責，採用不分班級的傳統教學方式。對此，教育委員會無意加以改善；對於塾館所採用的中國傳統蒙學課本，亦不加干預。委員會實行的改變，是逐步把“祈禱文”、“聖經”等加入每日半小時至一小時的誦讀。1852 年教育委員會改組後，把每日學習中國經學時間減為半日，其餘時間則用作學習《聖經》及巫歌著譯的《地理與算術》（*Geography and Mathematics*）和《聖公會教理》（*Bishop Boone's Catechism*）。委員會甚至派教徒擔任塾師，這些塾館顯然成為宗教教學之所。教士顯得特別熱心，因為當時在島上由教會主辦的學校，不少都告失敗而被迫關閉，教會便利用這些由政府資助的塾館，希望達到“以文字傳教”的目的。

根據教育委員會的紀錄，在 1848 至 1859 年間，學校數目由三所增至 19 所，學生人數更由 95 人增至 937 人（見表一）。但據羅士列的視察及報告，顯示學生數目有不少為虛報的，原因是自 1854 年開始，塾館改稱為官立鄉村學校後，塾師每月薪金乃根據學生人數而定；而且學生的流動性很大，就讀時間有短至一兩個月，所以實際就學人數，相信遠比所報稱的數目少。[14] 事實上，教育委員會成員，亦有不少對塾館情況感到非常不滿意，更稱之為一大失敗。他們認為失敗的理由是在於教師質素差，父母對子女教育不關心及學童對塾館加入的新學科不感興趣等。[15] 但是，從政府決定撥款的學校數目，所支出費用，及交與教士管理的整體發展等措施來看，政府並無意藉之推廣中國傳統教育，只是以低微代價，僱用一些找不到更好收入的人，充當塾師。新界有些鄉村塾師的薪金也很低，但是他們生活往往都得到村民照顧，成為村中一分子，情況與這些由教會控制，並附有基督宗教科目的塾館很不相同。因此，就讀免費政府塾館的學生，都是來自最貧窮家庭，往往因必須幫助父母謀生而曠課或輟學，稍有能力者，會送子弟往私人開辦的中國傳統學塾就讀。

在香港早期教育發展具重要影響力的理雅各（Legge, James）對當時在教育委員會主理下的官立鄉村學校（從 1847 至 1865 年，被稱為官立鄉村學校的，是指接受政府給予的每月十元津貼的免費私塾，並非政府所辦。但當時的文獻記錄先後稱之為 Government Village Schools、Government Aided Village Schools、Government

---

（14）羅士列每年的報告書，分載於 *A Few Notices on The Extent of Chinese Education and the Government Schools of Hong Kong*；部分亦收集於 Eitel, E.J., "Materials for A History of Education in Hong Kong," pp.315—320。

（15）1859 年開始，教育委員會報告書都登載《政府轅門報》（即今《憲報》），*Hong Kong Government Gazette*（簡稱 H.K. G.G.），有關報告書內容分析及村學校失敗原因，見 Ng Lun, Ngai-ha, *Interactions of East and West*, pp.47—49。

Vernacular Schools），尤感不滿，再加上當時香港面臨發展的需要，理氏於 1862 年提出了政府教育的重要新措施，開辦中央書院（見下文）；同時，由政府成立一官學署，直接負責管理當時日走下坡的官立鄉村學校，由新任中央書院校長史剣域（Stuart, Frederick）兼任官校督察，[16] 並取消在各校的宗教課程，在其中學生較多的數所，加入英語課程。

　　在 1862 至 1865 年間，理雅各已逐步把情況最壞、實際學生人數不到 12 名的鄉村學校關閉，至 1865 年，學校只餘下 11 所，共有學生三百二十多名（見表一）。至此，政府已把有限的經費致力發展中央書院，對於這些簡陋的鄉村中文學校不甚理會。1868 年，史剣域設立所謂政府津貼鄉村學校（Government Aided Village Schools），按照中國傳統鄉村塾館方式，由當地居民供應校舍，聘請老師，政府給與每月五元補助，希望通過居民及家長與塾師的直接關係，可收監管之效。該計劃無疑使政府能用更少的支出，來維持一些塾館形式的學校。1872 年，這些具傳統中國學塾特色的中文學校，在香港島及九龍半島共有 25 所。但其實際教學情況並沒有收到預期效果，因為這類學校多設在比較偏遠的地方，政府津貼的五元，往往就是塾師唯一的收入，而村民申請開辦學塾，亦有只為了替地方上無職業的人找一份收入者。這種情況，如史剣域在其報告書所謂“顯然是玷辱了教育的尊嚴”。[17]

　　1870 年，英國國內的宗教教育問題獲得解決，港府便立刻因循英國傳統辦學方式，着手邀請教會合作。1873 年制定輔助計劃（Grant-in-aid Scheme），邀請教會學校加入（見下文），但政府仍以極有限支出（每月每校五元至十數元）維持一些鄉村中文學校（1882 年改稱地方土語學校，Vernacular District Schools）。這些設備簡陋、管理不善的學校，於 1889 年共有 28 所，註冊學生共有約六百名。踏入 19 世紀 90 年代，補助制度獲得教會積極反應及合作，在推行英語教育政策下，這些土語學校便日漸萎縮，20 世紀 00 年代初已全部關閉。學塾及中文教育的發展便只得由私人和團體辦理。

（16）史剣域為中央書院第一任校長（1862—1881），同時亦在 1862 至 1879 年間兼任官校監督，是負責教育的第一位政府官員。有關他的出身，可見下文。1881 年退任校長後，他繼續擔任政府各重要職位，1887 至 1889 年任輔政司。

（17）1872 年教育報告書，見 *Hong Kong Government Gazette,* 1873, p.79。

表一：官立鄉村中文學校（1847－1865）

年份	學校數目	學生人數（登記）
1847	3	—
1848	3	95
1849	4	—
1852	5	134
1854	5	150
1855	10	400
1856	12	675
1857	13	—
1859	19	937
1862	16 △	453
1863	11	355
1864	11	308
1865	11	322

資料來源：王齊樂：《香港中文教育發展史》，1983 年，頁 129；Ng Lun, Ngai-ha, *Interactions of East and West*, 1984, p.49。
△位於太平山附近的三所學校合併成為第一所官立中學 —— 中央書院

（三）民間學塾

　　香港自建埠後，城市化及現代化雖不斷進行，但直至第二次世界大戰前，傳統的塾學教育仍有長足的發展，而政府及教會所辦的學校一直都只佔香港教育的一部分而已。大部分家長仍要送子弟接受私人或華人團體辦的教育，而學塾是其中一個主要部分。一般民間塾館可就其辦學性質，大概分為三類。

　　第一類，是由私人設館授徒。這種方式最為普遍，其規模亦有大小不同，但絕大部分都是只有二十名學生左右，由一位塾師負責，學生人數較多的則由一兩位助教協助。塾館多設在簡陋的屋舍，或就在塾師家中，環境遠不及在新界的祠堂、書室或書屋的寬敞。

　　第二類，是為團體所辦，多為免費的義學。商會、同鄉會辦的，只收會員子弟，亦有街坊辦的，則以服務附近地區為主。較具規模的則有由慈善團體，如東華三院、孔聖會等所辦。因為香港家庭多為入息低微的勞工或店員，家庭負擔較重的，連每月一二元的學費都負擔不起，所以這類學塾，往往供不應求。

　　第三類，由富商或大戶人家，招請塾師回家設館，專職教導家庭成員的子弟，塾師的生活起居，都由僱主負擔。老師所負責教導的學生，有五至七歲的年幼者，先熟讀基本的蒙學、儒學課本，然後入讀英文學校或新式中文學校。有較年長者，一邊在學校攻讀，一邊在家中輔以傳統塾學。更有於完成中學後，在家中接受一至兩年的《四書》、《五經》教育，然後繼續升讀大學。富商如何東、劉鑄伯都曾聘請名師盧湘父及何恭弟擔任家庭塾師。[18]

　　關於上述三類學塾的早期發展情況，很難找到可靠的數目或較具體的資料。因為政府於 1865 年成立的官學署，學校督察負責管理及作報告的，只限於政府所辦或由政府資助的學校。對於私辦塾館或其他學校，政府都採取自由放任政策，並沒有任何登記記錄。1913 年頒佈的《教育法例》，亦只規定有學生九名以上的私立塾館或學校才須向政府登記。[19] 至於只有九人以下的，或在大戶家中作私人塾師的，政府則不予理會。

　　有關早期私辦塾館的文獻紀錄，只得曾任中央書院校長及官校督察的史釗域 1883 年所作的調查報告。報告列出了 103 所私人開辦的收費學塾，共有學生一千多人，平均每間只有十多人，校舍都非常淺窄、簡陋。報告亦提出估計當時香港有三分之二適齡兒童未有入學機會。[20] 但這調查與估計不一定可靠，因為在家中設館授徒者的數目，實在無法可查。至於團體所辦的義學，有紀錄可稽的，可追溯到 60 年代一些同鄉會所辦的，他們聘請塾師教授會員子弟。同時，由街坊會或廟宇理事合力開辦者，則為應付區內子弟所需。在 19 世紀 90 年代，這類學校約共有一百多間，學生有二千多人。而當時華人慈善團體中最大的東華醫院，則於 1880 年開始以文武廟廟嘗部分，成立一所完全免費的義學，初時僅能收容數十人。至 1898 年已擁有六所，經費都由廟嘗資助，這與鄉間的廟宇作為設館之所，有點相似。但東華三院的義學並不設在廟內，而是在附近的屋宇內，各館都以館

（18）　在何東夫人傳記中，有詳細描述當時香港世家對中國傳統學塾教育的重視及塾師在何東家工作情況。見鄭何艾齡（Cheng, Irene）：《何東夫人覺運居士傳》（Clara Ho-Tung, *A Hong Kong Lady, Her Family and Her Tiems, Hong Kong,* 1976, pp.64—74）。

（19）　該法案又稱 "私立學校法案"。有關該法案提出背景、內容及作用，可參閱 Ng Lun, Ngai-ha, *Interactions of East and West*, pp.103—108。

（20）　王齊樂：前揭書，頁 188—190。

師的姓氏命名：例如設在文武廟側的中華書院，就叫"徐（鏡蓉）館"，其他有"張館"、"黎館"、"倪館"、"吳館"等，很有舊塾學的風味。每塾館只有初級程度一班，所用課本，亦是傳統的《三字經》、《百家姓》、《千字文》、《四書》等古文。[21]

　　20世紀初，民辦學館出現了蓬勃的發展，其主要原因是來自中國國內事件與香港社會情況的變化。1898年的戊戌政變，1900年的義和團之亂和1911年的辛亥革命，使大量人口從國內移入，香港華人人口從1898年的24萬人增至1911年的45萬人。尤為重要的是遷居香港的人中，有曾在中國沿海通商港接受西方教育、思想激進者；亦有維新分子，滿清官吏和遺老等，很多是較保守而國學卓著者。這一批知識分子來到這個可容納不同思想，不同意見的小地方，有些為了生活，亦有為傳授一己所長，便設館教學。這一切變化，對本港教育的發展，自然帶來影響。首先是適齡學童數目的驟增，而香港政府當時的教育措施，集中在供應英語教育，絕大部分學子，只能就讀私人所辦學校。政府的漠視中文教育更引起愛護中國文化的華人，努力提倡中國傳統的儒學。

　　香港學塾教育在20世紀初的蓬勃發展，不單只在塾館數目的增加，而且是因為設館授徒者，有不少為名重一時的老師宿儒。其中包括有曾為翰林院國史館纂修的賴際熙及區大典太史，他們所收學生不多，但都對經史及詞章的研習非常深入。其他名氣頗大的尚有彭叔煥、葉茗孫、俞叔文、鄒稚雅等老師。他們所設塾館規模都不大，但程度比較高，束脩金每年每名學生達五十至一百元左右，非普通人家所能負擔。慕名前往就讀的，其中有不少為在港華人世家子弟，如鄧肇堅、李福述、容啟東、劉鎮國、簡又文等。

　　規模較大而由名師主持的塾館亦有多所，如（陳）子褒學塾、（何）恭弟學塾、（盧）湘父學塾及由陳慶保主持的陳氏家塾等都是。它們的聲譽都很高。學生亦多至百人以上，設有助教或專門老師授課。教材雖然仍以傳統蒙學及儒經史學為主，但亦有開始採用一些改良課本。其中以陳子褒自1895年在澳門設館及於1918年遷港後所編著的最多，達四十多種。1911年到港的盧湘父，雖以文章著述較多，但亦着手編著蒙學課本。陳子褒與盧湘父都是康有為的門下弟子。二人亦同時積極推廣儒經之學，普及婦孺。他們把經典常識，儒家倫理觀念，與日常接觸事物及生活言行結合，以淺易三字、四字及五字韻語編寫成為課本及大眾讀物。其中以《婦孺三、四、五字經》、《婦孺入門書》、《婦孺信札材料》，及學習詞彙

（21）參閱壬寅年董事局（編）：《東華三院教育史略》，香港，頁43—44。

的《七級字課》，流傳尤廣，有助蒙學教育的推廣。

塾館教育在這時期發展的另一特點是把以男子為主體的傳統教育普及至婦女。20世紀初在港專為女子而設的女學塾有多所，著名的有群德女子學塾、王氏女塾等。鍾芬庭女士（嶺南大學校長鍾榮光夫人）亦在港設帳。子襃、湘父等學塾亦兼收女生。在早期著名的女弟子中，有冼玉清、曾壁山、莫紉蘭等，後來都成為推進香港女子中文教育發展的中堅人物。

學塾教育的盛況，一直都在戰前香港維持。在此期間，塾師及塾館情況仍可追查，而較為著名的約共有數十所。王齊樂先生曾對其中二十多所，作過研究及介紹。[22] 至於流動性很大的小型書塾，相信不下百餘所，但情況與早期的私塾一樣，資料難於搜集。據王齊樂先生所引述於 1931 年出版有關香港情況的 Hong Kong Around and About，一位外國學者有這樣的觀察，"香港大多的居民都墨守着中國的舊式學習方法。他們認為將經典課本熟讀，是一種非常重要的事情"。嶺南大學阮柔在 1940 年脫稿的《香港教育：香港教育制度之史的研究》一書中，亦有這樣的描述：

　　　　舊式的私塾，……素來都在不少數，這種小型的私立學校到處皆有設立，在香港的中區與西區則觸目皆是。在中國的大都市中而有這樣多私塾的，香港恐怕要算第一了。[23]

當中國各地正進行廢舊制、立新制的時候，香港竟成為古舊的，不合時宜的塾學教育的基地。除了上述的人口驟增，老師宿儒南來香港等原因外，塾學能在戰前持久盛行，尚有其他因素。最基本原因是一般私塾收費比較低廉，家長甚至可按自己的能力而與塾師作協議，以服務或實物代替脩金。其次的有利因素是塾學學制的靈活性，既可以銜接香港八年制的英文中學，又可以升入當時四年、五年或六年級的中文小學。一般貧苦的大眾，只希望他們的子弟讀上一年半載私塾，"認識一兩個字，學識記帳，或得些聖賢的道理，便可出去社會工作"。學塾的蒙學訓句，注重識字及背誦的教學，更非常適合這大眾的要求。

在 20 世紀初蓬勃起來的各塾館，其程度和規模實際上都參差不齊，塾師的品質亦頗為複雜，有鴻學名儒、落第秀才、失業文人、甚至流亡政客。對儒學的推崇及傳統的教學，有比較墨守成規；亦有比較開明，順潮流的需要而進行革新，

（22）王齊樂：前揭書，頁 225—241。

（23）阮柔：《香港教育：香港教育制度之史的研究》，香港，1948 年，頁 69。

朝向新學制及新課程的發展。其中不少著名學塾,如子褒學塾、湘父學塾、陳氏
(慶保)家塾、敦梅學塾等,在 20 世紀 20 年代已發展成為政府註冊的現代學校,
甚至著名的中小學。由此,我們看到從 19 世紀末開始,香港所開辦的各不同類型
及程度的塾館,適合了社會發展和各階層的需求,既能為基層社會教育服務,亦
能為接受西式教育的名門子弟輔以傳統儒學,直至第二次世界大戰前,各類私塾
在香港都有長足的發展。所以我們認為,這時期的學塾教育,並非都是守舊而停
頓不前的,從教育史的角度看,應有一定的地位。

三 · 西式學校及英語精英教育的發展

(一)早期開辦的教會學校

　　重視宗教教育是西方傳統。西方國家殖民地所在,教會亦多率先開設學校,
藉之推行宗教教育及傳播福音。在英人佔領香港的同時,久候在澳門和南洋的教
士立刻接踵而至,在島上展開活動。馬禮遜教育會(Morrison Education Society)及
倫敦傳道會(London Missionary Society)且將其在東方的總部遷往香港。教士中有
著名教育家理雅各,[24] 聖公會的史丹頓(Staunton)及史密夫會督(Bishop Smith),
美國浸信會的叔末士牧師(Rev. Shuck)等。在 1842 至 1859 年間,他們在港開辦的
學校先後不下十多所,其中最大者可收容三四十名學生,最小者十名左右,有些
兼收女生或另設有女學。[25] 其時,因為英國本土各宗教教派對有關政府資助學校分
配問題未獲解決,在港的教會亦不能獲香港政府資助辦學,只有馬禮遜教育會及
倫敦傳道會先後獲港督砵甸乍及戴維斯以駐華貿易總監身份贈地建校,是為早期
教會學校中較有規模的。早期教會學校多設在中國人和外國人聚居地之間的中、

---

(24) 理雅各為倫敦傳道會教士,亦為教育家及著名漢學家。他於 1843 年把在馬六甲的英華書院遷來香港,成為早期最具規模的
　　 教會學校。1848 年他開始着手把中國的《四書》、《五經》翻譯成英文,都成為翻譯經典之作。作為教育家及傳教士,他認為
　　 政府學校不應用作傳教之所,而主張推行世俗及務實教育。理氏於 1873 年離港,1875 年任牛津大學第一位中文教授。在港
　　 三十年間,他對香港教育發展有重要影響,其中以 1860 年的教育改革計劃及中央書院的建立最為重要。有關他在港工作,
　　 可參閱 Endacott, G.B.,*A Biographical Sketch Book of Early Hong Kong, Singapore*, 1962, pp.135—140;及 Ride, Lindsay,
　　 James Legge—A Biographical Note, Hong Kong, 1962。

(25) 在港第一所教會辦的女學由叔末士牧師夫人於 1843 年設立,理雅各夫人亦於 1846 年開辦另一所。有關早期教會學校在港的
　　 經驗,可參閱 Smith, Carl, Chinese Christians, Elites, *Middlemen and the Church in Hong Kong*, 1985, pp.13—33 及 Ryan, T.F.,
　　 The Story of A Hundred Years—The Pontifical Institute of Foreign Mission in Hong Kong, Hong Kong, 1960, pp. 2—82 及劉粵
　　 聲:《香港基督教教會史》,香港,1936 年。

上環地區。有部分獲商行資助，不過大部分都是由教會支持。但在 1859 年，基督教教會早期辦的學校只餘下三所，學生總數不到 100 人，其不受歡迎程度，比同時由政府資助的中文塾館尤差。其失敗的主要原因可從教會辦學目的、課程內容、香港社會情況及港府政策中略見一二。

這些學校，不僅為傳播福音，主要目的是要訓練一些華人傳教士，準備在香港或派往中國內地傳教，這亦為教士們獲教會資助來港辦學的主要原因。而在學校課程中，聖經及教義佔了差不多一半，其他則包括有英文、地理、算術、及中國蒙學課本。但就讀的學生，大多於學懂了英文後便離校，任職政府或洋行文員。所以多年來訓練出來而從事傳教的人極少，使教會感到不滿而削減或撤回資助；部分學校亦因商行倒閉或撤離本港而頓失資助。

香港島在英人佔領後至 1859 年，人口已從數千增至差不多十萬，但其中流動人口為數甚眾。由於香港早期經濟發展的起伏、太平天國之亂、及廣州拒英人入城、亞羅號事件等，使香港人口一直都無法穩定。加上移居來港者，亦不過為暫時謀生或避難，就讀教會學校者，多來自貧窮家庭，有些則是孤兒，[26] 他們主要是為了學習英文，以便找一份收入較高的工作而入學，對基督教或西方知識的追求者實在不多。

1855 至 1859 年間，英國再度進兵中國，引起了島上中國居民的強烈反英情緒。有學童退出外國人辦的學校，不少教會學校又被迫關閉。早在 1844 年由理雅各創辦而規模最大的倫敦會英華學校，也於此時結束。這些早期教會學校雖然不算成功，但它們無疑是把西方新式教育傳入香港的先鋒，訓練了一些既懂英語也懂一些西方知識，可擔任中西商務接觸或翻譯的人才，有些更成為清末現代化運動中的著名人物，如容閎、黃寬、黃勝、唐景星及伍廷芳等都是。[27] 而其中有數所學校，於 1860 年後復校及繼續發展，成為在港歷史悠久的著名中學，如聖保羅、英華、聖若瑟書院等都是，它們在香港一百多年來的教育發展中一直都佔重要的地位。

（26）在香港歷史悠久的著名教會學校中，有數所都於早期附設孤兒院，或由孤兒院發展成為學校。見其中 St. Paul's Convent, *Almost as Old as Hong Kong*, n.d. but circa 1973 and Featherstone, M.T., *The Diocesan Boys School and Orhanage*, 1930。

（27）有關這些人物在港受教育情況及其後在中國的事蹟，可參閱 Ng Lun, Ngai-ha, "The Role of Hong Kong Educated Chinese in the Shaping of China," *Modern Asian Studies*, Cambridge University Press, Vol.17. no.1, pp.93—119。

（二）官辦中學的開始

　　理雅各富辦學經驗，經辦英華書院的失敗，再加上他對中國儒學的深入研究，知道中國文化不易被基督教思想所取代，所以於 19 世紀 50 年代，已主張官辦教育應放棄傳道目的，而以訓練香港所需的實用人才為主。1861 年，政府接受理雅各建議，設立中央書院（以英國的文法學校為模式），兼教授中英文課程，由政府直接管轄，從英國聘請一位有大學學位的教師主持校務，並兼監督其他政府鄉村學校，完全不受教會干預。[28]這項建議是為政府直接參與香港教育事務的第一步。中央書院不但是政府辦理的第一所中學，它的早期發展與演變，亦奠下了以培養通曉英語的精英為政府教育政策的取向。[29]

　　理雅各深悟 19 世紀 50 年代末香港經歷的變化。因太平天國之亂而南逃香港的人口當中，帶來一群經濟條件較富裕、預備在港發展的商人階層。同時，部分在廣州的洋行，亦把總部遷到香港，因而本港需要一批通曉中、英文的文書翻譯及買辦人才。此外，理雅各了解到中國在地理及社會方面與香港的密切聯繫，他相信很多中國青年，在中國曾接受教育而與在港家庭及商行有關係者，將會來港接受英語及新式教育。香港的行政亦需要通曉中、英文者擔任各政府職位。

　　19 世紀 60 年代，香港社會、經濟與行政踏入鞏固時期，19 世紀 50 年代末移民的驟增，加上九龍半島的割讓，使香港人口在 1862 年突破了 12 萬人，從外地遷入的洋行增加了二十多所，在港歷史悠久的各大工商業機構，如香港滙豐銀行、九龍貨倉、黃埔船塢等，亦在此時期開設。種種現象，都顯出經濟發展新的一面。加上從 1860 年起，香港總督不再兼任英國駐華貿易總監及全權大臣職位。港督職位的重新劃分，帶來了重大行政改革及地方建設，如肅清貪污、設立文官（官學生）制度、興建水塘、改良港口設備等。這一切發展，帶來了擔任各項職務的人才的需求，港府接受理雅各的建議，開辦中央書院，無疑是應付當時香港的實際所需。

　　設於港島中環歌賦街的中央書院，是將該區三所規模最大的政府鄉村學校合併而成，其體制則依據當時英國的文法學校，由八年級至一年級。七八兩級可稱

（28）理雅各的計劃書全文，錄於 Sweeting, Anthony, *Education in Hong Kong*, Pre-1841 to 1941, 1990, Hong Kong, pp.185—187. 有關該計劃提出的背景及對香港教育發展的影響，可參閱 Ng Lun, Ngai-ha, *Interactions of East and West*, pp.41—44。

（29）中央書院於 1889 年改稱維多利亞書院（Victoria College），1894 年再改為皇仁書院（Queen's College）。有關該書院的詳細發展史，可參閱 Stokes, John & Gwenneth, *Queen's College: Its History, 1862—1987*, Hong Kong, 1987。

為預備班，六至二級為中學，而一級為大學預科。學校於 1862 年 2 月開學，註冊學生共有 200 名，首任校長為蘇格蘭人史劍域，畢業於亞巴甸大學（University of Aberdeen）。他只有三年教學經驗，對中文或中國文化並無認識，只對英國文法中學有一定認識，是一位典型的英國大學畢業生。他被挑選來港擔任此新職位主要是因為他年青又無強烈宗教意識，能以充沛精力及務實態度就社會的需要而計劃學校的發展。

根據理雅各的計劃，中央書院是一所中英雙語並重，為中國學童而建的英國模式學校。1862 年，理雅各更具體地提出有關中文課程的建議：入學兒童須通過中國蒙學基本程度的考試，包括《三字經》、《千字文》、《幼學故事瓊林》等，然後進入第八級。上課時間很長，由上午 6 時至下午 4 時，上午學習中文，課程有尺牘、古文、《四書》、《五經》、《史記》等。[30]

有關英文課程，理雅各並未作具體安排，只建議集中在下午授課，有關各門課程的課本，則由從英國聘來的教師根據學生程度來決定。根據早年史劍域校長的報告書所示，當時英文課程是屬於初級的，着重語文學習，如閱讀、拼音、文法、作句等；課本則是從英國訂購的愛爾蘭讀本，第二年才開設翻譯課程。1864年，該校增聘一位從英國來港的教師，才逐步加入算術、歷史、地理等科目。其他理科課程，則遲至 1869 年聘得更多教師後才逐步加入。

中央書院的開辦，立即受到本港居民的歡迎，投考人數遠遠超過該校所能提供的學額。該校由 1865 年起開始徵收學費，英文班每月一元、中文班五毫，但投考人數仍有增無減，與當時政府辦的免費中文鄉村學校比較起來，情況相差極遠。1867 年，書院開始招收外國籍學生，初年人數雖只得三十人左右，但其中包括有英國、葡萄牙、日本、菲律賓、印度等不同國籍者。

中央書院受到如此歡迎，主要原因是英語在當時的"商業價值"。早期的學生，經兩三年初級的英語訓練後，其工資遠超中文教師或其他職業的僱員。據格溫尼斯（Gwenneth）及鍾·斯托克斯（Stokes, John）的解釋："英語帶來的金錢，使對西方毫無認識的家長都願意付出學費，送子弟前來就讀。"[31]一位曾就讀該校的早期學生，在其回憶錄中，亦有這番說話："學生的家長多為商人，並不期望兒

（30）有關該書院中文課程細則，見 "Regulations for the Government Schools in Hong Kong," in Eitel, E.J., "Materials for A History of Education in Hong Kong", pp.347—348。

（31）Stokes, J. & G. *Queen's College: Its History*, 1862—1987, p.11.

圖 11.4　中央書院首任掌院兼政府監督學院史釗活先生（Mr.
Stewart, Frederick, 1838－1889）

子成為學者；主要是要他們好好學習英語，拓展父業。"[32] 事實上，中央書院的學生，多來自中等家庭，他們不但能付出學費，而且全力投入上課和學習，與早期教會學校及官立鄉村學校的學生，多來自貧苦家庭有很大不同。

但是，英語所帶來的"金錢價值"，亦給中央書院早期的發展帶來不利因素，那就是學生的流動性很大以及年齡太高。不少學生在懂得英語從而獲得工作後，即離校他去。許多學生入學時實已超齡。據 1868 年的記錄，在最低年級預備班中，竟有年齡達 25 歲的學生；1879 年的校長報告書亦指出在最高的一二年級中的學生，差不多全部都已婚，而全校學生中已婚者達 30%；根據 1871 年的記錄，註冊的 249 名學生中有 134 名因找到工作而中途離校，其中最高年級的第一班，共有 36 人，不到年底而退學的有 29 人。[33] 在校長報告書中，史劍域亦指出"許多學生一找到文書工作就立刻退學"；"中國人似乎只對有市場價值的東西感興趣。因此，中央書院的成功就只因英語可轉換為金錢"。[34]

雖然如此，學校並沒有提出任何改善辦法。這或許是因為創校的其中主要目的，就是為了要提供香港在行政及商務所需人才。因此，這要待 19 世紀 90 年代當香港的文書職位已漸飽和，而同時在中國的教育及其他改革亦帶來不但懂得英語而且需具西方知識人才的需求，中央書院學生的就學情況才穩定下來。

（三）補助制度的建立與發展

英國的教育事業，在傳統上大都由私人及教會辦理。19 世紀，隨着工業革命及憲政改革的發展，擴展教育才成為政府、教會及人民重視的問題，但教派紛爭及牛津運動（Oxford Movement）所引起的宗教教育問題，阻礙了英國政府對教會學校補助計劃的推行及教育的發展。[35] 1870 年通過的教育法例，制定了對志願團體的資助辦法，容許在政府補助學校內進行有限度的宗教教育。通過這一制度，

（32）Cheng, F.T.,*East and West: Episodes in a Sixty-Year Journey,Hong Kong,* 1951。鄭氏於 19 世紀末曾就讀皇仁書院，後往英國攻讀法律，為中華民國時期外交家，在 1946 至 1950 年間任中國駐英大使。

（33）有關中央書院早期發展的種種問題的分析，可參閱 Ng Lun, Ngai-ha, *Interactions of East and West,* pp.66—68。

（34）中央書院年報，1866, H.K.G.G., p.137。

（35）這是 1833 至 1845 年間一批牛津大學學者發起恢復英國國教的 17 世紀傳統運動，其中尤其重視學校的宗教教育。這問題引起了英國各派學者及宗教家激烈的爭論。而在此期間國會有關實施普及教育的法案，都因宗教教育的問題而遭否決。可參閱 Best, G.P.A., "The Religious Difficulties of National Education in England, 1800—1870," *Cambridge Historical Journal,* XII, pp.155—173。

亦使英國能推行強逼普及教育。

　　香港政府無意追隨英國的普及教育制度，但卻採用該法例提出的補助辦法，一方面配合英國傳統，另一方面亦應香港所需，以有限經費，提供部分公共教育。1873 年制定的補助法規（Grant Code），由政府資助教會辦學校，但有關學生人數、校內宗教教育等都須按政府規定，而且須受政府監管。初期天主教及基督教會均不滿法規所定的種種限制而不願參加這補助計劃。但經 1877 及 1879 年法規的修改，取消了對學生人數及非宗教科目授課時間限制後，接受政府補助的教會學校從 1873 年的六所增至 1880 年的 27 所。1893 年的修改法規增加政府對補助學校的校舍、設備等資助，獲補助的學校數目更進一步增加。1895 年，補助學校增至 100 所，學生數目則達 5,000 人，比當時官立學校人數的 2,000 人左右超過一倍以上。此後補助學生人數的增長，一直都維持在官校之上（見表二）。但是學校的數目，則在 1896 年達到高峰（106 所），此後開始下降，至 20 世紀初，只剩下約五十所。其中主要原因，是在 1893 年補助法規實施後，校舍簡陋及設備不足的漸受淘汰，其中全都是華文小學。1902 年教育會議確認了政府的重英輕中政策，1903 年的補助法規更進一步使資助經費有利於規模較大、辦理較完善的教會學校發展中學課程。在 20 世紀 20 年代，聖保羅書院、英華書院、拔萃書院、聖約瑟書院、法國嬰堂書院、聖心、聖芳濟、聖瑪利及拔萃女校等早期開辦的教會學校，已成為英語教育的支柱。到了 30 年代，喇沙書院、華仁書院、聖士提反及瑪利諾等比較新的學校，在補助制度的資助下，亦迅速發展成為著名中學。

　　官立與補助雙軌制度的建立，不但使政府能用有限的資源，達到擴大公共教育的目標，而且亦能按照英國有關宗教教育問題的處理方法，政府在官立學校維持世俗教育，同時又給與補助學校進行宗教教育的自由。而在戰前的補助學校，都是天主教或基督教教會所辦，課程包括聖經及教義，且可在校內進行宗教活動。學校一方面承繼了重視宗教教育的西方傳統；同時，更直接地把西方文化要素的基督教《聖經》、思想、觀念，甚至生活方式，傳播到香港社會各階層，使這個以華人佔絕大多數的香港社會，在較普及的層次中成為中西文化傳統融匯之地。

　　首先，受補助學校大致上可分為中文及英文學校兩類。兩者所受資助情況，從計劃的實施開始，已有顯著的差別。在早期當資助額以學童學年考試成績成為標準的時候，中文學校每年每名學生所獲者為五至十元；而英文學校同等成績所獲者則為六至十六元。1885 年學校監督歐德理於呈給政府的年報中指出：“第一類（中文）學校都是便宜學校，因為教員都是本地人，薪金很低，而且學校都設在中國人的屋宇內，租金都比較低。其他以英語授課的都是費用昂貴的學校，因為他們須聘用一些歐籍教員，而且多設於獨立的西式校舍，租金比較高。"[36] 補助法規經數次修改後，自 19 世紀 90 年代至 20 世紀初，兩者的距離相差更遠，英文學校每名學生每年所獲為 24 元；中文學生則只有三至十一元。在每班人數限額，課室容量的規定等方面，對中文學校所訂的標準都比較低。校舍的設備及租金補貼，兩者差距更大。20 世紀 20 年代，補助學校更進一步集中在英文教育發展。1914 年的修訂補助法規，雖然把男生在英文及中文學校所獲補助額的距離拉近，每名每年分別為 40 元及 35 元；但女生所獲的則相差很遠，分別為 35 元（英校）及 14 元（中校）。問題是在 1920 年代以至大戰前獲得補助發展的差不多都是英文學校，而被列為中文中學的，只有三所，而且都是女校，所以每名學生只獲每年 14 元的補助。

　　在補助制度施行初期，政府把小學教育給與補助學校負責。但自 1893 年的補助法規提供了中學的發展後，規模較小的中文小學首先遭淘汰，補助學校學生人數雖不斷增加，但漸集中在英文學校及其在中學班級的發展，補助制度便成為政府推行英語精英教育的重要部分。1938 年，政府所辦的中學，只有四所，而其中只有金文泰一所為中文學校。[37] 補助學校則共有 18 所，亦只有聖保羅女校、英華女校及協恩女子中學採用"六三三"的中國學制及中英雙語教學，被列為中文學校，其他 15 所都是英中（Anglo-Chinese）學校，即一般稱為英文學校，因為學校以英語為教學語言，中文只為眾多科目之一，每星期授課只得三至六個小時。其他課程與英國的文法學校及其他三所政府英文書院頗為相同。[38]

　　1913 年的教育法案規定凡有學生九名以上的私立學校，須向政府註冊，開始了政府對私校的管理，並派遣視學官到部分註冊學校視察。首先引起政府注視的為新界鄉村私塾及在市區東華醫院辦的義學。1914 年起政府給與部分辦理較好而極需資助的學校小額的津貼。1922 年起，在本港師範學校畢業生辦的較正規的學校，亦可申請獲政府津貼，不過津貼金額，在市區學校為每名學生每年五元，鄉

（36）　該報告書於 1885 年呈交立法局，載 *Hong Kong Sessional Papers, 1885*, p.242。

（37）　四所官校包括皇仁書院（前為中央書院）、庇理羅士女書院（1893）、英皇書院（1926）及官立漢文學校（後改稱金文泰中學），前三者都是英文學校。

（38）　這 15 所學校，大部分為從早期教會學校發展成為中學，至今仍是香港歷史悠久的著名英文學校，其中包括聖保羅男書院、英華男書院、喇沙書院、拔萃男書院、聖約瑟書院、華仁書院、拔萃女書院、法國書院（今聖保祿女書院）、聖心書院（今嘉諾撒聖心）、聖芳濟書院（今嘉諾撒聖芳濟）、聖瑪利書院（今嘉諾撒聖瑪利）、聖士提反女書院及瑪利諾書院等。

圖 11.5　位於香港中環鐵崗的聖保羅書院

村學校則為三元至三元半。這小額津貼，一直至大戰前都沒有增改。在 30 年代，受惠的學校有三百所左右，其中有中文學校、英文學校及職業學校。[39]

表二：政府、補助、私立學校學生人數的比較增長（1900－1938）

年份	政府	補助	私立（註冊）
1900	1,750	3,870	—
1902	1,664	3,107	—
1904	1,665	3,305	—
1906	1,932	3,564	—
1908	2,251	3,927	—
1910	1,960	4,337	—
1912	2,024	4,309	—
1914	1,673	4,533	13,175
1916	2,433	3,500	15,170
1918	2,813	3,314	19,417
1920	2,929	5,438	20,340
1922	3,169	13,005*	23,040
1924	3,458	16,005*	27,470
1926	3,188	16,690*	17,416
1928	3,636	20,601*	32,064
1930	4,115	21,374*	37,508
1932	4,602	6,753	59,868
1934	4,683	7,127	61,538
1936	4,665	7,670	66,344
1938	5,167	9,109	89,859

資料來源：Sweeting, Anthony, *Education in Hong Kong Pre-1841 to 1941*, Hong Kong,1990, pp.77－78。

＊數目包括津貼學校學生。1932 年起，該項人數（約有一萬至一萬五千人左右）轉撥入私校類別。

　　這種津貼辦法（Subsidy System），有稱為補助制度的部分，但津貼金額，與補助學校所獲的，相差很遠，而且津貼並不只是根據視學官每年的巡視報告而定，

（39）由私人或團體開辦而獲津貼的學校，以民生書院及聖類斯職業學校（St. Louis Industrial School）最具規模，其他有慈善團體辦的義學及在新界由私人所辦的鄉村小學，規模都很小。

所以非常不穩定。政府於 1922 至 1930 年間的教育報告書中，曾把這些津貼學校及學生數目列入為補助學校項目內，但自 1931 年開始，則撥入為眾多的私校中（見表二）。原因是學校的設備、師資等的要求，都只是與私校一樣，完全受政府的教育法案管制，與官校及補助學校的管制及監察制度不同。

（四）英語精英教育政策的推行

　　香港政府既無意在港推行普及教育，亦無意採納英國在印度的政策來同化香港的居民。香港於 19 世紀 70 年代末開始注重英語教育的原因，可從香港、中國及英國對華政策關係的情況中看到。

　　在公共教育建立的初期，政府雖無意積極扶助在港的傳統中文教育，卻仍按照中國學塾方式，開辦了一些鄉村及地區中文小學，但因資助不足，缺乏監管及其他原因，情況遠不及由私人開辦的學塾或學校而告失敗。補助制度建立後，政府便逐漸把原來所設的鄉村學校關閉。事實上，在這時期大部分中國人仍按過去傳統，負起供應子弟入讀自己所選擇的私立學校，其中有塾館或新式學校，亦有不少人把學童送回中國內地升學。所以在戰前，政府所供應的公共教育雖然非常不足及資助分配極不平均，亦沒有引起香港人的不滿或嚴重的社會問題。

　　其次，在理雅各於 1860 年所提出的教育改革建議書中，已指出香港社會對通曉英語人才的需要。香港在 1865 年左右在經濟各方面的突破發展，如航運、貨倉、銀行、保險及其他行業的勃興，在港口設備、道路建造及公共與政府行政服務的擴展，使曾受英語及新式教育的人士，容易獲得薪金較高的工作及投身商界的機會，這種以功利為目標的教育設施，可以說是 19 世紀英國殖民地教育政策的一面。在另一方面，亦可以說因為香港是建立在商業發展的基礎上。首任教育署署長於 1914 年英帝國教育會議上有這樣的解釋：“我們在香港開設英文學校，並不是道德責任問題，而是商業發展的需要。”[40]

　　英語教育的推行亦為配合當時的英國在華政策。1860 年《北京條約》的簽訂，

（40）教育署長艾榮（Irving, E.A.）在該會議所提報告書，詳細敘述香港的教育情況，後印成小冊子：*The Educational System of Hong Kong*, Hong Kong Government Press, 1915。

擴大了西方國家在中國的活動及獲取更大利益的機會。在香港培育一些曾受英語及西方教育的中國人，正是為英人進一步在華建立及擴展其勢力的所需。英人控制的中國海關所聘用的中級人員，自 1865 年開始，已有不少來自香港。中央書院在 1880 年的課程改革，亦是因應海關招聘考試的內容修改而提出的。同時在中國的自強及改革運動進行中，亦需不少曾受英語及西方教育的人才。事實上，中國自 19 世紀 60 年代開設的新式學堂，如江南造船廠、天津醫學堂、唐山工學堂等，都多次在香港的英文學校中招收學生，甚至聘請老師。[41] 尤為重要的是英國及香港政府都希望在香港培養出來的中國學生回中國服務，並成為親英者，這樣不但有利於中英的聯繫，且會照顧英人在中國的利益。有關這利己的目標，英文報章、教育報告書、甚至在港督的說話中，都曾多次不諱地指出。[42] 這立場可從《孖剌報》（*Hong Kong Daily Press*）社論中的一段話可看到："在中國海關服務的文員及其他僱員，大多數曾是中央書院學生，是值得我們感到興奮的。因為這可能造成香港短暫的損失，但不久將會帶來巨大的間接利益；因為中央書院會成為孕育中國官員之所。"[43]

　　雖然香港政府無着意推行同化政策，但是在實施重英語及精英制度的動機中，亦明顯地表現了殖民政府以傳播英式文化為己任，而帶着維亞利亞時代英人的使命感者，尤以在 1879 至 1897 年任教育督察的歐德里（E. J. Eitel）的言論最為顯著。他認為香港是適當的地方讓英國人把歐洲文化帶至中國，把中、西雙方連接起來，所以他所著的香港史，亦以《在中國的歐洲》（*Europe in China*）為題。[44] 香港政府實施加強英語教育而放棄早期的鄉村中文學校，是在歐德理的任期內開始的，作為當時處理香港教育事務的負責人，他的主張對這政策的實施相信有不少影響。

　　首次重視英語教育的是一向比較關注中國人生活情況的港督軒尼詩（Hennessy, J. P.，港督任期：1877—1882），[45] 而歐德理則是他的秘書。他於 1877 年巡視中

（41）見 Ng Lun, Ngai-ha, *Interactions of East and West,* pp.139—142。

（42）大部分的說話都是為了要解釋政府為甚麼把大部分公共教育經費，集中在英語學校。關於此政策之評述可參閱余繩武、劉存寬（編）：《19 世紀的香港》，1994 年，頁 276—277、280—281；及 Ng Lun, Ngai-ha, *Interactions of East and West,* pp.81—84。

（43）《孖喇報》1884 年 3 月 4 日《社論》，轉錄自 Ng Lun, Ngai-ha, *Interactions of East and West, p.*81。

（44）在該書的前言中，歐德理表現了頗強的文化優越感及帝國思想，寫出下列的說話："歐洲已注定了要統治亞洲，帶領文明向前邁進。英國已開始了她的任務，佔領了印度、緬甸、海峽三埠及香港……。"見 Eitel, E.J., *Europe in China, The History of Hong Kong from the Beginning to the Year 1882,* Hong Kong, 1898, pp.IV—V。

（45）軒尼詩在其任期間（1877—1882），取消了多項政府早期對華人岐視及不公平的措施，例如：開放大會堂給華人，取消對華人居住地區的限制及廢除對華人罪犯施行笞刑等。參閱 Hennessy, James Pope, *Verandah_Some Episodes in the Crown Colonies,*1964, pp.200—205。

央書院後，認為該校應全力改善其英語教學，並認為英語是香港中國人改善其經
濟地位的途徑。在一次由軒尼詩特別召開的教育討論會中，正式通過重視英語教
育為政府的基本政策，並開始在中央書院減縮學習中文時間，加強英語教學的措
施。[46] 1878 年，英語科目講授時間增至每天五小時，其餘兩小時半為中文科目，
甚至可以選擇以理科代替。1881 年，學校進一步把中文科時間縮至每日一小時
半。1896 年，中文科目完全被取消，只餘下翻譯一科。1903 年，中文科雖恢復，
但只作為眾多科目之一，每星期只授課三至四節。

　　中央書院的規模，亦於同時逐漸擴大。在 19 世紀 80 年代，註冊學生人數由
500 人增至 900 人。學校於 1889 年遷入面積更大，位於鴨巴甸街的新校舍，學生
人數更不斷增加，至 1900 年，已達 1,400 名以上。但隨着 1903 年為富有華人子
弟而設的聖士提反私立英文學校的開辦，[47] 及 1905 年維多利亞英童學校 (Victoria
British School) 的設立，加上 1908 年實施入學年齡限制及增收學費，該書院 (1894
年改名為皇仁書院) 的學生人數便維持在八九百人上下。

　　由印籍富商捐助而建的庇理羅士女校 (Belilios School, 1893) 是一所附設中文小
學的英文中學，亦是政府直接辦理的第二所中學。[48] 同時，在這時期，政府亦逐步
把較早期開辦的補助鄉村學校及地區中文小學關閉，而把原來的校址，給予教會
開辦補助小學。另一方面，亦在灣仔、跑馬地、西區及油麻地華人人口最多的地
方，開辦三至五年制分區的英文小學 (district school)，以為皇仁書院的支校。

　　1902 年政府任命教育督察、註冊總長 (即處理華人事務的華民政務司前身)、
教會代表何雅主教 (Hoare, Bishop) 及華人領袖何啟等人組成的教育委員會，負責
調查香港的教育制度及設施。在該委員會的報告書中，不但認同政府的重英輕中
的政策，並提出這樣的結語：

　　　　委員會認為政府提供的教育必須要徹底。把教育事務集中在開導華人精
　　英分子會比強逼一般民眾接受新思想更為有效。就目前而言，最好及唯一的

（46）該會議於 1878 年 2 月召開，由軒尼詩自任主席，成員包括歐德理、史劍域及立法局議員六名，深入討論有關在政府學校
　　　中的英語教學問題。會議經過熱烈討論後，以一票之差通過中文可改作選讀課程，而決定推進英語教學為政府教育首先目
　　　標。這是香港教育發展的重大決定。會議紀錄全文載 H.K.G.G., 1878, pp.90—92。內容摘要及分析，見 Ng Lun, Ngai-ha,
　　　Interactions of East and West, p.80 及 Sweeting, Anthony, *History of Hong Kong Education*, p.234。

（47）聖士提反英文學校 (或稱書院) 於 1903 年創辦，為富有華人子弟而設。該校仿效英國的公校 (Public School) 學制及課程，但
　　　兼 設中文科目。1914 年獲香港政府承認為獨立學校，不受私校教育法案管轄。

（48）庇理羅士書院初期開辦時，成立於中央書院原來的校址，是一所英文學校，初期附設中文小學六班，1914 年後取消，成為設有
　　　八至一年級的正規英文女學校。

辦法是讓接受了文明思想的知識領袖來潛化那些無知的大眾。因此，英文學校應比中文學校受重視。[49]

此番說話，公開地把商業、功利及英帝國利益等理由，套上了所謂"精英"、"無知大眾"及"西方的文明思想"等西方帝國主義的優越觀念，進一步肯定了政府偏重英語及精英教育的政策。[50]稍後在接受港府建議撥地資助為上層華人開辦一所獨立高等學校的函件中，殖民地部亦重複強調此政策的意義，特別指出"如果學校辦得成功，更多上層華人到來就讀，甚至有從中國內地前來。而他們其中將會成為中國官員的一分子，其帶來深遠的影響，對本國有利"。[51]

英語教育培育了不少回中國服務的人才，有的在中國沿海商埠任買辦，有的加入中國海關，還有入讀由清廷所開辦的新式學堂。這不但有利於中英聯繫，亦有助於英國在華發展，配合了英國佔領香港的目標。

（五）香港大學的建立

要在香港設立一所高等學府的建議，早於 1880 年由港督軒尼詩提出，但負責研究該問題的教育委員會（Education Commission）認為香港所需者是商業人才，並無設立大學的需要。[52]事實上，直至 19 世紀末之前，不少入讀中央書院者都是為了英語教育的"商業價值"。

20 世紀初，以當時港督盧押（Lugard, Frederick，港督任期：1907—1912）為首再提出設立大學之時，其動機已不單只為了香港社會所需。在中國進行的教育改革，特別是 1905 年科舉的廢除，已引起了國內及香港華人對西方新學科和知識的追求，出國留學的學生數目日增，而美、法、德等國亦加強了他們在中國的教育活動，如興辦大學、設立獎學金等。盧押在提出建校的備忘錄中指出"欲出國留

（49）*Report of the Committee on Education*, Hong Kong, 1902, p.2.

（50）就會議記錄及殖民地部通訊資料所示，主席何雅主教及前任註冊署署長（即後稱華民政務司）均表示不贊同此政策，但兩位教育督察（即後稱教育署署長），則極力堅持此立場。1905 年 Irving, E.A. 在英國帝國教育會議中，更強調此政策是政府避免加稅而能維持收支平衡的最有效辦法，顯然是把重點放在財政問題上。資料收錄於 Sweeting, Anthony, *Education in Hong Kong*, pp.275—278。

（51）Ng Lun, Ngai-ha, *Interactions of East and West*, p.87, N.71.

（52）*Report of the 1880—1882 Education Commission*, 1883, Hong Kong, p.75.

學的中國青年，能在此（建議中的大學）獲得接受英國高等教育的機會，無需遠赴海外"。[53] 這個為中國訓練人才的目標亦獲中國官員的響應。[54] 盧押向英國政府及商人提出的建校動機，則特別強調大學訓練出來的人才，會有助於增進中英了解和友好，亦有利英國在中國的活動；並且一方面貫徹了多年來政府在香港公共教育所推行的英語及精英教育政策，亦顯示了大學將為英帝國服務的目標。不過，從當時在港的英語教育發展，建校的各方支持者，及大學初期的規模來看，對新大學可以利用香港的特殊條件為中國現代化訓練人才的意見，曾獲不少中外人士的認同。

　　在教育水準上，香港亦已達到建立一所大學的要求。當時香港首所官立中學已建立了差不多五十年，另外尚有數所教會辦的英文中學，所開設學科都與英國文法中學相似，而且都設有大學預科班。自 1886 年開始，已有學生參加由劍橋大學和牛津大學主辦的英國大學入學試。在 1905 至 1910 年間，在香港獲得該入學試資格者共有三百多人。

　　已有二十多年歷史的香港西醫書院成了興建大學的重要基礎。該書院由倫敦傳道會與香港華人領袖何啟於 1887 年合力創立，目的為提供西醫服務及訓練西方新式醫學人才。[55] 學生亦有來自中國及東南亞的華人，他們畢業後，為推進西方知識的傳播及培養專業人才作了重要的貢獻，[56] 而該校亦一直受港督及曾任兩廣總督的李鴻章支持。20 世紀 00 年代初，書院面臨爭取英國醫學會的正式承認及設立永久基金等的關鍵問題。1908 年盧押召開書院代表及大學籌備委員會議，商訂結果，決定了以西醫學院併入為新成立大學的主要基礎；而當時準備支持書院擴展的巨額捐款者，亦同意把捐款贈予新大學，是為實現大學建立最重要的一步。

　　從參與籌備及捐款者的名單來看，大學的建立實得自多方面的支持，尤以在香港的華人領袖及其他各國商人、商號最為積極。商人麼地（Mody, H.N.）為最早

（53）該備忘錄名 Lugard's Memorandum，收集了有關建校的各項意見及會議決定。部分內容見 Ng Lun, Ngai-ha, *Interactions of East and West*, pp.126－127。

（54）兩廣總督張人駿亦相信在港設一所英式大學，將有利於中國學子獲取西方知識。他向省內官民提出捐款建議，並於 1910 年 3 月，送出當時最大的一筆捐款，共達 20 萬元，作為建校基金。捐款名單，見 Hornell, W.W., *The University of Hong Kong, Its Origin and Growth*, Hong Kong, 1925, p.46。

（55）有關該書院歷史、課程與港大的關係，可參閱羅香林：《香港與中西文化之交流》，1961 年，頁 135－178；Cho, Gerald, *The Life and Times of Sir Kai Ho Kai*, Hong Kong, 1981, pp.57－69。

（56）1887 至 1912 年間，香港西醫書院共有畢業生 120 名。孫中山亦為首屆的兩名畢業生其中一位。雖然他的功業並不以醫學為彰著，與他同屆畢業的江英華及後來的畢業生，大多數均投身香港、中國內地及東南亞等地的現代醫學工作。

的響應者，也是個人捐款最多者。[57]其他較大的捐款，有來自於 19 世紀 70 年代成立，以中國及香港為基地的太古洋行（Butterfield and Swire），和兩廣總督張人駿。此外，捐款亦有來自廣州、廈門、澳洲、西貢、庇能的中國人，及在英國的商人團體中國會社（China Association）等。而英國政府所捐出的則只有每年 300 英鎊的愛得華七世獎學金（King Edward Ⅶ Scholarship）。總的來說，商人的捐助所佔最多。香港政府的大力資助，則開始於 1920 年，當時大學從捐助得來的經費，已告嚴重不足，無法應付當時大學的營運及發展所需。政府是年首次注入基金共 100 萬元，並將每年津貼由兩萬元加至五萬元，而且每年續增，至 1929 年年津貼已達 35 萬元。[58]

　　大學於 1911 年成立之初，僅設有醫學和工學兩院。翌年始增設包括多項理科科目的文學院，中文則為一年級的選修科目，是一所英式大學，並且注重宿舍群體生活和學生品格的培養。大部分教職員都來自英國或英帝國屬地。

　　在大學共 72 名的第一批學生中，除本地學生外，尚有來自海峽三埠（即馬六甲、庇能及新加坡）、廣州和其他中國沿海商埠，已實現了大學不單只為香港而設的目標。實際上，直至 1946 年馬來亞大學設立為止，香港大學一直是英帝國在遠東唯一的一所大學。從英屬地如馬來亞、新加坡、婆羅洲等來就讀的學生，一直都沒有間斷，至於來自中國的則反比預料的為少。[59]主要原因是在於辛亥革命後中國局面一直動盪不安，缺乏比較長久的穩定時期。但即使學生不多，根據最近一項研究所顯示，港大早年的優秀畢業生回國內服務後在各專業及文化上的貢獻，比過去一般所估計的重要得多。[60]因此，創校者要為中國訓練人才的理想，並非沒有實現。但是，在造就專業人才及社會精英而言，香港大學所起作用，正好配合香港在 20 世紀 20 年代初開始的社會、經濟及文化地位的變化。第一次世界大戰後國際貿易的轉型，使香港從以中英貿易為主體的轉口港地位擴展成為歐美及亞洲各地貿易的樞紐。各項的建設，加上行政及管理人才的需求，都有賴這所新大

（57）麼地的捐款共達 15 萬元，最主要是承擔了建築校舍的費用，使盧押可以與當時正籌款建新校舍的西醫書院進行商討合併，這是在籌辦大學過程中一重要突破。參閱 Harrison, Brian, op. cit., pp.19－20。

（58）有關大學在這時期經費來源情況，可參閱 Harrison, B., op. cit., pp.47－54。

（59）自 1914 年開始，港大在廣州及中國其他主要城市，都設有入學考試試場，但有關資料已佚，相信投考者人數不多。根據 Mellor, Bernard, 的記述，在 1915 年的大學新生名單中，最少有七名來自廣東。但在同年，校內已原有數名來自廣西及北京的學生。又根據另一記述，在 1921 年的 194 名畢業生中，有 71 名來自外地，其中包括有來自廣州的 16 名、河北八名、雲南六名、直隸七名及武昌一名，其他的則多來自馬來亞、蘇門答臘等地。見 Mellor, Bernard, *The University of Hong Kong, An Informal History,* Vol.1, H.K., 1980, pp.50－57。

（60）劉蜀永（編）：《一枝一葉總關情》，香港，1992 年。

學的培養。同時,自辛亥革命後,國內新學制的推行,隨着新文化運動和五四運動的展開,從內地移居香港者有國學超卓的老師宿儒,亦有思想開放的新青年及具辦學經驗的教育家。其中有投入港大的教學行列,作出貢獻。港大早期校長儀禮(Eliot, Charles)、奔逸(Brunyate, William)及康寧(Hornell, William)多次前往中國的訪問,1927 年開辦中文系等發展,都是溝通中、西文化活動的先聲。[61]

四·中文教育及新式中文學校的擴展

香港教育的發展經過,可分為中、英兩個體系,經過了不同階段的發展,在 20 世紀初已建立起中、英雙軌的教育制度。後者在政府的扶助下,建立了小學、中學及大學的完整教育體系;前者雖一直都是香港華人教育的主流,大部分都是由私人辦理,香港政府所提供的,無論是早期的資助學塾或補助制度下的中文學校,都只佔學校總數的一小部分。民國以後,中國國內教育便成為香港中文學校的重要後盾。自 20 世紀 20 年代開始,受到了內外因素的影響,香港的中文教育,進入一個新的及蓬勃的時期,成為戰前教育發展的另一重要方向。

(一)政府對中文教育的關注

在英語及精英教育政策的指導下,香港政府對中文教育發展所採取的態度,於 1920 年代初只限於:(1) 在補助制度及津貼辦法下給與一些由教會或團體所辦的中文學校小額的資助;(2) 對新界部分由私人辦的鄉村學校,按學生人數每名給予每年三元的津貼及 (3) 按照 1913 年教育法案,巡視依法在教育署登記的私立學校。

在此時期,一方面因為人口的驟增而帶來中文學校的增設,另一方面更因在中國國內的新文化及五四運動,1922 年的香港海員罷工及 1925 年的省港大罷工帶來的社會動蕩及反英情緒,香港政府對中文教育的發展不得不採取了一些比較積極的態度。

---

(61) 早期的訪問多為向國內大學介紹港大的課程,到 20 年代後期則開始協助在上海、南京等地的學術機構設立有關工程及醫學的研究。見 Mellor, B., op. cit., pp.52—56, 72, 78—79。

政府首先關注的是師資的培訓。當時在港的中文學校老師，絕大部分來自國內，沒有經過任何學歷及資歷的審定，可以說得是品流複雜，再加上其中亦帶有強烈的民族思想，在課室上進行所謂"政治宣傳"，這些都是政府所不願見到的。但政府仍沒有提供負起香港華人所需的中文教育的計劃。開辦中文師範學校，培養可信任的人才作為老師，便成為當務之急。

第一所官立漢文男子師範學校創設於 1920 年，翌年另創官立漢文女子師範學校；1925 年又增設大埔官立師範學校，造就新界當地所需的教學人才。此外，早於 1914 年開始附設於專業學院（technical institute）的在職師資訓練班，亦添增漢文組。三所師範初設時只為兩年制，1924 年始增設三至四年。對於入學資歷並沒有嚴格規定，所重視者，是投考者的國文與經學的程度；年齡亦沒有限制，大致而言，從香港學校出身的，都比較年輕，從國內來的多是資歷深而穩重的。至於擔任講師者，有不少為老師宿儒，"在當年教育界的知名之士，差不多已羅致半數，其中尤為國學研究方面"。區大原、桂玷、俞叔文等都是。[62] 以國學為基礎的三所官立漢文師範所訓練出來的學生，至 1941 年共達三百多名，可以說是政府對戰前中文教育發展的關注中較積極的一面。[63]

在 1925 至 1926 年間籌辦及成立的第一所官立漢文中學，亦可以說是政府對中文教育關注的重要措施。直接推動學校建立的為香港總督金文泰。他無疑是一位對漢學有濃厚興趣及高深造詣的英國殖民地官。1925 年因五卅慘案而引發的省港大罷工及反英情緒，在金文泰就任港督前後已漸緩和下來。他於同年 12 月提出的創校建議，相信是與英國政府所採取的緩和反英局面的政策有很大關係。當時的華人領袖紳商，對於香港較具規模的官立及補助中學都循英國制度，中文功課每周不過數小時，都認為不足以維持中文教育。他們指出："數十年來，本港華僑弟子，中文水準日低，非有家學淵源，或自聘宿儒學習，則中文程度，不特無深造，且無以應日用之需。"[64] 由此，在官紳合作的號召下，首先把當時孔聖堂所辦的中學的學生，接收過來。翌年，與當時的漢文師範學校合併，正式稱為官立漢文師範及中學校。該校初時採取高小三年、中學四年、師範二年的混合制。課程則是以中英雙語並重的新式學校為模式。中文科目計有中國經學、國文、歷史、

（62）名單見王齊樂：前揭書，頁 323—325。

（63）可參閱漢文師範同學會所（編）：《香港漢文師範畢業同學錄》，香港，1967 年。

（64）王齊樂：前揭書，頁 290。

文學史、經濟等；用英文課本的則有英文、翻譯、理科、外國史、世界地理等。
1933 年，該校根據當時中國內地學制，改為三三制的中學，畢業生可升讀香港大
學，亦有回國內大學入讀，更有成為本港中文學校老師。[65]

　　與此同時，由於私立中文學校的開設日益增多以及政治背景日益複雜，香港
政府對中文課程的開設及對學校的一般管制，亦開始注視。首先於 1922 年在教育
資詢委員會（Board of Education）內附設中文教育小組，目的是為提供有關中文教
育的意見。1929 年中國教育部公佈《中小學課程標準》，作為僑校課程的指引，香
港政府隨於同年任命一中文課程委員會，負責訂定《中小學中文課程標準》，並即
令本港公、私立中文學校依規定施行。[66]這是香港政府對私校課程第一次的頒令，
而且是按照中國的新學制，即“六三三”制而制定的課程標準，與中國政府在同期
所頒行的頗為相似。兩者比較起來，就科目而言，小學方面差不多完全一樣，香
港學校沒有的只是農作和軍訓。

　　20 世紀 30 年代初，中國政府加強對海外華僑中文學校的立法指引，對香港的
中文學校亦進行積極的聯繫與領導，自然引起香港政府的關注及反應。[67] 1913 年
的教育法案，主要是規定有學生九人以上的私立學校及教員要向政府註冊。1932
年政府首次增訂法例，對有關課室面積、衛生標準、消防設備、宿生醫療服務、
懲罪辦法等作出規定，提高了對校舍設備的要求。但在翌年（1933）的修訂法案，
則加強了對老師註冊資格的要求，並規定學校所用課本，須送交教育署審定。[68]

　　不過，無論從規則的內容及實際的執行上，政府在這時期推行的課程標準及
修正學校法例，都未能有效地改善當時一般私立中文中學的教育質素，學校所用
的課本，只要沒有不利香港政府及反英宣傳的，政府便不大追問。至於內容是否
陳舊則很少理會。也許，這是因為政府既無意負起普及教育的責任，人民思想比
較陳舊更有利於殖民地政府的統治，所以當時中文私立學校教學質素良莠不齊的
情況仍然存在。

　　自 20 世紀初香港人口及學生數目不斷增加，香港政府在公共教育方面的支
出，亦由 10 年代的 2 至 3% 左右增至 20 年代的 5% 以及 30 年代的 6% 以上（見

（65）見〈歷屆中學畢業生一覽表〉，載《1933 年漢文中學年刊》及何家誌：〈戰前香港官立漢文中學校史略〉，載《香港官立漢文高
　　　級中學校刊》，1949 年。

（66）有關此兩項課程內容的詳細比較，可參閱拙作（與鄭赤琰合著）：〈香港華文教育發展與中國的關係〉，載《兩次大戰期間在亞
　　　洲之海外華人》，香港，1989 年，頁 177 — 178。

（67）同上註，頁 175、178 — 179。

（68）1932 及 1933 年香港政府增訂的教育法案內容，載趙世銘（主編）：《港澳學校概覽》，1939 年，香港，頁（丁）22 — 23。

表三）。

20 年代中國國內政局的發展、中英關係及香港社會的重要變化雖然使香港
政府對中文教育開始關注，但是其目標不過是為了緩和反英情緒及開始施行對由
私人辦理的中文教育的監視和管制，而政府的重英語及精英教育的政策，並沒有
改變，所以在 1920 至 1938 年間隨着人口的增加，學童人數雖不斷增長，但是仍
以私人辦的中文學校佔多，公共教育中的官校學生由差不多三千名增至五千名
左右，增長率為 75%；補助學校學生則由五千四百多增至九千一百多名，增長
率約一倍；至於私校學生則自二萬多名增至差不多九萬名，增長率超過四倍（見
表二）。

1938 年在政府自辦的 20 所學校中，有三所為八年制的英文中學，即皇仁書院
（1862）、庇利羅士女校（1893）及英皇書院（1926）；六所為華童而設的英文地區小
學及三所華文師範學校，其中一間兼辦普通中文中學（即戰後的金文泰中學）。職
業學所有兩所，但總人數不到 300 人。其他的九所，都是為非華籍兒童而設的英
文學校。

從政府教育經費支出的分配，亦看到政府的重英輕中教育措施。政府給與中
文學校的補助津貼，在 1920 年前，只佔政府公共教育總支出 5 至 6% 左右，高峰
在 1922 至 1930 年間，政府鼓勵師範畢業學生辦中文小學，給與小額津貼，百分
率升至 10% 左右，此後又維持在 6 至 7% 之間（見表四）。

（二）香港大學中文系的設立及早期發展

香港大學於 1912 年開辦後，於翌年設立的文學院，辦有中文一科，是為語
文組的選修科目之一，任教的賴際熙及區大典太史，都是從中國內地到香港的名
儒，但兩人均為兼職，課程並未引起學生及社會的重視。

表三：公共教育佔政府總支出百分比（1912－1938）

年份	公共教育支出	佔政府總支出
1912	$170,165	3.38%
1913	195,916	3.19
1914	216,843	2.72
1915	242,359	2.17
1916	235,978	2.90
1917	234,679	2.35
1918	246,471	2.11
1919	254,302	2.00
1920	444,150	3.72
1921	478,583	3.75
1922	606,797	3.92
1923	726,638	3.97
1924	814,534	3.55
1925	925,489	3.61
1926	800,598	3.86
1927	969,441	5.24
1928	926,148	5.19
1929	1,152,375	5.24
1930	1,466,406	5.91
1931	1,479,279	5.48
1932	1,404,809	5.45
1933	1,617,474	5.72
1934	1,558,324	6.00
1935	1,643,505	6.02
1936	1,643,934	6.31
1937	1,786,706	6.34
1938	1,878,645	5.75

資料來源：Sweeting, Anthony, *Education in Hong Kong*, Table 1.4, pp.78—98；Cheng, T.C., "The Education of Overseas Chinese," M.A. Thesis, London University,1946, Appendix II,p.428。

表四：政府對中文教育補助及津貼佔公共教育總支出百分比（1912－1938）

年份	補助及津貼中文教育支出	佔教育總支出
1912	$12,972	7.6%
1913	13,118	6.7
1914	12,774	5.9
1915	13,982	5.8
1916	13,484	5.7
1917	11,909	5.1
1918	11,854	4.8
1919	16,757	6.6
1920	19,692	4.4
1921	21,200	4.4
1922	62,582	10.3
1923	73,985	10.2
1924	81,945	10.1
1925	94,450	10.2
1926	99,413	12.4
1927	100,765	10.4
1928	105,265	11.2
1929	108,388	9.4
1930	109,020	7.5
1931	94,853	6.4
1932	113,725	8.1
1933	116,187	7.2
1934	118,560	7.6
1935	118,375	7.2
1936	113,480	6.9
1937	111,985	6.3
1938	118,835	5.8

資料來源：同表三。

圖 11.6　前香港大學中文系主任賴際熙教授（1865—1937）

　　1926 年由港督金文泰及教育司活雅倫（Wood, A.E.）提出有關在港大設立中文系的建議，與同時期香港政府對中文教育關注的背景可以說是相同的。

　　雖然，金文泰在公開列舉的理由中，強調中國人應認識自己祖國文化，而且認為中國道德文化，亦應普及世界。而教育司則指出官立漢文中學既已開辦，為使該校畢業生能有機會升入大學，故需要設立中文系。而背後的動機，相信包括是要緩和反英情緒及強調古典文學與儒學，以沖淡由新文化及五四運動所引起的近代中國民族意識。

　　籌辦中文系的經費部分來自香港商紳的捐贈，但大部分來自由港大校長康寧與賴際熙前往南洋各地募捐得來。遠離祖國的華僑，對於支持促進中文教育及發揚中國文化，一向都是熱心的。[69]

　　於 1927 年正式成立的中文學系，其學科內容以一般中文詞彙及經史的研習為主，輔之以翻譯及為外國人學習的中國語言科。在講師陣容方面，則有對國學造詣極深的賴際熙、區大典、朱汝珍、溫肅、岑伯越等，都是較早時從國內來港的清廷遺臣及名儒學者。

　　中文系的成立，確能在香港知識界中起了一股推廣中國文化之風。以香港大學一批學生為主而組成的中文學會，尤為活躍。[70]該會以溝通中西學派，別其異同，解其得失為目標，延請校內外名人雅士作公開演講，多以中國文化為主題。其中邀得戴季陶自廣州專程來港所作的演講，最為哄動，而社會人士對中文系的發展，都寄予厚望。在這時期紳商鄧志昂和馮平山捐出鉅款，為中文系分別興建院舍及圖書館一座，為該系建立起永久基礎。[71]至此，中文系的建立與發展，雖由港督金文泰參與倡議，但是經費及一切建設，大都來自香港及海外華人的捐贈。

　　中文系在初期的學術地位，只是基於中國的傳統經典，又以舊式科舉宿儒作為教學主力，所以有其不足的地方。胡適就曾批評說："大陸上的中文教學早已經過了很大的變動，而港大還完全在那大變動的大潮流之外，中國文學的教授完全

（69）Mellor, B. 在 *The University of Hong Kong* 一書中，對 Hornell 前往南洋籌款經過，有較詳細記述，見前揭書，pp.75—76；中文系創辦經過詳情，則參閱王齊樂：前揭書，頁 299—314。

（70）有關該學會的學術活動，見宋蘅芝：《香港大學中文學會紀事》，香港，1931 年。

（71）〈馮平山圖書館早期史略〉，載羅香林：《香港與中西文化之交流》，香港，1961 年，頁 241—245。

圖 11.7　前香港大學中文系主任許地山教授（1893—1941）

在幾個舊式科第文人的手裡。"[72]

中文系在 1935 年邀請得許地山出任系主任，帶來了重要的改革。許先生有在印度、廣東、緬甸等地及北平的燕京大學、美國哥倫比亞大學、英國牛津大學的學術研究經驗，對以溝通中西文化為己任的香港大學所需的改革，起了很大的積極作用。他革新了過去以幾位太史公的古學專長為基礎的課程，把課程分設文、史、哲三組。過去學文學只重詩文，改革後加上詞曲、小說、戲劇、文學批評等；史學本亦只偏重朝代更替的政治史，現加上文化史、宗教史、交通史等；哲學則對諸子百家、歷代哲人與道教、佛教等哲理合為系統研究。各學科不必強調背誦，而採研究和探討的態度去學習。

中文系在新一代的國學名家，如許地山、馬鑑、陳寅恪等主持下，帶來了新氣象。在香港，他們對中國文化研究的領導地位，比之在以賴、區等太史為首以傳統經典、科舉文采為重的時代進了一大步。

中文系的設立與早期發展，在香港的教育史中佔有不可忽視的地位，在學校教育制度而言，當時的中文學校學生人數雖一直佔絕大多數，但缺乏了一所大學為其升學之階。中文系雖然只不過為大學的一個環節，不過亦開始提供了以研讀中文為志的學生在香港升讀大學的機會。

在高等教育的發展而言，中文系亦替香港大學開拓了實現促進中西文化交流理想的一個新的途徑。港大自建立以來，醫學院和工學院是以訓練專業人才為主，而就文學院而言，則亦包括理科的物理、化學、數學等；人文學科則只有英文、經濟、商科及中文。1920 年成立的教育系，以訓練專業教員為主，差不多成為了文學院的主流。所以就具體而言，早期的香港大學在人文學科領域所起的較高層次的中西文化交流，作用並不大。中文系的建立，卻能把中國文化的精華部分，介紹到這個華洋雜處面向世界的通商口岸，起了中西文化交流的作用。

（三）新式中文學校的拓展

20 年代以來，國內政局動盪，來港移民不斷增加，人口從 1921 年的 62 萬人增至 1931 年的 85 萬人以上。學校學生人數更從三萬五千多人增至六萬五千多

（72）轉錄自王齊樂：同前書，頁 311—312。

人，其中中文學校學生更由 1.8 萬人增至 4.8 萬人，增幅達兩倍半。1931 年九一八
事變後，日本對中國的侵略日益擴大，國內來港者更多，特別是 1937 年全面抗戰
開始及 1938 年廣州淪陷後，難民大量湧入香港，本港人口更劇增至 160 萬人，在
校學生人數則超過 11 萬名。其中就讀中文學校者佔了八萬三千多名，與 1931 年
的數字相比，又增加了一倍，佔全港學校學生人數約達四分之三（見表五）。

　　上列人數，並不包括夜校、專業學校、及十人以下或沒有向政府註冊的私立
學校學生。在此期間，註冊的"私立漢文小學"約有六百至七百所，但其中包括約
有 200 所私塾式的小學，平均每所人數只得三十人左右。此外，除了少數由教會
或附屬著名中學所辦的學校外，其他大部分私立漢文小學都是規模既小，設備亦
十分簡陋，許多都沒有獨立校舍，而只租用民房的一兩層。學生的流動性很大，
甚至學校亦不穩定。一年內，往往有數十所學校關閉，而新開設的亦同時有相若
或較多數目。私校的另一問題是學生在學的時間亦不穩定，能完成六年制的學生
不到一半，而部分學校亦只辦至初小四年級，塾館則只辦三四年課程亦很普遍。

表五：英文／中文學校學生人數比較（1920－1938）

年份	英文學校學生	中文學校學生
1920	9,792	18,915
1921	11,672	23,610
1922	13,730	25,484
1923	13,442	29,010
1924	14,980	32,953
1925	10,153	28,922
1926	10,218	36,478
1927	11,268	42,058
1928	13,691	43,156
1929	14,923	45,002
1930	17,561	46,079
1931	17,152	48,052
1932	17,536	52,787
1933	18,037	64,880
1934	18,036	55,312
1935	17,086	58,394

年份	英文學校學生	中文學校學生
1936	17,979	61,700
1937	17,005	67,988
1938	20,939	83,195

資料來源：吳倫霓霞、鄭赤琰：〈香港華文教育發展與中國的關係〉，載《兩次世界大戰期間在亞洲之海外華人》，頁173、180。

　　根據香港政府1931年人口調查數字所示，約有47%適齡在學兒童（五至十四歲）失學，但是如果把沒有註冊的私塾學生及不少在學時間只有四年或以下的兒童計算在內，曾經入學讀書的兒童相信達85%。真實的情況是其中有不少只能上學兩三年，能完成小學六年的只得55%左右，而上中學的又不到一半。主要原因在香港政府實行的英語及精英教育政策下，小學及中文教育大都只是私辦和收費的，而當時香港社會大眾，多為勞動工人、小店僱員及小商人，由於經濟能力有限，只能"希望他們的子弟讀上一年半載便到店舖學做生意了。"[73]

　　在這情況下，義學在戰前香港平民教育中佔了相當重要地位，其中以東華醫院所辦的歷史最悠久。而且在20世紀初，已把原來的塾館改為新式學堂的分級制及分科教學。1922年並加添地理、歷史、算術、衛生等課程，把義學教育現代化。同時期發展的尚有孔聖堂所辦的義學，比較注重以蒙學、經典為主的國文科，但在學制方面，仍能配合政府所定的初小及高小課程。據1935年的一個統計，由慈善團體或個人所辦完全公開招生的義學共有34所，學生約有三千名；由工會、商會、同鄉會等辦，專為會員子弟而設的則有四五十所，亦有學生三千名左右，義學人數佔了私校學童總數差不多達10%。[74]

　　中學的發展，在量方面雖然遠不及小學，但在二三十年代因為中國內地的情況及香港所受的影響而帶來了空前的勃興。首先是"五四"及新文化運動在國內已掀起了新學制及白話文教育，民族意識亦加強，這對香港中文教育的發展，產生一定的影響。加上國內移民到港又不斷增加，他們對子弟中文教育的要求往往較高。同時，香港政府對中文教育的開始關注，如中文師範、漢文中學及香港大學中文系的開辦，也許亦有一點鼓勵作用。1931年日本侵華行動開始後，逃港的難民中，有知識分子和有辦學經驗者。因此，在二三十年代有不少私立中學開辦，

（73）數字分析，乃根據陸鴻基在〈一九三○年代香港教育概觀〉一文資料所得，見《兩次大戰期間在亞洲之海外華人》，頁188—189。

（74）東華三院及孔聖堂等義學校名、地址見王齊樂：前揭書，頁200、204—205、206—207。

圖 11.8　熱心支持教育事業的馮平山先生

根據 1939 年一項調查，當時全港有 211 所（包括分校）私立中學。[75]其中較著名而頗具規模的，就其創辦背景及教學特點，可大概分為四種。

第一種是從早期塾館發展成為新式中學，其中著名的有子褒學校、孔教中學、湘父中學女校、慶保中學、梅芳中學等。這些學校多由國學名家執教中文科，課程包括《四書》、《五經》及《左傳》；另聘請其他教師負責數學、英文、自然科學等新式學校的科目。這類學校，舊學的質素特別高，深受傳統華人甚至曾接受英文教育的世家子弟歡迎。[76]甚至有學生在著名的英語學校讀書，但會在以舊學為著的學校習漢文，其原因可能如當時任教香港大學中文系的許地山教授所指出，因為父兄們相信老先生的學問比普通學校的教員高超，要兩全其美，非如此不可。[77]

第二種是由本港熱心教育的知名人士創辦或與從外地學成歸來的知識分子合辦的。在 20 年代開辦的有仿林中學、崇蘭中學、養中女子中學、民生書院、中華中學、西南書院等。這些學校，以提倡新學制、新學科、新管理為宗旨。課程方面，都設有中文、英文、數理和社會學科。在中文科中，仍包括有經學、詩詞、古今文選等；英文則包括讀本、文法、作文、翻譯、會話。在教員名單中，有來自歐美大學畢業，甚至擁有碩士、博士學位的。[78]

第三種是在 30 年代，由國內避居香港的教育界人士所開辦，如華僑中學、港僑中學、知行中學、知用中學等。所用課本，多為中華書局或商務印書館所編的共和讀本，亦有選讀《四書》、古文，比較注重訓育。這些學校的主持人均富有辦學經驗，故亦獲得香港人的信心。[79]

第四種是抗日戰爭爆發後，國內一些歷史悠久而著名的學校來港設立分校，及較後日軍迫近廣東時全校遷到香港。這些學校有培正、培英、培道、真光、華英、嶺南大學附中、廣州大學附中等。這些學校大都保持原來在國內的特色，其

(75) 該項調查為香港中華時報及香港華僑教育會主辦，搜集所得資料，由趙世銘主編的《港澳學校概覽》，1939 年。資料對研究戰前私立學校情況，非常有用。

(76) 曾在子褒學校就讀的社會及教育界知名人士中有冼玉清、容啟東、冼秉熹、郭琳褒、利銘澤、曾壁山等。湘父學校門生，則有何艾齡、張榮冕、容宜燕等。至於曾就業於其他著名宿儒的香港紳商亦有不少，如李福述、鄧肇堅、簡悅強、曹麗姬及劉鎮國等都是。

(77) 引自陸鴻基：〈一九三〇年代香港教育概觀〉，載吳倫霓霞、鄭赤琰（編）：《兩次大戰期間在亞洲之海外華人》，香港，1989 年，頁 194。

(78) 在這些擁有外國大學學位的教師中，以來自美國哥倫比亞大學、加州大學、紐約大學、德國柏林大學、法國巴黎大學最多。部分名單可見《港澳學校概覽》。

(79) 此類學校的辦學宗旨，大都提出“以三民主義為實施教育目標的中心”，或以“培養學生民族主義為己任”。其中知行中學更強調要“增強民族意識、信仰三民主義、擁護國家領袖、養成守紀律、服從、刻苦耐勞、犧牲之精神”。這些都與當時中國國民政府所提出的教育宗旨，頗為相同或非常接近，見《港澳學校概覽》，頁（丁）38、126、143。

圖 11.9 日佔時期香港所用的課本

中有不少是基督教學校，以中文、中國史地和現代科學為主，而輔以英文和西洋文化知識、教會義理等。這些學校，雖然到港的時間不長，多與香港教會或團體一直保持聯繫，很快便能在香港社會中扎根。

　　在香港中文學校的發展過程中，中國政府推行的僑校政策，對本港私立中學的質素的提高和辦理的完善，都起了積極作用。由 1929 至 1934 年，中國政府陸續頒佈了 23 種有關僑校的規例。[80] 其後香港政府也作出反應，先後修訂了學校的管理規則。港府的規例，收緊了對學校的課程及教師的監管，亦有助學校在設備、師資等方面的改善。而同時中國更邀請香港中文學校向教育部及僑務委員會申請立案，經審查批准，便可獲得資助及保留該校學生回國升學的權利。得不到香港任何資助的私立中文學校，便紛紛向中國政府申請立案，截至 1939 年止，在國內以僑校名義立案的香港中文學校，共有 64 所，佔當時香港私立學校不到一半，[81] 可知其有頗嚴密的審查標準，而立案僑校在香港的地位、聲譽都比較高，其中在規模、設備、師資方面，亦有不遜於當時的香港政府及補助英文中學者。

　　當時的私立中文中學，無論是否為立案僑校，課程編排雖都遵守香港教育署所訂標準，但基本內容都以與中國國內大學課程銜接為基本，目標是使學生能直接回國升學。甚至在廣州淪陷前夕，香港立案僑校仍積極派遣學生參與廣東省舉行的中學畢業會考，在港設立的考試場共有 39 個。

　　戰前香港中文教育發展，雖不獲政府任何資助，但在不干預政策下，經個人及華人團體的努力，一方面供給了民間基層教育的部分需要，另一方面在熱心教育者，甚至民族文化的號召下，再加上 20 年代中國僑民教育政策的幫助，促進了在量和質的拓展，也包容了傳統的儒學和新式的學科。

五·結語

　　在香港戰前教育發展中建立起的中英文學校的雙體制，糅合了中英兩國的傳統，以至近代的學校體系，亦反映了香港的“中西交匯”特色。政府巧妙地利用了官立、輔助和私立不同體系的學校，把有限的經費集中在推動英語及精英教育，

（80）規例內容與推行，見吳倫霓霞、鄭赤琰：〈香港華文教育發展與中國的關係〉，前揭書，頁 174—177。

（81）學校名單及其他資料，見《港澳學校概覽》，頁（已）8、112。

而讓一直佔本港學生總人數三分之二以上的私立學校，負起了大部分的中文和小學教育的責任。政府對經費的不平均分配及重英輕中政策只不過加強了華人對中文教育的支持，他們的的教育及文化取向，都以中國為主，加上香港比連大陸，着重中文教育者，往往把子弟送回中國內地升學。而內地亦提供了足夠學額以滿

5

足希望回國就學者的需要。實際上，在港中文學校，無論在學制、課程，甚至課本上，都與內地的學校大半相同，在連接上並沒有困難。

　　私塾及中文教育即使沒有政府資助，不僅在鄉村能獲村民的支持，在市區的發展亦極迅速。因為學習方式極具靈活性，學費低廉，師資力量雖有參差，但基層民眾可以自選所需。從 19 世紀 60 年代開始，由華人開辦的"義學"日漸增加，

10

而 19 世紀末，國內一連串事件使遷居香港的人數大增，其中有不少具教學經驗的塾師，他們開辦各種不同方式及程度的塾館以應大部分基層所需，亦能以家庭塾師身份，為接受西式教育的名門子弟，輔以傳統私塾甚至較高深的儒學知識。直至第二次世界大戰前，各類私塾在香港都有長足的發展。在這期間，香港不但成為保持中國傳統四叔教育特色的重地，更重要的是，這些塾館並非都是守舊而停

15

頓不前的，其中有不少在 20 世紀 20 年代已發展成為香港政府註冊的現代學校。這類學校，舊學的質素特別高，是傳統與現代結合的重要例子。在 20 世紀初至戰前，有不少名重一時的儒學家、國學大師雲集香港，他們有擔任家庭塾師的，也有自設塾館的，著書立說，更有認知香港大學的。他們通過不同渠道，把中國古舊文化的精華部分，介紹到這個華洋雜處，面向世界的通商口岸，開始了中西文

20

化交流作用。

　　就教育目標、內容及所訓練的人才來看，戰前的發展亦充分顯出香港的務實、商業，及 19 世紀英國殖民政府教育政策的一面。偏重英語精英教育造就了不少任職政府及其他機構的人才，為香港行政及商業發展所需的行政人員；偏向務實及功利的教育卻忽視了在文學、藝術等方面的陶冶，而社會上亦缺乏在這方面

25

的發展機會；加上因不少人懷着暫居、過渡的心態，社會也缺乏了比較積極的文化推動力，因此香港被視為為一塊文化沙漠。

　　在另一面，香港作為中西體制、風俗及思想並蓄的地方，加上政府的不干預政策，香港的各類學校，有提供近代的西式教育，有承繼中國的傳統教學；對思想的取向，亦比較開放。因此，曾在香港受教育者，有成為自 19 世紀開始的中國

30

現代化中最先留學外國者，有積極倡議中國的改革者，有參與清廷的變法維新，

有加入推翻滿清的革命行列，亦有在中國政府擔任要職，更有不少默默地在近代科技發展上作出貢獻者。[82] 在不同層面，不同時期的教育發展中，香港的戰前教育，雖有其不足地方，但其寬容性卻讓民間興辦的中文教育在不干預的情況下，得以與每月由政府輸入支持經費的西式教會學校並行不悖，從而提供了促進中西交流機會的土壤。

（82）曾在香港受教育而後來成為中國近代史中著名人物的當然首推孫中山。其他尚有容閎、伍廷芳、梁律彥、溫宗堯、王寵惠、王寵佑、傅秉常、馬小進等。見註（27）及（60）。

第十二章

教育的回顧（下篇）

程介明

一·概論

本章回顧香港教育於戰後至主權回歸之前（即 1949 至 1997 年）之發展。論述分為三條線索：（1）教育制度之擴展及結構之完善；（2）香港政府教育觀之演化；（3）教育決策之多元化演進。

戰後之香港教育，由 50 年代之精英格局，至 80 年代建成堪與其他先進國家媲美之規模及體系。其中，小學之普及於 70 年代初完成；初中則於 70 年代末完成。至 80 年代，高中亦已大致普及，並着手建設工業教育及職業訓練系統。高等教育，則於 60 年代末，開始吸收中下層子女入學，產生了香港的第一代中產階級；並於 80 年代中刻意擴展，於 90 年代中大致完成。在此期間，幼兒教育進展比較緩慢；成人教育則基本上是自由發展。

在此近 50 年之進程中，除了教育學位的數量不斷增加，也反映了香港政府對教育所持態度之不斷演化。40 至 50 年代，就學率不高，政府亦滿足於少數出類拔萃的學校，作為教育制度之支柱。50 至 60 年代初，政府似乎忙於應付左派與右派學校的競爭，甚至不惜採用法律手段排除政治勢力。此類政治性的方針，至 60 年代中已轉為意識形態之營造。中國內地"三年困難時期"，卻令香港政府鬆一口氣，轉而經營香港"歸屬感"。教育也從為政府培養專業及中級公務員，逐漸轉變為一項普羅化的社會政策。70 年代，經濟起飛，政府也隨着國際思潮欲望，把

圖 12.1　戰後初期，香港的幼兒教育發展比較緩慢。

教育發展與人力需求掛鈎。但審慎發展的考慮很快就被不斷上漲的升學慾望所淹沒，於是在 70 年代在極短的一段時間內，建設了一個全民化的公立中學系統。至 80 年代末 90 年代初，由於香港主權即將移交，政府又加碼發展高等教育，似乎希望以教育的超前發展來應付未來之需求。

　　戰後香港教育之發展，一直與經濟人力之需求息息相關；基本上是循著經濟話語（economic discourse）來思考教育。這也是那個年代國際上考慮教育發展的基本取向；而且香港在這方面，與國際比較，毫不落伍。但是香港的教育—經濟互動，卻甚少是政府政策或干預之結果。而少數精英學校之發展，大致是政府與大教會之間的合作。1973 年教師工潮，開始在政府以外出現了另類勢力。這種另類勢力，由於 70 年代對種種教育政策之辯論，逐漸形成了非政府力量之間的一種同盟。在此同盟之內，或因利益或因信仰而時鬆時緊，但卻形成了明顯的官民兩個陣營。所有的勢力都要在這個官民關係中尋找自己的定位。然而，官民之間又互相滲透。此類滲透，至 80 年代中期更加加劇。由於受到種種與九七回歸有關之因素影響，政黨力量逐漸進入決策機構，從反面促進了專業力量的興起。

二‧教育制度之發展

　　日佔時期教育蕭條。根據史允庭之研究，1945 年 7 月全港學生不足 7,000 人，與日佔前之 12 萬人成強烈對比。[1] 戰後教育制度迅速擴展，以下是數個關鍵年份之學生人數（只以中小學為主）。

（1）　Sweeting, A., *A Phoenix Transformed*, 1993, p.15.

圖 12.2 1970 年，港督戴麟趾宣佈自 1971 年起實施強逼小學教育。

中小學學生人數增長

年份	中學	小學
1945（11 月）		13,000 [2]
1954		239,809 [3]
1963	131,000	560,000 [4]
1970	217,200	723,500 [5]
1980	455,600	544,700 [6]
1990	433,208	524,919 [7]

（以上數字不包括幼稚園；中學數字包括預科；全部數字只計日校）

　　中小學學生人數的增加，其實不足以説明教育擴展的速度。首先，因為人口數字不斷在變化，故要以入學率比較，才能看到制度之發展；其次，高等教育、工業教育、成人教育、特殊教育發展其實都非常迅速。但由於早期數字不全（而且沒有人口統計），聊以佔主流的中小學作比較。

　　中小學之擴展，有幾個里程碑。

　　首先是 1965 年的《教育政策》（亦稱《教育政策白皮書》）。[8] 此份白皮書是根據 1963 年的馬殊及岑遜報告書擬就。[9] 1965 年的《教育政策》建議在 1970 至 1971 年度，讓 80% 的兒童可以入讀由政府資助的小學。這份報告書的建議，也奠定了以後十多年的政策走向，即（1）以學位數字作為政策發展的目標；（2）以發展政府資助的學校為主線。

　　1970 年，港督戴麟趾宣佈自 1971 年起實施強逼小學教育（即義務教育），[10] 並立即制定《入學令》，規定對不送子女上學的家長之刑罰。當年，實際之入學率已相當高。

　　1971 年 11 月麥理浩繼任港督，施政報告中把擴展教育與房屋、福利並列為三

（2）　同上注。

（3）　同上注。

（4）　根據以下計算。Marsh, R.M. & Sampson, J.R., *Report of Education Commission,* 1963, p.11。

（5）　Education Department, *Half-yearly Statistical Summary, March,* 1978, Table 2.

（6）　同上注，March, 1983, Table 2。

（7）　Education Department, *Enrolment Survey 1990,* 1991, Table 1—3.

（8）　Hong Kong Government, *Education Policy,* April 1965.

（9）　Hong Kong Government, *Report of Education Commission,* 1963.

（10）　Trench, D., Hong Kong 1970, *Address by His Excellency the Governor*, 1970.

圖 12.3　1978 年香港開始普及初中教育，且取消升中考試。

大目標。⁽¹¹⁾1973 年根據《教育條例》委任的教育委員會首次以綠皮書形式發表政策徵詢稿，⁽¹²⁾這份綠皮書提出了擴展初中教育的藍圖。目標是要在 1981 年，讓 80%的適齡少年獲得有政府資助的初中學位（當時稱為"津貼學位"）。麥理浩對這份報告書中提出的擴展步伐很不滿意，於是在立法局成立了一個專責小組，研究如何用更快的辦法盡量地擴展初中學位。這個專責小組在港督的誘導之下，提出了許多大膽的設想，包括：

(1) 盡快建築新校舍；

(2) 把初中改為上下午兩班制；

(3) 把每班學生名額從 40 人增加至 45 人；

(4) 運用學校原有的特別教室上課，其他課室則輪流使用，以擴大所有教室的使用率，稱為"浮動班制"；

(5) 在新建學校中盡量多收低年級學生，作為過渡；

(6) 學校時間表作彈性處理，允許超過一批學生於同一校舍彈性時間上下課，稱為"彈性時間制"；

(7) 減少每班學生每週上課日數，使同一校舍可容納更多班數，稱為"輪迴制"；

(8) 徵用在私立中學的學位，替學生交費，稱為"買位"。⁽¹³⁾

五花八門的建議，都旨在極短的時間內，擴大現有設備的使用率，以容納更多的學生，盡快建立起由政府津貼的普及初中教育。⁽¹⁴⁾

以上種種建議，也反映了當時香港教育規劃的總體思路。一方面要高速擴展，另一方面又要讓成本降到最低，即兼要多、快、省。這一種思路也符合香港"小型政府"的原則，⁽¹⁵⁾以最低成本維持公共服務。這種教育規劃的思想一直維持到 80 年代末期。

回顧起來，此種思路，也是 60 至 70 年代國際上教育發展之大趨勢。即（1）相信教育是經濟發展的重要投資，因此以擴展學校之規模成為目標；（2）注意力集中在宏觀之總體教育體系（system），而無法考慮學校或者學生等微觀元素；

（11）Mclehose, M., Governor's Speech, 1972, p.7.

（12）香港政府：《教育委員會對香港未來十年內中等教育擴展計劃報告書》，1973 年 8 月。

（13）一種由政府付款徵用私校學位以達到普及教育的方法。

（14）*"Memorandum of Ad Hoc Study Group of Unofficial Members of Legislative Council in the Green Paper,"* 1973.（mimeograph）

（15）即運用最少公帑維持政府開支。1992 年以前，香港政府公共總開支一直維持在本地生產總值的 15% 左右。

(3) 但又希望以最低的成本,迅猛達致這種擴展〔或稱達致教育之最高內部效益〔internal efficiency〕〕。這也可以説是那個時代以經濟話語指導教育發展的兩個主要特徵。

專責小組的建議相當多被採納,並成為 1974 年《教育政策白皮書》的主要內容。[16] 例如運用新建校舍收取低年級學生,成為以後新校建成的基本招生模式。又如私校"買位",一直延續到 90 年代,70 年代甚至"買位"一度超過初中學生半數;當時的所謂公立學位,其實相當大數量是在私校中被政府徵用的。"浮動班"是另一個例子,影響到在大多數學校中有許多學生沒有自己固定的課室。教師們反對得很厲害,但這辦法還是一直延續到 90 年代。白皮書並定下 1979 年作為全面提供初中資助學位的年限。

1977 年,政府發表高中及專上教育綠皮書,[17] 研究擴充高中的公立學位;當時提出適齡少年應有 50% 獲得政府資助的公立學位。由於實際升學人數遠遠超過此數,因此在中三後要有一個評核試,進行甄選,民間稱為"中三淘汰試"。在一片反對聲中,1978 年的白皮書把高中資助學位定為適齡少年的 60%,略抒民憤。而關於高中後的高等教育,則着墨不多,只是維持每年 3% 的增長。

1978 年的白皮書,作為官方政策,一直維持了近十年,雖然其間高等教育的政策逐漸演化,但直至 1988 年,高中及高中後政府政策格局大致維持不變。

但在 1978 年白皮書發表以前,在 1977 年 10 月 5 日,港督麥理浩突然宣佈將普及資助初中的起始年從 1979 年提前到 1978 年。並且把普及初中的目標升格為實施九年強逼教育(即義務教育)。

研究發現,港督的突然決定,是外部原因多於內部原因。港督在歐洲參加關稅會議(GATT,WTO 的前身),香港因為法定最低勞工年齡(14 歲)低於國際慣例(15 歲)而受到不利待遇。港督於是運用其決策權,在外地即時決定實施九年強逼教育,同時把法定勞工年齡提高到 15 歲,挽回香港當時面對的"國際信用危機"。[18] 港督在公佈此項決定以前,只通知了當時的教育司陶建與教育委員會主席利國偉。

1978 年普及初中,使每一個小學畢業生都能升讀公立初中,於是取消了"升

---

(16) 香港政府:《香港未來十年內之中學教育》,1974 年。

(17) 同注(15)。

(18) 詳見 Cheng, K.M., *The Concept of Legitimacy in Educational Policy-making: Alternative Explanations of Two Episodes in Hong Kong*,1987。

中試"。"升中試"是小六學生必須參加的公開試，"升中試"中學生獲得的等第，直接影響學生被分派的中學。"升中試"考中、英、數三科，內容多死記硬背，因此幾乎統治着整個小學階段的教學。"升中試"的取消，教育界一般拍手稱快；但由於許多教師因循於舊有教學法，亦有失卻目標的感覺。

替代"升中試"的是一套升中派位辦法。這項辦法不包含公開試，以校內成績為主，通過一項學生的學能測驗（不包含學業成分）調節校際差異，然後將學生按學區（稱為學校網）分為五段（bands），每段之內按家長選擇隨機分派學位。雖然此項派位辦法的最後結果，仍然是最好的學生被派到最受歡迎的學校，但由於兼顧了校內成績、校際差異、家長選擇、學校類別等因素，社會上仍然認為較升中試公平；加上沒有了公開試的壓力，因此一直維持到 90 年代。

按着當時的發展路向，下一步就要研究擴展高等教育，否則高中與高等教育之間就會形成"瓶頸"。香港政府於是在 1980 年在政府內部成立了一個高等教育及工業教育特別委員會（下稱"特別委員會"），成員有各主要部門的主管及大專的代表性人物。經過一年多的討論，特別委員會作了一個報告（一般稱為"陶建報告"，以主席命名），建議擴展高等教育，達到每年收生一萬人的目標，同時建議工業教育亦作長遠的發展。[19]

特別委員會在香港歷史上第一次運用經濟、人口、社會等多個角度的分析來規劃教育。但是大力發展高等教育的建議，並未得到當時的大學撥款委員會（高等教育政策之諮詢機構）及香港訓練局（工業教育及職業訓練之政策諮詢機構）之支持。前者認為高等教育應保持其卓越之特色而不應普羅化；後者認為升學機會增多將影響低層次勞動力之供應。

特別委員會的報告書並沒有被政府接納為政策，卻被另一次大規模的政策活動 —— 國際顧問團 —— 所掩蓋。國際顧問團的建議主要在於決策機制，本章稍後會再談到。但國際顧問團並沒有對高等教育的發展提出多少意見。而由於中英關於香港問題談判的到來，政府許多重大決策在 80 年代最初的幾年內都幾乎陷於停頓；教育也不例外。

然而，隨着初中的普及，高中的入學率也不斷提高。雖然公立學位維持在 1978 年白皮書的 60%，大量的學生在中三後轉到私校升學。1980 年，中三升中四的毛升學率（即不剔除留級等因素）已經超過 90%。根據政府統計，1983 年中四、

（19）*Report of the Committee on Higher and Technical Education*, 1981.（mimeograph）

圖 12.4　80 年代中期，香港政府曾銳減擴展高等教育的經費，到了 90 年代，又重新加快其發展速度。圖為 1994 年正名的香港浸會大學。

中五學生的純入學率達到 84.6%。[20]

　　在這種情形下，教育統籌委員會（1984 年成立）在 1984 年的第一號報告書中，因勢利導，把政府資助的高中學位開放為 84.6%。自此，香港的高中教育基本普及，普通中學加上工業學院的技工課程，中三後升學的少年估計超過 95%。

　　與此同時，中六、中七的學位一直保持在中四學位的三分之一，即大約是適齡青年的 30%。然而，在 1981 年，大學學位只能滿足適齡青年約 2% 左右。因此中七畢業與大學入學之間，形成了嚴重的"瓶頸"。

　　值得注意的是，工業教育與職業訓練在 80 年代初有了相當顯著的發展。原來的香港訓練局，在 1982 年改組為職業訓練局；並且把原來設於勞工署中的訓練部門和教育署中的工業教育部門，合併成為一個新的工業教育及工業訓練署，成為職業訓練局的行政機構。在這期間，以培養技術員為主的工業學院，由兩間擴展為八間，並且建立了葵涌和九龍灣兩座綜合性訓練中心。可以說，工業教育和職業訓練在 80 年代初僅僅幾年中，從零星的設備發展成為相當完備、相當現代化的規模。

　　高等教育在 1986 年以前，大致停滯，即入學率維持在 2% 左右，而每年以 3% 的增幅緩慢擴展。80 年代中期，政府定下高等教育發展計劃，逐年增加入學率，目標是在 2000 年使入學率達到 14.5%。此項擴展計劃並沒有大肆宣傳，而只是在財政預算中透露。1988 年港督衛奕信宣佈加速發展高等教育，將 14.5% 的目標提前至 1994 年實現，並且將 2000 年的最終目標定為 18%。1989 年六四事件之後，港督又宣佈加快高等教育擴展速度，將目標年限自 2000 年提前至 1994 年。而當年的入學率只是 6%，即要在五年中將高等教育入學率增加到三倍（18%）。擴展高等教育對教育制度衝擊最大的是 1991 年。是年中七畢業生具備大學入學條件的，幾乎等於當年高等教育的收生人數。習慣於挑選學生的高等院校，一下間倒過來變成了學生挑選的對象。許多本來無緣進入大學的學生，都成了高等院校競爭的對象；一些習慣於取錄一流學生的院系，在毫無準備下被逼接受所謂"僅僅合格"的學生。

　　1991 年的大學入學情況，為高等教育的發展響起了警鐘。隨後，政府迅速調整了收生指標，由原來的每年 1.5 萬人降低到 14,500 人；但由於人口下降，入學率仍然維持 18%。

（20）*Education Commission Report* No.1, para. 2.26.

　　到此，香港教育的規模發展，大致告一段落。與國際比較，香港的中小學入學率均頗高，輟學率甚低，是典型的東亞儒家社會模式。香港的高等教育，則比鄰近的日韓都要弱（當時兩者之入學率均達到 40% 左右）。

　　除上述以外，對香港教育制度的發展，還需作一些補充。以高等教育而言，除了攻讀大學學位的 18% 適齡青年之外，還有 7% 左右的學生攻讀非學位課程（例如小學及初中教師、護士、技術員課程等等）。此外，還有不少學生在海外留學：香港留學生佔在加拿大留學學生的最多數（1991 年數字為 6,893 人）；在英國和澳洲，香港留學生數目僅次於馬來西亞（1992 年數字分別為英國 6,687 人，澳洲 5,137 人）；而在美國留學的香港學生也有 13,191 人，佔留美外國學生的第六位。1988 年始，香港又成立了公開進修學院（公開大學之前身），當時有學生約一萬五千人。適齡青年就讀高等教育的，估計起碼達 30%。

　　至此，香港教育的制度與規模已大致完備，堪與任何其他發達的教育制度媲美。

三 · 香港政府教育觀之演化

　　戰後的香港教育，基本上仍然是精英教育，其目的旨在培養少數能服務於殖民地運作的英才。批判者會認為香港政府教育的目的，在於培養"高級華人"，而事實上也有不諱言這種目的者。所謂"高級華人"，包括中級公務員、專業人員如醫生、工程師、教師。

（一）對教會辦學的看法

　　不管如何，在 50 年代，政府辦學只限於少數的"官立學校"。大多數的中小學都屬於私立。然而政府挑選了少數有歷史傳統的學校，給予補助，稱為"補助中學"（grant school）。

　　在 50 年代受補助的中學有 22 所，分屬四個教會：天主教幾個修會、聖公會、中華基督教會和中華循道會。補助中學的數目一直沒有增減。至 70 年代以後，補助中學的性質與資助模式，實際上已與其他津貼中學（後稱"資助中學"）

無異，但 22 所補助中學仍然以過往的歷史為榮，至今仍保持一個 "補助學校議會"，自成一國，而事實上，22 所補助中學至今仍然是最具名望的中學。

補助中學的概念，很能體現香港教育的教育政策。與其他發達地區和國家不一樣，香港是到了很後期才實行普及教育；而在此之前，政府的資助方向，不是在於 "普及" 或者 "公平" 之類的概念，而是刻意樹立有名望的學校。事實上，當年能進入港大就讀然後在政府工作，再而成為高級官員的，幾乎全部是幾所官立學校與 22 所補助中學的天下。直至 90 年代，政府中的司級官員，也大部分是由官立學校及補助中學畢業的。因此，補助學校與政府關係密切，毫不誇張地說，政府完全把補助學校看成是教會為政府培訓人材的場所。直至 90 年代，年紀較長的官員、社會上的名流，大都出自補助中學。一般西方政府，在信仰自由之意識形態影響下，甚少資助教會辦學。甚至規定在運用公帑的學校中不得宣揚宗教。這種意識形態在實用主義的香港從未生根。而社會上有輿論影響力的人士，則泰半有宗教背景。因此，允許政府資助教會學校，並且不設下傳教禁制，是香港教育很特殊的一個方面。

教會學校之受政府重視，是由於教會學校辦學也有成績，反過來影響了香港市民的心態。在一般家長心目中，教會學校幾乎是好學校的同義詞。教會學校一般以耶穌聖徒之名立校，因此校名多帶 "聖" 字；60 年代興起之私校，大都以 "聖" 字命名，期望家長將之與名校齊觀的心態，可見一斑。

總而言之，在戰後最初的那一二十年中，香港政府眼中的香港教育，就只是那些有名望的學校；香港政府眼中的教育目標，不外是在政府中及社會上出人頭地的那一批人物。事實上，香港政府的運作也完全靠這批人物。

值得一提的是，人們經常提到的教育中的 "重英輕中" 情形，當時並不那麼明顯。如英文官校，皇仁、英皇、伊利沙伯、庇利羅士等，與金文泰中文中學相比，其畢業生的聲譽並沒有多大的差別。補助中學中為首的聖保羅男女中學，也分設中英文部。其他不在補助中學之列的較有名氣的學校，也是中英文分庭抗禮，例如培正中學，就是後來產生了許多名人畢業生的有名中文中學；其他如真光女子中學、慈幼學校，也都分設中英文部。中文中學的衰落和很多中學取消中文部，都是 60 年代以後的事了。

另外，補助中學的辦學形態，大都師承英國的 "公學"，[21] 也就是後來的寄宿

---

(21) 英國公學，始於 15 世紀，為遍布全球的官員、軍人、商賈，培養他們留在家鄉的下一代，延續精英的傳統。

學校、文法中學,以至獨立中學。講究全人教育,因而除了期望學生學業成績優秀之外,相當重視課外活動,也把學生組織的自治,作為學生重要之學習經歷。但是又盡量融合本地的華人教育的文化傳統,重視德育;學校組織方面,必然是"教務"與"訓育"並行;等等。70 年代以後紛紛成立之津貼中學,也幾乎全部以"補助學校"的辦學模式為原型。因此,雖然補助學校只有 22 所,其對於香港中學發展之影響,卻是全面而深刻的。西方在戰後設立的公立學校系統,大都陷入純粹的"大規模生產"模式,成為世界性的危機。香港的中小學教育,始終沒有陷入西方的此種危機,再後來能夠傲立於世界先進行列,與此可謂息息相關。

(二)關於左右派辦學

在 50、60 年代,中文中學數量甚多。

當時的中文中學,大致分三個陣營。其一是教會辦的中學,例如前述的培正、真光、嶺英等。其二是與台灣國民黨政府關係密切的,以德明、大同、同濟為首的學校,當時組有中文私校聯會。其三則是與內地新政權關係密切的,如培僑、香島、勞工子弟學校,當時一度稱為"進步學校",後來則稱為"愛國學校",直至"文化大革命"以後。

香港政府當時對中文中學並不介意,但對有政治色彩的學校則非常敏感。當時的中文中學,不論左、中、右,成績都頗不錯。當時中文中學採"三三"制,即三年初中、三年高中。培正、金文泰的畢業生,高中畢業後往海外留學者甚眾,而且一般成績斐然。在本港升學者,則可以在政府特設的一年特別班中深造英文,自修報考 A-Level(即後來的高級程度考試,也是當時的港大入學試)。右派中學的畢業生,一般往台灣升學;左派的往內地升學。兩地都給香港考生予"僑生"優惠待遇,因此一般都能進入非常不錯的大學。

但是左右派學校的政治色彩,則受到香港政府的許多限制。當時的教育條例規定,校內不得作任何政治宣傳,因此左、右派學校都不能公開掛旗、掛像。兩類學校因為升學而需要使用的台灣或內地課本,也只能暗地裡使用。由於當時香港學校數目不多,左右派學校在政府眼中就頗為矚目,而左右兩派與香港政府的關係也頗為緊張。

大致來說,左派感到香港政府的政治性限制是一種壓制手段,因此採取不屈服態度。特別是 50 年代後期，在大躍進的氣氛影響下，左派學校有不少活動，多少帶有示威性質。其中最突出者莫如 1958 年之"十校運動會"，由左派學校聯合舉辦，香港政府禁制舉行。而高潮則是 1958 年遞解培僑中學校長杜伯奎出境。

右派學校則感到地位下降，感到或則與左派平起平坐，或則被用作制衡左派的工具。同時，由於台灣與英國沒有正式邦交，在公開場合又處處吃虧。但是另一方面，由於歷史原因，右派教育界在香港政府的建制網絡中仍然有其席位，而左派與政府則始終處於實質上的敵對狀態，各不相容。例如當時被公認為右派勢力控制的香港教師會，每年都以職工會的身份接受政府象徵式的資助。右派控制下的私立中文學校聯會⁽²²⁾及私立中英文學校協進會，⁽²³⁾則仍然是政府政策諮詢的正式團體。

香港政府對左右派學校的敏感，後來因為資助學校的大量增加而略為下降；而同時中文中學於 70 年代開始式微，也使有政治背景的學校在香港學校之中，不再佔顯著地位。但是直至 80 年代末，香港政府仍然對左、右派學校採實質上的特殊政策。例如左派學校畢業生一般不被政府錄用。師資訓練班一概不錄取左派學校教師、官員到左派學校視學須特別備案、左右派學校一律不"買位"，等等。

1991 年，香港政府接納左派學校進入"直接資助計劃"，才算真正承認左派學校在香港教育制度中佔一席位。同時，政府內部一切"封鎖"左派學校的做法也正式解禁。而這時，右派學校已奄奄一息。香港政府在教育方面的政治之結，才算正式解脫。

（三）"文化大革命"的影響

中國的"文化大革命"，間接促成了香港政府教育觀的轉變。香港人大多數來自大陸各地，對祖國有着千絲萬縷的感情。50 年代末的"三年災害"，使新中國政府在香港人心目中地位大降，但在短暫的困難時期過去，當"郵包潮"不存在之後，⁽²⁴⁾香港人仍然抱着期望的心情，沒有對中國內地政府抱有多大的敵意。

（22）相當長時間以德明中學鄭潤材為代表。

（23）相當長時間以同濟英文書院霍逸樵為代表。

（24）"三年災害"期間，香港居民大量地、經常地向大陸親戚寄送糧、油郵包，以賑缺匱。

圖 12.5　60 至 70 年代大規模新建的中小學大部分都屬於政府資助學校；而絕大部分中學是英文學校。圖為 1969 年創辦的禮賢會彭學商紀念中學。

圖 12.6　70 年代是香港學生運動高峰時期，後來卻逐步平靜下來。

　　但是，"文化大革命"卻幾乎割斷了香港與祖國的一切聯繫。在"文化大革命"中，大陸上的動蕩，使人民諱言"海外關係"。在最激烈的頭四五年，香港與內地的溝通幾乎斷絕。而同時，1967 年開始的"動亂"，又在左派勢力與本地居民當中造成了相當大的隔閡。

　　"文革"和"動亂"，離間了香港居民與中國政府，使香港政府如釋重負。自此，香港政府在教育方面，逐漸擺脫了防共的守衛心態，而逐漸走向香港本位的意識形態的塑造。60 年代末的"香港節"，雖然不能算是極大的成功，但卻標誌着香港本位意識的逐步建立。而事實上，"文化大革命"時期香港出生的新一代，與早一代的香港人很不相同；他們開始以香港為自己的家，而不再把自己看成是遲早要歸家的過客；他們有的甚至把中國內地看作為"鄰邦"，模糊了祖國的概念。

　　在這一段時間大規模新建的中小學，大都屬於資助學校（當時稱為"津貼學校"），中學則絕大部分是英文中學。這些學校的大量誕生，剛好配合了中國內地的動蕩，強化了香港本位的意識形態，而使帶着濃厚民族主義色彩的左右派學校則變為不足道的少數。

　　不過到了 1970 年初，情況又有了新變化。經過了多年隔絕的中國內地，突然在大學生之中引起了迴響。也許是由於全球性的學生運動的影響，也許是由於對香港政府禁制接觸大陸的反響，香港大學學生在 1971 年破天荒地訪問了北京，後來被稱為"北京第一團"。從此，打開了大學生討論政治的局面。

　　在 70 年代最初的幾年中，高等教育學生運動蜂起。口號是"認識中國、關心社會"，簡稱"認中關社"。而活躍的學生中，又分為認同中國政府路線的"國粹派"，以及以香港本位，對北京政府採批判態度的"社會派"。一度，各大專院校的學生會都成為"國粹派"及"社會派"爭奪的陣地，而相當多的時候，"國粹派"佔了上風，一時大學生中熟讀《毛主席語錄》、鑽研《紅旗》雜誌者，非常普遍。

　　70 年代初的學生運動，在香港歷史上意義深遠。大專的學生運動不只打破了香港與內地之間的隔閡，也打破了香港一直以來的政治冷感，而且也影響到中學生的政治意識。港大學生舉辦的"中國週"展覽，引來了成千上萬的觀眾，而其中大部分是中學教師、辦學團體、宗教團體組織中學生集體參觀。70 年代香港的學生運動，堪稱香港政治的啟蒙時期。之後約四十年中香港社會上的活躍分子，不論是政壇、商界、甚至官員，不論是左、中、右，大都是 70 年代學生運動出身的。70 年代的學生運動，又為以後中國開放政策下的中港交流，打下了非常有利的基礎。

　　70 年代後期"文化大革命"結束，學生運動也隨即沉寂。由於一個時期的主

圖 12.7、12.8　1980 年香港政府成立教育司（後改名為教育及人力統籌司），兼管教育及勞工部門。上圖是陶建，下圖是梁文健，均為當時政府教育決策人物。

流意識形態忽然崩潰，在大學生和知識分子中出現了意識形態真空。在這種情形下，麥理浩的教育政策似乎也隨之不再把意識形態放在首位，而轉為強調適應經濟發展的要求。

（四）適應經濟發展的變化

1976 年，香港政府內部成立了一個小組，第一次嘗試用人力規劃（manpower planning）的思路來制訂教育政策。隨後於 1977 年發表的高中及專上教育綠皮書，[25] 就是根據人力規劃的結果，否決了 11 年強逼教育之議，同時只為 50% 的中三畢業生提供學位；其中並運用人力需求來論證學位的供求，[26] 使大專學額維持在適齡人口的 3%。

此後，1980 年香港政府設立教育司（後改稱教育及人力統籌司），兼管教育及勞工部門；同年成立一個不公開的高等及工業教育檢討委員會，運用大量的數據、人力模型，論證教育進一步的發展方向；同時，香港訓練局亦於 1982 年改組為"職業訓練局"，並且兼管原來分屬教育署及勞工署的工業教育（主要是工業學院）和職業訓練（主要是職業訓練中心及學徒訓練計劃），並成立工業教育及工業訓練署。

短短的六七年中，教育政策可以說是經濟掛帥，以滿足工商業人才需求為主線，而且按人才的層次等級而塑造教育制度。

這種狀況並沒有維持多久。基礎教育的發展，也擴大了人們對教育的需求。中三畢業的年青人，並沒有按照政策，也沒有按照人力市場的需求，而選擇其前途。1981 年，首批完成九年強逼教育的學生之中，大約有 90% 升了學。[27] 人力規劃終於敵不過人們求學的欲望。1984 年，政府根據教育統籌委員會的提議，[28] 將中三後的學位，由 50% 提升到 84.6%，以適應當時的"社會需求"。由經濟掛帥的人力供求，演變為以求學欲望為依據的社會需求（social aspiration），是香港政府教育政策的又一次轉變。這次轉變有幾項原因。首先是教育內部的發展，基礎教育

（25）香港政府：《高中及專上教育：未來十年內香港在高中及專上教育方面發展計劃》，1977 年。

（26）同上註，見第 5.9 段。

（27）Education Department, *Half-yearly Statistical Summary for March 1983*, Table 2。此處計毛升學率。

（28）《教育統籌委員會第一號報告書》，2.10 段。

發展了，就會水漲船高，帶來上一級教育的更大需求，也因而給擴展高中及專上教育帶來壓力；其次，在 1984 年左右，由於中英談判，教育政策有點進退失度，也因而有點自流，故順應了民情；第三，香港經濟也開始明顯轉型，第三產業發展甚速，也要求青年人不只有中三的教育程度；第四，政府財政一直比較豐裕，開支上無後顧之憂。當然，回顧起來，以香港這樣一個大都市，普及高中教育是理所當然，也只是遲早而已。

到了 1988 年，情形又有了變化。1978 年的高中及專上教育白皮書，規定往後十年的高等教育學位，每年只增長 3%，而當時的適齡青年入學率，不及 2%。在高等教育，香港政府一直的政策是"供應不足"，即從不企求由本地院校負擔全部人才的需求。而事實上，一直以來，香港的高級人才，也是由本地畢業生、回流留學生和外來人才三方面組成，而由市場作自動調控。由於"供應不足"，香港從未出現過"畢業生失業"（educated unemployment）；也由於人才的自由流動，香港從來不擔心"人才外流"（brain drain），而"畢業生失業"和"人才外流"卻是當年其他國家經常要關注的政策課題。

自 80 年代中期開始，由於教育制度的不斷擴展，政府內部開始有了擴展高等教育的計劃。1988 和 1989 這兩年，港督在施政報告中不斷加速高等教育擴展的速度，直至要求 1994 年高等教育入學率達到 18%。1988 年以前的擴展計劃，可以說還是謹慎的，即使到 2000 年的 14.5%，也還是保持"供應不足"的基本狀態。自 1988 年開始，則超出了供求的考慮，而在制定這項擴展時，看來沒有作經濟及就業方面的考慮。1990 年 3 月，香港政府公佈一項人力供求的推算報告，[29] 當時的教育統籌司楊啟彥在公佈時說："幸好這項推算說明現時的高等教育擴展是可行的。"可見高等教育擴展是由於其他的原因。

一般認為，1988 年的高等教育突然加快擴展，以及 1989 年的再加速政策，是商界催促和政治考慮的混合產物。商界的催促，是由於擔心"九七"之後人才流動不再暢順，香港學生可能不能往外地留學，而外地人才又可能不再在港工作，於是希望由本地學府自給自足。政治考慮則是由於六四事件的衝擊，而英國人又深信教育為民主之本，因而在發展高等教育的問題上顯得一往無前。但也因此，就沒有考慮高等教育質素、畢業生出路、人才層次等等戰略性的問題。

（29）Hong Kong Government, *A Statistical Projection of Manpower Requirements and Supply for Hong Kong*, 1990 .

四·戰後教育決策的演變過程

戰後，教育委員會（Board of Education）於 1947 年 4 月首次開會。[30]1952 年重訂《教育條例》（*Education Ordinance*），仍然肯定教育委員會為港督提供全港教育政策的諮詢機構。

如前述，戰後教育較大的動作始自 1963 年的教育二人顧問團。二人是馬殊（Marsh, R.M.）與岑遜（Sampson, J.R.），是英國漢姆普郡（Hampshire）的教育官。以英國一個郡的教育官來作全港教育的顧問，也可以窺見當時香港這個殖民地與宗主國的關係。以英國教育為模式，也可以說是當時的總政策。除了殖民地的從屬關係以外，也還有認為英國教育制度是最優越的教育制度，因此處處師事英國。實際上，英國當時的教育制度也處於全盛時期，還未出現後來的沒落。亦如前述，馬殊、岑遜報告書成為 1965 年《教育白皮書》的基礎，也就是香港當年普及小學教育的藍本。

直至港督戴麟趾任內，教育方面無甚風浪。決策權一般全在於教育司（即後來之教育署長），教育委員會的主要成員則都是香港政府一貫倚重的伙伴，如各大教會、教師會等。

1973 年由胡百全領導的教育委員會寫了一份教育綠皮書，並交民間作公開諮詢。這是破天荒由非政府機構提出建議書，並且大張旗鼓地公開徵詢公眾意見。顯然，當時教育委員會中的成員，大都來自傳統的優秀學校系統，不能領會麥理浩大刀闊斧普及教育的精神。經麥理浩改組後的教育委員會，以利國偉為主席，成員除保留各大教會代表外，尚有中學校長組織、津助學校組織、私校組織等的代表人物，但都是以私人身份參加。比起以往的教育委員會，成員顯然是略為平民化，但仍沒有真正的"草根"代表。

除了教育委員會之外，政府通過教育署還逐漸創出了一套全面的政策諮詢架構，建立了與各主要教育團體的諮詢網絡，對以後的教育政策制訂，影響甚大。例如 1978 年取消小學升入中學的"升中試"，而代之以一套複雜的"派位辦法"。在這個轉換過程中，教育署用了大量的時間，分門別類諮詢教育團體。事後這套辦法頗為教育界所接受。從此，教育署就沿用這一套諮詢機制，作為政策制訂時或者執行前的必要措施。

（30）Sweeting, A. op.cit., p.51.

　　但與此同時，教育界本身也發生了變化。津貼學校的數量擴大，使政府成為教師最大的僱主。1973 年，文憑教師採取工業行動，[31] 爭取權益；13 個教師職工會聯手，並且催生了教育專業人員協會（簡稱"教協"）。

　　司徒華領導的教協，代表着教育界基層教師的種種組織，形成了影響政策的一般新力量。教協扮演了香港從未出現過的反對派角色，而且以權益為基調，以工業行動、公開示威作手段，成為政府不得不重視的一種勢力。

　　教育界也逐漸出現熱烈的教育政策辯論。教育團體公開發表言論的愈來愈多。各大報章都開始開設教育版，而且又出現了不少教育專欄和專欄作家。這些都發生在 1973 年以後，而以 1976 年教育界 49 個團體聯合聲明反對"中三淘汰試"作為一個里程碑。

　　然而，政府的決策機制卻沒有包容此類民間意見的餘地。除了一部分團體被諮詢之外，民間感到意見不被政府接納的居多，因此訴諸輿論，嚴重者訴諸示威行動。這種情形又反過來激化了民間團體的反政府情緒。到了 70 年代末期，民間團體已從少數以與政府伙伴為榮的局面，轉為大多數以敢於反對、抵制政府為榮的局面，官民對峙變成了主流。這當然也是整個香港走向開放、敢言社會的一個縮影。

　　民間的逐漸敢言，與官方的保守，形成了一個矛盾。而這種矛盾在 1981 年國際顧問團訪港後，有了戲劇性的轉化。1981 年，港督麥理浩通過當時的教育委員會主席利國偉，延請經濟合作發展組織（OECD）任命一個代表團到香港作教育"全面檢討"。延請 OECD 代表團訪問並評估一國的教育制度，是 OECD 的一貫做法，亦以坦率、有效稱著。香港雖然不是成員國，但 OECD 的教育部門主管喬治・帕帕多包羅斯（George Papadopoulos）仍欣然同意，派出一個代表團，後來一般稱為"國際顧問團"。

　　邀請國際顧問團，可以說是麥理浩運用"第三者諮詢"的最高層次。這之前，1973 年文憑教師薪酬事件（前述）之後，委任了一個安子介委員會，獨立調查事件始末，之後發表了《安子介報告書》，對於香港政府之公務員政策，影響甚大。1977 至 1978 年金禧事件，[32] 教育界與教育司僵持不下，形成社會運動，港督在官民對峙的情況下委任了一個黃麗松委員會，作全港之調查徵詢；委員會之報告

（31）即未持有大學學位但經過師範訓練並取得教學文憑的教師。

（32）天主教的寶血會金禧中學，因校方挪用學校費用，引起教師抗議，一直發展至教師靜坐，成為全港性社會事件，稱為金禧事件。

圖 12.9　職業訓練局兼管工業教育。圖為沙田工業學校。

書在提出種種解決方案之餘，還批評了教育司。邀請國際顧問團，更是以開放姿態，由外地專家評鑑香港教育。

　　國際顧問團有四人，分別來自英、德、美、澳四國，[33] 他們兩度來港訪問。在港期間，他們廣泛地到各方面訪談，並且在完成初稿時召開教育界代表大會公開討論，其開放之程度，可謂空前絕後。

　　但是麥理浩的開放態度，卻並沒有在整個政府架構中得到體現，因而引起了不少矛盾。國際顧問團於 1982 年提出的報告書，[34] 其中就有不少與當時的建制格格不入。而最戲劇化的，莫如教育統籌委員會的成立。

　　國際顧問團在詳細分析了當時的決策機制之後，建議成立一個教育統籌委員會，統籌各方面的教育政策，也就是統籌其他的教育政策諮詢委員會。所謂其他的政策委員會，當時實際上只有三個：教育委員會、職業訓練局，以及大學及理工教育資助委員會。

　　如前述，教育委員會按法例應向港督提供教育全局的諮詢，但由於制度的變化，教育委員會的政策範圍，實際上已縮減至中小學、幼稚園，以及少數的私立專上學院。

　　職業訓練局，則包羅所有工業教育、職業訓練、人力預測及學徒訓練計劃等功能。與教育委員會不同，職業訓練局由獨立的法例設立，須向行政局負責。職業訓練局屬下之各行業訓練委員會，則廣泛地由該行業之主要僱主、職工會、培訓機構代表等組成。

　　大學及理工教育資助委員會，則於 1965 年隨着中文大學之成立而設立，作為政府與大學之間的中介機構，沿用英國模式，一方面保證公帑之善用，另一方面又保障院校的學術自主，當時稱為大學撥款委員會。後來由於香港理工學院的成立，遂改稱大學及理工教育資助委員會，開始有異於英國模式。委員會成員，包括本地學者、海外學者、本地社會人士，各佔三分之一。這個委員會，開始的時候是名副其實的撥款委員會，謀求撥款與大學學術發展之吻合。1981 年，這個委員會有了一份新的行事紀要，[35] 重新明確除了撥款之外，這個委員會還要向政府提供高等教育發展的策略諮詢，自此大學及理工教育資助委員會正式成為一個政策

（33）四位成員分別是英國的 Llewellyn, John，德國的 Roeloffs, Karl，美國的 Kirst, Michael，澳洲的 Hancock, Greg。

（34）*A Perspective on Education in Hong Kong*: Report by a Visiting Panel, November 1982.

（35）University and Polytechnic Grants Committee of Hong Kong: "Notes on Procedures," 1980.

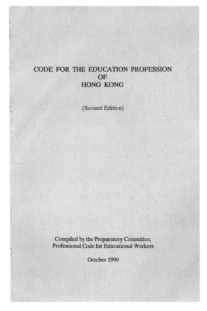

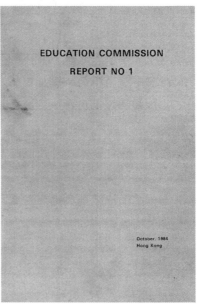

圖 12.10、12.11、12.12　教育統籌委員會於 80 年代成立，並出版報告書諮詢公眾人
士對政府教育政策的意見。

諮詢委員會。與教育委員會及職業訓練局都不一樣，大學及理工教育資助委員會並非法定機構，而只是港督的參謀，不過其秘書處則屬於政府部門。

教育統籌委員會的成立，就是為了統籌中小學幼稚園、工業教育及職業訓練以及高等教育三個大範圍。這三個範圍都有相當獨立的政策委員會作為高層諮詢架構。在這個架構中插入一個教育統籌委員會，自然引起原來三個委員會的不安與顧慮。特別是職業訓練局與大學及理工教育資助委員會，原來或者按法律而設，或則作為港督的直接上賓，都不覺得有在他們上面再加插一個委員會的必要。同時，行政局也不大願意在其他委員會之上，加設一個統籌委員會，覺得這是架床疊屋，又有顧慮行政局因而被架空。[36]

在原有的各層決策諮詢組織重重顧慮之下，國際顧問團的建議在政府內部足足停留了六個多月而無法下決心決定棄取。事情於 1983 年 7 月 13 日發生了戲劇性變化。立法局首次出現官守議員與非官守議員的對峙。官守議員提出動議把顧問團報告書"作為對香港未來教育政策的寶貴貢獻"，而非官守議員則堅持要把動議修訂為"作為改善香港教育的基礎而付諸實行"。雙方僵持的結果是官守議員讓步。從此，國際顧問團的報告書成為香港教育政策的主要依據，一直延續到 90 年代。其中也包括設立教育統籌委員會。

一番擾攘之後，1984 年終於成立了教育統籌委員會。其主要責任，是統籌全港教育政策；其藍圖，則是國際顧問團的報告書；至於與其他政策諮詢委員會的關係，則是"統籌而不領導"（co-ordinate but not direct）。

第一任教育統籌委員會的成員，其結構仍然保存香港政府一貫的諮詢習慣，除各個當然委員（即上述三個委員會主席及教育統籌司、教育署長等）之外，分別有天主教會、聖公會、中華基督教會及中華循道會的代表性人物，但這些委員同時又分別身兼教育界各個部門各個層級的代表。

這個結構不斷受到反對勢力例如司徒華的抨擊。抨擊者認為教統會不包括壓力團體代表不合理。而事實上，國際顧問團報告書也的確曾建議諮詢架構中應包括壓力團體代表。

1986 年立法局改組，首次出現由選舉產生的代表，也因此而令到經功能團體選舉選出的司徒華合法地代表教育界，後來政府終於委任司徒華進入教育統籌委

（36）Cheng, K.M., "Participatory educational planning: the position of Hong Kong educational bodies". MEd dissertation, University of Hong Kong, 1983.

員會。

　　到了 90 年代，由於"九七"將屆，香港政府對於諮詢架構逐漸採取開放政策，吸納了不少前線工作者，也吸納了不少壓力團體的代表人物，反而疏遠了原來的"伙伴"，即各大教會團體。

　　香港教育政策的制訂，戰後初期幾乎全部在政府手上，僅有的一些諮詢組織如教育委員會也只不過是聊備一格。這種情形在 1973 年以後產生了很大的變化，一方面是麥理浩有意開放教育政壇，另一方面是民間力量逐漸凝結，官民在不少問題上出現對峙。而同時，由於教育制度的擴張，教育政策的諮詢架構也變為多頭並進。1983 年的一份研究，統計當時的各類教育團體，達 172 個。[37] 1982 年之後，一方面政府有了統籌教育的意識，另一方面民間也因政制開放而改變了自己的地位。

　　到了 90 年代，政黨對教育政策的影響愈來愈大。一則是由於政黨左右了立法局的討論，政黨可以利用財政的關卡而改變教育政策的方向。1991 年立法局否決津校參加"直接資助計劃"，[38] 是一個相當典型的例子。與此同時，政黨可以通過其立法局的代理人，向政府索取大量資訊，在擁有資訊就擁有權力的情形下，政黨對於影響教育政策，就處於非常有利的地位。政黨的活躍，又激起了專業力量的自強，而專業階層的逐步參與教育決策，又使教育決策出現了全新的局面。

五 · 結語

　　戰後的香港教育發展得很快。特別是由 60 年代末開始，教育的普及層層上升。1971 年普及小學；1980 年普及初中；80 年代中期，高中已接近普及；到 90 年代中期，高等教育的擴展也似乎到了極限。在規模與結構堪與任何先進制度媲美的時候，教育素質的問題上升成為核心問題，不論小學、中學，還是大學、幼稚園，都是如此。

　　戰後的香港政府，對左、右派在香港辦學，耿耿於懷，草木皆兵。至 70 年代初，政治控制讓路於意識形態的建設，而中國的"文化大革命"從反面幫了香港

（37）"直接資助計劃"是一種有限度的想學校放權的措施；由政府資助學校，但學校收入、支出、收生都有較大的權限。

（38）詳情見 Cheng, K.M., "The Concept of Legitimacy in Educational Policy-making: Alternative Explanations of Two Episodes in Hong Kong," University of London, Institute of Education, Unpublished Ph. D. Thesis,1987.

政府的忙。自 70 年代麥理浩任港督以後，經濟考慮漸漸成為教育政策的主導。到了 90 年代，政府的教育政策變得有點飄忽不定：時而放棄、時而收緊；既要假定"九七"不變而超越"九七"，又怕逾越權限而不敢逾越"九七"。財政增撥考慮得很多，質量的改善則似乎束手無策。

戰後的香港教育政策決策機制，一步一步走向開放，從少數大宗教團體的參與，逐漸擴到全面的代表，並且逐步加入政黨力量及專業力量。影響教育決策者，已不限於政府。

可以說，戰後香港的教育，是走向了多元化、現代化，但同時也在走向政治化、專業化。香港社會正是在這種種錯綜複雜的相互影響之中發展，教育也不例外。

第十三章

香港的中西報業

李少南

一・導言：香港在中國報業史上的位置

香港是中國現代報業發源地之一。它在中國報業史上扮演了承先啟後、溝通中西及在近代後勤支援中國黨派活動的角色。

（一）承先啟後、溝通中西

在 1840 年之前，清廷曾嚴禁西方傳教士在中國傳教；通商亦只限於廣州一地。西方傳教士只能在南洋、澳門及廣州刊行中西報章，其中以羅拔・馬禮遜（Morrison, Robert, 1782—1834）的中文月刊《察世俗每月統記傳》最為有名。這份 1815 年在馬六甲創刊的中文刊物，已公認為外人創辦的第一份近代中文報刊。它有別於傳統上中國官方刊行、缺乏採寫自由、專載官文詔令的古代報紙，它為中國現代報刊豎立了一個典範模式。

馬禮遜的辦報經驗成為當時很多西方傳教士的重要參考。其中一位傳教士麥都思（Medhurst, Walter Henry, 1796—1857）曾在巴達維亞（今雅加達）創辦中文月刊《特選撮要每月統記傳》，從形式到內容都仿照《察世俗每月統記傳》。鴉片戰爭後，麥都思在 1853 年於香港出版了第一份中文月刊《遐邇貫珍》。這份刊物最

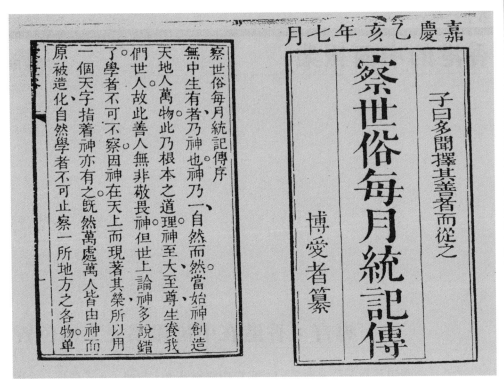

圖 13.1　近代中國首份中文月刊《察世俗每月統記傳》

後的一位編輯理雅各（Legge, James, 1815—1897），後來成為 19 世紀著名的漢學家。他曾於 1861 至 1886 年間把中國的《四書》、《五經》譯成英文，對中西文化交流作出重要的貢獻。

當年協助理雅各翻譯中國經典的中國人有黃勝（1828—1902）及王韜（1828—1897），後來都成為中國報業史上開創性的人物。黃勝與伍廷芳（1842—1922）先在香港創辦了第一份中文日報《香港中外新報》；稍後又與王韜、梁仁甫等人，集資購買英華書院的印刷設備，在 1874 年出版《循環日報》。此報首開政論報紙的先河。王韜的政論風格對日後維新派的刊物有一定的影響。

王韜在 1862 年來港之前，曾於麥都思在上海設立的墨海書館工作了 13 年。他是透過麥都思認識理雅各的。後來在中國出版長達 77 年的上海《申報》，創辦之初亦是透過王韜的女婿錢昕伯，向王韜吸取辦報經驗的。是時，王韜已曾主編香港的《近事編錄》及參與《香港華字日報》的筆政。《申報》出版後，不少王韜的文章亦在此發表。

　　簡要而言，香港是中國現代報業始創期的一個重要發源地。馬禮遜在南洋一帶辦報、辦學及傳教的經驗，在鴉片戰爭後都首先傳至香港，再傳至上海，然後傳至中國其他地方。馬禮遜在馬六甲創辦的英華書院在 1843 年即遷來香港，其校長理雅各對王韜後來在港辦報起着重要的影響。麥都思從馬禮遜學到的辦報經驗，在鴉片戰爭後亦首先應用在香港；《遐邇貫珍》的創刊，比起麥都思在上海墨海書館刊行的《六合叢談》，還要早三年多。《六合叢談》是上海最早出現的中文報刊，王韜的報刊活動亦以它開始。從以上分析可見，香港在中國現代報業的始創期間，已扮演承先啟後的角色。

　　香港的報業一直積極從事中西文化的交流。1853 年創辦的《遐邇貫珍》，已着力介紹西方的科學技術、歷史文化及典章制度。又如王韜編寫的《普法戰紀》，詳細介紹 1870 至 1871 年普魯士與法國之戰。此書曾在《香港華字日報》連載，並翻譯成日文，成為當時這方面的最新知識。香港的英文報紙亦負起溝通中西的任務。例如前身為《廣州紀錄報》（*Canton Register*），1843 年遷往香港而易名的《香港紀錄報》（*Hong Kong Register*），十分重視中國作品的翻譯，曾譯載《三國演義》。雖然這些早期報刊對整個中國的影響有限，但是它們豎立了傳遞新知、溝通中西的報業典範，並對當時部分的知識階層及官僚起了一定程度的啟迪作用。

　　香港報業對中國所起的"窗口"作用，一直延續至 21 世紀的今天。例如 60 年代後半期，中國在進行"文化大革命"而處於鎖國狀態之時，香港也成為了當時中國了解國外情況的一個重要渠道，香港報章的新聞消息經常被轉載在內部參考的《參考消息》及文件上。

（二）後勤支援黨派活動

　　在後勤支援中國黨派活動方面，香港報業更是大放異彩。最明顯的例子莫過於維新運動（1898）在國內失敗後，保皇黨及革命黨在港的報刊活動。以革命黨的《中國日報》為例，它被禁入口之前，在國內的銷量甚廣，即使在兩廣總督的督署，銷量也達二百多份。它在 1904 至 1905 年的"拒美限制華工入境條約運動"中，更同《有所謂報》與國內輿論呼應；當清廷在美國壓力下禁止"拒約運動"及有關言論後，香港的革命派報紙便顯得獨樹一幟。《有所謂報》的創辦人鄭貫公曾多次提及香港較國內享有更大的言論自由，[1] 香港的黨派報紙言論，往往都比國內的更敢言，對當權者更敢批評。

在"拒約運動"之後，清廷於 1907 年 1 月頒佈中國第一部新聞法，首次明文規定禁止境外報紙在中國發佈。同年 5 月，香港政府亦首次立例取締"流入中國內地而能使全國發生叛亂"的香港報章。這兩條同時在兩地出現的新聞條例，顯示當時香港的黨派報紙言論已對中國的統治階層構成威脅。

國共兩黨內戰期間（1946—1949），在和談失敗後，在國民黨管治區裡，不能出版與共黨有關的言論。《華商報》便利用香港言論基本上不受檢查的有利條件，向國民黨統治區闡述中共的方針政策，推動反對國民黨的活動。1949 年以後，國民黨的《香港時報》又倒過來以香港作為反對共產黨的橋頭堡。

（三）香港報業三個時期

自香港割讓給英國人至今一百五十多年，香港的報業發展大致上可以其辦報目的及活動性質劃分成三個時期。它們是"精英報業"時期（1841—1873）、"黨派報業"時期（1874—1924）及"社經報業"時期（1925—　　）。"精英報業"的主要特徵是報紙的刊行是為了爭取殖民地精英的利益。"黨派報業"的主要特徵是報紙以宣傳所屬政黨為最高目標。"社經報業"時期的報紙則是以香港本土一般居民為服務對象，並對社會民生的發展給予優先的關注。以上的分期只是一個粗略的劃分，目的在方便比較不同時期的主要特徵。每一個分期裡面當然同時存在其他不同報業的特徵。例如"黨派報業"時期裡，仍有以精英為服務對象的報紙，甚至"精英報業"時期的報紙亦會關注社會及民生的發展。這三個時期的劃分只是強調每個時期的主要傾向，並非代表每個時期只有單一類型的報刊。

（1）　阮紀宏：〈唯一趣報有所謂：一份清末革命報刊的個案〉，香港中文大學傳播學部碩士論文，1992 年 5 月，頁 33。

二・"精英報業"時期（1841—1873）

（一）香港早期的中西報刊

香港成為英國殖民地的初年，所有報刊都以外文出版，直至 1853 年才有第一份中文月刊《遐邇貫珍》出現。香港最早出版的英文報刊是 1841 年 5 月 1 日由羅拔・馬禮遜的兒子約翰・馬禮遜（Morrison, John Robert, 1814—1843）創辦的《香港公報》（*Hong Kong Gazette*），為半月刊，主要用來頒佈英國政府的命令。1842 年約翰・馬禮遜把他在澳門的印刷器材運到香港，於 3 月 17 日又出版《中國之友》（*Friend of China*），僅出了一期便與《香港公報》合併，改稱《中國之友與香港公報》（*Friend of China and Hong Kong Gazette*），時為 1842 年 3 月 23 日。這份簡稱《中國之友》的西報以週刊形式出版，最初為親官方的刊物。約翰・馬禮遜因急性瘧疾突然於 1843 年 8 月去世，至 1850 年，曾任契約登記官的泰倫（Tarrant, William）買下《中國之友報》，經常在此抨擊香港政府。

泰倫因抨擊香港政府而曾經兩度入獄。第一次於 1857 年。當時的律政司安士迪（Anstey, T. Chisholm）指控總登記官高和爾（Caldwell, Daniel R.）與中國海盜勾結，並從事妓院執照的投機買賣。聆訊結果是高和爾無罪釋放。但泰倫在報章上指責當時的署理輔政司布烈治（Bridges, W. T.）包庇高和爾，把有關罪證燒燬。結果布烈治控告泰倫誹謗，使其入獄三個月。

1858 年泰倫獲釋後，仍不斷攻擊政府。當時的副總督堅吾（Caine, William）被泰倫攻擊，指其維護不法之中國商人。結果堅吾控告泰倫誹謗，使其罰款 50 鎊，並入獄一年。泰倫出獄後，將報紙遷往廣州，稍後再遷至上海，並於 1869 年出售。泰倫在 1872 年病逝於英國。

《中國之友報》創刊後一年，有《東方地球報》（*Eastern Globe*）之出現。稍後於 1843 年 6 月，原在廣州出版的《廣州紀錄報》亦遷至香港，改名《香港紀錄報》。此報初時與政府關係良好，後來可能因政府取消該報刊登政府法令的特權，轉為反對政府。《德臣西報》（*China Mail*）於 1845 年 2 月 20 日創刊，首任主編是蕭銳德（Shortrede, Andrew）。初期每週出版一次，報頭特別標榜它是唯一刊登政府法令的報紙，以官方報之姿態出現。該報在 1856 年由英國人德臣（Dixon, Andrew）全盤買下，該報之中文譯名亦因"德臣"作為主編而來。

在這段香港報業始創期間，《德臣西報》與《孖剌報》（*Hong Kong Daily Press*）

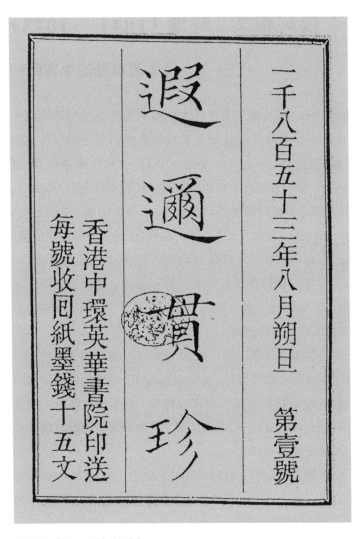

圖 13.2 《遐邇貫珍》創刊號

最負盛名。《孖刺報》是香港第一家出版的英文日報，它的出現逼使《德臣西報》也從週刊改為日報。《孖刺報》是由美國人賴德（Ryder, George M.）創辦，英國人孖刺（Murrow, Yorrick J.）主編，於 1857 年 10 月 1 日創刊，其中文譯名亦是由其主編之姓氏"孖刺"翻譯過來。

香港最早出現的中文報刊有《遐邇貫珍》、《香港中外新報》、《近事編錄》及《香港華字日報》。《香港中外新報》及《香港華字日報》的前身皆是《孖刺報》及《德臣西報》的中文版。英文報紙《孖刺報》出版大概一個月後，即附帶出了一版《香港船頭貨價紙》，是兩面印刷的中文刊物。它比較早前於 1853 年由傳教士創辦的《遐邇貫珍》月刊，又邁進了一步，香港中文雙日刊應以它為最早。這份中文報刊最初逢週二、四、六發行，內容以船期、商品價格及商業行情為主。它便是《香港中外新報》的前身，並於 1873 年改為日刊。

《香港中外新報》的正式出版日期有 1858 年、1860 年及 1864 至 1865 年間三個說法，至今未有定論。[2]《香港中外新報》的新聞內容多譯自西報及轉載自《京報》。《京報》是刊載清廷消息的公報。《香港中外新報》的創辦人為黃勝及伍廷芳。黃勝，又名黃平甫，是在 1847 年與容閎及黃寬到美國讀書的三個人之一。資助三人到美國讀書的是《德臣西報》主編蕭銳德。黃勝一年後因病回國，在蕭銳德主編的《德臣西報》學習工作。黃勝後來曾協助理雅各翻譯中國儒家經典，他也是東華醫院 1872 年成立時的興建總理，並曾任定例局（即立法局）及潔淨局的華人非官守議員。伍廷芳為首位獲准在英國殖民地香港執業的華人律師，亦是首任定例局的華人非官守議員，並曾任清政府駐美國公使及中華民國外交部長兼財政部長。

在《孖刺報》的中文版之後，再有傳教士於 1864 年創辦《近事編錄》，初由陸驥純承辦，王韜主編。後因業主羅郎多次加租，難以負擔，至 1879 年陸驥純以個人資本創辦《維新日報》。而《近事編錄》於 1883 年售予中國人，但銷路不佳，不久停刊。此報及《香港中外新報》的消息經常為廣州出版的《中外新聞七日錄》轉載。

《香港華字日報》由《德臣西報》的譯員陳藹亭創辦。他先於 1871 年 3 月在《德臣西報》的週六版面中，編一版中文版，名為《中外新聞七日報》。1872 年正式命名《香港華字日報》，由黃勝出任主筆，初為雙日刊，翌年再改為日刊。陳藹亭為

（2）　三個說法分別載於戈公振：《中國報學史》，1982 年，四版，頁 102；李家園：《香港報業雜談》，1989 年，頁 5；卓南生：〈中國第一份中文日報考——關於《香港船頭貨價紙》與《香港中外新報》〉，《新聞研究資料》，總第 39 輯，1987 年 9 月，頁 144。

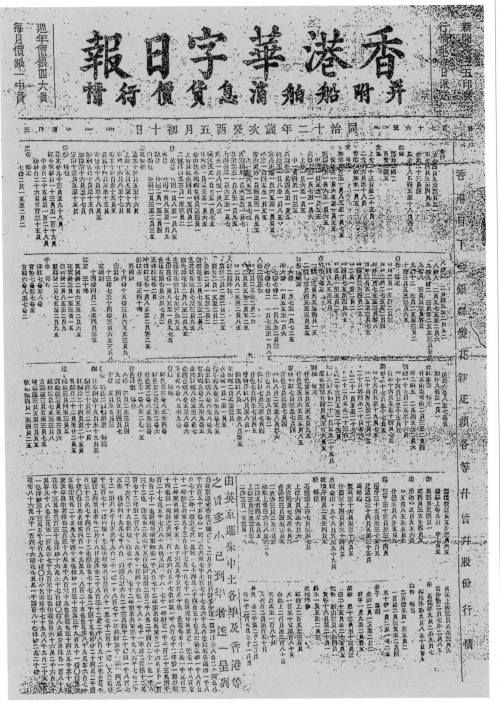

圖 13.3　從《香港華字日報》的副標題可見，該報十分重視運輸、商業消息。

伍廷芳的親戚，後來出任清廷駐美國華盛頓的參贊及古巴夏灣拿的公使。《華字日報》由他的兒子陳斗垣繼續出版。

（二）"精英報業"的特色和影響

香港早期的報紙以西報為主。1842年全香港島只有華人五千名左右，多以漁農為生。到1867年華人人口才增至11.1萬人。在讀者人數及華人財富增加之後，中文報刊才有市場。最初《遐邇貫珍》銷路並不理想，只辦了三年便停刊。《香港中外新報》初期訂價三元，附送行情紙一張，若只訂行情紙，半價收費，當時華商亦大多只訂行情紙。由此可見，中文報業當時並不發達。但洋商已先後辦了多份西報，作為溝通商情、向政府施壓及爭取個人利益之工具。殖民政府亦須倚靠西報頒佈政令及獲悉社會動態。這個時期的報業特色主要是為當時的精英服務的。

就以《孖剌報》及《德臣西報》的中文命名是以其編輯之姓名翻譯過來，已可看出當時報紙的個人化傾向。較早前提及的泰倫因高和爾案件被控誹謗而入獄一事，雖然事後在1861年的重新調查中證明高和爾確曾勾結海盜，但是馬沅著的《香港法例彙編》指出，泰倫是因為1857年的毒麵包案與布烈治結怨，所以才極力攻擊布烈治。泰倫與堅吾的積怨亦始於他擔任契約登記官時，他是在1847年指控當時的輔政司堅吾發出街市牌照時受賄，才因而被政府解僱。

"毒麵包案"發生於1857年1月。當時正值中英第二次鴉片戰爭前夕，香港內部動蕩不安。商人張亞霖的裕盛辦館包辦了全港英國人的伙食。1月15日早上，全港英人吃過早餐後都中毒，經搶救後，無人死亡。張亞霖被控蓄意謀殺，經調查後，無法證明其罪，但要押解出境。泰倫為中毒者之一，他起訴張亞霖，要求賠償。這時張亞霖已因訴訟破產，無力賠償，且要出境，因此泰倫遷怒於要張亞霖離境的署理輔政司布烈治。

當時的官場可能確有很多值得非議的地方。例如堅吾在1845年亦被《德臣西報》的蕭銳德指他在驅逐妓女出境一事上，有瞞騙行為。又如《孖剌報》的編輯亦曾指責港督寶寧在批出專營合約上偏袒渣甸‧麥贊臣公司（Jardine, Matheson & Co.），並因此被控誹謗而入獄六個月，罰款100鎊。

但另一方面，當時的報人也不見得很有操守。1860年一位英國上議院議員在議會上指稱，在英國所有屬土中，沒一個的誹謗情況像香港那樣泛濫及臭名昭

圖 13.4　王韜

著。除了上述泰倫與布烈治的糾紛可能由於公報私仇而起外,《孖剌報》的主編孖剌本人,也曾因非法禁錮 240 名中國勞工,(俗稱"豬仔")而於 1857 年被起訴,結果與其同謀的中國人被判囚六個月,孖剌本人卻只罰款五元了事。

這個時期的報業主要為洋商及殖民地精英服務,一般華人大眾的需要是被忽略的。就以 1858 年廢除食鹽專賣為例,當時竟有很多華人因不知情而被不法之徒繼續騙稅。《孖剌報》最初的中文版,亦是以商品行情及船期為主要內容,對象以一般華商為主。直至 1860 年香港政府因不滿《孖剌報》的中文報紙經常攻擊政府及誤導華籍居民,才出版中文版的《香港政府公報》。

三 · "黨派報業"時期(1874—1924)

(一)中國政治與香港報業

香港的中文報業要到 19 世紀 70 年代以後才興盛起來。這一方面是由於人口增加,另一方面亦是因為華人的經濟力量已上升至不能被忽視的位置。自 19 世紀 70 年代後期起,華人不斷收購洋商因經營失敗而結束的商行貨棧,更打破了洋人故意隔離華人的居住界線。1872 年第一個華人慈善機構東華醫院落成,在 1880 至 1881 年間,華人繳交的稅款佔去港島稅收的 90%。1880 年伍廷芳出任立法局議員,為華人出任此職之第一人。1881 年香港華人的數目已增至 15.1 萬人。

可是這時的華人社會基本上是移民社會,大部分居民都從別處遷徙而來,特別是華南沿海一帶的人。他們來港謀生,或取道香港往北美或南洋做工,亦有因走避太平軍而舉家遷港。這種移民社會的特點一直延續至 20 世紀 60 年代才慢慢改變過來。由於香港的居民很長一段時間只抱着"過客"心態,而且對英人統治的香港沒有歸屬感,他們長期以來所關心的社會是自己出身成長的中國內地,因此香港的中文報業也在頗長一段時間內專注中國的報導,對香港本土的社會民生,反而忽略了。中國政治的發展與香港報業息息相關,香港的報業留意中國內地的政局發展,同時中國國內的政治鬥爭亦延伸至香港,令香港出現了"黨派報業"時期。

圖 13.5 《循環日報》

（二）王韜的報業理想

香港的"黨派報業"時期應以 1874 年王韜及黃勝創辦《循環日報》開始，至 1925 年《華僑日報》及《工商日報》創刊為止。這三份不同的報紙象徵了不同時代的開展。它們分別開創了"黨派報業"及"社經報業"的先河。雖然《循環日報》並不屬於任何政團，它的政治主張卻是鮮明及一貫的。它雖非"政黨"報紙，但是它卻有目的地宣揚某個派別的政治主張。在它以後，"改良"及"革命"兩個政治派別的報紙，主宰了當日的報業活動，攫取了大部分讀者的注意力。

王韜因涉嫌上書太平天國被清廷緝捕，於 1862 年走避香港。他具有改革維新的思想，在政治思想史上，他是洋務運動的"中體西用"論與維新運動的"變法自強"論的過渡人物。據羅香林的研究，他在報章上發表的主張可歸納成四點：(1) 救時以內治為本；(2) 治內以重民為先；(3) 圖強以變法為要；(4) 變法以人才為重。[3] 他主張中國效法英國和日本，實行"君民合制"的君主立憲政體。

這種從政治體制改革而富國強兵的看法，超越了洋務運動中只求科技革新，不問體制優劣的局限。當時只有鄭觀應附和響應體制改革的主張。在王韜於 1884 年退居上海時，康有為還未寫他的〈上清帝第一書〉，更未創辦萬木草堂推行維新事業，可見王韜及《循環日報》是走在時代前頭的。

（三）改良派在港的報業活動

太平天國失敗後的 20 年間，清政府日益腐敗，喪權辱國之事接踵而來。中法戰爭（1883—1885）雖然戰勝，但仍讓法國侵佔越南。甲午戰爭（1894—1895）清廷慘敗給日本，更大幅割地賠款。這時中國的士人及開明官僚已感到不從政治體制上改革，中國不可能逃過亡國厄運。康有為在時局的刺激下投身維新改革的運動。維新運動透過康有為的活動而日漸壯大。據他的自述，1879 年 11 月他到香港之遊，令其對西學有所了解。中法戰爭的屈辱刺激起他救世之心。在第一次上書清廷失敗後，康有為便在廣州興辦萬木草堂，傳授新學，學校還訂有上海教會辦的《萬國公報》及香港的《循環日報》，供學生研讀。

（3）　羅香林：〈王韜在港與中國文化之關係〉，載《香港與中西文化之交流》，1961 年，頁 43—76。

19 世紀 90 年代維新變法之思想透過康有為及梁啟超等人之辦報活動，遍及全國，最後更得到清帝重用，於 1898 年命其推行新政。惟不及三個月，慈禧太后及清廷的保守分子即發動政變，拘禁光緒帝，並捕殺譚嗣同、康廣仁等維新人士。康、梁及時走脫，並繼續在海外鼓吹君主立憲，稍後還與孫中山領導的革命運動展開激辯。

以上中國政局的發展，密切地影響着香港這個移民社會的報業動態。

繼王韜的《循環日報》後，另一份主張維新的港報是陸驥純於 1879 年辦的《維新日報》。此報在中法戰爭時以經常報導中國戰勝消息而揚名。1906 年曾因反對粵督岑春煊收粵漢鐵路為國辦，被禁售於內地。1908 年此報售予劉少雲，1909 年改名《國民新報》，1912 年停刊，歷時 33 年。

此外，還有張筱邨在 1899 年創辦的《香港通報》，此報創刊之日即與廣州《嶺海報》合作。《香港通報》負責編印上諭、奏稿、論說、專件、京都新聞、各省新聞及各國新聞，由香港寄往廣州，《嶺海報》則負責編印羊城新聞、貨價及轅抄牌示，由廣州寄往香港。兩報合派，不再另行收費。但合作時間不長，後改為單獨發行。《嶺海報》支持維新立憲，於戊戌政變後，即登《原效》一篇，為康、梁辯護。《香港通報》其中一個宗旨亦為倡導新法，廣開民智。當日國內維新風氣高漲，遍及省港二地。

但是由康有為、梁啟超在香港直接主持的維新刊物，則還是在戊戌政變後才出現。變法失敗後，康、梁流亡海外，四處為保皇立憲奔走，先後在美國、加拿大、日本、東南亞及香港出版報紙，進行保皇及君主立憲的宣傳。1904 年他們派徐勤、伍憲子、伍權公在香港創辦《商報》，是為保皇黨在港的機關報。辛亥革命後，此報易名為《共和報》，1921 年停刊。

（四）革命派在港的報業活動

變法失敗，令很多寄望維新改革的人都感到失望。經過八國聯軍侵華（1900）一役，很多人都不再對清廷存有幻想，開始認同革命。孫中山在 1900 年以前宣傳革命，遇到困難甚多，聞革命而生畏者眾，但 1900 年以後，同情及支持革命的人愈來愈多。1900 年正是興中會在香港創辦第一份革命刊物《中國日報》之時。

《中國日報》於 1900 年 1 月 25 日出版，總編兼社長為陳少白。1905 年成為同盟會的機關報；1911 年辛亥革命後移至廣州；1913 年被軍閥龍濟光封禁。《中國日報》自出版起即積極宣傳革命，並駁斥保皇派之改良主張。1903 年初，洪福全、謝纘泰、李紀堂等人計劃廣州起義事洩失敗，革命黨人梁慕義等十餘人殉難。廣州《嶺海報》主筆胡衍鶚借題攻擊革命黨為大逆不道，《中國日報》嚴辭駁之，筆戰月餘。

當保皇派的《商報》提倡保皇扶滿之意義時，《中國日報》即予以痛擊。《中國日報》曾以進化論之說，闡明《商報》之類的保皇報，代表舊社會之報，終歸會失敗而被淘汰。此報曾直指康有為之政見誤國誤民，並要其公開答辯，但康有為未有作答，《中國日報》便連發兩篇"代答"，譏諷康有為。

1906 年《中國日報》被保皇黨人控其誹謗康的女兒康同璧在美洲訛騙華僑，要求賠償。另一方面由於它猛烈抨擊粵督岑春寧將粵漢鐵路收歸官辦並逮捕反對商人黎國廉，結果它與其他幾份港報一同被禁入廣東省，令報社經濟更形拮据。後經馮自由岳丈李煜堂出資，才得以維持。是年又因"拒約運動"與《有所謂報》略有不同意見而引起筆戰，後經孫中山親自調停才避免同室操戈。1907 年因代售上海《民報》特刊《天討》，內附清帝破頭插畫，被港府沒收，並於同年 8 月首次立例禁止報刊登載煽惑對友邦作亂之文字。

20 世紀初，中國的革命思潮空前澎湃。革命黨人在香港除了辦《中國日報》外，還先後辦了《世界公益報》、《廣東日報》、《有所謂報》、《香港少年報》等刊物。而這些革命派刊物皆直接或間接與鄭貫公有關。

鄭貫公（1880—1906）原名鄭道，字貫一，廣東香山人，筆名貫一、仍舊、貫公、自立和死國青年等。鄭貫公曾到日本，並與梁啟超在東京創辦的東京高等大同學校學習。當時的同學有秦力山、馮自由、蔡鍔、林述唐等人。後協助橫濱的《清議報》報務，但幾個月後即以"氣味不投"離開。1900 年在橫濱創辦《開智錄》，宣傳平等、自由、天賦人權及民族主義等思想。並開始與保皇黨決裂，投入革命黨之陣營。

1901 年孫中山介紹鄭貫公到香港，出任《中國日報》編輯，但因性格不羈，與陳少白不和，7 月時更因與鄭士良等飲宴時士良暴斃，令陳少白更加不滿。不久鄭貫公即辭去《中國日報》職務。1903 年底林護、譚民三創辦《世界公益報》，聘鄭貫公任編輯，參與編務者有黃世仲、李大醒、黃魯逸、黃耀公等人。此報宣揚革命，曾連載《揚州十日記》歌謠，但有股東以其言論日趨激烈，請略改宗旨。鄭貫公力爭後離去，於 1904 年 3 月與陳樹人、黃世仲、勞緯孟等另辦《廣東日報》。

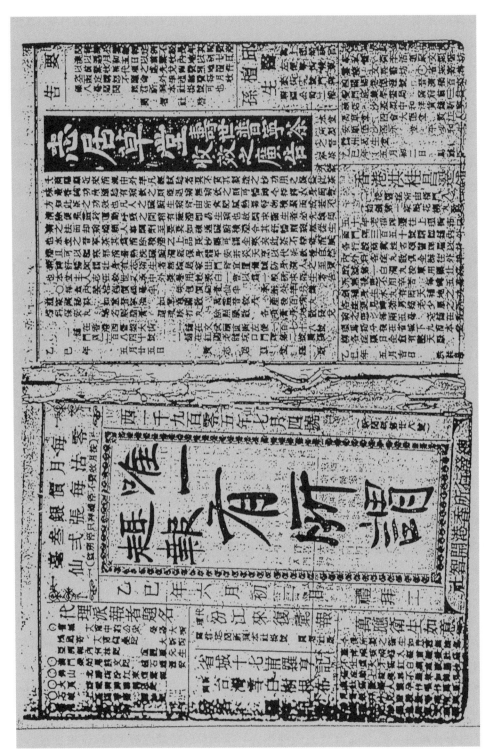

圖 13.6　清末革命派報刊《有所謂報》

《廣東日報》的言論較《世界公益報》更為開放。它不但發揮民族主義、提倡革命精神，更鼓吹以暴力手段，實行共和。《廣東日報》有附刊名《無所謂報》，每日兩頁，用廣州方言、民間唱本、龍舟、南音、粵謳等形式，揭露清廷黑暗，反映人民疾苦。此附刊於 1905 年 5 月改名《一聲鐘》。《廣東日報》在 1906 年因抨擊岑春煊收回粵漢鐵路而激怒粵省官員，而《廣東日報》股東多為廣東縉紳，恐招橫禍而於 1906 年 4 月讓其停刊。

《有所謂報》，全稱《唯一趣報有所謂》，是眾多在港革命刊物中，最為奇峰突出，出奇制勝的一份。該報於 1905 年 6 月 4 日創刊，總編輯鄭貫公，參與者有黃世仲、陳樹人、王斧、李孟哲、盧偉臣、胡子晉、盧文等人。此報由於鄭貫公於 1906 年病逝而被逼在 1906 年 7 月 12 日停刊。此報雖只出版一年多，它的影響卻頗為巨大。《有所謂報》的特色是以通俗、活潑、多樣的形式吸引讀者，其讀者對象為一般社會大眾，由民間説唱到詩詞散文，兼蓄並收。此報與當時的革命派刊物互相呼應，其銷路更凌駕各大報之上。但鄭貫公這位革命派報人以時疫死於香港，死時年僅 26 歲。

鄭貫公死後，《有所謂報》之編輯謝英伯、陳樹人等在 1906 年 7 月 29 日創辦《東方報》，但因資本虧損，只維持了半年左右便停刊。《香港少年報》亦為《有所謂報》部分人員創辦，由黃世仲主持，於 1906 年 5 月 28 出版，曾指斥清廷立憲之舉為久延殘喘之計，最後亦因資金短缺，不到一年便停刊了。

辛亥革命前後，香港出版的革命刊物還有 1906 年 2 月 8 日創辦的《日日新報》、1907 年 12 月 5 日黃耀公辦的《社會公報》、1911 年間的《新少年報》、1908 年李孟哲辦的《人道日報》、1910 年洪舜英、洪美英辦的《女界星期錄》、1911 年 11 月 9 日盧新、黃世仲等人辦的《新漢日報》。

在這段"黨派報業"期間，革命黨與保皇黨在政見上爭持激烈，除了康同璧入稟香港法院控告《中國日報》誹謗一案外，還可見於鄭貫公受暗殺威脅而向香港警察報案一事。1905 年 11 月 23 日《有所謂報》專文揭露保皇黨以 2,200 兩收買刺客於 11 月 4 日潛來香港，暗殺鄭貫公，但事先為該報發覺，遂報案港府，得便衣警探保護，致使暗殺之事不成。鄭貫公"死國青年"之筆名即由此而來，稍後更有黃伯耀用"病國青年"、馮勵生用"生國青年"之筆名和之。

以下一段《新少年報》的文字，也足以令人感受到當時二派之劇鬥情況："保皇疫黨冇良心，甘為公敵出頭角。想着鏟地皮，想入新內閣。殘同媚異引豺狼，害我同胞受飢渴。"

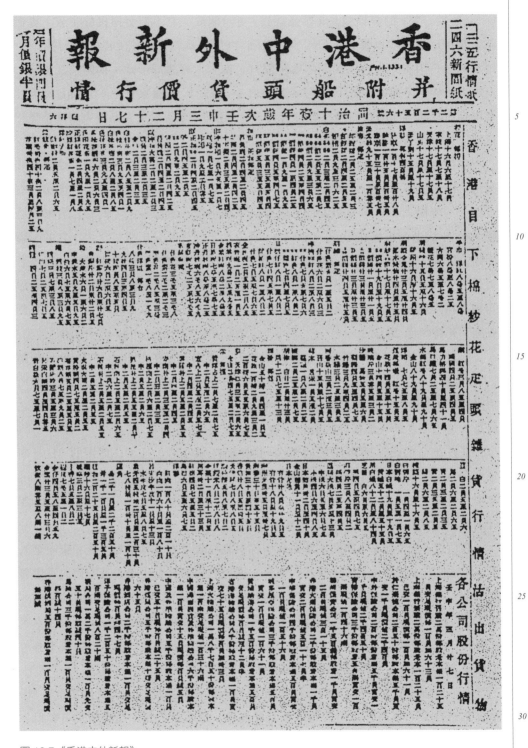

圖 13.7 《香港中外新報》

　　這段時期的粵港革命宣傳，除了陳少白、鄭貫公外，黃世仲亦值得一提。黃世仲又名黃棣蓀，廣東番禺人，青年時代到南洋謀生，經常投稿至新加坡的《天南新報》而文名漸顯。1902 年經尤列介紹至香港任《中國日報》記者，不久即與廣州《嶺海報》筆戰。1904 年以後，積極參與鄭貫公主辦的《世界公益報》、《廣東日報》及《有所謂報》工作，同時為廣州的《時事畫報》撰稿。1906 年創立《香港少年報》，1907 年又與歐博鳴在廣州創辦《廣東白話報》，頗受歡迎。他曾寫章回小説《洪秀全演義》，在《有所謂報》連載，並被《中國日報》印成單行本，章太炎作序。辛亥革命後，任廣東民團局長，於 1912 年被廣東都督陳炯明以"侵吞軍餉"罪名槍殺。

　　辛亥革命之後，軍閥割據，全國陷入混亂。就以廣東一地為例，1911 至 1922 年十多年間，前後經歷九個省長管治，大部分皆為軍閥。由於粵港兩地緊密相連，派系鬥爭亦伸延至港。

　　《香港中外新報》雖非革命黨人之報紙，但該報在民國初年抨擊廣東軍閥龍濟光，大得人心。第一次世界大戰時，段祺瑞之北洋政府力主中國參戰，《香港中外新報》持反對論調，結果被港英政府控告，罰款 101 元，原因是其言論不利英、法、俄三國聯手對付德國。經此波折，該報股東深恐受累，不欲再辦，終被龍濟光收買，令該報反龍之言論，一夜間變成擁龍。龍濟光軍事失敗後，此報亦停刊。

　　1915 至 1916 年間，革命黨人在港創辦《現象報》，以雜誌形式裝訂，每天出版，主持人為胡漢民、朱卓文等。辛亥革命後由港遷往廣州出版之《中國日報》，已於 1913 年為龍濟光封禁，《現象報》成為革命黨人攻擊龍濟光最有力之輿論工具，它在龍倒台（1916 年 7 月）後任務完成，不久亦宣告停刊。另一份"討龍"的報紙為 1899 年由李賢士創辦的《香港晨報》。1919 年革命黨人夏重民接辦，易名《香江晨報》，銷量曾一度居香港第二位，惟後力不繼。

　　與此同時，由基督徒尹文佳、伍漢墀、關心焉及張祝齡等人於 1912 年創辦的《大光報》，亦致力抨擊龍濟光。此報雖是教會中人創辦，平日卻絕無宗教色彩，只在聖誕節時出一特刊紀念。《大光報》是應孫中山之邀而創辦的，八周年紀念時，孫中山特別在報上致詞嘉勉。此報於 1938 年 10 月廣州淪陷後，遷至韶關作抗戰宣傳。1945 年日本投降後，遷至廣州，另在汕頭、韶關及海口分設粵東、粵北及海南版，直至 1950 年才停刊，歷時共 37 年。

　　1921 年《香江晨報》部分人員，組織香港第一份晚報《香江晚報》。督印人黃燕清（1891—1974），原籍廣東高要，16 歲時即加入同盟會香港支部，曾創辦《新少年報》，並任《國民新報》、《現象報》及《大公報》編輯。此報仍屬黨報，由於言論傾向汪精衛，曾被視為"左派"報紙。它在 1927 年集資擴充，1928 年葉泰任督印人，1929 年停刊。

1920 年 11 月陳炯明率粵軍由閩回粵驅桂軍莫榮新，並出任廣東省主席兼粵軍總司令。他命陳秋霖在香港創辦《香港新聞報》。後陳炯明反孫中山之心日顯，有人勸陳秋霖"易幟"，結果陳秋霖將其報易名《中國新聞報》，言論由擁護陳炯明改為擁護孫中山。此為香港報史上之一次"報變"，事發時間為 1924 年 7 月 19日。1925 年 8 月陳秋霖往廣州訪廖仲愷，與廖仲愷同遭暗殺喪生。

在這段"黨派報業"時期，也有一些不以政治宣傳為目標的報紙，例如《華字日報》既有與保皇黨連成一線宣傳立憲的言論，亦曾因報導革命新軍起義，於1910 年被粵督袁樹勛禁售。1885 年香港滙豐銀行買辦羅鶴明出資三萬元創辦《粵報》，最初原因亦只是因推廣其親戚的時藝藍本，設立印刷廠而兼營報紙。此報因乏人主持，一年後便停刊，後雖經盧敬之集資再辦，亦只再維持三年而已。另有《醒覺魂報》於 1906 年 11 月 3 日創刊，"宗旨為不立黨派，大公無我，務求輸入文明，增進社會幸福。"

（五）西報在港的發展

自《香港中外新報》、《香港華字日報》、《循環日報》相繼創刊後，中文報紙漸漸取代西報成為香港報紙的主流。保皇黨與革命黨的意識形態鬥爭，首次把全中國包括香港的報業推上一個高峰。為了爭取讀者，雙方都延攬人才，以生動吸引的形式宣傳自己的政見。這些政見宣傳及鬥爭，一方面把中國的政治鬥爭延伸到香港，但另一方面亦令香港的民眾了解國內政治發展狀況。西報這時的活動相對失色。這與外籍人口稀少有關，在 1881 年之時全港華人超過 15 萬人，但外籍人口只有一萬左右。

在"黨派報業"時期創辦的西報有兩份，一是士蔑（Smith, Robert Frazer）於1881 年 6 月 15 日創辦的《士蔑西報》（*Hong Kong Telegraph*），另一份是 1903 年11 月 7 日創刊的《南清早報》（*South China Morning Post*）。

《士蔑西報》的出現令一度沉寂的誹謗官司再次湧現。士蔑先因誹謗一個德國藝人而入獄兩個月，後又因誣衊《德臣西報》的編輯而被罰賠償 100 元兼付堂費。

1890 年港府容許本地大律師出任裁判司之同時可以私人執業，《士蔑西報》又再大肆抨擊港府。1891 年士蔑被控誣告一名工務局主管強姦，結果與另一名記者被判入獄半年及賠款 3,000 元。出獄後，他仍繼續其辛辣的筆鋒，直至 1895 年去世為止。1900 年該報轉為鄧勤（Duncan, Chesney）管理，大股東是何東（Hotung, Robert, 1862—1956）。

中國的革命活動日趨熱熾，本港一些知名人士亦捲進了這個運動。鄧勤與《德臣西報》的主編黎德（Reid, Thomas H.）曾於 1895 年協助香港的革命黨人草擬英文版的興中會宣言，此宣言並由香港第一位華人西醫何啟（1859—1914）及澳洲華僑謝纘泰（1872—1937）修訂。當時三大發鈔銀行之一的有利銀行（Mercantile Bank）的買辦韋玉（1849—1921，黃勝的女婿），亦是立法局非官守議員，經常接待往返省港兩地的起義人士。

謝纘泰更是英文《南清早報》的發起人之一。他與英國人克銀漢（Cunningham, Alfred）在 1903 年創辦《南清早報》，辛亥革命後中文報名改為《南華早報》，一直沿用至今。此報最初宗旨為推動中國的改革。最初發行 6,000 股，其中 14 名華人股東佔 950 股，其他股份為 107 名西人持有。從兩份西報的發展亦可看到辛亥革命前夕，香港報紙的政治氣味十分濃厚。

（六）"黨派報業"的特色和影響

"黨派報業"的特色是報紙為了宣傳政見而存在。態度都是以己見為"正確真理"，拯救萬民之法盡在於我，政見不同者危害社會，必須予以打擊。這種黨派特色不單只在保皇及革命兩黨的報紙上可見，辛亥革命之後，革命黨與軍閥進行鬥爭時，兩者亦採取"黨派報業"模式辦報。"黨派報業"模式非香港獨有，當時全國甚至海外華人社會亦因康、梁與孫中山對壘，而普遍出現"黨派報業"。從好的方面說，黨報鬥爭由於互相比拼，把中國報業的形式、技巧及運作能力，大大提高。從壞的方面說，黨爭卻過度強化了報紙的"宣傳"功能，令"公眾論壇"的作用萎縮，更因此令中國報業不重視"客觀報導"的原則。當然這種現象歸根結底是與中國社會的演變及中國人的政治文化有關。假使當權者都不能容納異見，報紙便只能淪為統治者的宣傳工具或附庸；要不然便只有變成用來抨擊統治者的工具；再不然便只有關門。

圖 13.8《華僑日報》創刊號頭版

這個時期的香港報業與中國報業可說是融為一體。保皇派與革命派的言論主張都先後在香港出現。這種聯繫令香港人對國內政局發展，感同身受，對香港人與中國的聯繫和認同起着重大的作用。但另一方面，這種"中國聯繫"又令到本港報業長時間忽略香港的事務。舉例來說，現在可以看到的最早一份《香港華字日報》，刊於 1873 年 6 月 4 日，其中"本港新聞"只有三條，並歸入"中外新聞"一部，相對而言，"羊城新聞"則共有五則，顯然是"重省輕港"。另一例子是《有所謂報》雖有"港誌"，但初時亦屬"要聞"一部，而"要聞"中又以廣東消息最多，香港、北京、上海、天津等地次之。[4] 缺乏香港焦點是"黨派時期"香港報業的一大特點，這種偏失亦是影響香港人對香港缺乏關注及歸屬的一個重要原因。

四 ·"社經報業"時期（1925 年至現在）

（一）商營企業報紙的出現

正當黨派宣傳充斥香港報章之際，有少數報章力求不涉政治，其中一份為《華商總會報》。它是 1919 年香港華商總會創辦的機關刊物，目的在傳達商會訊息，純為商業性報紙，不涉政治。此報所用之器材轉買自經已停刊的《香港中外新報》，但經營不善，於 1925 年出讓給岑維休、陳楷等人。他們在 6 月 5 日改為出版《華僑日報》。《華僑日報》創刊宗旨是"為祖國服務，為僑胞謀福利"。

《華僑日報》出版時正值省港大罷工，排字工人停工，它便以石印方法印報，罷工期間照常出版，曾因此受到威嚇，肆事者揚言要以炸彈對付報社。《華僑日報》打破了星期日停刊的老習慣，使新聞不會在星期天終斷。以往有關港府施政的報導，英文報都比中文報早出一天，《華僑日報》是第一家能做到與英文報同日發表這些消息的中文報紙。在省港大罷工期間，立法局議員葛和爾（Kotewell, Robert）曾要求《南華早報》盡一切能力協助港府工作，由於岑維休出身《南華早報》，與該報關係良好，所以岑維休被邀出席是次立法局會議，他提出在自己的中文報紙上深入報導工潮，此舉獲得《南華早報》經理威利（Wylie, Benjamin）的支

（4）　同註(1)，頁 21。

圖 13.9《工商日報》創刊號

圖 13.10《工商日報》全盛時期的老闆何東

持。[5]《華僑日報》一開始便是站在商人辦報的立場，為工商界向政府表達意見，甚受政府重視。戰前的《華僑日報》先後在香港聯營過《南中報》（晚報）、《南強日報》、《中華日報》、《華強報》，在廣州亦有聯營報紙。戰後，它致力經營《華僑晚報》。

在《華僑日報》創刊的同年 7 月 8 日，《工商日報》亦面世。它由洪興錦、黃德光等人以斡旋工潮為目的而創辦。1925 年 5 月 15 日上海日本紗廠槍殺工人顧正紅並傷十餘人，引起公憤。5 月 30 日，上海學生二千多人進行街頭演講抗議，遭英國巡捕開槍掃射，死 13 人，重傷數十人，是為五卅慘案。之後，全國各地罷工罷市聲援上海。香港亦於 6 月 19 日發起總罷工，罷工工人紛紛返回廣州，6 月 23日聯同廣州工人、農民、學生共 10 萬人舉行大示威遊行，路過沙面租界對岸沙基時，英法士兵開機槍掃射，當場打死 52 人，傷者數以百計，史稱沙基慘案。此事進一步激發省港工人罷工，6 月底全港工會工人罷工，人數達 25 萬人，離開香港回廣州的約十萬多人。這場省港大罷工一直維持到 1926 年 10 月 10 日由於工人支援北伐才正式結束。整個香港由於缺乏清潔工人變成“臭港”，經濟損失不可估量。

《工商日報》創刊詞聲言：“中國之不適共產”，並主張“工商兩界……合則兩利，分則兩不利”。創刊時的督印人是容守正，總編輯為曾任職《香港晨報》的黎工佽。《工商日報》當時經常報導對罷工不利的消息，例如每日編造統計表，顯示回港人數日多，離港人數日少。又或者專門報導香港各機關工廠招聘舊人復職，既往不咎等消息。此報在 1929 年改組，由何東接辦，全面改革擴充，令此報自 30年代起至 70 年代初期，成為一份重要的商營企業報紙。這是因為何東並沒有依附國內的政治黨派勢力，戰前選聘的幾位總編輯，都較能堅持客觀公正的報導原則，令《工商日報》脫穎而出。

何東在 1930 年 11 月 15 日再創辦《工商晚報》，在創刊詞中已可見與最初發表的《工商日報》創辦宗旨有異。其中內容有“本報營業，純粹為商人資本，曾不有任何黨派之背景，不合任何政治結合之補助與投資。換言之，一普通商業而矣”。此外，還定下目標四個：（1）發揚民主正義精神，（2）發展經濟，（3）注重社會問題，（4）提倡故有之文化，灌輸科學知識。1933 年 2 月，《工商日報》再辦售價一仙的《天光報》，掀起小說熱潮。《天光報》社長由《工商日晚報》社長胡秩

（5）　Hutcheon, Robin, *SCMP: The First Eighty Years*. Hong Kong: South China Morning Post, 1983, p.62。此書作者將是次會議放在岑維休創辦《華僑日報》之前，時間上恐有錯誤，因省港大罷工正式開始並對香港社會造成重大影響，應是 1925 年 6 月 19日之後的事，而《華僑日報》在 6 月 5 日已創刊。

五兼任，總編輯汪玉亭。《工商日報》在 1933 年 11 月陳銘樞等人發動"閩變"後聲名大噪，因為當時《工商日報》與南風通訊社的陳錫餘協議，只把"閩變"消息獨家供給《工商日報》，令其銷路急升。當時香港人口只八十餘萬人，《工商日報》、《工商晚報》及《天光報》已日銷 15 萬份。1934 年《工商日報》被中山文化教育館選為全國十大報章之一。

　　另一份重要的商營企業報紙是 1938 年 8 月 1 日創刊的《星島日報》。它是南洋商人胡文虎在香港投資 40 萬元創辦的報紙，目的是推廣他的商品虎標萬金油。在此之前他已先後出版了緬甸的《仰光日報》、《緬甸晨報》；新加坡的《星洲日報》；汕頭的《星華日報》及廈門的《星光日報》。香港《星島日報》創刊時"揭櫫數義以告國人曰：一、協助政府從事抗戰建國之偉業；二、報導新聞兼為民眾之喉舌；三、提倡學術，發揚科學精神；四、改良風俗，善導社會之進步"。

　　《星島日報》首創將截稿時間延長至凌晨二時，務求刊出最新消息。《星島日報》出版後 13 天，《星島晚報》即面世，主編為郭步陶。這二報除了在香港淪陷時一度易名改組外，一直用原名出版，到了 1997 年，《星島晚報》才宣告停刊。

　　從省港罷工之後至中日全面展開戰爭之十幾年間，香港人口不斷上升。1925 年全港人口七十五萬人左右，1931 年增至 85 萬人，到 1941 年香港淪陷前，人口倍增至 160 萬人。1937 年之前，國內的文化界人士仍未大量來港，此時的政黨報紙有式微之勢。除了《華僑日報》、《工商日報》以商營為宗旨外，更有大量"小報"出現。這些小報的特色是以趣味、消閒及秘聞，甚至黃色小說吸引讀者，其中以《探海燈》、《胡椒》及《骨子》最為有名。《探海燈》的主持人黎工佽更疑因"秘聞"賈禍遭人暗殺。《胡椒》是林柏生創辦的小報，後來接受汪精衛的資助。《骨子》是孫壽康與羅澧銘二人合辦，以"骨子"名之，喻其"脫俗不凡"。還有《春秋》、《天文台》及《華星》都是當時有名的三日刊小報。

　　此外，當時還流行"一仙報"。戰前香港的日報屬於大報，售價五仙，張數較多，內容較嚴肅，一般勞工大眾不甚愛讀。他們天未亮時便外出"飲茶"返工，因此只印一張、售價一仙的報紙應運而生。它們大都趕在天亮前出版。內容是新聞的精華，並搶先報導本港消息，副刊趣味性濃，小說尤其重要。這個時期的"一仙報"有《天光報》、《成報》、《南強日報》及後來的《星島晨報》。這些報紙都以讀者趣味為依歸，屬於"市場導向"而非"政治導向"的報紙。香港報紙商業化的趨勢在日佔時期（1941 年 12 月至 1945 年 8 月）一度中斷。戰後，報紙商業化的趨勢復現，"黨派報業"的模式便逐步被"社經報業"模式代替。

（二）日佔時期的香港報業

　　1941 年 12 月 25 日香港被日軍攻佔，之後所有報紙都置於日本佔領軍政府報道部的監管之下，被迫與日軍合作。1942 年 5 月底，香港一共有 11 家報紙，除了日人辦的《香港日報》外，還有汪精衛附日政權的《南華日報》、《天演日報》、《自由日報》。原有的《華僑日報》、《香港華字日報》、《循環日報》、《香島日報》（前身是《星島日報》）、《大眾日報》、《大光報》和《新晚報》仍繼續出版。1942 年 6 月 1 日，日本佔領當局以白報紙供應不足為理由，強逼各報自動合併，結果剩下五家報紙，分別是《香港日報》、《南華日報》、《華僑日報》、《香島日報》和《東亞晚報》。

　　這段時期的新聞報導以對日本歌功頌德為主。國際新聞方面，只能採用日本同盟社及汪精衛政權的南京中央社消息，大都是吹噓日軍在中國及東南亞的"輝煌"戰功。本港新聞則以政府要員談話及日本要人訪問香港等為主，也有一些娛樂、賽馬消息及街談巷議。當時的香港新聞業，處於日軍全面控制的非常時期。由於日軍佔領時間只有三年零八個月，所以對本港報業並未造成長遠的影響。

（三）黨派報紙的式微

　　如前所述，在 20 年代中期至 30 年代中期，香港報業出現商業化的趨勢。這是由於中國境內處於軍閥混戰、兵戎相見的狀態，意識形態之爭並不明顯。若單以軍閥首領為中心作派系宣傳，則往往在軍閥倒台後，這些宣傳活動便告終結，例如後期的《中外新報》便因龍濟光倒台而結束。由於政局紛亂及軍閥大都缺乏政治理想及意識形態，圍繞個人的黨派宣傳不能吸引民眾，因此 1929 年桂系軍人在港先後創辦的《正報》及《南方日報》亦都壽命短促。

　　黨派宣傳再度在香港活躍起來，還是在國民黨及共產黨形成兩大壁壘分明的意識形態集團之後的事。並由於戰火將兩派的文人帶來香港，才令開始沉寂的黨派論爭再度熱熾起來。但這次在香港的黨派論爭為時甚短，且一度因日本佔領香港而中斷。這次論爭先在 1941 年中，後在 1946 至 1949 年間。

　　中日戰爭全面展開後，國內報人紛紛來港。1938 年 3 月，先有羅吟圃創辦《星報》，是上海淪陷前小型報《辛報》的化身，半年後改成晚報。與《星報》同時創刊的還有《申報》，由史詠賡主持，但因不合港人口味，一年後停刊。《星報》創刊一個月後，以小報形式雄視上海的抗日報章《立報》，亦在港出版，成舍我任社長，薩空了做總編輯，茅盾、葉靈鳳、林友蘭等也曾在此報工作，但亦因不合港人口味，銷路不佳。1938 年八一三事變紀念日，《大公報》香港版在香港創刊，但不久大部分員工去了桂林及重慶，致使香港《大公報》未能擴展規模。

1938 年 8 月 1 日胡文虎創辦《星島日報》後，即聘請金仲華、羊棗、邵宗漢、葉啟芳等左翼人士主持。1939 年 6 月 6 日國民黨在港創辦《國民日報》，作為黨國喉舌。1941 年 4 月 8 日共產黨創辦《華商報》，由薩空了主持。鄒韜奮於同年辦《大眾生活》，金仲華從武漢遷來《世界知識》，中國民主政團同盟在 1941 年 9 月 18 日亦創辦了《光明報》，由俞頌華主編。這幾張左翼報紙經常與《國民日報》的主筆王新命發生筆戰。《星島日報》的金仲華、羊棗及邵宗漢等人，更因 1941 年 5、6 月間的一場論戰，被《星島日報》老闆胡好在政治壓力下撤換，改由國民黨的程滄波出任總編輯。但這段時期的政黨論爭不久便因日軍入侵而結束。

抗戰勝利後，《國民日報》復刊，第一任社長張湖生，主筆黎晉偉，惟經濟情況不理想，於 1947 年結束。此報曾於 1946 年 6 月 7 日以"通緝岑維休"為社論標題。事緣《華僑日報》在日佔時期繼續出版，國民黨中有人藉此對《華僑日報》苛索誅求。岑維休求助於香港政府，結果港府以《國民日報》有煽動之嫌，下令停刊一月。後經南京政府斡旋，得於 6 月 23 日解禁，前後停刊 15 天。1949 年下半年，國民黨在大陸上大勢已去，"為了國家獨立受到威脅，個人自由受到危害，要救國家爭自由"，便於 1949 年 8 月 4 日創辦《香港時報》，社長是許孝炎，總編輯是李秋生，總主筆是陶希聖。

戰後第一份共產黨出版的報紙為《正報》，社長楊奇，骨幹成員為東江縱隊《前進報》編採人員，由 1945 年 11 月 13 日起創刊，至 1948 年 11 月 13 日停刊。《華商報》亦於 1946 年 1 月 4 日復刊，直到 1949 年 10 月 15 日發表告別讀者書後停刊。二報人員回到廣州參與創辦《南方日報》。《大公報》亦在 1948 年 3 月 15 日在香港復刊，初期負責人為費彝民、李俠文及馬廷棟等，政治立場漸漸轉向擁護共產黨，稍後更成為共產黨在香港的機關報。《文匯報》原於 1938 年於上海出版，徐鑄成主編，1947 年 5 月因反對國民黨而被查封，1948 年 9 月 9 日在左翼的國民黨革命委員會資助下於香港出版，董事長為國民黨革命委員會主席李濟深，社論委員會由徐鑄成領導。此報日後亦成為共黨在港的喉舌。

此時《星島日報》仍為國民黨人掌握編輯大權，《工商日報》、《成報》、《華

字日報》、《循環日報》也先後復刊。戰後不久，國共兩黨的報紙在香港的罵戰又
趨熾熱，令港英當局在 1948 年的年報中寫下 "有中國異見人士濫用本港新聞自
由，恣意攻擊中國的現有政府，因此必須警告他們不應濫用他們在此獲得之庇護"
等語。

　　雖然政黨論爭對本港戰後的報業有一定的影響，但是它們的吸引力已大不如
黨派報業時期的改良派及革命派報章。1946 年底銷量最高的日報為非黨派的《華
僑日報》，晚報為新創刊的《新生晚報》。在 1949 年共產黨奪得大陸政權後，左派
文人大量返回內地，右派的陣地也乏人管理。加上 1945 年以來到港的居民大都為
逃避內戰的難民，或不願在大陸生活的人，所以 1949 年以後，香港大部分的居民
都對政治鬥爭感到麻木甚至是恐懼。在這種形勢及市民心態下，黨派報紙的影響
力在香港日漸減少。

　　由於 1950 年代之後，進入香港的新移民逐步減少，香港本土的新一代就在
這段時間慢慢成長。據 1965 年的統計，該年已有 50% 的居民是香港出生的，自
此，香港作為移民社會的特色已減少。從 60 年代開始，居民較多關注本港事務的
發展。他們雖對中國政治仍很關心，但已不會直接被中國的政黨政治牽動。由此
一直到今天，香港的主流報章都是以商營為主，關注本港社會及經濟事務的 "社
經報紙" 日益壯大。假若沒有政黨經費支持，本港多張黨派報紙應早已關門。《香
港時報》就是在連年虧損的情況下，終於不獲國民黨支持而於 1993 年 2 月 17 日
停刊。

（四）"社經報業" 的演變

　　在戰後至香港回歸中國前的半個世紀裡，香港的主要報章都不是政黨報紙。
由於 50 至 60 年代的香港居民對政治感到厭惡，他們 "既不喜歡大陸，也不喜歡台
灣"，因此大部分的主流報紙都標榜 "客觀、中立"，內容追隨讀者口味，政治色
彩不濃。1967 年香港動亂之前，銷量最高的報紙包括《華僑日報》、《工商日報》、
《星島日報》、《成報》及《香港商報》。《香港商報》是唯一能夠吸引大眾的左派報
紙，它的前身是《經濟導報》的附刊《標準行情》。此附刊因有獨立註冊，故此在
三一事件後，左派恐港英封禁他們的報紙，故將它易名為《香港商報》，時為 1952
年 10 月 11 日，督印人是李少雄。此報一段時期的辦報方針是以銷路甚廣的《成

報》為競爭目標。1967 年初，銷路達到 12 萬份，與《成報》的銷路僅差一萬。但 1967 年香港左派發動"反英暴動"之後，由於受極左路線影響，《香港商報》銷路一直下跌，到 90 年代初期，銷路仍只維持在 5 萬份之下。

香港在 60 年代後期開始出現急劇的變化，它從轉口港蛻變成為世界上重要的工商及金融服務業城市。香港土生土長的一代經已成長，中國在"文化大革命"後亦穩步發展起來。因應這些變化，香港的報紙在 70 至 80 年代亦有所改變。

踏入 70 年代，由於時代的變化，冒出了一些新的報紙，其中更有取代原來幾份大報之勢。《明報》是一張從 70 年代起受人注視的報紙。創辦人查良鏞曾於香港《大公報》任翻譯兼編輯，1959 年離開，與沈寶新在 5 月 20 日創辦《明報》，強調客觀、中立、理性。此報突出之處是開闢中國新聞報導，並在副刊闢專欄小塊，每天例有文字淺白的精簡社評。"文化大革命"期間，《明報》大量刊登文革消息，並對中共時有批評。在娛樂、電影、狗馬經方面也十分豐富，後來更開闢以中學生及大專生為對象的校園版。此報在言論上對左右兩派各有褒貶，走中上階層及知識界的路線，成為香港最多大專生及教師閱讀的報紙。在 80 至 90 年代，《明報》的銷路大約在十二萬份左右，一直在第三、四位之間徘徊。以一張不走媚俗路線的精英報紙來說，此成績甚為驕人。此報於 1991 年售予智才集團，稍後查良鏞更將股權逐步轉讓，1994 年以後，于品海全面控制了《明報》。

在大眾化報紙方面，1970 年代冒出的報紙當以《東方日報》最為突出。它於 1969 年 1 月 22 日由馬惜珍、馬惜如兄弟創辦。二人因販毒事發被香港警方緝捕，潛逃至台灣。1978 年之後，馬惜珍兒子馬澄坤出掌《東方日報》。《東方日報》一開始便以通俗路線吸引讀者，除了狗馬經、黃色小說、煽情新聞外，亦辦社會服務版，專為低下階層訴苦及救急籌款，頗受一般民眾歡迎，1971 年下半年，銷量已逾八萬份。90 年代初，《東方日報》的銷量達四十多萬份，高踞全港首位，讀者人數估計超過 190 萬人（這時香港人口有 600 萬左右）。在 90 年代，《東方日報》更先後出版了《東方新地》、《東周刊》及《太陽馬經》。還在港督彭定康（Patten, Chris）的游說下，於 1994 年 2 月 1 日出版英文報紙《東快訊》（*Eastern Express*），以制衡親中的馬來西亞商人郭鶴年於 1993 年入主了的《南華早報》。

除了《東方日報》之外，香港現時的大眾化報紙還有《成報》、《天天日報》及《新報》。《成報》是何文法、汪玉亭、李凡夫等人於 1939 年 5 月 1 日創辦，初為三日刊。香港淪陷時停刊。戰後於 1945 年 10 月復刊。對象是普羅大眾，注重副刊。何文法創辦《成報》之前，曾在廣州小報《羽公報》及香港小報《探海燈》工作。汪玉亭則是 30 年代銷量極高的《天光報》總編輯。他們把辦小報的經驗充分應用到《成報》，令《成報》從戰後至今一直是普羅大眾喜愛的讀物。整體而言，《成報》雖也走大眾路線，但其品味卻是眾多小報中較高的一份。此報內容雖也夾雜色情，也未至如其他小報那樣 "外露" 及庸俗。《成報》的銷量在 80 年代末 90 年代初，一直高踞第二、三位，僅次於《東方日報》，估計銷量在 18 至 20 萬份之間。

　　《天天日報》自 80 年代中期開始，也變成了一份銷量頗高的大眾化小報。《天天日報》原為香港二天堂藥廠韋氏家族所辦，於 1960 年 11 月 1 日創刊。因它是全港第一份彩色印刷的報紙，初出版時，人們爭相購閱。在此之前，香港報紙只有黑白兩色，間中套紅，異常單調。1977 年股權轉售給妙麗集團劉天就，後來又轉至金城銀行總經理韋邦和何世柱夫婦手上。在 20 世紀 90 年代初，此報輾轉落至與星島報業集團有關的文化傳信集團中。從 80 年代起，該報把重點放在馬經及娛樂消息上，並以《東方日報》為競爭目標。自此銷量維持在十五萬份左右，經常處於第二、三位。另一張 80 至 90 年代的大眾化報紙為 1959 年 10 月 5 日創刊的《新報》，出版人是羅斌。在 80 年代中此報曾一度欲改變狗馬色情小報的形象，但不成功，結果在 90 年代初仍以小報面貌出現。1991 年此報售予商人楊受成，銷量大致在七萬份左右。《新報》在香港回歸後銷量一直下跌，連年虧損，終在 2015 年 7 月 12 日停刊。

　　80 年代有一份 "精英" 報紙崛起，不能不提，它就是《信報》。《信報》是由林山木在 1973 年 7 月 3 日創刊，是一份專業財經報刊。內容以財經消息及政治文化評論為主，頗有效法美國《華爾街日報》之意。初辦時經濟拮据，後得友人協助渡過難關。中英談判收回香港主權時，此報敢言直說的作風開始為人注意。由 80 年代中開始，此報已成為香港的重要輿論力量，它的讀者以工商界的高層管理人士、政府官員、知識文化界及政界人士為主。此報主張自由經濟，贊成私利，重視個人主義，維護建制，尋求社會的多元性與祥和。90 年代的《信報》與《明報》對香港社會的輿論都有很大影響。由於《信報》的立場偏向 "自由主義"，並與港英政府關係良好，經常被視為與《南華早報》等量的 "親英" 報紙。香港的民主政黨視之為獨立敢言的報紙，左派人士則視之為 "反共" 報章。

　　1988 年 1 月 26 日另一張專以經濟金融報導為主的《經濟日報》創刊，辦報方針為 "知識為本，與時並進 "。投資 4,000 萬元，創辦人馮紹波。此報出版幾年後已達收支平衡。

　　90 年代香港報紙的一大特色，是都有經濟版及金融股市消息。這顯示了香港

圖 13.11　90 年代香港各大中文報紙

報紙已因社會發展而需加強關注本港的經濟環境。本港的政治新聞也日漸增多，特別是對區議會、市政局及立法局的報導。這三級議會的存在，或多或少引入了民選政治的成分，民選議員經常成為傳媒採訪的對象。

　　踏進 90 年代，香港報紙大都採用了"社會經濟報業"模式，注重本土社會及經濟事務，標榜客觀中立，極力避免帶有黨派色彩，首十份銷量最高的報紙，無一是黨派報紙。原來一些歷史悠久的大報，卻因不能適應時代的轉變，特別是中英商討香港主權移交後所帶來的政治轉變，而逐步被淘汰。《工商日報》由於連年虧蝕，終在 1984 年 12 月 1 日停刊，晚報則於前一天停業。《華僑晚報》亦於 1988 年 4 月 1 日停刊，日報則於 1991 年售予國際傳媒大王梅鐸（Murdoch, Rupert），再於 1993 年售予南洋商人郭鶴年。該報終於 1995 年 1 月 12 日停刊。《循環日報》及《香港華字日報》更早在戰後復刊不久便倒閉。1991 年香港銷量最高的十份報紙依次為：《東方》、《成報》、《天天》、《明報》、《南華早報》（英文）、《新報》、《星島日報》、《快報》、《信報》、《星島晚報》。

　　《快報》是星島報業集團主席胡仙在 1963 年 3 月 1 日創辦的報紙，股權在 1991 年落入張賽娥的南華證券公司手中。此報路線徘徊於《星島日報》與一般大眾化報紙之間。由於受到《蘋果日報》引發的減價戰衝擊，它在 1995 年 12 月 16 日第一次停刊，但大約十個月後在 1996 年 10 月 28 日復刊，之後仍不斷虧蝕，在 1998 年 3 月 16 日終於再度停刊。

　　在 1994 年香港一共只有《南華早報》、《虎報》（*Hong Kong Standard*）及於 1994 年 2 月 1 日由東方報業集團出版的《東快訊》三份英文日報。其他老牌西報早已被時代淘汰了。《虎報》是胡文虎於 1949 年 3 月 1 日創辦的英文日報，目的為華人在英文報業中建立一輿論陣地。《東快訊》以"中立"、"敢言"自許，視《南華早報》為競爭對手。

　　香港回歸前後的報業市場有急劇變化。由於智才集團需資金周轉，《明報》的控制權已落入馬來西亞商人張曉卿手中。1995 年 6 月商人黎智英創辦《蘋果日報》，以低於市價六成的二元拓銷，競爭對手為大眾化報紙如《東方日報》、《成報》及《天天日報》等。結果在 1995 年 12 月上旬導致報紙減價戰，打破報業聯手訂價的反競爭傳統。《東方日報》及《成報》的售價減至二元，《新報》更減至一元。銷量原已不佳的《電視日報》、《快報》、《香港聯合報》及《華南經濟新聞》宣佈停業。稍後，各報回復原來之五元售價。經過 28 個月的虧本經營，東方日報集團的英文日報《東快訊》亦於 1996 年 5 月結束。

香港部分新聞人員於 1996 年 5 月 28 日成立香港記者聯會，會員大約有一百人，有 10 萬元基金，由《文匯報》、《大公報》、《新晚報》、《香港商報》及《天天日報》捐出。它是繼 1968 年成立的香港記者協會之後的第二個記者組織。

（五）殖民政府對報業的管理和控制

港英殖民政府雖然秉承了英國的新聞自由傳統，對不同意見一般採取容忍態度，但是在管制新聞的法律上，卻有一套"備而少用"的苛刻條文，在箝制傳媒上，更有幾次案例。

香港最初被割讓時，有 1844 年通過的第二號條例明文規定："免除任何報紙的限制"，但在 1860 年，由於當時的西報經常攻擊及誹謗政府官員，因此港督羅便臣通過新例，要所有報紙繳付 250 鎊的保證金，藉以遏止報紙誹謗官員。此外，並簡化控告誹謗的程序，原訴人毋須律政司同意便可自行入稟法庭控告對方。六年後，此例再修改，將保證金加至 1,200 鎊。1907 年港督盧押鑑於在港報刊反清活動激烈，立例取締流入中國內地而能使全國發生叛亂的報刊，是在誹謗法外，另一條專門針對報刊內容的禁例。

港英政府曾先後三次實行過事前的新聞檢查。第一次在 1914 至 1918 年第一次世界大戰時期。英、法、俄三國與德國開戰，戰火蔓延至這些國家的海外殖民地。港英政府除了把德國在港的僑民關進集中營外，還實施新聞檢查。《南華早報》當時有一位作者嘲諷地說："由於新聞限制，編輯們傷透腦筋。每一則廣告，即使是女性腰封廣告，也要小心查閱，惟恐讓敵人得到消息。"[6]

第二次是在 1925 至 1926 年的省港大罷工期間。港府恐怕罷工擴大，設立新聞檢查處，隸屬華民政務司，每日印行的報紙須事先送檢。檢查處以高級華人文員劉子平為首，劉叔莊、林伯聰及章少初為委員，所有新聞在檢查簽名作實後才能發表。文字用上"帝國主義"或"共產社會主義"字樣一律禁止登載。即使言情香艷小說，也因檢查員的意見可能被禁。這個時期港府更實施報紙註冊條例，所有報章刊物都要註冊並繳納按金，大報 3,000 元，小報 2,000 元，由太平紳士或註冊學校校長擔保亦可。此外，印刷工場亦須註冊並向警署領牌後才可開業。

---

(6)　同注（5），頁 47。

　　這些註冊條例目的在於限制出版人的言論，英國早於 1695 年便取消了這些條例。香港則要待 1987 年才把註冊條例變成 "來者不拒" 的登記性質，可見香港的新聞法比英國的落後三個世紀。省港大罷工開始不久，港英政府便以 "煽動" 罪名，封閉《中國新聞報》，結果惹來更大的憤怒。《中國新聞報》是由陳秋霖擺脫陳炯明，由《香港新聞報》報變而來。它在正式大罷工前，不斷刊登五卅慘案的有關消息。在 6 月 18 日正式大罷工之日，又刊出罷工宣言，故為港英政府所忌，結果 6 月 19 日遭港英查封。

　　香港實施的第三次事前新聞檢查是 1938 年廣州淪陷之後的事。為了在中日戰爭中保持 "中立"，港府在 1939 年 8 月設立新聞檢查處，凡新聞中有 "日寇"、"日酋"、"汪逆"、"汪偽組織" 字眼，都不准刊出，亦是由劉子平負責檢查。此外，也刪除左翼報紙對中國國民黨政府的偏激言論。但對廣告則不作審查，因而中國民主政團同盟在 1941 年 10 月 10 日的宣言，便以廣告形式在不送檢的情況下，全文在《光明報》刊出。結果港府在國民黨的壓力下，搜查社長梁漱溟的家並傳訊督印人薩空了。這種新聞檢查制度在香港淪陷後被日軍政府的檢查制度代替了。戰後至今，香港一直未再實施過事前新聞檢查制度。

　　然而香港威脅新聞自由的法例一直有很多，不少還維持至 90 年代。在眾多限制新聞自由的條例中，以 1951 年 5 月制定的《刊物管制綜合條例》最為全面及苛刻。《條例》的總則共 19 條；〈報紙登記及發行規則〉共 21 條；〈印刷機（領照營業）規則〉共 12 條；〈新聞通訊社規則〉共 18 條；〈印刷品管制規則〉共 14 條。全部《條例》總計 84 條。報紙刊物的保證金由三千至一萬元不等。此例授權港督會同行政局，禁止任何可能損害本港安全、導致罪案發生、影響公眾秩序、健康或道德的刊物進口。任何報刊會導致他人犯罪、支持非法的政治團體、影響公共秩序、健康或道德者，法庭可根據律政司申請查禁或暫停違例報刊出版 6 個月。此外，任何報刊惡意散發可能導致公眾不安的虛假消息，即屬違法。此例還規定不得發表任何煽動正常社會秩序的言論。

　　此例通過不久，香港即發生三一事件。此事起因於 1951 年 11 月 21 日九龍城東頭村一場大火。這場大火導致一萬多人喪失家園。廣東省匯款救濟災民，並組織慰問團到災區慰問。1952 年 3 月 1 日當慰問團火車抵達粉嶺時，遭香港軍警截停，不許入境。此舉導致在尖沙咀火車站迎接的群眾不滿，後演變成警民衝突。騷亂從尖沙咀蔓延至佐敦道，警察開槍，死一人，傷多人，拘捕一百多人，其中 18 人被判有罪，12 人被遞解出境。此即為三一事件。

3月4日《人民日報》發表短評，向港英政府抗議。香港《大公報》、《文匯報》及《新晚報》次日轉載此短評。20日港英政府即以"刊載煽動文字"罪名，逮捕《大公報》編輯費彝民等三人，費彝民罰款 4,000 元，《大公報》停刊半年。《大公報》上訴時要求暫緩執行停刊令。6月28日上訴被駁回，但法院同意把停刊令只維持在《大公報》實際停刊的 5月5日至5月17日，因為法院認為停刊目的已達到。

引用《綜合條例》封報的第二次案例發生在 1967 年的左派"暴動"期間。1967年8月7日港府查禁《香港夜報》、《新午報》、《田豐日報》及承印這些報紙的南昌印務公司。這三份親大陸報紙是以狗馬經及黃色內容為主的小報，讀者為低下階層。在暴動期間，三報經常以激烈煽情字眼謾罵港英政府，《香港夜報》更曾以通欄橫題大書："鯉魚門外突出現中國炮艦，駛向香港海域"，令當時混亂的社會深受震蕩。

從以上的事例可見，香港政府在維護本身的統治權威上，十分強硬。它可以容忍香港報章"教唆"香港人對中國不滿或憎恨，除非中國施加壓力，否則它不會採取干預行動。但若是香港報章對港英統治不滿或造成威脅，它可隨時按例對付。雖然港府並不經常使用這些禁制新聞的法例，但是這些法例長期存在，構成威脅，對報紙言論有"冷卻"的效果。

《綜合條例》在 1979 年修訂為 20 條，再於 1987 年 3 月重新修訂，刪去了有關"顛覆文字"、"查禁或暫停報刊"、"禁止刊物進口"、"繳付一萬元按金"、"授權註冊主任拒絕或暫停報刊註冊"及"警方和海關人員有權搜查、拘留及充公有關物品及印刷機"等條文。初時，港府仍想保留"散發虛假消息條文"在《公安（修訂）條例》中，但為新聞及社會各界強烈反對，終於在 1988 年 12 月把這個條文也刪除。

雖然這樣，目前本港的新聞事業仍受到相當多的法例管制，例如《誹謗條例》、《版權條例》、《不雅及色情刊物條例》及《不良醫藥廣告管制條例》，它們與新聞媒介最為直接有關。此外，禁止煽動叛逆的《刑事罪行條例》、保護少年罪犯姓名不被披露的《少年犯條例》、防止干預司法程序的《藐視法庭條例》、保護政府機密的《官方保密法》等亦都與新聞業有關。還有，《緊急條例》賦予港督及行政局極大權力，當他們認為是緊急時間或對公眾安全有威脅時，政府有權查禁任何通訊，包括出版、書寫、計劃書、地圖、圖片等通訊。

除了法例之外，港府還透過政府新聞處及不定期的"吹風會"影響新聞媒介。政府新聞處於 1946 年正式成立，負責召開記者招待會，安排政府首長與報界會面，闡釋政府政策及提供新聞服務。在提供新聞服務方面，新聞處利用電傳打字機和傳真通訊，將政府提供的消息及圖片直接送到報館。自 1965 年起，這種傳真及電傳服務已發展至中文稿件。由於政府消息一向是新聞的主要來源，很多不自覺的編輯便把政府稿件一字不易的放在香港新聞版，無形中使用了政府的角度去報導和理解社會發生的事情。香港很多報紙的本港新聞都大同小異，甚至標題也差不多，它們多是政府新聞處提供的稿件，編輯在一般情況下只在文前冠上 "本報訊" 三字而已。這種情況一直至今仍有出現。由於政府新聞處提供大量的本地消息，報館為了節省聘用記者的開支及追查消息的時間，一般都樂於採用。這樣無形中讓港府大量 "霸佔" 了香港報紙的篇幅及每天不斷地塑模港人的輿論觀點。此外，港府還會選擇性地挑選一些與政府關係友好的報紙，給予獨家消息。把不合作或關係不好的傳媒或記者摒諸門外，或不予安排採訪政府官員。

　　香港政府自戰後至今的半個世紀內，透過 "軟硬兼施" 的手段，把新聞媒介納入 "正軌"。在冷漠的政治文化下，苛刻的新聞法加上軟硬並施的 "新聞服務"，削弱了 "社經報業" 監督政府的功能。

（六）"社經報業" 的特色和影響

　　"社經報業" 時期的報紙特色首先是強調社會民生及經濟發展，淡化政治及黨派主張。有研究顯示 50 至 60 年代中期，本港的《虎報》、《南華早報》、《華僑日報》、《星島晚報》及《新晚報》都逐年增加與本港事務有關的社論，尤其是《星島晚報》，它在 1966 年有 99% 的社論關注本港事務，即使英文的《南華早報》及左派的《文匯報》也有三分之一以上的社論與本港事務有關。[7] 社論一般代表報紙的立場及關注重點，以上的發現顯示，香港戰後的報紙已有異於黨派時期，不再把注意力集中在國內政治。除了黨派報紙外，"社經報業" 的本地性一直延續至今。1987 年之時，除了《文匯報》及《香港時報》外，《南華早報》、《明報》及《華僑日報》仍有三分之一以上的社論與本港事務有關。[8]

（7）　Mitchell, Robert Edward, "How Hong Kong Newspapers Have Responded to 15 years of Rapid Social Change," *Asian Survey*, IX: 9, 1969, p.672.

（8）　Lee, Paul, "The Press Response to the Rapid Social Change of Hong Kong in the Past Two Decades," *Asian Journal of Communication*, 3:1, 1993, pp.133—146.

本港報章在戰後對社會及經濟事務日益關注，並隨着社會轉變而改變其關注重點。在 50 至 60 年代，教育、交通及社會福利的社評為最多，它們平均每年都佔去香港報章評論所有數目的四分之一。⁽⁹⁾但是從 1970 年代中期開始，香港的主流報章平均每年都有大約四分之一的本港社論涉及政治事務；教育、交通及社會福利的關注則逐漸減少。⁽¹⁰⁾踏入 80 年代，貿易及經濟也受到香港報章重視，中英談判回歸香港主權之後，政治事務的評論便不斷上升。從這些社論內容的變化，可看到香港報紙的轉變，也可看到社會的變化。

戰後的香港報業還有另一特色，就是缺乏輿論監督本地政府的功能。較早前提及的兩個研究都顯示，香港報章的社論自 1951 年以來至 1987 年止，對本港政府都缺乏批評，只有左派報紙是例外。但由於左派報紙並非香港的主流報紙，讀者人數不多，因此對港府所起的輿論監督作用甚少。由於社論是代表報紙的立場，因而這段戰後 "社經報業" 時期的主流報章顯示了一個 "懦弱膽怯" 的特徵。

但是自中英達成協議歸還香港主權後，報章對港府的批評實在不少，可是這些批評大都見諸專欄作者或讀者投書，而非社論。換句話說，並不直接反映報紙本身的立場。此外，若非港英政府在 1997 年後撤出香港已成事實，報館老闆會否讓批判港府的言論肆無忌憚的在報章出現，頗成疑問。由於香港的主流報章在很長一段時間內很少批評港府，遑論激烈的批評，因此香港的所謂 "新聞自由" 可說並未受過真正的考驗。香港政府在面對 "馴服" 的非黨派報紙，或 "不馴服" 但缺乏社會影響的黨派報紙時，根本不須要禁制報章言論。

另一方面，由於報紙非政治化，香港報業另一特色便是強調資訊的提供及娛樂功能。香港的報紙在新聞報導上都盡量避免滲入主觀意見及盡量提供事實。除社論及專欄作家的評論外，新聞評論或時事剖析的文章並不多見。

娛樂功能是本港報章十分強調的報紙元素。差不多所有香港報紙都有馬經、狗經及報導影視紅星動態的娛樂版，而且篇幅不少。由於市場需要，香港報紙一般都不會板起面孔 "教育" 群眾。雖然有些報紙也有教育版，通常只限於刊登配合中、小學正規教育的輔助材料、學校生活的報導及教育訊息。

隨着社會進步，報業人員的教育水平日漸提高。1990 年一個調查顯示，78% 的新聞從業員具有大專或以上之教育水平，而且過半數曾主修或副修新聞傳播

（9）　同注（7），頁 674。

（10）Lee, Paul, "The Response of Hong Kong Newspapers to the Rapid Social Change in Another Twenty Years"（Unpublished paper）。

系。[11] 在 80 年代末期開始，愈來愈多人提倡新聞業的專業操守。其中"客觀"、"公正"、"獨立"已為絕大部分記者認同之職業道德。香港記者協會更訂有 11 條專業守則，目的為保衛新聞自由，維護市民的知情權及提供準確公平的訊息。

　　總括而言，這段"社經時期"的報業與香港的經濟及社會發展並進。它對社會事務的關注令報業"本地化"。它一方面擺脫了"黨派報業"時期"唯我獨尊"的報導內容及方式，但另一方面卻在苛刻的法例及港府的"調控"下，表現得懦弱溫馴。"社經報業"時期在港的主流報紙大多迴避政治，對殖民政府恭順有加。80 年代末至 1990 年初出現之報章批評，可能只是在港英政權淡出之際的曇花一現。在中共接收主權之後，香港的報業批評可能又趨於沉寂。80 年代中至 1997 年前一段時間，可說是香港新聞史上最蓬勃和自由的時期。

　　由於避談政治，香港報業的民族主義色彩頗為淡薄，原因是在殖民地社會裡談民族主義一定為殖民政府忌諱，容易招致壓力及打擊。但是香港的報業並非沒有民族意識，只是這種意識不與中國的政權認同，而與中國文化及民族整體利益結合。雖然 50 至 60 年代的三大報紙《工商日報》、《星島日報》、《華僑日報》屬於中間偏右的報紙，它們對台灣國民黨政府的認同也只是在"雙十國慶"的一段時間比較明顯，平日仍大致強調"中立客觀"的報導。它們對國民黨政權的認同，遠不及黨報《香港時報》。

　　踏入 70 年代，這種與文化及整體民族利益的認同，有幾次明顯的表現。首先是 70 年代初的保衛釣魚台運動，當香港學生示威受到港英政府鎮壓時，全港報紙，包括非黨派報紙都一反"常態"，譴責警察使用暴力。這種態度可被視為反對暴力的表現，但其一致性也可反映出報紙輿論同情及支持學生維護中國領土的民族主義訴求。

　　另一次本港報業與民族利益認同的表現，發生在 1989 年 5 至 6 月間，當時北京高等院校的學生為反貪污腐化而進行了一場爭取民主的運動。事件由北京學生悼念胡耀邦引發而起。初時本港報章對學生的悼念活動，仍各自依本身一貫立場去報導。後來學生要求與官方對話，但中國官員卻態度強硬，並將學生行動定性為"反革命"，致激起公憤，北京市民開始介入學生的民主運動。這時香港的報紙，也開始淡化本身的意識形態，不論是左、中、右的報紙，都同情或支持學生

（11）Chan, J., Lee, P., & Lee, C.C, *Hong Kong Journalists in Transition.* Hong Kong: Hong Kong Institute of Asia-Pacific Studies, Chinese University of Hong Kong, 1996, p.29.

的訴求。6 月 4 日凌晨天安門事件發生後，本港報章一致反應強烈，其中以左派報章《文匯報》在頭版社論直書"痛心疾首"四個大字，最為矚目。事後，社長李子誦被解除其在《文匯報》一切職務。李子誦與一批《文匯報》舊人創辦《當代》雜誌。六四事件前後香港報紙的表現，可視為超越黨派立場、對最高民族利益認同的一種具體表現。

此外，在 80 年代末至 90 年代中的奧運會報導上，香港報紙對所有中國人運動員，不論是台灣或大陸的都給予重視及表揚。"與文化結合但不與政權認同"是香港非黨派報紙在殖民統治下一種獨特的民族情懷。

五‧結論：中西文化交往下香港報業的特色

香港自 1842 年被英國人統治後，一直成為中西文化的交匯點。但是由於英國人以統治者姿態出現，中西文化在香港的交流並不對等。香港報業的發展也受到這種不平衡狀態影響。歸納起來，一百五十多年的香港報業在中西文化互相衝擊之下產生了四個特點。首先，在殖民管治之下，香港報業形成了一種順從權威的習性。它們對掌權者都不大敢批評。雖然黨派報紙是例外，但是它們對於所屬的政黨亦是恭敬從命。香港的報業仍未能完全獨立於政治權力之外，負起監督政府的責任。

其次，由於香港是中國人社會，而且地理上與大陸相連，報章對中國的關注從未間斷，但是隨着時代的轉變，這種關注已由一種"直接投入"的形態演變成"從旁觀察"的態度。政黨報業雖已式微，但是社經報紙仍與中國政治"藕斷絲連"，對中國的報導數量，包括台灣的，經常僅次於香港。

殖民統治下的中西文化衝擊令香港報業產生一種特有的民族主義意識形態。這種民族意識與中國文化及全民族利益認同，但卻沒有民族主義的最高訴求：建立民族國家或回歸自己的民族國家。香港報業的主流意識既不認同大陸政權，也不認同台灣政權，但都認為香港人是中國人，一個抽象的沒有國土但繼承了中國文化的人。這是殖民地統治下形成的獨有報業意識。

最後，香港報業在西方的資本主義制度及報業文化影響下，採用了西方"客觀中立"的報導模式，強調報人的專業操守及新聞自由。雖然在殖民統治下，它們對政府的批評不多，但是香港報紙是享有很大的自由的。特別是在 80 年代後期香港政治開始民主化之後，很多議員，特別是民選的，都能利用報紙對政府作猛烈抨擊，專欄作者對政府的冷嘲熱諷更是經常出現。香港在很長一段時間內，都比其他海外華人社會享有更大的言論自由，特別是對國共兩黨的批評。這種報業文化與英國本身的新聞自由傳統有關，只要報紙批評不危害港英的管治權威，香港報紙是有相當大的自由的。只是在過去半個世紀中，香港的報業老闆甚少利用這種自由去監督政府，致使這種自由並未真正受過考驗。大部分報館老闆都把商業利益放在首位，真正忠於報業理想的報館老闆，並不多見。

　　1997 年後，香港報業與中國報業的互相衝擊，是一個可以預期的現象。事實上，由於香港報業主要受西方報業模式影響，這種衝擊是中西報業文化交流的一個新的延續。

第十四章

香港文學的發展

黃維樑

一·40 年代及以前

香港自從有中國人在此居住，在此活動，就有文化，包括文學。在早期，是山歌一類的口頭文學。居民中，學識較好的，則吟詩作文，是唐詩宋詞元曲和古文的那個傳統。只不過這些作品較少被人注意罷了。[1]

1853 年面世的中文期刊《遐邇貫珍》，載有介紹西方文學《伊索寓言》和《失樂園》的文章；也登過一些遊記，如〈瀛海筆記〉和〈瀛海再筆〉，敘述好望角之旅，以及遊歷英國的見聞。[2] 1874 年創刊的《循環日報》，有王韜經常撰寫社論，發表對中國如何吸收西方文化的意見。[3]王韜議論滔滔，頗有文采。中國歷代的散文，多的是議史論政之作；王韜的文章，正是這類的散文。1900 年，同盟會創辦的《中國日報》面世，其附刊登了不少作品，以文藝的形式鼓吹革命。[4]這些都是"載道的文學"，也是"革命的文學"。不過，在世紀之交，香港這個商埠，最多的還是娛樂消閒的文學。香港最早的文藝期刊，是 1907 年間出版的《小說世界》

---

(1) 現在可讀到的有關香港的古典詩詞，恐怕要算韓愈的〈贈別元十八協律六首·其六〉，其中有 "屯門雖云高，亦映波浪沒" 的句子。參看胡從經：〈一份珍貴的文學遺產 —— 八世紀至 20 世紀中國詩人有關香港的詩〉（未刊稿）。

(2) 參閱余繩武 劉存寬（主編）：《19 世紀的香港》，1994 年，頁 291—292。

(3) 同上注，頁 295—296。

(4) 參閱楊奇（主編）：《香港概論》，下卷，1993 年第 1 版，頁 152。

和《新小説叢》。兩者所刊，主要是鴛鴦蝴蝶派的小説，也有偵探奇情的作品。這些小説為讀者提供娛樂，也反映了當時社會的風俗。數年後面世的《妙諦小説》和《雙聲》，與《小説世界》、《新小説叢》同類，可見消閒讀物一直有其市場。這數種期刊均出現於五四前後。[5] 據楊國雄的研究，這些"舊派文藝期刊，……　早期多用文言文，五四以後漸趨用白話文"。[6]

　　香港第一本白話文文學期刊《伴侶》，在 1928 年出現，那是五四運動爆發九年之後。魯迅曾於 1927 年 2 月應邀從廣州到香港演講，呼籲青年"將中國變成一個有聲的中國"，希望大家"大膽地説話"。魯迅的話有其感染力，可能促使了《伴侶》這隻"香港新文壇的第一燕"的起飛。

　　《伴侶》刊登詩、散文、小説，由張稚廬主編。作者有侶倫、吻冰等，偶然也有國內的作者如甲辰（沈從文）。這隻燕子飛得不長久，一年左右就倦勤。《伴侶》上的一些同仁，在雜誌結束後，結為伴侶，組織島上社，先後出版《鐵馬》和《島上》，宗旨和內容與《伴侶》差不多，但持久力更不如前者。香港數十年來的文學刊物，有很多旋生旋滅的例子；《伴侶》等三刊開了先河，是不幸而又無可奈何的先河。

　　1930 年前後數年，還有十數種文學期刊出現，但開謝如曇花。一些報章設有文學副刊，為文藝青年提供園地。到了 1933 年，由南國出版社出版、梁國英藥局支持的《紅豆》雜誌面世了。《紅豆》生長了兩年多，詩、小説、散文、評論等品種都有，且圖文並茂，作者則本港與港外皆備，有李育中、路易士、侶倫等。它還出了好些西方文學專號，如《英國文壇十傑專號》、《吉伯西專號》（吉伯西即 Gypsy）等。許地山於 1935 年秋從燕京大學南來香港大學任教，翌年在《紅豆》發表了〈老鴉咀〉。這是該刊四卷六期，也是最後一期，時為 1936 年 8 月。《紅豆》雜誌頗得讀者喜愛，"採擷"購閲者多，可惜只欣欣榮發了三個春天，就因為不合香港政府的出版條例而枯萎了。美麗的《紅豆》停刊之後，對很多年輕的作者和讀者而言，真是"此物最相思"了。

　　30 年代的香港文壇，本地青年作者如謝晨光、張吻冰、岑卓雲、侶倫等漸露頭角。到了 1937 年抗戰之後，大批的大陸作家南下，本地作者在文潮中頓然失色，甚至"消失"了。1937 年 11 月上海淪陷後，大量中國知識分子南來香港。

5

10

15

20

25

30

（5）　參閱楊國雄的〈清末至七七事變的香港文藝期刊〉一文，《香港文學》，1986 年 1 月號。

（6）　同上注，頁 6。

他們之中，如章乃器、郭沫若，經港轉赴內陸，香港是旅途驛站；如蕭紅、葉靈鳳、端木蕻良來港暫住，香港是避難居所；如范長江、茅盾、戴望舒，來港辦報，香港是宣傳基地。中國抗戰的砲火，照明了南方小港的文化，使此地的文藝空前繁榮起來。根據統計，自抗戰爆發至 1941 年 12 月香港淪陷，香港的報紙有數十家之多，這些報紙或者原來就有，或者由南來報人新創，或者由上海等地遷來香港復刊，大多設有文藝性副刊，其著名者有：

(1) 1938 年 4 月 1 日創刊的《立報・言林》，先後由茅盾、葉靈鳳主編；

(2) 同年 8 月 1 日創刊的《星島日報・星座》，由戴望舒主編；

(3) 同年 8 月 13 日創刊的《大公報・文藝》，先後由蕭乾和楊剛主編；

(4) 1941 年 4 月 8 日創刊的《華商報・燈塔》，先後由陸浮、夏衍主編。

至於文學雜誌，或包括有文學的綜合性雜誌，則有下列這些：

(1) 1938 年 3 月創刊的《大風》，由陸丹林主編；

(2) 同年 6 月創刊的《時代批評》，由周鯨文主編；

(3) 1939 年 5 月在香港復刊的《中國詩壇》，由黃寧嬰主編；

(4) 1941 年 6 月創刊的《時代文學》，由端木蕻良主編；

(5) 同年 9 月創刊的《筆談》，由茅盾主編。

其中的《時代文學》，作家陣容最為鼎盛。創刊號首頁列出的作家，有巴金、冰心、丁玲等 67 位，大都是中國文壇的重要作家，只有劉火子一位是本港作家。黃傲雲在 80 年代撰文講述這段歷史，認為劉火子廁身其間，"值得欣慰"。然而，從另一個角度來看，這件事正說明香港本地作家，在南來作家的映照下，黯然無光。在 1937 至 1941 年這幾年間，南來作家在香港寫下了不少作品，例如茅盾的《腐蝕》、蕭紅的《呼蘭河傳》、許地山的〈鐵魚的鰓〉等小說名篇，以及戴望舒詩集《災難的歲月》裡的作品。

香港淪陷之後，南來作家和本地作家紛紛撤離香港，到了內地。抗戰勝利後，不少土生土長的香港作家都回來了，重拾筆桿。不久之後，國共內戰，1946 至 1949 年間，香港又一次成為大陸作家的避風港，同時也是一些作家宣傳政治思想的自由港。茅盾、郭沫若、夏衍、邵荃麟、周而復、聶紺弩、袁水拍、杜埃、秦牧、陳殘雲等等，都先後來香港，留下了很多作品。

戰後，《星島日報》、《華商報》、《文匯報》等紛紛復刊，各報多附有文藝性或綜合性的副刊。新的文學雜誌如《小說》（茅盾主編）、《文藝生活》（司馬文森主編）等先後出現，為本港及外來作家提供了園地，文壇再一次呈現蓬勃

圖 14.1　黃谷柳：《蝦球傳》，廣州：廣東人民出版社，1979 年。

的景象。[7]

　　1946 年 1 月復刊的《華商報》，其副刊（初名《熱風》，後改為《茶亭》）大概是這幾年間最重要的文學園地：秦牧的許多散文，郭沫若的《洪波曲》、黃谷柳的《蝦球傳》、侶倫的《窮巷》，都先後在這個副刊發表。

　　《蝦球傳》的作者黃谷柳（1908－1977），原籍廣東梅縣，生於越南海防市。一生中數度在香港工作。《蝦球傳》於 1947、1948 年在《華商報》連載，後來出版單行本。主角蝦球是個貧苦人家的孩子，隻身在社會闖蕩，幹過多種行業，吃過不少苦頭。三教九流的人物，他都認識。人物的活動範圍甚廣，包括香港、廣州和華南一些鄉村。小說涉及國民黨和共產黨的鬥爭，而以主角蝦球的流浪、歷險、成長為主線，結構頗為緊密。作者寫人物很有一手，主角形象固然豐滿鮮明，其他角色也不含糊。顏純鈎指出，在語言方面，《蝦球傳》以規範化中文為主，"運用了大量粵語的俗語，由於善加溶化，所以不落痕跡。而書中引用的'鹹水歌'、黑社會套語甚至人名，也都使地方色彩更加濃厚。"[8] 綜合來說，從作者、題材以至語言，《蝦球傳》是一本有香港特色的小說。

　　《窮巷》的香港特色更為顯著。它的作者侶倫（1911－1988）是地道的香港作家。他生於香港，青年時曾從軍，後從事文藝創作，在香港的文學活動長達半個世紀，有作品二十餘種，被稱為"貫串香港現代和當代文學的第一人"。[9]《窮巷》在 1948 至 1952 年寫作，曾連載於《華商報》。

　　戰後的香港，經濟蕭索，百業待興。《窮巷》以這個時期的香港為背景，寫幾個小人物困頓的生活：失業、被黑社會威脅、被包租婆催租。難得的是他們同舟共濟，相濡以沫，且能苦中作樂。男女主角最終有情人終成眷屬。小說結局的場景是十字路口，女主角在淚光中感到茫然，但男主角抹去她的淚水，說："跟着我，向前頭去罷！你忘記我的話麼？──我們是有前途的！"香港開埠以來百多年中，有很多驚濤駭浪，終於都安然渡過。"我們是有前途的"這句樂觀的話，有勵志的作用。《窮巷》這本寫窮困的小說，由於有不少輕鬆的場面，和這個"光明的尾巴"，而不致灰暗陰冷。侶倫寫來節奏明快、波瀾起伏、結構緊湊，他是說

（7）　筆者曾在香港大學圖書館閱讀 20 至 40 年代的香港文藝期刊，當時承楊國雄先生提供多種珍貴舊刊物，十分感謝。本文所述這個階段的文藝期刊及文壇情況，除得自本人的閱讀外，還得力於下面諸位的有關論著：楊國雄的文章，見注（5）；盧瑋鑾：《香港文縱》，1987 年第 1 版；黃傲雲：〈從文學期刊看戰前的香港文學〉，《香港文學》，1986 年 1 月號；謝常青：《香港新文學簡史》，1990 年第 1 版；潘亞暾、汪義生：《香港文學概觀》，1993 年第 1 版，第 1 章。

（8）　顏純鈎：〈談《蝦球傳》的藝術特色〉，《香港文學》，1986 年 1 月號，頁 53。

（9）　潘亞暾、汪義生：《香港文學概觀》，頁 228。

圖 14.2　劉以鬯（1918—　　），原名劉同鐸，字昌年，浙江鎮海人。

故事的能手，至於較為現代的小説技巧，包括對人物內心的深刻描繪，則是《窮巷》所沒有的。

二·50 年代

1949 年中國內地政權易幟，香港有很多作家返回內地，內地也有大量的文人南來香港，形成一股南北對流的現象。50 年代的香港文壇，南來作家有徐訏、曹聚仁、葉靈鳳、李輝英、徐速、趙滋蕃、黃思騁、黃崖、林以亮、張愛玲、南宮搏、劉以鬯、梁羽生、金庸、李素、思果、慕容羽軍、馬博良、高雄、何達、王敬羲等等；本地作家，以及在本地居住較久的作家，則有傑克（黃天石）、吳其敏、侶倫、夏易、舒巷城等。

香港向來是個重商的城市，通俗文化盛行，50 年代南來的一些文化人，為謀稻粱，乃寫作較具市場價值的小説，如曹聚仁的《酒店》，是謂"都市傳奇"。[10] 此外，趙滋蕃的《半下流社會》寫難民生活，風行一時。徐訏的巨製《江湖行》，時空廣闊、人物眾多，是中國現代史的一個縮影；他寫了五六年，至 60 年代初期才完稿。徐速則在 50 年代末就出版了《星星、月亮、太陽》、《櫻子姑娘》等以抗日為背景的愛情小説。這兩本書暢銷香港和東南亞。二徐除了寫小説之外，還寫其他文體，更先後主編文藝雜誌。徐速主編的《當代文藝》，在 60、70 年代行銷東南亞各地。這兩位 50 至 70 年代的重要作家，都在 80 年代初期去世。

本地作家夏易和舒巷城的小説，較具社會寫實特色，前者的《變》，後者的《鯉魚門的霧》等，和侶倫的《窮巷》，無論在題材上，在手法上，都較為接近。

張愛玲在 50 年代初期，從上海南下，在香港住了幾年，然後移居美國。她在香港寫了《秧歌》和《赤地之戀》，前者極受重視。《秧歌》寫共產黨統治下的農民生活，論者對其內容的真實性有不同意見，對其藝術手法則多予肯定。據説《秧歌》和《赤地之戀》是受美國新聞處的委託而寫的。至此，我們不能不陳述"美元文化"對 50 年代香港文學的影響。

《人人文學》和《中國學生周報》創刊於 1952 年。這兩本刊物，都有"美元"支援。《人人文學》由黃思騁主編，刊登創作和評論，有名家之作，也有學生初試啼

（10）　參閱劉以鬯（編）：《劉以鬯卷》，1991 年第 1 版，〈50 年代初期的香港文學〉一文。

圖 14.3　查良鏞（1924—　　），筆名金庸，浙江海寧人。

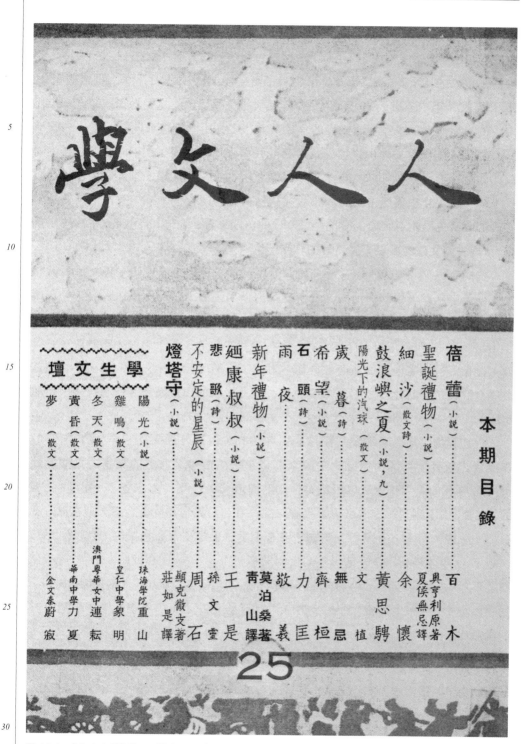

本期目錄

蓓蕾（小説）	百木
聖誕禮物（小説）	興亨利原著　夏侯無忌譯
細沙（散文詩）	余懷
鼓浪嶼之夏（小説，九）	黃思騁
陽光下的汽球（散文）	文植
歲暮（詩）	無忌
希望（小説）	齋桓
石頭（詩）	力匡
雨夜	敬義
新年禮物（小説）	莫泊山桑譯著
悲歌（詩）	青山
廻康叔叔（小説）	王文
不安定的星辰（小説）	孫文石靈
燈塔守（小説）	顯克微支原著　莊如是譯

學生文壇

陽光（小説）	珠海學院重山
雛鳴（散文）	皇仁中學象明
多天（散文）	澳門粵華女中連耘
黃昏（散文）	華南中學力夏
夢（散文）	金文泰蔚寂

圖 14.4　《人人文學》第 25 期（1954 年 1 月）

聲的篇章。齊桓（孫述憲）和力匡等經常為《人人文學》撰稿，力匡的新詩，甚得
一些年輕讀者喜愛。《中國學生周報》是綜合性的刊物，其中文學創作、翻譯、評
論佔了很大的比重。《人人文學》只出版了兩年多，《中國學生周報》則出版了 22
年，至 1974 年才停刊。《中國學生周報》是香港文學史上的重要刊物，四五十年代
出生的本地作家，或在本地成長的作家，有很多是由它直接或間接培養出來的。　　⁵
《人人文學》的內容，缺少現代主義的色彩。《中國學生周報》在不同時期、在不同
編輯的經營下，有不同的表現。它在 60 年代對西方現代文學的推介頗力，也刊登
了不少具有現代主義風格的詩和小說。這兩份刊物的背後，雖然有政治動機，但
它們的政治色彩並不明顯，從長遠、宏觀的角度來看，它們（特別是《中國學生周
報》）對香港文學的發展，有良好的作用。　　¹⁰

　　1956 年，馬朗主編的《文藝新潮》創刊，其宗旨是提倡現代主義文學，誠然
為文壇帶來新潮。馬朗和他的文友，有感於世局動蕩，頗有徬徨迷失之苦，在環
球出版社的支持下，創辦這份《文藝新潮》，使心靈得到安頓。[11]《文藝新潮》在三
年中出版了 15 期，介紹了存在主義等多種現代主義的文學，馬朗、李維陵、貝娜
苔、崑南等發表了他們的前衛性創作，形成了一個現代主義文學的潮流，且波及　　¹⁵
彼岸台灣。《文藝新潮》在台灣頗受歡迎，一些台灣的現代詩新秀向它投稿，台北
出版的《筆匯》，其形式和內容都受了《文藝新潮》的影響。[12]

　　上述刊物，加上《文學世界》（1956 年復刊，由黃天石主編，至 1967 年停刊）
和友聯出版社、亞洲出版社、美國新聞處出版的叢書，右翼的文學力量頗為龐
大。50 年代的左翼作家，以報紙為他們的園地。1957 年，由源克平（夏果）主編　　²⁰
的《文藝世紀》創刊，走的是現實主義路線，有和右翼刊物抗衡之意。葉靈鳳、曹
聚仁、阮朗、何達、黃蒙田、蕭銅、海辛、吳羊璧等經常為它撰稿。《文藝世紀》
出版了 12 年才停刊，是香港少數的長壽文藝刊物之一。《文藝世紀》設有〈青年文
藝之頁〉，鼓勵年輕的一代寫作。左翼陣營在 50 年代還出版了《青年樂園》周刊，
隱隱然與《中國學生周報》對壘。《青年樂園》也培養了不少年輕作家，不過，它　　²⁵
的壽命比《中國學生周報》短很多，內容也比不上《中國學生周報》那樣豐富多姿，
是以影響力和文學史地位也較為遜色。

---

(11)《文藝》雜誌季刊 1983 年 9 月號有〈香港文藝期刊在文壇扮演的角色〉筆談會；其中有馬博良憶述《文藝新潮》一文，可參看。
　　　如要瞭解 50 年代以來香港文藝期刊的一些背景，可參考上述的筆談會，也可參考《香港文學》1986 年 1 月號的〈香港文學叢　　³⁰
　　　談〉專輯。

(12) 參閱注（10）。

三·60 年代

　　1960 年,《香港時報》推出了《淺水灣》文學副刊,由劉以鬯主編。他主持編
務的一年間,頗致力於推介西方現代主義文學,又刊登一些較為新銳的作品。
1963 年 3 月,崑南和李英豪主編的《好望角》半月刊面世,至該年底停刊,出了
十三期。《好望角》也走前衛路線,刊登香港和台灣的新潮作品,兩個主編也經常
撰稿,李氏的評論性文章尤其多。香港是海島,從《文藝新潮》到《淺水灣》到《好
望角》,都用了海或水的意象。在文藝的海洋上航行,總希望有好望角出現。《好
望角》這香港現代主義文潮的第三波,浪花可觀,波濤卻不算洶湧。[13]

　　香港是英國的殖民地,在本港受教育的青年,英文水準普遍不差。香港在文
化上向來是中西交匯之地,對西方現代主義的認識和吸收,佔了地利。不過,現
代主義的風潮,雖然在香港捲起,卻在台灣才形成“軒然大波”。五六十年代的台
灣知識分子,由於政局的關係,多有苦悶的情緒;文學是“苦悶的象徵”,而西方
現代主義帶有的虛無苦悶情調,正與他們合拍。以意識流、象徵手法為主的喬艾
斯、卡夫卡、艾略特等西方現代大師作品,以及存在主義者沙特、卡繆的作品,
成為台灣文藝青年爭相閱讀、討論的對象。當然,這個現象的形成,也和當時知
識界的崇洋意識有莫大關係。《創世紀》、《筆匯》、《現代文學》等雜誌,連同余
光中、洛夫、瘂弦、葉維廉、白先勇、王文興、陳映真的作品集,從台灣風行到
香港,成為很多文藝青年的精神美食。60 年代的香港文藝青年,如非左派學校出
身的,大多曾接觸這些外國和台灣的現代主義文學;對 1949 年以後的大陸文壇,
則甚少認識。1966 年大陸開始了“文化大革命”,文學慘遭浩劫,更促使香港的文
藝青年向台灣看,向西方看。60 年代本港作家劉以鬯的意識流小說,戴天的現代
詩,都有較新的技巧,也漸漸產生影響。至於“五四”以來的新文學,以及中國的
古典文學,對青年作者也有啟迪作用。不過,西雨和台風對當時的文藝青年,無
疑有較大的感染。

　　60 年代的電子傳媒還未發達,各種文娛康樂活動也不如日後的多,年輕人的
才華,在文藝方面的,有相當一部分乃通過文字表現出來。當時年輕人組織文社
之風甚盛,“青松”、“芷蘭”、“風雨”等等,大大小小有數十個。雖然“青松”不
能長青,“芷蘭”的社刊很快就變為“爛紙”,而“風雨”也經不起風吹雨打;60 年

（13）參閱注（11）所述筆談會中李英豪對《好望角》的憶述。

圖 14.5　《文藝新潮》第 1 卷第 12 期（1957 年 8 月）

代青年的文社，確是香港文學的重要景觀，也是培養作家的溫室。⁽¹⁴⁾

上述的文學雜誌和副刊，以及文社的社刊，加上 50 年代延續下來的《中國學生周報》，1965 年創刊的《當代文藝》，還有各報的副刊，都提供了良好的園地，給新的園丁耕耘。陸離、西西、亦舒、溫健騮、蔡炎培等是 60 年代崛起的作家，同時或稍後的新秀，還有古蒼梧、綠騎士、蓬草、陳炳藻、也斯、羈魂等等。

上面說的是較"西化"、較"現代"、較"右"的一群。較"寫實"、較"左"的，則有吳羊璧、張君默、金依、陳浩泉等，較資深的葉靈鳳、高旅、羅孚、侶倫、舒巷城、何達等，也不斷有作品發表。左派作者的園地，以《大公報》、《文匯報》、《新晚報》的副刊為主，雜誌則有《文藝世紀》和《文藝伴侶》（1963 年創刊，只出了數期），以及《青年樂園》周報。五六十年代中國內地的政治運動一個接一個，至 1966 年發生"文化大革命"，文學作家朝不保夕，文學作品是香花還是毒草難以辨別，影響所及，認同北京政府的香港左派作家，在這樣的年代，實在不容易有大作為。他們的作品，內容和思想受到限制，形式和技巧也較為保守。

在各種文學體裁中，小說和散文向來讀者較多。小說的篇幅一般較散文長，長篇小說尤其如此。在這樣的情形下，長篇小說較為引人注意。徐訏和徐速在 60 年代繼續寫作小說，多為愛情故事。南宮搏和依達，寫的也是愛情小說，前者講古代，後者講現代。舒巷城的《太陽下山了》走寫實路線，唐人（阮朗）的《金陵春夢》則是政治內幕加上想像，連載多年，吸引了港內外很多讀者。

60 年代的眾多長篇小說之中，以劉以鬯的《酒徒》手法最新。劉以鬯從上海南下，50 年代起居於香港，以寫稿與編報為業。他服膺西方現代主義文學，主張小說家應該探索人物的內心世界，應該在技巧上力求創新。《酒徒》有相當的自傳性，寫主角在香港這個商業社會的苦悶生活。他肯定現代主義文學，但為了生活，卻要寫色情小說。他借酒消愁，自暴自棄。這本小說對香港的文化界有諸多責難與抨擊，表示了作者對文學的種種看法，宣揚他的現代主義主張。《酒徒》有很多"詩化"文字（主要用了"通感"手法），有或長或短的意識流片段，曾被譽為"中國第一部意識流小說"。《酒徒》先連載於報紙，同年（1963）出版單行本。劉以鬯在 60 年代還發表了《寺內》（為《西廂記》的故事新寫）、《鏈》等中短篇小說。他是實驗性強、力求突破的一位重要小說家。

金庸和梁羽生在 50 年代已開始寫武俠小說，其作品至 60 年代愈寫愈多，且

（14）羈魂在《華僑日報》副刊專欄〈詩路花雨〉，1994 年 9 月、10 月中，連續多篇講述了 60 年代文社的情形，可參看。

廣受歡迎。梁羽生和金庸同於報館工作，二人都愛讀武俠小說，且愛談武俠小說，還寫起武俠小說來。梁羽生的首部作品是《龍虎鬥京華》，一共寫了三十多部；金庸的首部作品是《書劍恩仇錄》，一共寫了 14 部。他們的武俠小說被稱為新派武俠小說，以別於從前白羽、還珠樓主等的作品。羅孚對此有這樣的解釋："新派，新在用新文藝手法，塑造人物，刻劃心理，描繪環境，渲染氣氛……而不僅依靠情節的陳述。文字講究，去掉陳腐的語言。有時西學為用，從西洋小説中攝取表現的技巧以至情節。使原來已經走到山窮水盡的武俠小說進入了一個被提高了的新境界，而呈現出新氣象，變得雅俗共賞。連'大雅君子'的學者也會對它手不釋卷。"(15)

　　他們二人的武俠小說，暢銷本港、東南亞以至歐美各地，80 年代起更打入中國內地市場，影響至大。金庸的作品，讀者更多，聲譽更大，經常被改編攝製為電影或電視片集。《書劍恩仇錄》、《射鵰英雄傳》、《倚天屠龍記》等，其內容與人物，家傳戶曉，是香港文化以至當代中華文化的一重要部分。80 年代起談論金庸武俠小說的文章紛紛出現，倪匡的《我看金庸小說》等書，以及其他的這類專著，合起來構成了"金學"。金庸還是一位著名的報人，所主持的《明報》及屬下的《明報月刊》、《明報周刊》等，叫座又叫好，是香港報界的重鎮。他的政論也知名於時。80 年代中期，他獲香港大學頒授榮譽文學博士學位，並任榮譽教授。

　　香港的報業，向來發達，每日出版的新聞報紙，至少有二三十家。報紙除了新聞報道外，還以其他內容來吸引讀者，這包括各種性質的副刊。以專欄方式出現的雜文副刊，是報紙內容的重要部分。專欄雜文副刊，在 60 年代已開始蓬勃，十三妹、任畢明、俊人、項莊、徐東濱、石人等，都是當時的名家，其中的一些健筆，至 90 年代仍揮灑自如。專欄副刊除了雜文外，還有連載小說。60 年代的言情、武俠等連載小說，讀者甚眾；到了 80 年代，讀者減少，連載小說也減少，這自然和生活節奏更快、電子傳媒日益發達有關。

　　最近 30 年來，香港文學的顯著特點是：本地作家和外來作家並存；"通俗文學"（主要以大眾趣味為依歸）和"嚴肅文學"（力求內容深化和技巧創新）並存；左派作家和右派作家並存；專欄雜文為重要的文類。這些特點，都見於 60 年代，換言之，當代香港文學的模式，奠定於 60 年代。

（15）羅孚：《南斗文星高 ——香港作家剪影》，1993 年第 1 版，頁 57。

四·70 年代

　　70 年代前期，西方國家經濟衰退，世界性石油危機出現。香港受到影響，但很快就調整步伐，走向工業多元化以至經濟多元化；金融業、地產業和旅遊業的發展甚為迅速，香港成為東南亞的國際性金融中心。經濟好，教育普及，政府開始支持文化活動，而這時，戰後出生的一代已成長，"三十而立"，香港文學以至文化的本土意識開始抬頭。這十年間創刊的文學刊物，如《詩風》、《海洋文藝》、《文林》、《大拇指》、《文學與美術》、《羅盤》、《青年文學》、《開卷》、《香港文學》、《八方》、《素葉文學》等，數目很多，它們的主力都是土本的青年作家。1972 年香港大學學生會設立青年文學獎，顯示本地青年自覺到發掘新秀、薪傳文學的重要。1975 年香港大學文社主辦"香港文學四十年文學史學習班"，1979 年《香港文學》雜誌創刊，在在都顯示香港文學的本土意識。何紫、阿濃、西西、陸離、小思、亦舒、古蒼梧、黃國彬、何福仁、也斯、淮遠、鍾玲等，都是 70 年代活躍的本土意識頗濃的作家。60 年代的文學講座及文學獎評判，通常由徐訏、司馬長風、胡菊人等擔任，到了 70 年代，除了他們之外，擔任者還有戰後出生的本土青年學者、作家。文學上的接班現象，明顯可見。

　　香港經濟發達，言論自由，是個現代化的都市，在世界各個華人社區中，條件極佳。香港因此吸引了很多人材，包括學者和作家。受過西方教育的台灣學者、作家，在 70 年代來香港的為數不少，其中既是學者，又是作家的有余光中、鍾玲等。余光中在 1974 至 1985 年任教於香港中文大學。他來港前，已是十分著名的詩人、散文家、批評家、翻譯家，著作甚豐。在香港的十年間，他繼續寫作，《青青邊愁》、《分水嶺上》、《隔水觀音》、《不可兒戲》、《春來半島》等等，是這個時期他著譯的成果。他自謂香港時期是他一生中的重要時期。香港的山水和人文，香港在地理上、政治上、文化上與大陸、台灣的關係，是他創作的素材和靈感。他想像富贍、文字精湛，香港的經驗使他的題材更廣闊，情思更深邃。在香港的十年間，他的佳作傑構，源源而出，為香港文學增添了光采，也使他的文學表現更為璀璨。[16] 余光中之外，他的一些同事如宋淇、思果、陳之藩、金耀基、梁錫華、孫述宇、劉紹銘、小思、朱立、鍾玲、黃國彬、黃維樑、潘銘燊等

（16）參閱黃維樑（編）：《璀璨的五采筆：余光中作品評論集》，1994 年第 1 版，特別是其中流沙河的〈詩人余光中的香港時期〉一文。

圖 14.6　《香港文學》第 108 期（1993 年 12 月）

圖 14.7　余光中（1928—　），福建永春人。

等，都是學者而兼擅創作，其作品形成所謂"沙田文學"（中文大學位於沙田）。[17]
若干學院作家，演講有繡口，揮灑有彩筆，作品與理論兼之，又經常參與校外的
文學活動，擔任文學獎評判，因此對青年的文學愛好者發揮了影響力。余光中的
影響尤其顯著，他離開香港時，因"余風"吹拂而引起文壇對"余派"的討論。

　　1976 年，浩劫性的"文化大革命"結束，大陸文壇不久後有"傷痕文學"面世。
在香港，反映文革的作品早就出現了。1968 年，韓江鴻出版了他的《文革風雨話
山鄉》；1974 年，吳畋、虞雪等人出版了《敢有歌吟動地哀：文化大革命後中國青
年詩文選》。這些作者都經歷過"文革"，先後來到香港，發表他們的作品。原籍
台灣的陳若曦，在大陸體驗過文革的生活，也在文革後期到了香港，於《明報月
刊》發表她的〈尹縣長〉、〈值夜〉、〈晶晶的生日〉等小說，引起廣泛的重視。後
來這些作品譯成外文，在西方甚受矚目，陳氏一時成為國際知名的作家。"文革"
結束後，從大陸來港的人甚多，根據統計，1977 至 1981 年這四年間，有五十多萬
內地人移居香港，其中不乏知識分子。南來的知識分子中頗多能文之士，他們來
港後對文革的種種，多所反映，金兆、楊明顯、裴立平、白洛、顏純鈎等，對文
革的刻劃，血淚交織，都是紅旗下的災難，黑暗日子的見證。他們的作品，獲得
香港和台灣的多項文學獎。香港這個小海島，成為大時代"文革文學"的先鋒。陳
若曦在香港只住了一兩年，就移居北美洲。金兆等人則仍居香港，金兆的〈芒果
的滋味〉、裴立平的〈刺栗花開的時候〉、楊明顯的〈姚大媽〉、白洛的〈賽馬日〉
等，是文革小說的重要篇章。顏純鈎除了"文革"經驗外，後來還寫大陸來港移民
的生活，他精於心理描寫，對人性善惡有深入的探索，有〈橘黃色的毛巾被〉等
名篇。

五·80 和 90 年代

　　80 年代的香港，時局頗為動蕩。1982 年和 1989 年的政治風浪，使很多香港
人移居到外國的新天地，也使很多香港作家增加了寫作的新題材。九七問題在
80 年代的香港詩歌、散文、小說、戲劇各種文類中都反映出來。劉以鬯有短篇小
說，題為〈一九九七〉；長篇小說中，劉紹銘（二殘）有幻想性強的《九七香港浪遊

（17）　參閱梁錫華：〈沙田出文學〉，載《大公報·文學周刊》，1993 年 11 月 3、10 日。

記》，梁錫華有較為寫實的《頭上一片雲》。話劇方面，杜國威和蔡錫昌合寫的《我係香港人》，道出了香港人疑惑、憂慮、期望的複雜心情，和余光中《過獅子山隧道》一詩所寫的相似：

> 時光隧道的神秘
>
> 伸過去，伸過去
>
> ——向一九九七
>
> 迎面而來的默默車燈啊
>
> 那一頭，是甚麼景色？[18]

　　至於散文——這裡特別指的是報刊的專欄雜文——則千篇萬篇，寫的都是愁鬱的"九七情結"。"九七"之結未解，"六四"之結已成，二者且交織在一起。香港的詩人，在 1989 年 5 至 7 月間，為神州大地的學生運動寫了大量的詩歌，已發表的有二三百篇，道出了時代的心聲。愛情小說家林燕妮的《為誰而生》、亦舒的《傷城記》，也以"六四"為題材。

　　時局頗為動蕩，經濟則持續發展。80 年代初期的信心危機，使香港經濟下滑。1984 年中國和英國就香港前途問題簽署聯合聲明，確立"一國兩制"、"港人治港"的政策，港人信心好轉，各國在港投資有增無減，加上北京繼續推行開放政策，經濟迅速發展，香港的工商百業，乃能再創高峰，維持奇蹟般的"小龍"生命力。

　　香港這條小龍的文學，以"小"見長。這指的是報刊的專欄小文。二十多份日報，加上大量的周刊，都在副刊的版面上，劃界設欄，讓作者天天或每周寫稿。有人說這些專欄是分封之土，或割據之地，或者是所謂"販文認可區"。專欄作家是稿匠，是"爬格子動物"，甚至是"跑格子動物"——因為寫得實在快。日產數千言以至逾萬言的作家，有三蘇、梁小中、簡而清、倪匡等多人。較為低產，即日寫三數千言的作家，則不勝枚舉。這些專欄文字，執筆者雖然多為有識見的能文之士，但水準頗為參差。專欄文字是否稱得上文學，向來有爭議。假如我們說"用文字來表達感情思想的"都是文學，則這些專欄文字都是文學；假如我們認為表達時應該有相當的藝術性（修辭技巧），則有些專欄文字是文學性弱，甚至沒有的。不過，無論如何，香港的專欄文學是香港作者最多、讀者最多、社會影響最大的文類，也因此是香港文學中最重要的文類。在香港這個工商業發達社會的

（18）余光中：《春來半島——香港十年詩文選》，1985 年第 1 版，頁 42。

圖 14.8　亦舒：《家明與玫瑰》，香港：天地圖書有限公司，1983 年版。

人，生活繁忙，對“輕薄短小”的方塊最為歡迎。香港是自由港，作家可以自由講；專欄的種類多，數量眾，於是百家爭鳴。香港有多項“世界之最”，包括 1993 年 12 月香港旅遊協會公佈的第七項 —— 擁有全球最長的戶外有蓋自動電梯。筆者認為可以加上第八項：擁有全球最多的專欄和專欄作家。

80 年代以來的香港專欄，內容極為繁富，時事雜感、讀書隨筆、生活小品等都有，作家則不限於一般的文人，電影、廣播、廣告界人士，以至律師、醫生、科學家等，如李翰祥、車淑梅、紀文鳳、劉天均、黃岐、任枝明、曹宏威等，也寫起專欄來，他們多寫本行經驗，提供各種資訊。這樣一來，專欄的讀者，選擇就更多了。有些讀者天天讀某些專欄，把作家視為知己，視為意見領袖，也有讀者從專欄中吸收各種資訊。專欄作家各盡所能，專欄讀者則各取所需。一般而言，讀者對專欄的文學性要求不高，專欄作家也就少於在遣詞謀篇上盡心盡力。因此，“我手寫我口”、“直抒胸臆”的性靈派專欄作家，是大多數；經營雕琢、力求情采兼備的苦吟派專欄作家，自屬少數。[19]

80 年代以來的重要專欄作家，舉例而言，有胡菊人、戴天、王亭之、倪匡、哈公、張文達、黃霑、蔡瀾、阿濃、張君默、程逸、岑逸飛、石琪、林燕妮、亦舒、李碧華等，他們之所以重要，或因為本身的表現，或因為寫稿的報刊銷量好且地位高，或兩方面的原因都有。80 年代以來，大專院校教師“下海”兼寫專欄的不少，如梁錫華、陳耀南、張五常、梁巨鴻、陳永明、潘銘燊、周兆祥、劉創楚、黃子程等，其中梁、陳、潘諸人，徵引較多，富於機智理趣，有“學者散文”特色。

香港是一小島，港人因此可能有小島心態。幸好港人喜歡外出旅遊，藉此開拓心胸視野。作家讀萬卷書，行萬里路，旅畢寫萬言遊記。專欄作家中，夏婕和岑逸飛多寫遊記。夏婕有“香港三毛”之稱，她的“遠足”踏遍新疆、蒙古、南極諸地，遊蹤都有生動的記錄。黃國彬在 70 年代後期壯遊中國山水名勝，先後出版《華山夏水》和《三峽‧蜀道‧峨眉》二書，以記其事。黃氏有強烈的歷史文化感，他在遊記中徵引史事典故，有漢賦那種鋪陳揚厲的手法，形成高華的文風。70 年代末期以來，大陸實施開放改革政策，到內地旅行觀光的香港人，不斷增加，記遊的文字極多。黃國彬的賦體遊記，戛戛獨造。社會學家金耀基的兩部遊記《劍

（19）參閱黃維樑：《香港文學初探》，1985 年第 1 版，頁 3—6、183—184；又參閱《市政局中文文學周十周年誌慶紀念論文集》，1988 年第 1 版，黃維樑的〈香港專欄通論〉一文；又參閱姜山：〈對 80 年代香港報紙專欄的評價〉，載《香港文學》，1990 年 8、9 月號。

圖 14.9　西西：《春望》，香港：素葉出版社，1982 年版。

橋語絲》和《海德堡語絲》，風景與人文並重，澄明通達，有“金體文”之譽。

　　香港人外遊，外地人來香港旅遊。旅遊是雙向的。香港人吸收外地文化，閱讀外地的文學；外地人吸收香港文化，閱讀香港的文學。文化交流也是雙向的。80 年代以來，香港文化對海峽兩岸以至東南亞，影響不絕。香港文學也經常得到這些地區讀者的青睞。金庸的武俠小說、衛斯理（倪匡）的科幻小說、亦舒的愛情小說，在這些地區受到不同程度的歡迎。梁鳳儀在商界工作多年，深諳促銷之道，她的“財經小說”在北京、上海等地一度銷路甚暢。上述這些作家，其名甚著，雖然不一定像汪明荃、梅艷芳、周潤發、黎明那樣家傳戶曉。無論如何，香港經濟發達，直接或間接推動流行文化外銷，香港人或有“與有榮焉”之感。

　　西西的小說，和上述諸人格調不同。她在香港，並不為大眾讀者所認識，在台灣則知者較多。西西在 50 年代開始發表作品，不斷寫作，至 70 年代，在香港的小眾讀者中，享譽甚隆。她的小說《我城》、《春望》、《哨鹿》和詩集《石磬》在香港出版後，又在台灣出版《像我這樣的一個女子》以至《哀悼乳房》等多部作品，受到多方面的好評，屢獲文學獎項。她大概是金庸之外，在台灣最受重視的香港作家。西西的作品，富有童心童趣，常常以輕鬆的手法來“載道”。她閱讀廣泛，喜愛多種藝術，想像豐富，作品中把這些都表現出來。她和也斯都受到拉丁美洲文學 —— 特別是魔幻寫實主義 —— 的影響，又能推陳出新，嘗試各種不同的敘述方式。她和劉以鬯一樣，都醉心於創新，是實驗性強的作家。

　　西西之外，在台港甚受重視的女作家還有施叔青、鍾曉陽等。她們各有長處，而其刻劃細膩、文字考究則一。施叔青寫了一系列的香港故事，近期的《維多利亞俱樂部》涉及政壇內幕，耐人尋味。鍾曉陽是早慧的才女，擅寫愛情故事，體會入微，如《流年》、《停車暫借問》等，感性豐富，纏綿淒美。

　　香港的文學，向外流到海峽兩岸以及東南亞；在香港本身，80 年代的香港文學是融匯的時代。由於大陸的開放，香港在政治上左右的分野漸趨模糊，從前不同傾向的作家，現在頗能融匯在一起。80 年代先後創刊的《素葉文學》、《星島晚報·大會堂》、《文藝雜誌》、《香港文學》、《文學家》、《博益月刊》、《文學世界》、《文學報》、《詩》等文學期刊，多能不分左右。劉以鬯主編的《星島晚報·大會堂》和《香港文學》，分別為周刊和月刊，出版多年，最能做到“左、中、右”結合 —— 或者應該說只有“中”，中文作者的“中”，中間人士的“中”，因為政治上的左傾或右傾已不明顯，界線正在消失中。

　　80 年代的文學期刊，其出版的情形，和從前一樣，可用前仆後繼來形容。文

圖 14.10　黃國彬：《琥珀光》，香港：香江出版有限公司，1992 年版。

學性書籍（包括所謂 "通俗"、"嚴肅" 各種類型）出版蓬勃，每年有數百種面世。老中青作家，產量甚豐。出書超過十部的作家，當有逾百人；多的是有二三十部等身著述的高產作家；出書超過一百本的至少有倪匡和亦舒。劉以鬯除了主編期刊外，仍撰寫新篇，或修訂舊作，不懈於小說藝術的創造，且贏得美譽。近年的新書如《劉以鬯卷》和《島與半島》，迭受好評。曾敏之筆力雅健，其散文小品和舊體詩詞，世事洞明，人情練達，曾獲文學獎。羅孚居住北京多年，憶述香港作家其人其文之篇，有散文的溫厚感，有文評的洞悉力，而辭采生動，引人入勝。90 年代初期回港後寶筆未老，日寫數欄，活力充沛。50 年代的 "文藝青年" 齊桓，於近年寫作甚勤，談文說藝，筆鋒凌厲。金庸、卜少夫、陸鏗、胡菊人、李怡、林山木、岑逸飛等，所寫社論或時評，每有文采可觀，是文學的一支。中年作者中，梁錫華既以獨特藻采撰寫專欄雜文，也寫長篇小說，其《獨立蒼茫》、《香港大學生》諸部，承繼錢鍾書《圍城》的 "文人小說" 筆路，對儒林多所反映針砭，稱譽港內外。王一桃兼擅詩與評論，對香港文學推介甚力。董橋以散文馳名，精緻嚴謹，產量則不多。馮浪波、犁青、羅隼、林真、吳羊璧、忠揚、東瑞、張詩劍、彥火、梅子、陶然、陳少華、劉濟昆等，其詩、散文、小說等各有擅長。壯年作家中，黃國彬詩文雙璧，他通曉六七種語言，盡量閱讀中外經典名作，轉益多師。他的散文氣魄雄長、體格高華，如獲獎的散文集《琥珀光》裡多篇，即有安諾德（Matthew, Arnold）所說的 "恢宏氣度"（grand style），在香港作家中，獨樹一幟。和青年文學獎或香港青年作者協會有淵源的一批青年作家，如陳德錦、秀實、胡燕青、鍾偉民、王良和、洛楓等等，在 80 年代先後崛起，至今仍寫作不輟。他們都寫詩，抒情詠物，時有深刻獨到的作品，也兼寫散文和評論。

　　以上大致以老中青序齒略述。如果以文類分，則寫詩的蔡炎培、藍海文、紅葉、韓牧、黃河浪、舒非、夢如、吳美筠等等，都各具風神。如果要以性別為分界，則農婦、蔣芸、吳靄儀、圓圓、周落霞、林湄、金東方、李默、思旋、陳娟、辛其氏、吳煦斌、陳方、徐詠璇、黎海華、綠騎士、蓬草、嚴沁、岑凱倫、西茜凰、張小嫻等女作家，有一大串，要列出她們的作品，名單更長，嚴、岑、西等寫了數量眾多的愛情小說；西茜凰在十年間出版了四十多本書，小說、散文、訪問記等都有。目前，作品有兩本書或以上份量的香港作家，起碼有數百人。這裡自然無法一一列舉。

　　要說明千百香港作家的特色、風格，要為他們定位，是非常艱巨的工程。沒有全面深入的閱讀、研究，就不可能成事。70 年代的一些文學青年，開始關懷香

圖 14.11　黃維樑:《香港文學初探》,香港:華漢文化事業公司,1988 年第二版。

港文學，要尋找它的根。在 80 年代，有更多人認為應該如此。中國內地在"文革"後，逐漸開放，關心並引進台、港文學；80 年代初，決定在 1997 年收回香港。收回香港的一項準備工作，是加強對香港各方面的認識，包括對香港文學的瞭解。大陸的學者，於是開始注意並研究起香港文學來了。1982 年開始的"台港文學學術討論會"，兩年開一次，每次在國內不同地方召開，每次都有大陸學者提出關於香港文學的論文。廣州的暨南大學，以及若干其他國內高等院校，都有研究香港文學的學者。潘亞暾、許翼心、王劍叢、謝常青、汪義生等，先後有專書或長文論述香港文學。潘氏在 1990 年出版的《台港文學導論》，對香港文學的介紹頗為廣泛。潘、汪合作編寫的《香港文學概論》一書，在 1993 年杪出版，厚近七百頁，是迄今為止對香港文學最詳盡的論述。[20] 不過，第一本香港文學的專論，乃出於香港學者的手筆，那是黃維樑在 1985 年出版的《香港文學初探》。另一位香港學者盧瑋鑾對三四十年代的香港文學頗有研究，她這方面的論著《香港文縱》在 1987 年出版。羅孚在 80 年代後半期寫了一系列香港作家素描，結集出書時名為《南斗文星高》，對作家和作品都有生動的介紹。劉以鬯、黃俊東、黃繼持、周英雄、陳炳良、璧華、黃傲雲、梅子、黃南翔、馮偉才、王一桃等，對香港文學的析評也出過力，王一桃近年尤其熱心，他這方面的專書有《香港作家掠影》、《香港文學評析》等。[21] 到 20 世紀 90 年代中香港有兩所大專院校，設有香港文學研究部門。一是香港中文大學的"香港文學研究計劃"，規模甚小；一是嶺南學院的"現代中文文學研究中心"，其重點是香港文學研究，規模較大。[22] 香港政府自 70 年代以來，對表演藝術的資助頗為慷慨，對文學則出力不多，幸好近年已改觀。1994 年市政局圖書館決定成立香港文學資料中心，開始搜集資料，並加以整理研究。

　　目前香港文學的研究還處於初階。雖然港內外的學者，已出版了幾本專著，可是這些書或不夠全面，或層面廣但有欠深入且多錯誤，理想的香港文學史，或

(20) 潘亞暾（主編）：《台港文學導論》，1990 年第 1 版，對香港文學的介紹近二百頁；潘氏與汪義生合著的《香港文學概觀》（見註（7）），是前書香港部分的擴充增益。許翼心在《當代文壇報》（廣東省作家協會主辦）1991 年 4、5 期合刊號有〈香港文藝面面觀〉長文，論述香港文學與其他藝術。謝常青的《香港新文學簡史》〔見註（7）〕所述年代，至 1940 年為止。王劍叢等編著的《台灣香港文學研究述論》，1991 年第 1 版下篇，述評香港文學研究的成果，並附有書目。

(21) 黃、盧、羅三本著作的出版資料，見註（19）、（7）、（15）；王一桃的《香港作家掠影》於 1990 年由香港現代教育研究社有限公司出版，其《香港文學評析》則於 1994 年由香港雅苑出版社出版。此外，由陳炳良編的《香港文學探賞》，1991 年第 1 版，收論文 11 篇，可參看。又：楊奇（主編）的《香港概論》下卷〔見註（4）〕概論香港的文學藝術，可參看。

(22) 中大和嶺南這兩個研究機構，先後舉辦過多次研討會，論述香港的文學，其中以 1988 年的"香港文學國際研討會"規模最大。是次會議由中大和香港三聯書店合辦，各地學者提出論文數十篇。嶺南所出版的《現代中文文學評論》，重視香港文學的評析，其第 1 期（1994 年 6 月出版）約有一半文章與香港文學有關。

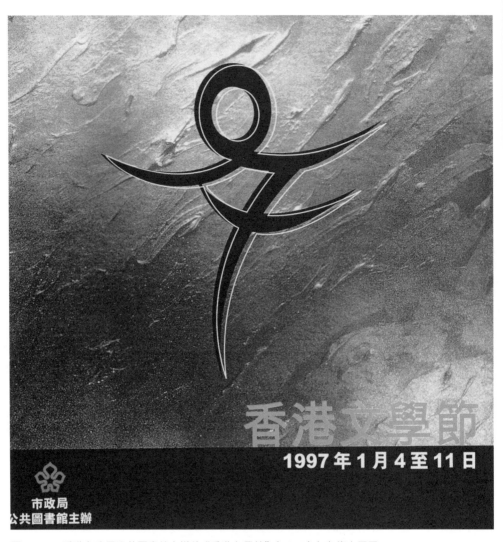

圖 14.12　香港市政局公共圖書館主辦的 "香港文學節"（1977）之宣傳小冊子

香港文學概論，仍在期待之中。

　　本章對香港文學的回顧，一方面固然由於篇幅所限，不能作深入評論；另一方面則因為數十年來作品極多，而筆者閱讀有限，離全面之境甚遠。儘管有上述的限制，筆者就所讀所見所思，整理出一個發展的脈絡來，這就是：香港的文學百年來不斷在演化，一直受到港內外政治、經濟等因素的影響。香港這一中西文化交匯都市的性格，也使香港文學除了古今兼攝之外，有明顯的中外並蓄的特色。香港文學的成就，在詩、小說、散文等各方面都表現出來。在大陸、台灣、香港三個地域中，論數十年來的文學總成績，香港當然比不上前二者。然而，香港文學有其突出的表現；我們絕不能就地方人口和面積，與台灣和大陸作 "成正比" 式的計算。在六七十年代大陸文學停滯失色的時候，香港的文學有其閃爍的光芒。至於二三十年來那些創新性強的小說、明朗耐讀的現代詩、雅俗共賞的武俠小說、精緻高華的學者散文，與兩岸同行同類的作品相比，其光華四射，誠然為香港增色。須知道香港教育普及、中西交匯、傳媒發達、寫作自由，且是人才薈萃之地。

　　香港報刊的專欄雜文，更是香港文學最大的特色，其盛況為兩岸以至四海五洲所無。這一點上文已有論述。它的出現和發展，與香港這個社會有十分密切的關係。香港的報紙多，競爭劇烈；新聞報導之外，副刊是制勝之道。有副刊，乃有專欄雜文。香港是工商業旺盛的城市，生活節奏極快，短小精悍的文章最受讀者歡迎，因此從 60 至 80 年代，專欄雜文的字數，愈來愈短，短至三四百字，大概難以再短了。副刊的專欄都是固定的，如此一來，編者可省去閱稿審稿之勞，也可免去天天劃版樣之力。不同專欄，姿采乃 "多"；處理稿件，速度甚 "快"；這對報館來說，自是 "好" 事，因為 "省" 去編輯時間，也就是省去報館開支，而符合經濟效益 —— 確是工商社會的本色。

　　小小的專欄雜文，是香港文學的重鎮。每天老中青男男女女千百個作者，殫精竭慮，把才情學識 —— 有些還加上可觀的文采 —— 都灌注在專欄裡面。然而，小小的專欄旋刊旋滅，即讀即棄，正符合後現代主義者（post-modernist）的 "速朽" 理論。專欄小文極少產生轟動效應，在港外甚至港內的觀察者眼中，它們也難以形成大氣候。

　　然而，筆者一向認為，香港的專欄雜文，其對讀者的作用，是 "細水長流" 式的；它對社會有深遠的影響。筆者還認為，研究香港文學的人，應該注意這些專欄小文的多產作家，用綜合和分析的方法，衡量其千篇萬篇作品的總體表現，看看其思想感情內涵的廣度和深度,看看其鑄句謀篇的文字藝術。某某專欄作家窮年累月的小方塊小磚石,是否能合成七寶樓台,或中環廣場大廈,乃要靠批評家以慧眼和耐心去發現和建造。

　　百年來香港文學生機活潑,表現紛繁,如今是文學史家和文學批評家,以專業的精神,對香港文學的種種文類和現象,全面地研究和評價的時候了。[23]

（23）上文提及話劇《我係香港人》,除此之外,沒有論及其他劇本。對於這方面的論述,可參閱方梓勳、蔡錫昌編著的《香港話劇論文集》,1992 年第 1 版。本文對兒童文學也未及討論,這方面可參閱潘、汪《香港文學概觀》〔見注（7）〕的第 25 章。香港的舊體詩詞寫作,頗有其人,如饒宗頤、羅烈、曾敏之、蘇文擢、黃坤堯等等,可參閱黃維樑（編）:《中華文學的現在和未來 —— 兩岸暨港澳文學交流研討會論文集》,1994 年第一版,黃坤堯的〈當代的傳統詩詞〉一文。筆者除了劇本、兒童文學、舊體詩詞未及介紹外,其他的遺漏也很多,不少作家和作品,都未能提及。目前的專欄作家,大概有數百人,這裡怎能悉舉?筆者撰寫這篇論文時,深感為難的是:少舉作家名字,則本文將流於空洞;多舉作家名字,則本文可能成為作家名錄,何況,不管怎樣多舉,總會有遺漏 —— 而且可能是很重要的遺漏。本文提到香港市政局圖書館正在搜集香港作家資料,相信對作家的列述,會較為全面,可補本文之大大不足。最後要說明的是,香港除了用中文寫作的文學外,也有用英文甚至其他語言寫作的文學,但本文討論的對象,只是中文文學。

第十五章

香港電影的發展歷程

史文鴻

一·從 20 世紀初萌芽至 30 年代的香港電影文化

　　早在 1896 年，香港已和電影結緣。當年法國電影始創人盧米埃爾兄弟（Lumière）派助手來香港放映電影及拍攝街景。兩年後，美國愛迪生公司又派電影攝影師來港拍成了《香港商團》、《香港總督府》、《香港碼頭》和《香港街景》。四部短片現還保存於美國國會圖書館。[1]

　　踏入 20 世紀，香港出現電影院，其中老牌影院如重慶、高陞、太平及中央等，均兼粵劇演出及電影放映。在 10 至 20 年代，香港電影院是以放映荷里活的電影為主，而史特勞咸（Stroheim, Erich von）及德米爾（DeMille, Cecil）的經典作品更成為吸引香港觀眾的電影。早在 1926 年，皇后戲院放映局部彩色之《劇場妖怪》（The Phantom of the Opera, USA, 1925）及《黑海盜》（The Black Pirate, USA, 1926），均盛況空前，可見電影開始普及。

　　香港第一部電影是屬亞細亞影戲公司投資，梁少坡導演及自演小偷的短片《偷燒鴨》（1909）。但真正由香港本土導演拍攝的第一部故事短片卻是華美影業公司資本，黎民偉導演的故事短片《莊子試妻》（1913）。黎民偉在片中反串飾演莊

（1）　參看余慕雲：《香港電影掌故》（第一輯——〈默片時代 1896－1934〉），1985 年。

圖 15.1　黎民偉（1892—1953）被稱為 "香港電影之父"

子之妻。在 1922 年，黎民偉創立了香港第一間電影製片公司 —— 民新影片公司（1922—1937），並於 1925 年拍攝了香港第一部八卷（按：指拷貝，每卷可播放十分鐘）的故事片《胭脂》。黎氏這位電影先驅，認為電影不單是娛樂，更是"移風易俗，輔助教育，改良社會的工具"。在中國處於列強佔據的情況下，他強調以"電影救國"。故香港電影事業早在這個階段，已出現了娛樂以外更崇高的社會理想，為後來香港電影發展，奠定了一個美好的方向。[2]

1934 年，即有聲電影普及之前，在香港上映的電影均是默片。除了音樂之外，通常有解畫人講解，方式與日本默片時代的相近。據筆者父親口述：在 1930 年期間，在太平戲院放映《火燒紅蓮寺》時，解畫人便有數名之多，配合動作繪形繪聲，效果不錯。

從 20 年代末期開始，中國電影漸漸蓬勃，較具規模的中國電影公司 —— 上海聯華影業公司於 1930 年在香港設立聯華三廠生產電影。同年，黎北海在香港也創辦了香港影片公司。此外，天一影片公司所開設的香港分廠亦成了後來南洋及邵氏電影公司的前身。由此可見當時上海電影生產事業對香港之影響。再從另一個角度看這種影響，那是 30 年代港產粵語片不少是重拍或改編自上海的著名國片的。如：《胭脂淚》來自《神女》；《南國姊妹花》來自《姊妹花》；《慈母曲》來自《慈母淚》；以及《孤兒救祖記》和《火燒紅蓮寺》的港版同名電影。

更且，面對日本侵華，香港電影人也發揮了共赴國難的團結精神。蔡楚生於香港拍成的《孤島天堂》（1939）描述的便是上海孤島人民英雄對抗漢奸的壯烈故事。此外，他的《前程萬里》（1941）及司徒慧敏的《白雲故鄉》（1940）都瀰漫着身在香港的年輕人表現愛國和抗敵英雄主義的浪漫色彩。《前程萬里》用國語拍攝，講述一位愛國港人和港英政府及漢奸鬥爭的故事，並挪揄了當時香港主流電影瀰漫著神怪及色情色彩。電影結尾是他們集體回到大陸加入抗日的行列。1941 年 12 月香港淪陷，香港電影隨即中斷，正好表明了香港電影藝術創作者不甘和侵略者妥協求存的精神。[3] 淪陷期間除了《幽歡如夢》（1944 年 6 月）是宣傳自身原本是禁片，其餘發行的均是淪陷前的作品。演員方面，其中白燕就是個好例子。她拒絕和日本人合作在港拍日本帝國主義宣傳片，並在游擊隊協助下通過淪陷區逃亡至中國大後方。

（2）　參看〈中國電影搖籃時代的褓姆〉（上、下），見《電影雙周刊》第 375 及 376 期。
（3）　同上注。

圖 15.2 張善琨有"中國電影大王"之稱

二·第二次世界大戰後至 50 年代的香港電影成長期

由第二次世界大戰後到 70 年代，香港電影發展二分為國語片及粵語片兩大主流。由於國語片的質素及受歡迎程度均遠遠高於粵語片，致使後者曾於 70 年代初出品全面癱瘓。國語片不是香港本土文化，卻能雄踞香港影壇三十多年，直至 70 年代末始被新興港產片所逐步取代，箇中原因很多。一是戰後國共內戰及 1949 年後海峽兩岸對峙，促使香港成為華語電影生產的新中心，大量大陸左、右翼電影藝術創作者在香港繼續先前在國內的百家爭鳴局面。二是這時期大陸人口大量流入香港，他們熟悉上海的電影主流形態，是國語片的基本支持者。[4] 三是香港經濟急劇起飛，電影娛樂逐漸成為普遍需求。四是國語片生產的資本化及制度化，對比粵語片靈活的生產方式，分別適應香港兩種文化娛樂商品的不同模式及形態；前者以質素取勝，以大資本投入及認真製作吸引觀眾；後者則用小本經營，跟潮流及講求短線利益以存活。

抗戰勝利之後，第一批由上海南來香港的是涉嫌在上海孤島及淪陷時期通敵的上海影人，重要的有張善琨、朱石麟、李萍倩、卜萬蒼、馬徐維邦和岳楓等製片人及導演；演員則有周璇、李麗華、嚴俊和白光等；另也有因國共內戰激化而逃避白色恐怖的左翼文化人如夏衍及蔡楚生等；當然還有一批因於 1949 年中國政權轉移來香港的電影人。影星鍾情和李湄均分別隨父母來香港後開始銀壇生活，而屠光啟這名掌握商業電影元素的導演也於 1950 年移居香港。戰後到 50 年代是香港電影的百花齊放時期，無論是商業片或思想進步的電影都獲得發展的空間。

這時期絕大部分的國語片都被指責為缺乏香港氣息。因為它們不是秉承三四十年代中國電影優良的寫實及社會批判傳統，就是道德教化或娛樂電影。然而這些電影作品卻不單有獨特風格，且成為五六十年代優秀國粵語片的典型。

最值得注意的是李祖永的永華公司於 1948 年攝製關於文天祥的《國魂》及光緒的《清宮秘史》，兩部均是大製作。導演卜萬蒼在《國魂》中以穩重古典的構圖及平實的敘事方式建立了歷史宮闈電影的典範，而此片亦成了戲劇及美感完美結

（4）　有關香港人口發展，*Hong Kong Annual Report*（1954）第二章的分析如下：1930 年初，香港人口約八十萬人，由於日本於 1931 年開始侵華，香港人口穩定上升至 1940 年的 180 萬人。1941 年香港淪陷後大量人口回遷大陸，到 1945 年達新低，約只剩 60 萬人，1948 年國共內戰爆發，香港人口急升回 180 萬人。1950 年初增至 220 萬人，到 1954 年底，香港人口估計已達 250 萬人。由 1945 至 1948 年，香港的人口增加了兩倍，而這些人的文化，當然深受上海的主流大眾娛樂文化影響，當中也有不少人有電影的製作經驗，全是可以理解的。

圖 15.3　朱石麟執導的《花姑娘》（1951），由李麗華飾演花姑娘。

合的作品。朱石麟在《清》片中以流暢的敘事手法對慈禧、光緒及珍妃的性格作出深刻的描寫，賦予歷史大製作電影動人的靈魂。朱氏除糅合了人性與政治、倫理與社會歷史之外，更膾炙人口的是他運用空鏡技巧在營造氣氛方面的感染力，如片末八國聯軍入京，皇族出走，轉動的車輪同時表現了歷史潮流、時光不再、及皇族落荒而逃的狼狽情景。

歐陽予倩的《野火春風》（1948）以日軍侵華時期及歡場做背景，描寫逐步走向墮落的知識分子；《戀愛之道》（1949）則講述從北伐到抗戰 20 年間知識分子的遭遇。前者有美國導演約瑟‧馮‧史丹堡（Sternberg, Joseph von）在德國拍攝的《藍天使》（*The Blue Angel*, 1930）的影子，但兩片都深刻諷刺了民國期間的社會敗壞，繼承了《馬路天使》（1937）到《一江春水向東流》（1947）的寫實和社會批判的優秀中國電影傳統精神。

馬徐維邦導演的《瓊樓恨》（1949）則是另一種取向，馬徐氏不單繼續發揮了營造懸疑驚慄氣氛的手法，更在拍攝上運用了更多單鏡頭動鏡，以增加觀眾的墮入感。例如電影開始時先以主觀鏡頭單鏡捕捉女主角被殺害的情景，再由中景走到特寫女主角的驚恐面部表情，極盡商業片官能刺激之能事。

上述三名導演的作品顯現了香港電影的幾個重要方向：一是大型電影製作；二是批判社會現實；三是各種類型電影的娛樂取向。

踏入 50 年代，香港電影業還是商業和社會兩類電影在分庭抗禮。大量武俠、神怪及低劣粵語片（包括戲曲片）充斥市場。有良心及遠見的電影工作者共 164 人發表了粵語電影清潔運動宣言，提倡拍攝題材健康的電影。[5] 1949 年 7 月 10 日華南電影工作者聯會成立；並與於 1952 年 11 月 15 日成立的中聯電影公司成為優秀粵語電影的搖籃。[6]

從 50 到 60 年代所拍攝的國語片皆以女性為中心，如白光、李麗華、林黛、鍾情、林翠和葛蘭等女星的成就表現了這時期國語片的姿采。最早建立這時期女性形象的是白光。她在《蕩婦心》（岳楓，1949）裡飾與地主少爺相戀的純樸女僕，因誤會少爺移情別戀而走到都市謀生，誤墮風塵。岳楓演在此片中深刻地勾劃了男性中心社會裡貞女與妓女的息息相連。另在《血染海棠紅》（1949）中，白光演活了蕩婦的罪惡一面，充滿說服力。她在《一代妖姬》（1950）中飾演為拯救革命

（5）　林年同：〈戰後香港電影發展的幾條線索〉，《戰後香港電影回顧（1946—1968）》（第三屆香港國際電影節資料冊），1979 年，頁 10。

（6）　吳楚帆：《吳楚帆自傳》（下），1956 年，頁 87、102 及 132。

圖 15.4　《新紅樓夢》（1952）是香港長城電影公司的出品，導演是岳楓。

分子不惜委身軍閥的女伶人，深具性情中人的本色。在《雨夜歌聲》（李英，1950）中，她又飾演從大陸流亡到香港的少女，墮落歡場及受盡屈辱。《雨》片是較具香港氣息的電影，把當時香港上流社會的荒淫險惡及低下層社會互助互愛、共渡難關的兩面作了鮮明的對比，可算是早期香港社會的寫照。而且這幾部電影結合了寫實與娛樂，片中白光主唱的插曲或主題曲都成為香港最早期的時代曲代表作。這系列電影最突出的地方是表現出無論是烈女的忍辱負重或妓女的掙扎求存，女性在男性中心的社會都只是不同形式的犧牲品，這實際是對男性中心社會的一種控訴。

至於李麗華所表徵的，是充滿成熟和世故情懷的女性。她不單在《説謊世界》（李萍倩，1950）中表現出眾，另在《花姑娘》（朱石麟，1951）——改編自法國小説家莫泊桑（Maupassant, Guy de）作品《羊脂球》（*Boule de Suif*）——一片中，亦表現了劇中人的魅力和機智的兩面。在喜劇《誤佳期》（朱石麟，1951）裡，李麗華以堅強活潑女工的面孔出現，只是香港當時還未走進工業生產的社會階段，導演是帶着上海工業社會的影子來製作此片的。李麗華在長城出品的《新紅樓夢》（岳楓，1952）中演純情的林黛玉，被勾結的官商出賣了她和賈寶玉的愛情。影片藉着她所演的角色，深刻批判了國民黨在戰後的腐敗。到了《小鳳仙》（屠光啟，1953），她在導演強調英雄與美人的浪漫主義主題之下，還是賦予這部商業片女性賢良和深明大義的一面，使故事充滿感染力。而她在《雪裡紅》（李翰祥，1956）中演性情剛烈的冶艷戲班女東主，嫁給老東主後又希冀與舊情人再續前緣，最後誤飲丈夫設下本要毒死情夫的毒酒為結局，充滿悲劇氣息。這部李翰祥初試啼聲的電影，對市井平民之刻劃絲絲入扣，成為煽情劇（melodrama）經典之作。不過，此片成就亦有賴王元龍（飾演東主丈夫）、羅維（情夫）、葛蘭（羅的新歡）、吳家驤（垂涎葛美色之人）、洪波（葛貪財之父）及金銓（即胡金銓，羅的小徒弟）等的演技，充分反映了這個時期香港國語片的表演藝術。

林黛是 50 至 60 年代國語片的靈魂。早在《翠翠》（嚴俊，1953）這部改編自沈從文小説《邊城》的電影裡，她就以鄉村少女的角色出現；後來在《金鳳》（嚴俊，1955）中，她飾演一個堅強、熱情及自信的村姑，和《翠翠》中純真可愛的形象大異其趣，充分發揮了她演技的多面性。到了《江山美人》（李翰祥，1959）的李鳳姐，林黛已不單是純真和嬌媚的化身，同時也演活了“自古紅顏多薄命”的宿命氣息。這部電影也是邵逸夫接手邵氏後的第一部大製作，奠定了邵氏的霸業及李翰祥的地位，同時也掀起了在香港拍黃梅調戲曲電影熱潮。

圖 15.5　由唐滌生編撰，任劍輝、白雪仙主演的《紫釵記》（1959）是戲曲片的經典之作。

鍾情和尤敏則可算是 50 及 60 年代的玉女典型。鍾情的成名作《桃花江》（1956）是新華公司的大製作，說的是一個香港青年和鄉下少女的戀愛故事。此片悅耳的流行插曲及彩色絢爛的佈景成了香港歌舞片的典範。鍾情後來的《採西瓜的姑娘》（1956）、《郎如春日風》（1957）及《給我一個吻》（1958）等都是討好的玉女角色配以旋律甜美歌曲的娛樂片。這種典型在 50 年代末及 60 年代成為國語片主流。

尤敏建立的則是溫馴而憂鬱的玉女形象，與鍾情那種帶淘氣的純真形成有趣的對比。煽情劇是 60 年代的主流，故無論在《桃花淚》（1960）、《無語問蒼天》（1961），尤敏飾演飽受欺凌的弱女，到《星星、月亮、太陽》（1961），她更將中國傳統女性忍辱負重、為人犧牲的個性發揮得淋漓盡致，可媲美 30 年代荷里活著名女星葛爾特・嘉寶（Garbo, Greta）的憂鬱女性形象。

林翠及葛蘭代表的是 50 年代較為活潑及有朝氣的第一代女性形象。林翠在《化身姑娘》（1956）中，以女扮男裝的方式周旋於傳統男性中間，顯得足智多謀。雖然故事結局仍是傳統的郎才女貌，但這部電影已使林翠初露頭角，同時也開始改變了女性的形象。《四千金》（1957）中，她的開朗、活潑、聰慧，讓她贏得"學生情人"的美譽。

葛蘭是多才多藝的女演員，早在《雪裡紅》，她表演京韻大鼓已表現出對傳統國粹歌藝有深刻修養，而她那圓潤的女高音唱腔及優美舞姿，成了她在《曼波女郎》（1957）、《空中小姐》（1959）、《千面女郎》（1959）、《星星、月亮、太陽》（1961）及《啼笑姻緣》（1964）（張恨水長篇通俗小說改編）中卓越表演的重要基礎，並為那時代的流行曲及歌舞片增添色彩。

50 年代國語電影的女角壓倒男角，[7] 箇中原因很多，1949 年中國政治形勢轉變，使大量上海電影人才遷移香港。他們一方面懷有中國社會情懷；另一方面又要適應香港的社會文化。這種文化的移植和衍生充分表現在有關倫理及社會電影裡，特別是一些表現典型的關於父權及夫權的電影。這些題材的電影顯示了在一個由傳統走向現代的社會裡，女性如何掙扎和受苦，如《蕩婦心》、《雪裡紅》；而另一些反映時代新貌的電影，如《四千金》、《曼波女郎》、《空中小姐》等，則塑造了追求自主、尋找幸福和經濟獨立的新女性形象，可謂多姿多彩。雖然這個時

（7）　這點是羅卡先生累積多年研究的見解。參看〈國語片與時代曲 —— 四十至六十年代〉（第十七屆香港國際電影節資料冊），1993 年，特別是頁 105。

期的國語電影仍深受中國傳統及現代文學影響，可是在上述的優秀作品中的女性
形象，卻性格豐富而多變，複雜而鮮明。另外，儘管 50 年代的國語電影類型較為
簡單，只有煽情劇、倫理喜劇、社會寫實劇和歌舞片等，但女演員卻都有較好的
發揮機會。直至 70 年代，武打（功夫）電影冒升，才改變了這種情況。

　　50 年代粵語片的成就，主要是社會寫實及倫理電影。早期的《珠江淚》（1950）
描寫珠江三角洲人民如何對抗土豪惡霸，配合中國革命形勢的發展，而《天堂春
夢》（1951）則以尖刻的描寫，暴露了國民黨流落香港荒淫無恥及招搖撞騙的破落
戶嘴臉。芳艷芬主演的《梁冷艷》（上、下，1950）及《紅菱血》（上、下，1951），
均是傳統女性受男性中心社會支配和擺佈的悲劇電影。中聯公司的《家》（1953）、
《春》（1953）、《秋》（1954）、《人倫》（1959）都是改編自巴金名著的倫理寫實電影。
華聯公司也拍了巴金的《寒夜》（1955），這幾部電影均對封建父權家庭倫理作出
批判。中聯的《危樓春曉》（1953）可說是香港粵語寫實電影的經典作：無論是醜
惡的資本家、惡棍、勢利的二房東，到失業的教員、坐冷板凳的舞女、走投無路
而賣血的老人及被欺負誘姦的弱女，全都是 50 年代香港社會活生生的人物寫照。
儘管故事煽情及堆砌了大量的社會不幸，但那份誠意卻是粵語片中最真摯的。《春
殘夢斷》（中聯，1955）是改編自托爾斯泰的《安娜·卡列尼娜》的電影，深刻批判
了婚姻制度只是男性對女性的束縛。導演李晨風充分利用了作品一浪隨一浪的波
折刻劃人物，堪稱戲劇電影的典範。《父母心》（中聯，1955）是另一顆粵語煽情劇
的明珠。紅伶馬師曾演過時的粵劇藝人，淪為配角及在街頭唱戲，雖命運悲慘，
卻仍不忘供兒子讀書成才，反映當時香港社會低下層市民掙扎求存的困境；片末
馬師曾之妻積勞成疾而死，自己也奄奄一息，與幼子及已中學畢業的長子對泣，
美滿家庭照片和現實悲況形成強烈對比。1960 年中聯公司的《可憐天下父母心》可
謂是倫理煽情劇的典型例子：當教師的父親失業，母親患病，懂事的兒女出外行
乞，被母親誤會偷竊而遭毒打；貧病交逼的夫婦，幾乎要以自殺來逃避困厄，直
至一個近乎荒誕的解救方法最後出現作為了結。這部電影的成功不單是白燕及張
活游低調的演技均衡了電影故事堆砌至有點過分的煽情，還應歸功於導演楚原塑
造了四個活靈活現、不慍不火的童星角色。

　　《錢》（1959）講述一群市儈市民追逐一筆不義之財的經過，刻劃出人性貪婪醜
惡的一面。這部電影節奏明快、高潮迭起，在娛樂及社會意義方面均見導演吳回
的功夫。《人海孤鴻》（1960）是華聯公司出品、李晨風導演的社會電影，講述邊沿
青少年的犯罪心理及社會如何看待他們的問題。片中飾演失足青少年的李小龍有

出人意表的演出。

　　50 到 60 年代同時是粵語戲曲的黃金年代。在 50 年代香港所生產的 1,519 部粵語片中，戲曲片佔去 515 部。60 年代所生產的 1,548 部粵語片中，戲曲片也佔了 193 部。⁽⁸⁾ 優秀的戲曲作品不單要依賴好的編劇撰曲，也要有好的戲曲演員，而美術指導和導演手法更是不可缺少。李鐵的《情僧偷渡瀟湘館》(1956)，是何非凡主演的名劇搬上銀幕的作品，是“凡腔”的代表作。而李鐵導演，唐滌生編撰的《紫釵記》(1959) 及《帝女花》(1959) 不僅是粵劇不朽之作，更成了任（劍輝）白（雪仙）唱腔的經典作品。其中《帝女花》這部彩色片的佈景，更見包天鳴結合歷史宮闈與藝術的功夫。而《鳳閣恩仇未了情》(1962) 中麥炳榮的粗豪演出加上鳳凰女的喜劇天才，成為了異軍突起的粵劇笑片。除了上述作品之外，當然還有《無情寶劍有情天》(1964) 裡林家聲及陳好述突破傳統唱、做的斐然成績。踏入 70 年代，粵劇戲曲電影與第二次大戰後出生及成長的青少年脫節，而傳統粵劇藝人及觀眾相繼垂垂老去後，戲曲片亦因而式微。

　　50 年代香港左派電影公司的社會寫實及諷刺電影，也繼承了優良的寫實傳統。如上文所述，朱石麟早在龍馬公司時已經拍攝了《花姑娘》和《誤佳期》等佳作；後來在鳳凰公司又拍了《中秋月》(1953) 以諷刺小職員為送禮討好上司而煩惱的好作品，批判了當時社會階級地位的懸殊。跟着的《一年之計》(1955)、《水火之間》(1955) 及《情竇初開》(1958) 等社會倫理電影，改編自曹禺劇作的《雷雨》(1961) 及改編自巴金作品的《故園春夢》(1964)，均見朱氏善用景深及敘事簡潔流暢的優點。1950 年長城電影製作公司改組，成為香港左派電影的另一基石；李萍倩是該公司改革後長期有傑出成就的導演。他的《說謊世界》，是繼承《馬路天使》以來優秀的社會批判喜劇。《門》(1951) 一片批判了中產社會聲色犬馬的糜爛生活；《白日夢》(1953) 則諷刺小推銷員渴望成富，投機炒金失敗後弄至幾無法翻身之日，幸得家人及鄰居相濟才能渡難關，重新腳踏實地做人。此外，李萍倩的《佳人有約》(1960) 也是處處有出人意表表演的喜劇傑作，對夏夢這個被逼做扒手及傅奇那改邪歸正的才子佳人寄予極大的同情。那年代的左派港產國語片不單有石磊、鮑方、石慧、夏夢和傅奇等傑出演員，主題亦切合了香港小市民階層的社會現實，着重社會教化而不是空談階級鬥爭的政治意識，故也廣為觀眾欣賞和接受。

<hr />

(8)　余慕雲：〈香港粵語電影發展史話〉，載李焯桃（編）：《粵語戲曲片回顧》（第十一屆香港國際電影節資料冊），1987 年，頁 19—20。

圖 15.6　李萍倩在《佳人有約》（1950）中有相當不錯的表演

三·60年代香港電影的多元化發展

　　60年代初期，香港電影業開始走上企業化的道路，因而發展了電影類型化的方向。1958年邵逸夫接掌邵氏公司，一改以往小本經營的方法，李翰祥的《貂蟬》（1958）是一系列彩色宮闈電影的開始；而他的《江山美人》（1959）無論在選角、歌曲及場面調度方面，都是黃梅調的經典作品。《燕子盜》（1961）是邵氏首部闊銀幕（黑白）電影，片中中國北方的民初情調，具純樸民風的歌曲《待嫁女兒》（姚敏曲），加上岳楓精練簡潔的處理，使《燕》片成為國語民初武打電影的典範。

　　李翰祥是這時期的重要導演，他的《倩女幽魂》（1960）繼續循古典劇情片的路向發展，無論在佈景、服裝及場面調度方面，都深具典雅氣息，而李氏在恐怖氣氛（如惡鬼來襲的陰影）處理上，也匠心獨運，使蒲松齡《聊齋》之〈聶小倩〉能有懾人的影音效果。李氏的《楊貴妃》（1962）及《武則天》（1963）以彩色闊銀幕宮闈片媲美西方開始於50年代的歷史宮闈大製作電影（blockbusters）。這不單反映出香港電影製作的技術水平和西方拉近，同時也說明了香港亦出現了以邵氏及電懋公司為中心的龐大電影文化工業。而李氏由《貂蟬》、《江山美人》、《倩女幽魂》到《楊貴妃》及《武則天》的製作中，愈發突出了女性的歷史及社會角色，突破了商業片慣常以女性做陪襯的形態。特別是李麗華飾演的武則天，無論在聰明才智、英明果斷的表現及獨立追求自己的生活方式等各方面，都充滿現代女性的氣息。

　　電懋公司執50年代香港國語片生產的牛耳。由1957年起至1964年董事長陸運濤因飛機失事喪生為止，是電懋和邵氏競爭最激烈的年代。前者雖然不注重彩色闊銀幕大製作，但在編劇及電影意念方面卻深具特色，《星星、月亮、太陽》（上、下）就是有歷史成就的電影，講述抗日戰爭期間一名男性和三名女性的關係；尤敏這名村女一方面要成全愛人愛國衛國的使命而結束那份感情，另一方面又反抗傳統媒妁之言的婚姻。而男主角的表妹（葛蘭）及他在戰亂中的相識葉楓都是他戰火浮生中的慰藉。電影結尾更打破了傳統才子佳人結局的框框，尤敏身染頑疾病故；葉楓在戰爭中變成殘廢，為了不想連累來港尋她的舊戀人而遠赴南洋；而葛蘭則進了天主教修會，寄身宗教修持。《星》片不單具備史詩電影的氣魄，也塑造了香港電影中最具說服力的凜烈巾幗形象。以民初為背景的《啼笑姻緣》（上、下）也是非常認真的製作。該片雖然故事較戲劇化，葛蘭一人分飾富家女和唱大鼓的歌女角色，但導演在捕捉中國民初北京的人物風情方面，仍有見細

圖 15.7　有些香港觀眾把《藍與黑》稱為香港的《亂世佳人》

緻之處，反映出 60 年代香港片廠生產技術的專業水平已很高。此外，電懋的歌舞片《龍翔鳳舞》（1959）、《鶯歌燕舞》（1963），及葛蘭主演的歌舞片系列，也是有水準之作。

邵氏在 60 年代初期的最大商業成就在創造了黃梅調戲曲電影，另也製作了時裝煽情片《不了情》（1961）及《藍與黑》（上、下，1966）兩部由陶秦導演的電影。前者講述一名為成全愛人求學而犧牲色相的女子，在誤會冰釋時已身罹惡疾，不久人世；後者是邵氏對《星星、月亮、太陽》的回應，但結局離不開有情人終成眷屬的濫調。這兩部電影票房收入理想，反映出 60 年代一般人仍崇尚傳統女性忠貞偉大的形象，而林黛的淒美典型亦深為觀眾接受，尤其林黛本人悲劇性自殺身死，使大眾文化的神話與現實更難以區分。

60 年代，粵語片的類型也相當豐富，經典的社會電影及煽情片仍然有一定的成就。結合寫實及喜劇的有《難兄難弟》（1960）。導演秦劍透過謝賢及胡楓這兩名性格迥異的年青經紀，於 60 年代香港經濟處於匱乏中正欲起飛期間，在人浮於事的社會為求生活而產生的種種趣事；可惜片末以二人開"兄弟商店"及贏得淑女芳心為終結，卻純粹是一種社會現實和傳統價值相妥協的心態。秦氏的《追妻記》（1961）可算是比利‧懷德（Wilder, Billy）《桃色公寓》（*The Apartment*, USA, 1960）的改編。故事講述小白領謝賢愛上新任女秘書，卻發現她原來是經理的情婦，後來由於經理太太的追查，謝賢逼得要頂替做女秘書的丈夫，女秘書最後因羞憤輕生獲救，男女主角遂達到諒解而結合。片中精彩之處，不單是做情婦的女主角道出自己淒涼身世而打破常人（包括男主角）對她的誤解，而將男主角自己和女友對比大眾文化的謝賢和嘉玲，使片中的男女主角的執迷，充滿了自嘲的意味。

在社會煽情劇方面，《珍珠淚》（1965）描寫一名貪慕虛榮的女伶甘心為惡人所利用而墮落，幾經艱苦及在友人支持下才能脫險，重獲新生。《滄海遺珠》（李鐵，1965）描寫母女二人因木屋區大火而失散及重逢相認的曲折過程，反映了 60 年代社會物質匱乏及社會紛亂中人世間的悲歡離合，北方人和南方人的隔閡消除，並對社會的不平作了深刻的批判。這是長城公司結合香港外省人和廣東人生活矛盾的作品，不像邵氏的《南北姻緣》（1961）及電懋的《南北和》（1961）、《南北一家親》（1962）及《南北喜相逢》（1964）那樣和稀泥喜劇收場的通俗方式。此外，港聯公司的《一水隔天涯》（1966）也是蘊含高度社會意識的作品，故事講述過氣紅歌女被騙生子，母子二人投靠寄宿學校校長，日久生情，後女主角知道自己的妹妹傾慕男主角，而男主角家長又反對兒子與風塵女子的親事，遂犧牲自己

圖 15.8　國際影星李小龍在《精武門》中的精湛表演

以撮合他人。《一》片可算是 60 年代通俗劇情節豐富及製作認真的代表作。

　　60 年代後半期，風靡香港粵語片青年觀眾的是陳寶珠及蕭芳芳兩名玉女影星。二人均以童星身份踏足影壇，60 年代初曾參與不少秕糠武俠片的演出。後陳寶珠以《影迷公主》（1966）走紅，建立青春形象，到《彩色青春》（1966）（首部粵語時裝彩色片）與蕭芳芳合作，成為青春偶像。其後，一系列的玉女片確定了她樸素活潑的形象，深為廣大年青的工廠女性認同。而蕭芳芳的少女形象則為較中產階級化，容易成為 "書院女" 的偶像。她倆的玉女形象的成功，反映了這時期的香港女性無論在就業及受教育的機會都比以前有較大的改善；女性在經濟上日趨獨立自主，社會地位亦逐步提高。隨着香港經濟起飛及城市現代化，粵語片傳統的批判封建及在貧困社會災難中掙扎求存的題材，變成不合時宜，代之而興的是社會現實電影。龍剛的《英雄本色》（1967）分析了一名釋囚在社會上的複雜遭遇：不單賊黨要脅他重新入夥，警方也對他處處為難。《飛女正傳》（1969）則講述一群感化院的少女遭遇社會的歧視和排斥。儘管這部電影被批評為片面地美化感化院而醜化家庭，而導演在處理多條主線及人物方面亦有力不從心之弊，[9] 但龍剛對社會關係及人物性格都有赤裸的刻劃，在社會意識方面，無疑是走在時代尖端的。

　　五六十年代開始至今日香港電影一個最重要的類型便是武打片。當然，其中有大量神怪及堆砌特技的秕糠，但也不乏佳作。長期風靡影壇的要算是關德興的《黃飛鴻》系列。由《黃飛鴻傳》（又名《黃飛鴻鞭風滅燭》）（1949）開始，到 70 年代共拍了八十多部。在這系列中，關德興強調的，是 "孝、悌、忠、信、禮、義、廉、恥" 的中國人傳統價值觀念，在意識上是愈來愈見保守，致使和香港社會脫節；幸好，關德興的搏擊表演藝術是具現實感的，這一特色使這系列成為國術片時代典範。在國語片方面，張徹的《獨臂刀》（1966）及胡金銓的《大醉俠》（1966），開創了國語新派武俠片紀元：無論是急促的剪接、矯捷的武打動作及以配樂營造緊張氣氛等方面均可算是開路先鋒。而王羽的《龍虎鬥》（1970）強調練輕功及鐵沙掌的痛苦過程，到打敗日本柔道及空手道高手，為師報仇，儘管充滿官能刺激及煽情畫面，兼且是狹隘民族主義的濫觴，但對後來武俠片強調練功過程和血腥搏擊，卻起了典範作用。

（9）　羅卡：〈龍剛的姿勢與實際 —— 淺談他的六部電影〉，載舒琪（編）：《60 年代粵語電影回顧》（第六屆香港國際電影節資料冊），1982，頁 78—79。

圖 15.9　《天涯、明月、刀》（1976）是楚原成功的武俠片之一

四 · 70 年代香港電影的急劇變化

　　70 年代初香港電影最矚目的現象是粵語片的衰敗。粵語片在五六十年代時曾年產一百多部，但到了 1970 年，卻只有 35 部；1971 年更下跌至一部；1972 年竟全面停產；1973 年《七十二家房客》雖然是最賣座的香港片，卻是唯一一部粵語片。1974 年，粵語片回升到 21 部，1975 年增至 28 部。當年粵語片的沒落原因很多，首先是粵語電影公司沒有像邵氏、電懋、國泰或嘉禾的規模，無法發展"規模經濟體系"（economy of scale）的優點，一如邵氏那樣，在片廠、本地院線、東南亞的發行和院線方面均佔優勢。其次是粵語片到了 60 年代末 70 年代初，不是黃飛鴻式，就是曾江、雪妮式的武打電影，比過去曹達華、于素秋式的武俠片好不了多少，無法望國語武打片的項背。餘下的就是色情電影，以狄娜及黃莎莉作號召，但當時香港社會正處於道德主義濫觴的階段，故無法有好的票房收益，其發展亦只是庸俗笑料加點偷窺而已。總的來說，這些電影還停留在"七日鮮"的製作水平上，無法和美國及國語片抗衡。第三個原因是 1967 年 11 月 19 日出現了無線電視，加上 70 年代初麗的電視也轉以無線廣播電視方式作競爭，粵語片明星不少便走進電視熒光幕。無線有李香琴、譚炳文及沈殿霞；麗的電視有許氏兄弟，當然也搶走不少觀眾，尤其早期兩大電視台爭相以外國片、劇集以至粵語片的播放討好觀眾，致使港產片更缺乏吸引力。最後，粵語片老一代如中聯公司（1964 年結束）的演員和導演相繼息影，而陳寶珠和蕭芳芳又無法突破工廠妹及書院女的形象，使粵語片難再出新意。事實上，1973 至 1975 年間的電影也不外是色情或成了電視藝員的過氣影星副業式的電影，不少劇本由電視片集衍生而來，如《大鄉里》（1974）、《朱門怨》（1974）及《新啼笑姻緣》（1975）等。粵語片的新突破主要來自兩方面，一是以許氏兄弟為首的社會喜劇，計有《鬼馬雙星》（1974）、《天才與白痴》（1975）、《半斤八兩》（1976）及《賣身契》（1978），許氏對小僱員遭上司及企業的剝削具深刻的譏諷和揭露；二是香港於 70 年代產生了武俠片的新類型。最具成就的要算是李小龍的系列，計有《唐山大兄》（嘉禾、國語、羅維導演、1971）、《精武門》（四維、國語、羅維、1972）、《猛龍過江》（協和、國語、李小龍編導、1972）及《龍爭虎鬥》（協和、國語、1973）。李小龍受歡迎最大原因是他的武打電影強調真實感，以中遠景拍攝搏擊，去除了邵氏 60 年代末受日本劍擊片影響濫用特寫，再配以慢鏡的陳腔濫調——來自荷里活的雅德·潘（Penn, Arthur），如《雌雄大盜》（*Bonnie and Clyde*, USA, 1967）及森·畢京柏（Peckinpah,

Sam），如《流寇誌》（*The Wild Bunch*, USA, 1969）的模式。此外，李小龍在電影中帶有濃烈的愛國精神及清教徒的德性，處處徵惡懲奸，如在《精》一片中，懲戒民初種族歧視的洋人和假洋鬼子，很獲得年青觀眾的喝彩。

與李小龍電影的現實感成強烈對比的，是張徹和劉家良的電影。張的《十三太保》（1970）、《刺馬》（1973）、《五虎將》（1973）、《蕩寇志》（1973），均以大量特寫及慢鏡表現血腥和暴力，極盡官能刺激的能事。而張徹以劉家良做武術指導的《馬永貞》（1972）、《洪拳小子》（1975）更突出了武打對拆的緊湊安排，製造了近乎雜式的美感印象。後來劉家良的《陸阿采與黃飛鴻》（1976）及《洪熙官》（1977），配以粵語，更進一步美化了功夫技巧，而練功、對拆及打鬥已將舞蹈式節奏和電影動感合而為一，到如今還是武俠片的金科玉律。到袁和平的《蛇形刁手》（1978）及《醉拳》（1978），粵語功夫片開創了一個新的類型，就是結合了喜劇、武打動作美感及反傳統的德性。如在《蛇》片中，成龍不單苦練武功，還要靠觀察貓的動作領悟學武竅門，反而武館的師傅都是江湖鼠輩，對傳統尊師重道及建制的價值觀作出了莫大譏諷。到了《醉拳》，成龍飾演的年青黃飛鴻竟是偷懶、貪玩的反英雄，後來只憑情急智生及拼湊一招"醉酒何仙姑"打敗強敵，這個階段的搞笑功夫片乃採納了意大利粉西部片（Spaghetti Westerns）的自嘲反諷特色，清洗了傳統一派正氣功夫片的道德主義色彩。當然，香港觀眾對這類電影的喜愛，實在反映了他們對電影的要求是娛樂與官能刺激，而不再是社會教化的價值了。

除主流功夫片以外，是胡金銓的武俠片，《大醉俠》（1966）之後，胡氏在台灣拍了《龍門客棧》（1967），引入了內功比拼，如筷子穿物、擲杯傷人等，成為了另一種武俠片的公式。而《龍》片的流暢敘事、快節奏、高潮迭起加懸疑氣氛等手法，實為後來武俠片類型混合多元化的鼻祖。跟着，改編自聊齋故事的《俠女》（1971），畫面上引入藍色以加強懸疑及冰冷氣氛，空鏡中又引入大量具中國繪畫風格的景物，使武俠片具備了中國傳統藝術美感的氣質。而《空山靈雨》（1979）及《山中傳奇》（1979）則更具禪宗的宗教氣息。這三部電影無論在探討人、鬼、僧的情與性方面，均帶有追求超凡脫俗的形而上境界，也使胡氏別具東方風格的電影得到國際級的榮譽。

在武俠片中別樹一格的，是楚原的唯美浪漫風格。早在《龍沐香》（國泰出品，1970），他就以元朝公主及宋朝俠士愛恨交纏的動人故事，配入曲折爭奪藏寶圖的主線，而在流水、楓葉及大自然景色的空鏡下，營造出神秘譎奇的氣息。《愛奴》（邵氏出品，1972）是一部色彩瑰麗，更大膽描述女同性戀的古裝武俠片。後來他拍古龍小説作品，如《流星蝴蝶劍》(1976)、《天涯、明月、刀》(1976)、《楚留香》(1977)、《蕭十一郎》(1978)、《圓月彎刀》(1979)、《絕代雙驕》(1979)及《英雄無淚》(1979)，均能成功營造出古龍筆下那詭秘迷思的氣息。

　　隨着西方 1968 年學生運動，反越戰及性開放之風，70 年代香港冒起了色情電影的潮流，當中以李翰祥的風月片最為令人注目。李氏在台灣回港後，拍了《騙術奇譚》(1971) 及《騙術大觀》(1972)，當中已經有色誘場面；到了《大軍閥》(1972)、《風月奇譚》(1972)、《北地胭脂》(1973)、《風流韻事》(1973)、《金瓶雙艷》(1974)、《聲色犬馬》(1974) 及《洞房艷史》(1976) 等，這些電影通常不重視故事中心，只為堆砌情慾官能的刺激及意淫的動作和對白，但在技巧處理上，李氏卻擺脱了道德虛偽，而集中男女之間情慾的描繪，極盡影像生動表現的能事。

　　呂奇是繼李翰祥而走前一步的人，以拍香港本土為背景的粵語色情片崛起。他早期的《丹麥嬌娃》(1973) 及《香港式偷情》(1973)，與何藩那較着重裸體沙龍攝影的《春滿丹麥》(1973) 及桂治洪的《女集中營》(1973) 和《洋妓》(1974) 一樣，同是低劣地售賣女性肉體影像的色情片。但到了《墮落經》(1975)、《男妓女娼》(1976)、《財主、名花、星媽》(1977)、《非男飛女》(1978)、《名流、浪女、夠薑妹》(1979)，他卻把女性墮落的問題連繫到家庭、男性好色及社會上奸人惡行等現象，以膚淺的道德主義眼光對色情加以包裝。不過，在他的電影中的女性是受害者，也是值得同情憐憫的一群，使觀眾在意念上產生一種矛盾心態：一方面偷窺而另一方面又在道德主義大男人觀的影響下憐香惜玉。

　　70 年代末的一個重要趨勢是國語片日走下坡。自 70 年代起電視在香港愈來愈普及後，香港電影觀眾人數由 1966 年最高峰的 9,000 萬人次，到 1975 年銳減至 5,300 萬人次。大量電影觀眾流向電視，特別是 70 年代下半期乃無線和麗的電視劇集的全盛及競爭高峰時期。不過，最重要的是電影觀眾的日趨年輕化，而年輕觀眾是香港土生土長的新一代，他們更喜愛本地題材的粵語電影。同時，邵氏也把發展放在無線電視上，嘉禾又嘗試打入國際市場，這些因素都使國語片在70 年代末開始式微。70 年代，邵氏及嘉禾電影佔香港三分之一的生產數量，到1986 年，邵氏只生產六部，至最終停產。事實上，不單無人繼承李翰祥、張徹、羅維及胡金銓等國語片最後一代導演，連年輕一代的演員如姜大衛及狄龍等均屬土生土長，很容易結合粵語片的新發展，而在邵氏起家的許冠文及成龍等，更是

以粵語為母語的本地人。踏入 80 年代，粵語片遂成為主流的港產片。[(10)]

五·80 年代香港電影的發展脈絡

　　80 年代港產片的發展是多元化的。除了初期的邵氏、嘉禾之外，新興的有新藝城、德寶及世紀，左派公司組合的有銀都，使片種及內容更豐富。

　　80 年代有新一代導演的出現。他們有來自傳統電影的；如王晶是無線電視編劇出身，走進電影界後，製作喜劇《最佳損友》（1988）及賭博喜劇《賭神》（1989）；吳宇森曾先後在國泰和邵氏任場記及副導演，終以《英雄本色》（1986）及《喋血雙雄》（1989）的快節奏、多動作及對英雄人物心理的出色鋪敘，建立了商業電影高度專業化及風格化的典範。此外，麥當雄由麗的電視走入電影界，他的《省港旗兵》（第一集，1984）以簡潔的敘事手法，近乎紀錄片的現實感去刻劃大陸亡命之徒來香港作案的痛苦經歷，片末九龍城寨槍戰及殺戮連場更是深具震懾力的處理；這種簡樸風格在他的《江湖情》（1987）及《英雄好漢》（1987）中仍可見痕跡。成龍受傳統武術及戲劇訓練，以其敏捷身手及參與動作片的經驗導演了《A 計劃》（1983）、《威龍猛探》（1985）、《警察故事》（1985）、《A 計劃續集》（1987）及《警察故事 II》（1988）等商業動作片，使港產城市動作片一變而為重要商業電影潮流。這些後起之秀使香港動作電影能把動作、笑料和驚慄效果，匯合成廣大觀眾娛樂的最低底線的混合類型片，從而風靡了整個東南亞及日本。

　　另一方面，也有新晉導演的寫實取向。特別是方育平、張婉婷、劉國昌及許鞍華等，他們均製作過香港電台電視部《獅子山下》系列，並曾留學外國攻讀電影。方育平的《父子情》（1981）可說是兼具新浪潮電影及寫實主義作風的優良作品。該片以倒敘、夢幻及片段式的跳接陳述了主角父子在香港社會生活的二十年現實遭遇，以小品素材配合時代及社會背景，是糅合了法國新浪潮電影的活潑意念與寫實主義的經典作。方育平的《半邊人》（1983）繼續發揮了這一優點，描述一個賣魚家庭少女的遭遇，將賣魚的市井生活及學習表演藝術構成強烈對比。他的《美國心》（1986）運用了複雜的敘事結構，疊合了一對年青人分別在美國及香

（10）有關香港電影工業生產的簡述，可參看 Lent, John A., *The Asian Film Industry*（1990）第四章。有關香港 60、70 年代到 80
　　　年代的票房簡述，可參看羅卡：〈80 年代香港電影市場狀況與潮流走勢〉，載《80 年代香港電影》（第十五屆香港國際電影節
　　　資料冊），1991。

港的遭遇。兩地不同的處理（出自兩位不同的攝影師），使人揣測導演是否應用不銜接的風格來對比兩個文化境況及生活世界。許鞍華的《胡越的故事》（1981）及《投奔怒海》（1982）均以越南人民飽受政治苦難而要逃離越南作骨幹，在戲劇化的故事中，不失對社會及人性的深刻描寫。同樣，張婉婷的《非法移民》也對非法移民的生活苦況及經歷有切實的描寫。許鞍華及後拍了《傾城之戀》（1984）、《書劍恩仇錄》（上、下，1987）、《今夜星光燦爛》（1988），雖走商業電影的路線，仍然不失自我風格的追求，如《傾》片中以黃藍底色來捕捉三四十年代香港的風貌及《今》片中的 1967 年"動亂"期間的社會氣氛。張婉婷的《秋天的童話》（1987）及《八兩金》（1989）也以獨特的風格加戲劇元素來爭取感染觀眾，可幸在敘事方面，還算動人流暢。對比之下，劉國昌的《童黨》（1988）就以赤裸的寫實模式表現童黨的生活際遇，以他們的乖戾、內心矛盾及不幸遭遇為故事中心，避免了說教及道德主義批判的眼光，構成令人戰慄的迴響。同樣，劉氏的《廟街皇后》（1990）本着人道立場及對人性的尊重，對下層妓女生活現實有生動的描劃，塑造了一些有血有肉的人物，堪稱寫實主義的典範。

80 年代粵語片新浪潮中，徐克也佔有一席位。他的學院和商業電視的經驗，使他的電影結合了風格主義及商業元素。《蝶變》（1979）可算是功夫片的反類型，怪異的場景背棄了過去傳統武術的美感姿態和英雄感的濫調，使他的武俠片呈現冷酷及反浪漫的現實感。他的《地獄無門》（1980）及《第一類型危險》（1980）均為快節奏、充滿官能刺激及驚慄效果的優良商業片；怪異的光暗對比效果、高濃度色彩及急速奇特鏡頭的選取和運動，成為徐克電影的基本語言格調。這種風格也不斷在他後來拍製的電影中重複。

七八十年代香港電影由於以武打、警匪和動作搞笑等類型電影為主，結果男演員當道，女演員變成電影中的花瓶，深入探討女性生活及內心世界的電影少之又少。但仍有《靚妹仔》（1982，導演黎大煒）及《最愛》（1986，導演張艾嘉）等超水準之作。前者講述邊緣少女的實況，雖然為當時的衛道之士所指責；後者雖然是三角關係的故事片，但在倒敘的結構中，現實和過去卻有天衣無縫的聯繫，加上張艾嘉及繆騫人強烈對比的性格演繹，賦予女性內心世界豐富的意境，此片之成功，反襯了主流以動作及官能刺激為主導的電影那種粗鄙而庸俗的一面。

圖 15.10　《英雄本色》（1986）奠定了吳宇森在電影界的地位

圖 15.11　麥當雄《省港旗兵》（1984）的宣傳廣告

六‧回歸前的社會電影及其時兩大突破

80 年代末到 1997 年回歸前，香港踏入經濟高增長及高通脹年代，但貧富懸殊也因此加劇。香港人在這種境況之下，也自然而然更是追逐經濟利益的動物，港英政府明顯對社會的財富不均及既得利益的社會壟斷，不單沒有對策，甚或以大灑金錢搞"玫瑰園"而推波助瀾。小市民在這種被支配剝削的境況下，也沒有太多能力反抗，特別在不少香港產業北移，使工人階級人數減少及更多被進一步邊緣化成新赤貧低下層。張之亮的《籠民》（1992）就是這個社會現實的最佳演繹，故事刻畫像特別深水埗、大角咀及佐敦一帶的籠屋居民，他們不少黃金年代出賣給香港經濟發展，老來失業及殘疾，更有中青失學失業的邊緣人，還要面對地產商迫遷、政客撈政治本錢而引發的無助及抗爭。雖然電影是極度寫實，但片中居然處處是巧妙動人的長鏡頭。

另外一部動人的作品是陳果的《香港製造》（1997），電影以公共房屋屋邨邊沿少年中秋及其交往的下層社會各種人物，反映出香港人一個可悲的現實：就是過往六七年代公共房屋是社會低下階層社會上升的標誌，回歸前已經變成是他們不少人生活永遠絕望沉淪的社會溝渠。他們的生活只有被剝削利用，見到階級排擠和暴力。電影的自殺、病患及墳場等，均顯示回歸前香港社會赤貧階級悲慘的生活氣氛。

而這時期庶民對現實的不滿及嘲諷，正好表現在周星馳的電影當中。

周星馳是以表演者在電視劇《蓋世豪俠》（1989）中冒起。他的"無厘頭"對白，其實往往的鄙視嘲諷權威人士及建制既定思維方法及價值規範的手法。

雖然他的《賭聖》（1990）是宣揚邪不勝正及庶民欣賞的警惡懲奸通俗思想，及他的《逃學威龍》（1991）也一定程度撻伐香港教育制度的精英主義及一些老師如何缺乏理想，但結果總是有妥協及英雄主義的成分。

他在《西遊記：月光寶盒》（1994）及《西遊記：仙履奇緣》（1995）大膽改編了傳統的古典名著成天馬行空的故事，卻掀起了後來各種對大眾文化的解讀。在《審死官》（1992）和執導《國產凌凌漆》（1994）、《大內密探零零發》（1996）等電影中，亦處處挪揄建制及有權勢者，到了《食神》（1996），他那種庶民英雄的形象更引起了荷理活的注意。

另一個在這時期的突破來自王家衛。這位從無線電視出身的編導，以黑社會類型片《旺角卡門》（1988）初露頭角，而於《阿飛正傳》（1990）顯現出他懷舊、

5

10

15

20

25

30

浪漫及主角是邊沿人的特色，和主流電影集中現代煽情及黑幫動作題材大相逕庭，儘管他這部作品票房慘淡，但卻大受影評界稱讚。到了《重慶森林》(1995)，王家衛與杜可風呈現的手持攝影機及慢鏡快拍，賦予現代人社會生活另類的視像疏離感，就如片中金城武以過期罐頭比擬愛情失落及梁朝偉對著滴水的毛巾，道出失戀的內心淌 般哀傷，及埋怨肥皂變小了，象徵失戀導致身體消瘦，都是精彩的藝術把平常生活異常化 (defamiliarization) 的手法。他的《春光乍洩》(1997) 處理兩個同性戀者的感情及生活關係的衝突，在不少紅綠色同畫面的衝撞下來呈現不安和激盪，而張國榮現身說法的演繹，更表現得絲絲入扣。這也使王家衛得到康城影展的最佳導演獎的殊榮。王家衛的電影正是以他的獨特風格在主流電影外別樹一幟，是反映了回歸前小中產的社會不安及在大時代被邊沿化以致懷舊的體會，而這些作品也基本上奠定了他往後的風格。踏入回歸的最後階段，周星馳及王家衛所帶動的香港電影，無論在本土文化及社會身份的建構、社會問題的展現及在國際電影表現的成就，都是顯著及繼往開來的。

　　總括來說，香港電影的發展，還是會走多元化的道路。由商業動作、搞笑、煽情到色情電影仍然是主流，即使有風格化電影的出現也只會是異數，主流甚至只是了無新意地重複下去。但有誠意、題旨及結合社會現實的作品，還是會偶爾出現的，隨其流而揚其波，不會湮沒，且必為製作者、影評人及觀眾所愛戴，也一定會在香港電影史上承先啟後，找到應有的崇高地位。

圖 15.12　80 年代新晉導演方育平的《父子情》一鏡頭

第十六章

香港的大眾文化與消費生活 史文鴻

一．引言：大眾文化與傳媒

　　大眾文化是現代社會的伴生現象。傳統社會有民間文化，市民一樣可以分享着共同娛樂消閒的方式：如節目娛樂中有中秋及元宵的花燈、端午節龍舟競賽、新春的拜年、盂蘭節的神功戲；傳統的工餘消遣如麻雀耍樂、粵劇表演或歌曲的欣賞。傳統娛樂方式的主要特色是依靠人與人之間面對面的接觸。

　　大眾文化卻是一種完全不同的模式。它是透過現代社會大眾傳媒為中介的生活、消費及娛樂的方式。[1]它的出現，與工業及集體社會出現息息相關。工業社會的大量生產為人類帶來前所未有的物質充裕。人的反省、行為及互動都依賴傳媒創造種種訊息的能力及表現。[2]基本上，大眾文化與大眾傳媒有三種特徵：第一，它的群眾是龐大及混雜（heterogeneous）的；第二，它是公開、快速及轉變快的；第三，它的生產及傳遞，依賴龐大的開支，複雜的社會體制及其廣泛的分工。[3]

　　香港大眾文化及消費生活急促的發展，可以說是從 50 年代香港經濟開始起飛

（1） 參看 Smythe, Dallas W., "Some Observations on Communications Theory," in McQuail, Dennis（ed.）, *Sociology of Mass Communications*，1972, p.26。作者提出傳統文化的溝通方式依賴面對面的接觸，而大眾文化依靠大眾傳播媒介。

（2） 參看 Gerbner, George, "Mass Media and Human Communication Theory," in *Sociology of Mass Communications*, pp.37—38。

（3） 同上注，p.40。

圖 16.1　西貢居民趁着元宵節在天后、關帝廟前大擺盤菜宴慶祝（1995）。

圖 16.2 傳統民間工藝的吹糖公仔已經比較少見

圖 16.3　香港流行的傳統手工藝：紙紮，其表現力十分強。

做起點，一直發展到今天的。

　　60 年代香港經濟起飛的最重要指標，是大量就業的出現，特別是婦女方面，而伴同而來的就是愈來愈高的消費與入息。[4]

表一

性別	年份	經濟活躍的人口	非經濟活躍的人口	總人口增長比率
		增長比率（％） （15 歲以上）	增長比率（％） （15 歲以上）	增長比率（％） （15 歲以上）
男	1961－1971	2.4	8.0	3.1
	1971－1976	2.9	8.5	3.8
	1976－1981	5.5	2.6	5.0
	1981－1986	1.2	3.4	1.6
女	1961－1971	4.8	2.2	3.2
	1971－1976	3.9	3.3	3.5
	1976－1981	6.7	1.3	3.8
	1981－1986	3.2	1.9	2.5
兩性總數	1961－1971	3.1	3.2	3.2
	1971－1976	3.2	4.5	3.7
	1976－1981	5.9	1.7	4.4
	1981－1986	1.9	2.3	2.0

資料來源：*Hong Kong 1986 By-census*, Vol.1，p.34。

　　從上表顯示，香港女性的就業人口增長極為急速，特別在 1976 至 1981 年

（4）　以下資料來自香港 1986 年中期人口普查的主要報告第一卷（Hong Kong 1986 By-census ＂Main Report＂, Vol. 1, Hong Kong,1986）。

間，香港經濟發展極為蓬勃，整體就業人口大增。以實質人口數目做比較，就更
明顯。

表二

性別	年份	15 歲以上經濟活躍人口數目	15 歲以上非經濟活躍人口數目	15 歲以上人口總數目
男	1961	852,850	90,914	943,764
	1971	1,084,355	196,127	1,280,482
	1976	1,265,180	305,470	1,570,650
	1981	1,218,389	343,414	1,561,803
	1986	1,716,411	406,415	2,122,826
女	1961	334,708	574,141	908,849
	1971	534,627	713,617	1,248,244
	1976	657,320	849,760	1,507,080
	1981	885,415	901,835	1,787,250
	1986	1,037,437	988,787	2,026,224
兩性總數	1961	1,187,558	665,055	1,852,613
	1971	1,618,982	909,744	2,528,726
	1976	1,922,500	1,155,230	3,077,730
	1981	2,103,804	1,245,249	3,349,053
	1986	2,753,848	1,395,202	4,149,050

資料來源：*Hong Kong 1986 By-census*, Vol. 1, p. 34 。

就每人工作的工時平均中位數看，1976 至 1986 年間，則有著顯著的減幅。

表三

年份	1976		1981		1986	
性別	男	女	男	女	男	女
每週工時	51	48	50	47	48	45

資料來源：*Hong Kong 1986 By-census*, Vol. 1, p. 39。

就收入方面，同期間香港人工資也有大幅的增長（以 1986 年物價為準）。

表四

年份	1976	1981	1986
港元	1,697	2,310	2,573

資料來源：*Hong Kong 1986 By-census*, Vol.1 , p.41。

　　簡而言之，大量就業人口，工時減少及收入增多，都可以說明香港人為何能增加消費及娛樂，使大眾文化及消費生活急劇發展。以下是對香港不同階段發展起來的大眾文化及消費生活之分析，計有廣播、電視、流行曲、廣告消費及閱讀文化等，當然還有電影（參看第十五章〈香港電影的發展歷程〉）。

二・香港的廣播文化

　　在各種透過大眾傳播媒介而滲透入香港市民生活之中的大眾文化形態，以電台為最早，也最先創造高度消閒娛樂的效果。

　　香港的廣播文化始於 1928 年。當時香港的電台廣播以業餘方式出現，到了 1938 年，才出現中文的香港電台節目。據 1935 年 2 月的統計，全港只有 4,441 部收音機，到了 1949 年，數字增至 2.2 萬部，而到了 1965 年，繳交了牌費的共有 13.5 萬部，估計實際上當時全港有 65 萬部。

　　1949 年 3 月 22 日，香港出現了麗的呼聲有線收費商業電台服務，剛開始時只有 1,500 部收音機，但 1949 年末，麗的呼聲的收音機數目已經躍升至 2 萬部，

圖 16.4　60 年代經常可以看到在街上集體看電視的場面（修頓球場，1968）

到 1950 年末，數目又再倍增至 4 萬部，可見香港人在這時期對資訊娛樂的廣大需求。麗的呼聲廣播一直維持到 1972 年 4 月，終於無法和無線電台競爭而以停播結業。

1959 年 8 月 26 日，香港出現了無線的商業電台廣播，每天廣播時間由早上 7 時到晚上 12 時。50 至 60 年代可以說是廣播電台的黃金歲月。

早在 40 年代末及 50 年代初，香港電台還依賴大量粵語戲曲的現場轉播以吸引聽眾，把電台播音寄生在傳統的娛樂形態之上，每星期播三次，每次三小時，通常是普慶、高陞、中央等粵劇院的表演。除此之外，播音室也會播出大量現場表演的音樂節目。這些節目有 30% 是由工會組織提供，而舞蹈音樂方面，則由酒店和餐廳樂隊表演。現場及播音室直播如此普遍，當然和港台當時欠缺中文唱片而又有大量本地人才息息相關。[5]

50 年代港台的播音故事還在相當傳統的階段。個人說故事的，有陳弓、陳步煒、林澍及吳國衛等，故事有《岳飛傳》、《唐太宗》、《儒林外史》及《嶺南廿四俠》等。

此外，港台也透過一些業餘的播音人士編播流行故事及偵探故事，提供他們表演之機會。而 50 年代中期，播音故事日趨戲劇化，不單取材現代背景，也加入對白及背景聲音，而題材往往是偵探、失戀及三角戀愛的故事。另外，東區婦女福利會也和港台合辦"生活雜誌"之節目，題材涉及烹飪、育嬰、縫衣、裝飾、美容、插花及家庭問題。到 1956 年，港台更引入兒童節目，每月一次播兒童劇。

五六十年代，由於有大量內地人士遷居來港，電台播音有相當重要部分是不同方言的節目，1956 至 1957 年的統計數字顯示，港台中文台粵語播音佔 57.43%，國語佔 31.76%，汕頭語佔 9.23%，客家語佔 1.58%。[6]

同樣，麗的呼聲的金色中文台，也有國、潮語及滬語的方言節目。港台在 40 年代末及 50 年代初，以粵劇選曲、國語時代曲及音樂為主要節目骨幹。但麗的呼聲的出現，以大量播音故事吸引聽眾。就以 1956 年 4 月 12 日為例，麗的呼聲銀色電台分別有民間故事《梁天來》、倫理小說《天之驕女》、長篇播音劇《遺腹子》、諧劇《尋金熱》、長篇小說《冬天的太陽》、武俠小說《洪熙官與虎鶴雙形》及偵探小說，共播三個半小時，可見廣播劇受歡迎的程度。

（5）　參看《香港電台周年報告》[*Annual Report of Radio Hong Kong (1954—1955)*]，"Chinese Programme" 的部分。

（6）　參看《香港電台周年報告》（1956—1957），"Chinese Programme" 部分。

圖 16.5　無線電視劇《上海灘》一鏡頭（1979）

由 50 到 60 年代，播音劇中講故事的表演家，極受歡迎。40 年代在廣州崛起的李我，1949 年來港，首先在麗的呼聲擔任小說播音，後轉至商業電台擔任"天空小說"講述員。他的故事多講述 1949 年前後中國政治改變及香港匱乏社會的倫理悲劇，極能打動人心，不少作品更以單行本流傳，或改編拍成電影問世。另外一位重要的播音故事演講家是鄧寄塵。他個人能扮演故事中不同人物的聲音，各有特色及性格，可謂神乎其技。而李我及後來商台的瀟湘女士的廣播小說受歡迎，其原因之一，也是他們能在廣播中以不同聲音來演繹劇中不同的人物。

麗的金色電台在推動不同方言文化方面，也作出了貢獻。其在 60 年代的日常節目，包括了京劇選曲、客家山歌、福建歌曲、越劇、廈語武俠故事及歌曲、潮語故事及歌曲、國語及潮語的戲劇化小說，還有上海滑稽的表演。

60 年代是電台播音劇的全盛時期，商業電台在這方面不單有李我的"天空小說"，更有馮展平的《雷克探長》的偵探小說，均是晚上黃金時間的重點節目。深夜的"寒夜驚心""夜半奇談"是後來靈幻及鬼故事的先驅。而"歐西文藝小說"改編不少西方小說名著，如《基度山恩仇記》、《塊肉餘生》、《雙城記》及《三劍俠》等，都在口碑及通俗娛樂方面，獲得一定良好的反應。

踏入了 70 年代，由於電視日益普及，電視劇比播音劇更具真實感及震懾力，因此電台廣播劇漸漸式微，連商業電台也把廣播劇減至每天不足三小時。到了 70 年代末，歐西流行曲及粵語時代曲的廣播，則成為電台最重要的節目。隨之而興起的，是電台唱片騎師文化，他們拉雜閒談，是歌曲以外的伴同消閒方式。電台文化也是電視文化主流之外的邊緣文化，但它還是一值是深宵活躍、駕車人仕及特別的士司機的文化娛樂及資訊的好伙伴。

三·香港電視的大眾文化形態

香港的電視文化始於麗的呼聲的有線電視。1957 年啟播初期，只有下午 5 時至 6 時及 7 時半至 11 時播送新聞和天氣報告的短暫時間，到了 1968 年，麗的電視共有 10 萬名客戶，達到最高峰。而對無線電視（TVB）的挑戰，麗的電視中文台也於 1973 年 12 月轉為彩色電視，同時由收費轉為靠電視廣告收益維持經營。

無線電視於 1967 年 11 月 16 日開台，初期已經有 30 萬名觀眾；到了 1968 年 6 月，全港接收電視廣播的電視機有 7 萬部；到了 1968 年尾，急增至 12 萬部；到了 70 年代中，香港電視觀眾接近 300 萬人，而至 70 年代末 80 年代初，黃金時間的平均收視在三百萬左右。[7]

香港電視文化發展初期，到 70 年代初，最吸引的節目當然是劇集，而無論麗的及無線，都在這時期以外來劇集來饗娛觀眾，特別是美國及日本的劇集。這種初期發展模式主要基於本地無論在製作費、技術及人才方面，還未建立和發展起來的原因，相比之下，從外國購入的劇集就較低廉及有質素保證。

無線電視在這階段，最具突破的，是由許氏兄弟（許冠文及許冠傑）主持的綜合娛樂節目《雙星報喜》（1971），當中一些嘲弄市井之徒及社會上各種不合理現象的內容，成為了他們後來電影喜劇作品的藍本。當然還有《歡樂今宵》綜合節目，結合趣劇、流行歌曲及舞蹈雜技表演，可以算是寄生在傳統文化的娛樂表演節目形式，是無線最長壽的娛樂節目。

香港本地製作的電視劇，是經歷了一段很長的探索時間，才建立起不同類型而又受歡迎的形態。無線最早的連續電視劇是《夢斷情天》（1968），這套倫理通俗劇可以算是後來發展的藍本。後來的《星河》（1972）、《啼笑姻緣》（1974）、《梁天來》（1972）及《秋海棠》（1975）等，都成為廣受歡迎的通俗劇典範。其中《星河》是第一部有主題曲的電視劇集，由顧嘉輝作曲。這部作品奠定了他在粵語流行曲的地位。《啼笑姻緣》的主題曲，更成為流行榜首名歌多月，吟唱於香港街頭巷尾。粵語流行曲和電視劇連結在一起，互相彰顯。這個類型的成功，固然因為題材基於觀眾耳熟能詳的民間故事，如《啼笑姻緣》及《秋海棠》均是民初動人的傳奇故事；《梁天來》是清代著名冤案故事，電視劇將這些情節影象化地表現出來，是具有很大的感染力的。而且，演出這些電視劇的均是當時香港重要的話劇人才，如黃淑儀及馮淬帆（《夢斷情天》及《星河》）、陳振華（《梁天來》及《啼笑姻緣》）、梁天（《梁天來》及《秋海棠》）及殷巧兒（《秋海棠》）等。可見這階段電視劇的創作還是依賴或寄生在傳統的文化藝術形態上。隨着電視劇進一步的發展，這類接近傳統文化及戲劇表現形式的類型，就在全盛的時期被更具動感及更豐富的類型所接替。

踏入 1976 年，麗的和無線兩大電視台的競爭非常激烈。在傳統故事方面，麗的節目總監推出《十大奇案》（1976）及《十大刺客》（1976）；而在通俗劇方面，無

（7）　根據香港政府 1975 年的年報（*Hong Kong Annual Report*, 1975），1974 年末全港有電視機 78 萬部，電視觀眾達 260 萬人。
　　　而 1975 年港台電視部製作的《獅子山下》，收看人數平均達 270 萬人。

論麗的的《變色龍》（1978）、《鱷魚淚》（1978）或無線的《狂潮》（1976）、《家變》（1977）、《大亨》（1978）、《強人》（1978）等，都是長篇現代倫理電視劇，描寫的內容，主要是大家族的衰敗及具野心的人物力爭上游以求飛黃騰達的故事。其中《家變》及《強人》均達 110 集，《大亨》也達 85 集，《狂潮》竟達 129 集。這些片集能吸攝近 300 萬觀眾天天收看，主要的原因是香港觀眾在急劇經濟發展下的社會，經驗了人際關係的割離與傳統家庭關係瓦解的喜怒哀樂，以此為題材的長篇電視劇必能使他們產生極大的共鳴。

　　1979 年到 1980 年，無線劇集得到空前的成功。《網中人》（1979）及《上海灘》（1979）吸引了 300 萬觀眾，亦非偶然。《網中人》之中的亞燦，是同期大量流入香港的新移民之一，他在辦公室做雜工，但並不適應現代香港社會講求效率的要求。他在工作時會隨興之所至，模仿電視節目的功夫動作，遭上司責備。片集中最為人樂道的，是他打賭可一口氣吃掉 29 隻漢堡包，把辦公室變成賭博場所。儘管這個意念來自約翰・斯特奇斯（John Sturges）的《逃獄金剛》（*Cool Hand Luke*，USA, 1967）片中保羅・紐曼（Paul Newman）打賭一口氣吃掉 80 隻蛋，但在《網中人》中充分反映出新移民被標籤為易衝動，有自卑情意結，而要設法肯定自己，以博取他人接納自己與認同自己的心態。這套片集受歡迎的程度，可透過一個事實反映出來，就是"阿燦"變成是大陸來港新移民的代名詞，也可見電視這種傳媒的大眾文化塑造形象能力。

　　《上海灘》是描寫民初上海黑幫之間的情仇片集，深賦懷舊意味。這套片不單塑造了周潤發式的黑幫英雄形象，更引發了後來直接描寫香港黑幫及暴力類型片的濫觴。無論大量情仇引發之打鬥、幫會中人之義氣及主人翁由不名一文到發跡的經歷，都成為了通俗娛樂的基本元素。

　　電視劇集另外一個極受歡迎的類型是武俠片集。這類劇集由於是古裝，需要特技及更具動感鏡頭的運用，在成本及技術上的要求較高，故此，要到 1976 年，才在電視台競爭白熱化的情況下誕生。首套武俠片集是佳藝電視於 1975 年 9 月 6 日推出的《射鵰英雄傳》。

　　武俠電視劇依賴既有的電影武俠片的傳統，是非常明顯的，故事依賴金庸及古龍的武俠小說，製作則繼原來電影而有所發揮，如電視的《流星蝴蝶劍》（1978）遲電影兩年才推出，而《射鵰英雄傳》、《神鵰俠侶》等金庸小說，早在 60 年代已有電影製作。肯定的是，受歡迎的劇集如《小李飛刀》（1978，無線）及《射鵰英雄傳》（分為《鐵血丹心》、《東邪西毒》及《華山論劍》三部分，1983，無線）都在拍

圖 16.6　50 年代流行曲的新突破，來自歌舞片《桃花江》的插曲。（1956）

攝技巧及人物塑造方面，有突出的表現。徐克在佳視中的《金刀情俠》（1978），就有很快速的節奏及流暢的鏡頭運用，為他在 80 年代到 90 年代的風格定下基本格局。武俠片吸引觀眾的地方，除了動作的官能刺激，還有英雄人物的自由自主、無拘無束的表現，和現實生活中升斗市民的局限與無奈產生強烈的對比，構成一種幻覺上的滿足。

在官能刺激及娛樂以外，能達到社會反省及批判，在藝術上表現寫實及追溯社會發展至今的豐富題材的，要數港台的電視劇集了。1970 年香港電台就開始了電視製作。1974 至 1975 年一系列的《香江歲月》，以香港幾十年來社會發展的不同階段做題材，使觀眾能對香港產生歷史感、歸屬及認同感，一般都採用寫實及小品的方式。1975 年張敏儀掌管港台戲劇組，推出《獅子山下》系列的單元劇。著名的有方育平的《元洲仔之歌》（1977），深刻揭露元洲仔的惡劣環境及生活壓力，引起輿論的廣泛注意，間接促使政府採取改善行動；又如許鞍華的《橋》（1978），大膽批評多個政府部門的官僚作風及漠視民意，[8] 深入關心馬仔坑村民面對天橋拆卸的問題的困擾及行動。雖然香港電台是政府部門，但隨着 70 年代社會更開放，知識分子一方面受社會良心的驅使，憑着悲天憫人之情，使港台突破了作為政府喉舌的角色，以寫實及社會批判的方式，推動了社會輿論的關注、共鳴及政府內部的一些改革，可以算是大眾文化引發社會意識提升及社會改革的一個典範。踏入 80 年代，隨着香港社會普遍中產化，《獅子山下》的取材也愈見結合中產階層的生活形態，以個人境況及情懷的表現取替了社會批判。

最後，商業電視這種大眾文化，對兒童這類缺乏消費力的觀眾的需要，是不會照顧的，只有港台才能發揮資訊平衡的作用，而 80 年代的《小時候》、《好時光》、《陽光下的孩子》及《晴天雨天孩子天》等兒童劇集的出現，使青少年及兒童的資訊娛樂的需要，受到了照顧；而兒歌如《小時候》、《香蕉船》等，也得以成為潮流文化中珍貴的部分。

（8）　章陶：〈從《獅子山下》看港台變遷〉（第十二屆香港國際電影節資料冊：香港電影與社會變遷），1988 年。

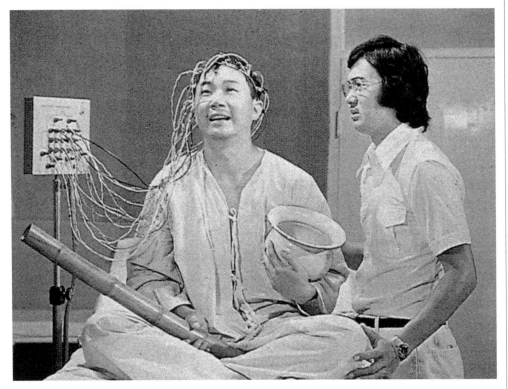

圖 16.7　70 年代許冠文與許冠傑合作拍了不少諷刺喜劇，其中不少伴有極為流行的主題曲，《天才與白痴》是其中之一。

四‧香港流行曲文化的發展

　　香港的流行曲發展，經歷最重要的階段，是和電影、電台及電視的連結、配合。香港最早期的流行音樂，來自廣東的傳統文化，如粵劇、南音歌唱及廣東小調，只可以算是民間的傳統文化。到了電影的出現，隨電影而普及的流行曲，是真正廣泛普及的大眾文化形態。香港流行曲文化是在 40 年代末開始，繼承了上海的流行歌傳統，而進一步發展的歌曲文化。這時期最重要的，是圍繞周璇及白光這兩位南來女歌影紅星的作品。計有周璇在電影《花外流鶯》(1948) 中的主題曲及《高崗上》、電影《莫負青春》(1949) 中的主題曲與那膾炙人口的《小小洞房》，而白光則在電影《蕩婦心》(1949) 中，唱出哀怨的《嘆十聲》，還有電影《血染海棠紅》(1949) 中的《東山一把青》及電影《一代妖姬》的名曲《送情哥》，都成為歷久猶新的作品。這個時期的歌曲，往往有北方小調的純樸優美的氣息，如《小小洞房》、《嘆十聲》及《送情哥》，都是抒情及極易上口的作品。

　　50 年代的流行曲也就循着這方面發展。《月兒彎彎照九州》(1952)、《翠翠》(1953)、《雪裡紅》(1956) 等，都是好例子。《月》及《雪》中的主題曲都是小調形式，而《翠翠》片中的《熱烘烘的太陽》、《船夫曲》及《你真美》都賦有藝術歌曲的氣息。

　　流行曲的新突破來自歌舞片《桃花江》(1956)，姚敏作的歌曲如《月下對口》、《我說東來你說西》及改編的《桃花江》，開始出現了現代流行歌曲的節奏。他後來為《那個不多情》(1956) 作的《春風吻上我的臉》，節奏鮮明，旋律輕快，配合了歌舞片的特色。到了他為葛蘭的演出而作的《我愛恰恰》。電影《曼波女郎》(1957)《我愛卡力蘇》，電影《空中小姐》(1959)，都是為當代舞蹈節奏及配合舞蹈而作的歌曲。歌舞片《龍翔鳳舞》(1959) 可以說是在電影類型及在時代曲的創作上，總結了 50 年代的成績，無論改編以前《毛毛雨》、《何日君再來》及《玫瑰玫瑰我愛你》，到活潑的《三輪車上的小姐》及《雪人不見了》，都體現了國語流行曲繼往開來的成就。

　　60 年代是煽情劇及黃梅調戲曲的年代，前者產生的流行曲代表作品有《世上只有媽媽好》來自電影《苦兒流浪記》(1960)；姚敏唱的《送郎》來自電影《星星、月亮、太陽》；電影《不了情》中的主題曲及《山歌》；電影《小雲雀》(1965) 中姚敏唱的《情人的睛淚》，以及電影《藍與黑》的主題曲等。然而，我們也應該看到，這個年代的國語流行曲是依循一些既定的模式寫作，所以導致後來逐漸變成陳腔濫調。

　　粵語流行曲在五六十年代，由初期來自廣東小調的《荷花香》到鄙俗的《歌仔靚》或帶有道德主義教化的《賭仔自嘆》，漸漸隨着電台廣播劇文化而衍生出獨立的風格。60年代初商業電台推出廣播劇《勁草驕花》及《薔薇之戀》（粵語劇，但主題曲用國語唱出，反映了粵語平仄較國語複雜，國語歌填詞較容易），均有風行一時之主題曲。雖然粵語片的歌曲沒有國語片廣受歡迎，但這時期也偶有佳作，如邵氏出品的粵語片《榴槤飄香》（1959）主題曲，就曾流行一時。此外，粵語片的煽情劇經典《一水隔天涯》（1966）之主題曲，也是深入民間之作。

　　隨着60年代末到70年代初，粵語片式微及國語片走進武俠片的小胡同，香港本土時代曲亦趨向衰落，代之而興的，是台灣的流行曲及歌廳文化。隨着煽情劇《負心的人》（1969）的主題曲而來的，有《淚的小花》、《淚的小雨》等悲悽情歌；也有姚蘇蓉的《今天不回家》（1969）及青山的《尋夢園》等適合歌廳文化的歌曲。前者唱出物質富裕社會的人要擺脫清教徒道德心態的掙扎；後者是傷感懷舊之音，反映了成長起來的富裕一代對往昔情懷失落的懷緬。而無論是改編的《月兒像檸檬》，帶小調氣息的"三朵花"或帶台灣歌廳味的《像霧又像花》，都能在香港盛極一時。70年代初是無線電視《歡樂今宵》崛起的年代。這個綜合節目是那個年代最吸引的一項節目。表演嘉賓多是被邀請來香港大小歌廳及夜總會表演的台灣名歌星，順道也來《歡樂今宵》這個"大眾夜總會"表演。

　　70年代中葉，港產電視劇集的興起，帶來粵語流行曲文化的新高潮，電視劇《啼笑姻緣》（1974）的主題曲可以算是潮流之始。連香港電台也開始在第二台《新天地》節目播出粵語流行曲，開始了本地流行曲文化的發展階段。其後，很多電視劇主題曲及插曲，都能名噪一時，使粵語歌成為了流行曲潮流的領導者。至今仍為人所熟記的《狂潮》（關菊英唱，1976）、《家變》（羅文唱，1977）、《小李飛刀》（羅文唱，1978）、《倚天屠龍記》的插曲《熊熊聖火》（鄭少秋唱，1978）、《變色龍》（關正傑唱，1978）、《網中人》（張德蘭唱，1979）、《上海灘》（葉麗儀唱，1980）。這些家傳戶曉的歌曲，有力地促進了本土電視劇及流行曲結合一起、深入民心的潮流。事實上，電視劇集歌曲及粵語流行曲雖然大部分是言情，但其中勵志、嗟嘆着生人世的也不少，其表達的層面也相當廣。

　　70至80年代香港流行曲出現的另一個新轉化，是港產片成為主流電影之後，使電影插曲也進入了粵語流行曲文化之列。事實上，歌影、歌視或歌影視共棲是香港大眾文化偶像的特色，這亦是大眾文化中的壟斷現象。憑藉一個藝人在某方

面的成就，可不費成本地把她（或他）轉到另一方面，以得到即時成功的效果及收
益。許冠傑就是一個好例子，他和許冠文合作的《鬼馬雙星》（1974）、《天才與白
痴》（1975）、《半斤八兩》（1976）、《賣身契》（1978）等，都伴以極為流行的主題
曲。這些流行曲不但歌詞風趣詼諧，更每每痛陳時弊或諷刺社會上既得利益者。
80 年代的電影主題曲，佳作亦不少。如《上海之夜》（葉倩文唱，1984）、《似水流
年》（梅艷芳唱，1984）、《傾城之戀》（汪明荃唱，1984）、《最愛》（林子祥唱，
1986）、《胭脂扣》（梅艷芳唱，1988）等，都是充滿懷舊情調的感性歌曲。

　　大眾偶像歌星如梅艷芳、林子祥、葉倩文、譚詠麟、張國榮及張學友等都是
以流行歌壇上的地位兼拍電影的，可謂歌影視結合的傳媒偶像。但在電影電視的
框框以外，不可不提的是 80 年代異軍突起另樹一格的新派獨立樂隊，以及由之而
建立起來的樂隊流行曲文化。著名的有 Beyond 及達明一派。他們的歌曲有表現當
代青少年的失落和對社會的不滿，有勵志及探索人生目的和生活價值的取向，為
流行歌曲開闢了一條較清新和有思考深度的道路。

表五：香港本地演唱會在紅磡體育館及灣仔新伊館所舉行場數及觀眾人數[9]

年份	表演日數			觀眾人數		
	紅	伊	總	紅	伊	總
1983	18	3	21	155,724	9,649	165,373
1984	29	4	33	251,661	8,295	259,956
1985	69	5	74	700,523	8,358	708,881
1986	65	14	79	663,001	25,927	688,928
1987	85	0	85	914,063	0	914,063
1988	83	10	93	823,104	13,171	936,275
1989	129	10	139	1,350,271	19,756	1,370,027

　　80 年代的流行曲文化之獨立形態，沒有甚麼比演唱會的高度發展更能表現出

（9）　參看 Choi, Po-King, "Popular Culture" 一文，在 Wong, Richard Y. C. and Cheng, Joseph Y. S., *The Other Hong Kong Report*, 1990, pp.544—545。表五是蔡寶瓊博士據市政局資料之節錄及改組。

來。由 1983 至 1989 年，就以紅磡體育館及灣仔新伊莉莎白體育館的場地所舉行的演唱會及到場觀眾人數為指標，可以看到表演場數及參與人數的增長。

　　香港流行曲文化的重心是演唱會，而更有趣的，是紅歌星演唱會通常是最貴的門票會最早被搶購一空。箇中的原因，除了香港人消費能力很高外，也因為演唱會是真人表演，最好的座位才能使狂熱的歌迷看到自己偶像的真實風采。更且，紅歌星通常都有歌迷會，狂熱的歌迷通常會不吝購下最好的位置，以表示對偶像的支持。而演唱會的高峰期通常是暑期、聖誕節與農曆新年期間，可見青少年是演唱會的重要捧場客。流行曲文化是由 50 年代以成年人及熟習國語傳統文化的人為重點對象，發展為以本土年青一代為主要對象。這當然也和香港粵語港產片到 80 年代興起，而相反國語片同時式微息息相關。

　　踏入 90 年代，香港流行曲文化出現了"四大天王"的潮流，最先是張學友及劉德華，隨後有黎明及郭富城加入。雖然他們踏上成功之路各有不同原因，張學友及黎明開始是演唱歌手，劉德華是影視藝人，而郭富城是舞蹈藝員出身，後來在台灣拍廣告走紅。隨後他們在 90 年代港產片極盛時期一直歌影雙棲，使他們吸引了大量歌影迷。由於他們產量豐富，故此歌曲的內容在言情以外，還有不少好的勵志及強調中國及香港人文化意識的作品。不過，"四大天王"的現象，説明香港走進一個富裕及媒體非常蓬勃發達的社會，而他們的歌曲及電影的影響力遍及亞洲，亦説明香港大眾文化的發展已經走出本土，成為東方社會文化霸權的一員。

五·香港消費文化的發展

　　香港人的消費文化及物質生活模式，戰後至今經歷了很大的變化，主要的脈絡當然和香港經濟近三十年來飛快發展及物質條件急劇改善有關。

　　一個很明顯的反映指標，是來自大眾傳媒的廣告內容及表達手法的轉變。就報紙廣告而言，香港市面上推介的服務及商品，慣常有醫生及藥物，一些傳統中藥成藥如歐家全皮膚水、保濟丸、敬德堂小兒八寶驚風散等，和醫治奇難雜症的醫生廣告，是常見的項目，一直延至 80 年代。以《星島日報》為例，1938 年 9 月期間的一些例子顯示：日常用品及化妝品如三星牙膏（9 月 19 日）、先施護髮霜、先施庇苤頭水及半日消美顏香膏（均為 9 月 30 日）；食品如辣椒豉油王、蝦子麵、豉油王（中國食品公司出品）（9 月 29 日）及壽星公煉奶與鷹嘜谷咕（9 月 20 日）；

服裝如美華有限公司的女襪、茂機女服及保陸女服，都可算是具代表的廣告，反映出當時市民生活水平偏低，質素高一點的食品，就成為推介的重點。此外，廣州和香港之間的貨客運及廣州大酒店廣告，可常常出現，可見廣州和香港之間的關係密切。

戰後香港物質條件有所改善，奢侈品及非生活必需的高質素貨品，開始在報章廣告中湧現，貨品種類逐漸繁多。50 至 60 年代，手錶廣告是很矚目的項目，老牌的司馬錶（1949 年 3 月 1 日）、GP 錶（1950 年 12 月 17 日）、天梭錶（1950 年 12 月 18 日）都是在《星島日報》大篇幅宣傳的好例子，手錶廣告是無日無之的。此外，聖誕期近，大百貨公司如龍子行、龍光行、大新、永安、先施及中華等，都大事宣傳（參看 1950 年 12 日）。而汽水、汽車、煙、酒的廣告，也相當盛行。

50 年代中葉以後，香港的資訊娛樂事業開始發達，報紙上湧現了大量夜總會廣告；隨着 "原子粒"，即電子半導體的發明，原子粒收音機漸漸成為重要商品，到 1959 及 1960 年，因應商業電台的出現，原子粒收音機踏入推銷的高峰期。

70 年代，是香港家庭電器化的重要時期。由於女性大量就業，使用家庭電器是幫助婦女就業的重要方法。70 年代初，除了電視機配合了廣播電視的急速發展以滿足市民娛樂的需求之外，音響器材、冷氣機、電飯煲、吸塵機等的廣告，都成為了重要的項目。到了 80 年代末及 90 年代初，旅遊的廣告開支，佔了各項目開支的最大宗。以 1991 年為例，旅遊廣告的廣告總開支為 3 億 9 千 6 百萬，比第二位鐘錶二億六千多萬及第三位屋宇地產的二億多元都遠為高，可見香港人的消費由實物轉向服務性。除了煙、酒等奢侈品長期佔據重要的位置之外，餐廳及消費娛樂場所與信用咭服務的推廣，也成為大宗的開支。在開支增多及範圍擴闊以外，香港廣告內容及形式轉化是很明顯的。由早期以圖像展示貨品，以文字描述其優點，到 70 年代以戲劇形式強調消費可帶來需要的滿足及生活問題的解決。踏入 80 年代中葉至 90 年代初，廣告再進一步強調消費與形象及身份的關係。[10]

（10）就廣告的圖像、戲劇到形象設計的演化問題，參看 Esslin, Matir, "Aristotle and the Adverfisers-the Television Commercial as a Form of Drama"，見於 Newcomb, Horance, *Television-the Critical View*, 1982 及史文鴻：〈香港商業電視廣告的形象設計與意識形態問題〉，見於史文鴻：《媒介與文化》，1989 年，頁 17—28。

六·香港的大眾閱讀文化

　　香港人在閱讀方面的大眾文化，除了特別關注報章、雜誌的資訊及消費情報外，就以通俗小説及連環圖的廣泛流行，最具特色了。

　　本地化通俗小説的發展，最重要及較為早期的，是金庸的武俠小説。早在1954年，金庸就以長篇形式連載於《新晚報》，如《書劍恩仇錄》等小説。及至他於1958年加入創辦《明報》，就以《神鵰俠侶》開始另一階段的創作。他一共創作了15部武俠小説。在60年代盛行的粵語片，七八十年代盛行的電視劇集，直至90年代的港產片中，都有以金庸的武俠小説改編的作品，不少作品成為了青少年以至成年人廣泛閱讀的通俗小説。他的小説吸引人的地方在於角色分化及心理描寫的複雜，而且故事橋段往往耐人尋味及出人意表。此外，在一個日趨建制化的社會，社會角色極為分化及難以全面自主的現代人，閱讀武俠小説中自由自主及能通醫卜星相的英雄人物，可以得到幻想上的極大滿足，而愛情故事及武功比試，亦更可為讀者提供不少官能上的滿足。另外一條發展脈絡，是倪匡的"衛斯理"系列的科幻小説。倪匡的武俠、怪異及科幻小説，項目、數量之多自不在話下，加上其文字通俗流暢，使之成為廣受青少年歡迎的消閒讀物。

　　在言情通俗小説方面，最早吸引香港人的，要數台灣女作家瓊瑤。自她1963年首部《窗外》，到連同電影的《煙雨濛濛》、《幾度夕陽紅》、《婉君表妹》及《啞女情深》等，在60至70年代初，成為女中學生及小白領的基本讀物。這當然反映了當時香港女性的教育程度及經濟能力不斷提高，但在愛情觀方面，就顯得與瓊瑤一樣較保守：把愛情視為生命至高及對感情失落表現極度自憐。本港60年代末至70年代初成名的依達，對男女感情的描寫就較直接裸露，但也脱離不了才子佳人的基本意念。

　　到了70年代末，亦舒的小説就有進一步的發展，她的《玫瑰的故事》、《兩個女人》、《今夜星光燦爛》、《舊歡如夢》、《玉梨魂》及《流金歲月》等，都是相當受歡迎的通俗作品，但亦舒筆下的女性就一如她自己在感情方面主張獨立，追求個人的滿足感，反映出新一代女性對獨立自由自主的追求。

　　香港人的通俗閱讀文化發展，最明顯在於80年代的突破，袋裝書的出現，使通俗小説、散文及小品作品更能廣泛流傳，以下是"博益"及"明窗"兩大袋裝書出版集團的統計數字，均能反映80年代中到80年代末，香港袋裝書的飛快發展，及在80年代末電視衰落的時期裡，閱讀文化異軍突起的現象。

　　80 年代初明窗出版社還是停留在印行少量武俠小説及科幻小説階段，自 1985 年起，明窗每年書種維持一百本左右，但在營業額方面有很大的增長（以下表六、表七按每年 4 月 1 日到翌年 3 月 31 日統計）。

表六：1986 至 1993 年明報出版社營業額

年份	營業額（百萬元）
1986－1987	6.8
1987－1988	15.0
1988－1989	18.0
1989－1990	30.0
1990－1991	30.0
1991－1992	28.0
1992－1993	27.0

資料來源：由明報出版社提供。

表七：1985 至 1993 年博益出版社出版書種

年份	書種
1985	86
1986	69
1987	111
1988	194
1989	204
1990	153
1991	139
1992	113
1993	114

資料來源：由博益出版社提供。

香港漫畫文化有相當長的歷史，一方面是報紙上的政治諷刺（如《明報》的尊子）、另一方面又諷刺時世及嘲弄人性軟弱（如王司馬的《牛仔與契爺》），分別出現在報紙及單行本漫畫中。但成為具商業價值，和西方迪士尼爭市場的，早在50年代末，就有許冠文的《財叔》。其主題是抗日游擊隊的抗敵鬥爭活動，以迎合50年代末60年代初中國人對日本侵略的猶新記憶。此外，《神犬》及《神筆》屬怪異及懲惡懲奸的道德主義連環圖，與模仿美國蝙蝠俠的《蝙蝠俠》，都是以黑白分明及正必勝邪的簡單世界觀為基調，重點則是提供讀者打鬥動作引發的官能刺激；這正是商業漫畫的主要特色。60至70年代風靡一時的是王澤的《老夫子》，中心是以一些卡通人物暴露及嘲笑人性的種種弱點。

除這些通俗漫畫以外，還有以章回小說、民間故事或歷史人物為題材的漫畫，如《三國演義》、《西遊記》、《七俠五義》及《水滸傳》等。肯定的是，通俗及傳統漫畫在處理手法上，都太畫像化，後者更在小畫格內伴以大量文字，以敘事為中心。

到了70年代，黃玉郎的漫畫興起，他的《龍虎門》強調電影感，大量特寫、出格、輻射線以表現打鬥動作，使漫畫提供暴力動作的刺激性大大提高。到了80年代，在玉郎集團下創作的馬榮成，以《中華英雄》的劇烈動感，創造了新的本地漫畫，1983年創刊後不久，每期銷量達到了19萬本。[11]

七·大眾文化的政策與展望

香港大眾文化發展，除了走上高度商業化着重官能刺激之路外，更導致了大眾文化的壟斷（如電視方面一台獨大兼與流行曲唱片掛漖；電影方面大片廠兼控制院線）、侵犯個人私隱（如報紙往往對受害者私隱露骨的報導）、青少年心智可能受損（如兒童不宜的連環圖及色情雜誌等，青少年很容易買到）及公厭（如色情雜誌在報攤對婦女及具強烈傳統道德意識人士的滋擾）等問題。[12]

香港政府面對大眾文化存在的問題，一直只採取放任以外最低度的道德管

（11）同注（9）。蔡博士指出當時的銷路為19萬本，但一般行內人士估計數字有被誇大之嫌，約多出20%左右。

（12）有關大眾文化，特別電視對傳統價值衝擊的問題，可參看 Blumler, Jay G. 的 "Vulnerable Values at Stake" 及 Hoffmann-Riem Wolfgang 的 "Defending Vulnerable Values: Regulatory Measures and Enforcement Dilemmas," 分別在 Blumler, Jay G.（ed.）*Television and the Public Interest–Vulnerable Values in West European Broadcasting*, 1992, pp. 22—42, 173—201。

制。如電影三級制及刊物分類制（第三類為淫褻，不能印製發行流通；第二類只限十八歲以上人士之間流通；第一類適合所有年紀人士）等。但對於如何能打破壟斷及提高大眾文化內容的質素，就束手無策。結果，大眾文化在香港主要只是提供給愈來愈自我中心及追求辛勞工作以外享樂的個體種種滿足，而對社會整體意識及文化覺醒，則只能產生破壞或侵蝕的作用，成為社會一種隱憂。看來，香港政府當務之急，還是要找到及推行如何建立具文化歷史感、社會意識及公民責任的健康大眾文化途徑。

圖 16.8　60 年代出版的漫畫雜誌《漫畫世界》封面（1962）

第十七章

香港話劇的發展

鍾景輝

一·香港話劇早期發展概況
（1841 年至 20 世紀 40 年代）

從未開埠至早期殖民統治時期，香港完全沒有受西洋戲劇影響的話劇創作和演出。1840 年左右，只有本地神功戲的表演。19 世紀 40 年代後期，粵劇才逐漸流行起來。1844 年駐港英軍組成英語業餘劇團，間有英語話劇演出。後來渣甸洋行在廣州投資建立一間設有 569 個座位的皇家戲院，該英軍劇團於 1886 年曾在那座戲院演出過。

1907 年春，一群留學日本的華人，組成春柳社，並在日本東京駿河台中國青年會一個籌款晚會上演出法國小仲馬的《茶花女》中之第三幕。同年六月，又演出改編自美國斯陀夫人的小說《湯姆叔叔的小屋》之《黑奴籲天錄》。這些演出直接促成了中國話劇的誕生。一時興盛的話劇熱潮與風氣，直接傳遞來到香港。

當時在香港演出話劇稱為"白話戲"，又稱"文明戲"，與粵劇的演出差不多，只是不唱而已。社會人士對演戲頗有成見，認為"成人不成戲，成戲不成人"。絕對沒有男女同台演戲的習慣。排戲時有一個"教戲"者，但不是導演。大部分是即興和提綱性的表演，演員可以自由隨意演出。後台設有"提場"，提醒演員依提綱出場。這種用簡陋方法排練的"白話戲"，演出不受人欣賞是可以理解的。

1911 年香港的鏡非台及清平樂劇社成立。清平樂以皇仁書院學生為骨幹。清平樂寓意着清朝被平定後就快樂，或樂於平定清廷。清平樂曾演出改編自莎士比亞（Shakespeare, William, 1564—1616）《威尼斯商人》的《血債肉償》及創作劇《莊子試妻》，由聯華影片公司老闆黎民偉反串莊子的妻子。後來《莊子試妻》被拍成電影。這兩個演出是當年少數有完整劇本的演出劇目。

20 年代中國有三股力量推動話劇發展。一是熊佛西在北平主持的國立藝術專門學校。二是田漢在上海主持的“南國社”。三是歐陽予倩在廣東主持的廣東戲劇研究所。他們都直接或間接地影響香港話劇的發展。田漢創作豐富，對戲劇文學和台詞極為注重。歐陽予倩曾邀請南國社南下廣東演出。盧敦、黃宗保、吳回等曾就讀廣東戲劇研究所，因而受惠。後來更南下香港從事戲劇活動。

1928 年琳瑯幻境劇社宣告成立，並上演《梁天來告御狀》，由林坤山、巢非非、陳皮等演出，地點在高陞戲院。演出時道具相當寫實，佈景卻用畫景，缺乏立體感。

20 年代是香港話劇由文明戲逐漸轉入較為正規的話劇演出年代。此時期，劇本創作仍未見有顯著成績，大部分的演出仍未有完整的劇本。

30 年代中國及香港社會均起了極大的變化。1931 年九一八事變爆發，令香港人捲入抗日潮。1937 年七七事變爆發，抗日運動進入高峰狀態。國防戲劇浪潮在中國內地和香港一浪接一浪，抗日內容的創作劇層出不窮。香港的年青人均紛紛組織劇團支持抗日救亡運動。

1930 年有欖鎮劇團及華南劇社的成立。抗日時期設有劇社的中學有培正、模範、文化、華僑、英皇、梅芳等。其他劇團有盧敦、李晨風、趙如琳等組成的時代劇團、姜明等組成的中華藝術劇團、青年會劇藝社、女青年會戲劇組、中華歌詠班、華人文員協會劇社和香港政府華員會劇社等等，為數約二百個。

1938 至 1939 年間還有國內著名劇團來港演出，如由唐槐秋領導的中國旅行劇團、由金山等組成的中國救亡劇團、歐陽予倩等組成的中國藝術劇團和胡春冰的廣州劇協第一劇團等。

由於國防戲劇的活躍及著名劇人南來香港演出，使這時期的香港戲劇演出進入蓬勃時期。演出的劇目包括《死裡逃生》、《鳳凰城》、《明末遺恨》、《李香君》、《東北之家》、《放下你的鞭子》、《最後一計》、《烽火》、《台兒莊》和《秋瑾》等等。此時期小團體救亡演出及街頭劇演出均非常之多，有些演出不收門券，只收捐款以作救亡運動之用，觀眾反應異常熱烈。

1941 年 12 月 8 日太平洋戰爭爆發，12 月 25 日香港淪陷。淪陷前一個月，香港戲劇界聯合集體演出《黃花崗》一劇，譚國始為聯合導演之一。淪陷後劇人各散東西，部分逃亡到大後方。陳有后、梁福和等則往澳門，三日內組成中國藝聯劇團。"三年零八個月"的淪陷期使香港話劇發展陷入沉寂的階段。留港的劇人不多，只有高浮生、何恨、秦劍等人。他們曾演出過《女店主》、《黃金迷》等劇。

二次大戰結束後，劇人大多紛紛返回香港。隨後，上海的姚克、永華影業公司部分影劇人才也陸續來港，頓使香港話劇的演出又再次蓬勃起來，並且分別有粵語和國語話劇的演出。

粵語話劇方面，因戰後各散東西，初時演出並不多。較活躍的團體包括有利樹源、高浮生、何恨、阮黎明和梁舜燕等組成的春秋業餘聯誼社的戲劇組。還有由梁天成及趙之瑾等組成的中華基督教青年會劇藝社。此外另有中原劇社和建國劇社。

用普通話演出的話劇以職業劇團方式運作。演出場地多租用利舞台、普慶戲院、樂宮戲院、娛樂戲院和璇宮戲院。此等場地租金非常昂貴，加上賣座情況並不如理想，因此經常虧本。後來改為租用月園遊樂場、荔園及東區遊樂場內的小劇場作演出，勉強維持了好幾年。不久，由於組織不完善，觀眾不多，又因東區遊樂場及月園遊樂場先後拆掉而終止演出，紛紛解散。此後，就只有電影界人士間歇性地偶有的組合演出而已。這現象大約維持到 50 年代。

從 1947 年開始，學校劇社又再紛紛成立和演出，如同濟中學、協恩中學、嶺英中學、羅富國師範學院（1967 年改名為羅富國教育學院，至 1994 年與另外幾所師訓院校合併為香港教育學院，至 2016 年香港教育學院升格為香港教育大學）和香港大學等等。

1949 年香港教育司署（現名教育局）主辦校際戲劇比賽，分中小學組舉行。校際戲劇比賽連續舉辦了十屆，可惜在 1959 年停辦。曾被邀請擔任校際戲劇比賽評判的包括馬鑑、胡春冰、劉選民、譚國始、譚黃蕙芬、鮑漢琳、容宜燕、雷浩然、黃澤綿、陳有后、李援華、黃宗保等多位。校際戲劇比賽對推動香港劇運起了積極作用和重大影響。參加的學校非常踴躍，培養了一班對戲劇產生濃厚興趣的積極分子。參與校際戲劇比賽的學校，包括皇仁、同濟、協恩、培正、香島、培僑、培道、培英、仿林、拔萃、嶺南、英皇等。中學戲劇的發展在校際戲劇比賽及教育司署的鼓勵之下，成績突飛猛進，成為 50 年代香港戲劇發展的生力軍及強而有力的戲劇主流。

圖 17.1　香港電視劇團演出的《清宮怨》（1973）

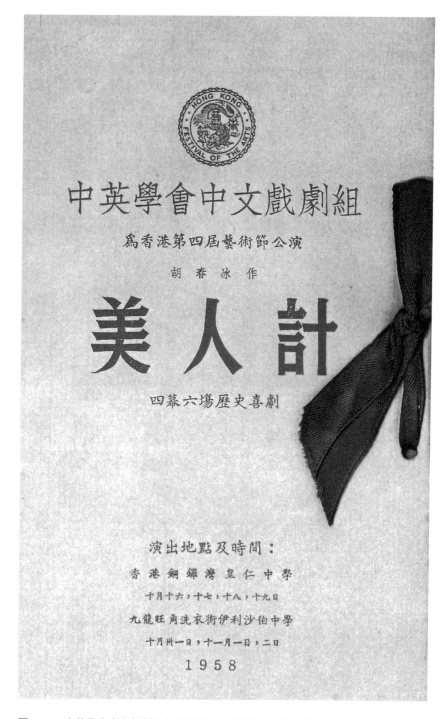

圖 17.2　中英學會中文戲劇組在香港第四屆藝術節公演了《美人計》（1958）。圖為該劇的宣傳小冊子。

圖 17.3　香港浸會學院演出的《推銷員之死》（1964）

二·中學戲劇全盛時期（50 年代）

　　50 年代正是香港中學戲劇發展的全盛時期。1949 年中華人民共和國成立，使 50 年代的香港政治氣氛顯得很敏感和不尋常。這時期，演出的劇本均要送政府檢查，批准後才可以演出，甚至演出用的宣傳海報也要拿樣本到警察局蓋章認可後才可以張貼。政治性敏感的劇本固然不獲批准，連果戈里的名著《欽差大臣》也曾一度被禁演。選擇劇本演出的自由度，絕對沒有現在那麼大。

　　當年的校際戲劇比賽，除在校老師可以協助演出外，還可以邀請校外人士幫忙，因此競爭性很強。培正中學的關存英、梅修偉及鄭煥時，皇仁中學的柳存仁，同濟中學的陳有后，協恩中學的雷浩然，聖士提反女子中學的譚黃蕙芬，英皇中學的楊晏華等等，都是該校鼓勵戲劇演出活動的幕後功臣。左派學校如香島、培僑等，除教師參與外，還邀請左派影藝界人士加以指導。

　　雖然教師和外界專業人士的參與，加速了中學戲劇演出的成績和成熟，但競爭也變得愈來愈白熱化，再加上這時期的特殊政治敏感性，教育司署只有割愛停辦，以免競爭再惡化下去。一共舉辦了十屆的校際戲劇比賽，終於在 1959 年停止了，實在令人覺得可惜。鍾景輝在這時期就讀培正中學，演出過的校際戲劇比賽劇目包括有《月亮上昇》、《謠傳》、《史嘉本的詭計》及《丟落的禮帽》，更因最後兩劇的演出而榮獲兩屆最佳男演員獎。

　　中英學會中文戲劇組在這時期是最具影響力的演劇團體。戰後華南戲劇工作者匯聚香港。一群志同道合者曾以"麗的呼聲話劇團紅組"名義，聯合演出《黃花崗》一劇。後來大家更有意組織劇社推動話劇，參加了中英學會中國文化組的活動。中國文化組成員包括馬鑑、陳君葆、簡又文、李錫彭、胡春冰、黃凝霖和譚國始等人。

　　1952 年 5 月 2 日他們以中英學會中文戲劇組名義演出陳有后導演，魏如晦編劇之《碧血花》。自此，中英學會中文戲劇組遂成為中英學會的獨立組織單位。中文戲劇組組織龐大，組員達六十多人。創組期間的成員，包括馬鑑、姚克、胡春冰、黃凝霖、陳有后、高浮生、黃友竹、譚國始、雷浩然、柳存仁、梁崇禮、劉選民、黃澤綿、梁國治、黃宗保、黎覺奔和馬文輝等。

　　中英學會中文戲劇組在 50 年代擔當了一個極重要的角色。它使香港的戲劇工作者有了一個團結的根基，推動演出及協助學校戲劇的發展。演出《碧血花》之後，更有《兒女風雲》、《樑上佳人》、《妙想天開》、《明末遺恨》、《有家室的人》

及《心愨》等劇。

　　1955 至 1960 年香港政府舉辦過六屆香港藝術節,其中有各種不同的藝術表演及展覽節目。包括了戲劇、音樂、攝影、雕塑、繪畫、文藝等等。戲劇的演出更分別有英語話劇、國語話劇、粵語話劇、京劇等多種。其中以中英學會中文戲劇組的粵語話劇演出,最為令人注目,也最有代表性。其中包括有:

　　(1) 1955 年《紅樓夢》(胡春冰編導)、《清宮怨》(姚克編導);

　　(2) 1956 年《西廂記》(熊式一編導);

　　(3) 1957 年《錦扇緣》(胡春冰編導);

　　(4) 1958 年《美人計》(胡春冰編劇,熊式一等聯合導演);

　　(5) 1959 年《李太白》(胡春冰編導);

　　(6) 1960 年《紅拂》(柳存仁編劇,鮑漢琳導演)。

　　中英學會中文戲劇組於 1970 年 11 月在大會堂音樂廳演出《生財有道》後,便因中英學會之結束而解散。1972 年 6 月又重組成為中英劇社,演出了《青龍潭畔》。1974 年的《推銷員之死》為中英劇社的最後一個演出。

　　另外,中華基督教青年會劇藝社在 50 年代也很活躍。除梁天成和趙之瑾外,更有張清、譚一清、令正、溫泉、慧茵、伍永森、梁天和劉丹等中堅分子組合而成,演出有一定水準,影響力頗大。演出劇目包括《十二怒漢》、《棠棣之花》、《大雷雨》、《鳳還巢》、《樑上君子》、《奇丐》、《史嘉本的詭計》和《豪門夜宴》等。中華基督教青年會劇藝社有兩個演出場地。在香港島的是室內場地,而在九龍半島的則屬室外場地,由室外籃球場改建而成。

　　1956 至 1958 年中華基督教青年會劇藝社曾在這些演出場地舉辦過三屆"戲劇展覽"。學校及業餘劇團參加的頗多,因為他們可以幫助演出團體解決了演出場地的困難。參加團體演出的劇目包括中外名著,成績頗令人滿意,可惜只維持了三年。

　　50 年代國語話劇的演出有不同組合的劇團,如香港劇藝社演過《西施》,綜藝劇團演過《大馬戲團》、《北京人》等。粵語話劇其他的演出還有春秋聯誼社的《並無虛言》、《朱門怨》等等。

　　這個年代的演出場地,某些職業劇團仍以租用戲院為主,但因租金昂貴,並非一般業餘劇社可以做得到。較小型的職業劇團則在荔園的小劇場經常演出。由於這個年代中學戲劇演出非常蓬勃,因此演出場地乃以學校禮堂為主。一般業餘劇社也只有租用學校禮堂演出話劇,例如香港大學的陸佑堂、皇仁書院的禮堂等

698

圖 17.4　香港浸會學院演出的《巡按使》。劇照顯示，台上兩處有 "咪高峰"（1977）。

均常被租作演出之用。這些場地的演出設備當然較為簡陋，音響設備更不健全，故此要用"咪高峰"（microphone）擺設在舞台前面，演員往往為了要遷就"咪高峰"的位置而被迫犧牲了台位調度上的美觀和合理成分。這些年代還流行用"腳燈"的照明方法。燈光的轉變，全用人手控制的電阻去操作，甚至有用鹽水作電阻的方法，一切非常簡陋。

　　總括而言，50年代的演出，除了部分創作劇之外，一切還處在業餘的階段，談不上有甚麼真正職業水準的演出。創作的劇本並不多。只有姚克、柳存仁、胡春冰、熊式一和李援華等人偶有作品出現。年青人參與劇本創作的如鳳毛麟角。演出大多用中國舊劇本及翻譯劇。後台方面，如佈景設計、燈光設計、服裝設計等都較落後。由於缺乏職業性的後台工作人員的配合和支持，因而演出也就很難有更好的整體藝術表現。

三·業餘劇社及大專戲劇全盛時期（60年代）

　　60年代香港劇壇有很多活躍的業餘話劇團體的組織，例如中英學會中文戲劇組、春秋業餘聯誼社、中華基督教青年會劇藝社、香港業餘話劇社、世界戲劇社、銀員劇團、香港劇藝社、嶺東劇社、大專公社戲劇社、學生周報戲劇社、南國實驗劇團及上演國語話劇的香港戲劇協社等等。

　　香港業餘話劇社成立於1961年，是一個強而有力的生力軍，並且對促進劇運功不可沒。該社宗旨為不牟利，利用業餘時間致力話劇運動，以發揚戲劇藝術，聯絡社友感情為主。社員包括雷浩然、譚國始、黃蕙芬、陳有后、黃澤綿、陳淦旋、黃宗保、鍾景輝、張清、慧茵、袁報華、袁昌鐸、鍾偉明、王啟初、鄭子敦、阮黎明、殷巧兒和梁舜燕等多人。他們多為教育界、廣播界、電視界、電影界、學生和熱愛戲劇工作者。

　　香港業餘話劇社自1961年演出姚克的《秦始皇帝》之後，繼續不斷演出創作劇、中國名著及外國翻譯劇。創作劇有姚克的《陋巷》和《西施》、柳存仁的《我愛夏日長》。中國劇本有《野玫瑰》、《金玉滿堂》、《明末遺恨》、《鑑湖女俠》等。翻譯劇有《油漆未乾》、《浪子回頭》、《玻璃動物園》、《佳期近》和《小城風光》等。

　　香港商業廣播電台曾邀請香港業餘話劇社將演出過的其中16個劇目，錄成廣

圖 17.5　香港業餘話劇社演出的《玻璃動物園》（1967）

播劇在該台播出，對推動話劇起了積極的作用。

自 1963 年起香港業餘話劇社更與麗的映聲合作，經常演出電視話劇節目。多年來總共演出過 79 個劇目，其中多個劇目還分數集播出。這些電視話劇的演出自然地引起了很多人，特別是年青人，對話劇產生了極濃厚的興趣。

很可惜，在 60 年代後期，因社員分別附屬於兩個電視台，所以合作演出機會減少，排練時間極難安排。故到了 1976 年由鍾景輝導演，演員包括有黃蕙芬、慧茵、張清及鍾景輝的《玻璃動物園》，便成為香港業餘話劇社建社 15 年的最後一個演出劇目。15 年來他們對演出水準的提高，創作劇的推動，及協助學校社團戲劇活動的成長都很有成績，並且影響深遠。

《中國學生周報》於 1951 年成立了中國學生周報戲劇社。曾演過《大馬戲團》、《清宮怨》、《秋瑾》、《野玫瑰》、《油漆未乾》等劇。該劇社因為是個學生組織，開始的時候困難重重，但經過十多年來的努力，使這個學生劇團成為 60 年代一個強而有力的業餘劇社。1961 年 12 月演出的《秋海棠》使人留下深刻印象。

南國實驗劇團是由香港邵氏兄弟公司所創立的。1961 年 9 月招考，錄取了 40 名成員。由顧文宗及賈亦棣任正副團長，並由熊式一、姚克、柳存仁等任顧問，及岳楓、嚴俊、李翰祥、胡金銓等任指導委員。

南國實驗劇團於 1962 年演出熊式一的《事過境遷》，由顧文宗導演。又演出過《珍珠塔》，由李婷、秦萍、邢慧、羅烈、午馬、于倩等演出。1963 年還演出了《香妃》，由李菁、鄭佩佩、江青、陳鴻烈、樊梅生等當年的新人演出，由賈亦棣編劇，顧文宗導演。邵氏兄弟公司全力支持這些演出，因此在服裝和佈景方面都有很好的成績。更由於一群很有潛質的新人各盡所能，使演出非常成功。1961 年至 1970 年邵氏兄弟公司共招考了十屆新人。一些畢業生均先後組織過南國學友會劇團和墾荒劇團，繼續演出話劇，可惜維持不久便解散了。

另外由一群電影界人士組成的香港話劇團（有別於市政局於 1977 年成立至今的香港話劇團），成員包括了盧敦、朱克、姜中平、苗金鳳等。演出過《絞刑架下的中鋒》、《七十二家房客》等劇，在 60 年代也頗具影響力。

銀員劇團是由銀行界成員組成的，演出過《日出》、《雷雨》和《趙氏孤兒》等劇。

嶺東劇藝社成立於 1962 年，演過《李師師》、《還君明珠雙淚垂》及《赤子心》等。

60 年代是大專戲劇的全盛時期，在香港劇壇發展史上佔一個極重要的位置。

60 年代初期，中學戲劇隨着教育署戲劇比賽的停辦而低沉。代之而起的是大專戲劇的出現和發展。

　　香港專上學生聯會自 1966 年開始舉辦第一屆學聯戲劇節，總共舉辦了 18 屆，直至 1984 年停辦。歷年來參加的大專院校包括了香港大學、崇基學院、聯合書院、新亞書院、浸會學院、羅富國教育學院、理工學院、柏立基教育學院、葛量洪教育學院、嶺南學院、香港工商師範學院等等。第一屆學聯戲劇節開始了大專知識分子踏足舞台的新階段。

　　起初的幾屆，全以翻譯劇或改編劇為主，創作的新劇只有第一屆李援華的《驚夢》，第二屆雷浣茜的《夢幻曲》及第三屆龍夢凝的《山遠天高》。至 1969 年（第四屆）大會才規定必須以新劇參加，是屆由梁鳳儀的《夜別》奪得最佳劇本獎。十多年來大專的學聯戲劇節收集了數十個獨幕劇，而且不乏佳作，除上述幾齣外，還有林大慶的《五十萬年》、方令正的《房間》。另有《等待》、《蟒》、《圍牆外》、《市外》等均屬佳作。

　　學聯戲劇節的演出成績較為參差，因為每年均有畢業同學離開學校，成績較難保持。從這 18 年來的演出和創作劇中，可以看出年青人在創作路程和心態上的轉變。1966 至 1968 年對劇本創作興趣不大，作品以愛情故事，反映理想和現實的矛盾為主。1969 至 1972 年間，香港經過了 1967 年的暴力事件，年青人對人生較多思索，但多數人受到存在主義和荒誕劇的影響，以致這段時期的創作劇主題陷於灰暗、悲觀的框框中。1973 年開始變得注重社會的變化，也隨着走向生活及反映社會的內容。1979 年學聯另外成立戲劇組並在戲劇節中作觀摩演出。

　　上文已述及 50 年代理想的演出場地仍然非常缺乏，大多數的劇團都在一些學校的禮堂中演出，例如香港大學的陸佑堂、皇仁書院的禮堂、培正中學的禮堂等。出得起租金的便會租借昂貴的電影院作話劇演出之用。

　　香港遠在 1869 年曾經把現今位於拱北行及希爾頓酒店的一段閱兵場，用來興建一座大會堂。直至 1933 年，因為太舊而把它拆掉。此後，數度提出重建大會堂的計劃均先後告吹。

　　1962 年香港政府決定動用公帑建成了新的大會堂，設備包括香港藝術館、圖書館、市政局辦事處、餐廳、酒樓、展覽廳、花園、婚姻註冊處。表演場地則有 1,452 個座位的音樂廳、463 個座位的劇院及 110 個座位的演奏廳。

　　這座新的大會堂的建成，對演藝界是一個喜訊。這個地點適中，設備良好的大會堂在過去的三十多年當中，對香港文化活動和演藝活動都作出很大的貢獻。

圖 17.6　1962 年 12 月 30 日至 1963 年 1 月 2 日，香港同文劇團在新建成的大會堂劇場演出
《茶花女》時印發的宣傳小冊子。

以往的香港藝術節、亞洲藝術節、香港國際電影節均以大會堂為基地。話劇方面，很多演出團體均以在大會堂演出為首選。香港話劇的成長與大會堂的建立有着緊密的關係。

1962 年第一個粵語話劇在大會堂劇院開鑼後，不斷有話劇團相繼演出。同年 8 月市政局曾替英國演員布來安維斯的一人默劇舉辦過普及戲劇演出，門票只收港幣一元。但本地劇團的普及演出則在 1969 年的香港節中舉行。由天青、青藝、佛青、勇毅和世界這五個青年劇團分別演出不同劇目及聯合演出《群鬼》，門票也只收一元。香港業餘話劇社的《佳期近》也屬同類性質的演出。

普及演出由市政局資助，門票收入歸市政局，不設預定座位，故觀眾進場時，總是爭先恐後，以期佔到優先理想的座位，成為普及戲劇演出時，開場前人山人海等進場的一種特殊現象。普及戲劇雖然舉辦次數不多，但對觀眾面的擴大，劇團演出場地的問題均有極大的幫助，也直接地推動了本港戲劇活動的發展。

這座大會堂在 1993 年開始重修。1994 年 4 月由中天製作公司演出的《原野》作為音樂廳重修後的首演。5 月則由香港戲劇協會演出的《莫札特之死》作為劇院重修後的首演，轟動一時。

1968 年由 12 所中學聯合組成校協戲劇社，首演李援華的《天涯何處生芳草》，並於 1978 年開始舉辦“聯校戲劇節”。

總觀 60 年代，由於香港業餘話劇社及中英學會中文戲劇組擁有龐大的陣容，包括了老、中、青三代的戲劇工作者，經常保持了很有水準的演出，加上很有實力的影人劇團的演出，使香港劇壇充滿生氣，也使業餘劇團的發展達到全盛時期。演出遠較 50 年代蓬勃，演出水準也大大提高。60 年代部分在外國修讀戲劇人士回港，也是促使香港戲劇迅速發展的原因。

劇作方面，除姚克、熊式一、黎覺奔、李援華和柳存仁等前輩間有創作外，仍然是非常貧乏。演出仍靠翻譯劇佔多數。

然而，大專學聯戲劇節的異軍突起，承接了剛好消失的中學校際戲劇節，更培養了一些對寫劇本有興趣的大專同學，替香港劇壇日後的發展打下一個很重要的根基。再者，60 年代初鍾景輝在浸會學院開設了表演、導演及演講等課程也培養了一批忠於戲劇藝術的工作者，如羅冠蘭、周志輝、林尚武、張之珏、毛俊輝、楊英偉等。

至於舞台設計、佈景、服裝、燈光設計等方面則比較落後，因為專業人士的參與較少，投資在這方面的資金也較缺乏，發展較慢也是理所當然的。

四·職業劇團及電視藝員參演話劇（70 年代）

　　70 年代由各中學聯合組成的校協戲劇社繼續發展。自 1973 年起舉辦了多屆中文創作劇比賽，引起了很多人的興趣。首屆的參賽劇本竟達 169 個之多。香港劇壇的中堅分子林大慶、袁立勳等因參加了校協 1968 年的首次演出而對話劇更為熱愛。1970 年他們攜手創作多幕劇《夾縫》，1971 年又聯寫了多個獨幕劇，例如《半部戲》、《鴨子》。此後更以筆名 "冬眠" 聯合創作有關中學生問題的《會考 1974》及《六分一》等劇，受到廣泛的注意和讚賞。他們更曾在 1971 年起為校協戲劇社編導過《失落》、《塵》、《籠中》等劇。林大慶及袁立勳當年的努力，確實培養了一批對戲劇極有興趣和表現的中學生，也使中學的戲劇發展更為扎實。

　　相反來説，70 年代末期，大專院校的學聯戲劇節卻開始漸走下坡。原因之一，是場地租金昂貴，使大專同學難以負擔。原因之二，各大專院校的劇社每年也有自己的演出，往往分身不暇，無力每年演出兩次。原因之三，是大專生對參賽及觀賽的興趣漸減。原因之四，是因為場地難覓，有幾次租用荃灣大會堂及堅道明愛中心舉辦，皆因路途遙遠或舞台設備欠佳而令同學興趣大減，觀眾只得二三百人。原因之五，學聯另立門戶的學聯戲劇組也減弱了學聯戲劇節的實力。因此籌辦學聯戲劇節困難重重。終於在無可奈何的情況之下，於 1984 年停辦了這個舉行了 18 屆的學聯戲劇節，實屬可惜。

　　致群劇社成立於 1972 年，是現存年資最高的業餘話劇團體之一。最初是由一批大專生及中學生等組織而成，並以張秉權及方競生等為主腦。他們的宗旨是 "團結友愛、切磋劇藝、加深對社會、人生之了解"。70 年代末及 80 年代初，曾多次參加市政局舉辦的戲劇匯演，演出劇目包括《末段旅程》、《市外》、《約伯的故事》、《檔案 SG37》等，且奪得多個獎項，成績為人讚賞。方競生的編劇才華也因此受到賞識。多年來致群劇社都以一個活躍的姿態生存着，演出也有一定的分量。其他演出過的劇目如《火鳳凰》、《AB 周末天》、《夜行貨車》、《將軍族》、《魔鬼門徒》、《飛越瘋人院》、《武士英魂》、《人啊人》等。

　　從後期的演出已見他們由早期的創作劇轉移到改編或翻譯劇上。皆因社員年紀愈來愈大，花在創作劇的時間上顯然大大地減少，事實上近年已很少公開演出了。這個已有二十多年歷史的業餘話劇團是否應該繼續維持下去，社員當中也存有不同意見。

　　由大專學生及畢業生組成，以林大慶、袁立勳、陳麗音、凌嘉勤等為骨幹的力行劇社成立於 1977 年。當年力行劇社成為承接校協中學生的團體，校協戲劇社的中學生畢業後大多順理成章地加入力行劇社繼續在劇壇努力，本着"鼓勵創作，鑽研劇藝"的宗旨延續話劇藝術生命。成立後立即演出創作劇《優勝者》及布萊希特的《常則與例外》。

　　十多年來演出過的創作劇，包括林大慶的《浪》（1978）；張棪祥的《捉兒記》、《赴考的第一天》（1979）；陳玉音的《牆》（1980）；林大慶、凌嘉勤的《我的悲哀面孔》及《寧靜的國度》（1982）；袁立勳、林大慶的《命運交響曲》（1986）；林大慶的《噪音逼人來》；陳麗音的《蘑菇與民主》（1989）；林大慶的《笑難忘》（1991）；布萊希特的《巴黎公社興亡錄》（1993）等。

　　力行劇社在 70 年代及 80 年代均成為一個極有表現及以青年為主幹的戲劇組織，更在宣傳及培養劇作者方面有着顯著的成績。

　　70 年代下半葉，香港劇壇起了一個重大的轉變。1977 年香港市政局成立了香港話劇團，使香港出現了第一個長久性的職業劇團。香港話劇團的宗旨是"透過專業化組織和訓練，提高本地話劇的製作水平，普及話劇藝術"。

　　建團 20 年來，香港話劇團一直在演出古今中外的劇作及本地創作劇。成立至今，演出的劇目超過 130 個。觀眾人次據 1992 至 1993 年度的統計，總數已超過 5 萬人次。

　　1979 至 2000 年，鍾景輝一直擔任香港話劇團的藝術總顧問。1983 年 6 月至 1985 年 8 月楊世彭擔任該團的全職藝術總監。1986 年 4 月至 1990 年 3 月藝術總監一職由陳尹瑩接任。1990 年 6 月楊世彭又再任藝術總監至 2001 年。該職業劇團在行政方面立下汗馬功勞的有袁立勳、蔡淑娟、陳健彬及彭露薇等。1992 年，香港話劇團設有助理藝術總監一職，由何偉龍擔任。

　　香港話劇團成立的第一年並沒有全職演員，第二年開始擁有十名，至 90 年代時，有近三十名演員，包括首席演員羅冠蘭、葉進、周志輝、謝君豪。

　　除每年的大小型演出之外，香港話劇團還經常到各大專院校，中學及社團免費演出或作戲劇講座。

　　1978 年市政局開始舉辦戲劇匯演，由香港話劇團策劃至今，成績可觀。對香港戲劇運動的推進，特別是在 70 及 80 年代有着積極的作用。1982 年旅港開平中學的得獎劇本《朱秀才》被改編成電影《開心鬼》，而作者馬偉豪現今已成為電影電視的專業編劇，可說是打開本地創作話劇拍成電影的第一頁，是一個很好的先

圖 17.7　香港話劇團演出的《羅生門》劇照（1980）

5

10

15

20

25

30

圖 17.8　香港話劇團演出的《茶館》劇照（1984）

圖 17.9　香港戲劇協會演出的《蝦碌戲班》劇照（1992）

例。1981 年起戲劇匯演更分開公開組及中學組，成為香港劇壇每年的盛事之一。至今已舉辦了 17 屆。現今活躍劇壇的編劇杜國威、吳家禧等都曾多次參與匯演。

香港話劇團曾於 1985 年往廣州演出楊世彭導演，王爾德編劇的《不可兒戲》及 1987 年演出陳尹瑩導演，杜國威編劇的《人間有情》；1989 年往美加演出陳尹瑩編導的《花近高樓》。

香港話劇團歷年來演出的劇目，包括《大難不死》、《馬》、《弒君記》、《駱駝祥子》、《新楊乃武與小白菜》、《聖女貞德》、《夢斷城西》、《羅密歐與朱麗葉》、《羅生門》、《日出》、《太平天國》、《登龍有術》、《喬峰》、《側門》、《海鷗》、《小城風光》、《大刺客》、《象人》、《推銷員之死》、《莫札特之死》、《海達‧蓋伯樂》、《阿 Q 正傳》、《馬拉 / 沙德》、《茶館》、《女店主》、《一八四一》、《小井胡同》、《紅白喜事》、《蝦碌戲班》、《人間有情》、《有酒今朝醉》、《六個尋找作家的角色》、《秦王李世民》、《花近高樓》、《遍地芳菲》、《北京人》、《俏紅娘》、《雄霸天下》、《七十二家房客》、《培爾金特》、《費加羅的婚禮》、《禁葬令》、《藍葉之屋》、《蝴蝶君》、《橫衝直撞偷錯情》、《我和春天有個約會》、《芭巴拉少校》、《南海十三郎》、《他人的錢》、《閻惜姣》、《李爾王》、《不搶錢家族》、《似是故人來》、《竹林七賢》、《城寨風情》等。

以黃清霞、黎翠珍、汪海珊、邱歡智、鍾炳霖和羅卡等為首的海豹劇團成立於 1979 年。目的“在於推行話劇活動，提高話劇演出之水準及促進觀眾欣賞話劇之興趣”。歷年來公演的劇目包括《遊園驚夢》、《謫仙記》、《天生一對》、《人等於人》、《當年》、《李爾王》、《玩火》、《巴士站》、《長橋遠望》、《愛海高飛》、《畫廊之後》等，頗能引起一般觀眾的興趣。可惜踏入 80 年代下半葉，海豹劇團的演出已逐漸稀少，及至 90 年初更有解散之意。

另一個成立於 1979 年的專業劇團為中英劇團。它最初是英國文化協會的附屬劇團。1982 年脫離英國文化協會成為非牟利獨立團體，後來成為演藝發展局資助的劇團。除在各劇院演出外，中英劇團也經常往學校及社區中心演出，更曾往澳洲、馬來西亞、新加坡及澳門等地演出。成立初期分別以粵語及英語演出，故名為“中英”。80 年代下半葉起則轉以粵語為主。演出的劇目包括《和平使者》、《傻瓜》、《人到無求品自高》、《教室情緣》、《獵日記》、《狐狸品》和《小狗拍拍》等。多年來擔任該團的藝術總監包括了章賀麟、高本納、莊舜姬，及至 1993 年由第一位華人古天農接任該職。

1972 年潘迪華組織了迪華藝術公司，公演了本地首創音樂劇《白孃孃》，用國語演出，由顧嘉煇作曲，莊奴、黃霑、李寶璇、汪小松作詞，盧景文導演。這個演出的音樂部分是以錄音帶播出的。《白孃孃》於 1974 年重演，並加入若干粵語部分。

　　香港影視話劇團成立於 1973 年，是香港電視廣播有限公司轄下的華星娛樂公司之下的一個劇團，由宗燦枝任團長。團員包括黃淑儀、石修、良鳴、謝月美、李亨、朱克、黃侃等。首演《七十二家房客》獲得空前成功，日後更被邵氏兄弟公司拍成電影，由楚原導演，並打破當年香港有史以來中外電影最賣座紀錄，收入超過 500 萬港元。《七十二家房客》在香港、澳門及星馬泰等地演出超過 100 場，轟動一時。香港影視話劇團繼後演出了《人間地獄》和《牛鬼蛇神》。可惜因為反應欠佳而在 1974 年解散了。但無可否認，香港影視話劇團打開了 70 年代電視藝員參與話劇演出的動力和影響。

　　同是 1973 年建立的香港電視劇團，是一個以電視工作者為班底的劇團。由鍾景輝任主席，陳有后任副主席，成員包括梁天、殷巧兒、鄒世孝、張之珏及一批強而有力的無線電視藝員。1973 年首演姚克的《清宮怨》，共演出 23 場，極為轟動。1974 年演出了《佳期近》及《朱門怨》。《朱門怨》一劇由甘國亮將電視劇《朱門怨》改編過來，由鍾景輝及張之珏聯合導演，連續演出 23 場，更創出演出一場午夜場的紀錄。後來邵氏兄弟公司也將這個舞台劇拍成電影。可惜 1975 年這個劇團也因各散東西而結束了。

　　70 年代電視人組織的香港影視話劇團及香港電視劇團揭起了電視藝員參演話劇的熱潮，招引了一大批電視觀眾來看話劇，一如 50 和 60 年代電影明星參演話劇的風氣。

　　70 年代的業餘話劇演出也被一些年青的劇團，如致群和力行等接替而成了青年人的天下，再加上市政局舉辦的戲劇匯演刺激之下，培養了一些年輕的戲劇工作者和編劇人才。香港話劇團和中英劇團的設立，更使香港劇壇踏上專業劇團的階段。演出水準在 70 年代逐步提升，使香港劇壇有了一個穩步上進的根基。70 年代劇作進度仍慢，多屬獨幕劇的作品，至於多幕的創作劇發展就遠遠不及獨幕劇了。由於香港話劇團的資本較多及擁有全職演員的關係，前後台的表現均較為完整，因而往往站在香港劇壇帶領的地位，水準也比一般劇團為高，成了一般劇團的指標。另外要一提的是，自 1962 年香港大會堂建成後，在 70 年代建立的主要演出場地，分別有 1977 年的香港藝術中心及 1978 年的大專會堂。它們都對話劇演出場地提供了多一些的選擇。

五·香港演藝學院成立，話劇演出蓬勃發展（80 年代）

　　80 年代是市政局屬下的香港話劇團及演藝發展局資助下的中英劇團和赫墾坊劇團的成長期。

　　香港話劇團於 1977 年 8 月首演麥秋導演的《大難不死》，1978 年上演了李援華編劇的《竇娥怨》（袁立勳導演），開了該團古裝創作劇的先河。1980 年的《夢斷城西》（鍾景輝導演），則是香港第一齣以粵語演出的百老匯式音樂劇，分別在大會堂音樂廳、劇院及荃灣大會堂演了 19 場。1981 年的《喬峰》（盧景文導演）是首齣由武俠小說改編的話劇。同年，香港話劇團第一次邀請外地華人導演劉澤林從英國回港執導《生殺之權》，以後繼有楊世彭、周采芹、陳尹瑩、英若誠、徐曉鐘、陳顒等。1980 年第一位專程來港執導的外籍導演為格連華霍（Watford, Glen），劇目是《羅密歐與朱麗葉》。1985 年的《小井胡同》（鍾景輝導演）更開始了香港演出中國近代劇作的熱潮。1986 年英若誠來港執導《請君入甕》，是該團第一位邀請的中國導演。

　　毫無疑問，香港話劇團在 1980 年代是首屈一指，站在領導地位的香港專業劇團，其演出也都有一定的水準，成為一般劇團的模範。

　　另一個在 80 年代成長的劇團是建於 1982 年的赫墾坊。這個劇團由業餘發展成為職業，是該團努力的成果，也反映出香港的話劇活動在 80 年代日趨蓬勃。1989 年赫墾坊首次獲得，也是唯一一個獲得香港演藝發展局新苗計劃資助的劇團。由於有了一個極有力的資助計劃支持，赫墾坊的製作，明顯地比以前更為活躍和發展得更快。

　　赫墾坊的主腦吳家禧及方婉兒對該團貢獻良多，加上吳家禧本身是編劇（筆名莫唏），因此該團在創作劇的環節上有着顯著的成績。

　　多年來，赫墾坊演出莫唏（吳家禧）的作品最多，包括了《天職》、《最後一葉》、《島》、《痴》、《騙子的一夜》、《最佳編劇》、《再見阿爺》、《紅粉》、《爺爺離家上班去》、《倒數也瘋狂》、《頑寶·環保》、《半天吊》、《香港精嬰》、《精嬰難求》；也演過其他編劇的作品，包括陳敢權的《劇作者的玩笑》、張達明的《圍板外》、俊男的《淵》、杜國威的《壹籠風月》等等。

　　赫墾坊非常注重演出本地創作，也成為該團的特色之一。這個劇團更致力於學校演出，並且常為中學的劇社舉辦工作坊，藉以推廣劇運，成績有目共睹。

除了接受政府資源大力資助的香港話劇團、中英劇團及赫墾坊之外，其他業餘劇團的組織更不斷增加。80 年代後期數目超過 100 個之多，狀況非常可喜。

嘉士伯灣仔劇團成立於 1983 年，初時定名為青年劇團。團員均來自灣仔區少年話劇組及香港浸會學院校外戲劇課程的學員。首腦為何偉龍。1984 年成為灣仔區文娛康樂體育會直屬劇團。1987 年獨立成為灣仔劇團。1989 年獲得嘉士伯啤酒廠香港有限公司贊助，再次更名為嘉士伯灣仔劇團，也成為香港廠商大力支持本地話劇發展的開始。

嘉士伯灣仔劇團現有成員約四十人，每年約有四至六次演出，所演劇目以創作劇為主，包括有陳敢權的《聊齋新誌》和《取西經》，俊男的《刀在心中》、《我對青春無悔》、《擺檔俏冤家》、《橫衝直看打斜 LOOK》、《飛躍紅船》、《人鬼情未了》等等。及至 1990 年開始舉辦 "嘉士伯戲劇節"，每年邀請數個劇團一起演出，廣受歡迎。除促進劇運外，更引起了青年人廣泛的注意和興趣，非常成功。

另一個地區性劇團是 1985 年成立，以蔡錫昌為首的沙田話劇團，由潘惠森任該團的駐團編劇。演出過的劇目包括《乾坤協奏曲》、《我係沙田友》、《沙角月明火炭約》、《末世風情》、《大屋》、《珍珠衫》、《不變酒吧》等。沙田劇團積極發展 "區域戲劇發展計劃"，並將戲劇帶進學校。劇團也負責策劃和統籌 "沙田青少年劇場"、"沙田戲劇節" 及 "戲劇嘉年華" 等。

1989 年成立的觀塘劇團也屬地區性劇團，以呂志剛為首。觀塘劇團的演出也很活躍，歷年來演出的劇目包括《我愛墨西哥》、《家曲》、《尋他千百度》、《幻影組曲》、《扭計情殺案》。

嘉士伯灣仔劇團、沙田話劇團和觀塘劇團只是一些地區性劇團的例子。其實所謂地區性也只限於劇團名稱。這些劇團的演出，參與工作的前後台人員也來自四面八方。

進念二十面體成立於 1982 年，以榮念曾為首，經常以實驗及發展另類表演藝術為目標作公開演出及參與市政局舉辦的 "戲劇匯演"。近年更參與倫敦的舞蹈節，及日本、紐約、台北等地的演出。

中天製作有限公司為一間專業舞台製作公司，由麥秋成立於 1987 年 4 月。演出過的劇目包括《半句晚安》、陳敢權改編的《四柱大床》、潘惠森的《第一百零八個人》、《玻璃動物園》、杜國威的《虎度門》、《櫻桃園》等。踏入 90 年代，中天製作更邀請影視紅星加入演出，如鄭少秋和米雪的《美人如玉劍如虹》、梅小惠和羅慧娟的《小姐有約》、吳鎮宇和羅慧娟的《烏龍鎮》、吳鎮宇和李婉華的《撞

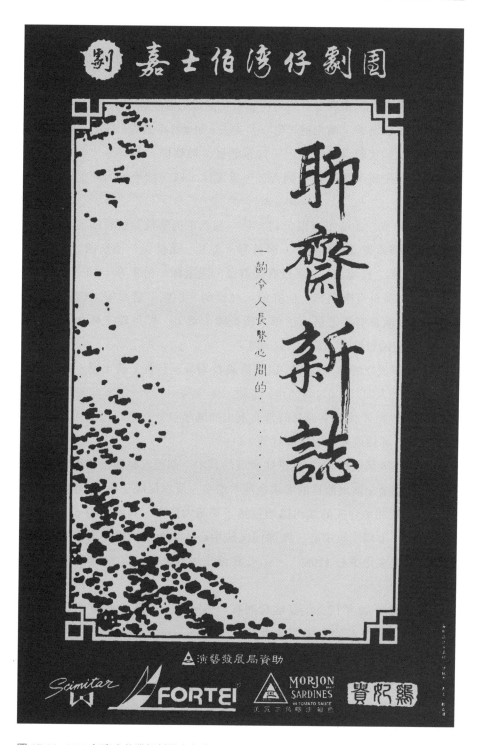

圖 17.10　1989 年嘉士伯灣仔劇團演出《聊齋新誌》。圖為該劇宣傳小冊子的封面。

板風流》及呂良偉和葉童的《原野》等等。中天製作也演出過多個兒童劇，如《強者小紅蟻》、《百厭星與反斗貓》、《肥豬仔闖天涯》、《金尾小恐龍》和《男兒當自強》。中天製作曾為多個不同機構籌辦各類戲劇課程。

由無線電視訓練班出身的電視藝員所組成的藝進同學會成立於 1988 年，以周潤發及杜琪峰為首，演出過《花心大丈夫》和《嬉春酒店》等劇。他們擁有很多知名度極高的電視藝員參與演出，如周潤發、梁朝偉、黃日華、劉嘉玲、陳敏兒、盧海鵬、陳美琪、廖啟智、劉青雲、吳孟達、戚美珍等。因此他們的演出很有票房把握。

1983 年成立的聯肇有限公司，是一個以電視藝員為號召的演出機構。曾演出過《閨房樂》（鍾景輝導演），演員有李香琴、萬梓良、伍衛國、張寶之等；《鬼馬鴛鴦》（張之玨導演），演員有馮寶寶、梁家輝、岳華等；《花心大丈夫》（張之玨導演），演員有李司棋、何守信、林建明、岳華、楚原等；《吾妻正斗》（張之玨導演），演員有黃淑儀、岳華、伍衛國、梁天、鄭丹瑞、林立三等。聯肇曾於1985 年在紐約市演出《閨房樂》一劇。

1983 年成立的浩采製作，以黃浩義及周采茨為首，演出過《武松殺嫂》、《狂流》、《遊戲人間》及《勾心鬥角》等劇。

其他在 80 年代成立而又時常有演出的團體包括有第四線劇社、佚名劇團、演藝‧演藝、赤犢劇團和電毅劇社等。

促成香港話劇在 80 年代迅速發展的其中一個因素是演出場地的大量增加。因為場地的遞增，演出節目的需求也隨着增多，所以促成了很多劇團的成立。

80 年代相繼建成的演出場地包括了荃灣大會堂、高山劇場、屯門大會堂、沙田大會堂、上環文娛中心、西灣河文娛中心、牛池灣文娛中心、香港演藝學院及尖沙咀香港文化中心（1989）。80 年代演出場地之多，與 80 年代前比較真有天淵之別。

另一個使 80 年代香港話劇發展有一個突變的，是 1985 年香港演藝學院的成立。香港演藝學院除音樂學院及舞蹈學院外，更設有戲劇學院和科藝學院。首任戲劇學院院長是鍾景輝。戲劇學院為本港訓練話劇編、導、演三方面的最高學府，加上科藝學院的設計和後台方面的訓練，直接影響了香港話劇的演進。

戲劇學院每年演出約七個話劇，包括了古今中外題材和創作劇。至今已演出超過 60 個劇目，包括《年初二》、《星光下的蛻變》、《榕樹下》、《影子盒》、《伊狄帕斯王》、《風流劍客》、《三姊妹》、《少年十五二十時》、《暴風雨》、《馬》、

《武士英魂》、《油脂》、《中國長城》、《夢斷城西》、《人民公敵》、《聖女貞德》、《第十二夜》、《情慾陽台》、《情‧緣》、《鐵窗》、《加數機》等等。戲劇學院曾多次出外演出，1989 年在澳門演出《某一年的七月十四日》，1990 年在捷克演出《天后》（林立三導演），1991 年在北京及上海演出《神火》（章賀麟導演），1992 年在法國演出《女媧》（陳敢權編導）及 1993 年在美國演出《雨後彩虹》（章賀麟導演）。1988 年，戲劇學院第一屆畢業生開始投入演藝界工作，並且有良好表現，包括連奪話劇界及電影界多個獎項。毫無疑問，戲劇學院和科藝學院替香港劇壇建立了一個訓練專業前後台工作人員的基地。這座演藝學院成為 80 年代香港話劇發展的新標記。

1984 年香港戲劇協會成立，宗旨主要是"推動及維繫本港戲劇工作者"，並定期舉辦戲劇研討會及聯歡會，以助話劇界人士聚首交流，由鍾景輝擔任首屆會長至今。早年因缺乏資源，活動極難推廣，只由幹事會成員自掏腰包支持下去，到了 90 年代香港戲劇協會才有突破性的發展。

香港政府於 1982 年 2 月成立的演藝發展局，可"就本港表演藝術的發展及分配予各藝團的資助額，向政府提供意見"。演藝發展局首任主席是吳樹熾，後由王賡武接任，成員則來自各社會階層。它對鼓勵藝術成長和多元化的演出方面都有一定的作用，其資助申請計劃委實對話劇演出有正面的幫助，例如獲得大額資助的中英劇團和赫墾坊，其他一些話劇團體也獲得不同金額的演出資助，使本港話劇在 80 年代在藝術上有明顯的進步。1994 年 4 月演藝發展局改組為香港藝術發展局，由何鴻卿任主席。

80 年代開始有大量的內地藝術團體來港演出，其中以戲曲演出為最多，話劇的演出有《風雨夜歸人》、《王昭君》、《推銷員之死》、《家》等。北京人民藝術劇院來港演出老舍的《茶館》更成為箇中高潮，引起熱烈的反應。毫無疑問，80 年代中港兩地的藝術交流頻密，起了互相影響的作用。能有機會在香港欣賞英若誠、于是之及朱琳等一流演員的演技實在難能可貴。他們對藝術的堅持和真誠對年青的藝術工作者起了肯定的啟發作用。

80 年代與台灣的戲劇交流較少。海豹劇團改編白先勇的《遊園驚夢》，演出時曾邀白先勇來港。1988 年由內地胡偉民導演的《遊園驚夢》來港演出時，香港電台及香港演藝學院戲劇學院合辦了一個"中、港、台、海外四方對話"座談會。嘉賓包括胡偉民、白先勇及林懷民，主持是鍾景輝。後來也曾有相聲及話劇《暗戀桃花園》從台北來此演出。1993 年在中文大學邵逸夫堂舉辦了一次當代華文戲劇創作國際研討會。包括來自中國內地、法國、香港、澳門、新加坡、台灣及美國的戲劇工作者。來自台灣的有馬森，司徒芝萍及黃美序三位。

1983 年香港舉辦了第一屆"藝穗節"，繼而在 1984 年成立了藝穗會，主腦人為謝俊興。藝穗會設有會址及演出場地，每年提供給演藝界的演出機會頗多，對小型的演出和另類的演出及創意都很有幫助。

80 年代在香港社會是個變幻多端的年代。隨着 70 年代經濟的迅速增長，社會整體財富也漸長。一般人對文化價值的追尋也於不知不覺間逐漸增長。"九七問題"及政治前景的必然轉變，全是 80 年代的熱門和令人關注的問題，並影響到話劇界的創作。香港話劇團演出陳敢權的《一八四一》是第一個出現與中英協議，"九七問題"及香港回歸中國有關的多幕劇。此外對不公平現象的批評，文化價值取向的反思等等在這年代也得到劇壇上的體現。這時期更多人領略到劇場不是殿堂，可以是文娛節目，也可以是說理言志。各人做着自己喜歡的藝術工作，使 80 年代成為話劇界百花齊放的年代。大家以開放的胸襟去推介外來劇目，也鼓勵本土創作。

80 年代更是本港劇作者成長的時期，其中包括林大慶、袁立勳、陳敢權、杜國威、吳家禧（莫唏）及周旭明等人，並出現了龍智成（俊男）等後起之秀。80 年代後期香港演藝學院的戲劇學院和科藝學院畢業生開始參與話劇界的工作，對戲劇藝術的提升開始有所影響，使 80 年代的話劇在設計上和演出上都有明顯的進步。80 年代後期業餘劇社在演出上也漸次走向較為專業的路線。

六 · 專業水準不斷提升，大量專業人才加入演出和製作（90 年代）

自 1991 年起香港戲劇協會每年舉辦"香港舞台劇獎"，設有十多個不同獎項，如最佳整體演出、最佳導演、最佳男主角、最佳女主角、最佳男配角、最佳女配角、最佳劇本等等。這個獎項對話劇工作者的肯定和鼓勵起了積極作用，並得到各方的讚譽。

90 年代初，香港話劇團出現駐團編劇，首位聘請的是杜國威。就在這時期，杜國威寫了《我和春天有個約會》、《南海十三郎》（後來皆拍成電影）及《城寨風情》等劇。前兩劇由古天農導演，後者由楊世彭導演。

圖 17.11　1996 年 3 月 24 日，第五屆香港舞台劇獎頒獎禮節目單張。

　　90 年代劇作者如林大慶、袁立勳、杜國威、陳敢權、吳家禧（莫唏）、龍智成（俊男）等仍不斷創作，而作品也漸趨成熟，同時，更出現了有良好表現的新秀如張達明等人。杜國威及陳敢權先後獲得藝術家聯盟頒發劇作家年獎。陳敢權及張達明同獲演藝發展局頒劇本創作冠軍大獎。張達明及杜國威也先後獲得香港戲劇協會頒發的最佳劇本獎。

　　隨着本港話劇演出水準的提升，創作劇是 90 年代發展的一個重點。香港演藝學院戲劇學院有見及此，於 1993 年開始增設編劇課程，培養話劇界的編劇人才。90 年代創作劇的興盛和備受重視是一個良好的現象，也是一個必然的方向。

　　早年由教育司署主辦的全港中學戲劇比賽於 1959 年停辦後就一直沒有復甦的跡象。可是，在三十多年後，當時的教育署在 1991 年再次舉辦中學組的粵語戲劇比賽，至今已舉辦了多屆，並在第二屆（1992 年）加開小學組，並名為“香港學校戲劇節”，每年於四五月間舉行。參加比賽的學校愈來愈多，顯得非常熱鬧。每年很多香港演藝學院戲劇學院畢業的同學及戲劇工作者均參與外展導師及評判團的工作。每年在參賽前，戲劇學院更為老師們開設戲劇班，以增加他們對戲劇的認識，然後回原校協助排練或指導演出工作。香港學校戲劇節的設立使我們對本港戲劇發展的前途更為樂觀。

　　90 年代成立的新劇團有幾個是值得我們一提的。1991 年成立的演戲家族，由一群戲劇學院的畢業生所組成，演出過《飛越愛河橋》、《錯吻情真》、《徘徊在纏綿時分》、《明月他鄉倆知心》及《遇上一九四一的女孩》等劇，並有良好的表現。

　　1993 年成立的劇場組合，以張達明、詹瑞文、陳曙曦及甄詠蓓為主，演出過《紅日出‧紅日落》及《麻甩騷》，廣受歡迎。

　　1993 年成立的剛劇場，以何應豐及鄧樹榮為主，演出過《離地 275 米又如何》、《冇爺生‧有乸教》、《咖哩雞》等劇。並以《離》劇榮獲香港戲劇協會頒發的“優異另類劇場獎”。

　　1993 年成立的新域劇場，以蔡錫昌、潘惠森等為主。演出過《馬路英雄傳》等劇。

　　這幾個新組成的劇團都值得我們留意他們在 90 年代的發展。90 年代上半葉，香港劇壇無論在表演、設計、後台工作人員、行政人員等各方面都有更多專業人才參與工作。一般來説，各方面在藝術上的成就都比以前更進了一步，且配合得更好。劇作者創作的機會顯然比以前更多，也顯得更為活躍。

　　80 年代開始已經有來自英國、澳洲、美國等地的不同劇團來港演出，間有音

圖 17.12　1995 至 1996 年香港學校戲劇節（中文戲劇）優勝者演出晚會節目單張

樂劇演出，如《芝加哥》等。到了 90 年代上半葉，音樂劇來港演出做成了風氣，如《安妮》、《貓》、《戰地情緣》等連續在港上演就是其中的例子。雖然賣座並不太理想，演出成績也較參差，但仍引起了部分對音樂劇有興趣的劇迷所注意。

　　90 年代本地創作的音樂劇將會是一個值得留意的發展方向。例如演戲家族的《遇上一九四一的女孩》、嘉士伯灣仔劇團的《飛躍紅船》、音樂劇團的《風中細路》及香港話劇團的《城寨風情》等都是這幾年中的作品。

　　音樂劇的製作成本比一般話劇的演出昂貴很多，非普通業餘團體能夠負擔得起。但音樂劇易吸引一般觀眾，而且也可以從簡單製作着手，不一定要豪華，因此音樂劇在香港應該是可以有所發展的。

七 · 展望

　　話劇運動的推進，人才、場地和資源是三大要素。90 年代專業人才的培訓不必擔憂，會有很多專業人才不斷出現。只要假以時日，自然會放出光芒，成熟時期將會出現。場地已有很多，可惜租金與一般業餘的票價相比仍屬昂貴，不能不算是一個障礙。資源方面雖然部分有政府資助而得以生存，商號的贊助也日益增多，但仍感缺乏。沒有金錢很難將水準提高，水準不能提高又難找商號贊助，這是一個相連的關係，但希望能逐步改進。

　　毫無疑問，創作新劇是大家最終的目標，因此創作劇會不斷增加。香港回歸中國後，香港與內地話劇團體的交流漸次加強，互相影響是必然的結果。由此，香港話劇未來的發展道路應該是更為寬廣，前途應該更為樂觀。

第十八章

香港粵劇藝術的成長和發展

梁沛錦　湛黎淑貞

一‧引言

　　起源於廣東、廣西兩省粵語區域地方戲的粵劇，隨着人口移居關係，流傳於世界各處華人的僑居地，成為分佈面甚廣、風格獨特的大型地方戲。她既有中國戲劇一般唱腔和表演程式，同時具備嶺南文化特質，包含中原傳統，又容納海外新風，融會升華，自成宗系，綜合古今中外南北，在多變、善變、蛻變之下，獨樹一幟，既是不中不西，實屬又中又西，古為今用、洋為中用。若用世界宏觀文化觀念，從多元化，現代化之下開拓傳統戲劇新途徑來看，可以說粵劇所取得的成績最為顯著，這完全由於地理環境和華南民族性格所造成。尤其是在 19 世紀，遇上中國時代的大轉變，西方文化與勢力東來，中國南大門的廣東地區成為近代中西合流啟蒙地。從 1842 年開始，香港由英國統治，成為西方文明發射站，從而使嶺南文藝具有新舊兼備、中外合流的特色，戲劇如此，美術、音樂等文藝也不例外。

　　香港居民籍貫包含全國各省，因此流行的地方劇種有京劇、粵劇、越劇、潮劇、漢劇、瓊劇，甚至陸海豐的西秦戲、正字戲等，均有演出。不過，基於廣府人口佔大多數，粵語也是地方語言，所以各地方劇種中以粵劇為香港代表劇種。

　　香港對粵劇的影響，可以分為幾個階段來看。開埠初期，經濟和人口數量不足，粵劇演出全部靠廣州提供。清末由於地利關係，香港容易進行編演內容新

潮、反帝反封建、諷刺時弊的文明戲粵劇,由香港推動屬於志士班的話劇內涵的
粵劇,影響廣東省內不少粵劇。二三十年代粵劇主要是走傳統表演程式和西方話
劇、電影、時代曲相結合的路。同時引入高度商業手法,引致抗日戰爭前出現新
粵劇繁榮和墮落的局面。負責戲改的歐陽予倩曾說:"民國以來廣東戲的命運是
完全被商業劇場掌握着的,而商業劇場又不能不以香港的觀眾為標準。"[1] 是功是
過,現在大致有了一個平衡的結論。抗日戰爭至中華人民共和國成立,是粵劇低
潮時期,1950 年以後,內地粵劇進行重整,以"政治掛帥"來"改戲"、"改人"、
"改制"。香港粵劇依然維持粵劇是一種娛樂事業,除了要吸取內地粵劇美術佈景
等增加舞台效果外,珍惜傳統,尤其是"文革"時期,不隨便跟風"改革",因而
在 30 年來逐漸使香港粵劇步向傳統藝術化、表演劇場嚴肅化、劇本文學化、觀眾
年青化等目標。其間以仙鳳鳴、雛鳳鳴、頌新聲等劇團有關人士,包括唐滌生、
任劍輝、白雪仙、梁醒波、靚次伯、龍劍笙、梅雪詩、林家聲等影響較大。八和
會館中人趕上時代發展,在演出之餘,抽暇宣傳推廣粵劇,如梁漢威、羅家英、
李寶瑩、阮兆輝、葉紹德、李奇峰、尤聲普、陳國源等也應記一功。隨着香港社
會、經濟、人口及社區的發展,市政局、區域市政局[2] 的文康政策和提供多個會
堂作演出場地,並每年大量撥款組織演出,令本地大小劇團增添機會,使量和質
都有所提高。此外,在地方文化藝術學術地位的受重視之下,大專學府對粵劇也
予以關注,投身研究的學人日多,研討交流活動得以順利展開,令粵劇在學術上
播下了種子。1977 年中國內地進入改革開放時期,對傳統戲劇藝術予以肯定,
容許各省地方戲先後來港演出,在香港新華社文體部和聯藝娛樂公司積極安排之
下,不僅令香港觀眾大開眼界,且使粵劇界獲得交流吸納的機會,對於香港粵劇
綜合南北技藝精華,提供了很好的條件。由於香港地理環境優越,為世界交通樞
紐,不僅可作為國際粵劇交流和聯繫中心,同時還可協助中國各種地方戲曲宏揚
海外,作用甚大。在香港經常舉行的藝術節、戲劇節、中國地方戲曲展等對戲劇
藝術的發展,產生了很大的推動力和凝聚力。香港粵劇的發展,正是香港傳統文
化和現代文化融會的表現,也是中國文化步向未來的一個先行實例。它的意義、
價值與現象是值得我們注視的。

---

(1)　歐陽予倩:〈試談粵劇〉,《中國戲曲研究資料初輯》,香港:戲劇藝術出版社,1954 年,頁 130。

(2)　1997 年後兩局改稱臨時市政局和臨時區域市政局,2000 年兩局合併正式命名為康樂文化事務署。

二·開埠前後至五四運動：香港粵劇的蛻變

（一）開埠前後香港粵劇的樣貌

　　粵劇流行於廣東、廣西兩省百多個縣市城鎮鄉村，是粵語地區最大型的地方劇種。她的歷史悠久，淵源深遠。根據資料推測，粵劇最早的形態來自南宋末年中原戲曲和嶺南歌舞結合演出故事。後來，元雜劇中的北曲也有些傳入粵劇。明代以來，江西弋陽腔和一些崑曲先後成為粵劇音樂的一部分，結合當地歌謠，形成明代流傳廣東粵語地區的"土戲"。嘉靖年間（1522—1566）粵劇伶工已在距離香港百餘里遠的佛山建立幫會瓊花會館。明清之際，來自河北秦腔梆子，安徽、江西的四平二簧腔傳入廣東，很快成為粵劇的主要音樂，時間上比秦腔徽班入京形成京劇還要早些。雍正時，張五師傅把漢劇的唱腔功架傳入廣東。乾隆年間（1736—1795），廣州一口通商，全國商旅雲集，引來安徽、江西、湖南、浙江、福建、廣西六省戲班長駐演出，並組成 44 個班的梨園會館，令各省地方劇種藝術傳入粵劇。因而在道光年間（1821—1850），香港開埠之前，廣東土戲粵劇除了本身的民間歌謠、南音木魚等和戲棚鑼鼓音樂之外，已綜合了宋元明代的南北曲、崑曲總稱為"牌子曲"的音樂體系，還有稍後傳入的梆子二簧音樂體系。用土戲原有南派的做打結合六省地方劇種一些演技，混成南北一體兼備的清代粵劇，標誌着廣東本地班進入成熟階段，所演的劇目主要是提綱武打戲，和其他劇種沒有甚麼大的分別。例如江湖十八本和一些例戲等。

　　香港在 1842 年開埠之前很是荒涼的，居民極少。但在附近寶安縣則經常有演出。開埠後人口直線上升，1848 年人口超過 2.5 萬人。從 1848 至 1853 年，美國和澳洲來華在港招聘礦工，不但令香港運輸業及美洲金山莊、澳洲南洋莊商業發展，同時連帶粵劇戲班過埠演出，且令香港粵劇與海外的關係建立起來。1854 年因伶人李文茂和陳開先後在廣州附近起義，港府頒佈《遞解出境條例》，遞解一百多名黨人出境，其中有些是伶人。1850 至 1864 年間，中國發生太平天國事件，兩廣很多人移居香港，華南西南商旅人士多取道香港，其中富戶不少，令香港人口、經濟和娛樂事業大大興旺起來。但按一般說法，香港開埠 50 年才有條件經常上演粵劇，慢慢由街上臨時戲棚改在新建的劇院演出，我們可從一些當時照片看到演員、觀眾、戲棚劇院的情形，粵劇的樣貌和廣東其他地區的粵劇是完全一樣的，香港粵劇沒有自己的特色。

（二）清末民初反暴求新的理念與實踐

粵劇的發展往後受到中國政局的趨勢影響。滿清政府自從鴉片戰爭失敗，喪權辱國，割讓香港，引起國人反清浪潮，革命性強的廣東地區，由粵劇伶工組織成軍進行反清活動。在咸豐年間（1851—1861）便有李文茂和陳開兩起，結果卻是失敗，引致粵劇被禁。本地班粵劇，改以京班姿態出現，致使粵劇"外江化"，吸納了更多外省唱、做藝術。直至粵劇解禁，開始從外江班戲棚官話過渡到本地化的"廣東大戲"。

由於香港屬英國統治，不在清朝管理之下，容易進行編演內容新潮，諷刺時弊，宣傳反帝、反封建、反貪、反舊的文明戲式粵劇。和孫中山先生一起搞革命的同盟會人陳少白、程子儀、李紀堂等，成立"采南歌"志士班劇社，1905 年在香港演出《地府鬧革命》、《黃帝戰蚩尤》、《俠男兒》、《兒女英雄》、《文天祥殉國》等劇，希望能"借古代衣冠，實行宣傳黨義；娛人耳目，猶應力挽頹風"。這類文明戲式粵劇，一時頗受注意，稍後 1908 年在省港澳成立了不下四十多個志士班劇社，屬於香港的不下十餘個。影響較大的，如現身說法社、振南天、1910 年成立的振天聲白話劇社、稍後有琳瑯幻境、清平樂、天人觀社等，名藝人陳非儂便是琳瑯幻境的成員，在推翻清政府和改革粵劇上發揮不少作用。例如粵劇名伶朱次伯的母親吳麗珍，在香港加入同盟會，1910 年廣州起義失敗後，在香港籌立醒群女科班，利用戲班來往廣州香港兩地演出，暗中為辛亥革命活動運送彈藥槍械。志士班對粵劇的影響，比較五四運動文藝思潮的影響還要來得早些，而稍後二三十年代主宰粵劇局面的名伶，包括陳非儂、薛覺先、馬師曾等人，根據他們的自述，都是說受了這時期志士班的文明戲粵劇影響，因而投身粵劇界和進行粵劇的改革。可以説，清末民初在社會政局、文藝和戲劇進行反暴求新的理念與實踐上，香港已有所介入和表現。

（三）傳統程式與西方話劇、電影的結合

粵劇屬中國地方劇種。按照悠久古典戲曲所發展出來的固定演出程式，表達唱唸做打各種戲劇藝術，發揮流傳民間的劇本故事。她的風格面貌和西方戲劇是完全不同的。但在西化熱潮之下，粵劇在五四運動前後，已不斷把本身戲劇演出

5

10

15

20

25

30

程式和西方話劇、電影結合，而且表現強烈。

　　在結合話劇方面來說，最為顯著。有關劇本方面，除撰寫一些具有反暴反舊求新理念的故事外，另外編寫一些新事物或西方戲劇小說題材的劇本，例如《茶花女》、《羅密歐與朱麗葉》、《半磅肉》、《拿破侖》、《獅王李察》等。由於劇本關係，令到服裝、化妝、語言、歌曲等均產生變化。服裝由傳統戲服增加西方古裝、時裝，和中國清裝及民初服裝。化妝也出現話劇式的自然化。語言增加了粵語化，以京劇大師齊如山為例，他曾說民國九年（1920）前的粵劇他看得懂，其後的便看不懂了，這正是五四運動後大量粵語化的結果。歌曲方面除了傳統的鑼鼓音樂、牌子曲、梆黃、民謠四大系統外，由於受到話劇、電影插曲、時代曲的影響，增加一類新的音樂——小曲系統，可以說是在五四運動前後開始發生的。此外，發明"平喉"自然唱腔，也是由於郊野戲棚進入較現代建築劇院便於入耳所致。佈景的話劇寫實化，由無景至顯吊軟景"扯景"，再到實景、機關佈景，也是從香港粵劇界開始帶動的。例如1922年樂同春班在普慶戲院演出《紅蝴蝶》，便以真馬牽上舞台騎坐，同時期的群芳艷影班的蘇州妹在香港演出，則用眩人眼目的射燈，照射釘滿玻璃片的戲服，當台上燈光黑暗時，蘇州妹一坐上寶座，便閃亮七彩燈光。再說到劇本分場分幕，傳統粵劇編制簡陋，有的多達數十場，自從結合了話劇分場方法，場數變得簡化有效。粵劇受話劇影響，連對白也變得緊湊和有邏輯性，且減少了重複。

　　電影比話劇傳入中國稍為晚些。按1880年法國杜魯斯·梅里（Merey, Dules）製成第一部電影機，1892年活動照片面世，1895年被認為電影正式開始，立即傳入中國。香港開始放映西片。1913年香港華美影片公司，由黎民偉拍攝第一部國產片《莊子試妻》。從此香港電影院和影片公司如雨後春筍地設立，影響廣州不少電影事業發展迅速，搶去不少粵劇觀眾，給粵劇帶來很大的衝擊，同時也汲取了一些電影的特色融入粵劇之中。

　　稍後，國產電影的粵語片拍製不少粵劇戲曲電影（按：據香港電影研究人余慕雲先生統計，香港歷來所製作的七千多部電影中，戲曲電影約有一千部）。粵劇伶人薛覺先、馬師曾等除了演出電影，更開設個人電影公司。簡要地說，"五四"前後的香港粵劇經已接受西化，結合話劇與電影的形態，吸收了電影、話劇藝術進步有益的地方，如面部表情電影化，口型、化妝等美化，分場與劇情推進的剪接化等等，可以說是把電影、話劇的西方戲劇因素注入傳統戲曲之內，引致原有的劇本、音樂、語言、佈景、道具、化妝、服裝，甚至舞台組織和效果等都起了變革，開放傳統戲曲表演程式空間，大膽地嘗試傳統戲劇現代化。可算是在中國地方劇種中先踏出了第一步。

（四）戲院、劇目、戲班和藝人

1. 戲院

　　1842 年香港正式開埠，同年便建成皇后大道、郵政局。從此中西式的建築物，如雨後春筍般聳立在港島上，據 1846 年統計，香港已有 1,874 座建築物了。開埠前期，粵劇只能在臨時所搭的戲棚演出。及至人口和演出日多，固定的演出場所便告出現。1865 年在今日滙豐銀行總行位置建立香港大會堂，設有壯麗的舞台，但主要為西方人士演藝之用，粵劇觀眾無福享受。專門作粵劇演出的戲院，大概要到 1870 年左右才出現在香港島普慶坊建成的第一間戲院 —— 同慶戲院，該戲院於 1890 年重建，改名普慶戲院，又名普慶坊戲院，是一座兩層高的木樓，全院可容納觀眾三四百人，樓下設有頭等位和貴妃床位，二樓則設有二等位和廂座。稍後在荷李活道又出現另一間三層高的木建新戲院 —— 重慶戲院，規模比較香港普慶戲院大些，可容納七八百位觀眾。由於稍後娛樂地區由水坑口轉移到石塘咀一帶，西環的夜生活比中、上環熱鬧多了。1880 年左右在中環消防局原址（現址為恒生銀行總行）建成的和平戲院逐漸衰落，形成 1890 年西區出現兩間較為西式建築（以士敏土建造）的新戲院，一是位於石塘咀的太平戲院和荷李活道口大道西 115 號的高陞園（後來改建，轉名高陞戲院），除了設有寬敞的舞台外，可容納上千觀眾，專門上演粵劇。太平戲院規模比高陞戲院大些，樓上正面為廂房，每房可坐六人，兩旁為散座，樓下前半設貴妃床，每張床可坐四人，後半為不分號的散座，院主源杏翹，同時為紅船及大型班的班主。高陞規模雖然比太平小一些，但由於地點適中，交通方便，甚為賣座。1890 年 3 月 31 日英皇子佐治五世訪港，香港紳商曾假座高陞戲院設宴招待。由當時著名班主何萼樓承包高陞戲院和太平戲院分庭抗禮。

　　1894 年香港九如坊建成較小型的新戲院 —— 九如坊戲院，由於交通不便，班務未見旺盛，漸漸由上演粵劇改為話劇演出。直至 1954 年原有建築物仍舊存在。

　　1920 年後具有規模的戲院出現更多，包括改建的香港高陞戲院和九龍彌敦道第一間戲院的普慶戲院，由何萼樓經營。一些省港名班，分別在太平、高陞演出後，便轉到九龍普慶演出。九龍普慶戲院票價較低，觀眾也較少，主要由於當時九龍居民在經濟和人口方面均比港島為弱。30 年代，主要演出粵劇的戲院除了太平、高陞、九龍普慶之外，先後建成的有香港的利舞台戲院、中央戲院，九龍則有東樂戲院和北河戲院等。[3]

2. 演出劇目

香港粵劇初期在戲棚上演出，不論形式、劇目和廣東省內的鄉村演出沒有甚麼分別。在第一晚開台演出時先演《祭白虎》、《八仙賀壽》、《六國封相》三個例戲，然後演出三齣崑劇如《訪臣》、《送嫂》、《祭江》等，再演江湖十八本，例如《三娘教子》、《打洞結拜》、《六郎罪子》、《仁貴回窰》、《四郎探母》等，之中三齣文戲粵劇，隨後由全班出台演出“成套”（按：成套又名“開套”，屬武戲之類，無固定劇目，例如《全忠孝》、《有義方》、《雙狀元》等），最後由配角演出插科打諢的古尾（如《賣胭脂》、《送燈》、《戲叔》等劇目）。自從搬入戲院作常規演出後，除非特殊節目，通常是晚上 7 至 11 時演出一個長劇，白天 1 至 5 時演出一場日戲。由於賣座不好，經常停演日戲，遇到重要節日如新年、端午才演出通宵戲。所演劇目除了把傳統舊劇目延展成為整本演出劇目外，同時編演不少新劇，出現一些新戲編劇家，除數十個志士班的作者如黃魯迅等人外，知名文人如梁啟超、蘇曼殊也寫過一些粵劇劇本。還有新廣東武生、廊達卿、陳公貫、梁垣三、雷瘂異、姜魂俠等知名編劇者的作品，更是香港粵劇舞台上時見演出的劇目。可見這時期的粵劇除了採用傳統來自崑劇、弋陽和皮黃劇種的流行戲目外，已開始有本地作者自行撰寫新編劇本的風氣。筆者根據當年香港報紙廣告資料統計，這幾十年來曾演新舊劇目達三千多個，包括傳統戲目如《六月飛霜》、《劉金定斬四門》、《伍子胥》、《仕林祭塔》、《王彥章撐渡》、《夜送京娘》、《羅成寫書》、《七賢眷》等。優天影、振天聲、天演台等志士班文明戲着重政治性的劇目有《自由花》、《亡國恨》、《好義士捐軀報國》、《賊現官身》等。自己戲班的編劇者多編寫社會問題劇目，如《梁天來》、《楊乃武與小白菜》、《賣豬仔》、《戒洋煙》等。此外亦有流於通俗的時裝劇，如《單眼仔娶老婆》、《天閹仔娶妻》、《怕老婆》、《淘古井》、《耕田佬開廳》等。還有套取西方人物寫成的西式劇本，如《福爾摩斯》、《意大利三傑復國》等。

（3）　部分上述戲院照片可見於黎鍵（著），湛黎淑貞（編）：《香港粵劇敍論》，第八章，三聯書店（香港）有限公司，2010 年。

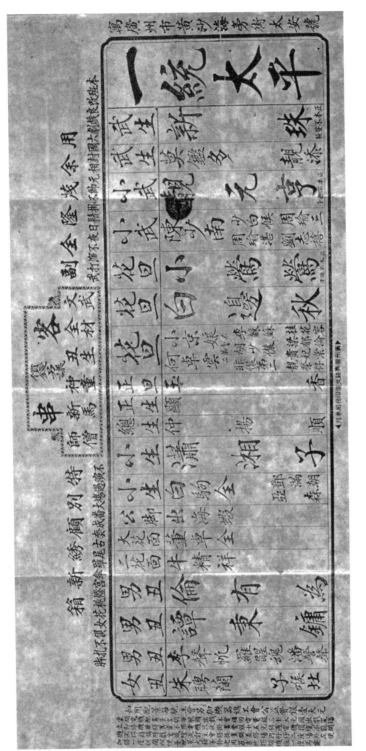

圖 18.1　20 世紀初 "一統太平" 粵劇班的橫頭單

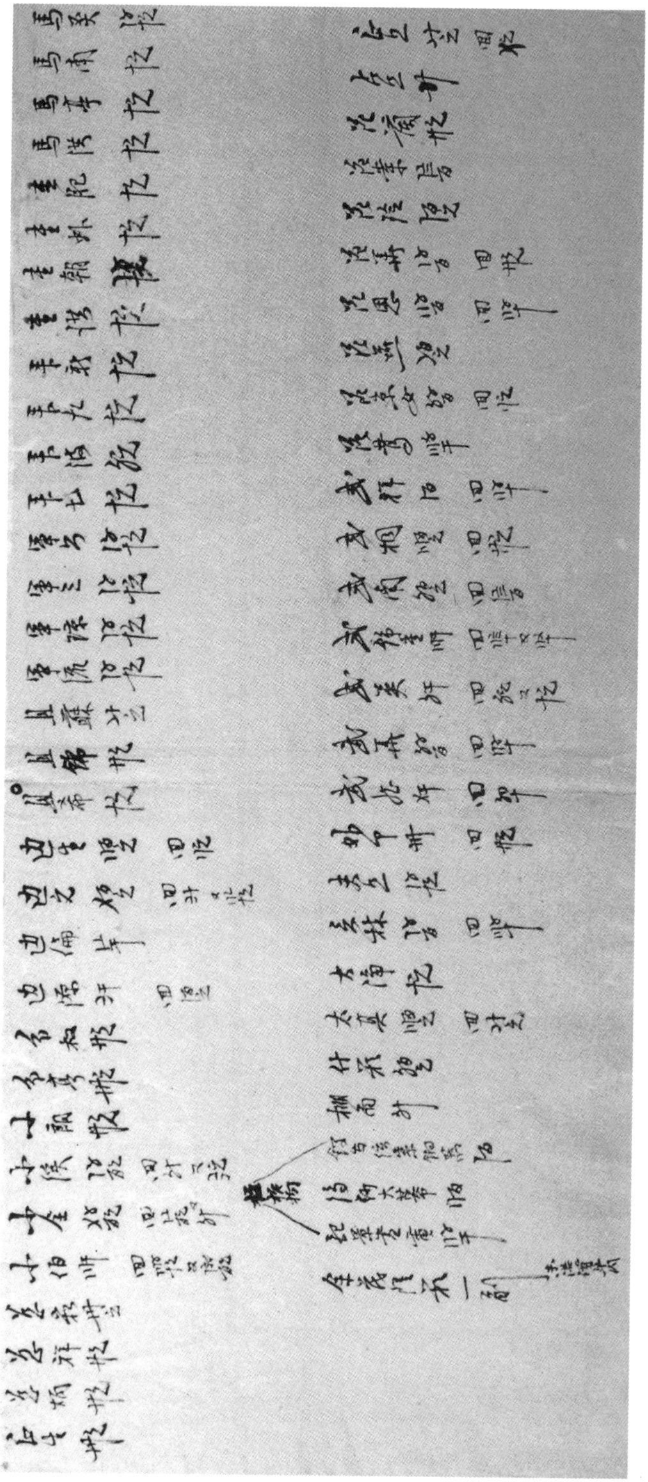

圖 18.2 20 世紀早期粵劇戲班成員的身價單

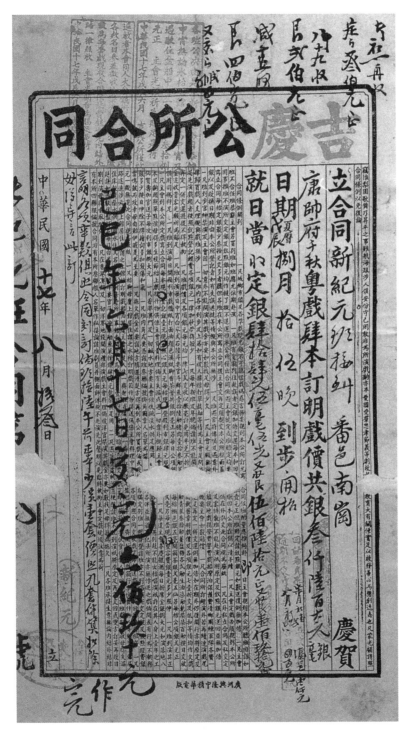

圖 18.3 "新紀元"粵劇班與吉慶公所的演戲合同

3. 戲班和藝人

從開埠至辛亥革命後，在香港活動的粵劇戲班，主要經廣州八和會館（吉慶公所）聘來演出。直至太平及高陞兩間戲院業務興盛，自行組織長駐香港一流大班，情況才見轉變。來港的戲班（按：筆者經過反覆的探查），似乎未見有用粵劇浮動戲班"紅船"送來。[4] 可能由於是平底船，香港海浪較大，不便行駛，同時省港之間，來往不難，九廣鐵路在 1898 年已開始建設，自民國元年每日均有班次。香港開埠前至港已有水上交通，開埠後大小定期船隻往來甚為方便。一般班行政及主角多先後乘火車來港，其他人員則多乘省港大船。當時來港演出的屬於全男班，全女班在 1920 年後開始流行，男女混合班到 1933 年才見出現。

至於 1880 至 1920 年間香港知名戲班和藝人，大致如下：丁財貴（靚全）、瑞麟儀、人壽年（靚新華）、國豐年（蛇公禮、貴妃文）、譜群芳、兆豐年、瓊山玉（扎腳勝）、華天樂（小生杞）、琪華玉（鬼馬文）、優天影、現身說法社、周豐年（聲架羅）、堯山玉（蛇仔根）、祝康年、粵華興、國中興（小生聰）、祝華年（靚元亨）、國文明、兆華年（生鬼慶）、又康年、鳳凰儀、耀華年、國民興、振天聲、天演台、國維新（桂花勤）、萬民興（周瑜利、蛇王蘇）、琳瑯社、有禎祥、自由樂、頌民興（風情杞）、福天樂、漢天樂、寰球樂（朱次伯、周瑜林、子喉七）、樂其樂（靚榮、水蛇容）、祝其樂、樂群樂（細杞）等。

由於香港粵劇形勢，進展得很快，不少大老倌也以香港為家，名伶收入令人矚目。一些生活浪漫引致殺身之禍的新聞，比較省城為多。例如 1923 年名丑李少帆在香港太平戲院被人買兇槍殺；稍後紅極一時，開創平喉代小生子喉的文武生朱次伯也被人在香港太平戲院演出散場後槍殺。其後另有因涉及桃色事件於 1924 年在香港上環高陞戲院附近被殺的粵劇名伶，還有梨園樂的小生白龍駒，和靚元亨徒弟靚元坤，擅演文武生，在香港被人槍殺。透過這些不幸事件，也可看到粵劇在香港已經十分流行，伶人生活亦頗受觀眾關注了。

（4） "紅船"班制度完善，明清以來一直沿用，抗戰時被日軍全部搶去才告終止。一般紅船載有 140 至 168 人，分住天地二艇，稱為"全班"。後來增加佈景，另設一畫艇。紅船班每年六月十八日開鑼，分別穿梭於珠江沿岸各地演出，直至下年六月初一才散班。

圖 18.4　鉛印粵劇劇本《刺愛》。這部劇在 30 年代由薛覺先主演。

三‧20 年代至淪陷前後：
香港粵劇從高峰到低谷

（一）新粵劇與新流派

從 20 至 30 年代初，香港人口達到 80 萬人，出入口貿易發達，工商業繁榮，娛樂事業興旺，劇院林立，戲班眾多，一流名班，如周豐年、人壽年、祝華年、寰球樂，詠太平、國豐年、頌太平、樂同春等全男猛班，不停在各大劇院演出，全女班也異軍突起，李雪芳的群芳影、張淑勤的瓊花影，還有和利梨、嫦娥艷影等，各出噱頭招徠，亦大行其道。當年香港粵劇沿襲清末傳統粵劇藝術程式，引入話劇文明戲的社會時代性意識，編劇分場手法，地方語言，以及佈景燈光服裝舞台效果，吸納電影故事橋段，演技表情，插曲音樂，令到粵劇曲文趨向粵語化，演藝生活化，劇本新編化，音樂牌子梆黃民謠小曲綜合化，增加平喉使聲腔自然化，做手棄南尚北京劇化，經營組織企業化，行當偏於生旦化，視覺電光化，宣傳廣告化，演出場地劇院化，運作商業化。這些變化正是這時期香港粵劇的新趨勢。無怪乎歐陽予倩說：“廣東的經濟命脈掌握在香港的大亨們手裡，一切就得根據這個客觀情勢為轉移。”[5] 在新粵劇未到“薛馬爭雄”白熱化之前，香港粵劇戲班和藝人代表，包括大中華（大牛丙）、樂千秋（駱錫源）、正一樂（小生沾）、周康年（新北、千里駒）、大繁華（肖麗康）、新中華（大眼順、肖麗章）、大寰球（新蘇仔）、冠寰球（小生聰）等，都是叫座力強的戲班和主角。

加上 30 年代稍後領導粵劇潮流的薛覺先和馬師曾，粵劇形成五大流派：薛（薛覺先）、馬（馬師曾）、桂（桂名揚）、白（白駒榮、白玉堂）（按：二者誰屬五大流派之一，當年頗有爭議。近期佛山粵劇博物館的人名錄中則記載白即白玉堂）、廖（廖俠懷），各具擅長，各有特色。他們的優秀劇目和表演藝術，都是香港粵劇觀眾喜聞樂見的。

薛覺先（1904—1956），本名薛作梅，別號平愷，原籍廣東順德，生於香港及受西式教育，18 歲在寰球樂拜新少華為師，演出《三伯爵》一劇成名。工文武生，擅長文戲，又能反串女角，兼演紅生，人稱“萬能老倌”，為“薛派”藝術宗師。組織覺先聲劇團。1954 年回廣州定居，兩年後去世。

---

(5)　同注（1）。

　　馬師曾（1900—1964），別字伯魯，原籍廣東順德，生於廣州。初在廣州太平春教館學戲，受僱新加坡慶維新劇團，拜靚元亨為師。成名後一直以香港為主要發展基地，領導香港太平劇團與薛覺先爭霸，興盛期達十年之久。工丑生，擅演小生，小武，花臉，鬚生等，創造"馬派"藝術。1955年回廣州定居，晚年改演老生，演藝更達至爐火純青。

　　桂名揚（1909—1958），本名桂銘揚，原籍浙江寧波，祖父來粵任官，因而落籍廣東南海。少好粵劇，從優天影志士班男花旦潘漢池學戲，再入小武崩牙成教戲館學藝，在南洋演出多時，回國後與馬師曾在大羅天、國風劇團合作。工小武，擅演袍甲戲，氣派不凡，被任劍輝視為偶像。桂身形高大，功架獨到，動作爽快豪邁，氣度不凡，且有薛腔馬型之長。首本戲《趙子龍》在美演出曾獲"金牌小武"之譽。抗戰後在港生活多年，1957年回廣州定居，因病退出舞台，1958年逝世。令人惋惜。

　　白駒榮與白玉堂：五大流派中"白派"出現雙"白"。白駒榮（1892-1974），原名陳榮，別號少坡，廣東順德人，19歲在天演台班學戲，工小生，擅唱功，把粵劇小生唱法從假嗓改為真嗓"平喉"，創"四門頭二王"、"八字二王"板式，吞吐跌宕清越動聽，有"小生王"之稱，在省港不停演出，較長期在港居住。1946年因失明輟演，1954年出任廣州粵劇團團長，在弱視下繼續演出達十年，曾任廣東粵劇學校校長，女兒多人均為知名旦角，如白雪仙便是。

　　白玉堂（1900—1994），原名畢焜生，又名"靚南"，廣東花縣人，喜七俠五義錦毛鼠名，自改藝名白玉堂，工武生、小生，擅演袍甲戲，大審戲尤其獨步藝壇，領導興中華劇團與薛覺先的覺先聲和馬師曾的太平劇團，被稱為鼎足而三的香港大戲班的最猛班。據自述：大審戲，技藝全賴28歲時在香港高陞戲院演出時，得到一位光緒年間武狀元指點，不同品級文武官員的氣派如何，再用內力演出，才能與別不同，至於袍甲戲則全用南派藝術演出。

　　廖俠懷（1903—1952），新會縣人，少家貧，曾為機器學徒，後在新加坡參加業餘劇社，隨靚元亨習粵劇，工丑生，唱腔爽暢，表演詼諧，回港演出，曾與薛覺先合作。後自組日月星班，班業興旺，擅演舊社會下層人物，唱腔獨特，能用鼻音行腔使調，所唱中板、滾花、木魚，板眼別具一格，被稱為"廖腔"，為人生活正派，有"伶聖"之譽。

（二）薛馬爭雄

　　30 年代至八年抗戰之前，香港粵劇形勢甚好，名班名伶甚多，但以薛覺先的覺先聲和馬師曾的太平劇團，賣座最盛，花樣最多，創新不少。二者風格迥異，當時傳説：凡今社會人士口有道，道薛馬，耳有聽，聽薛馬。薛馬爭雄長達十多年，他們的事蹟和影響，至今仍為粵劇界喜聞樂道。

　　薛馬二人由於並非自幼從科班出身，基本功架不強，但憑着個人多方面條件，順應時代潮流，汲取話劇、電影特質，套入粵劇表演程式之中。薛氏身形俊朗，以丑生不丑走紅，進而擅演文武小生，學京劇演紅生，兼且反串旦角，被稱為“萬能老倌”、“粵劇泰斗”。憑着唱腔溫文，仿效朱次伯平喉，結合白駒榮、千里駒優點，以問字求腔，創出“薛腔”，演唱梆黃時，運用旋律和節奏變化表達人物感情，形成風格獨特的長句二黃、二流、滾花，飲譽藝壇。他扮演中西古今人物，表情自然，做手關目一絲不苟，實得力於博取京崑之長。除了個人演藝，薛氏大力改良粵劇加以配合，包括講究服飾穿戴，採用話劇適當佈景，電影化妝表情，增添悦耳動人小曲，引進小提琴等多種西樂，加強音樂效果，自行領導一群優秀編劇者，包括駱錦卿、李公健、羅澧銘、麥嘯霞、馮志芬、南海十三郎、黎鳳緣、梁金堂等，為他度身定做數以百計的劇本，又自行創立電影公司，拍過 35 部電影，利用戲曲電影使他盛名更盛。1936 年他在其著作《南遊旨趣》説：“近年來融會南北戲劇之精華，綜合中西音樂而製曲，凡演一劇必有一劇之宗旨，每飾一角必盡一角之性 …… 不獨欲合南北劇為一家，尤欲綜中西劇為全體，截長棄短，去粕存精，使吾國戲劇成為世界公共之戲劇，使吾國藝術成為世界最高之藝術。”1938 年他曾説：“粵劇的精華，北派的功架，京劇的武術，梅派的花式，電影的表情，話劇的意義，西劇的置景。”從這兩段話，可以説明他的表演風格，以及與當時粵劇名班名伶競爭獲得成功的理由了。

　　馬師曾身形不如薛覺先，聲線也較低而欠穩定圓滑，為了揚長補短，扮演丑角，以嬉笑諷刺手法演活社會各類低層人物，用跳躍旋律，頓挫分明，吐字短促有力，行腔活潑，創出自成一格的“乞兒腔”（馬腔）。1933 年自組太平劇團，經常和多位編劇合編自演的劇本，首本戲如《苦鳳鶯憐》、《鬥氣姑爺》、《刁蠻公主戇駙馬》、《賊王子》、《審死官》等拿手好戲，唱詞通俗流暢，採用更多方言俚語，擁有大量戲迷，和薛覺先在 1929 年組成的覺先聲劇團分庭抗禮，他對粵劇革新不遺餘力，除在音樂，服裝，佈景等多方改進外，又吸納話劇、電影的長處，豐富

圖 18.5　薛覺先軍裝劇照

了其本人表演藝術，同時拍攝幾十部粵劇戲曲電影和粵語故事電影，配合演出粵劇三百多個劇目，令觀眾留下深刻印象。

（三）30 年代香港粵劇的得失

30 年代香港粵劇情況，一如前兩節所述，由於和有聲電影競爭日趨白熱化，需借助電影製作大量粵劇戲曲電影來取相輔相成之效。另外在組織運作方面，也進行全面改革，這都是 30 年代香港粵劇發展主要趨勢。薛馬爭雄所表現的固然如此，其他戲班和藝人或多或少亦受到這種時代潮流所影響。至於評論她的得失應該是相對的而非絕對的，未來的粵劇乃至全國地方劇種也同樣遇到這些問題，只是 30 年代香港粵劇先行一步罷了。

整體來說，話劇式的分配場幕比粵劇傳統劇本更趨於合理，曲文表達省去重複累贅，適當的佈景在不妨礙伶人做手藝術時，視覺是可以接受的，不必走向機關化以免粵劇變為機械劇。道白流於口語化、粵語化，是地方劇種步向自主的途徑。電影的化妝與臉部表情，自然而不誇張正是從原野高台回到劇院演員和觀眾距離拉近的當然效果。電影多樣化的劇情和多姿的配樂，令粵劇音樂和內容更形豐富，只要合情合理合聽便好了。吸納京劇和其他優秀劇種的演藝精華，令粵劇可觀性更強，但不能偏而忘祖，把原有傳統南派藝術置諸腦後，淪於滅亡，必須兼收並蓄。服裝無妨採用古今中外，視乎劇中人物時代身份而定，不過中國戲服制度歷史既久，兼且自有一套廣泛適應效能，除非個別劇本所需，否則應沿用傳統戲服體制，有利多於弊的妙用。過分的閃光戲服或燈泡戲服不要也罷。至於改假嗓為平喉，運用"米高峰"擴音設備，實由曠野轉入劇場的文明效應。唱了平喉而失去一些傳統唱做藝術，只要保留淨丑等專角專腔專技（例如左撇大喉的花臉唱做，小武高腔假嗓唱做等），從變與不變之中取得平衡就可以了。又在增設西樂之下，促使音樂家加入為主角設計伴奏唱腔，例如白駒榮的"駒腔"，用區梅喉管吹法而來；小明星腔由梁以忠設計，千里駒腔得力於陳卓瑩，薛覺先腔得力於尹自重小提琴伴奏，馬師曾腔得力於西方色士風伸縮效果，又陳卓瑩為譚蘭卿設計小曲唱段等。只要和原有中樂協調，發揮中西樂和諧性能，只要動聽便能動人。1933 年經香港立法，男女可以混合班演出，馬師曾和譚蘭卿正式組成男女班，薛覺先與妻子唐雪卿亦較早演出堂戲，此風氣影響整個廣東省粵劇，同時也影響全國所有劇種，男女同台表演，可以説是由香港粵劇開始的。30 年代粵劇劇本大量編寫，象徵了粵劇繁榮一面，只要小心選擇便可成有用的文化遺產，不必謾罵全屬殖民地化商業化的糟粕。説到 30 年代香港粵劇流於商業化，戲班由八和會館吉慶公所的組織改為商業公司制的壟斷，"班蛇"的出現，[6] 事實雖然如此，但商業化和企業化或現代化，有時是殊"名"同歸的。水能載舟也能覆舟，看你怎樣應用它而已。多年來對 30 年代粵劇否定過多，站在香港人立場感慨地説：彎路正路通向大道，有路好過無路。"至於傳統十大行當，各有專腔專藝，30 年代偏重生旦戲，引致六柱制稱盛，更而甚者，只見生旦二人，再變本加厲，萬能老倌兼演文武生、丑、淨、旦，薛馬為之，恐已過多，實在不可為鑑。

（四）抗戰至勝利後的香港粵劇

　　40 年代初期，依然是薛馬爭雄的形勢，五大流派藝人仍是香港粵劇舞台叫座名伶，而其他班務也還是不錯的。尤其是男女混合班興起後，更添一番新氣象。和薛、馬同輩的大老倌，例如靚少華、靚少鳳、新靚就（關德興）、靚少佳、靚榮、陳非儂、新珠、曾三多、嫦娥英、半日安、李雪芳、蘇州妹、譚蘭卿、上海妹等，均屬個中表表者。還有一些稍後崛起的，包括陳錦棠、羅家權、陸雲飛、新馬師曾、羅品超、何非凡、任劍輝、陳艷儂、靚次伯、李海泉、梁醒波、葉弗弱、文覺非、余麗珍等都是各具擅長，光芒四射的名演員。可惜好景不長，安定的社會，給日本侵略者毀滅了。1937 年 7 月 7 日，日本正式發動全面侵華戰爭，激發了香港粵劇界民族意識，紛紛演出表現愛國思想與抗敵熱情的劇目，如馬師曾當時在港編演的《秦檜遊地獄》、《洪承疇》、《救國憐香兩情深》等；薛覺先演出愛國名劇《四大美人》、《梁紅玉》等。1938 年 10 月廣州淪陷前後，居留在香港的粵劇界人士更多，還有一些藝人留在美國和越南演出，避免了淪陷地區生活的困境。住在香港的粵劇人士，在 1941 年冬季，日軍統治香港之後，或開始過着"三年零八個月"的淪陷生活，或選擇逃回廣州和大後方作顛沛流離的演出。如馬師曾在香港失陷後第六天便帶着全家偷偷逃抵澳門，三個月後再轉到廣州灣（湛江），一直在廣西後方生活演出至 1945 年日本投降。與他一起的還有羅麗娟、紅

（6）　當時一些無良班主為了謀利而對演員諸多剝削，業界稱之為"班蛇"，寓意其心毒如蛇。

線女、梁冠南等連家屬共一百多人。又薛覺先在被逼組班在港澳演出《王昭君》之情形下，策劃逃亡到廣州灣，輾轉到廣西多地繼續演藝生涯，身心俱疲引致體弱呆滯，一代紅伶如此下場，令人實在傷感，直至 1946 年他才返回香港居住。有些藝人留在香港渡過“三年零八個月”，演出時有時無。有些藝人如任劍輝等移居澳門，反而獲得穩定生活，而且班務頗佳。大致上説，經過八年抗戰，老一輩名伶的健康走向下坡，聲藝的光芒退減，光復之後的香港粵劇舞台，星光耀目、賣座滿堂的多是後起之秀了。簡要地説：1945 年底馬師曾、紅線女的勝利劇團在太平戲院演出，令紅線女聲譽提升。同時，余麗珍、新馬師曾的大光華劇團在高陞和普慶的賣座亦不弱；譚蘭卿、廖俠懷、羅品超的花錦繡演期頗長。1946 年任劍輝、靚次伯、歐陽儉和白雪仙的新聲劇團經常有演出，但陣容不及陳錦棠、少新權、李海泉、余麗珍、新馬師曾的五龍劇團。至於何非凡、上海妹、半日安、鄧碧雲的唱家班，亦甚受歡迎。1947 年衛少芳代替鄧碧雲，改名前鋒劇社，在各大戲院輪迴演出不停。另外，關德興的《神鞭大俠》令人矚目，馬師曾、紅線女在省港輪迴演出。曾三多的日月星班和譚蘭卿花錦繡結合為大聯合劇團，陣腳穩定。羅品超、余麗珍、李海泉、新馬師曾的光華劇團維持了半年。1948 年內地局勢混亂，不少原住在廣東地區的粵劇人士移居香港，令香港粵劇有人滿之患。新珠、黃超武、徐人心的黃金劇團，馬師曾、譚玉真、劉克宣的飛馬劇團，何非凡、麥炳榮的非凡響劇團，薛覺先、余麗珍、文覺非、羅艷卿的覺光劇團，羅品超、芳艷芬、上海妹、麥炳榮的雄風劇團，神童羽佳、伊秋水的羽佳劇團，秦小梨、羅家權、白駒榮的大金龍劇團等都是當年能夠維持賣座的劇團。總括從抗戰前後至香港光復的十年來説，香港粵劇的發展只能是由 30 年代鼎盛走入低谷復原的階段，在藝術上談不上有甚麼進展。

（五）大老倌、編劇家與優秀劇目

1. 大老倌

從 30 年代到香港光復期間，粵劇表演藝術家有如繁星密佈，香港戲迷熟悉的

圖 18.6　李海泉（右）與芳艷芬（左）在《血海紅鷹》中的舞台劇照

大老倌，除前節所述五大流派之外，不可不提的有以下數人。[7]

千里駒（1888—1936），原名區家駒，廣東順德人，男花旦，曾演出一百二十多個劇目，首本戲有《金葉菊》、《捨子奉姑》等，被稱為"悲劇聖手"。在《燕子樓》一劇中創出"燕子樓"中板，有"滾花王"、"駒腔"之譽，灌錄唱片不少，曾把喉管、短簫引入粵劇音樂之中。梅蘭芳亦稱許他的唱腔。他熱心扶助後進，白駒榮、薛覺先、馬師曾等均受其益。

陳非儂（1899—1984），原名陳景廉，廣東新會外海人，男花旦。少年受志士班影響，在新加坡拜靚元亨習藝，與馬師曾、薛覺先合作多時，享有盛名。抗戰回港長期定居，由於男花旦式微，加上誤服感冒藥，引致倒嗓。息演後辦"非儂粵劇學院"，培養不少接班人，被稱為"粵劇教育家"。筆者能從元雜劇、關漢卿研究改為粵劇研究，也主要受到陳氏影響與教導。他曾發表經驗之作《粵劇六十年》，並曾演出 107 個劇目，首本戲有《危城鶼鰈》、《天女散花》、《一笑釋兵戎》等。

李雪芳（生卒年不詳），廣東南海人，是二三十年代全女班"群芳艷影"的台柱，嗓音清脆高亢，以唱"反線慢板"見長，有"金嗓子"之譽，擅演苦情戲，在《仕林祭塔》劇中"祭塔"一曲，搖曳多姿，創出"祭塔腔"。首本戲有《黛玉葬花》、《曹大家》等。在粵劇舞台上首先使用電燈裝置和燈光服飾，影響不少。

蘇州妹（生卒年不詳），原名林綺梅，廣東番禺人，為全女班鏡花影主角，做工細膩，表情逼真，行腔婉轉，盡得千里駒"駒腔"之長，擅演風情戲，所演《夜送寒衣》、《桃花源》、《夜吊秋喜》等劇，大受歡迎。

上海妹（1909—1954），原名顏思莊，原籍廣東中山，生於星洲，30 年代在省港發展。1931 年與馬師曾赴美演出，1933 年與譚蘭卿一起加入馬氏的太平劇團，隨後轉到覺先聲劇團與薛覺先合作多年，演出《胡不歸》、《西施》、《貂蟬》、《前程萬里》，轟動一時，抗戰後長期在港生活，1954 年病逝。壽命不長，令人可惜。她演技細緻，台風大方，嗓音稍弱，但能用氣，善唱"反線中板"，行腔迂迴動聽，有"妹腔"之譽。

譚蘭卿（1908—1981），原名譚瑞芬，廣東順德人，自幼隨姊姊仙花旺、桂花甜學戲，16 歲以"桂花咸"藝名赴美演出，回港後改名譚蘭卿。1933 年香港法定

---

[7] 有些名伶，雖然在港知名度甚高，如文覺非、葉弗弱等是在香港出生的人，但由於在 1949 年後主要留在廣州發展，如新珠、曾三多、靚少佳、梁蔭棠、林超群、郎筠玉、李翠芳、羅品超、文覺非、譚玉真、楚岫雲、陸雲飛、呂玉郎、馮鏡華、葉弗弱等對香港粵劇觀眾影響力減弱，限於篇幅，此處從略。

圖 18.7　陳錦棠（左）與羅艷卿（右）的造型合照

圖 18.8　靚次伯（左）與余麗珍（右）的舞台劇照

男女可以混合演出時，譚與馬師曾組織第一個男女班演出《野花香》、《刁蠻公主戇駙馬》等劇，廣受歡迎，與上海妹、譚玉蘭、衛少芳被稱為 30 年代粵劇 "四大名旦"。抗戰時在澳門渡過。抗戰勝利後，在港與薛覺先合作演出《璇宮艷史》，後由於發胖，改演女丑。1981 年病逝香港。她的歌喉清脆悅耳，有 "金嗓子" 之譽，擅唱小曲，又有 "小曲花旦王" 之譽。

半日安（1902—1964），原名李鴻安，廣東南海人，工丑生，隨馬師曾習藝。30 年代與上海妹結婚，為戲行中 "模範夫妻"。先後參加馬氏的太平劇團及薛氏的覺先聲劇團。他的聲底欠佳，但卻戲路廣闊，擅演反派或反串惡婦等角色，尤以扮演《胡不歸》中惡家姑文方氏著稱。與廖俠懷、李海泉、葉弗弱被譽為 30 年代 "四大丑生"。60 年代在香港去世。

李海泉（1898—1965），廣東佛山人，工丑生，為四大丑生之一。早年與陳錦棠在錦添花劇團合作而知名，抗戰時留居美國，戰後回港與薛覺先、陳錦棠合作，演出《乞米養狀元》，轟動香港，與薛覺先《花染狀元紅》、陳錦棠《狀元紅》、廖俠懷《本地狀元》合稱為 "四大狀元" 劇。為香港粵劇觀眾喜愛劇目。李海泉首本戲還有《煙精掃長堤》、《廟祝公分妻》等。他的兒子李小龍，更是國際知名功夫片演員。

關德興（1906—1996），早期藝名新靚就，廣東南海人，為著名小武，曾參加大羅天劇團，以技藝出色獲好評。抗戰前經常在越南、美國演出，把外國雜技和夏威夷舞引入粵劇舞台。抗戰時期，曾義演義賣，得款購贈戰機，及投身抗戰活動，而被稱為 "愛國藝人"，所演《武松》、《岳飛》、《海底霸王》等，甚為著名，又擅揮長鞭，以扮演 "神鞭大俠" 而深受觀眾喜愛。抗戰勝利後一直留港生活，演出《黃飛鴻》電影達百套、曾獲英女皇頒授 M.B.E. 勳銜，經常參予老人慈善活動。

陳錦棠（1906—1984），廣東南海人，曾先後拜其叔小生新北及薛覺先為師，又從京劇藝人學北派，武打技藝紮實，工小武，有 "武狀元" 之譽，所演《火燒阿房宮》、《飛渡玉門關》、《金鏢黃天霸》、《三破銅網陣》等武打戲大受歡迎，加上得小生新北正小生腔真傳，聲韻悠長，丹田吐字，南北派俱全，令人欣賞。1984 年在香港逝世。

靚次伯（1905—1992），原名黎次伯，廣東新會人，16 歲隨三兄新太子卓學戲，先加入寰球樂，又拜武生靚大方為師，後轉到祝華年擔任正印武生，亦曾在頌太平和人壽年等名班演出。由於南派功架精湛，演出認真，有 "武生王" 之稱，在《六國大封相》飾演蘇秦，其坐車技藝，內行人極其稱許。早年與羅家權、靚少佳合演《龍虎渡姜公》，扮演姜太公一角深受歡迎。聲線低沉而有力，擅唱苦喉南音，有"南音王"之譽。抗戰後長留港演出，為仙鳳鳴及雛鳳鳴劇團台柱之一，對香港粵劇傳統藝術的維繫影響力甚大。1992 年以高壽去世，令人懷念。

梁醒波（1908—1981），原名梁廣才，原籍廣東南海，生於新加坡，為名小武聲架悦之子。17 歲學藝，擅演馬派戲，1939 年在香港加入馬師曾太平劇團，抗戰時曾回廣州灣演出。抗戰後長期在港演出，曾和譚蘭卿合組花錦繡劇團。由於身體發胖，少演小武，主要演丑生，在電影與電視上表現甚多，晚年擔任仙鳳鳴、雛鳳鳴劇團台柱，在唐滌生名劇《帝女花》、《紫釵記》演出優異，曾任香港八和會館第五屆會長，由於對香港演藝的貢獻，獲英女皇頒授 M.B.E. 銜，1981 年在香港逝世。

2. 編劇家

香港早年演出的粵劇劇目，全是傳統舊戲，和其他劇種沒有分別，談不上是某一個編劇家的作品。戲班的劇務人員便是開戲師爺，地位不高，無須要求創作。清末民初，一些知識分子"志士班"以粵劇程式編寫了一些新意劇本，志在宣傳維新，不屬粵劇戲班專業編劇。隨着粵劇進入都市劇場演出，和同行以及電影競爭，加上香港粵劇觀眾看戲喜歡追求故事情節，而且要求換演新戲，形成各大戲班高薪聘請多位編劇為主角"度身寫戲"，風氣一開，編劇大行其道，專業者近百人，知名的也不少。編劇者主要受僱於大戲班，亦有為書坊寫戲刊行的，坊間刊印名班劇本，數目甚多，筆者過目及收藏近千種。據統計，從 20 至 50 年代曾演劇目近三千個，約半數是 30 年代新編作品，可説是產量顛峰期，其中不乏多姿多彩頗具新意，也有不少低劣粗鄙色情胡鬧劇。它們的得失，一如 30 年代香港粵劇成敗一樣，可以用相對的觀念來看，不應統統斥之為商業化殖民地化的"垃圾"。當年薛覺先、馬師曾、曾三多、陳非儂、白玉堂、廖俠懷等名伶經常參與編劇工作。薛馬爭雄之下，薛氏的覺先聲和馬氏的太平劇團的編劇陣容最盛。覺先聲的名編劇有歐漢持、梁金堂、南海十三郎、馮志芬等。太平劇團則有麥嘯霞、盧有容、陳天縱等。另外報界的任護花和冼幹持也多次為馬氏度戲打曲。報人李孟哲為陳非儂梨園樂劇團客串編劇。梁夢為新春秋劇團 名編劇，而徐若呆則曾為多個名班編寫甚多劇本。

歐漢持以所編《毒玫瑰》一劇知名，結構佈局情節動人，由於寫作較慢、自署名為"最懶人"，作品不多。

圖 18.9　鳳凰女（左）與陳錦棠（右）在電影舞台劇《紅菱巧破無頭案》中的劇照

　　梁金堂，曾演旦角，知音律善唱曲，薛覺先不少首本戲出自梁氏手筆，包括《白金龍》、《姑緣嫂劫》、《璇宮艷史》等。

　　南海十三郎（約 1909—1984），原名江譽鏐，別字江楓，廣東南海人，江太史江孔殷之子，才氣過人，中西兼通，長期為薛覺先編劇，名作甚多，如《燕歸人未歸》、《花落春歸去》等，抗戰後精神不大正常，經濟欠佳，間在灣仔茶室或大嶼山寶蓮寺出現，於 1984 年病逝於香港青山精神病院，令人惋惜。其胞姊江畹征，借用南海十三郎署名為薛氏編劇，如《女兒香》、《紅粉金戈》等俱屬名作。

　　馮志芬（？—1963），出身書香之家，詩詞修養頗深，初任南海十三郎助手，稍後為主編，所寫《胡不歸》、《西施》、《貂蟬》、《王昭君》、《楊貴妃》、《梁山伯與祝英台》、《嫣然一笑》等劇家傳戶曉。抗戰後曾為何非凡編《情僧偷渡瀟湘館》，解放後離港回廣州定居，1957 年被誤劃為右派，1963 年死於三水農場。

　　麥嘯霞（1903—1941），多才多藝，用“冷英”筆名為馬師曾編劇，所作《聲震白門樓》、《連環計》、《午時花》、《粉墨狀元》等不過不失。所著《廣東戲劇史略》為第一本粵劇史著，1941 年日軍機轟炸香港，不幸全家被炸死。

　　盧有容，為太平劇團主要編劇，所作《龍城飛將》、《鬥氣姑爺》、《刁蠻公主戇駙馬》等均屬馬師曾的戲寶。

　　陳天縱，曾任教師，戰前長期為馬師曾所在的大羅天效力，所作《賊王子》一劇得盛名，又為陳非儂《危城鶼鰈》，成為陳氏首本戲。另又為千里駒、薛覺先寫《萬劫紅爐》、《紅爐火》等。稍後放棄編劇，改為電影導演，甚受歡迎，光復後長期在廣州居住。

　　李孟哲，原為《廣州報》主筆，但經常為香港戲班編劇。如為陳非儂所寫的《玉梨魂》，情節佈局均屬上乘之作。

　　梁夢，30 年代主要為日月星、新春秋兩大戲班編劇，作品甚多，如《火燒阿房宮》令陳錦棠享譽不少。《花王之女》成為廖俠懷戲寶之一。

　　徐若呆（1908—1952），原為魔術團小丑，改任編劇，作品甚多，為數百餘，風格活潑。四五十年代先後為新聲、永光明、勝壽年、興中華、鏡花艷影、新世界、龍鳳、黃金各大戲班編劇，其中為任劍輝、陳艷儂的新聲劇團寫作最多。1950 年離港回廣州定居，1952 年中風逝世，享年 44 歲，令人嘆息（按：從量和質整體評價，徐若呆和 50 年代崛起的唐滌生、李少芸，可以說是當年香港粵劇的三大編劇家）。

圖 18.10　馬連良（右）與新馬師曾（左）攝於影樓（1938 年 9 月 2 日）

四‧50 至 90 年代末：香港粵劇從掙扎求存至平穩發展

（一）50 年代香港粵劇班多、人眾而勢弱

　　1949 年 10 月，中華人民共和國成立，實施新文藝新戲曲政策，內地粵劇投入政治服務，香港粵劇保持其為娛樂事業工作，在不同的社會背景下，各自發展，香港粵劇維持原有面貌，繼續生存，可以說是香港粵劇和國內粵劇進入分立階段。由於局勢轉變，香港人口從二次大戰時期的 60 萬人，至 1950 年跳升至 200 萬人。人口倍增，大量資金流入，加上當時留港居住的紅伶，數量亦空前，似應大可發展。但是，香港粵劇卻未見興旺，原因主要用作演出的戲院多改為放映電影，只有高陞、普慶和中央戲院仍然上演粵劇，在院少伶眾班多之下，香港粵劇出現困難，掙扎求存的局面。另外在政局動盪下，觀眾口味，偏於麻醉，肉感戲《肉山藏妲己》，和苦情戲《淒涼姊妹碑》、《斷腸姑嫂斷腸夫》等較受歡迎。老一輩名伶也漸走下坡，薛覺先、馬師曾、白駒榮、曾三多、上海妹、譚蘭卿等人的賣座力，未必比較後起的新馬師曾、陳錦棠、何非凡、任劍輝等，以及新紮的秦小梨、芳艷芬、紅線女等為高。然而，1952 年香港經濟不景，戲班業務更形淡靜。反而在建國初期，政府謀求恢復國民經濟，經濟發展較快，三年之間，即到 1952 年，廣東許多工業、農業的產量達到甚至超過抗戰前的高水平。由於粵劇藝人被視為文藝幹部，社會地位頗高，香港名伶多被招手，加上個人思想傾向或環境關係促成，引致不少藝人回國定居。[8] 回國前他們在港經常演出，其中如紅線女的聲譽日益增加，同時在電影方面亦大有發展。回歸潮冷靜後，香港粵劇從新開始。以陳錦棠領銜，上海妹、半日安、衛少芳、黃千歲等組成的錦添花劇團賣座力強。稍後上海妹、羅麗娟先後離去，芳艷芬補上，有 "美艷親王" 之譽。主演唐滌生劇目《火網梵宮十四年》、《隋宮十載菱花夢》、《漢武帝夢會衛夫人》等，成為一時猛班。1958 年芳因結婚而息演。以何非凡為首加上羅麗娟、羅艷卿、梁醒波、麥炳榮的大光明劇團主演情僧劇《情僧偷渡瀟湘館》亦為旺台大班；以新馬師曾為首，余麗珍、李海泉等組成的龍鳳劇團上演新馬的《萬惡淫為首》一劇，賣

---

(8)　1952 年回廣州定居伶人有：白駒榮、羅品超、陳笑風、文覺非等，1954 年有薛覺先，唐雪卿等，1955 年有馬師曾、紅線女等，稍後有譚玉真等。

圖 18.11　大龍鳳劇團在皇都戲院上演時的 "戲橋"

座鼎盛；陳艷儂為首，歐陽儉、靚次伯、白雪仙的新聲劇團維持頗久，以演徐若
呆所編劇目為主；秦小梨和羅家權的妲己、紂王戲也是風行一時。此外，稍後麥
炳榮會同鳳凰女組成的大春秋和大龍鳳劇團亦頗受歡迎。實則五六十年代戲班組
織，一般是班期短而且配搭更換頻密，班主投資減少，大老倌為求自保，組織兄
弟班（大包細劇團），和 30 年代覺先聲和太平劇團的穩定性與雄霸性，不能相提
並論。由於競爭大，戲行吹淡風之下，1956 年不少劇團採用濃縮劇本，作兩小時
演完一套戲，減低票價，雙班合演一晚兩場吸引觀眾。逐漸扭轉頹勢，其中尤以
芳艷芬邀請學者簡又文編成《萬世流芳張玉喬》和延用潘一帆編成《梁祝恨史》大
收旺台。任劍輝，白雪仙、梁醒波、靚次伯等人組成仙鳳鳴劇團，演出認真，重
用唐滌生編寫劇本，很快成為一支香港粵劇主力軍。何非凡自組的非凡響劇團，
和吳君麗合組的麗聲劇團班期頗長，而麥炳榮、鳳凰女的大龍鳳劇團聲譽日隆，
加上新馬師曾為主的劇團成為 50 年代後期的代表。"武狀元"陳錦棠、"乞兒慈善
伶王"新馬師曾（新馬仔）、"情僧"何非凡、"美艷親王"芳艷芬、"戲迷情人"任
劍輝、"東宮"余麗珍，"妲己"秦小梨，"鬼馬旦"鄧碧雲、威猛沙聲的牛榮（麥炳
榮），他們的形象，漸漸被香港粵劇觀眾肯定下來，成為香港粵劇名伶的象徵了。
粵劇藝人在演出不足情況下，大量投入粵劇戲曲電影或一般題材電影演出，一方
面增加收入，另一方面維持香港粵劇的艱苦生存。

（二）60 至 70 年代中國戲改下的香港粵劇

1949 年之前，香港粵劇和內地粵劇是完全沒有分別的，建國後由於兩地兩
制，開始不同。國內粵劇從政治局面以及文藝發展分為三個段落發展。1949 至
1965 年為建國後至"文革"前，屬於新中國新文藝新戲曲典型時期。1966 至 1976
年為十年"文革"浩劫樣板戲獨霸時期。1977 年至今為"文革"後復原時期與外間
粵劇交流時期。在制度和傳承方面，內地的粵劇已經發展到與原有傳統粵劇的提
綱戲面貌有所不同，例如採用導演制，借鑑西方話劇歌劇的導演方式，導演負責
指導全劇的排練和統一組織以集中完成演出。由於着重集體排戲、集體編劇而窒
梏了個別演員的藝術發展，亦缺乏通過傳統的"排場程式"去表現故事情節。[9] 在

（9）　傳統粵劇在表現故事情節時所積累的固定"套路"，稱為"排場程式"。

音樂方面亦借鑑西方樂隊的交響化配樂方式，至令傳統音樂拍和的"兜搭"、"追腔"藝術漸漸式微。香港粵劇自從大陸解放以來，除純戲劇藝術方面的嘗試外，對國內粵劇"改戲、改人和改制"一直不敢貿然模仿，維持傳統風格，例如保留粵劇傳統的排場程式，即着重沿用表現情節所衍生出來的固定"套路"，也因而保留了粵劇各大行當的傳統表演藝術，也保留了傳統的音樂拍和藝術。此外，香港粵劇也因政治、社會的變遷而逐漸發展成具有本土特色的藝術，繼續求存。

　　經過 50 年代回歸熱潮的震盪後，60 年代香港粵劇已站穩陣腳，我行我素，自求多福。留港生活的大老倌，包括新馬師曾、陳錦棠、何非凡、麥炳榮、靚次伯、任劍輝、芳艷芬、余麗珍、白雪仙、鄧碧雲、梁醒波、鳳凰女等的形象更見顯著，風格各自成家，雖然由於時代改變，娛樂方式多樣化，傳統地方舞台藝術的粵劇演出，深深受到中西電影，時代歌壇、唱片、電台的衝擊。50 年代粵劇景況，雖然大不如 30 年代旺盛，但是電台廣播粵劇仍是市民主要娛樂；戲曲電影仍是電影主要片種，粵劇觀眾還是不愁寂寞的。不過自從 1963 年麗的中文電視台開播，1967 年無線電視台正式成立，1971 年彩色電視出現，這些傳媒新科技對於香港粵劇的發展無疑是影響重大的。幸好香港粵劇界配合時代發展，在良性競爭艱苦奮鬥下在藝海中求存，除了在舞台劇場和神功戲、電台、電視台、電影作多棲工作外，大致來說，從 1968 年至 1971 年間，香港粵劇處於低谷時期，藝人們需遠赴美加、南洋、台灣各地作過埠演出，同時在當地移民法例許可下，不少粵劇藝人在 70 年代便留在美加定居。於是美國的三藩市、波士頓、紐約、西雅圖，甚至在夏威夷，加拿大的溫哥華、多倫多等地成為了他們海外的家了。不過堅定地留在香港發展的粵劇藝人仍然眾多。可以說，70 年代香港粵劇是在內外夾迫之下，發揮頑強的適應能力，發展下來，而且有些表現，至今還是為人所樂道的。[10] 例如仙鳳鳴劇團的力挽頹勢大顯光芒，1956 年任劍輝、白雪仙、靚次伯、梁醒波、任冰兒等組成仙鳳鳴劇團，重用唐滌生編劇。從第一屆 (1956) 演出《紅樓夢》、《唐伯虎點秋香》，第二屆演《牡丹亭驚夢》，第三屆演《蝶影紅梨記》和《花田八喜》，第四屆演《帝女花》，第五屆演《紫釵記》，第六屆演《九天玄女》，第七屆演《西樓錯夢》，第八屆演《再世紅梅記》，至 1962 年第九屆演《新白蛇傳》，1969 年復出在油麻地搭棚演出，收入過百萬元，哄動一時。不但建立了如 30 年代

---

(10) 1969 年，由羅香林教授主持，梁醒波、陳錦棠、任護花等在港大戲劇研討會廣東戲小組的討論中指出：粵劇衰落外因，包括場地缺乏、政府、文化界不重視、電台干擾、低質粵語殘片連累等；內因有粵劇本低劣、新人後繼不足、大老倌個人薪酬偏高、舞台環境惡劣等，值得參考。

覺先聲或太平劇團的猛班風範，同時培訓了《新白蛇傳》中配戲的舞蹈仙女為日後成材的雛鳳鳴劇團。此外，六七十年代香港粵劇的盛事，例如 1962 年香港大會堂開幕，麥炳榮、鳳凰女等演出《鳳閣恩仇未了情》，60 年代末至 70 年代初，陳錦棠承包啟德遊樂場，聘請新秀演出粵劇，培訓新人不少；1968 年 11 月香港大學亞洲研究中心舉行香港中國戲劇現況研討會，事後邀筆者為校外研究員，黃兆漢先生為中心專職人員，成為大專院校開始進行粵劇研究的嚆矢。

　　1972 年麥炳榮大龍鳳劇團與羽佳的慶紅佳劇團實行雙班制，一晚演出兩個劇團不同劇目，大受歡迎。70 年代中李奇峰、梁漢威、尤聲普、阮兆輝、葉紹德等組織實驗粵劇團（按：後正名為香港實驗粵劇團），嘗試改革粵劇，並吸收崑劇《十五貫》演藝。1976 年中大音樂系邀請王粵生任粵曲導師及聘請筆者為兼任講師，教授粵劇研究一科。1978 年 2 月香港電台第五台成立，戲曲節目豐富，如《戲曲天地》介紹粵劇、粵曲，訪問有關人士，影響很大。1979 年 9 月香港八和會館議決籌辦粵劇訓練學校，黃炎為院長，梁漢威為副院長，兼教務主任。隨着廣東粵劇團多次訪港，引起香港粵劇賣座率上升。香港電台舉辦研討會，邀陳非儂、梁醒波、李寶瑩、羅家英、梁漢威、梁沛錦等參加，拍成電視特輯《粵劇在香港》，於《鏗鏘集》中播放，引起社會廣泛關注。六七十年代，香港粵劇在艱苦中維持自求多福，逐漸建立香港粵劇自己的形象，除了成名老藝人演技更精之外，新人面貌亦相繼出色，包括雛鳳鳴的龍劍笙、梅雪詩；頌新聲的林家聲；還有羅家英、李寶瑩，隱然成為 80 年代舞台的台柱。編劇和劇本方面，成為唐滌生和李少芸的天下，尤其是唐滌生，差不多成為香港粵劇的莎士比亞（按：見下一節有關唐、李二人的介紹）。

（三）80 至 90 年代的香港粵劇

　　踏入八九十年代，香港粵劇可以說是由龍劍笙、梅雪詩為主的雛鳳鳴劇團和林家聲為首的頌新聲劇團主宰大局。全年全港劇院搭棚演出神功戲大約五百場，"雛"、"頌"兩團佔去近三分一，其餘由二三線各班甚至外來班分享。雛鳳鳴的劍、梅不但繼承任白的衣砵，同時相當完整地接收仙鳳鳴的班底，加上梁醒波、靚次伯、任冰兒的綠葉扶持，全團上下內外的配合，主要演出唐滌生的優秀劇目，還有朱剛毅兄弟主管音樂，葉紹德的認真處理劇務等有利因素，令她成為最旺猛班，年演達百場之多。對於帶動香港粵劇繁榮，吸引年青觀眾，重現任白舞台風采，傳演唐滌生優秀劇本，可謂非常有功，只可惜在整個粵劇的改進創新，開拓，長遠發展上貢獻未能令人滿意。至於由林家聲掛帥的頌新聲劇團，基於林家聲自五歲即追隨肖蘭芳習藝，薛覺先回穗定居前數月，由羅灃銘介紹拜門，此後拳拳服膺於薛氏藝術，數十年努力不懈，多方取經，吸納不少南北演藝，加以認真排練，演出嚴肅，成為一流猛班，演出劇目以文武生行當為主的優秀劇本，作品不限於個別編劇，但較多演出李少芸的作品如《連城璧》、《金雀緣》、《紅樓寶黛》、《龍鳳爭掛帥》、《書劍青衫客》、《狄仁傑三打武元爽》、《蓮溪河畔蓮溪血》、《風雪閡三關》、《日月潭》等劇。擁有不少老中為主的觀眾，戲迷會編有《逸林》刊物，二十餘年如一日，令人讚賞，在粵劇形式革新發展上，雖亦未見突出貢獻，但在林氏個人力量表現而言，已是無可厚非的了。"雛"、"頌"之外，其他戲班大多班期不長，配搭更換不定，不容易作具體介紹，聊以 1988 年秋演出情況作例子，"雛"、"頌"兩劇團之外，羅家英、汪明荃的福陞粵劇團，楊柳青、李龍等的揚威粵劇團，林家聲、李寶瑩臨時組成的頌榮華粵劇團，梁漢威的漢風青年實驗粵劇團，還有一些粵劇曲藝社組成的玩票性質劇團，政府會堂以粵劇專題演出組成的劇團，此外文千歲、吳千峰、林錦棠、陳劍聲、阮兆輝等亦間中分別組班演出。

　　自從龍劍笙移民加拿大，雛鳳鳴宣告解散，林家聲也於 1993 年舉行告別演出，香港粵劇名班損失慘重，由於沒有頌新聲和雛鳳鳴兩大班霸，粵劇舞台一時仿佛缺乏 80 年代的競爭氣氛。但從實際情況來看，粵劇仍然可以維持旺勢，這是因為 90 年代新秀如龍貫天、李龍、蓋鳴暉、鄧美玲等，便因此有機會上位，成為新一代的戲迷偶像。由林錦棠與梅雪詩新組成的慶鳳鳴劇團，1993 年共演出 44場，蓋鳴輝與尹飛燕、尤聲普、阮兆輝等組成的鳴芝聲劇團，亦能支撐局面。此外，在劇目方面，以往兩大班霸以演文戲為主，自此觀眾口味逐漸改變，從以往偏重文戲轉移到喜愛文、武兼備的劇目，也使得演員在舞台上充分展現高水準的唱、做、唸、打的粵劇藝術面貌，因而亦提供了自由空間，讓粵劇有所發展。

　　踏入 90 年代，粵港亦繼續進行藝術交流活動，例如先有 1991 年芳艷芬到廣州友誼劇院演出"芳艷芬藝術欣賞會"、1992 年香港電台和廣東電台合辦"省港澳業餘粵曲大賽"（按：港方王勝焜、梁世華榮獲首屆對唱組冠軍）、1993 年新馬師曾與紅線女合作演出《胡不歸》之《慰妻》等。至於廣東、廣西兩省各縣市訪港藝團亦以新光戲院為基地作經常演出。此時在湛江或廣州等地的粵劇演員亦陸續來港，以個人身份參與香港各劇團的演出，令香港粵劇市場更添光彩。[11]

　　大體來說，八九十年代，香港粵劇的資深老藝人，退休和死亡的為數不少。[12]可說老藝凋零，每況愈下，新戲不如舊戲，新人不及舊人，令人唏噓憂慮。不過相對而言，外在發展狀況，反而令人雀躍。50、60、70年代的不利因素，由於社會進步，不刃而解。粵劇界人士比以前更多責任感，多能體會與時代並進，發憤圖強，從近年八和的表現，不少成熟藝人參與公開推動粵劇活動可見。還有近年粵劇觀眾中之青年戲迷迅速增加，是新一代知識分子逐漸認同本土文化價值所致。學術界如港大、中大等大專院校均有以粵劇為研究對象的碩士和博士研究生。此外，香港政府的文康政策和措施，近二十年來不斷有令人滿意的改進，大量增加康樂設施，在多個地區建立大會堂，提供更多粵劇演出場地，同時主動組織和安排，大量撥款舉辦粵劇專題演出。例如1988年兩局主辦"粵劇匯演1988"，香港市政局舉辦九個業餘粵劇團的"社區粵劇巡禮"，區域市政局主辦"新秀粵劇匯演"等。1993、1994年"社區粵劇巡禮"共十個團體，分演14個劇目，足見粵劇演出又漸有生氣。1989年9月尖沙咀的香港文化中心落成，由筆者籌組全港粵劇界聯合演出傳統例戲《六國大封相》、《八仙賀壽》、《天官賜福》、《仙姬送子》。1991年為香港大會堂落成30週年紀念，由筆者策劃廣東、廣西兩省粵劇團來港舉行"南派粵劇大匯演"等活動。又1987年荃灣三棟屋博物館正式開放，經常展覽粵劇文物，吸引不少市民及遊客參觀，馳名國際；且又舉辦有關粵劇藝術講座，加上香港電台第五台不斷播出粵劇節目，為香港粵劇潮流增加聲勢，多份大型報刊均加設粵劇娛樂專欄。此時分佈港九各地的曲藝社團，數以百計，粵劇、粵曲外圍活動亦盛況空前，一派安定繁榮景象。還有內地在"文革"之後，全國地方劇種恢復發展，不少各地方一流劇團來港演出，令香港粵劇中人和戲劇觀眾，大開眼界，獲益不淺。廣東、廣西兩省各縣市的粵劇團也相繼來港交流演出，令香港粵劇市場更添光彩。在演出場地方面，除了各區大會堂劇院為理想劇場外，市區的北角的新光戲院、銅鑼灣的利舞台、深水埗的南昌戲院、荔枝角的百麗殿戲院，都是不時有粵劇演出的戲院。不過無可置疑的是，八九十年代的香港粵劇更加高度地走向商業化，劇院式的藝術化，為求取新一代觀眾支持，強調

（11）兩地交流引至日後部分國內演員如梁兆明、李秋元相繼來港，補充了香港粵劇部分接班人不足之數。而演員如洪海、宋洪波、藍天佑進入創辦於1999年的香港演藝學院中國戲曲課程，繼而留港發展。

（12）去世藝人：1980年有何非凡、1981年有梁醒波、1983年有陶三姑、1984年有麥炳榮、1985年有陸驚鴻、1986年有石燕子、1987年有譚珊珊、1989年有任劍輝、1991年有鄧碧雲、1992年有鳳凰女、靚次伯。

文雅的曲白，過分偏愛演出唐滌生的劇本，學藝的人不學任（劍輝）即學白（雪仙），只偏重文武生和花旦的才子佳人演出。由十大行當專腔專藝，縮壓至六柱制，更進一步僵化為生旦愛情表演，做成行當不足，後繼乏人，編劇消亡。對於整體粵劇發展，包括各類角色人才培訓，劇本創作，傳統藝術發掘與維持，舊唱腔的精益求精，新唱腔的設計加強等，都有未能盡人意之處，幸而90年代之初一片繁榮景象時，一些有心人發起"找尋傳統，演出傳統"，過去粵劇流派經典亦於此時重現觀眾眼前，例如1993年區域市政局主辦、大龍鳳劇團演出《鳳閣恩仇未了情》、《火網梵宮十四年》、《洛水夢會》和《光緒皇夜祭珍妃》。此外，亦刻意推出一批新編的行當戲（按：諸如丑生戲、紮腳武旦戲等）。例如在政府的資助下由"粵劇之家"，[13] 發掘已鮮為人知的《斬二王》（按：原為清末《大排場十八本》之一，是二花面首本），於1994年整理後定名為《醉斬二王》演出。一時間找尋傳統成了90年代初粵劇藝術發展的新趨向，使得繼承傳統藝術成了當代的新話題。

　　在這百花齊放，蓬勃發展時期的背後，有學者認為值得思考的是這股發掘傳統、發掘新意念的新風，是否令粵劇步入一個重新出發的歷史階段。[14] 筆者認同此說，粵劇界覺醒到不能靠單一的鴛鴦蝴蝶派去發展粵劇藝術，應該多元化去試探新的出路。而促成這時期粵劇發展背後的推動力，應該是香港政府文藝政策的轉向，亦即從開埠以來的"消極不干預"政策，轉移至積極推行文康政策和措施。回顧自80年代開始，香港政府意識到推出和施行具有明確目標的文化藝術政策的重要，1981年行政局制訂推動及發展藝術政策的目標，隨之香港演藝發展局在1982年成立，負責制訂各表演藝術的路向，包括了粵劇藝術的發展。[15] 兩個市政局為發展粵劇調撥資源和增加設施，提供更多粵劇演出場地，同時主動舉辦粵劇專題演出（按：參看前述的多個專題演出及劇目舉例），因而促成了這時期的蓬勃發展。1997年回歸前後，香港政府更積極支持粵劇的發展，除了市政局和區域市政局繼續增加演出場地和積極的買戲政策，同時政府其他部門或非政府機構都為粵劇的發展而努力，形成眾手相扶、官民互動的局面。

（13）粵劇之家是由香港演藝發展局催生的民間組織，成員有80年代冒起的名伶阮兆輝及評論家黎鍵等。

（14）參看黎鍵（著），湛黎淑貞（編）：《香港粵劇敘論》，香港：三聯書店，2010年，頁465。

（15）參看香港藝術發展局：香港文化藝術政策回顧（1950-1997），項目第29—31，2000年。

圖 18.12　1993 年區域市政局主辦，大龍鳳劇團演出的粵劇節目。

1. 香港藝術發展局的成立

香港藝術發展局的前身為香港演藝發展局,鑑於該局只關注表演藝術,為了全面關注香港各種藝術的發展,政府於 1995 年正式成立香港藝術發展局(按:藝展局是一個政府資助的法定機構),它是一個高度集中的政策發展和撥款組織,所涉及的範疇包括戲曲、音樂、視覺藝術、文學藝術、戲劇、舞蹈、電影及媒體藝術、藝術教育、藝術行政和評論。其職能在於倡議各種藝術的發展方向及調撥資源以打造一個充滿活力和多元化的香港藝壇。根據其成立翌年的年報中,其屬下的戲劇及傳統演藝小組委員會首次大量撥款支持粵劇演出、粵劇編劇及粵劇推廣教育。[16] 雖然數額不算大,但起碼從以往沒有任何政府資助至獲得政府的財政支持,也算是給粵劇界注入強心針,也可以讓業界有信心去發掘新創意。

2. 香港教育署主導發展學校粵劇課程、教材與教學法

繼六七十年代西方的流行曲、電影及本地電視節目的興起,年青一代接受了西方娛樂文化的洗禮,拚棄了對粵劇的愛好,他們認為粵劇太"老套",亦無法接受粵劇鑼鼓的喧鬧和緩慢的情節,更說不上去欣賞。其時學校的音樂科並沒有教導學生認識粵劇,這是因為香港學校課程和師資培訓都源自海外,內容全盤西化。音樂科教師除了教唱一些中國民歌或聆聽一些中國器樂曲外,中國傳統戲曲包括粵劇都不是在教學範圍之內。做成這種現象的成因應歸究於政府一直未有重視本土藝術文化的結果,雖然在 1967 年 5 月的政治風暴後,香港政府覺醒到培養市民特別是年青人對社會的意識和文化認同的重要,並開始制定普及式的文化藝術政策,包括了財政資助粵劇團的表演,為市民提供休閒娛樂活動。但此時在學校課程方面卻未作任何配合,直至 1995 年香港藝術發展局成立,屬下的戲劇與傳統藝術小組委員會正式發佈其五年策略計劃,內容包括對粵劇教育支持的政策。

(1) 透過正統非正統教育,有系統地支持中國劇藝(特別着重粵劇),以協助界定中國劇藝在藝術教育上的地位。

(2) 協助在大專院校推廣中國劇藝(粵劇、崑劇及京劇)。[17]

香港教育署亦因獲得香港藝術展局的 助,於 1996 年開展學校粵劇推廣教育活動,目的在中小學提供基礎的導賞活動,首先引起學生的興趣,再引起教師在

---

(16) 該年度小組委員會共撥出一千多萬給戲劇及戲曲申請者,其中粵劇有 43 個團體獲資助共二百多萬,佔總數支出約 20%,見:香港藝術發展局:《香港藝術發展局年報 1.4.1996－31.3.1997》。

(17) 見香港藝術發展局:《五年策略計劃書》,1995 年,頁 89－90。

教學方面的關注，並開辦教師工作坊，讓教師認識粵劇基本知識並鼓勵教師推行粵劇課外活動，例如粵曲班、粵劇講座等。在民間團體粵劇之家和漢風粵劇研究院、政府機構香港電台戲曲台和兩個市政局的支持和協作下，香港學校粵劇教育終於真正踏出了第一步。[18]

5　　　　為了提高學生學習粵曲的興趣和演出水平，教育署在 1999 年與林家聲慈善基金會、華都獅子會及香港學校音樂及朗誦協會共同舉辦首屆的校際粵曲歌唱比賽，令學校的粵劇課外活動更添姿彩，而校際粵曲歌唱比賽亦成為每年學界的恆常的節目，亦間接造就了不少有志加入粵劇界的青年。[19]

　　　　要真正推動中小學粵劇教育，讓學生有系統地、持久地學習和欣賞這門本土
10　藝術，不能單靠舉辦課外活動來引起興趣，粵劇教育既要普及亦要深化。因此制訂在學校正規課程內的粵劇課程和教學法是重要一環，為此教育署在 1997 年起成立粵劇教學研究工作小組和在 1998 年成立粵劇課程實驗小組，引進粵劇藝人、粵劇研究者和教育工作者共同協作，進行探究課程、教材、教學和評估方法。與此同時，教育署與香港電台第五台（戲曲台）率先研究粵劇的基本知識，並在 1997
15　年發表了全球首張鐳射光碟《粵劇視窗》，供研究課程和教材之用。[20]

　　　　除了香港教育署、兩個市政局和香港藝術發展局投放資源發展學校粵劇教育外，1998 年新成立的優質教育基金亦提供不少學校教學資源，1998 年及 1999 年首次資助小學發展粵曲班。在粵劇教育起動的影響下，令粵劇的生態不斷改變，不少粵劇藝人進入學校，加入課外活動的教學行列。而民政事務局轄下的香港演藝
20　學院在 1999 年開辦中國戲曲課程，專門培訓粵劇演出人材，開始了演藝精英訓練的第一步。粵劇教育是長久的工作，必須從實踐中學習，方見成效。90 年代的教育工作者、有關的政府機構和粵劇界人仕都積極投入，期望播下種子，終有收成之日。一方面期望能培育懂得欣賞粵劇的觀眾、另一方面也期望有志投身粵劇界的年青人成為新一代的接班人。

25

（18）導賞活動成功地受到中小學生歡迎，因而教育署連續舉辦了多屆後於 2001 年由康文署接手，在每年的 "學校文化日" 舉辦同類型的導賞活動，為學生提供初步接觸粵劇的機會。

（19）例如獲首屆校際歌唱比賽小學組獨唱冠軍的譚穎倫，後成為千禧年後冒起的新秀。

30　（20）是項研究工作終於在 2003 年完成，並在 2003 年香港教育統籌局發表的音樂科課程指引（小一至中三）中指出學生可通過粵曲的演出、創作和聆聽活動來學習粵劇。2004 年香港教育統籌局發表有關課程、教材、教學和評估方法的《粵劇合士上》，供中小學教師使用，自此粵劇欣賞和學習唱做唸基本知識被列入香港中小學音樂課程範圍。

3. 1998 年重建油麻地戲院作為粵劇演出場地的芻議

重建油麻地戲院作為粵劇演出場地的芻議始於 1998 年。該戲院由於本身業務不景，把該物業交還政府，其時古物諮詢委員會定其為二級歷史建築物，屬於具有特別價值的建築物，並建議日後成立的市建局應保存油麻地戲院，以及考慮保存及改善附近一些具有歷史、文化價值的建築物與地點，包括油麻地果欄、油麻地警署和玉器市場，從而保留該區的傳統特色。香港旅遊協會亦同時進行一項有關"油麻地戲院和附近地區的文物旅遊發展概念"的顧問研究，務求社會各界提供保留社區傳統文化特色的建議。[21]

4. 向聯合國教科文組織申請粵劇為"人類非物質文化遺產代表作名錄"的芻議

筆者鑑於粵劇的本土性、多元性，認為應該納入聯合國教科文組織製訂的"人類非物質遺產代表作名錄"之一，藉此奠定粵劇在文化藝術的地位，亦肯定能影響日後粵劇的發展。為爭取支持，1995 年以筆者為首的顧問團前往新加坡與 13 個國家代表開會，當時參與各國對支持粵劇的呼聲甚高，亦為進一步的成功"申遺"注入強心針。1997 年回歸後，廣東省政府與香港政府開始了促進與珠江三角洲地區的合作和交流的工作，其中保存及研究與粵劇有關的歷史及文物，成了其中一項重要議題，其後兩地政府合作正式向聯合國作"申遺"行動。[22]

（四）香港八和會館、英語粵劇和名編劇家

1. 香港八和會館

香港粵劇界原屬廣州八和會館，自 1949 年中華人民共和國政府成立後，八和會館被視為封建行會組織，逐步予以改造，先把八和粵劇協進會改為廣州市粵劇工會，再改為廣州市粵劇曲藝工人臨時代表會。1958 年粵劇界全行大合併後，行會組織正式結束。香港粵劇界基於兩地兩制下，同時方便藝人前赴美加、台灣及南洋各地區入境演出，於 1953 年在香港成立香港八和會館，至千禧年已有 29 屆

（21）經多方努力，第一期重建油麻地戲院計劃（包括將油麻地戲院及鄰近的油麻地抽水站宿舍（紅磚屋）改建成傳統曲藝表演中心及後勤基地終於落實，整項工程於 2011 年竣工。

（22）經多方努力，粵劇終於在 2009 年 8 月成功被聯合國教科文組織列入"人類非物質文化遺產代表作名錄"。

圖 18.13 早期廣東八和會館黃沙會所舊址

理事會，先後由新馬師曾、關德興、何非凡、麥炳榮、梁醒波、黃炎、馬國超等人出任主席及會長，芳艷芬為永遠名譽會長，1997 回歸前後，汪明荃任第 26、27屆主席，陳劍聲任第 28、29 屆主席。會員人數達 1000 人以上，設有六個屬會，包括粵劇演員會、普福堂（音樂人員）、慎和堂（事務人員）、燈光佈景職工會、合和堂（服裝道具）、鑾輿堂（武術人員）。加上八和培訓人才的粵劇學院，組織規模不小。理事會統籌會務，設有正副主席，其下有總務、財務、福利、調查、稽核、康樂、組訓、公關八個小組。另設名譽會長、會長和顧問，充分發揮行會功能，弘揚粵劇業務、藝術，關注會員演出權益和生活福利，協助老弱孤寡，祭祀前賢，投入社會，聯繫內地海外同業等。

2. 英語粵劇

　　用英語來唱做粵劇，香港和新加坡都有，從歷史發展和影響上來說，還是香港英語粵劇是大阿哥。英語粵劇的起源，可以說在 1946 年，天主教耶穌會的教士譚神父（Fr. Sheriden, S.J.）重回香港華仁書院教書，1947 年創辦華仁劇社（Wah Yan Dramatic Society），除譚神父外，化學老師黃展華也是主要負責人。開始時由譚神父把一些小曲音樂以英文寫成曲詞，由劇社社員（包括華仁學生、校友和他們的姊妹）來唱出，同時邀請粵劇名伶指導。羅品超回廣州定居前，也曾擔任顧問，稍後由陳非儂師傅為演出顧問。60 年代譚神父轉調新加坡電台，華仁劇團英語粵劇可以說由黃展華先生一人負責。根據一些歷史人物故事橋段組成風趣簡要劇情，引用粵曲，吸納電影主題曲和時代曲，用生鬼風趣和諧悅耳的英語寫出曲文，再用粵劇程式表演，收到賞心、悅目、娛情、歡樂的舞台效果，認識粵劇、英文的人固然獲得享受，不認識粵劇而懂英語的人也可以欣賞。而以英語唱粵曲，又能保留濃厚粵曲味道，這正是黃展華先生的拿手本領。演過的劇目，包括 The Unfortunate Beauty、The Ugly Beauty、The Price of Beauty、The Spoiled Princess、The Prince who Loved Too much、The Golden Bough、The Fighting Bride、The Lady Warrio、Happy Though Married 等劇，90 年代逐漸引起上流社會的興趣，不少官紳、名流、政客、淑女和專業人士也加入演出行列，穿上繽紛的戲服，用英語唱做粵劇。大都是作為慈善籌款演出，例如 1993 和 1994 年東華三院籌款晚會演出等。有關劇中主角，男主角向由黃展華先生扮演，女主角間亦邀請粵劇界一些通曉英語的女藝人擔綱，如鄭碧影和謝雪心均曾客串演出。令香港粵劇在形式上增加姿彩，在近半世紀香港民間文藝史上也是值得一提的。

3. 名編劇家

近半世紀香港粵劇的編劇比之三四十年代大為減少。除了盛況不如前之外，戲班數量減少，每日一新劇不見歡迎，反而重視優秀舊戲重演。香港光復後，粵劇編劇多在穗發展，留在港繼續從事編劇的，有李少芸、唐滌生、潘一帆、潘焯、陳恭榕、陳甘棠、盧丹、盧山、孫嘯鳴、莫志翔、徐子郎、梁山人、葉紹德、蘇翁、阮眉等，影響力最大的當以李、唐二人為首，而繼李、唐之後，葉紹德和蘇翁亦相繼成為當代重要的編劇家。

李少芸（1916—2002），原名李秉達，廣東番禺人。排場精熟，有急才，思考力強而多橋段。薛覺先欣賞他所編的《燕歸來》，聘入覺先聲劇團。抗戰期間與唐滌生開始合作，關係密切，戰後和唐滌生在龍鳳、光華、大龍鳳等劇團繼續合作編劇，由於李兼任班政，故掛劇團經理名銜。其後唐專為仙鳳鳴編劇，李除獨自編劇外，1959 年組織麗氏影業公司大量拍製戲曲電影。60 年代末退休移居加拿大。李氏所編的粵劇約百種，其中不乏佳作。除余麗珍所演戲寶多出自李手，早如薛覺先所演的《歸來燕》、《陌路蕭郎》，近如林家聲所演的《連城璧》、《蓮溪河畔蓮溪血》皆李氏之作。若有較佳修訂及認真導演，其作用與效果貢獻當更進一步。

唐滌生（1916—1959），原籍廣東中山，生於黑龍江，為薛覺先妻子唐雪卿之弟。曾就讀於上海，抗戰前任職廣州電車公司，廣州淪陷來港，投靠薛覺先，受南海十三郎指導開始編寫粵劇。戰後漸露頭角，任職麗的呼聲為播音劇編審，同時為多個劇團編劇。1946 至 1954 年先後擔任編劇的劇團有：薛覺先的覺先聲劇團、馬師曾和紅線女等勝利劇團、大金龍劇團、羅品超等前進劇團（主要擔任改編）、何非凡、余麗珍等非凡響和龍鳳劇團、陳錦棠等錦添花劇團、麥炳榮、新馬師曾等光華劇團、梁醒波等新世界劇團、芳艷芬和任劍輝等大龍鳳劇團、金鳳屏劇團、鄧碧雲等碧雲天劇團、陳錦棠和任白的鴻運劇團、陳錦棠和陳艷儂等大好彩、錦城春劇團、陳錦棠和芳艷芬等新艷陽劇團、何非凡和任劍輝、白雪仙等利榮華劇團。

1955 年任劍輝、白雪仙等組成仙鳳鳴劇團，禮聘唐氏為專門編劇。直至 1959 年唐氏去世，此時期作品為最精華部分，包括《帝女花》、《紅樓夢》、《九天玄女》、《西樓錯夢》、《牡丹亭驚夢》、《蝶影紅梨記》、《再世紅梅記》、《紫釵記》等，不過 1955 至 1959 年間唐氏間中亦為吳君麗與陳錦棠或何非凡、麥炳榮等的麗聲劇團、快樂劇團、錦添花劇團和陳錦棠、芳艷芬的新艷陽劇團編劇。但在質與量均不如仙鳳鳴。這可能和白雪仙的認真和要求所致。唐氏為仙鳳鳴所寫作品，既為任、白度身訂造，加上梁醒波、靚次伯、任冰兒的綠葉精華配合，仙鳳鳴全團努力以赴，不僅成為仙鳳鳴劇團演出戲寶，而且為雛鳳鳴劇團由龍劍笙梅雪詩繼續傳演，其他劇團時加採用，令唐氏作品成為近年香港粵劇最重要劇本。唐氏地位聲譽日隆，市政局也為他作專作匯演式研討會。

唐氏享壽不長，只得 44 歲，但寫作期卻足 20 年，在他努力之下，所編寫的粵劇劇本 234 個，可謂數量驚人。唐氏寫作態度認真，大部分改自元明曲本，細膩描繪才子佳人哀艷愛情，曲詞典雅，分場佈局嚴謹，橋段安排自然妥貼，劇本好讀好演，把粵劇提升至藝術層面，令香港粵劇走上戲曲文化領域，實功不可沒，至於簡煉十大行當，變為六柱制編戲，也是近代傳統戲曲潮流，演藝趨勢，實在不宜單獨怪罪於他一人。

葉紹德（1930 — 2009），廣東東莞人，生於香港。從小喜愛粵劇，1952 年師事王粵生，開始寫曲。1956 年因整理薛覺先《花染狀元紅》而嶄露頭角，於 1960 年為何非凡、吳君麗的《紅樓金井夢》編劇而一舉成名。唐滌生去世後，為唐氏的《紫釵記》、《帝女花》及《再世紅梅記》整理唱片錄音出版，繼而為仙鳳鳴、頌新聲和雛鳳鳴創作劇本。葉氏一生撰寫劇本凡百，早期有雛鳳鳴的《白蛇新傳》及後為老倌度身創作新劇本，包括何非凡的《鄭成功》，雛鳳鳴的《辭郎洲》、《李後主》、《紅樓夢》，林家聲的《朱弁回朝》、《樓台會》，香港實驗劇團的《趙氏孤兒》、《霸王別姬》、《十五貫》及汪明荃的《穆桂英大破洪洲》，皆屬葉氏名作。

葉氏亦擅撰曲，旋律優美、詞藻雅麗，膾炙人口，其名作《李後主》之《去國歸降》屢獲香港作曲家及作詞家協會共八屆的"最廣泛演出獎"。

葉氏與眾多編劇不同的地方，是他基於對粵劇的熱愛，在從事編劇之餘，不辭勞苦地進行推廣粵劇的工作，包括 80 年代開始在電台主持粵曲粵劇節目，其中講題有《唐滌生的藝術》、《唐滌生藝術回顧》。又撰寫《唐滌生戲曲欣賞》共三冊，讓粵劇更廣為人所知。此外，亦在 90 年代末開始投入粵劇教育工作；踏入千禧年更積極培訓編劇、撰曲人材，以期改善編劇短缺的現象。[23]

蘇翁（1932 — 2004），原名蘇炳鴻，廣東順德人，年少時家境富裕，十來歲時已聘戲班在家唱曲演戲，對粵劇充滿濃厚興趣。1948 年就讀廣州大學，再轉嶺南

（23）為表揚葉紹德為粵劇的努力，2005 年民政事務局頒贈 "積極推動文化藝術嘉許狀" 和 "榮譽勳章"、2007 年香港演藝學院頒授 "榮譽院士"、2009 年香港作曲家及作詞家協會頒發 "終生成就獎"。

圖 18.14　1995 年區域市政局特約製作及主辦，"粵劇之家" 重編元代雜劇《趙氏孤兒》的宣傳海報。

大學，1954 年移居香港，從粵 名伶何非凡學戲，後師承梁夢學習編劇。蘇翁早期曾活躍粵曲歌壇，為不少小曲和時代曲填詞，也創作不少名曲如《重台泣別》、《花蕊夫人》、《琴心記》等，也為粵劇電影撰曲，例如有麗士影業的《淒涼節婦斬情夫》和飛鷹影業的《大紅袍》。著名劇作則有 70 年代的《鐵馬銀婚》、《章台柳》。90 年代有《宇宙鋒》、《李太白》、《大鬧青竹寺》等。此外，蘇翁亦曾在香港電台主持《百花齊放》節目，介紹各地戲曲，也曾參與龍鳳、福陞及鳳笙輝等劇團的班政工作。[24]

（五）紅伶

　　影響近半世紀香港粵劇的紅伶，為數不少，除一些已在前章有所説明，本節從略外，另選下列 13 位予以簡介。

　　何非凡（1919—1980），原名何賀年，又名何康祺，廣東東莞縣人，15 歲隨李叫天學戲，先後師事陳醒章及石燕子等人學藝，16 歲開始演出，以聲清爽朗見長。1938 年組非凡響劇團，與楚岫雲演《情僧偷渡瀟湘館》，創連滿 367 場粵劇紀錄，成為當紅文武生。另外，他與名花旦紅線女、芳艷芬、鄧碧雲、余麗珍合演情僧戲或苦情戲不少；五六十年代與吳君麗組成麗聲劇團，除粵劇外並拍攝電影，自組宇宙影業公司；並曾任四屆香港八和會館會長。

　　麥炳榮（1915—1984），原名麥漢明，廣東番禺人，拜自由鐘為師，初出為人壽年班手下，後轉覺先聲為小生及小武，香港淪陷前赴美演出。1944 年回港發展，與鳳凰女組成大龍鳳劇團，在 60 年代稱雄香港粵劇舞台。所演《鳳閣恩仇未了情》、《刁蠻元帥莽將軍》、《百戰榮歸迎彩鳳》等劇，傳誦一時。80 年代初與鳳凰女繼續演出，稍後赴美定居，1984 年在美逝世。曾任香港八和會館第 11 屆會長，並拍攝不少粵劇電影及粵語電影。

　　任劍輝（1912—1989），原名任麗初，書名任婉儀，廣東南海人，在廣州完成小學。14 歲隨姨母女武生小叫天學戲，又拜全女班女武生黃侶俠為師，喜愛桂名揚唱做藝術，力加仿效，早年有"女桂名揚"之稱。抗戰前加入全女班群芳艷影

（24）2009 年香港中央圖書館舉行"香港粵劇兩個人－蘇翁和葉紹德"音樂文獻展覽，向大眾介紹粵劇編劇家的音樂作品文獻資料。又康樂及文化事務署為表揚蘇翁對粵劇和歌壇的貢獻，於 2013 年為紀念蘇翁舉辦"蘇翁作品展演及講座"。

及梅花影粵劇劇團，與譚蘭卿合作。由於反串文武生扮相英俊，有"戲迷情人"之譽。香港淪陷時，較長期在澳門演出，戰後在香港組成新聲劇團，陳艷儂為正印花旦，白雪仙為二幫花旦，班期甚長，多演徐若呆劇本。及後任劍輝演藝日臻成熟，漸洗脫桂派形象。在反串文武生中自成"任派"、"任腔"。50 年代新聲解散後，曾參與多個劇團，分別與薛覺先、紅線女、芳艷芬等人合作，早年戲寶有《晨妻暮嫂》、《紅樓夢》、《梁祝恨史》、《洛神》、《火網梵宮十四年》等，50 年代中期與白雪仙合作較多，1956 年組成"仙鳳鳴劇團"。任白之外，梁醒波、靚次伯是長期拍檔，重用唐滌生編劇，共有九屆演出，均成名劇，為"任派"演藝模範作品（詳見唐滌生欄）。1972 年為"六一八水災"籌款演出後，任、白雙雙淡出舞台，全心培養龍劍笙等繼承演出。任劍輝在粵劇舞台上似從未走過下坡，全身而退，安享盛譽。1951 至 1957 年間拍過三百多部粵劇電影和粵語電影，個性溫和，慈祥克己，退休後一直受戲迷擁戴，1989 年去世，香港電視台及廣東省文化廳均曾舉辦追悼會及研討會。

鄧碧雲（1926—1991），原名鄧芍英，廣東三水縣人，自小男裝打扮，名為"牛仔"，11 歲才改穿女裝，曾拜肖蘭芳、廖了了為師。14 歲入戲行，初在萬年青粵劇團演出，後到九重天粵劇團升任正印花旦。曾自組碧雲天劇團，屬 50 年代香港粵劇猛班之一。以演鬼馬豪放人物見稱，不時反串文武生，自稱不注重形象，好嘗新，有"萬能旦后"之稱，除演粵劇外，50 年代大量拍製粵劇電影和粵語電影達二百五十多部。第一套電影為粵劇《風火送慈雲》，最後一套是 1987 年的《安樂戰場》。鄧碧雲為人慷慨，念舊敬老，對老師肖蘭芳孝敬不斷，樂於助人，平易近人，行內敬稱之為"大碧姐"。1988 年加入香港無線電視台長壽電視劇《季節》，飾演母親"媽打"要角，又有"大眾媽打"之譽。在影、視、劇三樓藝壇上，均有好表現。

鳳凰女（1924—1992），原名郭瑞貞，廣東三水縣人。早期追隨譚蘭卿和何芙蓮學戲，11 歲入戲行，跑過不少碼頭，參加過不少戲班，1959 年加入新馬師曾領導的大好彩劇團。在《萬惡淫為首》一劇中飾演反派，大受歡迎，自此由二幫花旦升為正印花旦，加入大龍鳳劇團，與文武生麥炳榮長期合作，成為 60 年代一流猛班。以《鳳閣恩仇未了情》、《刁蠻元帥莽將軍》、《桃花湖畔鳳求凰》等劇而知名，改演正派，擅演刁蠻潑辣戲，1966 年組成香港粵劇團赴美演出四個月，達 132 場，創下紀錄，與麥炳榮、鄧碧雲、梁醒波等合作最多。除演粵劇外，曾拍製不少粵劇電影與粵語電影。先後曾出任三屆香港八和會館副會長。由於性格率直風趣，在電台及電視均曾主持節目，頗受歡迎，可算是影、視、劇三棲藝人。1991年正式入籍美國，次年在三藩市於睡夢中逝世。

新馬師曾（1919—1997），原名鄧永祥，廣東順德人，九歲隨細紀學藝，11歲入一統太平班下四鄉演出，有"神童"之稱，模仿馬師曾演出，故名新馬師曾。聲腔清越綿長，香港淪陷期間與京劇馬連良、林樹森等藝人交往，吸納京腔及關戲藝術不少，加上吸取小明星南音唱工，創出獨特的粵劇"新馬腔"。四五十年代除自組新馬劇團外，另參加多個劇團，演出《萬惡淫為首》、《臥薪嘗膽》、《光緒皇夜祭珍妃》，傳誦一時，50年代大量接拍粵劇電影和喜劇電影。1960年創永祥唱片公司，灌製不少唱片。曾出任多屆香港八和會館會長，並經常參加慈善籌款演出，有"慈善伶王"美譽。1978年獲英女皇頒贈 M.B.E. 勳銜。

余麗珍（1923－2004），生於馬來西亞，13歲開始隨新加坡名旦貂嬋月學戲，十六歲成名，另拜多位名藝人為師，基本功紮實，能披大甲，背六枝帥旗，紮腳演斬四門，及散髮戲，文武兼修，苦情戲亦動人。18歲受聘赴美登台，其後來港長住。抗戰期間，余先後參加白駒榮等龍鳳劇團及羅品超等光華劇團演出，戰後與陳錦棠、新馬仔等組龍鳳劇團，由李少芸、唐滌生任編劇。1947至1949年與羅品超等組成光華劇團，1950至1952年與新馬仔等組大龍鳳劇團，均屬一流旺台戲班。1953年與麥炳榮等組新萬象劇團，1954年與梁無相、譚蘭卿、上海妹等組全女班的群芳艷影，此外與何非凡組麗春花劇團。1955年以後直至1959年常以高陞樂班牌，先後與何非凡、麥炳榮、新馬仔、梁醒波、靚次伯、鳳凰女等藝人合作。稍後則以麗士劇團演出其夫李少芸戲寶《蟹美人》、《新封神榜》、《淒涼姊妹碑》、《劉金定歸天》、《桃花女鬥法》等劇。60年代主要從事拍製粵劇電影及粵語電影，1968年正式退出藝壇移民加拿大。

芳艷芬（1928—），原名梁燕芳，廣東恩平人，十歲隨白潔初學戲，後受肖蘭芳指導，11歲在勝壽年劇團與紅線女一起當提燈宮女，13歲當二幫花旦，赴越南演出。香港淪陷時加入廣州大東亞劇團，16歲回港登台，偶因正印花旦韋劍芳誤場，由三幫花旦的她臨時補上，大受戲迷歡迎，一躍成為正印花旦。由於聲線渾厚圓潤，所以唱《夜祭雷峰塔》創出"反線二王"，聲情並茂，典型"芳腔"。為人聰敏溫和，扮相雍容，演來輕鬆，深得肖蘭芳的做手與台步風采，自然流麗，有"美艷親王"之稱。1947年自組艷海棠劇團，1950至1952年在大龍鳳劇團先後與新馬師曾、何非凡、馬師曾、衛明珠、麥炳榮等人合作；1952至1953年在金鳳屏及大好彩劇團與陳錦棠、任劍輝、白雲仙、靚次伯等人合作；1954至1959年長期在新艷陽劇團，先後與陳錦棠、新馬師曾、梁醒波、半日安、歐陽儉等人合作，主要演出李少芸和唐滌生劇本，其中以李氏的《王寶釧》、《萬里琵琶關外月》、《新梁山伯與祝英台》等劇；唐氏的《六月雪》、《白蛇傳》、《艷陽丹鳳》、《漢苑玉梨魂》、《艷陽長照牡丹紅》、《火網梵宮十四年》備受歡迎。芳艷芬除演粵劇外，並演出不少粵劇電影和粵語電影。1958 年與楊景煌醫生結婚後，便退出藝壇。婚後與好友李曾超群成立"群芳基金"，經常對慈善事業作出貢獻。芳艷芬從沒有忘懷粵劇，是香港八和會館永遠名譽會長。

　　紅線女（1927—2014），原名鄺健廉，廣東開平人，生於廣州，1939 年到香港，投靠舅父靚少佳，隨細婆何芙蓮學戲，與芳艷芬同為勝壽年劇團提燈宮女。香港淪陷，隨何芙蓮加入馬師曾太平劇團，回廣州灣演出。時正印花旦患病，由紅頂上代演《李仙刺目》，成為 15 歲的擔綱花旦。抗戰期間成為馬師曾之妻子，1945 年勝利後回廣州演出，甚為賣座。此後經常在省港登台，1947 年把賣座首本戲《我為卿狂》拍成電影，並開始灌錄唱片，1950 年演《一代天嬌》，運用意大利西洋唱法逐漸成為"女腔"，有清高婉轉，黃鶯出谷之妙。稍後與任劍輝、新馬仔、梁醒波等人合作，自組真善美劇團，與薛、馬合演《蝴蝶夫人》、《清宮恨史》、《刁蠻公主戇駙馬》，在粵劇舞台成為一流花旦，又加入中聯電影公司拍製不少知名粵語電影，紅極一時。1955 年 3 月與馬師曾離婚。10 月與馬氏及子女一家回廣州定居，此後在內地粵劇界有不平凡的發展，對香港粵劇界的影響，依然不少。

　　白雪仙（1930—　　），原名陳淑良，廣東順德人，生於廣州，為"小生王"白駒榮的第九女，可謂出身戲劇世家，自少拜薛覺先、唐雪卿夫婦為師，故取藝名白雪仙，又隨音樂家洗劍持專攻粵曲唱腔，早期唱腔學上海妹，後期接近梁素琴，另加花腔。16 歲參加師兄陳錦棠所組錦添花劇團，曾任正印花旦，由於自覺藝術未到家，先後參加太上、日月星和新聲等劇團，出任幫花。1945 年新聲劇團從澳門回到香港發展，白雪仙的戲藝日益成熟，有"刁蠻公主"別號。1956 年，任劍輝、白雪仙合組仙鳳鳴劇團，邀得靚次伯、梁醒波等藝人加盟，同時專演唐滌生後期傑作。由於白雪仙認真組織，不惜工本，魄力過人，追求完美，且對唐滌生優禮有加，加上朱剛毅兄弟負責音樂包裝，靚次伯、梁醒波等發揮成熟演藝，改革戲服，發揮顧繡高雅華彩，美化頭飾，中西用料適當配搭，吸納動聽古曲，改進舞台效果，加設幻燈字幕等，因此從 1956 年直至 1972 年共九屆的演出，除令任、白二人有了多齣傳世之作外，更使唐滌生劇本效果得以提升，且收旺台之效，並培養了在《白蛇新傳》配戲的一群小仙女成為日後接班的雛鳳鳴劇團。仙鳳鳴的成功甚至雛鳳鳴的成功，主要基於白雪仙在粵劇界，把那些混亂胡扯不認真的風氣惡習重新整頓，引導香港粵劇向認真嚴肅劇場藝術進軍，令香港粵劇在自求多福下走上坦途。還有任白二人的相處和感情，對藝術的互相幫忙和鼓勵，亦屬人間罕有。從 40 年代後期至 60 年代後期，白雪仙拍了近二百部的粵劇電影和粵語電影。

　　林家聲（1933—2015），原籍廣東東莞，出生於香港，父親林向榮，任職鐵路局，與粵劇藝人多往來。抗戰時曾回廣州居住，戰後回港定居，五歲即隨肖蘭芳學藝，兼學北派與樂器演奏。少年時便能掌板，經羅灃銘介紹在薛覺先回穗前數月拜門，數十年來以薛為榜樣，並不斷吸納南北劇藝，可謂技出多師。青年時除演粵劇外，並拍製不少粵語電影，50 年代伶影雙棲，曾加入多個戲班演出。包括麥炳榮、鳳凰女的大龍鳳和任劍輝、白雪仙的仙鳳鳴。1962 年組慶新聲劇團，1965 年組頌新聲劇團，一直維持至 1993 年退出舞台。由於林氏認真，演出嚴謹，技藝穩健，生活、家庭健康，獲得戲迷擁戴，1965 年 11 月成立的聲迷俱樂部和 1966 年 11 月刊行的《逸林》刊物，一直維持至今。所演以文武生行當劇目為佳，如《三夕恩情廿載仇》、《碧血寫春秋》、《林沖》、《朱弁回朝》、《連城璧》、《蓮溪河畔蓮溪血》、《紅樓寶黛》等，甚為知名。頌新聲為近二十年香港粵劇台柱，1993 年 7 月底至 8 月底林氏作總結演出 31 場後，從此淡出，可以說是香港粵劇界的損失，令本地一流名班進入青黃不接時期。

　　龍劍笙與梅雪詩，1960 年任劍輝、白雪仙組成的仙鳳鳴劇團，為籌演第九屆唐滌生所編《白蛇新傳》，由於劇情需要配舞仙女演員，從 800 名應徵者中選出 22 人為仙鳳鳴歌舞組予以訓練，參加演出，事後決定再選 12 人，培訓他們作為粵劇接班人。1963 年正式作排演訓練，1965 年作首次演出，由新人組成，劇團名為雛鳳鳴，從 1965 至 1992 年前後共 27 年。龍劍笙和梅雪詩都是始終如一在雛鳳擔任主角，而其他主角已先後退出。李居安、陳寶珠、呂雪茵、朱劍丹、蓋劍奎、江雪鷺、言雪芬、芳雪羽、謝雪心等各有不同際遇和發展，不在話下。雛鳳鳴早年演出甚少，1972 年自從仙鳳鳴劇團退出舞台，便由雛鳳鳴劇團接續，果然不負眾望，在賣座力與帶動香港近二十年的粵劇發展上，雛鳳鳴的作用最大。雛鳳的成功固然是"仙鳳"餘波與整個劇團的成果，早期有賴梁醒波、靚次伯、任冰兒的扶持，後由尤聲普、阮兆輝代替梁、靚加盟演出。朱氏兄弟的音樂，劇務葉紹德對唐滌生劇本的忠誠和整體的合作均有關係。不過所演才子佳人愛情戲的文武生

龍劍笙和花旦梅雪詩二人關係最大，合則強勢完美，分則薄弱失色，龍、梅與雛
鳳，難以分割，因而在此一併介紹。

　　龍劍笙（出生年份不詳），原名李菩生，廣東中山人，鄉音"菩"與"刨"音相
似，故有"阿刨"別號。在香港長大，1960 年加入仙鳳鳴歌舞組培訓。直至 1992
年移民加拿大，令到雛鳳鳴劇團解體。反串文武生，扮相俊美，做手流麗，且
有生鬼風趣一面，在舞台上一唱一做，深得任劍輝的神髓，被稱為"任劍輝的影
子"，品性隨和，念舊敬老，仿若乃師，平易近人。嗓音雖未見清越，但爽朗令
人喜聞樂見，對吸引年青戲迷，加入香港粵劇行列，維繫粵劇壽命，功不可沒。
擅演任白戲寶，可惜由於局限於任劍輝影子之下，難以自成一格。

　　梅雪詩（出生年份不詳），原名馮麗雯，廣東恩平人，在香港長大，1960 年
加入仙鳳鳴歌舞組，接受培訓，成為雛鳳鳴劇團基本成員，開始與江雪鷺不分正
副，擔任正印花旦。1976 年從星馬演出歸來後，江雪鷺脫離劇團，從此梅長期擔
任正印，與龍劍笙合作，成為七八十年代賣座力最強的文武生和花旦，年演過百
場。1992 年龍劍笙移民加拿大，雛鳳宣告解體，其後梅與林家聲弟子林錦棠另組
慶鳳鳴劇團。梅雪詩聲音嬌哆，加上個性慢條斯理，故有"阿哆"別號。與龍劍笙
合演愛情戲，絲絲入扣，纏綿動人，聲線清越悠揚，低音寬厚，面相性情雖與乃
師白雪仙不似，但能勤奮力學，得靚次伯提點，在長期大量演出之下，希望將來
可自成一格。

　　龍、梅二人在雛鳳鳴劇團所演劇目，差不多全屬唐滌生為任劍輝、白雪仙所
編寫的戲寶，令唐氏劇本成為香港粵劇職業和業餘演出的常演劇目。

五·結語

　　香港粵劇原是廣東粵劇的一部分，從沒有企圖自成一系，只因中華人民共和
國建立後，實行"政治掛帥"的戲曲改革；而 1950 年以後，內地藝人出入境受到
限制，留港藝人陣容強大，香港觀眾在兩地兩制下，自行選擇粵劇為一種純粹娛
樂項目，在既注重傳統，又與現實合流的路線之中，逐漸走向傳統藝術化、劇場
演出嚴肅化、劇本古典化、觀眾推廣年青化和階層多面化。經過四十年的掙扎求
存，自謀多福，初步建立了一個具有香港特色的粵劇形象。筆者相信香港粵劇觀
眾和粵劇界頗為珍惜目前所有。1997 年回歸中國後，基於一國兩制、五十年不

變，香港粵劇面貌應可保留一段長時期。自從1977年文革過去，中國各地方劇種頂尖藝人不斷來港演出，令香港粵劇有機會不斷吸納南北技藝。而國內粵劇也大為開放，自由度頗高，彼此距離無形拉近。以香港地理交通優勢，作為海內外粵劇交流、集散、輸出、聯繫中心，肯定不會改變。

　　隨着九七回歸，地方文藝熱潮必然與日俱增，香港粵劇前途應該大有可為。加上目前粵曲流行，電台戲曲節目豐富，各大小報章不時刊載粵劇動向，而專門介紹粵劇的月刊雜誌已有兩種，包括《粵劇曲藝》和《戲曲天地》，銷路不俗，這些情形對未來粵劇發展是有利的。只是目前令人擔憂的不利因素亦不少。除了時代改變，娛樂形式新陳代謝這些大氣候外，粵劇本身藝術不前，後繼乏人，名班、名伶和名編劇有若星沉，可選演的劇本愈來愈窄，藝人形象僅能從模仿維持。從現實看來，任劍輝、梁醒波、靚次伯等去世，仙鳳鳴已成歷史陳跡。龍劍笙移民，和梅雪詩合作的雛鳳鳴難以復活。林家聲淡出舞台，頌新聲形同歇業。一般劇團所演不離唐滌生的劇本，男女主角唱做不外模仿"任"、"白"、"波"。目前演出情況，在量方面不算貧乏，但是偶像級的名班、名伶，具光華者少。唯望羅家英、汪明荃等福陞劇團，蓋鳴輝、尹飛燕等鳴芝聲劇團，林錦棠、梅雪詩等慶鳳鳴劇團，文千歲、李鳳等豐華劇團，阮兆輝、南鳳等鳳笙輝劇團，梁漢威等漢風劇團能百尺竿頭，更進一步。又盼香港八和會館辦的粵劇學校、梁漢威經營的漢風粵劇學院以及於1999年成立的香港演藝學院中國戲曲課程等機構努力培訓新人，獲得成功。至於政府方面，1997年後文康政策、市政和區域兩局籌辦的粵劇演出，加上香港藝術發展局的資助扶持，相信維持現狀不難，且應更有所增加，業界對發掘傳統和發展新概念與創意，必與日俱增。90年代區域市政局在沙田進行設立文化博物館，內設粵劇博物館，對於推動粵劇確有長久積極作用。[25]至於粵劇教育方面，隨着教育工作者不斷努力，使學生學習和認識粵劇的機會不斷增加，從而培育大批粵劇的未來觀眾。廣東、廣西兩省各市縣的粵劇團訪港演出，自然有增無減。從整體趨勢看來，相信香港粵劇的未來，仍然有令人審慎樂觀的發展。

（25）粵劇博物館於2000年12月正式開幕。

第十九章

香港的音樂（1841—1997）

劉靖之

一·引言

　　本章將集中敘述香港殖民時期的中小學音樂教育、高等專業音樂教育、私人音樂教育、音樂活動、音樂創作等五個大項目，其中音樂教育與活動的範圍較廣，包括校際音樂比賽、公開音樂考試、音樂會、藝術節、音樂團體、音樂研究，等等。尤其是在香港經濟起飛之後的四十多年，音樂演出場地和音樂團體如雨後春筍，紛紛組織成立起來。由於缺乏早期的資料，此文將採取"遠略近詳"的方式來敘述，從 20 世紀 50 年代開始至 90 年代中期為重點。

二·19 世紀的學校音樂課與音樂活動
（1841—1899）

　　中國人的音樂觀深受儒家學說的影響，同時也有道家觀點浸透其中。事實上儒、道兩家的音樂觀有共同的理論基礎 —— 都是根據先秦時代的音樂美學思想發展起來的。儒家主要繼承孔子以前關於音樂與社會的關係、樂與禮的關係的思想，因此強調以禮制樂，強調禮樂治國，重視音樂的政治作用、教化作用，追求社會群體的統一、上下等級的統一，發展為系統的禮樂思想。道家主要繼承孔子

以前關於音樂與自然的關係、音樂與"氣"、"風"關係的思想，因此重真重自然，
既追求音樂與自然的和諧一致，人與宇宙的和諧一致，又強調"法天貴真"，反對
束縛人性、束縛音樂，要求音樂抒發人的"天"、"真"自然的情性，發展為自然
樂論。(1)然而，在中國這個儒家學説為主導的社會、文化架構裡，音樂一直是缺乏
學術與社會地位的。

　　19世紀中葉的香港教育，仍然是中國內地的教育制度的一個組成部分，以參
加科舉試為目的，所以音樂在書室和學塾的教育體系裡並不存在。在廣東省內，
新安縣的科舉試成績及學風"還是比不上番禺、南海、香山、東莞等地"，(2)但這
並沒有改變香港那個時代的教育性質。

　　從19世紀初開始，西方傳教士便積極到東方傳播天主教和基督教，在香港成
為英國殖民地之後，教士便急不及待地把所辦的學校搬到香港來，如1842年馬禮
遜紀念學校從澳門遷至香港、1843年英華書院從馬六甲遷到香港來。根據1845年
的《香港藍皮書》年報的統計，那年在政府的登記裡共有學校13所，其中以英語
教學的有兩所、既用英語又用"華語"（原文Chinese，應是粵語）的兩所、全部用
華語的九所；辦學校的機構包括馬禮遜教育協會、倫敦教會協會、英格蘭教會、
羅馬教堂以及華人組織。(3)這些學校的學生從最少的五人到最多的40人，13所
學校的學生總數是245人，而那時香港的居民只有23,748人，其中外國人有534
人，餘下的都統稱之為"有色人"（coloured population）。(4)

　　可惜的是在這份年報裡沒有提及學校裡所教授的科目。在1860年的報告裡，
學校督察（Inspector of Schools）和漢學家理雅各（Legge, James）只強調英語課對中
國學生的重要，沒有提及其他科目。但到了1870年，在政府學校督察的年報裡已
提及了學校裡的音樂課：

> 三年初級班現在開始有基礎音樂課，但由於授課時間太短而無法有所報
> 告。目前只能每周一小時的音樂課，如此既少又短的課程對音樂本身以及對
> 學生是否有益，誠然是個未知數。(5)

（1）　參閱蔡仲德：《中國音樂美學史》，〈緒論〉，北京：人民音樂出版社，1993年。

（2）　丁新豹（編）：《香港教育發展 —— 百年樹人》，香港博物館編製，香港市政局出版，1993年，頁6。

（3）　《香港藍皮書》是筆者的中譯，原文為 Hong Kong Blue Book，在香港大學圖書館裡藏有從1844年到1939年的《香港藍皮
書》。這套書從1844年到1860年大部分是書寫的，1860到1939年則是排字印刷的。《香港藍皮書1845》裡有關 "學校登
記"（"Return of the Number of Schools"），見頁144—145。本文所引用的《香港藍皮書》指的便是這一套，下面不再附注。

（4）　The Hong Kong Blue Book 1845, pp. 114—115.

（5）　The Hong Kong Blue Book 1870, p. 298。中譯者為本文作者。

　　但應明白的是上述報告書所敘述有關音樂課的細節，只是指政府中央書院（Government Central College）而言。[6]

　　這種缺乏音樂課的報告書一直繼續下去，在 1879 年的《香港政務報告書》裡，學校督察歐德理（Eitel, E.J.）博士詳細地報告了那一年裡的就學學生數目、學校數目、課程等，但仍然沒有音樂課。[7]因此現在我們只能推測在 1870 年香港政府在政府（香港稱"官立"）中央書院以試驗的性質開始有音樂課，而在此之後有沒有繼續下去？答案似乎是沒有。因為在此之後的《香港藍皮書》和《政務報告書》裡均沒有提及音樂課的設置。

　　至於在 1870 年的音樂課裡，教師教了些甚麼音樂知識？唱了些甚麼歌？到目前為止，仍無法找得到這種資料。在學校督察報告裡，只說是"基礎音樂"（The elements of music），根據英國學校裡初年級的音樂課，大概包括唱歌、欣賞、分析、練耳、視唱等。這些課程對英國孩子可能是恰當的，但對中國孩子們就不是那回事了。再說，若中國孩子在音樂課裡唱的盡是些英國歌曲，[8] 1870 年之後取消音樂課就絕不是意外之舉。

　　政府年報有關音樂課的敘述乏善可陳，在一些老資格的中學歷史資料裡有關音樂課的報導也不見得多。如現在香港銅鑼灣區的皇仁書院（即上文提及的中央書院），在 1871 年一年級考試科目的記載中，既無繪畫也無音樂，[9]很可能由於音樂課只是試驗性質的科目，既然不需要考試，因此也就沒有包括在敘述裡了。

　　在"官史"的年報裡缺乏音樂課程的紀錄，在學生刊物裡卻報導了當時學生的音樂活動：皇仁書院的學生於 1899 年與庇理羅士書院的學生聯合組織了一個相當成功的音樂會。從音樂會的曲目來看，這些年青音樂家的音樂技巧和修養是家長着意栽培的，而不是由學校課程教出來的。曲目不僅有鋼琴、獨唱、二重唱，還

（6）Sweeting, Anthony：*Education in Hong Kong Pre-1841 to 1941 , Fact and Opinion,* Hong Kong: Hong Kong University Press, 1990, p. 209.

（7）*The Administrative Reports,*《政務報告書 1979》，1879。香港大學圖書館存有 1884-1940 年的《政務報告書》，第二次世界大戰後改稱《香港年報》（*The Hong Kong Annual Report*）。讀者可上網查閱 1884 至 1940 年的《政務報告書》，網址：http://sunyi.lib.hku/hkgro/browse.jsp 。

（8）20 世紀 50 至 60 年代，香港中小學音樂課唱的大部分是英國學生唱的歌 —— 小學唱中譯歌詞、中學唱英文歌詞。筆者於 1957 至 1966 年間曾任教於中小學音樂課兼任合唱團指揮，因此對當時的中小學音樂教育有所瞭解。估計在 19 世紀 70 年代，香港學校的學生上音樂課唱英國歌曲是十分有可能的。

（9）參閱 *Queen's College—Its History 1862—1987*, Chapter II："The Central School", pp. 9—25; Chapter III："From the Central School to Victoria College," pp. 26—37. 直到 20 世紀 40 年代末、50 年初才提到音樂教師 Fraser, Donald 和 Lin, Richard（p.150），60 年代學生參加校際音樂比賽得獎（p. 380）；published by Queen's College,1987。

有長笛與單簧管合奏。(10)

　　19 世紀下半葉的學校的音樂教育如上所述，那麼學校以外的情況又是怎樣的？根據 1845 年 5 月 28 日報紙的記載，駐香港的"皇家愛爾蘭"軍團的軍樂隊曾舉行公眾音樂會，票價分五元和三元，前者有座位編號，後者則不對號入座。(11)事實上，《中國與香港友誼公報》早在當年的 2 月 22 日刊登了一段告示，呼籲香港市民開會討論組織音樂會事宜 —— 這份公報既然是英文的，對象不言而喻是以外國人為主。這段告示如下：

> 在我們的廣告欄裡有一段告示，呼籲市民開會討論有關在本港組織安排音樂會事宜。我們擔心的是無論這種想法是如何地值得讚許、無論有這種意願的人們如何熱心，在這個殖民地目前的這種情況下，這種願望是無法如願以償的。我們也不太確定在如此有限數目的歐洲居民的情況下有沒有足夠音樂人才來實現這一計劃 —— 就算有人才的話，我們的社會已給劃分得支離破碎而難以建立一個聯合機構。我們也擔心，和諧的優美的音樂不得不局限在客廳沙龍的小小天地裡；雖然我們對公眾音樂的組織懷着失望的心情，但我們深切地期望這種擔心和懷疑是毫無根據的。(12)

　　毫無疑問，負責起稿這段告示的人一定是音樂愛好者。1845 年是英國人佔領香港後的第四年，從英國來香港的英國人懷念家鄉的音樂會，想在香港組織類似的音樂會，是可以理解的。

　　英國人從英國帶來了他們的音樂文化，這種英國音樂文化是以基督教為主的，貫穿着學校音樂教育和社會生活。學校裡的早禱和唱聖詩等活動在教會開辦的補助學校是學生生活裡不可缺少的，星期日的教堂是居港外國人必然要去的重要地方，受過西方教育的華人也有一部分去"守禮拜"。宗教音樂在潛移默化的過程中，在基督教徒中起了不可忽視的作用。在 19 世紀下半葉的香港，社會活動和文化活動相對較少，那麼學校裡的音樂會、唱聖詩以及宗教音樂對那個時代的居港英國人和西化了的部分華人，當然是重要的精神生活了。(13)

（10）School Notes, *Yellow Dragon*—a magazine conducted in the interests of the students at Queen's College Hong Kong, Queen's College , September 1899, No. 111, p. 65.

（11）*The Friend of China and Hong Kong Gazette IV*（43）, published by Hong Kong Government, 28 May 1845, p. 796.

（12）id. , 22 February 1845, p. 796.

（13）Smith, George, *A Narrative of an Exploratory Visit to Each of the Consular Cities of China*（reprinted from the 1847 edition by Cheng Wen Publishing Company, 1972）裡在形容馬禮遜教育協會學校學生的學習生活時，說"在學習歌唱對救世主的讚美時，這些學生懷着喜悅的心情來聆聽這些聖詩"，參閱 pp. 508—520。

　　早於 1843 年，便有人在香港成立了牧歌協會（Madrigal Society），首任會長是索爾頓（Major-General Lord Salton）。牧歌這種歐洲中世紀的音樂體裁相信只有從英國來的人才熟悉、才有辦法為協會會員提供樂譜和訓練，因為 "牧歌" 是需要一定合唱技巧和知識的。據説在 1843 年之前香港便有牧歌協會，但記錄已失，能夠找到的記錄是從 1843 年開始的。[14]

　　香港的合唱協會（Choral Society）在天主教堂管風琴手桑斯特（Sangster, C.F.A.）的提議之下成立於 1861 年。這個合唱協會在 19 世紀下半葉相當活躍：1863 年 7 月 10 日為大會堂籌款而組織了音樂會，這是協會的第一次公開活動，籌得款項 691 元。1873 年 7 月，合唱協會開始以愛樂協會名義組織音樂會。如 1876 年 4 月 18 日的盛大的合唱節，在那個時代的香港是一次相當轟動的活動。合唱協會用 "愛樂協會" 這個名稱顯然不是正式的。這個合唱協會一直活躍到 1894 年，那年的 7 月 9 日協會召開了最後一次會議。1903 年 8 月 15 日，有關人士聚集在一起，討論恢復這個協會，但這之後用的名稱卻是愛樂協會（Philharmonic Society）了。愛樂協會的活動更有勁，曾上演 Gilbert 和 Sullivan 的輕歌劇，但那已是 20 世紀初的事了。[15]

　　英國人以至歐洲各國人都十分注重大會堂（Town Hall），在歐洲各城市的大會堂一般是市政府所在地，包括一個大廳作為重要集會的場所，英國的城鎮也是如此。根據記載，1862 年香港政府便有計劃興建大會堂，在這座建築物裡有劇場、圖書館以及一組會議室，作為香港市民演出、閱讀、開會之用。1864 年，香港政府為這項計劃提供免費土地，大會堂於 1869 年 11 月 2 日建成啟用，並請得愛丁堡公爵阿爾拔王子主持開幕典禮。這座大會堂立即成為香港的文化活動中心，不僅音樂會、話劇在此演出，展覽會和各種研討會也在這所建築物裡進行。

　　19 世紀下半葉的香港，中英兩種不同國籍的居民各自過着自己的生活。當年旅居香港的英國人對音樂生活的興趣，一如現在的香港人喜歡把香港的生活模式帶到加拿大、澳洲、美國以及香港移民所到之處。英國人一到香港便盡量把英國音樂文化帶到香港來。香港的中國人大部分則過他們自己的音樂文化生活，一如冼玉儀説的那樣："香港的早期歷史是一個分隔的歷史——政府與中國人社會之

（14）Jarrett, V.H.G. (ed.), *The Old Hong Kong*（打字文件，現存香港大學圖書館），p. 784。

（15）同上注。

圖 19.1　建於 1869 年的香港大會堂

間的分隔。"[16] 事實上中國人與英國人之間的分隔也極明顯，這種分隔不僅基於種族、統治與被統治的關係以及語言，更由於文化和價值觀上的差異。

一位英國人寫了一篇題目為〈香港的生活 1856—59〉的文章，報導了他在香港所見所聞，有不少事物中國人極感興趣的他卻覺得無聊，如放風箏。對中國音樂，這位先生的評語如下：

> 他們為他們想像中的所謂音樂而感動，從那些極盡簡單、沉悶、莫名其妙的原始材料所產生的噪音得到快樂。[17]

由此可見，英國人對中國音樂文化全然無知。

香港人用粵語，故粵劇、粵曲相當流行，廣受市民的歡迎，如八大音、神功戲，而居住在新界的村民也能享受到這些音樂戲劇。

香港九龍和新界有些地區每年慶祝神誕都必定有演戲的活動，而這種戲便叫神功戲。有些廟的香火鼎盛，因此有經濟能力來請戲班演戲；有些廟的經濟能力較差，故只能演出傀儡戲；經濟再次一點的就只有請八大音來唱戲。演神功戲和傀儡戲或唱八大音都是用竹棚蓋搭的，八大音之所以較經濟是因為所需要的面積不大、不用戲服和道具、不要前幕。換句話說，上演神功戲和傀儡戲既要演、唱又要做，因此一切舞台上的設備都需要，包括台前的幕；清唱粵曲的八大音只要唱，最多加上伴奏，演和做均不需要。

上演八大音的廟宇不一定限於經濟因素，廟宇所在的地方也是原因，若地方太小、或交通太頻繁的地區也不適宜搭棚做神功戲。如荷李活道的文武廟、灣仔的洪聖廟、卑利街的大伯公廟、西營盤的福德祠等都只能唱八大音。八大音都是全套戲曲，因此影響較大，市民平時也可以哼上幾句，形成一種唱粵曲的潮流，有不少業餘愛好者組織民間音樂團體，以唱粵曲為樂，自拉自唱，蔚然成風。除了推動民間音樂活動外，八大音也推動了妓女演唱粵曲。魯金說："妓女對推動粵曲演唱是有很大的貢獻的，這是研究粵曲演唱史的人一向忽略的。"[18]

妓女如何學習唱粵曲呢？根據一份 1890 年有關香港妓女的報告，我們才知道當時女童在三至十歲的年紀便被窮人家賣給別人，將來或做妓女或做傭工，售價

（16）Sinn, Elizabeth: *Power and Charity—The Early History of the Tung Wah Hospital*, Hong Kong; Hong Kong University Press, 1989, p. 7.

（17）Weatherhead, Alfred, *Life in Hong Kong 1856—59*（打字稿，現存香港大學圖書館，缺日期），pp. 29—31. 中譯由本文作者負責翻譯。

（18）魯金：《粵曲歌壇話滄桑》，香港：三聯書店（香港）有限公司，1994 年，頁 6。有關八大音，請參閱同書〈歌壇的前身 '八大音'〉一章，頁 3—6。

視相貌和年歲而定。最低不低過 100 元，最高 400 元，有的十至十五歲，年歲愈長、相貌愈好就愈值錢。[19] 有關妓女的唱歌訓練的內容翻譯如下：

> 妓女的訓練從上歌唱課開始。受聘的教師來到給未來的妓女上課，每首歌學費十元，這筆錢要令學者百分之百熟悉這首歌曲，不管要學多久。這十元包括伴奏和歌唱。伴奏樂器一般用中國鼓。一般智力的中國女孩子需要一個月的時間來學會一首歌，每天上兩小時的課。短的歌曲大約有三四十行，長的則有五十行。能唱三首歌曲的便可以成歌女。當這種學習完成後，這名女孩子便給送到妓院去工作。[20]

妓女的工作首先便是唱歌，每唱兩首歌便有打賞一元，有名的妓女每天唱歌可以賺五六十元，但她只能獲得這個數目的四分之一，其中一部分要給妓院的老闆，另一部分要給這名妓女的買主。由此可見，買賣妓女這一行是頗有賺頭；也由此可見，能唱歌對妓女是多重要的一項謀生技能。

能唱歌的妓女都是化妝得花枝招展、衣着時髦的，她們經常參加大客戶的宴會，或是為客人撥扇，或是交談，財力雄厚的客戶可以請三四十名妓女來參加助慶。每一位客人都有自己鍾愛的歌女，但為了擺闊氣，他可能請五六名歌女陪酒。一般宴會在下午五六時開始，晚上八點鐘結束。在這兩三個鐘頭裡只是吃喝談笑，唱歌，吸鴉片要在八點鐘之後才有，這種晚宴有的歌女可以賺三四元，陪客人過夜另有打賞。[21] 魯金説妓女對推動粵曲演唱指的便是這種演唱活動，因為這些客人來自各個階層，學會了回去傳播，正好像現在的卡拉 OK 一樣，其影響的確是廣泛的。

除了神功戲之外，香港市民和新界的村民有各種不同的習俗和節日慶祝活動，如盂蘭節等。[22] 這些節日的活動都會用到音樂戲曲表演、儀式。此外，新界有為數不少客家人，在大埔一帶的客家山歌相當流行。

（19）"Report on Brothels", enclosed in "F. Fleming, to Knutsford, 5 August 1890", despatch 171 : "Great Britain, Colonial Office"（Original : *Hong Kong, 1841—1951,* Series 129）.

（20）同注（19），p. 35。

（21）同注（19），pp. 38—39。

（22）香港中華文化促進中心（編）：《香港歷史文化考察》，香港中華文化促進中心出版，1993 年，頁 235—248，"盂蘭節"。

三·學校音樂教育、個別授課、音樂活動與音樂創作（1900—1945）

（一）學校音樂教育

到了 20 世紀初，香港的學校音樂課仍然不受重視，這點可以從政府年報裡看到。據《香港年報 1900—1909》，當年香港有官校 13 所、補助學校 91 所，共有學生 7,481 名。[23] 在學校數目上比 1845 年的 13 所增長了八倍，學生數目則增加了 30 倍半。[24] 但這種發展是不平衡的，因為在這七千多名學生裡，其中有 1,440 名在皇仁書院就讀，剩下的 6,477 人則分佈在其他 103 所學校裡，平均每所只有 59 人，而事實上規模最小的學校只有學生 12 名。如此不平均的分配令教師的配派、設備的添置發生困難，試問只有十幾人的學校如何分班、分科？如何有能力聘請音樂教員、如何購買鋼琴和設立音樂課室？

在教學語言上的分配也間接影響了音樂教材和教學。在 1900 年的 104 所學校裡，只有五所是中英並用的；21 所只用英語；其他 78 所則全用中國語言（作者按：應是粵語）。用英語上課的學校，在音樂課的教材和教學上較方便，他們可以用英國學校音樂課的教材——從歌曲到音樂欣賞、音樂史到音樂知識都可以採用英國的那一套。在英國，中小學音樂教育有一套相當完備的教材，而香港，直至五六十年代的香港政府、補助和津貼學校的音樂課，仍然用英國的學校音樂教材。

但在用粵語上課的學校裡，音樂課就困難多了，主要的是教材問題。在中國內地，1905 年廢除科舉制度，事實上在這之前，全國各地，尤其是大城市，新式學堂紛紛設立，學制和課程都依照歐美或日本的。如小學六年、初中三年、高中三年、大學四年。科目包括數學、物理、地理、國文、英文、樂歌、圖畫、體育，等等。中國的書室或學塾根本沒有樂歌課，一旦有了新式學堂，學生上音樂課時只好唱旋律是外國的、歌詞是中文的 "學堂樂歌"。但 "學堂樂歌" 都是用國語的（又稱官話，現稱普通話）。由此可見，1900 年香港那 78 所學校，由於語言、設備、教師、教材的各種困難而不設 "樂歌" 課，實在是無可厚非之事。

（23）*Hong Kong Annual Reports－Colonial Reports 1900—1909,* Hong Kong Government，pp. 13—14.

（24）參閱注（4）。

在 1910 年的年報裡，教育署署長提交了詳細的學校、學生數字、課程、考試等情況和問題。[25] 在敘述到課程的段落裡，科目如英文作文、英語會話、默寫、算數、數學等以及課外活動的項目如辯論學會的活動、游泳、足球等均有提及，唯獨缺音樂和繪畫兩科，報告裡也沒有歌詠活動或音樂會等一類的報告。署長的報告相當詳盡，裡面還有各學校校長的報告，在各地區學校的報告裡，各科的教學和考試均有詳細的記載。[26] 因此，缺音樂課程和活動的報告是由於官校與補助學校根本沒有音樂課或是有的學校有、有的學校則沒有的緣故。由此可見，音樂在香港教育制度裡是可有可無的。

在教育署署長的年報裡，從 1901 年到 1940 年均沒有提及音樂科或唱歌科，也沒有提及音樂課室的設備或歌詠活動、音樂會等。但在 1939 年的報告裡，圖表六 "公眾考試成績" 的 "考試欄" 最後一格裡填的是聖三一音樂學院（Trinity College of Music）；在 "應考者數目、及格人數、及格率" 欄下填謂："133 名學生報考術科考試，全部及格；27 名學生報考樂理，25 名及格"。[27] 由此可見，早在 30 年代香港已有一百多人報考英國的音樂學院的校外考試，若不是由於第二次世界大戰，香港的歐洲音樂的教育和演藝活動當會另有一番景象。

香港的教育在英國統治了半個多世紀之後，經歷了深刻的變化：政府通過接納並實行《1902 年教育委員會報告書》；加緊對中文教育的關注。1913 年頒佈教育條例，規定凡學生人數超過九人的學校均需註冊，1921 年此條例推廣至新界；1933 年，英國視學官伯恩尼應邀前來香港視察研究本港教育並提出報告。[28] 在報告書裡，伯恩尼認為應加強母語教學，課程應包括音樂、美術、體育。1939 年教育署署長草擬了一份發展中文小學的計劃書，計劃在五年內興建 50 所模範中文小學，作為一般私立小學的 "模範"，可惜太平洋戰爭令這項計劃無法在當年實行。

在太平洋戰爭爆發之前，香港仍然分為英語與粵語教學兩種學校。這兩大類學校有三種資助：一、全部由政府提供資源的官立；二、由私人辦理，但有政府的補助；三、全部由私人出資辦理。在那一年，全港有 20 所官校、19 所補助學校、276 所津貼學校、982 所私立學校，就讀學生超過 12 萬人。[29] 在 1939 年，政府

（25）*The Administrative Reports* 1910, pp. N1－N48.

（26）Ibid., N11－N13.

（27）*The Administrative Reports* 1939, p. 036, General Table VI.

（28）Burney, E., *Report on Education in Hong Kong*, London: Published on behalf of the Government of Hong Kong by the Crown Agent for the Colonies, 1935.

（29）*The Administrative Reports* 1939, pp. 26－27.

還開辦了一所教師訓練學院，為市區學校的英語、粵語教師提供訓練課程，為期兩年，第一年有學員48名。[30]但當年這所教師訓練學院的課程裡缺音樂課，再一次説明教育界決策層對音樂的了解和態度，雖然在報告書裡指明"若能調配教師，應有手工與音樂兩科"。[31]

官方資料如上所述，有關音樂課貧乏得很，而學校的校刊有關這方面的資料也不多。在法國天主教學校1910年的《學校概況》裡，有兩處與音樂學習有關：(1) 在"學費"標題下有這麼一句："鋼琴課和繪畫課自由選修，要另收費。"[32] (2) 在"成績報告表"裡有"音樂"（Music）一項。[33]在男拔萃書院1929年的上課時間表裡，每星期四上午9時至9時40分第一至四班要上"唱歌"課（Singing），9時40分到10時40分第五至第八班要上"唱歌"課。[34]上述都是教會辦的學校，而教會一向是較注重音樂教育，尤其宗教音樂教育，故此有音樂課是意料中的事。

私立和民辦的學校的情況則要看該校的規模和校方重視的程度。《同濟中學創校四周年紀念特刊》裡便有兩處提及音樂和唱歌：一、課程：初級中學和小學均有音樂課，幼稚園則有唱歌課。二、在課程表裡，初級中學每週一課；小學則每週兩課，一、二年級還另有兩節唱遊課。[35]港僑中學的課程也是如此：高級中學沒有音樂課；初級中學每周一節音樂課；小學一、二年級每周兩節音樂課，三至六年級則每週一節。[36]其他有音樂課的學校還有子褒學校、[37]梅芳女子中學[38]等私立中小學，在校刊裡找不到有音樂課的則有民生書院、[39]鑪智學校、[40]長城中學[41]等等。

（30）Ibid., p. 26.

（31）同注（6），頁359。

（32）*Prospectus of the French Convent School, 1910*，in *Asille de la Sainte Enfance ...* Monography, 1910, pp. 42—51.

（33）同注（31）。

（34）Rev. Featherstone, W.T., *The Diocesan Boys School and Orphanage*, Hong Kong, 1930, pp.124—125; Sweeting, Tony, *Education in Hong Kong—Pre-1841 to 1941—Fact & Opinion*, Hong Kong University Press, 1990, pp. 410—411.

（35）《同濟中學創校四週年紀念特刊》，香港：同濟中學出版，民國二十九年3月1日，頁8、9、10、11、15。

（36）《港僑中學24週年紀念特刊》，香港：港僑中學出版，民國二十四年。

（37）《子褒學校年報》，香港：子褒學校出版，民國十年。在"男教員姓名籍職事"一欄裡，有"黎少壁，順德，授算學、物理、地理、唱歌"字句，這位黎老師可能是兼教唱歌。

（38）《香港梅芳女子中學建校特刊》，香港：梅芳女子中學出版，民國二十三年。此校有音樂室，高級中學無音樂課，初級中學每周一節音樂課。

（39）《民生書院60週年紀念特刊》，香港：民生書院，1986年。

（40）《鑪智年報》，香港：鑪智學校出版，1926年。這份《年報》刊登有照片，如"女生刺繡成績展覽"、"男生手工圖畫成績品展覽"等，為數不少，但沒有學生歌詠照片。

（41）《長城中學開校特刊》，香港：長城中學，（民國二十二年〔1933〕）提及的課程包括藝術、體育、家政、烹飪、女紅，但沒有音樂或唱歌。

　　戰前學校音樂教育辦得最出色的要算是在利園山頂創辦的嶺英中學。這所學校校長洪高煌博士是美國史丹福大學畢業生，喜歡唱歌，因此十分重視音樂課。1938 年，嶺英中學從幼稚園到高中均有音樂課，由林聲翕和凌金園等主理。這家中學除了合唱團，還有銀樂隊，編印有《嶺英歌集》，收入民歌，宗教歌曲、藝術歌曲等。但嶺英中學是特殊的例子。[42]

　　綜上所述，教會辦的小學與初級中學一般都有音樂課和唱歌課，官校、私立和民辦學校就要看情況而定了 —— 如教師、設備、教材以及校舍等都會影響到能否開設音樂課，若校舍太小，音樂或唱歌課就會影響其他科目的教學。

　　隨着中國內地教育的發展和英國對香港愈來愈多的影響，香港有許多傳統的舊式私塾改革為新式學校，再加上一些在大陸受教育的人回到香港無法銜接香港的課程，感到需要開辦以大陸課程為依據的學校，因此在 20、30 年代中文中學蓬勃發展，如仿林中學 (1923)、西南中學 (1928)、寶覺女子中學 (1931)、知行中學 (1932)、培正中學 (1933)、德明中學 (1934) 等都是在這個時期開辦的。這些學校的學制是依循大陸"六三三"學制及教育部規定的課程標準，因此學生畢業後只能回大陸升學。面對這一發展，香港政府於 1929 年任命中文課程委員會制定標準，統一中小學課程。

　　香港政府在中文中、小學的課程上加強控制只限於"重要的學術"科目，如英語、數、理、化；至於歷史、地理等次要的科目也予以有限度的指導，如對鴉片戰爭以及中國近代和當代史的規限等等；至於音樂、繪畫等更"次要"的文化科目便任各校自理了。可以想像既然要與大陸的教育制度銜接，這些中文中小學的音樂課是需要與大陸的音樂課掛上勾，如 20、30、40 年代在大陸流傳甚廣的沈心工 (1869—1947) 的學堂樂歌《男兒第一志氣高》、《黃河》等[43]和黎錦暉 (1891—1967) 的兒童歌舞劇《神仙妹妹》、《小小畫家》等[44]便有可能作為音樂課的教材 —— 前者在中國抗日戰爭時期，傳唱大江南北，後者更"遠及香港和南洋各地"。[45]

　　20 世紀上半葉，香港的學校教育隨着商業、貿易和交通的發展，人口的增

（42）參閱周凡夫：〈香港音樂教育發展初探〉，劉靖之（編）《中國新音樂史論集 1946—1976》，香港：香港大學亞洲研究中心，1990 年，頁 458。

（43）參閱劉靖之：〈新音樂萌芽期〉，劉靖之（編）《中國新音樂史論集》，香港：香港大學亞洲研究中心，1986 年，頁 32—38。

（44）參閱劉靖之：〈新音樂奠基時期 1920—1936〉，劉靖之（編）《中國新音樂史論集 1920—1945》，香港：香港大學亞洲研究中心出版，1988 年，頁 70—74。

（45）同注（43），頁 72。

加，也有顯著的發展，但學校裡的音樂教育和活動與 19 世紀下半葉的情況並沒有顯著的變化，政府仍然不重視這一科，任由學校自己去處理，形成教會辦的學校和私立學校的音樂教育和活動遠較官校、補助學校和津貼學校活躍。這種缺乏政府重視的情況不僅 20 世紀上半葉是如此，五六十年代也是如此，到了 70 年代才有所改善。

（二）個別授課、音樂活動、音樂創作

到了 20 世紀，除學校的音樂課外，個別跟老師學習彈鋼琴、小提琴以至聲樂的人愈來愈多，其中以立陶宛人夏利柯（Ore, Harry, 1885—1972）最為出名，[46] 其他的音樂教師還有俄羅斯小提琴家托莫夫（Tomoff）、留學日本的鋼琴家黃金槐、聲樂家馮玉蓮等。30 年代中末期，內地有好幾位音樂家如馬思聰、陳洪、林聲翕等來港避亂，因此也收些學生從事個別教授。

香港大學成立於 1911 年，正式上課則要到 1912 年秋季。這所大學開始時只設立兩所學院 —— 醫學院和工程學院，音樂系要等到 1981 年才成立。香港的專業和高等音樂教育經歷了好幾個階段，從戰前的個別教授如夏利柯，經戰後民辦但政府不承認的音樂學院和專科學校，直到 1965 年香港中文大學崇基學院成立音樂系，前後半個多世紀。但 1965 年之後，專業和高等音樂機構增加速度之快，超過英國人統治一百多年（1841—1965）來的任何一個時期。英國倫敦聖三一音樂學院於 1938 年在香港設立公開考試，報考技科的如鋼琴、小提琴、聲樂的學生居然有 133 人之眾，相信這一百多人裡有些是上述夏利柯、托莫夫、黃金槐、馮玉蓮等老師的學生。

個別授課與公開考試在一定程度上顯示了一個地方的音樂水準和實力。這一點在 20 世紀下半葉充分地表現出來。可惜倫敦聖三一音樂學院於 30 年代末在香港開始的公開考試被太平洋戰爭中斷，戰後給皇家音樂學院捷足先登，從 40 年代末到現在，皇家音樂學院在香港的公開考試，其人數之多、其成功的程度，在音樂教育史裡很可能前無古人，至於是不是後無來者，那得看將來的發展了。有關

（46）夏利柯生於俄羅斯聖彼德堡，畢業於聖彼得堡的音樂學院。1915 年抵哈爾濱，1917 年到上海，1921 年南下香港，並長住香港，直到 1972 年去逝為止。夏利柯寫了為數甚多的鋼琴樂曲，其中有些是根據廣東民歌旋律寫的。

英國皇家音樂學院在香港的公開考試，將在下文另述。

　　1869 年建成的大會堂，在 20 世紀上半葉繼續發揮了它的市民活動中心的作用，直到 1933 年為了讓出部分土地興建香港滙豐銀行大廈，其他部分則於 1947 年全部拆掉，[47] 這之後的 15 年裡香港沒有了音樂活動的心臟，直到 1962 年新的大會堂落成才填補了這一重要的空白。在大會堂拆掉之後、愛丁堡廣場新的大會堂興建之前，香港大學的陸佑堂、皇仁書院禮堂以及九龍的男拔萃書院禮堂都是音樂會的場所。

　　在舊大會堂舉行的音樂會，演出的一般都是比較正統、嚴肅的作品，另外還有些地方有音樂演奏。喜歡聽傳統音樂會和看話劇的可以去皇家堡壘劇院（Royal Garrison Theatre）；喜歡輕鬆的、喜劇式的演出則應去英國海員客棧（British Seamen's Inn），因為這家客棧以聘請一流的歌手而著名；至於皇家劇院（Theatre Royal），常常有到訪的大型的歌劇，有設備完善的舞台，是香港人享受文化的好去處。香港自己的業餘戲劇社和合唱協會也經常負責演出節目。[48]

　　上述都是較為適合英國人和歐化了的中國人的文化活動，至於中國人一般都喜愛自己的音樂，如粵曲和小調。20 世紀初的歌壇是基於粵曲的演唱，民間既有音樂團體唱粵曲，也有妓女唱粵曲，發展下去便有歌壇——另一種形式的粵曲演唱會，和八大音不同，前者是純商業性的，要收入場券，後者則是由神功會的主會者聘請來唱的，不需要入場券。

　　最早的歌壇是設於遊樂場之內，20 世紀初出現的第一家遊樂場太白位於現在的西環太白台。太白遊樂場內設有一座歌壇，樂隊由業餘音樂家組成，至於唱歌者都是石塘咀的妓女，唱得一口好粵曲，而且是當時的紅牌妓女。[49] 其後跑馬地的愉園遊樂場和北角的名園遊樂場的歌壇，也是請妓女來唱粵曲的，可見妓女是粵曲演唱的台柱。由於消費較大眾化、唱的粵曲都是粵劇裡最精彩、最吸引人的片段，因此歌壇一時相當流行。

　　遊樂場裡的歌壇甚受天氣的影響，颱風下雨無法開唱，太冷太熱也令聽眾裹足不前，於是開始在茶樓裡設立歌壇，當然茶樓裡較熱，秋涼之後才適合，春夏之交便又移到遊樂場裡去，這種情形一直維持到 1920 年，當茶樓內開始裝上電風

（47）香港市政局、香港博物館（編）：《香港歷史圖片》，香港：香港市政局，1982 年 2 月。

（48）*The Old Hong Kong*, "Theatres," pp. 1034—1038.

（49）魯金：《粵曲歌壇話滄桑》，香港：三聯書店（香港）有限公司，1994 年，頁 7—35。

扇之後，一年四季都可以在茶樓裡設立歌壇了。

　　魯金假定位於水坑口的富隆茶樓是第一家設立歌壇的茶樓。[50] 其他設有歌壇的茶樓有如意茶樓 —— 這家茶樓不僅設有歌壇，還出版《歌聲艷影》，創刊號目次包括"歌壇卮語"、"說薈"、"曲本"、"群芳倩影"（介紹歌者）等。[51] 先施公司在德輔道中建成之後，將天台佈置成園林景色，稱為"天台遊樂場"，包括歌壇，起用優秀女歌手。先施公司的職工也有音樂部之設，唱得好的員工也可以在天台歌壇上一顯身手。到了 20 年代中期，開始有專業歌伶出現，其中有"歸良"的妓女。那時失明藝人也加入歌壇，男的稱"瞽師"、女的稱"瞽姬"。

　　由此看來，歌壇在中國人社會裡形成一股風氣，一如現在流行的卡拉 OK，也因此而需要大量新的粵曲歌曲。香港那時有一批文化人，喜作曲給歌伶演唱，如黃言情、羅禮銘、楊懺銘、楊懺紅、林粹甫等。

　　1929 年是歌壇開始繁榮的第一年，因為香港電台的中文節目於 1929 年開始廣播，而電台播放的歌曲以粵曲為主，於是粵曲從茶樓的歌壇而經過空中廣為傳播。除電台，涼茶舖也是推廣粵曲的重要媒介，因為涼茶舖每晚有節目預告，店主用粉筆在黑板上預告當晚播放的唱片，每晚節目不同，藉此招徠顧客，粵曲因此而深入民間。

　　日本佔領時期，除了歌壇外，其他的文化活動都停止了，因此人們只能去聽歌。

　　粵曲演唱從 20 世紀初到太平洋戰爭爆發前，在香港流行了相當一段時間。20 年代末、30 年代初，除了如意和富隆茶樓外，還有平香和添男茶樓。30 年代中，中區有蓮香和高陞兩家歌壇，九龍的大觀也設有歌壇。百貨公司除先施公司外，還有中華百貨公司出版有《清韻》雜誌。

　　《清韻》第二期不僅刊登了 126 首譜子，還有"音樂家近影"和"音樂格式"以及錢大叔、尹自重、呂文成等的介紹。

　　從 20 世紀初到太平洋戰爭開始影響香港（1941 年 12 月 25 日）這 41 年裡，香港的音樂文化生活隨着經濟、交通的發展而比 19 世紀下半葉更多姿多彩、更豐富。但外國人繼續享受他們的英國和歐洲的音樂文化，中國人則繼續欣賞自己的地方音樂文化以及地方與內地混合音樂文化 —— 前者如歌壇唱的粵曲，後者如鑼

（50）同注（49），頁 8。魯金如此假定，是因為富隆茶樓為歌壇有記錄可查的第一家茶樓。

（51）《聲艷影》第一期，香港如意茶樓出版，1927 年 1 月。

圖 19.2　1928 年先施體育部音樂組同人合照

鼓樂隊，鑼鼓班來自中原，但八音則屬不折不扣的廣東音樂文化。這種中原與傳統音樂文化貫穿着普通中國老百姓的一生，從結婚到病死，就算在小小村落裡也無法免俗。[52]

　　上文曾提及香港電台於 1929 年開始有中文台，用粵語廣播，有效地推動了粵曲傳播，事實上香港電台早於一年前，即 1928 年 6 月 30 日上午 9 時便開始廣播，比英國無線電台晚了六年。開始的時候，政府發出 124 個牌照（1928），一年後增加到 467 個牌照，以後逐年遞增，到了 1938 年已增至 8,000 餘張。到了 1941 年 12 月，香港淪陷，電台一度停播，1942 年初由日軍恢復廣播，稱為 "香港放送週"。戰後首次正式廣播是在 1945 年 9 月 1 日，9 月 15 日中英節目恢復播放，1948 年 8 月正式命名為香港廣播電台。[53] 在 1928 至 1941 年間，香港電台在香港音樂文化生活裡相信佔有十分重要地位，那時其他音樂活動不太多，雖然到了 30 年代末，抗日戰爭影響了香港的詠歌活動，掀起了香港人的抗日熱情，一時間合唱團如雨後春筍，紛紛成立，包括 1939 年間的秋春合唱團、[54] 長虹合唱團、[55] 鐵流合唱團、[56] 虹虹合唱團，等等。那時皇仁書院沒有音樂課，書院經青年會聘請已故電影音樂工作者、合唱指揮草田先生任書院歌詠團指揮。

　　據説當時的合唱團演唱時都是齊唱，而不是四部合唱。1939 年，武漢合唱團在當時著名的音樂家夏之秋先生的帶領下來港演唱，曲目裡有許多混聲四部大合唱，對香港的合唱團和歌詠團是一個相當大的衝擊，從此之後香港人開始唱四部混聲合唱了。[57]

　　香港自 1841 年開始給英國人佔領之後，音樂文化一直存在着中英並存的現

（52）美國耶魯大學人類學教授 Osgood, Cornelius 的三大冊 The Chinese－A Study of a Hong Kong Community, Tucson: University of Arizona Press, 1975，花了 15 個月的時間，前後來了四次香港，實地調查，才寫成這部巨著。有關葬禮和婚禮時用的樂師和樂曲以及整個程序都有詳細的記載，參閱頁 112、113、496、672、689、756、800、894、896、919、920、922、1033、1135；有關音樂生活的參閱頁 940、941、942、1168 等。在這個小地方，除了中國樂器如二胡外，還有鋼琴，一位樂師還去過大會堂演奏。

（53）有關香港電台的發展史，請參閱《香港廣播六十年 1928—1988》，但這本敍述香港電台 60 年歷史的書令讀者相當失望：戰前的資料十分貧乏，戰前的圖片十分貧乏，戰前的廣播節目也十分貧乏，近十幾二十年的資料較多。若稱這本畫冊是 "歷史"，似乎有點名不符實。此書沒有注明出版日期、出版者、印刷者和編輯。

（54）資深音樂教育家李德君先生告訴作者説：秋春合唱團的創辦者是陳建功先生。陳先生也是 40 年代末位於彌敦道普慶戲院對面的前進書店的創辦人。

（55）長虹合唱團的創辦人為卓明理先生。廣州著名音樂家何安東先生曾應邀為此合唱團作曲。

（56）鐵流合唱團的創辦人為聲樂家馬國霖先生。作曲家林聲翕先生曾為此合唱團作曲；活躍於音樂界的陳烈先生曾為此合唱團團員。

（57）有關此段合唱團的敍述，資料是由資深音樂教育家、合唱指揮、香港學校音樂節協會副主席、香港民族音樂學會常務理事李德君先生提供的。李先生於 1928 年在大陸出生，1937 年來港定居，就讀於彌敦道的鑰智學校。據他的記憶，1939 年，武漢合唱團來港演唱時曾到鑰智學校演唱給學生聽，至今印象深刻。李先生還説，在鑰智學校讀書時，音樂課的教材是油印歌曲，都是些抗日歌曲和電影歌曲，如《全國總動員》等。

象，前者在民間蓬勃生存發展，後者則逐漸霸佔城市中心的文化生活，如 1869 年興建的大會堂及以後的皇家劇院等演出場所和圖書館、博物館等等。而中國音樂文化卻緊密地與生活聯繫在一起，貫穿着人生裡的各個階段、各個層次，如歌壇、葬禮、婚禮、祭祀、慶典等等，生動地說明了音樂的社會功能。

　　在這種情形下，香港在 20 世紀上半葉裡是難以培養出歐洲式的音樂創作人才的，現代人所謂 "作曲家"。直到 20 世紀 30 年代為止，中國音樂文化裡沒有 "作曲家" 這個概念；而歐洲的作曲家則需要培養訓練，在中國聖樂院（1950）、香港中文大學音樂系成立之前（1965），是從來沒有出產過 "作曲家" 的。雖然如此，香港仍然有兩三位外來的作曲家：一是上文提過的夏利柯、一是意大利聲樂家高爾地（Gualdi, Elisio, 1905－？）、一是林聲翕（1914—1991）。這三位音樂家雖然是 "外來" 的，但他們在香港居留的時間、對香港的熱愛的程度，比 "本地" 人可能還要高。

　　夏利柯不僅是位傑出的鋼琴家、鋼琴教師，他還是位作曲家，在鋼琴作品裡運用了豐富的廣東民謠，比許多中國作曲家的作品還要 "民族化"，如《南方民歌五首》(*Five South Chinese Folk Songs*)、[58] *From North to South through East Asia*（《從北到南穿過東亞》）[59] 等等。他是立陶宛人，熱愛故鄉，因此寫了一些懷念故鄉之情的曲子。由此可見，當香港的中國音樂創作仍然一片死水一樣的時候，從遙遠立陶宛來的音樂家，從 20 年代起已開始寫作富有廣東民歌小調味道的鋼琴樂曲。

　　另一位從外國來港定居的高爾地先生是聲樂家，他也寫了一些歌曲，如《唐詩七闋》等。[60]

　　音樂教育家、作曲家林聲翕在 30 年代末曾居住過香港，並於 1938 年在香港出版他的獨唱歌曲集《野火集》，[61] 那時林氏年僅 24 歲，能寫出像〈滿江紅〉這

（58）Ore, Harry：*Five South Chinese Folk Songs* 共收入鋼琴曲五首，均有標題：
　　　（1）*The Monk's Prayer*〈戒定真香〉；
　　　（2）*The Autumn Moon*〈漢宮秋月〉；
　　　（3）*Raindrops Knocking at Banana Leaves*〈雨打芭蕉〉；
　　　（4）*The Hungry Horse Rings The Bell*〈餓馬搖鈴〉；
　　　（5）*Song of Despair*〈怨〉。
　　　此鋼琴曲集出版者為 King's Music Company Hong Kong，發行者、印刷者為 W. Paxton & Co. Ltd.，出版年代在 1948 年。

（59）夏利柯的《從北到南穿過東亞》作品 23（*From North to South through East Asia*）是根據東方音樂而寫的鋼琴音樂會組曲。共收入樂曲四首：1. 日本、2. 華南、3. 菲律賓、4. 印度尼西亞。也是由 King's Music Company Hong Kong 出版，W. Paxton, & Co. Ltd. 發行、印刷，1949 年出版。在第一首〈日本〉作曲者之下，印有 "Macao 1944"，應該是於 1944 年在澳門寫的。

（60）高爾地《唐詩七闋》(*Seven Chinese Lyrics*)，香港歌劇會於 1960 年出版。這七首歌曲是李白的〈秋思〉、〈夜思〉、〈獨坐敬亭山〉、〈怨情〉、〈江夏別宋之悌〉以及劉方平的〈春怨〉、韋應物的〈秋夜寄邱員外〉。

（61）《野火集》（香港：大地圖書公司）的初版出版於 1938 年 5 月，1956 年 5 月再版，用同一紙版印刷。

圖 19.3　林聲翕創建的華南管弦樂團活躍於 50 年代

首熱血奔騰的作品是可以想像得到的，但像〈白雲故鄉〉這麼抒情的歌曲，出自剛二十出頭的青年小伙子之手，實屬難得。除了這兩首至今仍然廣為傳唱的歌曲外，《野火集》裡還收入〈野火〉、〈雨〉、〈春曉〉、〈漁父〉、〈浮圖關夜雨〉、〈夏雨〉等，共八首獨唱歌曲。

林氏寫作藝術歌曲喜與韋瀚章合作，如〈白雲故鄉〉的歌詞便是韋氏之作，抗日戰爭結束之後，兩人之間的合作更為緊密。〈白雲故鄉〉是一首相當典型的 19 世紀初德國式藝術歌曲。從曲式、伴奏、語言、風格與味道都是歐洲的，在一定程度上說明了 30 年代中西關係上的一種特殊現象。

在 20 世紀上半葉，香港的條件還未能培養自己的音樂創作人才，但從俄羅斯音樂學院、意大利音樂學院和上海音樂學院出來的音樂家卻在香港寫作了一些小品作品，算是一個不錯的開始。

四·戰後的發展（1945—1997）

（一）中小學音樂教育

第二次世界大戰結束之後，[62] 香港的教育在 1945 年－1949 年間面對重重困難，如戰爭破壞和人口增長所帶來的經濟上的壓力、制度上的建立、教員的訓練、課本的編印以及設備的添置，等等。再加上英國政府殖民地部對香港政策的重新調整，在教育上一改過去放任不干預政策而積極發展教育。1945 年日本投降後，香港政府不斷地制定教育發展計劃，發表教育政策白皮書，對香港教育進行全面性檢討，逐年增加教育經費，到了 90 年代初，在九年免費教育的基礎上，大力發展高等教育。雖然在許多環節還存有不少重要問題未能解決，如教學語言，但與亞洲各國相比，香港的教育在過去半個世紀裡所取得的成績是有目共睹的。

在這樣整個教育的 “大氣候” 裡，音樂教育的發展情況如何？在 70 年代之前，工作是做了一些，效果並不顯著，因為主事人的思維和措施過於英國化 —— 從課本、教學法、教員的訓練、課外活動如音樂考試、比賽、欣賞都莫不依據英國學

（62） 在對 “太平洋戰爭”、“第二次世界大戰” 以及 “抗日戰爭” 這三種不同的名稱上，顯示了對抗日本的不同角色：作為英國殖民統治的地方，香港在美國未正式參戰前並沒有受到日本侵華軍隊的干擾。從香港的角度來看，1941 年 12 月 25 日，日軍攻陷香港是屬於英美的太平洋戰爭的範疇，而不屬於 1937 年 7 月 7 日盧溝橋事件開始的抗日戰爭。

校音樂課程的那一套，[63] 從英國來的行政和教學人員固然是照搬英國的那一套，香港的教員則跑到英國去取經，把在英國學得來的教學原理和方法回到香港學校照樣模仿。效果固然是不理想，因為這樣模仿不僅違反音樂教育的原則，同時也極端不合實際。在五六十年代，香港有多少家庭有鋼琴、小提琴？有多少家長喜愛欣賞歐洲音樂、重視歐洲音樂的學習？香港有多少音樂會、歌劇演出？在香港大會堂興建之前，音樂活動固然談不上怎樣活躍發達。就算是香港有了大會堂，歐洲式的音樂活動豐富並不等於代表香港的全部音樂文化。而音樂教育和課程的設計要根據所處的音樂文化背景來進行的，要與家庭和社會環境緊密配合起來。

　　1947 年蘇格蘭人傅利莎（Fraser, D.J.F., 1916—1969）抵港，1952 年調職教育司署主持音樂科，加強對中小學音樂的教學與全港學校音樂比賽的組織與參與。[64] 作為全香港中小學音樂科的最高級教育官員，再加上他還是創辦香港學校音樂節的主席，而這個每年一度的全港規模的音樂比賽不僅對學校的音樂教師和學生影響深遠，還影響了學校的正常學習生活和家長的"平靜"生活，[65] 傅氏在 1947 至 1967 年的 20 年裡可以說是全港學校音樂科的最高負責人。不僅如此，在這 20 年裡，他還協助推動英國皇家音樂學院在香港的考試，以報考人數和報考費的收入來計算，香港在皇家音樂學院所有考試中心的第一位。因此，傅利莎在香港學校音樂教育發展史裡是一位重要人物。[66]

　　可能由於傅氏過於重視學校音樂比賽和皇家音樂學院在香港的考試，以致疏忽了學校裡的音樂課程，直到 1968 年才正式公佈小學音樂課程大綱，1976 年修訂。1980 年，教育署音樂組邀請匈牙利作曲家、音樂教育家高大宜（Kodály, Zoltán, 1882—1967）的學生韋捷達（Vajda, Cecilia）女士來港傳授高大宜教學法，音樂組在小學音樂教學推廣這種有利於讀譜的教學法，經過六年的反覆實驗、檢討，於 1987 年公佈《小學課程綱要 —— 音樂科》，作為全港小學音樂科的教學大

（63）香港教育署總督學（音樂）湛黎淑貞女士認為這是"與教材有關，而非音樂課程的錯"。她還認為香港的情況與 20 世紀初的日本和中國的相似。以香港的財力和人力，要編寫一套適合香港學生的音樂課程，應該是沒有問題的。筆者並不是反對學習歐洲音樂，而是強調一個基本原則：任何人都不應該忘本，中國人應該先學會自己的語文，先學會欣賞自己的音樂。

（64）周凡夫的〈香港音樂教育發展初探〉（參閱註釋 42）一文裡說傅利莎（1916—1969）抗戰後來港，"在灣仔書院擔任音樂教師一個短時期，不久即轉入羅富國師範學院訓練音樂師資，1949 年創辦首屆校際音樂節，1952 年入教育司署，在不斷爭取下，教育司署成立了音樂組，並加強對中、小學的音樂教育規劃"，同註（42），頁 459。
1971 年 3 月 10 日的香港英文《虎報》（Hong Kong Standard Daily），有一段報導傅利莎去世的報導。

（65）每逢比賽期間，合唱隊、樂隊、朗誦隊等所有參加比賽的個人和小組都要加班練習，有時要借其他科目的課來練習，有時要利用午飯、放學、假期來加班練習。有的參加鋼琴比賽的學生要家長送來送去，忙碌不堪。造成這種現象的原因十分簡單：學校因得獎而出名，教師因學生得獎而會有更多的學生，學生得獎則家長比學生還要感到光榮。

（66）有關傅利莎的活動見《皇仁書院的歷史》，香港：皇仁書院，1987 年。

綱，在"序言"、"時間分配"、"目的"與"指引"標題下，《綱要》給予簡潔明瞭的提示：音樂科在小學課程裡是不可缺少的；每周應有兩節課，並輔以適當的課外音樂活動；培養兒童學習音樂的興趣、欣賞音樂的能力和表達能力；能否達到上述目的，教師的施教方法是主要關鍵。[67]《綱要》並為小學六年的每一年級都訂下了具體的綱要。

根據這個《綱要》，教育署音樂組於 1993 年編纂出版了《小學音樂教師手冊》，作為教學參閱之用。這本《手冊》共有 12 章，附錄三件，前有"引言"點題，精練扼要。這本《手冊》雖然姍姍遲來，但總是好事，它不僅能協助保持小學音樂教育的素質，還可以令教師備課、授課有所依據，同時更為中學音樂教育打好基礎。

中學音樂的課程綱要到 1983 年才有着落：《中學課程綱要 —— 音樂課程綱要（中一至三）》。在"引言"裡，《綱要》說明了幾點：(1) 這個《綱要》只是為中一至中三學生；(2)"綱要"分三個階段 —— 第一階段在鞏固的同時打好為未來兩年的發展而準備的基本技巧和知識；最終的目的是為學生提供一個平衡的、設計完善的創作、演奏和聆聽的音樂活動方案，以發揮學生的音樂潛能；(3) 每一個階段需時為每週一小時十分鐘，即兩節 35 分鐘的音樂課。有些學生可能需要附加時間。(4) 聆聽分中、西兩類，但原則上是一樣的 —— 第一年以器樂與聲樂為主要內容；隨後兩年則分批研究音樂的發展，包括風格和體裁。(5) 鼓勵教師給學生聆聽中國的傳統樂曲，以每周兩節課為原則，每一學年共要 25 週，即 50 節音樂課。假如每兩節課抽出十分鐘來聽音樂，那麼每一個"聆聽階段"就需要 25 個十分鐘的時間。

1987 年，教育署委任的課程發展委員會公佈了中四和中五音樂課程綱要。這個《綱要》的目的有二：(1) 繼續發展學生的音樂視野，幫助他們欣賞音樂、發展對美好音樂藝術作品的欣賞能力和通過參與來表達自己；(2) 發展音樂技巧，包括歌唱與器樂彈奏，增長音樂見識與修養。

中學會考和高級程度考試裡的音樂科是模仿英國"普通教育程度會考"（GCSE）和高級程度考試（Advanced Level）。這兩個程度不同的考試相當有學術分量，使受過"公學"教育，參加普通級與高級考試的英國人比一般英語國家的中學畢業生能説會道，常識豐富、書寫得體。因此香港中學會考和高級程度考試設有音樂科也屬取英國之長之舉。在內容方面，注意到香港的課程綱要加進了中國音

（67）香港課程發展委員會（編）：《小學課程綱要 —— 音樂科》，香港政府印務局，1987 年，頁 5。

樂和作曲家的作品以及有關中國音樂的論著，但整個課程綱要仍然是以歐洲音樂和作曲家為主。目前這是無可奈何之事，因為要研究中國音樂談何容易，從樂譜到錄音、分科、論著都成問題。從高級程度音樂科課程綱要裡的"參考書目"，[68]和為中一至中五學生編纂的資料單，[69]我們可以想像到在編寫這份書目時的困難。

香港政府教育署課程發展會議於 1992 年公佈 *Syllabuses for Secondary Schools Music*（*Advanced Level*）（《中學高級程度音樂科課程綱要》），為英文中學六、七年級音樂科課程訂出了宗旨、目標、教學原則、時間分配、課程綱要等。在"引言"裏，《綱要》說明這是為英文中學六、七年級涉及的兩年課程綱要，為協助學生準備參加"香港高級程度考試"、"引言"還說《綱要》包括了理論與實踐的學習，是"香港中學會考"音樂科的延伸，包括中、西音樂的發展以及代表作品，通過表演、創作、改編、論文寫作等方式進行學習。學生需要修讀四個單元，其中練耳與普通音樂技巧是必修單元，其他三個單元則可以從西方音樂技術、音樂風格、文化和歷史發展以及中國音樂等單元中選擇。

為了讓學生有較多的科目選擇，香港政府教育署課程發展議會於 1993 年公佈 *Syllabuses for Secondary Schools Music*（*Advanced Supplementary Level*）（《中學高級補充課程音樂科課程綱要》，學生可以修讀兩個單元，當做高級程度考試的半個科目，學生可以另外修讀其他半個科目，以符合高級程度考試有關科目數目的規定。

從上述音樂課程綱要的內容來看，要做一名稱職的音樂教師，實非易事，任教的不僅要能彈會唱，而且還要中西音樂都需要具備一定程度的知識和修養，最好還能跳點舞、演點戲！據"教師調查"的統計，1996 年全港任教音樂科的教師共 3,261 名，其中選修過音樂的只有 1,258 名，從未選修過音樂的有 2,003 名。音樂教師之缺乏，由此可見。[70]

音樂教育，尤其在中國學生就讀的學校裡，是項吃力不討好的工作。音樂教師都是從歐洲式的音樂學院或音樂課程培養訓練出來的；中國音樂卻一向缺乏樂

（68）參閱：*Syllabuses for Secondary Schools－Music*（Advanced Level）, prepared by the Curriculum Development Council, Hong Kong, 1992, printed and published by the Government Printer, Hong Kong, pp.29—31;*Syllabuses for Secondary Schools－Music*（Advanced Supplementary Level）, prepared by the Curriculum Development Council, Hong Kong, 1993, printed and published by the Government Printer, Hong Kong, pp.29—31.

（69）*List of Reference and Resource Materials for Music Secondary Schools for Secondary 1—5*, Advisory Inspectorate, Education Department, Hong Kong, 1989.

（70）數字由香港政府教育署首席督學（音樂）湛黎淑貞女士提供。有關本文裡的音樂教育（1945—1994）的資料部分由湛黎淑貞提供，謹此致謝。

譜、著作、錄音、教材，等等；學校領導和家長以至學生都不重視音樂課，學生喜愛的是流行歌曲和流行音樂，而教材所規定的歌曲又不是學生喜愛的流行曲，結果中樂學不好，西樂也學不好。換句話説，學校的音樂教育與學生的實際生活脱了節，拉不上關係。全港中、小學生，有多少有機會聽歐洲古典音樂的電台廣播、唱片或甚至音樂會？我們沒有統計數字，相信為數不會多，這和香港學生學習英語一樣，課室裡學的與日常生活根本沒有關係，因此學得的知識變成了死的，事倍功半。

　　另一個問題是中國學生應該知道一些有關中國音樂知識和歷史，但事實卻不是這麼理想。教育署於 1983 年出版中一至中三中國音樂欣賞課程，供教師參考。這當然是應該做的事，但欣賞中國音樂先得從教師開始，那麼教師中有多少有欣賞中國音樂的嗜好與經驗？看來這不僅是香港的問題，而是整個中國的文化教育問題。這不僅僅是教育界的問題，而是整個文化界、音樂界的問題。[71]

（二）高等和專業音樂教育

　　所謂 "高等" 音樂教育的意思是指大學和音樂學院裡的音樂教育；"專業" 音樂教育是指音樂專科學校和教育學院（五六十年代稱師範學院）裡的音樂課程。在國共內戰時期（1946—1949），為數不少的音樂界人士從大陸來到香港避開戰火，並在香港設立音樂院，如 "中華音樂院" 和 "基督教聖樂院" 便是戰亂時代的產品。

　　1947 年 4 月初，中華音樂院在中國共產黨南方局黨委領導下成立。院長由馬思聰出任，實際的工作則由從上海南下的李凌與趙渢兩位副院長負責。音樂院有三個系，四年畢業，主要是培訓音樂幹部。當時擔任教席的老師有嚴良堃、謝功成、俞薇、葉素、黃伯春、陳良、胡均、郭杰、譚林、許文辛、李淑芬、李惠蓮、黎國荃、屠月仙、陳培勳、黃錦培、葉魯、蕭英等。這些教師在中華音樂院解散後部分留港發展，大部分則北返大陸，成為中國內地的音樂幹部。曾擔任人民音樂出版社社長的蔡章民、廣東省文化廳藝術處長的關子光、佛山市文聯主席的曾剛、廣東省民間音樂研究室主任馬明，以及葉純之、譚少文、溫虹、王光

（71）目前音樂學術界正在探討中西音樂文化的關係、中國音樂的現代化、中國歐化音樂的中國化、中國國樂的發展等問題，由於學西樂的不懂中樂，學中樂的不懂西樂，因此至今尚無結論。這些理論和概念上的爭論，直接影響到學校音樂教育所需要的中國音樂課程和教材的編寫。

正、潘舉修、楊功恒、李森等都是中華音樂院的學生。由此可見，這所辦了為期不到三年的音樂院的教師和學生，遍佈大陸各地，影響不小。

馬思聰、李凌、趙諷離港去北京、天津之後，中華音樂院由葉魯接手，教師包括陳建功、田鳴恩、綦湘棠、程遠、李廣才等。1950 年，港英查封 38 個左派團體，葉魯走避廣州，院務由陳建功接手，不久便遭解散。[72]

中華音樂院結束的那年，另一所“以培養宗教音樂基本人才，促進聖樂佈道工作”為宗旨的“基督教中國聖樂院”成立。抗戰時期在青木閣國立音樂學院畢業的邵光於 1950 年在教育署立案註冊“基督教中國聖樂院”為專科音樂學校。[73]當時採用青木閣國立音樂院的課程內容，但學制則從五年濃縮為三年。由於校舍是借用普通學校的，故只能在晚間上課，課程分理論作曲、聲樂、管弦樂、鍵盤四系，師資多是從大陸來的，包括韋瀚章、胡然和林聲翕三位顧問兼教授，其他的還有田鳴恩、馬國霖、許健吾、范希賢、綦湘棠、成之凡、周書紳、葉純之、王友健、王銓、翟立中、吳天助、陳玠、章國靈、黃堂馨、胡悠昌等。聖樂院在早期物質條件雖然不太好，但頗有朝氣：創辦者邵光有股奉獻精神，出錢出力，把自己僅夠餬口的收入用於聖樂院；經過抗日戰爭的洗禮，教師吃過苦，也有奉獻的精神，工作了一天之後，晚上還要任勞任怨的教學；大部分學生是已出來工作的成年人，如早年畢業的陳毓申、徐仲英、紀福柏、張金泉、劉思同、黃心田、黃道生、謝顯華、伍泗水、陳其隆、潘志清、胡德蕱、李德君、王若詩、周少石等以及羅隴君、孟憲琳、岑海倫、黃育義等。

聖樂院於 1960 年易名為香港音樂專科學校，改三年為四年制，設立董事會，由市政局主席出任校董會主席。易名的原因是為了符合台灣教育部的規定，以爭取成為台灣承認的專上學院，並獲得台灣政府的教育津貼，[74]另一方面則“希望本校能逐漸達到國際水準，至少能像以前上海國立音專那樣”。[75]可見 20 年代末由蕭友梅依照德國音樂學院為藍本創立的上海音專到了 60 年代的香港仍然有影

（72）有關中華音樂院，參閱：李凌：〈香港中華音樂院和新加坡中華藝專〉，《樂話》，廣州：花城出版社，1983 年；《香港中華音樂院建校四十週年紀念特刊》，香港：香港中華音樂院出版，1987 年；司徒敏青：〈四十年一聚的盛會〉，香港《新晚報》，1987 年 3 月 13 日；周凡夫：〈香港音樂教育發展初探〉，劉靖之（編）：《中國新音樂史論集 1946—1976》，香港：香港大學亞洲研究中心，頁 467。

（73）邵光在青木閣國立音樂學院攻讀時，原主修聲樂，後改修理論作曲，曾在南京泰東神學院任聖樂主任。1945 年從南京來港，1950 年創辦基督教中國聖樂院。1965 年，邵光帶領他與香港眼科協會合辦的“香港盲人音樂訓練所”演出團訪美，途中遇車禍，兩名團員當場死亡，邵氏則重傷，雙腳折斷，要在美國長期療養，於 1983 年病故於美國。

（74）有關“基督教中國聖樂院”和後來改名的“香港音樂專科學校”的資料，均由香港音樂專科學校校長葉純之先生提供，謹此致謝。

（75）邵光：〈海外音樂教育的里程碑〉，《樂友》月刊第 70 期，1960 年 5 月 5 日。

響力。[76]

音專的校舍幾經波折，於 70 年代中自置校舍。此舉有決定性的意義，因為香港的租金經過 80 年代和 90 年代的狂漲，若不自置校舍，音專很難生存下去。雖然如此，音專的自置校舍位於一般居住樓宇裡，並不是為音專教學、練習、演出而特地設計建築的。如 80 年代興建的香港演藝學院的校舍那樣有利於教師、學生的教與學。由於資源的限制，音專在過去四十多年裡始終未能達到建校時所期望的水準，這當然與歷任校長和歷屆校董會的取向有關，但香港政府拒絕扶持香港音專的那種一貫的政策是眾所周知的。

音專於 1974 年增設音樂教育系，1978 年加設聖樂系，1992 年葉純之接胡德蒨上任校長一職之後增加了中樂系。現在音專共有七個系，學科的範圍是相當廣泛的了。音專培養出來的學生"介於中、高級專業人才之間，視本人條件而不同。從整體看，(1) 同學中升學的不少，包括去歐美、內地或台灣深造。入香港大學音樂系或中大兼讀學士課程就讀者也相當眾多。(2) 從事音樂教學或與音樂有關的工作。(3) 也有一小部分以音樂為愛好或第二職業的"。[77] 由此可見，音專的畢業生以升學為主，出來從事音樂工作的較少，因為音專的畢業文憑始終不被承認。音專的學生裡有一部分是從東南亞國家來的，畢業之後回到東南亞各國工作的也有，但這方面沒有統計數字，故無法加以分析評論。從任何一個角度來看，音專只是一所小型的音樂學校。聖樂院於 1951 年創刊《樂友》，到 1997 年仍然出版。

辦理音樂系和音樂院是十分昂貴的，有時比醫學院、建築學院、工程學院還要貴，因為音樂系的教師與學生的比例是不可以太高的，越高級越需要個別教授，術科如樂器和聲樂需要個別授課；另一個昂貴的項目是練習室和樂器，現在還加上電算機（電腦），每名學生佔用一間琴房、一部電算機、電唱機，等等。因此民辦、私辦音樂學院和音樂系是難以辦得好的。德明書院的音樂系只辦了兩年（1961－1963），嶺南書院（現稱"嶺南學院"）於 70 年代末、80 年代初辦了一陣子音樂系，前者的音樂系學生由清華書院音樂系接收過去，後者的則跑到中大、浸會等音樂系去繼續唸完課程。德明書院音樂系畢業生由台灣教育部審定、授予學士學位。清華書院音樂系系主任初由林聲翕擔任，後由周文珊、饒餘蔭先後繼

---

(76) 參閱劉靖之：〈蕭友梅的音樂思想與實踐〉，戴鵬海與黃旭東編：《蕭友梅紀念文集》，上海：上海音樂出版社，1993 年，頁423—465（部分刪減）；全文的修訂稿刊登於劉靖之與吳贛伯主編：《中國新音樂史論集：國樂思想》，香港：香港大學亞洲研究中心，1994 年，頁 203—234。

(77) 香港音樂專科學校校長葉純之先生應本文作者之要求，提供了〈香港音樂專科學校簡史〉（1994 年 7 月 25 日）和〈關於香港音專一些資料的補充〉（1994 年 8 月 31 日）兩份文件。引文是節錄自第二份文件。

任；早年在清華書院音樂系任教的有黃友棣、黃奉儀、陳健華、黃育義、范希賢、綦湘棠等。嶺南書院音樂系的教師如林敏柔、羅永暉等後轉到新成立的香港演藝學院任教——林敏柔曾任音樂學院副院長（1997 年春辭職），羅永暉則任作曲系系主任，後轉任駐院作曲家。

至於香港音樂院則是由聲樂家趙梅伯於 1966 年創辦的，採用四年制，分聲樂、鋼琴、小提琴、理論、中國器樂等課程，教師包括富亞、林鴻志、朱晴芳、王光正、林樂培、李冰、費明儀、韋秀嫻、吳大江等。趙梅伯於 1969 年移民美國時，便把這所音樂院結束。

香港聯合音樂院是由王光正、楊瑞庭等熱心音樂教育的人士於 1969 年開辦的，校舍一如聖樂院、中華音樂院、香港音樂院等一樣，借用中小學校的校舍，因此只能在晚間和周末假期上課，設備也不適合音樂學習。聯合音樂院與其他同類音樂院校的主要分別在於致力於普及音樂教育，協助有志進修音樂知識和參加音樂考試的人士，為他們開設特別班，因此在 70 年代中，學生人數最多達千餘人，在香港的音樂教育史裡是空前的記錄。

此外還有 1969 年由留學日本的李明創辦的海燕藝術學院和 1975 年由中央音樂學院聲樂系畢業的鄒允貞聯同鍾浩、張英榮、李志群、戴麗珠和盧添等人開辦的南方藝術學院。由於這兩家藝術學院開設的科目較多，故學生人數最多時達 300 人。可能由於形勢的變化，如音樂愛好者的興趣、競爭較激烈、租金高漲等因素，海燕藝術學院不得不改變經營手法，創辦人李明目前已不大理會學院的院務；而南方藝術學院因合夥人對經營原則出現分歧，於 1986 年 6 月停辦。鄒允貞另組合一班志同道合的音樂人士成立“黃自藝術學院”。

另外還有香港音樂學院於 70 年代末、80 年代初活躍了一個短時候。香港音樂學院於 1978 年 7 月註冊成為不牟利、獲免稅慈善捐款的機構，1979 至 1980 年度並得到港府特別經費 50 萬元和馬會音樂基金撥出款項 45 萬元，再加上私人捐助，共計一百餘萬元。校方租借了藝術中心第八層佔地近萬呎，有大小不同的排練室六間、音樂練習室七間、視聽室、圖書室。學院開課時可招收學生 90 名。

教師陣容相當強盛，兼時鐘點教師二十餘名，包括理論作曲的曾葉發、衛庭新，音樂史的陳世豪、林萃青、紀莫樹鈴，西樂器的林克漢、汪西三、富亞、呂其嶺、鍾廣榮，中樂器的鄭文、林風、林斯昆、劉楚華、蘇振波、徐華南等，幾乎都是香港頗有名氣的音樂家和教育工作者。院長由中大音樂系的紀大衛出任。

在 1978 年用 100 萬元作為開支費用，應該說是相當節省了，但與聖樂院、聯合音樂院、德明書院音樂系、清華書院音樂系等開辦時相比，就強得多了。在香港要做成一件事，尤其是像賠本的文化事業，需要利用社會關係、得力的人士，如公益金、馬會音樂基金等"庫房"，就有機會發展文化藝術，否則寸步難行。

香港音樂學院一直開辦到 1985 年，當香港演藝學院成立後，便被吸收進入演藝學院裡的音樂學院。[78]

從上述音樂院和下文音樂系和演藝學院來看，在香港高等和專業音樂教育架構裡，大致可以分三個層次：(1) 以夜間上課為主的私立民間學校，水準較大專院校的校外課程部為低，以普及為主；(2) 台灣以及有些美國大學承認的如清華書院音樂系；(3) 香港政府資助的如中大音樂系、港大音樂系、浸會大學音樂系、香港教育學院文化與創意藝術學系以及香港演藝學院音樂學院。

到目前為止，中大和港大頒發文學士學位（音樂）；浸會大學也是如此，頒榮譽文學士學位（音樂）；教育學院頒音樂學士學位；演藝學院則開始開設藝術學士和碩士課程。三所大學和教育學院均設有哲學碩士、博士學位或教育（音樂）博士、音樂博士學位。

上面談過私立和民間音樂教育機構以及書院級的音樂系如德明書院、嶺南書院和清華書院的音樂系，下面將談談政府承認的大學和學院裡的音樂系：1965 年成立的中大音樂系、1963 年成立的浸會書院音樂藝術系、1981 年成立的香港大學音樂系、1993 年整合之後而建立的香港教育學院文化與創意藝術學系以及 1985 年成立的演藝學院音樂學院。[79]

中文大學成立於 1963 年，兩年後這所大學在該大學三所成員學院之一的崇基學院成立音樂系，起初以培養宗教音樂人才為本；後來改變這一政策，注重一般音樂課程，為香港培養了 70 年代以後所需要的音樂人才。音樂系屬於崇基學院，為香港第一間頒授學士學位的音樂專上學院。此系提供比較全面音樂課程，可主修演奏、音樂理論及作曲、音樂學和中國音樂等科目。在設計這些課程時，中大音樂系特別重視學生在學習音樂時應以廣博的知識、學術性以及演奏為主導。音樂系每年組織各種音樂會、大師班、公開講座和學術研討會，以擴大師生的視野。

（78）有關香港音樂學院的資料，參閱：維利比：〈香港的文化發展及成立香港音樂學院的需要〉，香港《音樂生活》第 174 期，1978 年，頁 19；〈港設音樂學院計劃在擬定中〉，《星島日報》，1978 年 4 月 12 日；古田圖：〈香港音樂學院綜介〉，《音樂生活》第 191 期，1980 年 6 月，頁 36—37；魏國盛〈香港音樂學院已兩學年——默默播種鮮人知〉，《新晚報》，1980 年 1 月 20 日等。

（79）在香港，"書院"這個名詞可以是中學，如皇仁書院、華仁書院，也可以是專上學府，如樹仁書院、清華書院。"學院"則是指香港政府承認並予以經濟支持的大學程度的學院，如香港理工學院、城市理工學院、浸會學院、嶺南學院等。專上程度的"書院"與大學程度的"學院"之間在資源和社會地位上相差極大。

音樂系現在所收藏的錄音帶和音樂書籍可能是亞洲地區最完備最龐大的音樂圖書館之一。其中唱片、錄音帶及錄影帶超過一萬張，一百多種音樂期刊、170套音樂作品全集以及二萬本樂譜和書籍。學生既要主修，也要副修，必要選修的科目包括合唱、聽音、視唱、西洋音樂史、中國音樂、曲式及分析、室樂等；取得學士學位之後，還可以攻讀碩士及博士學位課程，專題研究範圍包括作曲、民族音樂學、歷史音樂學和理論研究等。

有為數不少的音樂系畢業生在海外大學獲得博士學位，考取碩士學位的畢業生更多；包括哈佛、耶魯、劍橋、牛津等大學；音樂系校友在外國和本港學術機構任職的也為數不少，如美國加州大學、加州工業學院、香港演藝學院、浸會大學，有的則在電台、電視台、藝術行政機構等任職，還有的從事專業演奏和作曲工作。由此可見，香港一旦有自己的高等和專業音樂教育，便會有人才、有職位來發展音樂和與音樂有關的事業。就以作曲來做個例子，中大音樂系早期並無作曲這個專科，但中大音樂系畢業生走上了作曲這個專業道路的有好幾位，而且作品廣為人知。傑出的畢業生如陳永華（1979年畢業生）、曾任香港電台第四台台長的曾葉發（1976年畢業生）、曾為專業作曲家的林品晶（1976年畢業生）和藝術管理和文化企業專家鄭新文（1978年畢業生）等。他們都是中大音樂系培養出來的香港音樂人才。現在中大音樂系任教的，自己系的畢業生為數不少。

在1994至1995年度裡，中大音樂系學士學位課程全日制學生有70名，兼讀學生有73名；哲學碩士研究生有15名（歐洲音樂學有五名、中國音樂學有十名）；文學碩士（作曲）有四名；哲學博士（中國音樂）有四名。學士、碩士、博士學生共有166名。

文學碩士（作曲）從1995年開始改稱音樂碩士（M.Mus.）；哲學博士開設歐洲音樂學、理論與作曲，並從1995年開始改哲學博士（作曲）為音樂博士（D.Mus.）。音樂碩士與音樂博士學位在香港、台灣甚至中國內地來講，尚屬創舉，同時將音樂的學術地位提高。

當浸會書院於1963年成立音樂與藝術系時，香港政府還未承認它的學術地位，因此只能稱“書院”而不能稱“學院”。音樂與藝術系後來分為獨立的音樂系和藝術系，現在音樂學系的榮譽文學士（音樂）課程是三年制，學生要在學術和技巧上學得音樂和與音樂有關的專業知識和技法，以便能獨立工作、判斷、思考。此外，學生還要了解中國與西方音樂的傳統、深入理解中西音樂文化之間的相互關係及其異同。學科包括中西音樂史、合唱與樂隊練唱、20世紀作曲技法、作品分析、音樂教育原理、中國音樂專題、電子音樂、錄音技術、配器等。

　　學士學位之上還有碩士（音樂）學位，是兩年兼時課程，為學生提供理論、學術和創作領域裡的學習和研究，使他們能在現今複雜的社會裡通過音樂來表達自己。這種目的和要求看來簡單，實際卻十分之困難——人們從牙牙學語到年紀老邁，窮一世之精力，用語言來表達自己、來與別人交流，還常常引起誤會，用音樂不更難麼？何況音樂的表達方式與語言一樣，有民族和中西等之分，但能定出一個目標來總是好事。

　　香港大學於 1981 年秋開設音樂系，在開始之前，港大邀請英國專家來訪問並提出建議書，結果音樂系於這位專家提交報告書之後成立。

　　港大音樂系的課程，可以與文學院或社會科學學院裡的學系的科目配合選修，如音樂與歷史、音樂與藝術等等，而文學院和社會科學學院的學科相當多，包括各種語文、經濟、心理等，既有傳統的學術科目，還有現代工商業管理的科目。學生可以選修中國音樂和中國樂器。研究生可以選作曲、演奏或學術研究來獲取碩士或博士學位。

　　港大音樂系的課程較注重音樂分析、音樂史、應用電算機音樂、音響與樂思、商業世界裡音樂（包括音樂行政、管理、市場調查、財政、合約、版權、出版、錄音、演出等等）、音樂學、作曲以及音樂習作等，較具綜合性，同時在學術研究裡也注意到實用。

　　在未開設音樂系之前，港大校外課程部於 1979 至 1981 年間開辦了一個為期兩年的“音樂學證書”課程，學員要修讀 12 個科目：音樂美學、中國音樂、音樂史（從古代到文藝復興、從巴洛克到古典樂派、從浪漫樂派到當代樂派）、音樂心理學、音樂理論（高級和聲、合唱技巧、自由對位、配置）、結構與分析等。然後在 80 年代末，校外課程部開辦了兩年“鋼琴演奏教學法”證書課程。第一屆 1989 至 1991 年的科目包括巴赫研究、海頓與莫扎特研究、浪漫派的抒情作品、鋼琴演奏法、貝多芬研究、古典樂派小奏鳴曲教學法、教學心理與學習心理、鋼琴教育，等等。

　　在香港皇家賽馬會資助下，香港第一所演藝學院於 1985 年開辦招生。這家學院有四個學院：舞蹈、戲劇、音樂和科藝學院，設備包括 1,181 個座位的歌劇院、415 個座位的戲劇院、242 個活動座位的實驗劇場、510 個座位的露天劇場、383 個座位的音樂廳以及 100 個座位的演奏廳。這麼多樣化、完善的設備除了能為演藝學院的師生提供教與學以及實驗演出之外，還可以為香港藝術文化界提供一流的演出場所。事實上，演藝學院已成為香港音樂生活裡一個重要組成部分。

目前，演藝學院已擴展為五個學院（舞蹈、戲劇、電影電視、音樂、舞台和製作藝術以及中國戲曲課程），除了戲劇學院外，其他四個學院都與音樂有關。舞蹈學院分四個系：芭蕾舞、中國舞、現代舞與舞蹈音樂。舞蹈學院為學生提供全面之舞蹈訓練，培養訓練中國舞、古典芭蕾舞及現代舞的專業舞蹈員或教師。學制為三年，課程分深造證書、專業證書、文憑以及藝術學士四種。

音樂學院有八個系：聲樂、管弦樂、木管樂、銅管樂、鍵盤樂、作曲、一般音樂學科和中國音樂，是四個學院裡最大的一個。這家學院為培養訓練學生成為職業表演者或音樂教師，學生要主修一科、副修一科。音樂學院的師生活動頻繁，包括每年上演一部歌劇，經常到禮賓府作公開演出，與外地交流等。課程分專業文憑、深造文憑和學位三種。

舞台和製作藝術學院在香港藝術教育中，是一個既新又十分重要的學院。因為香港從來沒有自己培訓出來的舞台技術人員，而這個學院培訓的畢業生正好用來填補這個空白。學院有舞台管理系和設計系，其中設計系又有五個部門——服裝製作、佈景及服裝設計、繪景及製景、道具製作、燈光及音樂部門。這個學院培訓舞台監督、舞台及電視各類技師、設計師或工藝師。由於演藝學院有自己的演出場地，如每年一度的實驗歌劇，這個學院的師生便竭盡所能地去負責製作整套佈景、服裝、燈光等。

香港教育學院是於 1994 年在改組合併三所教師培訓的教育學院的基礎上成立的，當時的音樂課程設立在體藝系裏（體育與創意藝術系），後改名為文化與創意藝術學系（Department of Cultural and Creative Arts）。

無論在教師人數或是學生人數上，香港教育學院文化與創意藝術學系的專業音樂課程都可以說是香港規模最大的。為了爭取升格成為大學，這所教育學院陸續加強學術研究，聘請更多的學者專家來實現這次升格計劃。香港教育學院文化與創意藝術學系的教學與研究集中在音樂教育上，這是與香港的其他大學音樂系最顯著的分別，因此這個系的教師可以全力在音樂、音樂教育、視覺藝術、文化等領域裏進行跨學科的教學與研究，包括作曲、演奏、音樂教育史、多媒體技術、學校音樂的課程設計和教學法、教育和教育改革、音樂審美和欣賞等，令學生擁有廣泛的專業知識和修養。這個學系設有各器樂樂團、樂隊與合唱團、合唱小組，包括香港教育學院管樂團、管弦樂團、中樂團、手鈴隊、木笛隊、爵士樂隊、合唱團、女生合唱小組和爵士合唱小組。

　　文化與創意藝術學系的使命是：旨在成為本地培育藝術教育人才的主要機構，致力維持一個具創意和動力的跨學科環境，以提倡和保持高度專業水準的教學、學習及學術研究。這學系努力培育出優秀的畢業生，不但讓他們技巧與知識兼備，懂得關顧別人，並且在角色的轉型中，能夠在學術及藝術方面均有卓越的成就，成為 21 世紀具革新意念的教育家、進取的藝術工作者、富創意的思想家和文化領導者。

（三）學術研究

　　純學術性的音樂研究，在香港是最冷門的領域之一，加上政府和大學又不積極資助鼓勵，其落後的狀況是可以想像的。任何一項研究工作，缺乏資源是無法進行的，而資源主要還是要靠政府和富裕的基金會，香港政府對學術性的音樂研究不太感興趣，與政府在演藝上的投資相比，音樂研究幾乎可以說不存在。

　　中文大學音樂系雖然成立了三十餘年，但早期着重的是培養宗教音樂家、中學教員，學術研究只是近十年的事。雖然，中大音樂系有着很強的作曲傳統，出任系主任達 20 年的紀大衛是位作曲家，第二任系主任陳永華也是作曲家（香港管弦樂團首位駐團作曲家）。系裡的另兩位教師陳偉光和羅炳良兩位博士也是作曲家，但這種情況並沒有影響系裡的其他研究。事實上，中大音樂系師生的研究項目相當多樣化：粵劇與潮劇研究、史克里亞賓（Scriabin）研究、荷蘭作曲家拍拍（Piper）研究、文藝復興時期的西班牙合唱聖樂、亞洲音樂研究、20 世紀交響樂、20 世紀合唱曲、聖詩學等。

　　中大音樂系 1994 至 1995 年度的 23 位研究生（碩士生 19 名、博士生 4 名），從事研究的課題有：(1) 粵劇；(2) 昆劇；(3) 台灣民間音樂；(4) 道教音樂；(5) 客家山歌；(6) 李斯特的合唱聖樂；(7) 法國作曲家恩尼士・喬桑（[Amédée-] Chausson, Ernest, 1855—1899) 的聲樂作品；(8) 文藝復興時期的西班牙聖樂；(9) 德國作曲家威爾・庫特（Weill, Kurt）的歌劇研究；(10) 作曲。

　　從上述教師與研究生的研究課題來看，仍然是西風壓倒東風。這當然是香港學術研究的一般現象，從小學到大學、研究院，在強烈的英國文化思想影響下，畢業後從事他們所熟悉的題材的研究，是理所當然之事。說實在的，有的課題需要紮實的國學根底才能做好研究工作，一直熏陶在英國教育制度和文化裡，對中國文化和語文一知半解的研究者，在研究純中國音樂文化的過程中，會遭遇不少困難。

但這個音樂系在粵劇研究方面近幾年來有所突破——不僅得到了著名粵劇名演員的文物捐贈，而且還籌得數百萬港幣的研究經費。

香港大學音樂系成立比中大音樂系晚了 16 年，再加上首任系主任是位作曲家，對純學術研究興趣不大，對中國音樂更沒有興趣，因此這個音樂系研究工作幾乎全部集中在歐美音樂史、音樂分析和音樂美學方面。20 世紀 90 年代新上任的日本雅樂、中國唐樂以及澳洲土著音樂專家、音樂學學者艾倫‧馬瑞特（Marett, Allan）才開始這方面的研究。

港大音樂系在 20 到 21 世紀之交的教師在研究課題上較以往均勻、平衡些。既有作曲又有音樂學、音樂史；既有歐洲又有東方的音樂，既有傳統又有現代電子音樂；有一半教師從事音樂學、音樂史方面的研究。音樂系的研究所涉及的課題和範圍包括日本雅樂、中國唐代音樂以及澳洲土著音樂、巴洛克音樂與電子音樂、電算機音樂、音樂分析、現代作曲技法以及鋼琴伴奏等。

在研究生的研究方面，範圍以 19、20 世紀歐洲音樂為主，其他為輔，包括莫扎特歌劇的製作、音樂的美學評估、巴赫十二平均律的演繹、19 世紀末及 20 世紀初的音樂的分析、貝多芬第四鋼琴協奏曲（作品 58）第一樂章“華彩樂段”風格與結構的分析、香港流行音樂的發展、19 世紀時期巴赫的地位、19 世紀末和 20 世紀初歐洲音樂裡的東方元素、日本雅樂裡笛子旋律的發展等九個課題，加上從事劇作的兩位，共 11 個研究項目。在六位教師、11 位研究生的研究項目裡，只有一個是與香港音樂發展及兩個與日本音樂有關，其他都是有關歐洲音樂的研究、電子音樂和歐洲式的音樂創作。

香港大學亞洲研究中心從 1984 年開始，設立了“中國新音樂發展史”和“民族音樂研究”這兩個研究項目。

香港教育學院文化與創意藝術學系的研究方向與內容與中文大學、浸會大學、香港大學的純音樂研究和演奏實踐有所不同，較專注音樂教育和教學的理論與實踐以及跨學科的研究、這個學系的研究包括：

（1）跨學科綜合藝術教育的研究；

（2）有關音樂演奏的演奏；

（3）教育和教育改革；

（4）創作與演出。

　　1984 年由音樂學學者和民族器樂演奏家組織"香港民族音樂學會",經常與市政局和區域市政局聯合主辦學術講座,如"中國音樂與中國文化"系列。學會的刊物包括《民族音樂研究》論文集（1989）、《中國音樂與亞洲音樂》論文集（1990 年與港大亞洲研究中心聯合出版）、《江文也研討會》論文集（1992 年與港大亞洲研究中心聯合出版）、《中國音樂美學研討會論文集》（1995 年與香港大學亞洲研究中心聯合出版）、《粵劇學術研討會論文集》（1995 年與港大亞洲研究中心聯合出版）、《亞洲音樂：以中國、印度為主題》（1997 年與香港大學亞洲研究中心聯合出版）、以及《國樂思想研討會論文集》（1994 年與港大亞洲研究中心聯合出版）等。

　　除了上述的音樂學術研究外,其他研究活動似乎不多,若有也只是個別的,如英國皇家亞洲學會香港分會的夏思義博士對新界的民謠頗有研究。[80] 香港中華文化促進中心經常組織主辦大型的講座。如 1986 年在"中國第一屆作曲家音樂節"期間舉行兩個星期的作曲家講座,以配合音樂節的音樂會,遺憾的是講座和研討會之後似乎沒有出版論文集或討論紀錄,沒有把這次有意義的活動提升到學術層次。至於市政局和區域市政局裡的文化部門,有意採取"非學術化"的政策,集中所有的資源來組織演藝活動,就算有講座也只是配合演出而辦的。至於曾與香港民族音樂學會於 1987 年 6 至 12 月、1988 年 4 至 10 月及 1989 年 4 至 9 月聯合主辦的三系列音樂學術講座（共 18 講）由於過於學術化而沒有繼續下去。

　　香港政府對音樂的政策採取一種"一刀切"的方式：市政局、區域市政局文化部門只負責"演藝"活動,決不碰學術研究,因為這是大學和學院的事。這種想法固然有一定的道理,但有一點政府負責文化的官員忽視的是：音樂界裡大部分人士與大學和學院拉不上關係,這些人若想做點研究工作,那便求助無門。比如中樂團、香港管弦樂團、音統處裡的成員以及中小學和私人音樂教師想做點研究,也毫無門路去申請資助。再說,有些學術研究與演出活動有緊密的關係,如粵劇的研究、流行音樂的研究、新界民謠的研究,等等。大學和學院音樂是無法包辦所有音樂研究的。再舉個例子：台灣的歌仔戲經常到歐美去演出,由學者教授帶隊,因為台灣的文化建設委員會不僅資助歌仔戲的演出,更委託學者教授研究歌仔戲,撰寫專論,把歌仔戲提升到學術層次、把歌仔戲的演出提升到精緻音樂藝術層次。這個例子值得負責領導香港文化的議員和官員予以參考。

（80）Hase, Patrick: *New Territories Poetry and Song*, *Collected Essays on Various Historical Materials for Hong Kong Studies*, produced by the Hong Kong Museum of History, October 1990, pp.20—32.

（四）音樂考試、音樂比賽、音統處

香港的專業音樂資格——英國皇家音樂學院文憑（Licèntiate of the Associated Board of the Royal Schools of Music－L.R.S.M.）在 60 年代以前是香港政府承認的專業音樂文憑，直到 1965 年中文大學音樂系成立之後情況才有所改變。

英國皇家音樂學院聯會的考試分兩大類：一是一至八級以及“高級證書”；另一是文憑試，即 LRSM 銜頭考試。一至八級與文憑試均有各種樂器、聲樂和樂理考試供人報考，八級之後文憑試之前還有一種“高級證書”（Advanced Certificate）考試；文憑試又分教師、演奏、學校及理論作曲四類：前兩種是為演奏樂器和演唱而設，“學校音樂”是為中小學音樂教師而設；“理論作曲”則為研究理論、作曲以及為有意從事作曲的人而設，當然考取這種文憑也可以從事教學工作。

皇家音樂學院聯會於 1949 年便開始在香港設立公開考試，第一年只有一個人報考，1955 年增加到 1,007 人報考（術科 814、樂理 193），1965 至 1966 年度 5,288 人（術科 3,869、樂理 1,419）、1975 至 1976 年度有 9,550 人（術科 6,758、樂理 2,792）、1985 至 1986 年度有 29,661 人（術科 23,225、樂理 6,436）、1992 至 1993 年度有 46,257 人，增長率和增加速度是相當驚人的。[81]

英國聖三一音樂學院在香港也設有公開考試，據香港考試局的統計數字為 1989 至 1990 年度有 987 人，1992 至 1993 年度有 870 人，[82] 相比之下，較皇家音樂學院聯會的公開考試少多了。英國皇家舞蹈學院（The Royal Academy of Dancing）在香港的考試也相當受歡迎：1989 至 1990 年度有 5,678 人報考，1992 至 1993 年度增加到 6,385 人。[83] 反而香港舞蹈聯會（The Hong Kong Dance Federation）所設的考試報考人數不多：1989 至 1990 年度有 369 人，1992 至 1993 年度有 589 人。[84]

皇家音樂學院聯會在香港的公開考試所造成的影響正負均有，正面的影響是在香港未有高等和專業音樂教育的時候，為香港“出產”了所需要的音樂教師，同時還普及了歐洲音樂，為七八十年代音樂教育、演藝活動的發展做了初步奠基工

（81）1977 至 78 年度之前的統計數字是由英國皇家音樂學院聯會提供的；之後的則由香港考試局提供：*The Work of the Hong Kong Examinations Authority 1977—1993*, p.43。1993 年之後的報考人數，皇家音樂學院聯會拒絕提供有關數字，參閱劉靖之〈20 世紀下半葉和 21 世紀初的香港音樂教育〉〔余丹紅（主編）《中國音樂教育年鑒 2010》，上海音樂出版社，2012 年，頁 98，註（1）〕。

（82）同註（81）。

（83）同註（81）。

（84）同註（81）。

作。在五六十年代，考取了第八級證書再加上師範證書，便可以做政府津貼學校的音樂教師；考取 LRSM 教師或學校音樂文憑便可以出任認可之中學音樂教師。由此可見，皇家音樂學院聯會在香港的考試，在五六十年代為香港的學校解決了部分音樂教師的供應問題。另一個正面影響則是養活了一批私家音樂教師，因為學鋼琴、提琴、聲樂和樂理的學生愈來愈多，而學校音樂課並不提供如此專門的教學，因此只好找私人老師。

　　負面的影響是相當一部分學生和教師只注意考試要準備的樂曲，一年到頭只練習考試要彈的那幾首，其他作品一概不理，這種風氣延續至今，嚴重地違反了音樂教育的原則。

　　公開音樂考試從 1949 年開始直到 1977 年均是由教育署音樂組代理的，1978年才轉交給香港考試局辦理。此舉令教育署音樂組可以專心處理、改進學校音樂教育，事實上也的確如此。

　　上文曾提及蘇格蘭人傅利莎於 1949 年開始舉辦第一屆校際音樂比賽，到他退休返回蘇格蘭老家時（1967），這個由他創辦的比賽已發展得相當有規模了。[85] 其實這種校際音樂比賽並非傅利莎所創，而是從英國和蘇格蘭搬過來的一套學校音樂活動。在英國，學校音樂比賽行之有素，只不過傅利莎能貫徹推行而已。傅利莎在香港任高級教育官（音樂）的 20 年裡，推行了三項從英國搬過來的音樂"樣板"：(1) 固定名唱法。(2) 學校音樂比賽。(3) 皇家音樂學院聯會的考試。而且都得到了顯著的成績，音樂考試如上所述，學校音樂比賽的成就更驕人，恐怕學校音樂教育是傅氏事業中最弱的一個環節。

　　香港學校音樂及朗誦協會成立於 1940 年 11 月，1949 年傅氏恢復協會的工作。1949 年的香港，物質條件相當地貧乏，一般學校都缺乏應有的設備，鋼琴、唱機、機片等當然是富有的貴族學校才添置得起。在這種情況下傅氏居然有幹勁來推動全港學校的音樂比賽，的確是相當有眼光的決定。

　　從下面的數字，我們可以了解到學校音樂比賽的發展幅度：

（85）見注（64）。

	比賽項目 （括弧為朗誦項目與音樂項目）	參與人數 （括弧為朗誦人數與音樂人數）
1949 年第 1 屆	68	—
1959 年第 11 屆	2,555（579+1976）	—
1969 年第 21 屆	7,908（3,959+3,949）	—
1979 年第 31 屆	15,678（10,026+5,652）	100,000（48,000+52,000）
1989 年第 41 屆	26,229（18,166+8,063）	120,000（55,500+64,500）
1993 年第 45 屆	27,582（19,752+8,010）	139,900[86]（67,100+72,810）

　　近半個世紀裡的增長是相當驚人的，這固然是由於香港的經濟發展，但人口的增長是另一個重要因素。有一點是可以肯定的——那便是家長十分注意孩子的音樂教育，有的出自於重視美的教育，有的則免不了想藉此出鋒頭。無論如何，學校音樂比賽與皇家音樂學院聯會的考試一樣，正面的效果是普及並提高了音樂知識和修養，負面的效果是有些學校、教師和學生，為了參加比賽以至影響了正常的學校和家庭生活，這樣未免捨本求末，事實上所有的比賽都是如此。

　　香港學校音樂與朗誦比賽所取得的成績是應該予以肯定的，負面作用是次要的。

　　隸屬於香港政府文康廣播科之下的音樂事務統籌處成立於 1977 年，其主要的職責是：一、設立不同種類的器樂訓練班。二、促進青年人對音樂的興趣，提高他們欣賞音樂能力——令青年一代市民有機會參與創作、演出、欣賞、享受音樂。因此，音樂事務統籌處的對象是全港的青年人。這個統籌處負責課餘和業餘的音樂活動，與教育署音樂組的功能是相輔相成的。

　　音統處組織大型的、全港性的音樂訓練班和活動，也組織較小型的、區域性的活動，前者如每年一度的“音樂營”、“樂韻播萬千”、“香港青年銅管樂隊音樂節”、“香港青年中國音樂節”、“香港青年弦樂節”，等等。“樂韻播萬千”音樂會由音統處導師團、青年樂團、管樂團及合奏小組擔任演奏，演奏地點包括學校、工廠、公園、遊樂場、商場、社區會堂、醫院、療養院等。截至 1994 年 3 月為止，音統處共舉辦了五千五百餘場“樂韻播萬千”音樂會，聽眾人數約三百四十萬人。此外，音統處與各社區團體合辦各類全港性和區域性的音樂活動，如音樂欣

（86）參閱香港學校音樂及朗誦協會（編）：《金禧紀念特刊 1940—1990——香港學校音樂及朗誦協會主席 1993 年報告書》。

圖 19.4　60 年代香港校際音樂比賽全體工作人員合影

賞會、Hi-Fi 音樂會、講座、研習班、比賽和樂器展覽。[87]

　　音統處的器樂訓練計劃，為年齡在 23 歲以下的年青人提供中、西樂器訓練。學員每星期上課一次，當他們達到一定程度時，便可以參加音統處屬下的 15 隊青年樂團其中一隊。音統處還為隊員安排聽音訓練、樂理和欣賞課程。音統處還有青年合唱團和兒童合唱團。音統處還經常邀請著名音樂家主持大師班、研討會，讓隊員增廣見識。

　　除了上述活動外，音統處還經常組織國際音樂交流活動，包括派遣樂團赴海外巡迴演出，如澳洲、中國內地、加拿大、塞浦路斯、法國、以色列、日本、澳門、新加坡、英國以及美國；澳洲、加拿大、日本、菲律賓、新加坡、英國及美國等地的音樂家和樂隊也應邀來港演奏。1994 年 8 月，香港青年交響樂團去中國內地巡迴演出。

　　音統處積極鼓勵屬下樂隊隊員和青年樂手參加英國皇家音樂學院聯會在香港的器樂考試、香港學校音樂比賽，並取得了不錯的成績。根據 1993 年的統計，參加英國皇家音樂學院聯會的弦樂和管樂樂器考試共有 39 人。在參加 1993 年學校音樂比賽 19 個西洋器樂組別的成績也不俗：在 185 人的比賽裡，音統處的佔 37 人，約 20%，其中獲冠軍的有七名、亞軍九名、季軍四名；在管樂和中樂器組別比賽成績也不錯。

　　到 1993 年 12 月 31 日為止，音統處屬下的組別成員如下：

　　（1）中樂組共有成員（五隊）　　　　381 人
　　（2）管樂組（五隊）　　　　　　　　238 人
　　（3）弦樂組（五隊）　　　　　　　　404 人
　　（4）合唱團（兩隊）　　　　　　　　128 人
　　共計：17 隊　　　　　　　　　　　1,151 人 [88]

設立音樂事務統籌處實可算是香港政府的"德政"之一。

（87）　資料及數字由音樂事務統籌處提供。

（88）　Appendix V and Appendix VI：*Music Office Annual Report 1993*（for the period 1.1.93—31.12.93）.

圖 19.5　70 年代參加香港校際音樂比賽的學生樂隊

（五）音樂活動、電台音樂廣播、演藝政策與音樂創作

　　從 1841 年到 1941 年，香港基本上有兩個世界：英文世界，中文粵語世界，中間靠買辦溝通。然而在音樂世界裡沒有買辦，因此兩者長時期無緣相遇。

　　戰後的情況大致也是如此，直到 1962 年中環的大會堂建成為止。五六十年代，香港的音樂生活大致上可分為兩類：(1) 從外國來港或經港的藝術家，如蒙尼埃（Monnier, Germaine）、巴德（Bader, Andre, 1951）、金波星（Campoli, Alfredo, 1952）、堅納（Kentner, Louis）、史寄（Stern, Isaac, 1953）、巴倫邦（Barenboim Daniel, 1962）等以及樂隊如 London Philharmonic Orchestra、NHK Symphony Orchestra、Polish Symphony Orchestra、Vienna Philharmonic Orchestra 等；(2) 香港本地音樂團體的演出，如華仁書院上演英語粵劇、中英管弦樂團（Sino-British Orchestra）的"高水準"演奏、[89] 香港管弦樂團（Hong Kong Orchestra）、香港愛樂協會（The Hong Kong Philharmonic Society）、羅馬天主教堂詩班（The Roman Catholic Cathedral Choir）、香港聖樂團（The Hong Kong Oratorio Society）、基督教聯合詩班（The Combined Christian Choir）、[90] 以及華南交響樂團和從大陸來港定居聲樂家所組織的合唱團，如趙梅伯的梅伯合唱團、胡然的合唱團等。[91]

　　在大會堂未興建之前，港大的陸佑堂、九龍男拔萃書院的禮堂、九龍加士居道葛量洪師範學院的禮堂（被稱為"理想的音樂廳"[92]）、香港皇仁書院禮堂等都是舉行音樂會的場所。

　　大會堂甫建成便立即成為全港性音樂活動中心。1980 年，大會堂主辦了 1,018 次演奏會、展覽會，參加的聽眾和觀眾達 576,000 人次，其中包括 18 部粵劇、越劇和京劇。

　　樹立在尖沙咀碼頭附近的香港文化中心，經過多年的計劃及施工，於 1989 年 11 月 5 日由當時的港督衛奕信爵士主持開幕。從 1989 年 11 月 5 日至 12 月 31 日，共有 146,698 人參加在文化中心舉行的演出和展覽會。文化中心的大劇院成為歌劇上演的場地，雖然不及歐洲歌劇院那麼有氣氛和規格，但總比大會堂的劇院好多了，比香港演藝學院的歌劇廳也大多了。1992 年，共有 350 萬人觀看文化中

（89）*Hong Kong Annual Report* 1952, p.166.

（90）參閱 *Hong Kong Annual Reports* 1951—1993。

（91）華南交響樂團為林聲翕所創辦，雖然從未得到香港政府的資助，但曾被列入香港政府的年報（1963）。

（92）*Hong Kong Annual Report* 1953, p. 177.

心的演出活動。

　　從香港中環的大會堂建成到九龍尖沙咀的香港文化中心開幕的 27 年裡，香港的音樂文化經歷了驚天動地的發展，形成這種發展的因素有四：（1）70 年代初香港經濟開始起飛，到了 90 年代，香港已成為亞洲富有地區之一；（2）中國內地的"文化大革命"（1966—1976）以及"文革"後大量音樂人才從大陸來港定居。（3）1967 年香港暴動之後，香港政府開始注意香港青年一代的文娛活動，在 70 年代增加了一系列的文娛設施。（4）為數不少的留學生從外國學成返回香港，其中有好幾位成為本港的藝術行政管理人員、作曲家、音樂學學者、大專院校的教師。

　　這些發展，除了上述音樂教育外，還表現在演出場所的興建和音樂團體的成立上，這兩方面的發展在 70 年代中和 80 年代以驚人的速度進行，使香港從極度缺乏演出場地到大會堂、文娛中心星羅棋佈，市區裡每一個地區、衛星城鎮的中心地帶都建起了演出場所。

　　右頁 16 個演出場所共有座位 22,914 個，以香港人口平均計算，平均約 243 人只分得一個座位，而日本全國平均為 120 人分得一個座位。與日本相比，香港僅得其中，[93]因此可見，香港的演出場地雖然在七八十年代有着顯著的增長，但與先進國家相比，仍然相差甚遠。

　　演藝團體的發展與演出場地相輔相成，除了外來的樂隊、藝術家外，本港也需要有自己的團體。1977 年，市政局正式成立中樂團，把香港的中樂帶到一個新的階段。香港並沒有培養訓練中國器樂演奏家，演藝學院中樂系要到 1985 年才成立。中樂團之能夠組成，主要是靠從大陸來港定居的國樂手，當然香港也有少數的演奏家。成立後，中樂團在首任指揮吳大江的領導下做了不少工作，除了為香港聽眾定期演出外，還委約香港作曲家創作樂曲，供該團演員之用，一方面為苦無演出機會的香港作曲家作品提供演出機會，一方面為中樂團提供樂曲演奏。雖然中樂團的"交響化"引起了激烈的討論或甚至爭論，至今仍然未能解決，但中樂團的成立，在過去 17 年裡肯定是香港樂壇的一件大事。

　　其實香港管弦樂團早中樂團四年（1974）便成為香港的職業樂團。1980 年這個樂團已有 70 位全職團員：到 1992 年，人數增加到 92 人，全年演出 121 場，其中三分之一是為學生演奏的。1994 年，這個樂團開始委約"駐團作曲家"，而第一位

（93）參閱周凡夫：〈與亞洲演藝活動王國日本比較，香港文化場館並未過剩〉，香港《信報》，1989 年 12 月 25 日。

建成年份	演出場所	座位數量
1962	香港大會堂音樂廳	1,448
	劇院	463
1978	大專會堂	1,346
1979	藝術中心壽臣劇場	463
1980	荃灣大會堂演奏廳	1,424
	文娛廳	300
1981	中大邵逸夫堂	1,453
1981	元朗聿修堂	880
1982	北區大會堂	500
1983	紅磡高山劇場	998
1985	大埔文娛中心	553
1985	香港演藝學院歌劇院	1,188
	戲劇院	415
	音樂廳	343
1987	牛池灣文娛中心	443
1987	沙田大會堂演奏廳	1,400
	文娛堂	300
1987	屯門大會堂演奏廳	1,400
	文娛廳	300
1989	上環文娛中心	511
1989	香港文化中心音樂廳	2,071
	歌劇院	1,708
	劇場	320－534
1991	西灣河文娛中心	471
	合計	22,914

駐團作曲家是陳家華博士。這當然是個很好的做法，讓年青一代的香港作曲家有機會與本港樂團合作，增加實踐的機會，避免紙上談兵的缺點。

　　市政局資助的音樂團體還有香港舞蹈團、城市當代舞蹈團、香港芭蕾舞團和香港小交響樂團等，以前還有合唱團，現已停辦。民辦的團體數目相當多，較大型的、較有歷史的如泛亞交響樂團、音統處導師交響樂團、香港青年管弦樂團、香港青年交響樂團、新聲國樂團、宏光國樂團、香港基督教女青年會中樂團、明儀合唱團、長風合唱團、香港詩樂團、留聲合唱團、群聲合唱團、春天合唱團、葉氏兒童合唱團等。[94]

　　香港的音樂藝術學會、協會等一類的組織也為數不少，如香港業餘填詞人協會、香港作曲家及作詞家協會、香港合唱團協會、香港管樂協會、香港作曲家聯會、香港民族音樂學會、香港鋼琴音樂協會、香港鋼琴教師協會等。[95]

　　90 年代的香港，音樂文化普及市區和衛星城鎮。據 1992 年的統計，市政局在港九市區公園遊樂場、社區會堂、屋邨和社區文娛中心共主辦了 243 項娛樂節目，這些節目大多數免費，觀眾超過 128,000 人次；區域市政局也主辦了 579 項節目，觀眾達 286,269 人次。[96] 從這四個數字，我們可以見到，衛星城鎮的聽眾和觀眾比港九市區的多一倍有多。

　　在戰後香港的音樂文化活動中還有電影音樂和電台音樂節目，因為這兩項對市民音樂生活有直接的影響。粵語影片裡的粵曲、國語影片裡的時代曲以及歐美影片裡的歐美流行曲到六七十年代對香港市民生活有密切的關係。當時在國語片配樂的名音樂家有陳歌辛、梁樂音、李厚襄、葉純之、黎草田、黃于遴、王福齡、顧嘉煇等。至今，僅剩下黃于遴和顧嘉煇仍然健在。

　　至於香港電台的嚴肅音樂的廣播，有其發展的軌跡。早期的電台音樂節目以古典作品為主，除了播放唱片外，還邀請香港音樂家演奏。"音樂愛好者時間"（Music Lovers Hour）是 90 年代頗受歡迎的節目。1955 年開始，香港學生可以在"鋼琴考試講座"節目中獲得英國皇家音樂學院鋼琴考試輔導，這個節目至今仍是第四台最受歡迎的節目之一。

　　50 年代，香港電台首次現場直播藝術節的音樂會，大為成功。1956 年，國際知名的洛杉磯管弦樂團來港演奏，是香港有史以來最有規模的音樂會。1959 年，由卡拉揚指揮的維也納愛樂樂團來港演出更是件大事。1968 年，香港電台成立古典音樂電台，那時的口號是"FM 代表音樂，請每夜收聽香港電台"，星期一至五，晚上 9 時一刻至午夜。1974 年初，香港電台分四個台，第四台變成專門播放音樂介紹文藝的電台。1976 年，第四台成為亞洲第一個用超短波立體聲調頻廣播

（94）有關香港音樂社團，請參閱香港藝術資料及資訊中心（編）：《香港藝術指南 '94》，香港：香港藝術資料及資訊中心，1994年，頁 407—432。

（95）同注（94），頁 433—436。

（96）*Hong Kong Annual Report* 1993, pp.314—328.

的電台，並開始現場直播香港管弦樂團的音樂會。

第四台從 1982 年開始英、粵雙語廣播；1984 年開始有全粵語節目，與全英語節目平分秋色。第四台還舉辦比賽（如 1984 年首次的“青年音樂家大賽”），委約作曲家作曲、設立“每月駐台演奏家”節目（1987 年開始）。[97]

香港的一些較有規模的報紙均有音樂專欄，給人們寫樂評、唱片評論，尤其是鐳射唱片的評論介紹，至於音樂論著的評論就少見了。

在香港政府的架構裡，沒有“文化”這一政策科（Policy Branch），這不是一時疏忽而是有意遺漏，以便避重就輕——避開文化而就“文康”（Recreation）。在市政署和市政局的行政組織裡，“文化”是指“演藝文化”，而不是指廣義的“文化”。因此一旦談到研討會、學術性的活動時，文化組的官員便馬上擋駕：“我們的一切開支都要用在市民身上，學術研究應該由大學去做。”

香港政府對香港的文化一向採取如下幾個策略：（1）化整為零：博物館、古物古蹟、圖書館、演藝等各自為政，隸屬於不同的部門和管理委員會；（2）鼓勵資助歐洲演藝，對本地和中國演藝則讓它們自生自滅；（3）重演藝輕理論研究。

這種政策行之有效，戰後 50 年裡，做到了表面繁榮，但實際上華而不實，缺乏土生土長的文化藝術，如粵劇演出場地和研究機構、新界民謠的田野工作和研究、粵曲的錄音和研究、粵語流行曲的研究，等等，反而歐洲音樂和英國學校音樂則得到充分的機會來演出和模仿。

1993 年初，香港政府文康廣播科公佈了〈藝術政策檢討報告〉諮詢文件，[98]引起了熱烈的討論，問題不僅在於報告書裡的漏洞和不足，而是文康廣播科的工作方式以及臨時藝術發展局成員的提名方式。

香港的音樂活動能夠發展到目前這種地步，原因很多，政府的資助和支持只限於市區和市鎮（80 年代才開始）的歐洲演藝場所和社團，其他則屬“時勢造英雄”，如中樂團、學校音樂比賽和英國皇家音樂學院在香港的考試，等等。

上文提及二三十年代香港雖然沒有本土作曲家，但有外來的音樂家夏利柯、高爾地、林聲翕等。夏利柯自從 1921 年來到香港後到他去世的 1972 年為止，他一直邊教鋼琴邊創作，但他以教琴為主，作曲只是偶爾為之。雖然如此，夏利柯

（97）《香港廣播六十年 1928—1988》，香港：香港電台，頁 36—37。

（98）布政司署文康廣播科：《藝術政策探討報告》諮詢文件，1993 年 3 月。

圖 19.6　香港合唱團音樂會節目單張（1960）（說明：Singers 歌唱家合唱團）

十分重視他的作品，自資由倫敦出版社為他出版。[99] 高爾地是位聲樂教師，作曲屬 "票友" 性質。至於林聲翕，他從 1949 年之後便定居香港，直到 1991 年去世為止，應該算是香港作曲家，但林氏是上海音樂專科學校畢業生，40 年代初從香港回到重慶，擔任中華交響樂團指揮。

在音樂創作上，50 年代的香港仍然是大陸南下的音樂家的世界，最具代表性的是林聲翕（1914—1991）和黃友棣（1912—2010）兩位。林、黃兩位雖然以教琴、教樂理為業，但作曲仍是他們教學之餘最喜愛的工作，因此作品相當多。林氏的風格仍然脫離不了上海音專的黃自老師的影響。林氏原主修鋼琴，因此他的鋼琴伴奏較同輩所寫的更有鋼琴味和鋼琴效果，似乎仍然不及他老師的經濟。黃友棣的國學根底相當不錯，原學小提琴，對鋼琴這種樂器的性能和效果掌握得不夠技巧，因此影響了他聲樂的作品。林、黃氏的創作以聲樂為主，前者也寫了不少樂隊樂曲，如《西藏風光》、《中華頌歌》以及歌劇《易水送別》、室樂《抗戰史詩》等；後者的作品幾乎都是聲樂的，包括《青白紅》、《歲寒三友》、《偉大的中華》等。

邵光辦的中國聖樂院曾出過一兩位作曲家，如黃育義（1924—　）。黃氏後赴德國漢堡音樂學院繼續研究作曲，作品深受 "維也納派" 風格的影響，故被稱為 "留學派" 作曲家，作曲技法較同輩的現代化些，作品包括《鋼琴三重奏》、《踏雪尋梅組曲》、鋼琴曲《聖路加禮拜堂》等。

從外國回來的還有好幾位，如林樂培（1926—　）、陳健華（1934—　）、李超源（1932—　）等。林樂培在澳門出生，畢業於加拿大多倫多音樂學院，後赴南加州大學學習電影音樂，1964 年返港從事電視製作和作曲，現已從香港大學音樂系退休，移民加拿大。林氏是 20 世紀歐洲作曲技法和風格的堅定支持者；身體力行，在自己的作品裡貫徹實行這種信念，如小提琴奏鳴曲《東方之珠》（1961）、交響詩《太平山下》（1969）、管弦樂《謝灶君》（1979）、《昆蟲世界》（1982），可能學過電影音樂，配器效果顯著。陳健華留學德國和奧地利，畢業於維也納音樂學院和史圖格音樂學院，作品有《地震海嘯》等。李超源早年畢業於香港羅富國師範學院，考取英國皇家音樂學院理論作曲文憑（LRSM），後赴美國，在南伊利諾州大學獲博士學位，畢業後一度在新加坡大學音樂系任教，作品包括為中樂團寫的《山》、低音長笛與鋼琴合奏《小奏鳴曲》（1974），風格基本屬 19 世紀早期浪

（99）據夏利柯的學生鄧文翹女士説，夏利柯的生活十分節省，他的收入不多，但用了一部分來出版自己的作品，參閱拙文〈夏利柯二三事——訪問鄧文翹女士〉，香港《華僑日報》"文化傳真" 版，1994 年 9 月 12 日。

漫樂派，喜用調式和對位。

　　1965 年，香港中文大學音樂系成立，雖然是以培養宗教音樂人才為宗旨，但這個學系的畢業生後來有到外國留學學習作曲，而成為香港作曲界中流砥柱的。如曾葉發（1952—　）、羅炳良（1946—　）、陳永華（1954—　）以及現在紐約的林品晶（1954—　）、董麗誠（1958—　）、鄧祖同（1948—　）等。曾葉發的作品如《靈界》、《鐘之幻象》等以哲學的角度和現代作曲技法來表達他的音樂觀，發人深思。羅炳良也嘗試以 20 世紀歐洲技法來寫出中國味道，如他的管弦樂《景教碑讚禮》所表現的風格。陳永華在中大音樂系畢業後，去加拿大多倫多大學深造，獲音樂碩士、博士學位，返港後曾在演藝學院任教，曾任中大音樂系系主任、香港管弦樂團駐團作曲家、香港作曲家聯會主席。陳氏的作品多為管弦樂樂曲和室樂，如《秋》四重奏、《花蕾》六重奏、交管樂三首、近作《安魂曲》等。

　　除了上述兩類作曲家外，還有一些從外地來港定居的，包括從英美來香港教學、從大陸來港工作的，如紀大衛（Gwilt, David, 1932—　）、關迺忠（1939—　）、郭迪揚（1933—　）、屈文中（1942—1992）、陳能濟（1940—　）、施金波（1933—1997）、楊瑞庭（1931—1996）、羅永暉（1949—　）、符任之（1930—　）等。紀大衛畢業於英國劍橋大學聖約翰學院，早年從事室樂演奏，手掌寬大、手指碩長，有利於鋼琴彈奏，1970 年來港任中大音樂系講師，作品以室樂為主，有樂隊和鋼琴樂曲。關迺忠畢業於北京中央音樂學院作曲系，1979 年來港定居，1986 年出任中樂團音樂總監，作品以樂隊為主，如《序曲》、《十面埋伏》、《天山戀歌》等。屈文中也是中央音樂學院作曲系畢業生，1975 年來港定居，作品包括《台灣組曲》、《王昭君》、《西廂記》等。陳能濟，中央音樂學院作曲系畢業生，1973 年來港定居，作品以樂隊和室樂為主，如《穆桂英掛帥》、《大江東去》、《四面人》等。陳氏曾為中樂團副音樂總監。施金波是上海音樂學院作曲系 1957 年畢業生，1963 年移居香港，從事作曲、教學工作，作品包括《中國舞曲》、《望仰吟》、《歡樂時光》、《中國節日組曲》等。

　　楊瑞庭（1931—1996）曾為香港聯合音樂學院監督和教師，並積極推動新作品的創作和發表，作品以室樂和聲樂為主，如《影子》、《漫步》、《六個國家之歌》、《青年鋼琴曲集》等。羅永暉畢業於台灣師範大學，後赴美國加州大學深造並獲音樂碩士學位，1980 至 1984 年任嶺南學院音樂講師，1985 至 1996 年為香港演藝學院作曲系主任，作品以樂隊與室樂為主，如《琵琶協奏曲》、《響晴》、《醉鄉》、《蠱》等。他還寫舞蹈音樂、為電影配樂，前者如《夢中人》、《書劍恩仇錄》和《投奔怒海》，後者如《女色》、《狂想大地》。羅氏還為戲劇《國王與夜鶯》與《龍舞》配樂。符任之也是中央音樂學院作曲系的畢業生，1976 年來港定居，作品包括《甜姑》、《阿里山小組曲》、《香港組歌》等。

從上述作曲家來看，從大陸來港的作曲家比本港的較多，但情況有所改變，大陸的作曲家現在多跑到美國去，而本港的作曲家正在增加，年輕的一代有林敏怡（1950—　），港大和羅馬桑塔‧西西里亞（Cecilia Santa）音樂院畢業，作品包括《層疊》、《群象》、《怪談》（錄音帶音樂）等；盧亮輝（1940—　）畢業於天津音樂學院作曲專業班，作品有《春》、《夏》、《秋》、《冬》、《宮、商、角、徵、羽》等，都是為國樂團而寫的作品；梁輝圖，中文大學音樂系畢業，後獲取史丹福大學博士學位，作品較新派，器樂、聲樂和錄音帶音樂均有；馮嘉祥（1955—　）畢業於英國皇家北部音樂院，作品以樂隊和主音樂器為主，包括協奏曲和奏鳴曲等；鍾耀光（1956—　）是美國費城音樂學院畢業，曾在香港管弦樂團任鼓手，故作品也以敲擊樂為主；陳偉光（1959—　），中大音樂系和英國約克大學作曲博士，作品以樂隊和室樂為主，如 *Poem for Orchestra*、*Nonet for Winds* 等；陳錦標（1962—　），澳洲南威爾斯音樂學院畢業，現任香港大學音樂系講師，作品以室樂較多，樂隊次之。

還有一位美國作曲家——衛庭新（Wilson, Timothy），也應在此提上一筆。衛庭新於 1974 年從紐約來港出任香港管弦樂團首席長笛手，六年後離開樂團從事教學、作曲並隨劉楚華、蔡德允、李祥庭學習古琴，自學洞簫，現在已成為出色古琴和洞簫演奏家，並寫了不少出色的中樂作品，如《鷹與天》、《秋風瑟瑟》、《古詩三首》等。[100]

香港作曲家的創作活動經歷了兩次較有益的衝擊：一是 1973 年亞洲作曲家同盟（Asian Composers' League -ACL）的成立，一是 1977 年香港中樂團的職業化。ACL 於 1981 年 2 月在香港召開了第七屆亞洲作曲家同盟周年大會及音樂節，促進了中、台、港三地華人作曲家的合作，更刺激香港作家聯盟於 1983 年 2 月成立。香港作曲家聯盟還主辦了 1986 年第一屆中國現代作曲家音樂節、1988 年"國際現代音樂協會——亞洲作曲家同盟"國際現代音樂節、1991 年"當代音樂巡禮"（New Music Hong Kong 91）、1992 年"音樂新文化九二"（1992 Musicarama '92）以及"音樂新文化九四"（Musicarama '94）等。

（100）有關香港作曲家的資料，取材自陳永華（主編）：《香港作曲家聯會會員簡介》，香港作曲家聯會出版，1988 年。

五・結語

　　從香港在過去一個半世紀裡的音樂教育、音樂活動和音樂創作的歷程可見，20 世紀 70 到 90 年代的繁榮現象並不能掩飾過去在學校音樂教育和對本地音樂扶持不足的過失。從上文的敘述，我們知道香港的音樂教育從 1841 年到 1941 年的一百年裡，香港政府幾乎交了白卷。從可以找得到的官方的文獻裡，只有兩處較重要的記錄：1870 年的年報裡提及音樂課作為試驗性列入課程，之後在政府年報裡便不見有音樂課的試驗的結果，也不見有甚麼相應的措施來加強音樂教育；另一項記錄是 1935 年伯恩尼的報告，建議學校課程應有音樂課，待政府開始成立師範學院時，太平洋戰爭把一切都破壞掉了。

　　戰後從 1949 年到 1968 年的 20 年裡，香港教育署只注意學校音樂比賽和英國皇家音樂學院在香港的考試，對學校的音樂教育採取不大理會的態度，直到 1968 年才公佈小學音樂教學大綱要。這是一種捨本求末的做法：本應先把中小學的音樂教育打好基礎，然後再開始發展學校音樂比賽和音樂考試。這種政策造成惡性的循環——為了參加比賽和考試，學校的音樂課和按步就班的音樂學習給犧牲了。

　　當然，從另一面看，這些活動不僅推動了現代音樂，還為新作品提供了發展機會。

　　香港作曲家一向苦無發表作品的機會，香港管弦樂團不大喜歡演奏中國作曲家的作品，直到 1994 年才第一次委任陳永華為駐團作曲家。但在十多年前，中樂團在吳大江（1943—2001）的領導下，[101] 不斷向香港作曲家委約作品，據陳永華的統計，從中樂團的創立到 1990 年的十四年裡，共有二百多首作品，這對香港作曲家來講，是項了不起的好安排，有效地刺激了香港的音樂創作。[102]

　　70 年代以後，教育署音樂組的確做了些工作，但似乎過於重視英國學校音樂教育的經驗和教材，在一定程度上忽視了香港學生的文化背景。假如教育的目的是幫助下一代更好地適應社會、為社會服務，使他們所處的社會不斷地改進；假

（101）吳大江從大陸到香港後，曾到新加坡工作了幾年，香港中樂團成立後便返回香港出任中樂團的音樂總監兼指揮。在吳氏擔任中樂團音樂總監的八年裡，一方面大力發展樂團的實力，努力使之"交響化"，引起不少批評；另一方面不遺餘力地委約本港作曲家為樂團創作樂曲，並邀請作曲家出任客席指揮，指揮作曲家自己的作品，得到一片讚譽。因此，吳氏在促進中樂團的發展、繁榮香港的音樂創作做了不少工作，貢獻良多。吳氏是位中樂配器高手，用料經濟、效果極佳。他寫了不少樂隊作品，如《倚門望》、《胡笳十八拍》等。

（102）參閱陳永華：〈香港新音樂委約創作年表 1970—1990〉，劉靖之（編）：《中國新音樂史論集：回顧與反思》，香港：香港大學亞洲研究中心，1992 年，頁 342—377。

如音樂教育的目的是為了培養下一代能欣賞好的音樂、能通過音樂來更好的表達自己的意願和感情，換句話説，就是幫助下一代能生活得更美好、更豐富，那麼我們就不應該忽視我們下一代的文化背景和所處的社會和家庭環境，讓他們先了解自己的傳統音樂文化，然後幫助他們學習現代音樂文化和外國的音樂文化，正確的次序是十分重要的，決不應本末倒置，像上述音樂比賽和音樂考試放在音樂教育之上。

　　高等和專業音樂教育的重點也應注意到自己的音樂和外國音樂之間的關係，香港的高等與專業音樂教育應該有自己的特點，而不應抄襲英國牛津大學或皇家音樂學院的那套，否則我們將會永遠跟着英國或法國、德國、意大利後面跑，修不到善果的。音樂研究也是如此，香港有自己的優良條件，我們應盡量利用發揮自己的長處。

　　香港的音樂活動在過去半個世紀以來還差強人意，但美中不足的是香港大多數市民所喜愛的樂種仍然未能得到照顧和支持，如粵劇、粵曲以及其他戲曲和民間音樂如南音、潮劇。香港藝術發展局應該撥款資助這方面的演出和研究，還應該考慮興建戲曲演出場所，音樂廳和大劇院並不適合中國傳統戲曲的演出。[103] 這種工作最好能先在中小學開始普及，一代之後便會見到成績。歐洲歌劇、交響樂固然需要，但畢竟是小數市民的嗜好 —— 五場歌劇只不過能讓幾千人觀賞，但香港是個七百萬人的城市，而且新市鎮的人口是多數，他們更需要普及性質的音樂。

　　音樂劇作與其他戲劇作品一樣，是一個現代化城市不可缺少的活動。香港的演出團體一向重西輕中，以至我們自己的作曲家沒有機會演奏自己的作品，這種情況已有所改進。給自己作曲家聽自己作品的機會是極為重要的，等於作家要有機會出版自己的著作，否則就難以進步。與創作、演出有緊密關係的是高水準的音樂評論，這方面也有待提高。

　　香港在音樂文化上的"硬件"和"軟件"至今已有所發展，只要注意一下不足和疏忽的地方加以改善，肯定會百尺竿頭，更進一步。[104]

（103）參閱本書第十八章〈香港粵劇藝術的成長和發展〉一文。

（104）有關香港的音樂發展，可參閱：
　　（1）朱瑞冰（主編）：《香港音樂發展概論》，香港：三聯書店（香港）有限公司，1999 年；
　　（2）吳贛伯（編著）：《20 世紀香港中樂史稿》，香港：國際演藝評論家協會（香港分會），2006 年；
　　（3）劉靖之：〈20 世紀下半葉和 21 世紀初的香港音樂教育〉，余丹紅（主編）：《中國音樂教育年鑒 2010》，上海：上海音樂學院出版社，2012 年，頁 44 —108；
　　（4）劉靖之：《香港音樂史論 —— 粵語流行曲、嚴肅音樂、粵劇》，香港：商務印書館，2013 年；
　　（5）劉靖之：《香港音樂史論 —— 文化政策、音樂教育》，香港：商務印書館，2014 年。

第二十章

天主教和基督教
在香港的傳播與影響

李志剛

一 · 引言：西方宗教在香港的傳播

　　西方宗教在香港的設立和傳播，與英人管治香港有直接的關係。雖然，英國應自 1842 年《南京條約》簽署後才建立殖民統治，但事實上英軍於 1841 年 1 月 26 佔領港島之後，羅馬天主教傳信部於 4 月 22 日已正式頒令香港成為監牧區，委任瑞士籍若瑟神父（Joset, Theodore）為首任教區司鐸。自他由澳門來港，便開始在香港發展傳教工作。[1] 至於基督教方面，在 1841 年前，已有美國浸信會叔未士牧師（Rev. Jehu Lewis Shuck）、羅孝全牧師（Rev. Issachar Jacox Roberts）、粦為仁牧師（Rev. William Dean）；倫敦傳道會雒魏林醫生（Dr. William Lockhart）、合信醫生（Dr. Benjamin Hobson）、美魏茶牧師（Rev. William Charles Milne）；公理會（即美部會）裨治文牧師（Rev. Elijah Coleman Bridgman）、帝禮時牧師（Rev. Ira Tracy）、衛三畏教士（Samuel Wells Williams）、伯駕牧師（Rev. Peter Parker, M.D.）、波乃耶牧師（Rev. Dyer Ball, M.D.）、戴華爾醫生（Dr. William Beck Diver）、婁理華牧師（Rev. Walter Macon Lowrie）、雅裨理牧師（Rev. David Abecl）；信義宗自由傳教士郭士立牧師

---

(1)　《香港天主教會一百五十周年紀念特刊》，頁 5。

圖 20.1　穿上福建水手裝的郭士立牧師

圖 20.2　錢納利所繪畫的馬禮遜譯經圖

圖 20.3　位於中環摩羅廟街的回教寺

（Rev. Karl Friederich August Gutjlaff）；美國聖公會文惠廉牧師（Rev. William Jones Boone）；馬禮遜教育協會勃朗牧師（Rev. Samuel Robins Brown）；美國長老會麥畢烈特牧師（Rev. Thomas L. Ma Bryde）、高民醫生（Dr. William Henry Cumming）等傳教士，分屬英美各國不同傳道會，經已展開在澳門和廣州兩地的華人傳教的預備工作。[2]當英人管治香港後，至 1842 年 3 月 29 日，先有浸信會叔未士牧師、羅孝全牧師由澳門遷來香港定居並於 5 月 21 日在中環設立皇后道浸信會（The Queen's Road Chapel）；至 11 月 1 日又有馬禮遜教育協會遷校來港。翌年 11 月倫敦傳道會才將馬六甲英華書院遷抵本港，香港漸漸成為西教士集結的中心，基督教士得以在此擴展種種教務工作。[3]

　　19 世紀英國國力雄霸世界，把割佔得來的香港開放為自由港，各國人民可以自由往來貿易，遂使之成為各國商人雲集的地方。對於宗教，英國人一向採取開放自由政策，故此西方宗教隨着居民的需要，逐漸興建教堂和會所，確立了香港各種宗教的基地。

　　就如早期在英國駐港的陸軍和海軍，其中不少軍人是愛爾蘭天主教徒，亦有屬英國聖公會和其他教派的基督教徒。因此基於軍人、政府官員，以及英美商人信仰的需要，天主教、聖公會和西人祐寧堂（Union Church）都先後在香港建立起來。在英國駐港的軍隊中，部分有屬印度籍的軍人（包括今日印度、巴基斯坦、孟加拉），不少是伊斯蘭教（Islamism）教徒；其後政府又僱用大批印籍警察；加上在廣州與東印度公司多有來往的伊斯蘭教徒，不少來港的商人，伊斯蘭教徒為數亦不少，當時的伊斯蘭教徒被本地居民稱之為 "嚤囉"。如今在中環，仍有摩羅廟街之名，是因在 1860 年興建第一座清真寺而得名。這所摩羅廟是伊斯蘭教徒早期活動中心，至今約有教徒 27 萬人，華人教徒三萬人；14 萬為印尼人，其餘為巴基斯坦、印度、馬來西亞、中東、非洲等籍教徒。[4]香港開埠初期，在澳門有不少猶太裔商人遷港定居。在 1850 年英國維多利亞女皇經已撥出跑馬地一塊土地作為猶太人的墓地。猶太教（Judaism）會堂於 1901 年在港島西摩道興建，與世界各地猶太教均有聯繫，至今有猶太家庭約四百多戶。[5]在 19 世紀中葉，香港政府在印度北部旁遮普邦僱聘一批錫克教徒（Sikh）來港加入警察和公務員行列，繼而有錫克

（2）　李志剛：《香港基督教會史研究》，1987 年，頁 9—12。

（3）　同上注，頁 19—25。

（4）　徐潔民（編）：《宗教工作基礎知識》，1990 年，頁 525—528；香港政府一站通：http://www.nov.hk。

（5）　同上注，頁 521。

圖 20.4　西貢鹽田仔天主教堂（建於 1866 年）

教徒到港經商，他們於 1901 年在灣仔皇后大道東建有錫克廟，目前有教徒 1.2 萬
人。[6] 祆教（Zoroastrianism）又稱為"白頭教"，在 19 世紀已有教徒在港經商，先
在中環依利近街設立會址，至 1931 年在銅鑼灣禮頓道 101 號興建教堂，但教徒不
多，至今不足 200 人。[7] 1947 年印度與巴基斯坦分別獨立，有不少印度人來港找尋
職業，以求過着安定生活。印度教徒（Hindu）在港聯繫，於 1952 年在跑馬地興建
一所印度教廟，教徒從商居多，至今有會員約四萬人。[8] 巴哈伊教（Baha'l faith）有
譯作"大同教"，發源於伊朗，20 世紀初期已有教徒在港活動，1965 年在香港立
會，稱之為"巴海"，至 1980 年各地華人統稱之為巴哈伊教，有教徒約一千人。[9]

　　上述各種在香港有活動的西方宗教，源起都是從西方各國宗教人士來港而傳
入，至今發展成為穩固的宗教團體。香港社會之能夠容納各種宗教的存在，不僅
由於香港是華洋匯聚之所，在自由的環境中促進中西的交流，在宗教自由政策
中，各派宗教才得以孕育和傳播。然而就各個西方宗教對香港社會作出貢獻而
論，影響華人社會至鉅的，應以天主教和基督教最具代表性。

二・天主教事業與社會變遷

（一）天主教的傳教事業和發展

　　天主教是香港最具實力的宗教團體，這與天主教的歷史和組織有密切的關
係。因為香港天主教是隸屬羅馬天主教的體系，早在元代天主教已在中國傳播。
及至明代，復有沙勿略（Francis Xavier）於 1552 年抵廣東上川島；其後有羅明堅、
利瑪竇等神父相繼來華，在中國境內展開傳教工作，在明末清初盛極一時。自雍
正頒令禁教之後，教務始告停頓。惟是澳門天主教因葡萄牙人租借澳門而未有受
禁制。所以當香港由英人管治後，羅馬傳信部遂於 1841 年 4 月 22 日頒令香港成為
一個"監牧區"。其時香港在主權歸屬上，中英仍未有明確的協議，而羅馬教廷之
迅速頒令香港為新的監牧區，脫離澳門教區和葡萄牙保教權的管轄，這顯然是由

（6）　同註（4），頁 529—530。

（7）　同註（4），頁 530。

（8）　《香港的宗教》，1988 年，頁 56—57。

（9）　同上註，頁 88—91。

於西班牙和葡萄牙兩國在 15 世紀以後，海外霸權事業日益擴張，世界保教權由西葡兩國分擔所致。南北美洲由西班牙管轄；非亞兩洲由葡萄牙管轄。且賦有主教提名、調派傳教區人事等種種的特權，教廷傳教事工均受阻礙，至 1622 年教廷有傳信部設立，藉此協調世界各地的傳教工作；並且防止西葡兩國的壟斷。在 1840 年，葡萄牙保教權管轄有北京、南京、澳門三個教區，而羅馬傳信部在澳門只管三個代牧區，作為各傳教區與羅馬教廷的消息傳遞橋樑，所以傳信部在中國不能發揮作用。當 1833 年瑞士籍司鐸約瑟神父（Joset, Theodore）被派往澳門協助會比亞神父（Umpierres）的時候，傳信部經已與他取得密切聯繫，約瑟神父對於英國與滿清局勢至為了解，便向傳信部建議，倘若英人一旦取得香港，傳信部應即立刻搬遷至香港，使傳信部在中國傳教工作不受限制而有更大發展。香港於 1841 年 4 月 22 日成為羅馬傳信部的監牧區，而教廷傳信部辦事處亦由澳門遷往香港。[10] 可見香港天主教與羅馬教廷存在直接的關係，而且無形中成為教廷對中國傳教的中心樞紐，與近代中國天主教事業的發展有不可分割的關連性，所以香港天主教在歷史上，是有極重要的地位。按天主教在香港的發展可分為下列六個時期。[11]

1. 監牧區時期（1841—1874）

當 1841 年 4 月 22 日教廷頒令香港為 "宗座監牧區"（Prefecture Apostolic），直屬羅馬傳信部監管，傳教工作即在香港開展。但香港開埠初期，一切尚待建設，在港外國天主教徒，以愛爾蘭軍人，或由澳門遷來的葡人及外商為主要。因華人多屬中下階層，故教會以開設嬰堂、學校作為接觸華人的媒介。在港先後成立的男傳教會有巴黎外方傳教會、宗座外方傳教會、道明會；女修會有沙爾德聖保祿女修會、嘉諾撒仁愛女修會等，其中以法國傳教會和修會居多。

2. 代牧區前期（1874—1910）

1874 年香港宗座監牧區升格為宗座代牧區（Vicariate Apostolic）。1860 年英國因《北京條約》獲得滿清割讓南九龍，香港地域擴大，加上太平天國起義促使廣東珠江沿岸各地人民來港避難，香港人口由是增加。在香港環境變遷中，教會事務相應有所發展，堅道座堂由是建成。時至 1898 年中英簽訂《展拓香港界址專條》，

（10）田英傑（編）：《香港天主教掌故》，1983 年，頁 1—3。

（11）陸鴻基：《香港教區歷史簡述》，見注（1），頁 36—38。

使香港地域擴展至新界，因此天主教在本港傳教範圍因而擴大，全香港教徒增至八千多人。

3. 代牧區後期（1910—1946）

在這個時期，世界歷經兩次大戰，歐洲的戰爭影響各傳道會的總會，無論在人力和經濟資源上必然受到相應性的影響。中國在這個時期，發生了辛亥革命、五四運動、軍閥割據、日本侵華等種種的動亂，以致不少國內人民逃難香港。及至日軍寇港，本港人民大量內逃，天主教會的工作可謂起伏不定。然而在各傳道會和修會努力工作中，及至 1929 年已見成果，此因教廷於 1929 年 7 月 19 日頒令，正式准許耶穌寶血會成為香港宗座代牧區的本地國籍修會。此因寶血會原在 1922 年創立，擔任教育、醫務、社會和傳教的工作，在香港、九龍和新界發展會務，深獲華人社會的信任。當愛爾蘭脫離英格蘭獨立之後，1926 年即有愛爾蘭耶穌會在港設立傳道會，以耶穌會士素重教育和學術工作，來港之後於 1933 年在港九兩地接辦香港和九龍華仁書院，對香港教育作出貢獻，並為教會培育不少人才。日佔期間，教徒由兩萬人降至三千人，會務漸趨停頓。

4. 教區建立時期（1946—1967）

1945 年英國人重新佔領香港，翌年教廷將中國所有代牧區升格為"教區"（Diocese），使中國天主教成為"聖統制"（Hierarchy）。香港代牧區因而晉升為"教區"，仍由宗座外方傳教會管轄。在此時期中國發生國共內戰，國內政局動盪不穩，南來香港難民日增，天主教相應積極推動各種救濟和社會服務工作，教徒由是增加。特別是在這時期，男修會和傳教會增設有十個之多；女修會和傳教會亦有 12 個，為本地天主教傳教事業帶來多元化的發展。

5. 教區本地化時期（1967—1975）

教宗保祿六世於 1962 年在梵蒂岡召開第二屆大公會議，推行教會更新和改革，在這次會議的推動下，教會本地化的成就，事屬空前。香港天主教處於中西交通要衝，信徒得風氣之先，教會改革進行順利，傳教事業可謂一新耳目。至 1969 年已有華人徐誠斌神父出任香港主教，成為香港首任華人主教；1973 年有李宏基主教繼任，教會不斷邁前進步，為傳教事業奠定良好基礎。

6. 天主教會發展時期（1975—　）

　　香港社會自 70 年代開始，經濟已有蓬勃發展，不久成為"亞洲四小龍"之一。在一個進步的社會環境中，教會經已作出種種的適應。天主教會所辦理的學校和福利機構，亦大大增加，佔香港總數 20%。事實上在這個時期，天主教對於教徒的培育和教徒的傳教工作，至為積極，教會傳教組織大大增加，並發揮信徒進入社會、進入人群的力量，使教會充滿一片活力。胡振中神父先於 1975 年出任香港第三任華人主教，又於 1988 年為教宗若望保祿二世委任為樞機主教，足見香港天主教事工的發達，不但被教廷所承認，並且有樞機主教的委任，對梵蒂岡教廷教務有所參與和貢獻。2006 年 2 月 22 日陳日君主教為教宗本篤十六世宣佈任命為樞機。而湯漢主教於 2012 年 1 月 6 日為教宗本篤十六世宣佈任命為樞機。香港天主教區先後有三位樞機的任命，特顯香港教務的業績，為羅馬梵蒂岡教廷的重視。

表一：香港天主教女修會及傳教會在港立會年表

名稱	來港年份	立會年份	所屬國家／地區	總會所在地
1. 沙爾德聖保祿女修會	1848	1696	法國	羅馬
2. 嘉諾撒仁愛女修會	1860	1808	意大利	羅馬
3. 馬裡諾女修會	1921	1912	美國	紐約
4. 耶穌寶血女修會	1922	1922	香港	香港
5. 安貧小姊妹會	1923	1839		法國
6. 天神之后傳教女修會	1926	1922	加拿大	加拿大
7. 聖母無原罪傳教女修會	1928	1902	加拿大	滿地可
8. 加爾默羅跣足女修會	1933	12 世紀	巴勒斯坦	
9. 瑪利亞方濟各傳教修會	1947	1877	印度	羅馬
10. 聖高隆龐傳教女修會	1949（2015 年離港）	1922	愛爾蘭	愛爾蘭
11. 中華無原罪聖母女修會	1951	1932	廣州	
12. 善牧會	1951	1641	法國	羅馬
13. 母佑會女修會（慈幼女修會）	1952	1872	意大利	羅馬

名稱	來港年份	立會年份	所屬國家／地區	總會所在地
14. 顯主女修會	1953	1936	廣東韶州	香港
15. 拯望會	1954	1856	法國	法國
16. 聖母聖心傳教修女會	1954	1897	印度	羅馬
17·聖母潔心會	1954	1936	廣東江門	江門
18. 耶穌小姊妹友愛會	1956	1939	撒哈拉沙漠	羅馬
19. 聖母痛苦方濟各傳教女修會	1958	1939	湖南衡陽	
20. 聖母頌主女修會	1965	1597	法國	法國
21. 聖母無原罪傳教女修會（宗座外方傳教女修會）	1968	1936	意大利	羅馬
22. 聖保祿孝女會	1979	1915	意大利	羅馬
23. 默存會	1983	1955	意大利	意大利
24. 仁愛傳教女修會	1983	1950	印度	加爾各答

表二：新增女修會

名稱	來港年份	立會年份	所屬國家／地區	總會所在地
1. 外方傳教女修會		1931	法國	法國
2. 聖加勒隱修會	2000	1212		
3. 馬達拉上主機聖母之僕修女會	2000	1988	阿根廷	意大利
4. 主徒女修會	2000	1924	意大利	羅馬

表三：香港天主教男修會及傳教會在港立會年表

名稱	來港年份	立會年份	所屬國家／地區	總會所在地
1. 巴黎外方傳教會	1847	1659	法國	巴黎
2. 宗座外方傳教會	1858	1850	意大利	羅馬
3. 道明會	1861	1216	法國	羅馬
4. 基督學校修士會	1875	1684	法國	羅馬
5. 美國天主教傳教會	1918	1911	美國	馬力諾州
6. 耶穌會	1926	1540	意大利	羅馬
7. 鮑思高慈幼會	1927	1859	意大利	羅馬
8. 方濟會	1948	1209	意大利	羅馬
9. 聖言會	1948	1875	荷蘭	羅馬
10. 天主教耀漢會	1949（1996 年離港）	1928	中國	
11. 聖母小昆仲會	1949	1817	法國	羅馬
12. 嚴規熙篤會	1950	1098	法國	羅馬
13. 聖高隆龐傳教會	1950	1918	愛爾蘭	香港
14. 聖母聖心會	1951	1862	比利時	羅馬
15. 無玷聖母獻主會	1966	1816	法國	羅馬
16. 墨西哥外方傳教會	1975	1949	墨西哥	
17. 仁愛傳教兄弟會	1977（1995 年離港）	1973	印度	加爾各答
18. 魁北克外方傳教會	1983	1921	加拿大	加拿大
19. 贖主會	1989（2001 年離港）	1732	意大利	羅馬[12]

（12）香港天主教男修會及傳教會；女修會及傳教會統計數字，按 1994 年《天主教手冊》資料。

表四：新增男修會

名稱	來港年份	立會年份	所屬國家／地區	總會所在地
1. 聖母聖心愛子會（柯樂仁會）	2011	1849	西班牙	羅馬
2. 道生會	1997	1984	阿根廷	羅馬
3. 加爾默羅會	2013	12 世紀	以色列	羅馬
4. 思嘉布羅會	1995	1918		加拿大

按香港天主教信徒總人數為 38.4 萬人，堂區 51 個；聖堂 40 間；小堂 31 間；禮堂 26 間。教區神父 68 人；修會神父 223 人；修會修士 68 人；修女 474 人。[13]

（二）天主教的教育事業及貢獻

香港天主教在教育事業的發展上，固然具有悠久的歷史，但由 1841 至 1880 年的 40 年間，卻並非如此理想。

此因為香港是英國的殖民地，雖然香港政府沒有一套制度和法規，亦無專責統一教育的機構，對教育工作採取自由放任政策，在 1847 年所組成的教育委員會（Education Committee），及至 1860 年才改成為教育諮詢委員會（Board of Education），所有的委員多是政府官員和基督教教會的牧師，並由聖公會主教任主席，天主教在教育事務上是少有影響力的。況且天主教早期辦學，全由傳道會和修會主辦，教區礙於人力，直接辦學有所困難。1880 年前在港設有的男修會和傳教會，女修會和傳教會，多以法意兩國為主，無論在傳統的教育制度和教育的政策，與英國教育制度和教育政策都有極大的不同。所以天主教早期所辦的學校，除以訓練教會人才之外，其餘多以教育外籍學童，或興辦慈善性質的學校為主。特別影響香港早期教育政策的倫敦傳道會理雅各牧師（Rev. Legge, James），他極力主張推行世俗教育，認為教會推行的宗教教育與政府教育應有區分，並於

（13）按 2015 年《天主教手冊》資料。

1862 年創辦中央書院，聘請史劍活（Dr. Stewart, Frederick, M.A.）出任掌院。1871年史劍活提出政府補助書館計劃，以每日連續講授四小時世俗知識的方法而獲政府的補助，此項計劃為天主教的高神父（Fr. Raimondi, Timoleon）所反對，所以天主教學校拒受政府的補助。時至 1879 年，為天主教徒的港督軒尼詩，接納高神父建議，資助範圍不限於公立小學，不少天主教學校既保持宗教教育的權力，又可獲得政府補助，因此天主教學校才取得發展優勢。在 19 世紀期間，天主教已有多所學校的建立，其中以聖約瑟書院最負盛名。

表五：香港天主教在 19 世紀開設的學校

校 名	創辦年份	校 址	備 注
天主教神學院	1843	威靈頓街與砵甸乍街之間的天主教堂內	
天主教中文書館	約 1848	威靈頓街天主堂內	
天主教神學院	1850	皇后大道西	
天主教育嬰堂書館	1858 以前	灣仔晏頓街	
天主教女學	1860	堅道	收容歐籍及中國籍學童
感化院	1863	威靈頓街（後搬西環）	其後為聖類斯學校
救主書院	1864	威靈頓街	1875 年改名為聖約瑟書院
聖方濟各嘉諾撒書院	1869	香港堅尼地道	
聖約瑟書院	1875	威靈頓街	
澄波小學	1886	新界西貢鹽田仔	
嘉諾撒聖瑪利書院	1887	九龍柯士甸道	
嘉諾撒修院學校	1891	筲箕灣教堂里	
培德女校	1897	香港仔舊街[14]	

（14）本表資料及香港天主教 19 世紀開設學校的情況，參看王齊樂：《香港中文教育發展史》，頁 139。

表六：香港天主教學校創校統計

年期	累積數目 *
1980—1989	381
1970—1979	345
1960—1969	266
1950—1959	138
1940—1949	65
1930—1939	52
1920—1929	39
1910—1919	27
1900—1909	25
1890—1899	23
1880—1889	21
1870—1879	19
1860—1869	16
1850—1859	8
1840—1849	4

* 着重創校數目，包括已停辦之學校，按 1989 年學校的實際數目為 328 所。

　　在第一次世界大戰之後，香港華仁書院於 1919 年在港島開設；九龍華仁書院則於 1924 年在砵蘭街設校，1933 年歸蘇格蘭耶穌會會士主理。1920 年有美國瑪利諾傳教會神父來港興辦聖類斯工藝學校；翌年復有瑪利諾傳教會女修會從事女子教育工作；1922 年耶穌寶血女修會（源出嘉諾撒女修會）成立；籌辦德貞女子中學。時至 1927 年瑪利諾傳教會修女創辦瑪利諾書院；慈幼會修士到港接管聖類斯工藝學校；又 1928 年有加拿大聖母無原罪傳教女修會來港，在九龍柯士甸道創辦德信等校；基督學校修士會又於 1933 年在九龍開辦喇沙書院。在 20 世紀，天主教有美國、愛爾蘭、加拿大的傳道會和修會加入香港工作，以及本地寶血會的成立，使天主教教育事業更顯活力，奠定天主教在香港教育的基礎，並且將歐美的教育方式帶進香港。

　　香港天主教在 1950 年以前所辦的學校，全由各國傳教會和修會主辦。但自 1950 年之後，由於大批中國難民進入香港，使香港社會發生極大的變化，為應付學額的不足，以及符合社會實際的需要，香港天主教區亦在各社區開設不同類型的學校，包括幼稚園、小學、文法中學、工業中學、職業先修、職業學校、成人教育、特殊學校等，在 1990 年合共有 330 所，其中教區學校佔 175 所；修會學校佔 155 所。⁽¹⁵⁾數字反映在 50 年代以後，天主教教育事業的蓬勃，是由於教區大力發展教育所致，而教區所辦學校則配合社區的發展和社會的需求，所以更為普及和全面，為社會作出貢獻。現在天主教學校就讀學生人數為 313,422 人，佔全港學生 25%。歷年為香港造就了不少人才，其中不少人後來任職政府及社會機構。

　　按當前香港天主教教育機構 (按：以下統計數字，乃依據教育署之統計方式：凡小學有上下午班而校長同為一人者，視為一所學校；上下午班而有不同校長者，則視作為兩所學校。按照本手冊至 1995 年之統計方式，任何有上下午班之小學，均視為同一所學校。)：

　　天主教學校包括：

　　幼稚園 32 所，小學 107 所，英文中學及中文中學 85 所，專業學校一所，成人教育 18 所，特殊學校 7 所，大專兩所，即共 252 所 (其中教區學校 98 所，明愛學校 37 所，男修會學校 46 所，女修會學校 67 所，其他四所)。

　　學生人數：

　　幼稚園 11,816 人，小學 68,620 人，英文中學及中文中學 63,049 人，專業學校 117 人，成人教育 3,359 人，特殊學校 631 人，大專 2,034 人，即共 149,626 人，其中天主教徒 15,980 人，佔 10.68%。

　　教職員：

　　神父 32 位，修女 68 位，修士十位，男教員 3,224 人，

　　女教員 7,971 人，男牧民助理 30 人，女牧民助理 101 人，即共 11,436 人，其中天主教徒 2,879 人，佔 25.17%。⁽¹⁶⁾

---

(15) 王齊樂：《香港中文教育發展史》，1983 年，頁 157—160。

(16)《香港天主教教育簡介》，頁 3、11。

（三）天主教的社會服務事業及貢獻

天主教的傳教事業，是效法耶穌基督在世的工作，建立教會傳揚福音。其中對於社會的關懷，透過社會慈善的工作服務社群，表彰耶穌基督的愛德。所以當天主教在香港成立監牧區之後，教會固然要照顧本港的天主教英兵和外籍的天主教徒，但教區在對本地華人傳教方面同樣負有極大的使命。由於開埠初期，華人人數不多，而且多屬貧苦低下階層，華人社區的環境和治安非常惡劣，還有許多棄嬰，致有巴黎外方傳教會科蒙席（Forcade）帶領四位修女來港工作，於是有聖保祿女修會的設立。並於 1848 年在灣仔開設一所育嬰堂，由此開始天主教在港的社會服務工作。從 1848 至 1854 年間，經已收容了 1,360 名孤兒，亦可見當日華人社會棄嬰的嚴重。聖保祿女修會的育嬰堂其後擴展成為孤兒院和老人院，在灣仔春園街和進教圍建有不少的房舍。及至 1917 年遷至銅鑼灣道現在聖保祿醫院的地段，開設有醫院、學校、教堂興辦種種的社會服務、教育和傳教的工作，成為天主教社會服務最佳的標記。[17] 由於香港早期罪案極多，盜匪殺人越貨，時被判刑入獄，亦有判以死刑的。天主教神父對因犯表以關懷，故於 1850 年已有監獄工作的開展。[18]

天主教在香港開設醫院歷史悠久，早在 1846 年已開始向市民籌款興建醫院，這可說是香港教會社會服務事業第一次籌款，共得款 436 元。醫院在皇后大道東興建，落成後命名為聖方濟各醫院，但由於當時華人對於西方醫藥未有常識，求診人數不多，以至於 1859 年結束。及至 1869 年在中環半山興建一間小型醫院，另附設老人院和藥房，此即今日的嘉諾撒醫院。[19] 現在香港天主教有醫院六間。香港區有嘉諾撒醫院和聖保祿醫院；九龍區有明愛醫院、聖母醫院、寶血醫院及聖德肋撒醫院。共有 3,045 張病床，分別由不同修會主理。[20]

在時代變遷中，香港天主教為香港社會提供不少服務，如盲人院、麻瘋院、安老院。惟是香港天主教的社會服務在 20 世紀 50 年代後才漸趨蓬勃，這完全是基於社會變遷和社會的需要，而由教會作出相應性的配合。目前天主教的社會服務工作計有下列 15 類：

（17）同註（12），頁 672。

（18）同註（10），頁 98—101。

（19）同註（10），頁 45—46。

（20）同註（10），頁 52—54。

（1）幼兒服務：提供學前幼兒服務，兼辦有輕度弱能兒童服務及暫託兒童服務。

（2）兒童及青少年服務：包括兒童及青少年中心、外展社會工作、圖書館及閱覽室、兒童護養院、兒童發展計劃、兒童成長課餘照顧、學校、社會工作及營地服務。

（3）家庭服務：協助個人及家庭解決困難，以及為家居照顧及心理評估人士提供服務。

（4）婦女服務：為婦女提供活動、培訓；鼓勵婦女關注社會及自身的需要與權利；為懷孕及未婚媽媽提供輔導、院護照顧及經濟援助。

（5）安老服務：照顧及輔導60歲以上高齡人士，設有老人中心、日間護理中心、安老院、護理安老院、家務助理、暫住服務等。

（6）社區服務：社區中心設有社區工作、小組工作及圖書館等服務；策劃社區中心活動及設施；推動訓練、教育、康樂等服務促使社區中心成為社區的匯點。

（7）弱智人士服務：為輕度弱智至嚴重弱智的稚齡兒童和成年人提供教育、訓練、庇護工作、住宿、康樂活動、家庭輔導及社區教育等服務。

（8）勞工服務：為青年職工提供教育、勞工法例諮詢、訓練課程等服務。

（9）戒毒康復人士服務：協助吸毒人士戒毒；幫助接受美沙酮治療人士接受治療；輔導戒毒康復者的生活。

（10）露宿者服務：為急切需要人士提供臨時性住宿服務；協助會友尋找安定居所計劃。

（11）漁民服務：早於60年代為需要漁民推行建屋計劃；成立漁村社區會堂服務住家艇。

（12）菲傭服務：為菲籍女傭提供牧靈支援；協助解決菲傭和僱主兩方的問題；提供資料、講座、康樂小組、興趣小組等活動。

（13）越南難民服務：香港天主教明愛中心與政府及聯合國難民專員公署合作，為越南難民提供服務及援助，包括移民輔導、居港輔導、生活適應輔導、教育服務、社會援助等。

（14）醫療服務：除開設醫院提供醫藥服務之外，另設有善終服務。

（15）社區及接待服務：開設社區會堂，開設賓館提供個別和社團，以及旅客居住需求。[21]

以上各種社會服務，均為天主教本着"非以役人，乃役於人"的宗旨，為社會上傷、殘、老、弱遭受遺棄的人群提供的服務。按 1994 年香港天主教社會福利機構統計如下：

（1）家庭服務及社會服務中心（受僱人次 274,454）；

（2）醫院（住院部：病床 2,830 張，共治 566,845 人）；

（3）診所及醫院門診部（共治 1,379,342 人）；

（4）幼兒園及幼兒中心（男孩 1,052 人，女孩 1,131 人）；

（5）女孩護養院（433 人）；

（6）老人院（1,608 人）；

（7）青少年中心（受照顧人次 376,573）；

（8）老人中心（受照顧人次 13,874）；

（9）家居照顧服務（2,828 人）；

（10）康復中心（受照顧人次 7,134）；

（11）宿舍及賓館（205,320 人次）；

（12）營地服務（宿床共 361 張，供 47,372 人次使用）。[22]

三・基督教事業發展與社會變遷

論及基督教在香港的發展，與香港社會變遷有直接的關係。因為基督教宗派甚多，而傳道會的背景亦相當複雜，早期有來自英國和美國，或是澳洲和加拿大的，更有來自荷蘭、德國、瑞士、芬蘭、挪威、丹麥、瑞典等歐洲國家。及至第一次世界大戰以後，亦有不少教會從大陸遷到香港，期間香港不少基督教會的設立，多依賴西方傳道會的支援才能維繫。事實上在 1949 年前，西方傳道會對於香港傳教事業並不重視，因為西方傳道會遣派的教士是以中國內地本土的中國人民為宣教對象，香港只是各國宣教士進入中國的"踏腳石"，或藉香港作為他們學習中國語文的場所。甚或一些在中國傳教的西方教士，每當在內地遭遇到政治動亂

（21）社會服務（天主教香港教區教會展覽），頁 3。

（22）同注（12），頁 672。

和軍事動亂的時候,他們即會退來香港作為避難之所。其中亦有一些在中國內地患病的西教士,專門來香港治病和調養身體。可見在 1842 年前,香港並不是西方傳道會所要爭取的宣教點,故對香港教會沒有作出更大的投資。香港基督教會的發展,完全有繫於中國內地社會的變數,而帶來教會傳道的機緣。

(一)基督教傳教事業的發展

教會的設立,主要是宣揚基督救世的福音。由於香港開埠初期,華人社會以低下階層居多,傳教工作一向難以開展。自 1842 年以來,華人教會可分為下列六個時期:

1. 西教士治會時期(1842—1883)

在這個時期,香港基督教會先後有 12 間之多,除聖公會聖約翰座堂、聖彼得堂、聖士提反堂和西人愉寧堂專供外國人禮拜之外,其餘八所會堂,雖說為華人傳道之所,但規模極小,其中更有將華人禮拜和華人傳道工作附設在西人禮拜堂之內,教徒人數不多。皇后道浸信會和街市浸信會,由於叔未士牧師和羅孝全牧師於 1844 年到廣州工作,因而停辦。因此早期基督教傳教工作極難發展,原因華人處於不同文化背景而不願進教,而早年教會所訓練的華人教士,每多分派到中國內地工作,香港教會全由西國教士把持,即使有華人教士協助,華人在經濟和行政處理上都沒有自主的權力,事事仰賴外國教士的指使,所以傳教業績並不理想。

2. 華人教會成立時期(1884—1914)

香港基督教會以華人主動組織堂會,籌款興建教堂,招聘主任牧師,是以道濟會堂(即今日中華基督教會香港合一堂)首開先河。[23] 此因華人信徒的中產知識分子開始抬頭,例如當日的黃勝、何啟都是受過外國教育的信徒,理解華人教會自理的必經過程。在 1884 年進行籌建荷李活道道濟會堂之後,翌年即聘禮賢會王煜初牧師為主任,及至 1888 年落成開幕。而在 1884 年聖公會柯約翰主教(Bishop

---

(23) 王誌信(編):《道濟會堂史》,1980 年,頁 10—18。

Hoare, Joseph Charles）按立會史鄺日修為牧師，自始專責華人教會工作，將西營盤大笪地原有堂址賣與政府，繼而購置薄扶林道現址興建聖士提反堂，1888 年 2 月 25 日落成開幕，屬華人教會的盛事。[24] 1884 年有澳洲華人梁安統牧師挈眷返港，義務擔任牧師，主理教會事務，循道會由是在一學塾開始聚會，奠定日後循道公會的基礎。[25] 美部會（公理會）於 1883 年派遣喜嘉理醫生（Dr. Rober Hager）來港貨鋪傳道，1901 年籌建新堂落成，但至 1912 年才從美部會取回產權，向政府立案定名為中華公理會，成為一所華人自理的教會。[26] 在 1898 年英國與清政府簽訂《展拓香港界址專條》，英人租借北九龍和新界 99 年，教會藉此更擴展到九龍和新界各地的工作，故有多所新界堂址成立，可見香港界域的擴充，無形拓闊教會傳教的範圍，其間有禮賢會新圖於 1899 年在般含道德國禮賢會教士會所舉行聚會，時至 1914 年新堂落成，以歐戰發生，德國教士撤離香港，香港禮賢會由是逼於自理。

3. 華人教會自理時期（1915—1940）

在 20 世紀初期，香港有所謂九大公會之稱，即倫敦傳道會（即今日中華基督教會合一堂）、公理會、巴陵會（即信義會）、巴勉會（即今日禮賢會）、浸信會、安立間會（即今日聖公會）、巴色會（即今日崇真會）、美以美會、惠師禮會（即今日循道衛理聯合教會）。巴陵會和美以美會不久便遷入內地，故此只得七大公會。[27] 這七大教會可說是香港歷史最悠久的教會，形成為香港基督教的主流教派。19 世紀華人教會多集中在上環和西營盤華人社區推展傳教工作，教徒和牧師來往密切，並多有姻親關係，在不少事務上常有合作的機會。及至 1914 年，因廣東發生西江水災，教會籌款賑濟；以及同年秋天有艾迪博士來港佈道，因此要有組織和辦事人員處理，所以有成立香港基督教聯會（戰後改名為香港華人基督教聯會）的建議，隨後由七大公會進行籌組，於翌年 4 月 8 日成立，不久有主日學合會、公墳合會、海面傳道會、廣蔭老人院歸入管理。香港基督教聯會的成立，不但加強華人教會的團結，主要使華人教會走上自理的途程。因為按該會入會的標準："須有自賃或自建之聖堂；須有受職之主任牧師或主任傳道；須有公選之治會值理；須有領餐之基本教徒 50 人以上；須有教會之自治章程；須能擔負該堂常費，

（24）劉粵聲（編）：《香港基督教會史》，1941 年，頁 27—28。

（25）同上註，頁 37—38。

（26）同上註，頁 42—43。

（27）同註（24），頁 138。

每年不少過 500 元港幣；須在港開設教會至少滿足三年；須有經受水禮之會友名冊，及收支帳簿，議事記錄。"⁽²⁸⁾ 在這種準則規定下，無形為華人教會在自理的目標上定立了方向，鼓勵華人教會邁向自理，爭取成為聯會大家庭的會員，獲得基督教整體的認同，分享教會共同的義務和權利。在 1915 至 1940 年期間，世界已經發生了兩次世界大戰，1937 年中國開始八年抗日戰爭，在這混亂的局勢中，沿海各省有不少教徒來港避難，多所教會因此建立起來。尤其國內在 20 和 30 年代成立的基督徒聚會所和真耶穌教會，亦經已傳入香港，但這些教會與本地主流教會並無來往聯繫，在發展上少為人知。救世軍在 1930 年由中國北方擴展到香港，先在九龍太子道成立中心。由於救世軍沒有洗禮和牧師，故被視為社會服務機構，未能成為香港基督教聯會會員。

4. 日治時期（1941 — 1945）

　　日本發動太平洋戰爭，在 1941 年 12 月 25 日攻陷香港。日本軍人統治香港，戒備森嚴，物資缺乏，大部分居民逃難進入中國內地，香港景況蕭條，教會只有 49 間，聚會仍得維持。日本軍人為便利管治，於 1943 年 2 月 27 日組織香港基督教總會取代香港基督教聯會管理全港教會運作，特派日本鮫島盛隆來港任總會顧問，另設有參議，由日人平岡貞和藤田一郎擔任，監管聯會各部事工。在日治時期，只有九龍城基督徒會一所堂會成立。

5. 戰後教會復元時期（1946 — 1949）

　　日本於 1945 年 8 月 14 日宣佈無條件投降，逃難外地居民陸續回港，但教會經過三年零八個月的停滯時期，留在香港信徒和神職人員為數不多，戰後各教會均需復元和重組。不久又值中國內地發生內戰，引致大量難民南逃香港，西方傳道會亦大舉遷移，香港頓成教徒收容所。⁽²⁹⁾

（28）同注（23），頁 140。
（29）1949 年前，香港基督教會為數不多，詳見香港各基督教會開設年表。

香港各基督教會開設年表（1842－1949）

A. 西教士治會時期（1842－1883）

堂名	成立年份
皇后道浸信會	1842
街市浸信會	1843
倫敦傳道會（中華基督教會合一堂）	1843
西人聯合教堂（即 1865 年之愉寧堂）	1845
聖約翰堂	1849
崇真會救恩堂	1852
長洲浸信會	1860
筲箕灣崇真堂	1862
中華基督教會灣仔堂	1863
香港愉寧堂	1865
聖士提反堂	1865
聖彼得堂	1871
中華基督教會公理堂	1883

B. 華人教會成立時期（1884－1914）

堂名	成立年份
循道衛理聯合教會香港堂	1884
中華基督教會元朗堂	1889
聖三一堂	1890
九龍城崇真堂	1890
諸聖堂	1891
中華基督教會深愛堂	1892
西人循道會	1893
黃宜洲崇真堂	1896
深水埗崇真堂	1897
禮賢會香港堂	1899
香港浸信會	1901
中華基督教會聖光堂	1901

中國基督徒會堂	1903
中華基督教會長洲堂	1904
中華基督教會完全堂	1905
香港仔浸信會	1905
粉嶺崇謙堂	1905
窩美崇真堂	1905
聖安德烈堂	1906
中華基督教會大埔堂	1907
香港潮人生命堂	1909
聖瑪利亞堂	1911
聖保羅堂	1911
海面傳道會	1912
便以利會油麻地堂	1914

C. 華人教會自理時期（1915－1940）

堂名	成立年份
中華基督教會望覺堂	1917
九龍佑寧堂	1924
華人五旬節堂	1925
中華基督徒恆恩會	1926
香港華人基督會	1926
神召會禮拜堂	1928
禮賢會九龍堂	1928
靈光堂	1929
中華聖潔會	1930
四方福音堂	1936
中國基督教播道會天泉堂	1937
中華基督教會荃灣堂	1938
閩南基督教會天光道閩南堂	1938
尖沙咀潮人生命堂	1938
香港閩南堂	1938

九龍城潮語浸信會	1938
鴨脷洲浸信會	1938
基督堂	1938
禮賢會上水堂	1938
中華基督教會長老堂	1938
中國基督教播道會恩泉堂	1939
神召會聖光堂	1939
聖公會聖馬提亞堂	1939
九龍城浸信會	1939
尖沙咀浸信會	1939
筲箕灣浸信會	1940
九龍塘宣道會	1940

D. 日治時期之教會（1941－1945）

堂名	成立年份
九龍城基督徒會	1942

E. 戰後教會復元時期（1946－1949）

堂名	成立年份
基督教福音聯合會宗聖堂	1946
樂道會尖沙咀堂	1946
西貢崇真堂	1947
南華埔崇真堂	1948
九龍城潮人生命堂	1948
協基會錫安堂	1948
香港華僑長老會	1948
聖公會聖馬太堂	1949
禮賢會灣仔堂	1949
神召會石硤尾堂	1949
九龍迦南堂	1949
香港迦南堂	1949

深水埗浸信會	1949
深水埗潮語浸信會	1949
中華傳道會佳音堂	1949
九龍靈糧堂	1949
香港靈糧堂	1949
東方基督教會聖光堂	1949
調景嶺基督教錫安堂	1949
信義會活靈堂	1949
信義會新生堂	1949

（本表資料採自李志剛《香港基督教會史研究》）

6. 華人教會發展時期（1950—　　）

　　1950 年後，國內移民大量湧入香港，香港政府處於人口突增，環境轉變的困難中，對醫藥、教育、救濟等問題，未能有足夠的經濟資源和人力資源應付。而在教會方面，亦來了一批北方的牧師，如趙世光、石新我、計志文、趙君影、周志禹、藍如溪等有名佈道家，乘時舉行街頭佈道和戲院佈道，一則有助社會安定人心，不少新移民因此歸信基督；二則在港建立不少外省方言的教會，傳教事業無形在競爭中開展另一局面。特別在 50 年代初期，南來的西方傳道會，憧憬台灣反攻大陸在望，多以香港為一臨時工作的場所，及至反攻無望，西教士方以香港為基地，進行種種的宣教的活動。香港在 50 年代可說是一個新移民的城市，以手工業為主，60 年代才取得輕工業成就，至 70 年代工業才得以起飛，成為“亞洲四小龍”之一。香港華人信徒經濟力逐漸提升，知識分子抬頭，加以留學外國神學生增加，回港以後對教會帶回新的觀念和新的方法，使傳教事業有多元性的發展。自世界著名佈道家葛培理博士（Dr. Graham, Billy）於 1975 年第二次來港主持佈道大會以後，引起各教會對於公開大型佈道會的重視，其後每多使用體育館和大球場舉行公開佈道大會。基督教信徒為使教義深入社會各階層，於 60 年代初有基督教學生福音團契的成立；1970 年以後則有國際學園傳道會、突破機構、香港青年歸主協會、亞洲青年歸主協會、三元福音倍進佈道、藝人之家、皇家警察以諾團契、更新團契、工業福音團契、木屋福音團契、香港晨曦會、基督教互愛中心、醫院院牧事工聯會等組織的成立，藉此發揮信徒傳教的功能。[30] 按香港基督教主要的公會有聖公會、中華基督教會、浸信會、循道衛理聯合教會、信義會、港澳信義會、崇真會、禮賢會、香港路德會、播道會、九龍塘宣道會、宣道會、神召會華南區議會、神召會港澳區議會、港九五旬節會、潮人生命堂、靈糧世界佈道會、樂道會、中國佈道會、四方福音會、金巴崙長老會、香港宣教會、中華傳道會、協基會、中華完備救恩會、中國基督徒傳道會、基督教會活石堂、香港循理會、五旬節聖潔會，以及其他獨立堂會和聚會所，發展至今合共有教堂一千二百多間；西人教堂有 24 間。全港基督教徒有 35.8 萬人，佔全港人口 4.4%。[31]

（二）基督教教育事業的發展與貢獻

香港開埠初期，政府對教育並無一套完整政策，亦無"國家教育制度"的實施，採取自由放任政策，鼓勵教會和私人辦學，政府從中對各學校只作少許補助。所以早期香港學校除有華人私塾之外，多由教會各自辦學。至 1850 年聖公會維多利亞主教施美夫牧師（The Rt. Rev. George Smith）蒞任，被委為教育委員會主席，首席裁判司奚禮爾（Hillier）為副主席，委員除倫敦傳道會派出一位代表外，亦有理雅各牧師（Rev. Legge, James）和聖公會柯達爾牧師（Rev. Odell, M. C.）為委員，專責資助本港中文學校。委員會決議鼓勵英文普及教學，目的增加華人對英人的認識和了解。1857 年 5 月 12 日德國禮賢會教士羅存德牧師（Rev. W.Lobsheid）任命為皇家書院監督，制訂皇家書館則例，對政府公共教育作出貢獻。其後理雅各牧師有見香港教育制度的混亂，故建議將維多利亞城所有學校合併為一所中央書院（Central School，即今日皇仁書院）。他還巡視了其他鄉村學校，提議將屬世教育和教會所辦的宗教教育切實分開，理雅各同時舉薦蘇格蘭同鄉史釗域為中央書院首任校長。該校於 1862 年 1 月 1 日啟用，3 月 10 日正式上課，自此為香港世俗教育奠定基礎，中央書院即成為當日最高的學府，為香港早期造就不少人才。[32] 史釗域為改進本港教育，規定教會、社團和私人辦理的學校，每日必須連

（30）李志剛：〈簡說香港教會佈道事工的源流及趨勢〉，載《信息》，1991 年 4 月。

（31）參見《香港華人基督教聯會通訊名錄》（1994—1995）；〈1993 年香港基督教概況〉（香港基督教協進會資料中心提供）。

（32）方美賢：《香港早期教育發展史》，1974 年，頁 23—30。

續授課四小時屬世學科方可獲得政府補助，到 1873 年 4 月 24 日經定例局通過實施，獲註冊者有基督教學校五所、天主教學校一所。史劍域的教育主張偏向實用主義的教育理論，使學生學以致用，畢業後可在商界和政府任職。是故，香港政府推行公共教育（世俗教育）實由基督教牧師倡導。

由於基督教會自開埠後經已參與教育工作，故此基督教會所作的貢獻，與香港教育的發展有着不可分割的關係。

1. 中小學教育事業

基督教會由開埠至今，所開辦的學校，雖然隨着社會的變遷提供不同的教育服務，但卻以中小學校佔極大的比重，其中又以小學較中學為多。此因為小學所用的資源較中學為少。由開埠至 19 世紀中葉，華人社會對西方教育尚未普遍接受，入讀教會學校多屬貧苦階層子弟，期望多獲一點知識，以便日後謀生工作。而早期教會學校的興辦，一則是以傳道為目的；二則是期望栽培華人傳教士。但無論如何，教會確為社會造就不少人才。以馬禮遜紀念學校（Morrison Education School，又稱馬公書院）為例，該校於 1842 年由澳門遷校香港，至 1851 年結束，但因為校長勃朗牧師於 1847 年返回國，攜同黃寬、黃勝、容閎到美國入學，其後各有成就，而促使容閎於 1872 年推動中國幼童留學美國運動，影響晚清教育極為深遠。唐傑（唐景星）先肄業於馬禮遜紀念學校，後畢業於英華書院，成為中國著名買辦。伍廷芳畢業於聖保羅書院，後往英國學習法律，返港一度任職香港法院，隨後轉任滿清外交官員，對中國近代法律作出貢獻。中國近代法學權威王寵惠，啟蒙於聖保羅書院。著名世界農村教育家晏陽初，亦因在聖保羅書院畢業，後升美國大學而獲得栽培。前香港大學校長黃麗松博士，其教育成就，是奠基於民生書院的中學教育。當代世界數學權威丘城桐博士，亦出身於培正中學的訓練。香港基督教會辦學往往成為香港教育的支柱，特別是在 19 世紀 50 年代期間，政府無法應付大陸新移民子弟教育的需要，香港基督教會，於是興辦不少天台中小學校，協助政府解決教育的困難。此外教會更興辦不少幼稚園、職業學校、夜中學，為本港幼童、青少年提供教育服務。

2. 大學教育事業

香港最早的大學教育應是 1887 年何啟所倡辦的香港西醫書院（香港大學醫學院前身）。倫敦傳道會與基督教徒之熱心興辦香港西醫書院之動機，是"把香港造成為商業以外的科學中心及散播樞紐";"希望他們(按:指學生)改革中國的醫療服務,成為科學的先驅。"[33]香港西醫書院歷年培植不少西醫人才,最難能可貴的,就是孫中山先生在西醫書院接受教育,日後從事革命運動,以至領導辛亥革命,推翻滿清,建立中華民國。而1911年香港大學的創立,事起於倫敦傳道會赫清臣牧師(Rev. Hutchinson, A.B.)於1872年建議香港創辦一所大學;至1880年香港視學官歐德禮牧師(Rev. Ernest John Eitel,原為巴色會傳教士)有意將中央書院升格為大學。及至香港大學堂籌建,基督教徒何啟任籌備委員會主席,聖公會教徒曹善允任名譽秘書,起草大學規則,賣物籌款,復由聖公會興建聖約翰宿舍;倫敦傳道會興建馬禮遜宿舍,使大學堂得以順利開課。香港西醫學院於1912年亦合併於香港大學,成為香港大學醫院。[34]20世紀50年代香港教會有感大學學位不足,故聖公會何明華主教和嶺南大學李應林博士等人籌組一所基督教的崇基學院,於1963年與聯合書院、新亞書院組合為香港中文大學。香港浸信聯會亦於1956年興辦浸會學院,1983年11月正式被政府承認為專上學府,1990年後獲准頒授學位,1994年成為香港浸會大學。由嶺南大學校友會開辦的嶺南學院於1978年註冊為專上學院,於1979年獲政府資助,至1990年亦獲准頒授學位,成為政府認可的嶺南大學。至於香港在台灣教育部註冊的14所私立專上學院中,有一所信義宗書院,亦為基督教會人士所開設之私立院校,因此基督教會主辦之專上院校,在香港仍然擔任極重要的角色。

3. 平民教育事業

基督教教徒對於私人辦學亦不遺餘力,有辦義學、私立中學、小學,推動教育普及於低下階層。如陳子褒在港創辦陳子褒書塾,提倡婦女教育,主張改革文言,注重小學培養,創設工讀義學,自編婦孺教材,包括《婦孺須知》、《幼稚》八卷、《最新七級字課》第一級至第五級、《婦孺新讀本》八卷、《小學國文教科書》十卷、《崇蘭別課》、《習字範本》,以此推行婦孺識字教育,在中國經史課程方面則有《三字經》、《千字文》、《四書》、《五經》、《古文評註》,《東萊博議》、《鑑史提綱》,以中國聖賢教訓教導學生修身處世之道。香港名人冼玉清女士、容啟東先生、冼秉熹先生、郭琳褒先生、黃焯庵先生、利銘澤先生、曾璧山女士全

---

(33)巴治安:《雅麗氏何妙齡那打素醫院百周年紀念特刊》,頁20。

(34)同注(32),頁237—238。

是陳子褒書塾學生。陳子褒 1899 年在港信教後,與顏君裕、周懷璋等熱心教徒創辦培道聯愛會工讀義學;其後又辦培愛女校及聖士提反義學,對平民教育作出貢獻。期間有教徒黎笏臣設笏臣學塾;周五姑辦德群女子學塾;鍾芬庭設館專收女子入讀,凡此種種都是平民教育工作者。然而基督教青年會和基督教女青年會的創辦,對於推動平民教育更有廣大的成就。[35]

目前基督教會辦理的幼稚園超過 150 所;小學 140 所;中學 122 所;認可大專三所。就讀幼稚園、中小學校學生總人數共 274,500,佔全港學生總人數22.4%。[36]

（三）基督教社會服務事業及其貢獻

基督教的社會服務工作,是針對社會實際需要作出適當的服務。事實上當香港未割讓給英國之前,基督教士在澳門和廣州的工作,主要是透過出版書報、開設學校、興辦醫院作為一種傳教的媒介。其中在出版、教育、醫藥的工作,以醫藥工作較被華人所接受。此起因於馬禮遜牧師於 1827 年與李文斯敦醫生在澳門開設一所眼科醫館,深受華人歡迎。繼而於 1832 年擴展至廣州。馬禮遜牧師有見醫療服務有助傳教接觸,是以通函歐美教會呼籲派出醫藥教士來華投入服務。1834年,美國公理會(即美部會,American Board of Commissioners for Foreign Missions)派遣第一位醫藥教士伯駕醫生到廣州行醫,翌年在廣州新豆欄街開設一所"博濟醫館",成為中國第一所西式醫院。伯駕醫術精湛,甚得病者信任,業務日漸繁忙。此外聯繫當日在廣州行醫的外國基督教徒醫生,於 1837 年成立中國醫藥傳道會(The Medical Missionary Society in China),鼓勵歐美傳道會派出醫藥教士支援服務,不過兩年時間已有多位醫藥教士響應東來投入行列,分派在澳門和廣州兩地工作。及至香港割讓英國後,醫藥傳道會隨即遷往香港,在摩理臣山(Morrison Hill)開設一間醫院,由於華人對西醫尚無認識,求診病人不多,不久便告結束。[37] 主持合信醫生其後遷回廣州開設惠濟醫館。合信醫生是倫敦傳道會醫藥教士,對於

---

(35) 同注(15),頁 210—244、236。

(36) 〈1993 年香港基督教概況〉。

(37) 李志剛:《基督教早期在華傳教史》,1985 年 6 月,頁 246—252。

香港醫療工作未嘗忘懷。昔日在港華人仍然保存中國傳統的醫療觀念，如東華醫
院是在 1870 年由華人紳商籌組的慈善醫院，就是採用中國施醫贈藥方式，救濟病
人。而東華醫院之所以籌設是由於理雅各牧師揭露太平山街"廣福義祠"照顧病人
的不善，以致倫敦傳道會教徒黃勝聯絡紳商籌建東華醫院，其後歷年均有基督教
徒參與東華醫療機構的職務，捐輸金錢支持東華醫院的發展。時至 1881 年有加拿
大楊威廉醫生（Dr. William Young,），他是佑寧堂教徒，與倫敦傳道會教士有志成
立一醫務委員會，特為窮苦華人提供服務，並假太平山街倫敦傳道會所開設那打
素診所。兩年後何啟為紀念亡妻雅麗氏（Alice），致有倫敦傳道會協助在荷李活道
興建雅麗氏醫院（前福利濟醫院），至 1876 年落成，香港西醫書院亦附設院內。
其後與那打素醫院合併，且遷往般含道新院後，醫療服務日加擴展。除提供西醫
書院教學之外，並開設護士學校，專設產科。至 1905 年何啟姊姊何妙齡女士斥資
擴建那打素雅麗氏醫院，使醫院足供留院、門診、留產、護士訓練、醫生訓練之
用，合稱為那打素雅麗氏何妙齡醫院，由是奠定香港醫療服務基礎。1962 年香港
基督教協進會倡議籌建基督教聯合醫院，以配合九龍新社區的需要。惟是興建醫
院工程之進行，實有賴倫敦傳道會的醫藥傳教士和那打素雅麗氏何妙齡醫院同人
的協助和支持，才能進行籌備興建，新院終於在 1973 年 12 月 6 日開幕啟用，為
觀塘社區提供醫療服務。[38] 由於般含道舊院不敷應用，早有遷建大埔計劃，適逢東
區醫院落成，並由那打素雅麗氏何妙齡醫院接辦，定名為那打素尤德夫人醫院，
成為港島東區最大一間醫院，現由香港基督教協進會主辦。至於由基督教主辦的
浸會醫院、播道醫院、靈實醫院、港安醫院則分屬各基督教公會主理。唯是其中
多所基督教醫院有受政府補助，成為醫院管理局轄下機構。

　　19 世紀香港基督教會主要由外國教士治理，華人信徒人數不多，對於社會服
務，只限於教會能力各自為政，如聖公會開設拔萃書館僅招孤兒就讀；心光育女
院只收盲人入學，基於教會不同的背景，各大公會都有所屬的社會服務機構，從
事醫療診所、老人院、老人中心、青年中心、兒童院、兒童中心、託兒所、童膳
會、戒毒所、幼兒服務、露宿者服務等社會福利工作。自香港華人基督教聯會成
立後，聖公會主辦的九龍城寨的貧苦院即轉由聯會管理，至今發展成為鑽石山廣
蔭院和觀塘廣蔭老人院，至 2014 年兩院合併，改名為廣蔭頤養院。無可置疑基督
教青年會、基督教女青年會和救世軍的設立，對於社會服務是有多元化的貢獻。

（38）同註（32），頁 83—86。

而基督教社會服務，自 50 年代以後始見蓬勃發達，這是由於社會需要所致。1949
年有教會世界服務處和 1952 年有世界信義宗社會服務處的成立，對於香港社會提
供不少服務工作，嘉惠貧苦，甚獲好評。在 1950 年香港教會為幫助市民解決住屋
問題，浸信會在九龍城興建博愛村石屋，循道公會在柴灣興建愛華村石屋，衛理
公會在大坑道興建衛斯理村石屋、世界信義宗在長洲、青衣島、大埔坳、上水馬
草龍村興建石屋，供給窮人入住。聖公會何明華主教，促成房屋協會興建明華大
廈屋邨，解決部分市民居住需要。有謂 1958 年至 1967 年為香港志願機構的黃金
時代，基督教會由於與西方教會保持緊密的合作，獲得其大量的援助，有利香港
種種社會服務工作的進行。60 年代香港經濟邁向穩固，西方教會支助相應減少。
此外由於香港政府財政日漸充裕，先後在 1965 年發表〈香港社會福利工作之目標
與政策〉；1972 年發表〈香港福利未來發展計劃〉，使教會福利機構在日後的發展
方面獲得補助，以致教會所辦的社會服務更趨多元化。[39] 在政府資助政策之下，
再加上公益金、賽馬會、慈善基金的撥款支助，無形促進教會在各社區開設不同
的社會服務，亦有藉此作為傳教活動的場所。目前教會開設的老人宿舍、老人中
心、青年中心、託兒所、青年閱覽室、青年學習中心等，可謂無遠弗屆。

　　按目前香港基督教會分局有香港聖公會、中華基督教會香港區會、香港浸信
聯會、香港循道衛理聯合教會、信義教會、中國基督教擴道會、基督教宣道會等
宗派教會和其他獨主教會，在教育方面，除了香港中文大學崇基學院、香港浸會
大學和嶺南大學三所專上院校外，基督教團體開辦逾 630 所學校（包括 260 所幼稚
園、199 所小學、180 所中學）和 127 所幼兒園。此外，還有逾 35 所神學院、80 間
基督教出版社 / 出版代理，以及 114 間基督教書室 / 門市部。香港有 53 間傳播、
影音及藝術事工機構，包括每星期出版的《時代論壇》和《基督教週報》，以基督
教的觀點報導新聞和發表評論；基督教傳媒機構定期播映基督教電視節目，另外
每星期在香港電台播放四個基督教節目。

　　本港有超過 730 個基督教機構和多個基督教關注小組。這些機構和小組除了
照顧基督徒的需要外，也很關心影響本港的社會問題，並且支持內地和其他國家
的緊急救援工作及發展計劃。現時有超過 450 名本港宣教士在海外傳教。

　　基督教團體營辦七家醫院，17 間診所和 107 間綜合社會福利機構。這些社會
福利機構在各區提供多種服務，計有社區（家庭及青少年）服務中心逾 100 個，兒

（39）周永新：《香港社會福利的發展與政策》，1984 年，頁 11—40。

圖 20.5　幫助洪仁玕學習西方知識的韓山明牧師

童院 11 間，老人無副中心和院舍共 169 間，以及服務弱智、殘疾人士和戒毒者等的康復中心 59 間。基督教團體亦提供超過 50 項醫院院牧事工、一項機場牧靈服務及三廟鑒於牧靈服務，並營辦 23 個營所。

　　香港基督教協進會和香港華人基督教聯會是本港兩大基督教團體，以聯絡香港基督教會興辦傳福音的工作。香港華人基督教聯會和香港基督教協進會是本港兩大基督教團體。而香港華人基督教聯會是以聯絡 369 個會員堂及傳揚福音工作為主。香港基督教協進會在 1954 年成立，成員包括各大宗派，各基督教服務機構、神學院、以及香港及東南亞正教會。香港基督教協進會是普世基督教協會的成員，一向致力促進本港、內地和海外各教會之間的聯繫。該會也鼓勵本地基督徒積極參與香港社會發展事務，並通過香港基督教服務處、基督教聯合義務協會、基督教家庭服務中心和雅麗氏何妙齡那打素醫院等輔助機構，為廣大市民提供全面服務。香港華人基督教聯會自 1997 年中國改革開放以來，每多與國內教會、和政府宗教部門有聯繫和交流，積極參與神學培育工作，舉凡國內發生災情，每多鼓勵各會堂志願賑災工作，發揮互助互愛的精神。[40]

四 · 香港基督教與近代中國

　　1842 年滿清與英國簽訂《南京條約》，割讓香港歸英，開放五口通商，但卻有不可在中國境內傳教的條款。時至 1844 年中美簽訂的《望廈條約》和中法簽訂的《黃埔條約》，才准外國教士設立醫院、興建禮拜堂及購置墳地。是以外國教士的傳教活動範圍亦只限於廣州、廈門、福州、寧波、上海等五商港。自中國開放五口通商，中外關係有所轉變，久候在澳門、廣州和南洋的基督教士，由是紛紛進入中國五口岸傳教，實現他們被傳道會差派到中國境內傳道的目的。正因為各傳道會的西教士原滯留在澳門、廣州和南洋的地區，所接觸的華人和所學的方言，與開放的五口岸是有極大的不同，為此他們必須重新有所部署和適應，其中尤以學習中國語文為甚。特別是在 1843 年 8 月 22 日至 9 月 4 日，有倫敦傳道會、美部會、浸信會、美國長老會，均有西教士代表出席在港舉行的譯經會議，主要討論各教士進入中國五口岸翻譯《聖經》的合作計劃，如此一則有助對中國各地方言

（40）《香港政府統計報告 2014 年》，頁 318。

的認識；二則有助翻譯本便於對《聖經》解釋的一致性；三則他們理解到用書報對中國傳教所發揮的功效。所以在 1860 年前，基督教士多使用文字傳教，以派發書報、單張作為他們與華人接觸的橋樑。

香港處於中國南方邊陲，加以滿清官吏管理不及，中國官方條文雖然嚴禁西教士進入中國內地傳教，但在廣東珠江三角洲和潮洲一帶，都沒有嚴格的防範，成了弛禁的狀態。所以自 1844 年後，已有不少教士潛入香港和廣州鄰近的鄉鎮進行傳教活動，間中亦會受到執法官吏的驅趕，禁止在本地對鄉民傳教。但教士採取上門佈道的方式，以致官方防不勝防，趕不勝趕，基督教終得在鄉間傳播。期間西教士在香港亦訓練一批華人的傳道員，派他們陪同西教士一起進入內地工作，以免鄉民對西教士存有戒心和避免語言交通的阻隔。正因為教士從事派發書報和在人際的接觸，由是引發中國知識分子對西方文明、西方社會和西方基督教的認識。對於近代中西文化的交流，無形中產生一定的影響。

（一）香港基督教士與太平天國的關係

洪秀全是太平天國的始創人，他之所以建立太平天國，顯然是因為接觸到基督教的傳教士，受到基督思想的影響。早在 1836 年，他在廣州應考落第，其後從西教士派發的書刊中，看到梁發所寫的《勸世良言》。及至 1843 年，他創辦了拜上帝會，可以說是得自梁發《勸世良言》的啟發。同年有德國信義宗教士郭士立牧師，被英國政府調離舟山行政官職務，轉任香港撫華道（The Chinese Secreraty），接替剛去世的撫華道馬儒翰（Morrison, John Robert）的職務。郭士立牧師來華多年，任職英方譯官，並在中國沿海進行派發書刊和贈送藥物的活動。抵港後，公餘之暇便向華人傳道，並在 1844 年 2 月 14 日創辦福漢會（Chinese Union），主張凡信道的人都須學習向親鄰傳道，該會於是發展迅速，會員增加甚眾。隨後陸續派發傳道員深入中國境內各地遊行傳教。浸信會羅孝全牧師支持郭士立牧師領導的福漢會工作，於 1844 年進入廣州傳教，成立粵東施蘸聖會（Uet Tung Baptist Church）。羅孝全牧師在廣州本屬福漢會的聯絡人，不少福漢會傳道員亦在羅孝全教會出入。而客籍傳道員周道行，已深入花縣一帶傳道，與洪秀全有所接觸。並於 1847 年引介洪秀全到廣州向羅孝全牧師學道，羅孝全牧師認為洪秀全學道另有目的，因而未為他洗禮，於是洪秀全經連南入廣西自行傳教，完全採用福漢會傳

圖 20.6、20.7　位於花園道的聖約翰大教堂至 1997 年，已有整整 100 年的歷史。

到員遊行佈道的方式。時至 1846 年德國巴勉傳道會（即日後禮賢會）、瑞士巴色傳道會（即日後崇真會）亦派葉納清、柯士德、黎力基、韓山明四位牧師，於翌年 2 月 19 日抵港，來港協助郭士立牧師推展福漢會工作。韓山明牧師被派往客家地區傳道，所以客族福漢會會員與洪秀全多有聯繫，而洪秀全在太平天國採用的宗教模式，與郭士立牧師所推行的莫拉維亞弟兄會（Moravian Brethren）聚會模式相同。太平天國出版的聖經有《創世傳》、《出麥西國傳》、《利未書》、《戶口冊紀》，全是郭士立牧師的譯本。而 1854 年所出版的《新遺詔聖書》刻有 "福漢會" 等字。在此可見洪秀全的太平天國運動，與香港郭士立牧師和他所創立的福漢會有着密切的關係。

　　洪仁玕為洪秀全堂弟，在金田村起義之時，未能與洪秀全會合，為避清兵追緝逃來香港，因得巴色會韓山明牧師收留，在港以教西牧中國語文為生，於 1853 年 9 月 24 日由韓山明牧師主持洗禮奉信基督。他 1854 年春得韓山明牧師資助，擬赴上海轉入南京投效洪秀全，後因兩地不通折返香港。時韓山明牧師經已離世，洪仁玕改投理雅各牧師，任職傳道，至 1858 年又得倫敦傳道會湛約翰牧師（Rev. John Chalmers）資助，翌年 4 月抵達天京，旋獲洪秀全重用，授封 "開朝精忠軍師頂天扶朝綱干王"，隨後頒行《資政新篇》，為太平天國提出政治、外交、軍事、經濟、社會、法制種種的改革方案，可說是中國近代最早推行政治現代化的主張。洪仁玕之能夠提倡改革，是因為他在港的時候有所見聞，並得與眾西牧師有所交往。他在〈資政新篇〉提及 "與弟相善" 的外人有：紅毛邦（英吉利）理雅各、湛孖士（即湛約翰）、米士威大人（Mr. Thomas Taylor Meadows）、俾士（Rev. George Piarcy）、合信、覺士（Rev. Joshua Cox）、濱先生（Rev. William Charlmers Burn）、慕維廉（Rev. William Muirhead）、艾約瑟（Rev. Joseph Elkins）、韋烈亞力（Rev. Alexander Wylie）等十人；花旗邦（米利堅）羅孝全、裨治文、花蘭芷（Rev. French, John Booth）、高先生（Rev. Crawford, Tarlton p.）、晏先生（Rev. Yates, Matthew T.）、贊臣先生（Rev. Johnson Francis C.）、寡先生（Rev. Quarterman, John Winn）等七人；日耳曼邦黎力基（Rev. Rudolf Lechler）、韋牧師（Rev. Philip Winnes）、葉納清（Rev. Ferdinand Genahr）、韓士伯（Rev. August Hanspach）等四人；瑞邦韓山明（Rev. Theodore Hamberg）一人。在洪仁玕相善的外國人中，除廣州領事米士威之外，其餘 21 人全是英、美、德、瑞的西教士，而他們又以在港教士居多，因此洪仁玕所吸收西方的現代思想，無疑是來自西教士。同時，若非由香港倫敦傳道會湛約翰牧師的資助，則不可達成洪仁玕投效洪秀全的心願。

洪秀全表弟李正高，被清兵追緝逃難香港，於 1854 年春隨洪仁玕同赴上海，與洪仁玕折返香港後，即受職巴色會傳道，其後受封為牧師，是為巴色會在港第一位華人牧師。當太平天國敗亡，各地官兵逃亡，其中有不少太平軍逃難到港，投靠客家方言的巴色傳道會，其後協助太平軍餘部轉往夏威夷、南美洲、婆羅洲等地謀生。可見太平天國運動的發展，與香港教會有極深的關係。[41]

（二）香港基督教與洋務運動的關係

中英鴉片戰爭，滿清敗北，割地賠款，知識分子深為國家憂慮，自此有"師夷之長技以制夷"的主張，導致晚清洋務運動產生，歷時 35 年之久，洋務運動是以 1861 年總理各國事務衙門成立為開始，隨後有北京同文館、上海廣方言館、廣州方言語館、江南製造局的成立。而江南製造局附設有譯書局，藉此訓練人才，通曉西國語文，並將西方科技和製造知識引進中國，以"洋務"達成"自強"、"求富"的目的。在洋務運動發展的過程中，促成近代中國在思想、政制、科技、製造、教育、商務、學術、工業、軍事、外交、社會、民生、法律、經濟、文化方面種種的變革。

論及國人對近代西方事物的認識，是由於早期西教士已將西方的事物，由出版報刊、書籍透過文字介紹傳入中國，使中國官員和知識分子對外國進步實況有所認知。如 1815 至 1821 年米憐牧師在馬六甲出版《察世俗每月統紀傳》；1823 年至 1826 年麥都思牧師在巴達維亞城出版《特選提要每月統紀傳》；1833 年至 1838 年郭士立和麥都思在廣州和新加坡出版《東西洋考每月統紀傳》，這些報刊都是刊載時事、科學、歷史、宗教、商業的信息。及至香港割歸英國，倫敦傳道會於 1853 至 1856 年出版《遐邇貫珍》，內容包括有科學、地理、政治、天文、曆法、歷史、醫學、商務、新聞、訓諭、宗教等類，每期印 3,000 本，分別在香港及中國五口岸銷售。因此香港早期基督教士，所辦報刊，出版書籍，對於西方"洋務"的引介，實在起了很大的作用。[42]

香港開埠初期，基督教開辦學校不多，而馬禮遜教育協會主辦馬禮遜紀念學

（41）李志剛：〈信義宗教會教士與太平天國之關係〉，載《基督教與近代中國文化論文集》（二），1993 年，頁 75—98。

（42）同注（2），頁 79—96。

校，有容閎、黃寬、黃勝隨鮑留雲牧師到美國學習。容閎於 1854 年畢業於耶魯大學，回國後於 1864 年為曾國藩賞識，派往美國採購機器，開設江南製造局。容閎了解中國教育之落後，建議每年派遣幼童 30 名，四年共有 120 名幼童前往美國留學。他們自小接受西方教育，學習外國不同科學，他日學成則可使中國步上現代化。此一主張奏請獲准，容閎所倡導的幼童留學運動得以實現。其後因保守派陳蘭彬等人反對留學生與外人交往，認為易染西人風尚，於 1881 年將全部學生裁撤歸國，使容閎留學計劃功敗垂成。但各學生在美所習已有成績，回國投入滿清政府服務，均能應用西方現代知識和技能貢獻於國家。容閎本人之有此構思，實因為在港求學的時候，深受鮑留雲牧師的感染所致。[43]

至於晚清西書之翻譯，於 1863 年已有黃勝（達權）在香港將《火器略說》一書譯出，王韜為著述，兩人都是倫敦傳道會教徒，是洋務運動推行以來，第一本譯書。然而在江南製造局從事翻譯工作，以傅蘭雅（John Fryer）貢獻最大。他在 1860 年師範學院畢業後，應英國聖公會聘請來港，入聖保羅書院任校長，1863 年被北京英國聖公會包爾騰牧師（Rev.John Shaw Burdon，1874 年出任香港聖公會第三任主教）推薦入北京同文館任教。兩年後往上海任英華學校校長，於 1868 年專職江南製造局附設的翻譯館，在任有 28 年之久。1872 年欽賜三品頂戴；1899 年御賜三等第一雙龍寶星勳章，表彰他對中國的貢獻。傅蘭雅在江南製造局自譯和合譯的西書細分為 26 類，不下二百一十餘種，其中有物理、數學、化學、地質學、地理學、天文學、植物學、動物學、繪圖、生理學、解剖學、自然學、製造、工程、測量、醫藥、衛生、航海、農業、炮術、防禦、軍事、法律、歷史、政府、字典等書。傅蘭雅對晚清洋務運動的貢獻，是起始於他以教士身份在香港聖保羅書院任職，而轉往北京工作，其後才有如此成就。[44]

1862 年王韜在上海被清吏追緝，由上海英領事麥華陀（Walter Henry Medhuurst）協助來港，協助理雅各牧師翻譯中國儒家經典，1867 年理雅各牧師返英，翌年邀請王韜到英國協助譯書。王韜在英國有兩年之久，期間曾赴歐洲遊歷考察，有見西歐政治修明，國家民主，人民守法，科學進步種種的實情。故於返港後，與黃勝集股購置英華書院印刷局設備，改名為中華印務總局，於 1873 年出版《循環日報》，成為中國首份華人自辦日報，王韜任主筆，日報區分三欄，即京

（43）羅香林：《香港與中西文化之交流》，1963 年 2 月，頁 77—122。

（44）李志剛：〈傅蘭雅在華之事業及貢獻〉，載《基督教與近代中國文化論文集》，1989 年 5 月，頁 95—129。

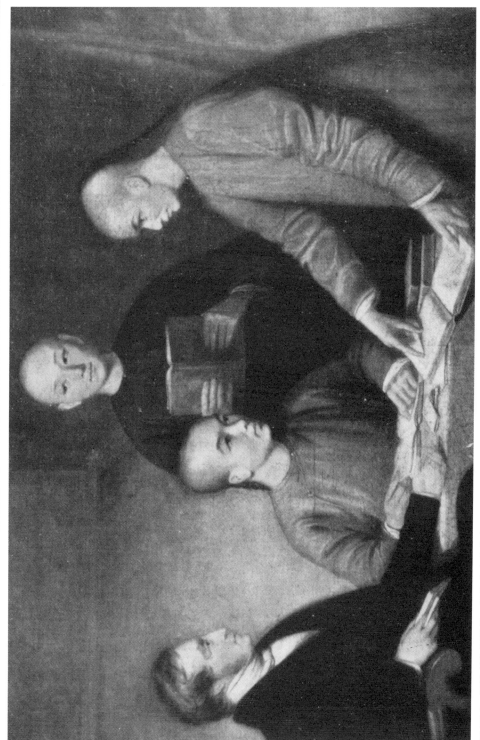

圖 20.8　理雅各牧師與第一批留英中國學生

報、羊城新聞、中外新聞，每日發表論說一篇，主張興辦洋務。王氏言論精闢，
深受國內讀者重視，對中國官紳產生極大影響。[45] 馬禮遜紀念學校學生唐傑（廷
樞）1851 年畢業於聖保羅書院後，即入香港巡理廳任職，1856 年代理香港大法院
華人正翻譯；1858 年轉任上海稅關副大寫；1861 年為怡和洋行聘為買辦，兩年後
成為總買辦。1868 年被曾國藩任命負責選拔聰穎幼童出洋事。1873 年兼任協和
機器輪船公司、北清機器輪船公司、華海機器輪船公司的董事。唐氏成為著名買
辦，且具領導才能，使各公司皆得卓絕業績。當李鴻章繼曾國藩為直隸總督籌辦
洋務後，特聘唐傑與盛宣懷、徐潤、朱雲甫、朱翼甫組織國營招商局，並任命唐
氏為中國招商總局總辦，賞花翎二品銜福建候補道。唐氏致力招商局的創辦，對
勸股、添船、造棧、攬載、開闢航線、建設碼頭等無不悉力以赴。唐氏深知保險
與航運關係，繼而開辦仁和水險公司及濟和水火險公司，將西方管理方法引入中
國。1877 年唐傑倡議開平煤礦開採和興辦鐵路，其後在 1880 年才有開平煤礦公司
的籌建，及後建築唐山至胥各莊鐵路，是李鴻章推行洋務運動得力助手。唐氏對
晚清貢獻可以說是出於香港基督教會辦學的栽培。[46]

（三）香港基督教與維新運動的關係

晚清所推行的洋務運動，只着重於西洋科技的轉移，在物質建設中達到船堅
砲利，目的在於抵禦外侮，有謂"中學為體、西學為用"的理論。換言之，當時
滿清政府專注於經濟的改革，而忽略政治的改革。但一些知識分子同時理解到經
濟改革和政治改革必須有所配合，才能達到"富民強國"的地步。特別是王韜自英
國返港之後，他能看到西方國家的強盛，非只舟堅砲利，器巧算精，主要是他們
實行民主和法治，所以他主張中國當急之務先在"治民"，其次才是"治兵"。他
在《弢園文錄外編》提到西方有君主之國、民主之國、君民共主的政體。他個人主
張是君主立憲之政治較適行於中國，有謂："一人主治於上，而百執事萬姓奔走於
下，令出而必行，言出而莫違，此君主也。國家有事，下之議院，眾以為可行則
行，不可則止，統領但總其大成而已，此民主也。朝廷有兵刑禮樂賞罰諸大政，

（45）黃振權：《香港與清季洋務建設運動之關係》，頁 100—123。

（46）同注（44），頁 77—81。

圖 20.9　年約十八歲的孫中山

必集眾於上下議院，君可而民否不能行，民可君否亦不能行，必君民意見相同，而後可頒之遠近，此君民共主。"王韜倡導議院制的君民共主言論，於光緒初年在香港經已倡論，可謂中國近代最先提倡政治改革的政論者。

　　隨王韜之後，香港基督教徒何啟與胡禮垣合著〈書曾襲侯中國先睡後醒論〉，駁斥曾紀澤認為中國現在已經睡醒，就是因為船堅砲利可以抵禦外侵，不用懼怕受到列強的欺凌。何啟認為一個國家強盛，不是單靠物質建設，還要有任賢能、黜浮偽、核名正、治君民，對外要有防備，但對內亦要內修。何啟是倫敦傳道會華人何福堂牧師四子，自小在香港接受教育，父親死後得倫敦傳道會資助往英國愛丁堡大學習醫學，畢業後又入林肯法律學院攻讀法律，學成後與一貴族女子雅麗氏（Alice）結婚，返港後執業律師，所以對於西方國家的民主制度多有見識。他在政治方面主張君主立憲制度，成立議院；在建設方面主張開設鐵路、廣造船舶、振興實務；在經濟方面主張發展商務、減輕稅收；在軍事方面主張兵強器利，鞏固國防；在文化教育方面主張開設報館、興辦學校。其後與胡禮垣合著《新政議論》影響晚清中國知識分子至鉅。[47]

　　論晚清變法維新運動，是以康有為於 1895 年 6 月 2 日之〈公車上書〉最為震憾。此因其時中日甲午戰爭之後，滿清大敗，國勢危殆，故體會到維新變法的必要。康有為〈公車上書〉主要提議"拒和"、"遷都"及"變法"三點，所謂變法是指推行鈔法、鐵路、輪船、開礦、鑄銀、郵政六項實務。然而及至第四次上書，倡設議院以通下情，才有新意。如其論設議院有謂："在設議院以通下情也。籌餉為最難之事，民信上則巨款可籌，賦稅無一定之規，費出公則每歲攤派。人皆來自四方，故疾苦無不上聞；政皆出於一堂，故德意無不下達；事皆本於眾議，故權奸無所容其私；動皆溢於眾聽，故中飽無所容其弊；有是三者，故百廢並舉，以致富強。然孟子云，國家開暇，明其政刑，導賢使能，大國必畏，易稱開物成務，利用前民，作成器以為天下利，洪範大同逢吉，決從於卿士庶人，孟子稱進賢殺人，待於國人大夫，則彼族實暗全經義之精，非能為新創之治也。"在此得知康有為的論變法，在思想上一則本自於儒家，一則來自西學。而康有為西學的背景，無疑與香港基督教會人士的倡論，以及所銷售的西書有極大關係。按禮賢會花之安牧師（Rev. Ernst Faber）於 1884 年在香港出版《自西徂東》一書，做出東

（47）余偉雄：《戊戌變法：原因及其影響》，頁 65—70。

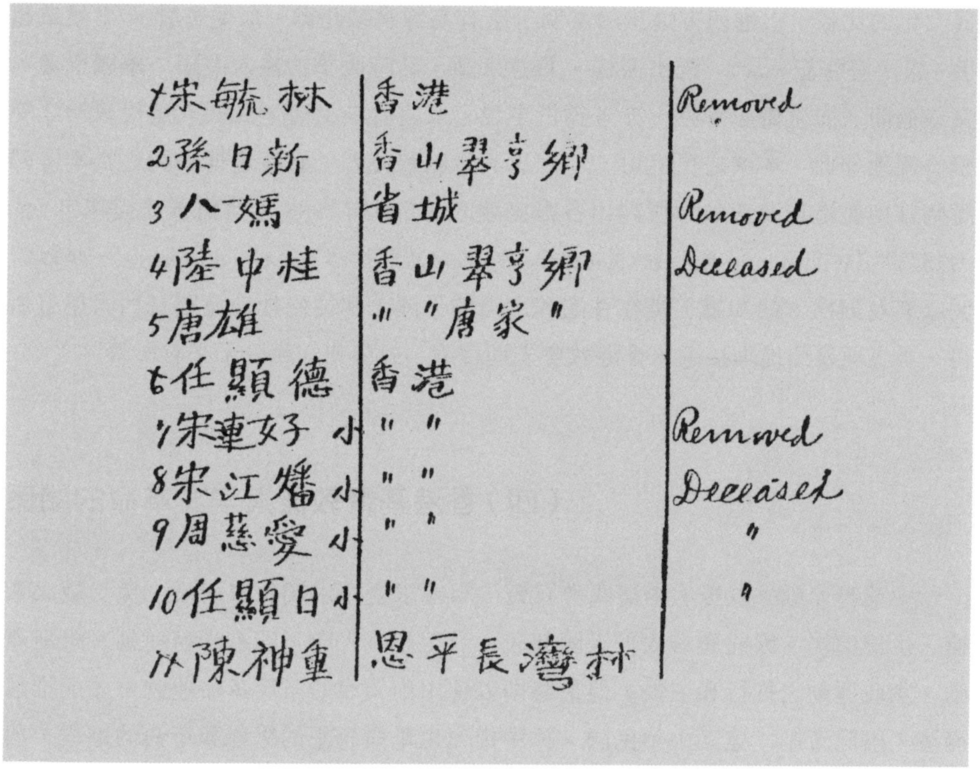

1宋毓林	香港	Removed
2孫日新	香山翠亨鄉	
3 八-媽	省城	Removed
4陸中桂	香山翠亨鄉	Deceased
5唐雄	" "唐家"	
6任顯德	香港	
7宋連好 小	" "	Removed
8宋江燔 小	" "	Deceased
9周慈愛 小	" "	"
10任顯日 小	" "	"
11陳神重	恩平長灣村	

圖 20.10　孫中山在教會洗禮的名錄

西文化的比較，引進西方進步的文明，康有為曾購讀此書，深受影響。[48]梁啟超
著《康南海傳記》云："既出西樵，乃遊京師，其時西學初輸入中國，舉國學者，
莫或過問。先生僻處鄉邑，亦未獲從事也。及道香港上海，見西人殖民政治之完
整，屬地如此，本國之更進可知。因思其所以致此者，必有道德學問之為本，乃
悉購江南製造局及西教會所譯出各書盡讀之。"據知 1885 年傅蘭雅已經譯出《佐
治芻言》（William and Robert Chamders, *Homely Words to Aid Government*），是以證
明康有為對西方的知識，是在香港和上海的見聞，和從兩地教會購買西書學習所
得。香港與廣州地理接近，香港教會先進言論，對廣州知識分子必有影響。[49]

（四）香港基督教徒與辛亥革命的關係

　　中英鴉片戰爭以後，滿清國勢日蹙，舉國求變，以期保家衛國，免受戰火牽
連，生靈塗炭。因此先有太平天國起義，及至起義失敗，即有洋務運動、維新運
動、憲政運動之推行和主張，但最終則以孫中山領導的辛亥革命運動，才能推翻
滿清，廢除帝制，建立中華民國。孫中山先生革命思想的緣起和革命的進程，與
在香港所受的教育和所接觸的教徒是有直接關連的。

　　就以孫中山一生所接受的教育而論，孫中山在 1866 年 11 月 12 日在香山縣翠
亨村出生，命名為"帝象"，七歲入讀私塾，接受傳統教育有八年之久。至 14 歲
赴檀香山入讀聖公會奧蘭尼學校（Iolani School），至 1883 年畢業，再入公理會主
辦的奧厚書院（Oahan College）攻讀中學。兄長孫眉有見孫中山有心信教，隨即遣
回香山。返回香山後因在鄉間反對偶像迷信，搗毀北帝廟三具神像，折斷北帝手
臂，遭受村民大興問罪之師，逼於無奈遂逃往香港，入讀聖公會主辦的拔萃書室
（Diocesan Home），於 1884 年在公理會（美部會）由喜嘉理牧師洗禮入教，同期
洗禮者亦有香山好友陸皓東，是香港公理會首批洗禮教友。翌年 19 歲轉入中央書
院（即今日皇仁書院）就讀，至 1886 年畢業。該書院雖屬政府創辦的學校，惟香
港聖公會主教施美夫牧師和倫敦傳道會理雅各牧師都是該校創辦人。孫中山洗禮
後熱心傳道工作，假期間曾助喜嘉理牧師回香山傳道。孫眉得知孫中山入教，委

以生意經營，囑往檀香山工作，目的是使孫中山與教徒斷絕關係，但被孫中山所拒。其後得公理會芙蘭諦文牧師（Rev. Damon, Frank）和教徒資助 300 元回港，復由喜嘉理牧師介紹入讀廣州博濟醫院。1887 年香港西醫書院成立，10 月孫中山轉讀西醫書院，至 1892 年獲優異成績畢業。孫中山自 1882 年赴檀香山入學，以至 1892 年醫學畢業，先後有十年在由教會主辦的教會學校學習，其中影響孫中山先生思想最大的，應以香港西醫書院為主要。孫中山先生在西醫書院五年，在學識上自然受到老師的熏陶，而他的革命思想亦在求學時代得以形成。他在西醫書院期間，有所謂"四大寇"：孫中山、陳少白、尤烈和楊鶴齡，其中孫中山和陳少白都是基督教徒。掌院史劍域博士，教務長孟生博士（Dr. Patrick Manson），康德黎博士（Dr. Cantlie），名譽秘書何啟，秘書譚臣醫生（Dr. Thomson, J. C.），以及其他醫學教師，全是飽學之士，亦是教會熱心分子。其中尤以何啟之思想更為學生所景慕。孫中山日後奔走革命，在倫敦蒙難，因孟生博士和康德黎博士營救，孫中山方得釋放。何啟可說是孫中山革命的支持者，並且參加興中會協助革命。[50]

　　孫中山進行革命，自 1895 年廣州起義失敗，以至辛亥革命武昌起義成功，15 年間，革命失敗計有九次之多。惟是孫中山領導的每次革命運動，其中必有基督教徒的參加。如 1895 年廣州革命起義和 1900 年惠州革命起義，顯然以香港和廣州基督教徒參與的居多。廣州起義一事，陸皓東成為首名革命犧牲者。及至惠州革命，基督教徒佔起義軍 30%，教徒史堅如亦於是役殉難。據馮自由《革命逸史》載，早期興中會會員人名錄，可考之教會信徒有孫文、李多馬、陳白（陳少白）、陸皓東、鄭士良、區鳳墀、楊衢雲、謝纘泰、黃詠商、朱貴、丘四、王質甫、左斗山、容星橋、趙明樂、史堅如、史古愚、史憬然、蘇復生、李自重、鄺華泰等。而支持興中會的好友教徒有喜嘉利（按即喜嘉理牧師）、嘉約翰、何瞭然、楊襄甫、尤裕堂、廖翼鵬、尹文楷、康德黎、毛生、黃康衛、吳傑模、何啟、關心焉、鄭漢琪、江英華、王煜初、芙蘭諦文、威利士、管原傳、王韜、何汝銘、宋嘉樹、廖德山、梁乾初、香汴文等。[51] 1904 年 3 月 14 日孫中山在夏威夷取得《土生證明書》是因獲芙蘭諦文牧師的協助，隨後抵舊金山，亦被海關阻撓，後為三藩綱紀慎教會信徒聯繫致公堂延聘律師營救，終於 4 月 28 日獲美京工商部電告舊金山海關，批准孫中山有美國公民權利，准予居住美國。抵埠後得教徒司徒南

（50）同註（40），頁 169—186。

（51）馮自由，《革命逸史》，第三集，頁 1—23。

達、伍于衍、鄺華汰、雷清學、鄧幹隆等人熱烈歡迎，在作頓街長老會教堂召開
"救國會議"，鼓勵華僑購買"革命軍需債券"。至 8 月抵紐約，寄寓紐約第一華
人長老會，為許芹牧師接待，隨後聯絡在耶魯大學攻讀法學博士學位的青年王寵
惠到長老堂，草擬《五權憲法》。王寵惠是香港道濟會堂主任王煜初牧師四子，
是孫中山就讀西醫書院時所相熟。王氏早在日本就加入同盟會，參與革命工作。
孫中山的革命工作，亦甚得香港教徒商人擁護，如先施公司創辦人馬應彪、廣東
銀行創辦人李煜堂、聯益建築公司創辦人林護等人，除協助革命黨人運送槍械彈
藥，並大量捐款支持革命費用，私人斥資在港創辦《中國日報》、《世界公益報》、
《大光報》，作為革命宣傳輿論。故孫中山領導革命，自然獲得教會和信徒的認同
和支持。

五 · 結語：香港天主教和香港基督教的未來

　　天主教和基督教本屬同一源流，自馬丁路德 (Luther, Martin) 於 1517 年 10 月
30 日在德國發動改教以後，基督教（新教）才從羅馬天主教分裂出來，自此兩教
少有往來。當教宗保祿六世召開第二次大公會議之後，天主教對基督教已有極大
的改觀，而香港晚近三十多年來，基督教和天主教的神職人員多有溝通接觸，兩
教會有合一祈禱會的舉辦。在《聖經》翻譯方面，香港聖經公會和香港天主教思高
靈經會均有譯經的交流。交換講壇（即神父在基督教堂講道；或牧師在天主教堂
講道）；舉行研討會；神學課程講授。由於神職人員加深交流，使兩教的排斥性和
對立性漸漸消除，此可謂香港兩教在教會合一運動上的突破和進步。兩教會面對
未來，對於"普世教會"的觀念是有聖經性的共識。如香港天主教會對"普世教會"
的觀念有所表白："自從耶穌基督於以色列的耶路撒冷受難去世，復活，升天及聖
神降臨後，祂的門徒四出傳教，建立地方教會，例如保祿傳教至意大利羅馬；而
多默則遠至亞洲的印度。歷代基督徒在繼承宗徒之長伯多祿職位的教宗領導下，
更將福音傳播至地球的每一角落，於是天主教便成為一個普世教會。"[52] 而香港亦
有一部分基督教會宣稱："在致力本地宣教之餘，香港教會當不忘普世宣教，與普

（52）〈香港教會在普世性與地區性之參與及關係〉（天主教香港教區教會展覽），頁 1。

世教會齊心努力使福音傳遍地極。"[53] 不論是天主教和基督教，彼此都自認為是普世教會的一分子，自然彼此都有宣教的責任。而宣教傳揚福音也就是兩教共同的目標。

然而自 1984 年中英簽訂《聯合聲明》，香港於 1997 年後回歸中國管治，兩教會面對香港主權的轉變和未來的發展，同樣作出不同角度的反思。尤其是當進入 20 世紀之後，兩教會對未來同樣需要探討，藉以制定日後教會的方針。天主教胡振中主教曾於 1990 年發表〈邁向光輝的十年〉的文章，提出了教區發展的路向。[54] 而香港基督教協進會在〈90 年代香港教會使命宣言〉中，開宗明義地提出：天主教會和基督教會在未來歲月的目的，充滿積極的態度。

在香港歸屬中國管治之後，兩個教會將有一個觀念，即天主教在〈邁向光輝的十年〉所說的："加強培育教友正確的愛國心：愛天主，愛教會，愛國家。承認教會過去對中國了解不足及曾犯錯誤，現應懷修和之心，與中國真誠對話。"而在香港基督教協進會的宣言中則提及："九七年後香港回歸中國，教會應致力參與培育港人之民族意識，對中國有所承擔；教會亦應率先尋求機會，在中國現代化之進程中，作出貢獻。"又謂："香港教會於此時並九七以後應與中國教會彼此扶助，使福音在中華民族整體廣傳，使福音的大能彰顯於中華文化之內。中港教會應超越兩地政治、社會、文化之差異，保持兩地教會特質之同時，體現互為肢體之真實。"事實上兩個教會對香港九七回歸中國是有所認同的，並且要盡教會安守本份；對中國教會要作貢獻。而近年來，無論天主教和基督教，都與大陸的教會加強彼此往來、交流，促進兩地信徒的聯繫，這亦充分體現中國內地進一步落實了宗教自由政策。

由於香港實行一國兩制政策，在宗教組織上秉持互不隸屬、互不干涉、互相尊重的"三互原則"，加深本港教會與內地教會的交流，尤其是在神學教育、新圖培訓上，香港教會做出了重大貢獻。2004 年，中國基督教兩會在香港舉行聖經展覽，中國基督教兩會參與《和合本修訂版聖經》修訂工作，以使《和合本修訂聖經》得於 2010 年 9 月在香港出版，以供香港、國內（中國內地）、和世界各地華人新圖採用，實屬中國教會 21 世紀的重大盛舉。無可置疑，香港基督教協進會和香港華人基督教聯會是香港基督教最大的聯合組織，所領導的宗派教會，或是獨立的

（53）《合一承擔牧萬民》，1990 年，頁 31。

（54）　胡振中樞機主教牧函：〈邁向光輝的十年〉。

會堂，與內地教會固多交流，面對內地的扶貧和賑災的工作更多相應和參與，發揮聖徒相通，愛護同胞的精神，實踐耶穌基督愛人敬神的教導。在神學交流上多有探討基督教中國化的論題，為建設中國神學思想找出新途徑，在互動交流中使中國教會發出亮光。[55]

5

10

15

20

25

30

（55）《聖經 —— 馬可福音》，16 章 15 至 16 節。

第二十一章

香港道教與道教諸神崇拜

黃兆漢　吳麗珍

一·引言

　　道教信仰在香港廣泛地流行。在茂林修竹中的道觀眾多，在密集民居裡的道堂林立。道士女冠的人數相信有千人以上，[1]而信眾更多達三十多萬人。[2]

　　目前香港最大的道教組織是香港道教聯合會（簡稱道聯會）。道聯會是香港六大宗教[3]的代表組織之一，香港有過半的道教團體隸屬其下。隨着時代的進步，香港道教日趨組織化和社會化：各大小宮觀，除養真修道，保留各派的傳統和特色外，更廣泛宣揚教義，吸納信眾，團結合作，甚至融入社會，參與社會福利及公益事業。故此，今日的香港道教，更為社會人士接受，贏得不少市民的信仰。

　　香港道教所崇奉的神聖很多，除以正宗道教信仰，信奉三清、呂祖、黃大仙等以外，又信奉三教聖神，兼奉觀音菩薩、濟公活佛、孔子等，更有與香港地理環境與發展歷史息息相關的神仙信仰，如天后、譚公等。[4]

　　一直以來，專題論及或研究香港道教的文章不多，專書就只有黃兆漢及鄭煒明合著的《香港與澳門之道教》。[5]本章部分內容即根據此書。

（1）　見黃兆漢、鄭煒明：《香港與澳門之道教》，香港，1993年，頁10。

（2）　見李養正：《當代中國道教》，北京，1993年，頁197。

（3）　其他五大宗教為佛教、儒教、天主教、基督教和伊斯蘭教。

（4）　上述有關道教的神祇，將在下文詳作介紹。

（5）　同註（1）。

圖 21.1 佛堂門天后古廟舊貌（20 世紀 60 年代）

圖 21.2　元朗舊墟玄關帝廟（20 世紀 70 年代）

二·香港道教的起源與發展

　　道教何時開始在香港流傳？由於缺乏可考究的材料，難有定論。根據清代李福泰主修及刊刻的《番禺縣志》記載，晉代著名道士鮑靚（生卒年不詳）為南海太守時，在粵秀山（又稱"越秀山"）曾興建一所崇祀仙真的越岡院。[6] 香港在當時既屬番禺縣，[7] 道教在那時傳入香港，也大有可能。可惜，更足徵信的資料匱乏，無法確證。

　　目前，可足考究道教在香港發展的最早痕跡者，是座落在新界的佛堂門天后廟（或稱"北堂天后廟"，俗稱"大廟"）。[8] 該廟建於南宋咸淳年間（1265—1274），至今已有七百多年的歷史。從記載中廟宇建設的頗具規模來看，可知道教在南宋時已有相當的發展了。

　　根據清嘉慶二十四年（1819）舒懋官主修，王崇熙總纂的《重修新安縣志》的資料得知，早於明萬曆四十四年（1616），新安縣有供奉仙人的長豐庵；[9] 在清乾隆二十二年（1757）以前，已有崇祀道教大神的北帝廟。[10] 又據同書卷 21·下卷〈人物三·仙釋〉所載，莆心鄉人何氏女（生於康熙甲戌〔1694〕，屍解於康熙乙未〔1715〕）的神仙故事，除內容極富道教色彩外，故事中記載的"莆心鄉"、"筍岡"等地，即今羅湖、深圳一帶，而"九龍洞"、"獅子山"和"龍躍頭"即在今日香港境內。[11] 香港在清代屬新安縣，可知道教在 17 世紀末、18 世紀初，在香港已有活動，而且頗為流行。

　　香港道教發展至清代已十分活躍。從香港目前歷史悠久的廟宇留下的文物，可知道教在當時不但深入民間，而且頗得政府支持。可足考究的文物古蹟，舉述如下：

　　（1）元朗舊墟玄關二帝廟，有康熙甲午年（1714）鐘、康熙五十四年（1715）香鼎、乾隆十三年（1748）聚寶爐各一座。

　　（2）元朗八鄉元崗眾聖宮，有乾隆十五年（1750）鐘兩座。

（6）　據《番禺縣志》記載，越岡院在明萬曆（1573—1620）及崇禎（1682—1644）年間曾兩次重修，後更名為三元宮。見注（1），
　　　　頁 11—12。

（7）　據史籍記載，香港在秦始皇三十三年（公元前 214）到東晉成帝咸和六年（331）屬番禺縣。見注（1），頁 11。

（8）　有關該廟興建的淵源，見魯金：《香港廟趣》，香港，1992 年，頁 172—173。

（9）　見舒懋官（主編），王崇熙（總纂）：《重修新安縣志》，香港，1979 年，卷 18，下卷〈勝跡略·古蹟〉條，頁 146。

（10）同上注，卷 7〈建置略·壇廟〉，頁 82。有關北帝之研究，詳見黃兆漢：〈玄帝考〉，見《道教研究論文集》，香港，1988 年，
　　　　頁 121—156。

（11）同注（1），頁 14。莆心鄉何氏女事蹟，詳見《重修新安縣志》，同注（9），頁 173。

（3）長洲北帝廟，有乾隆四十九年（1784）鐘一座。又從 1966 年廟誌得知，該廟建於乾隆四十八年（1783）。

（4）屯門青雲觀，有道光二十三年（1843）送田的芳名碑。

（5）上環文武廟，有光緒二十年（1894）再修香港文武二帝廟堂碑記。另有道光二十七年（1847）鐘一座。

（6）灣仔北帝廟，有同治二年鐘一座。據 1966 年廟誌得知，該廟建於同治二年（1863）。

（7）紅磡鶴園街北帝廟，據 1966 年廟誌，該廟建於光緒二年（1876）。

（8）大嶼山鹿湖普雲仙觀，有光緒九年（1883）純陽、普雲仙院石刻示諭。[12]

上述的道教廟宇，主要分佈於屯門、元朗、大嶼山、長洲、灣仔等地，這些地區在清代正是人多聚居之處。道教的廣泛流行，實不用置疑。

民國時期，一群晚清遺老如張學華（1863—1951）、陳伯陶（1855—1930）等是虔誠道徒，屬羅浮山酥醪觀一系，[13]因不滿時政，避地香港。這群高道對香港道教的發展，可謂深具影響力。[14]隨着內戰迭起，逃難至香港的人日多，大小宮觀如雨後春筍，紛紛建立，不同的道派也相繼流行。最早的是先天道，繼而是全真教，其中龍門派最為突出，嗣後更有純陽派。這些"名門正派"在香港生根發展，所謂"香港道教"，就在此時確立。

時至今日，香港的大小道堂約有一百二十餘間，絕大部分已向香港政府申請註冊為合法團體，而且各有規模。1961 年香港各道堂代表籌組成立香港道教聯合會，1966 年向香港政府申請註冊為有限公司組織，1967 年得政府批准，成為香港六大宗教團體代表之一，為香港道教的代表及領導機構，除舉辦和處理有關香港道教界的大事外，在教務方面更起組織和協調的作用。道聯會發展至今，已有團體會員六十餘個，是以道教信仰為主體的儒、釋、道三教的聯合體。[15]

今日的香港道教，以弘揚道教為專業，以悟道修真為宗旨的道士不多，宮觀、道壇等組織大都是亦商亦教，與傳統道教的形式及規模大異，但卻保留並發揚了植根民間，博施濟眾的特色和精神。大小宮觀道堂對參與社會事業，可謂不

（12）同上注，頁 14—15。

（13）張學華和陳伯陶的生平事蹟及與羅浮山酥醪觀的關係，分別見劉紹唐（編）：《民國人物小傳》，台北，1981 至 1991 年，第九冊，頁 237—241 和第四冊，頁 289—290。

（14）同注（1），頁 15。

（15）同注（2），頁 197。

圖 21.3　長洲玉虛宮北帝廟（20 世紀 60 年代）

圖 21.4　文武廟內高懸善信祈福供神的大香（塔形香）

圖 21.5　灣仔北帝廟內的北帝神像（20 世紀 60 年代）

遺餘力。早在日佔時期，九龍道德會龍慶堂及雲泉仙館，已有義贈饘粥，賑濟饑民之舉。發展至今，各大團體均致力興辦診所，贈醫施藥；建置安老院及兒童院，濟老扶弱；更開設老人服務中心及青年自修室等，[16] 這都是道教團體積極參與發展社會福利事業的明證。

　　除此以外，各大道教團體更不斷擴展文教事業。在教育方面，可謂貢獻良多。早在 1928 年，香港道德會福慶堂已興辦學校，1957 年青松仙觀也曾辦青松學校，均屬義學性質，嘉惠清貧學子。發展至今，香港的道教學校，遍佈新界的新市鎮及九龍地區，從幼稚園、小學到中學，數目不下 30 所。其中以圓玄學院、青松仙觀和嗇色園三大組織，辦學較具魄力。[17]

　　1989 年香港青松仙觀捐建，由台灣道教會和台北指南宮合作，在台灣興辦了中華道教學院，是一所培養道教專才，學術性較高的機構。1992 年香港青松仙觀更在香港創辦了香港道教學院，是學術性較高的學院。

　　此外，為了廣泛宣揚教義，道教團體也分別刊行該道堂的刊物，如慶雲古洞的《道聲》（半月刊）、省善堂的《省善月刊》、道聯會的《道心》（年刊）等。一些道學經典，如《道德經講義》、[18]《重陽全真集》[19] 等，也大量印行。不過流通量最大的，要算是那些宮觀、道堂義贈的勸善書，如《修身寶璧》、[20]《醒世要言》[21] 等。又道聯會曾編製《道教知識》一書，[22] 以為道教中學校採用之道德課課本。香港道教學院更主辦的《道家文化研究》，[23] 為一部研究道教哲學和文化的專題論文集。

　　不論是宣傳會務的機構刊物、廣泛流通的勸善書，抑或學術味道濃厚的研究論文集，都可窺見香港道教對發展文化事業的重視。道教能不斷擴大發展，為各階層人士接受，與文教事業的勃興不無關係。

　　近三十年來，香港道教有長足的發展。不但在香港社會愈來愈普及，在中國以及世界的道教界中，地位也日形重要。自 1978 年中共十一屆三中全會落實了實

（16）同注（1），頁 24—25。

（17）同上注，頁 22—23。

（18）金蓮正宗龍門法脈龍淵子宋常星注，1990 年，青松觀重刊。

（19）全書分上、下冊，1979 年，青松仙觀宣道部重刊。

（20）義陵無我子劉體恕輯，1989 年，青松仙觀印送。

（21）全書三卷，共兩冊。1991 年嗇色園 70 周年紀慶普宜壇重印。

（22）香港道教聯合會主席湯國華主編，香港道教聯合會學務部印行，1983 年初版，1987 年修訂再版。

（23）該刊物由香港道教學院主辦，陳鼓應主編 1992 年創刊，先由上海古籍出版社出版，後改由北京生活‧讀書‧新知三聯書店出版，至今已出版超過 20 輯。

圖 21.6　紅磡鶴園街北帝廟內北帝神像

行開放改革政策後，在宗教信仰自由的政策實施下，香港道教界與中國道教界已恢復了接觸和聯繫。自 1984 年以來，香港道聯會，以及知名道觀組織，如圓玄學院、青松仙觀、蓬瀛仙館、嗇色園等，均先後多次組團前往北京、上海及廣州訪問，與當地道教界聯絡交流；而中國道教協會、上海市道教協會也應邀來港參觀訪問。[24] 1994 年底，香港青松仙觀又出資，與北京大學、四川大學合辦了成都“道教道家文化研討會”，參加者多達百人以上，規模十分龐大。在切磋教義、交流經驗和相互合作的同時，對香港道教的發展，實有推動的作用。

又縱觀國際宗教狀況，信道者及研究道教文化者，與日俱增，甚至有“道教熱”的現象出現。在道教研究的國際會議上，香港也扮演了重要的角色。1985 年12 月，由香港中文大學和香港中華文化促進中心聯合主辦的“道教儀軌及音樂國際研討會”在香港中文大學舉行。應邀學者來自英國、法國、澳洲、美國、加拿大、日本和香港，共有 35 人。這是第一次在中國地方舉行的世界性的研究中國道教的會議。[25] 1986 年 4 月，美國夏威夷大學宗教系舉辦全真教齋醮儀式國際討論會，與會的有美國、日本、中國和香港的學者。討論會還特別邀請了香港圓玄學院道長赴夏威夷設壇行齋儀三天，向海外學者介紹道教齋儀的過程，並由香港中文大學音樂系曹本治博士介紹道教音樂的形式和特點。[26] 1993 年 8 月，香港大學主辦第 34 屆亞洲及北非洲研究國際學術會議，其中有道教研究小組。小組主席為香港大學中文系黃兆漢，小組成員來自世界各國，宣讀論文凡數十篇。[27] 由此可見香港道教也受國際宗教界的重視和關注。

三·香港道教的派別與特色

香港道教主要的派別有先天道、[28] 全真教和純陽派。[29] 它們發展的淵源和教派

（24）同注（2），第六章〈大陸道教界與港台道教界及國際友好往來情況（1984—1991）〉，頁 158—171。

（25）會議之日程及內容，詳見 Tsao, Pen-Yeh and Law, Daniel P.L., *Studies of Taoist Rituals and Music of Today, The Society of Ethnomusicological Research of Hong Kong*, 1989。

（26）討論會的內容，詳見卿希泰（主編）：《中國道教》，第 4 卷，第十編附錄（二）〈國際道教研究概況〉，上海，1994 年，頁 337—338。

（27）The Programme of 34th International Congress of Asian and North African Studies, University of Hong Kong, 1993.

（28）道教史上有“先天派”，為宋末元初道士李道純所傳。李道純是南宗五祖白玉蟾（1194—1229）之再傳弟子，也是當時天師道以外五大派（東、南、西、北、中）的中派代表人物。能通《老子》、《周易》，又達禪機。道學兼融全真南北二宗。先天派即中派的一個分支，但香港流行的先天道則與此無關。

（29）同注（1），頁 29—40，香港大小道堂源流及發展之表列資料。

圖 21.7　粉嶺蓬瀛仙館（20 世紀 90 年代）

的特色，簡述如下。

（一）先天道

先天道的歷史淵源，學術界有兩個説法。一説本屬道教丹鼎派，[30] 以為自唐末五代陳摶（872—989）得先天圖於麻衣道者，得太極圖於呂祖（798—？），下開宋元明的先天易學，先天道已經發軔。[31] 另一説則以為先天道創始於明末清初，是民間秘密宗教。部分遺民因不滿滿清的專制統治，而奉劉基（1311—1375）、顧炎武（1613—1682）、黃宗羲（1610—1695）等大儒為"先賢"而創立的。[32]

香港的先天道，以源自嶺南道派禮賢堂一脈為主。[33] 其中有來自清遠飛霞洞及藏霞洞的道派；有來自佛山善慶堂（或稱南海紫洞善慶祖堂）、永善堂及成慶堂的道派。香港目前以佛山善慶堂一系最具影響力，[34] 道堂包括九龍道德會龍慶堂、香港道德會福慶堂、香港道德會善慶堂和英慶堂等。先天道最早在香港創建的道堂，是 1912 年在九龍牛池灣興建的萬佛堂，目前的"總部"，是道中高層首長所駐，位於粉嶺的藏霞精舍。[35]

香港先天道供奉的神聖，主要有齊天大聖、玉帝、瑤池金母、如來佛、觀音、呂祖、關帝等三教聖神。其中善慶堂一支，以瑤池金母（又稱老母）為最高的神，[36] 其他如萬佛堂、藏寶洞等，則以觀音為主神。[37] 先天道主張三教匯參，而以道教為主，所謂"行儒家之禮、持釋家之戒、修道教之功"。[38] 以為人性本善，可惜為七情六慾所蔽，故必須修道，以返"瑤池"。主張以道德為基礎，先修人道，再修天道；[39] 除重修煉精氣神的內功外，更十分重視行善積德的外功。所以流行

（30）丹鼎派又稱"金丹道教"，是對以煉丹求仙為主的道派的統稱，並非某一道派之專稱。最早是由古代神仙家、方仙道發展而成，南北朝隋唐以煉外丹為主，宋元以後則由外丹轉向內丹。

（31）同注（1），頁 59 及 61。

（32）同上注，頁 59—60。

（33）同上注，頁 53。又據頁 40—45 之表列資料，記有道堂 46 間，16 間屬先天道，其中六間標明屬嶺南道派禮賢堂。

（34）同注（1），頁 54。

（35）同上注，頁 58。

（36）同上注，頁 60。

（37）同上注，頁 40—45 之表列資料。

（38）同上注，頁 60。

（39）同上注，頁 61。

圖 21.8　筲箕灣天后廟內的呂祖像

於香港的先天道，也就呈現了以下三個特色：

（1）可粗分為乾（男性教徒）道的積善派和坤（女性教徒）道的丹鼎派。前者多致力於謀財辦道，積善行仁的外功；後者則專注於修煉內丹，嚴持戒律的內功。⁽⁴⁰⁾

（2）所有道堂均自稱戒律精嚴，尤以坤道的修行更甚。愈早成立的道堂，其建築以至禮義就愈遵古制。⁽⁴¹⁾

（3）極重視外功的興辦，積極參與社會福利事業，熱心慈善工作，而九龍道德會龍慶堂，更是其中的佼佼者。⁽⁴²⁾

香港先天道又有分支，同善社一脈即為香港正統先天道組織以外的支派。⁽⁴³⁾香港知名的大仁祥道社，即屬同善社的組織。⁽⁴⁴⁾與先天道相比，同善社的入道較為輕鬆：前者要求入道者持戒茹素，修內外功；後者則以為毋須出家持齋、守戒誦經，只要具備誠信，即可成仙證道。⁽⁴⁵⁾至於同屬先天道的一貫道，在香港仍有活動，但因歷史的關係，⁽⁴⁶⁾一般都隱去“一貫道”之名，只稱“天道”。關於此一支派的發展和活動，仍有待廣泛搜集資料，再作深入研究。

總而言之，先天道在香港道教發展，可謂舉足輕重：屬同善社的大仁祥的領袖湯國華先生，即為道聯會主席；先天道重要領袖之一的羅智光先生，是道聯會副主席。為了適應社會，各道堂多改組為有限公司，採選舉制，選拔教中的領導。在組織方面，則積極參與及支持道聯會的工作，並溶匯各個支派，擴大教務。⁽⁴⁷⁾對外則積極發展教育和社會慈善事業等外功。

（二）全真教

全真教始創於王重陽（1112—1170），而大盛於弟子丘處機（1148—1227）。丘處機是全真七子之一，其他是馬鈺（1123—1183）、譚處端（1123—1185）、

（40）同上注，頁62。
（41）同上注，頁54。
（42）同上注。
（43）同上注，頁54及62。
（44）同上注，頁62。
（45）同上注，頁64。
（46）同上注，頁64—65。
（47）同上注，頁46及62。

圖 21.9　文武廟內的六十太歲，也屬道教之神。

王處一（1142—1217）、劉處玄（1147—1203）、郝大通（1140—1212）和孫不二（1119—1182）。重陽仙逝後，七子弘揚全真教，各自成立不同教派，依次為遇山派、南無派、嵛山派、隨山派、華山派和清靜派，而丘處機所立的是龍門派。全真七派，以龍門派最盛，從明清至近代，一直是全真道的主流。事實上，明清以還，全真道日趨衰微，到清順治二十二年（1655），龍門派第七代律師王常月（？—1680）[48]從華山北上京師，在靈佑宮掛單，不久即移居白雲觀，在那兒傳戒收徒。康熙年間，更率弟子南下，先後至南京、杭州、湖州等地傳教。20年間，度弟子甚眾，使久衰的全真教中興起來。王常月死後，弟子更在江浙一帶開山授徒。全真龍門派由是南傳。康熙年間，龍門第十一代道士曾一貫進入廣東羅浮山，任後虛觀主持。其徒柯陽桂（？—1745）[49]在酥醪山創應元宮、度弟子百餘人。於是"今粵東羅浮及會城諸道觀，詢其派，又皆全真也。"[50]

　　至於全真道在香港廣泛流傳，龍門派大盛，則得力於三大道士。1929年廣州三元觀主持麥星階南來香港，創立蓬瀛仙館；著名扶乩手何啟忠在創立雲鶴山房後，又在1950年立青松仙觀；1951年龍門派道士曾誠燉創立萬德至善社。[51]自此全真教在香港盛行，龍門派更不斷繁衍，繼先天道外，成為另一個影響力最大的教派。

　　全真龍門派主要是奉祀呂祖和丘祖。北方的龍門派，承祖派全真道的餘緒，以精於內丹學著稱於世，與南方傳播的龍門派不同。南方龍門派在江南傳播後，又受南方本位道教正一教的影響，漸漸與正一道融合。[52]發展至清末，南方的龍門派道士，大都兼行祈禳齋醮。流風所及，香港流行的龍門派也重視祈禳齋醮，少有精於丹道的黃冠，不過香港的龍門派，則更以重視民瘼，關懷社會福利而見稱於香港。

（48）王常月生平事蹟，詳見卿希泰（主編）：《中國道教》第一卷，上海，1994年，頁333。

（49）Tsui, Bartholomew P.M., *Taoist Tradition and Change - The Story of the Complete Perfection Sect in Hong Kong*, Hong Kong: Christian Study Centre on Chinese Religion and Culture, 1991, p. 69. 又據《中國道教》，第一卷，同注（48），頁204，柯陽桂之生卒年為1619至1671年，現錄於此供參考。

（50）見陳銘珪：《長春道教源流》，台灣，1975年，卷7，頁538。

（51）見 *Taoist Tradition and Change - The story of the Complete Perfection Sect in Hong Kong*, pp. 76—138。

（52）同注（48），頁205。

圖 21.10　荃灣圓玄學院（20 世紀 80 年代）

（三）純陽派

　　純陽派是以呂祖為主祀的神靈。呂祖信仰在香港至為流行，在道教祖師中，他也最為港人尊崇，這實與全真教活躍於香港不無關係。呂祖是全真（北宗）的遠祖，王重陽則繼承並弘揚他的道學而開創全真教；而以張伯端（984—1082）為首的金丹道（南宗），在某程度也受他的影響。可見他在道教發展中的崇高地位。最重要的還是，他是民間熟悉的“八仙”[53]之一，他成仙的過程及度化世人的傳說十分豐富，而且出神入化，自宋以來，一直為人津津樂道。他救苦救難的形象深入民心，在民間影響極大，遠遠超過其他仙人。加上，自明清以還，扶乩流行，而據說呂祖又不時顯靈，降乩濟世，於是在道教界，甚至在民間的地位，益形重要。目前香港的玉壺仙洞、抱道堂、雲泉仙觀、金蘭觀等都是主祀呂祖的，其他如主祀黃大仙的黃大仙祠、主祀太上老君、文殊廣法天尊的省善真堂都拜呂祖。[54] 又拜呂祖的道壇宮觀，大多同時供奉其他七仙，雲泉仙館就有“八仙壁”。

（四）其他

　　此外，香港還有相傳乃屬閭山三奶派的魏氏廣德祖壇，由河南傳至廣東海豐，再傳香港。又有信奉李淳風，以六壬神功為號召的六壬派。而名為“中華道教僑港道侶同濟會”者，乃屬俗稱“喃嘸佬”的職業道士的組織。會員約有二百人，這些道士皆以做法事為業，師徒或父子相傳。至於那些以道術招徠的江湖道士，更是不計其數，有謂是茅山宗支派的清花派，有說是屬江湖組織的流民派等。[55]

　　由以上各個教派的發展狀況，可管見香港道教的特色。現分項臚列，簡述如下。

　　（1）香港道教的教派，大都主張三教合一。這從先天道和全真教的主張可以印證，而道觀如圓玄學院、黃大仙祠等也是同祀三教神聖的。

　　（2）大多宮觀壇堂，均是亦商亦教的組織。觀主大都經營工商業，眾多辦道

（53）“八仙”是道教仙人名稱。相傳是鍾離權、李鐵拐、張果老、曹國舅、呂洞賓、韓湘子、藍采和、何仙姑等八位神仙。

（54）見 *Taoist Tradition and Change - The Story of the Complete Perfection Sect in Hong Kong*, pp. 78—79。

（55）同注（1），頁21。

圖 21.11　屯門青松仙觀（20 世紀 70 年代）

的道教領袖，同時也是成功的紳商。如著名的道教領袖趙聿修先生，即為戰後首二位太平紳士之一；道聯會主席、同善社組織大仁祥的領袖湯國華先生，即為商人。而許多規模較大的宮觀，更是"有限公司"組織。

（3）以弘揚道教為專業的正一、全真道士較少。教中後輩，多不肯出家茹素，漸次以行善積德，興財辦道的信眾為主。而許多教團組織，均致力興辦慈善事業，尤以發展社會福利及文教事業為傳道興教的鵠的。

（4）許多道觀都不重道教教規，而重齋醮儀式，與中國北方之道教大有差異。⁽⁵⁶⁾

四·香港著名宮觀選介

（一）圓玄學院

圓玄學院，位於九龍西北部的荃灣三疊潭。1951 年由趙聿修、呂重德等人發起並集資建構，1953 年正式落成。其道統傳五師之系（關聖、呂祖、濟佛、華佗和鄭金山諸聖），道派則可溯源廣東羅浮山的冲虛觀。⁽⁵⁷⁾

該院為一以弘揚儒、釋、道三教之團體及活動場所，以道教為主體。其院名即含此意：以"圓"喻釋，"玄"指道，"學"為儒。又院內辦公樓"養真軒"，牆上有"南無天元太保阿彌陀佛"十個大字。"南無"是梵文音譯，有敬禮、皈依之意，是佛教用語；"天元"指日月星，是道教敬祀之"三元"（天、地、人）之一；"太保"是儒家三公（太師、太傅、太保）之一；"阿彌陀佛"是佛教西方三聖（阿彌陀佛、大勢至菩薩、觀世音菩薩）之一。總的意思是敬祀三元、三公和三聖。圓玄學院三教合一的主張，由此可見。⁽⁵⁸⁾

院內主要殿堂的建築是三教大殿，供奉太上道德天尊、至聖先師和釋迦牟尼佛。另有關帝殿、呂祖殿等。院內又設有骨灰龕、老人療養院、兒童醫院等慈善福利機構。

（56）上述各項特色，參見注（2），頁202—203。

（57）同注（26），頁286。

（58）同注（2），頁198。

圖 21.12　香火鼎盛的赤松黃大仙祠（20 世紀 90 年代）

　　圓玄學院的管理制度，採用董事會形式。現任主席湯國華先生，也是道聯會主席。該院籌辦以來，均致力社會公益事業：興建安老院、西醫診所，扶老濟貧；資辦中學、小學和幼稚園，培育人才。另外，該院也重視開展宗教文化的研究：建有香港道教界最大的圖書館，藏有儒釋道經典及各種研究書籍、期刊數萬冊。1985 年曾召開道教科儀傳統音樂國際研究會議，對齋醮、朝賀、喪制、功德、法事等之用譜、掌板、音調等，均有闡釋研究。[59]該院在香港道教界和學術界均具有較高的地位。

（二）青松仙觀

　　青松仙觀位於九龍西部屯門麒麟圍。1949 年冬，廣州至寶台道長何啟忠得呂祖乩文訓諭：“南下設壇，繼行普度”，遂約同陸吟舫、盧少華、易澤峰等十八人捐款組壇，並覓得九龍偉晴街 67 號四樓，1950 年新觀落成，取名“青松觀。”[60] 1951 年奉准香港社團註冊處為合法慈善團體，定名為“青松仙觀”。1952 年遷址九龍彌敦道 200 號五樓，以擴辦各項善業。1960 年侯寶垣道長覓購青山麒麟圍，另建新觀。1963 年奉准註冊為“有限公司”，全名青松觀有限公司。1971 年又購得大南街 160 至 170 號樓宇，以擴展九龍道觀之善業，並於 1974 年擴遷。[61] 1994 年，購得元洲街昌華閣一樓全層，為香港道教學院的院址。

　　青松仙觀自稱全真龍門法脈，為龍門第四代宗師黃玄憲[62]之後裔傳人。道派溯源於廣州至寶台，為全真龍門法嗣。青松仙觀以呂祖為主神，純陽殿內並以王重陽和丘處機陪祀。該觀以呂純陽、王重陽和丘處機三祖神像供奉於主殿，充分顯示其全真龍門派的正宗地位。該觀又建翊化宮，供奉“四師”，即“慈悲護道玄

（59）同上注。

（60）“青松觀”之命名來自呂祖乩文指示：“……蓋善似青松惡似花，總以一善為皈矣。青松者，取其有勁氣節，有永久性……”又據玉皇大天尊的鸞示中，有“十二月十八公”句，以為是“青松”二字之顯示，故以“青松”為名。詳見侯寶垣：〈觀史沿革概要〉，載青松仙觀宣道部（編）《九龍青松觀擴展新址暨成立廿五周年紀念》，1974 年，頁 14—15。

（61）見侯寶垣：〈觀史沿革概要〉，同上，頁 14—18。

（62）黃玄憲原名澤民，號侶漁，廣東順德人。明洪武年間曾舉進士，後遇龍門嫡嗣譚通明，取道號“玄憲”，為龍門第四代門人。見《當代中國道教》，同注（2），頁 199。

憲黃大真人"、[63] "瑯玕贊化志能李大真人"、[64] "樵陽悟道伏虎白眉仙師"、[65] "渡凡覺迷碧蘿黃大仙師",[66] 以示不忘師恩。

青松仙觀向來遵行呂祖訓示之"忠、孝、廉、節、義、信、仁、惠、禮"九德,以弘揚道教、服務社群為宗旨。所謂"本尊道貴德之主旨,植福揚孝,安老育材,行善修真,配合政府,繁榮社會"。[67] 該觀辦有安老院、診療所,又資助中學及幼稚園辦學。近年更致力培養道徒和開展道教文化的研究工作:創辦香港道教學院,培養人才;主辦《道家文化研究》叢刊,弘揚道學。青松仙觀在美洲、歐洲、澳洲均建有道觀或設有辦事處。

（三）蓬瀛仙館

蓬瀛仙館位於粉嶺百福村。1929 年廣州三元宮住持麥星階與龍門正宗道人何近愚、陳鸞楷等湊資於粉嶺雙魚洞山麓興建,1930 年落成,其後幾經增修擴建,規模日益宏偉。1949 年向政府登記為道教社團,1950 年採理監事制,由眾推舉理監事管理該觀,1972 年註冊為蓬瀛仙館有限公司。[68]

該館由廣州三元宮住持麥星階創立,故道統仍屬全真龍門派,與同屬全真龍門派的青松仙觀關係密切。1986 年為響應聯合國國際和平年,與青松仙觀合辦"道教全真法會",舉行"羅天金籙"、"太平清醮"、道教文物展覽及道學講座等活動。[69]

蓬瀛仙館主祀太上老君、呂祖和丘祖。以"重視民瘼,福利人群"為宗旨,先後開辦幼稚園、老人服務中心、青年自修室等社會服務機構,經常舉辦贈醫贈藥,施財施物等慈善籌募活動。

（63）同上注。

（64）李真人字啟寬,明永樂時人,山西太原府人氏。少精儒學,後入華山修道。見《當代中國道教》,同注（2）,頁 199。

（65）相傳為山西人,名偉忠。清乾隆時為走卒,後入山遇仙,在西樵山白雲洞得道。見《當代中國道教》,同注（2）,頁 199—220。

（66）相傳為陝西咸陽人,名冰,字潔坤。清乾隆時生,是文武雙全之女豪傑。因姑母貪財,將其賣予巨賈,逾牆逃脫,流落江湖。後於湖南湘鄉遇慧明道姑,苦修得道。見《當代中國道教》,同注（2）,頁 200。

（67）同注（2）,頁 199。

（68）見〈創建粉嶺蓬瀛仙館記〉及〈粉嶺蓬瀛仙館增建西齋捐款題名記〉,載《粉嶺蓬瀛僊館金禧紀念擴建大殿落成特刊》,香港,1982 年,頁 34—35 及 44。

（69）該法會的緣起、內容和日程等,詳見青松仙觀、蓬瀛仙館合辦:《道教全真法會特刊》,香港,1986 年。

（四）黃大仙祠

　　黃大仙祠原名嗇色園，位於九龍東北竹園區，獅子山南麓。傳說黃大仙原名黃初平，東晉時浙江金華人。八歲時在赤松山放牧，15 歲遇仙翁指點，授以靜修和草藥之術，在山修煉 40 年成仙。葛洪（283—363）《神仙傳》有記載黃大仙的神異事蹟。[70]

　　黃大仙之聖跡南下廣東，始於百年前的番禺大嶺，再而廣州花地之普濟壇及西樵稔崗之普慶壇。1915 年，普慶壇道士梁仁菴、梁鈞傳父子攜黃大仙畫像來港。1921 年得黃大仙降乩啟示，在竹園村現址建廟，並得政府租批為私人潛修之地，定名為"嗇色園"。[71] 1956 年得東華三院協助，獲政府允許正式開放。1965 年奉准成為慈善社團，得政府豁免"有限公司"稱號，一切對外內的決策，均由董事會負責。[72]

　　嗇色園是奉祀儒釋道三教神聖的道觀。殿內建設經七十多年的增修擴建，頗具規模。主殿於 1971 年重建，上有"赤松黃仙祠"匾額，殿內供奉黃大仙畫像。大殿右側有"三聖堂"，供奉關帝、觀音和呂祖。另有"麟閣"供奉孔子及其弟子。又有醫藥局兩層，為中西醫贈診施藥用。該祠香火鼎盛，以靈驗馳名，而祠址竹園正街，解簽檔林立，遊人擁擠，善信絡繹不絕。

　　嗇色園自創辦以來，向以"普濟勸善"為宗旨，除實踐贈醫施藥的傳統外，還不斷興學育才，扶老憐貧。至 1992 年止，其轄下之教育機構有 13 間，老人護理安老院、宿舍及老人社區服務中心也有 12 間。[73] 可知嗇色園不僅是宗教聖地，更是慈善團體。

五·香港道教諸神崇拜

　　正如上文所述，香港之道教團體大都主張三教合一，所以香港道教崇拜的對

（70）黃大仙的研究，詳見黃兆漢〈黃大仙考〉，載《道教研究論文集》，香港，1988 年，頁 157—181；又可參 Lang, Graeme, & Ragvald, Lars, *The Rise of a Refugee God: Hong Kong's Wong Tai Sin*, Oxford University Press, 1993。

（71）嗇色園開始時稱赤松仙館，後得玉帝賜乩"普宜壇"三字，為道門立壇之號。其後又獲文昌帝君乩書"嗇色園"三字，才正式以嗇色園命名。參見〈黃大仙與嗇色園〉，載《嗇色園》，香港，1991 年，頁 44。

（72）見〈嗇色園大事回顧〉，載《嗇色園》，同注（71），頁 51—61。

（73）見〈嗇色園各類服務〉，載《嗇色園》，同注（71），頁 86。

象，可謂包羅萬有，上自三清、下至歷代仙人，真是多不勝數。本文只選錄其中
較重要的，略作介紹。

（一）三清尊神

三清是道教尊奉的三位最高神靈的統稱，即"玉清元始天尊"、"上清靈寶天
尊"和"太清道德天尊"。《雲笈七籤》卷六〈三洞並序〉："三清者，言三清淨土無
諸染穢，其中宮主…… 不可窮也。"[74]"三清"是指天神所居之勝景，即玉清、上
清和太清，合稱三清境。六朝時"三清"僅指"三清境"。"三清"之作為道教尊神，
是伴隨道教三洞經書說逐步形成的。《道教義樞》卷二記："但知洞真法天寶君住
玉清境，洞玄法靈寶君住上清境，洞神法神寶君住太清境。"[75]因此三清又是道教
三洞（洞真、洞玄、洞神）真經的神化表象。而"三清尊神"中，以太上老君出現
最早。東漢末五斗米道成立，即以太上老君為至高神。到東晉上清、靈寶派出，
在《上清》、《靈寶》經中，相繼出現元始天王，元始天尊、太上大道君等新的至高
神。南朝陶弘景（456—536）撰《真靈位業圖》，[76]將"元始天尊"尊為最高神，在
老子之上。到唐代始將太上道君，與元始天尊、太上老君並列，稱為"三清"。[77]

在三清中，最為香港道派崇祀的是"道德天尊"。道德天尊的神形是據先秦老
子的形象而有的。自五斗米道奉老子為教主，老子即被神化為道教教祖。雖然他
在道教神系中"三清尊神"的末位，但他在道教的地位特殊，甚至被奉為李唐王朝
的始祖。時至今日，許多道觀甚至有專供老子神像的。

（二）呂祖

呂祖是八仙中傳聞最多最廣的一位仙人。相傳呂祖是唐代人，姓呂，名嵒，

（74）見《正統道藏》，台北，1977 年，第 37 冊，頁 144。

（75）同上注，第 41 冊，頁 780。

（76）全名《洞玄靈寶真靈位業圖》，將天神、地祇、五鬼、仙真和眾聖等，依系統劃分七階。見《正統道藏》，同注（74），第五冊，
　　　頁 18—33。

（77）見卿希泰：《中國道教》，第三卷，上海，1994 年，頁 13—14。

字洞賓。原為唐宗室，後因避武則天禍，攜妻子隱居山間，改姓呂。因常居岩石之間，故名岩，又常洞棲，故號洞賓。也有傳說他是唐禮部侍郎呂渭之孫，因仕途多蹇，轉而學道。[78]《宋史·陳摶傳》記載他通劍術，是修道有術的高道；《全唐詩》收錄他的詩作有二百多首。所以他又有"詩仙"、"劍仙"之號。至於民間和道教為他編的仙話就更多不勝數：有他遇鍾離權得道的"黃粱一夢"和"雲房十試"，又有"三醉岳陽樓度鐵拐李岳"、"飛劍斬黃龍"、"三戲白牡丹"等故事。[79] 呂仙的形象深入民間，在宋代被封為"妙通真人"、元代被封為"純陽演政警化孚佑帝君"，所以又稱"呂純陽"。王重陽創全真教，呂又被奉為"北五祖"[80]之一，故道教尊稱他為"呂祖"。

　　呂祖信仰在香港極為流行，前文介紹純陽派時已有談及，在此不再贅述。

（三）丘祖

　　丘祖即金末元初道士丘處機（或作邱處機），字密通，號長春子，登州棲霞人。金世宗大定六年（1166）入道，次年拜王重陽為師。重陽仙逝，於大定十四年（1174）入陝西磻溪隱居六年，再入龍門山潛修七年。貞祐二年（1214），請命招安山東楊安兒義軍成功，名噪一時。興定三年（1219）應元太祖成吉思汗之請，率弟子 18 人，由萊州出發，歷時兩年，到西域大雪山與元太祖講道。太祖待之甚厚。尊他為"神仙"，又賜虎符、璽書，命他掌管天下道教，並詔免道院和道人之賦稅差役。丘處機回燕京後，即廣發度牒，大興宮觀，並設壇作醮，一時教門四闢，道侶雲集，全真龍門派大盛。元太祖二十二年（1227），丘處機仙逝。元世祖至元六年（1269）詔贈"長春演道主教真人"，元武宗至大三年（1310）加封為"長春全德神化明應真君"，後世稱"長春真人"。[81]

　　丘處機創龍門派，發揚全真教，且派系繁衍，歷明、清至現代而不衰，儼然為全真道之代表，故此丘處機也被道教中人奉為"丘祖"。全真龍門派在香港也十

（78）見同上注第一卷，頁 295。

（79）同上注。又所舉仙話內容，詳見馬書田：《華夏諸神·道教卷》，台北，1993 年，頁 226—238。

（80）"北五祖"依次為王玄甫、鍾離權、呂洞賓、劉海蟾和王重陽。

（81）見明·宋濂等撰：《元史》，北京，1976 年，卷 202，頁 4524—4525。又見姚從吾：〈元邱處機年譜〉，載《東北史論叢》，台北，1959 年，下冊，頁 214—216。

圖 21.13　黃泥涌譚公廟（20 世紀 70 年代）

分盛行，且極具影響力。丘祖的地位，自然也不用贅說了。

（四）黃大仙

黃大仙相傳為晉代道士黃初平，浙江金華人，嘗牧羊遇道士，引至金華山石室，修道成仙。擅長法術，能叱石成羊。黃大仙又號赤松子，早在晉代，金華山已有赤松觀之興建，規模宏偉，為當時江南道觀之冠。[82] 至於黃大仙信仰如何南來香港，受港人崇拜，可參考上文介紹黃大仙祠一節。

黃大仙信仰素來在中國東南地區普遍流行，隨着海外的華僑日多，東南亞一帶，甚至遠及美國等地，也流行奉祀黃大仙。而隨着中國內陸的黃大仙信仰式微，香港的黃大仙祠就更遠近馳名。黃大仙祠有求必應的"靈籤"和能醫百病的"仙方"，香港以及外地人士，可説是無人不知。由政區、汽車或地下鐵路的車站，均以大仙之名命名，就更足見黃大仙在香港的影響力了。

（五）天后

天后又稱"媽祖"（福建方言，相當其他地區的"娘娘"）、天妃、天上聖母。據說天后原名林默娘，是宋代都巡檢林愿之女，960 年生於福建莆田湄州嶼。少而聰穎，得異人授以"玄微真法"，又在古井中得"天書"，從此具神異之力，能治病救人。相傳某日在家中織布，突然昏厥，元神出竅，趕赴海上，救回父兄四人，從此聲名日噪。30 歲後雲遊四方，在海上救難行善。傳說因救人被颶風捲走，不知所蹤。或稱在湄州嶼成仙登天。[83]

傳說天后常穿朱衣，雲遊海上，顯靈救護遇難的漁民和商客，靈跡遍及天津、揚州、南京、福州等沿海一帶。人們紛紛建天后宮崇祀她，奉之為海神。天后救助航海船隻的傳說，在北宋中葉開始，自此歷代不絕。不但受人民的崇拜，從宋到清，歷代帝王更對她褒獎有加，先後冊封多達 40 次。她的地位由平民、

（82）有關黃大仙的研究，詳見黃兆漢：〈黃大仙考〉，載《道教研究論文集》，同注（70），頁 157—181。

（83）同注（77），頁 146—147。

夫人，而為妃、天妃、聖妃，直至高升為天后、聖母。祭禮也由民間祭祀升格為朝廷大臣致祭，並載入國家祭典。明清以後，天后信仰更傳至東南亞、日本和朝鮮。[84]

　　香港自古即為漁港，所以也崇祀天后。相傳香港的得名，也與天后有關。香港又名"紅香爐港"。傳說很久以前，從海上飄來紅香爐，泊於天后廟前，人以為是天后顯靈，就將島上之山稱"紅香爐山"，將該處稱"紅香爐港"，簡稱"香港"。[85]目前，香港最古老的天后廟，是佛堂門天后廟，可知在南宋年間，香港已流行天后信仰。事實上，香港六十多間廟宇，有半數以上屬天后廟。廟宇分佈在香港仔、石塘咀、上環、銅鑼灣、筲箕灣、赤柱等地。今日九龍的廟街、香港島的天后廟道，港鐵的天后站，都與這位女神有關，由此可知天后信仰在香港流佈之廣了。

（六）玄武

　　玄武又稱真武大帝、真武帝君、蕩魔天尊。道教奉為職掌北方天界的天神，在民間極具影響力。玄武信仰源於古代星辰崇拜和動物崇拜。中國古代星象學家把太陽、月亮全天所經天區的恆星分為"二十八宿"，戰國後再分為東方青龍、南方朱雀、西方白虎、北方玄武四組。又據《楚辭·遠遊補注》："玄武謂龜、蛇，位於北方，故曰玄，身有鱗甲，故曰武。"龜、蛇是長壽之物，而自漢以來，就成為北方玄武神的象徵。玄武起初在道教神系中的地位不高，只是太上老君的守護神。後來因吸收漢代緯書"北方黑帝、體為玄武"的說法，加以人格化，玄武才成為道教大神。宋真宗時，為避尊祖趙玄朗諱，將玄武改名真武，至元朝大德七年（1303）封為"元聖仁威玄天上帝"。明燕王棣發動"靖難之變"，據說得玄武顯靈相助，所以即位後，就加封玄武為"北極鎮天真武玄天上帝"。由於帝王崇祀，玄武信仰大盛，宮廷內和民間均普遍建有玄武廟。[86]

　　玄武得世人崇祀，與它位在北方不無關係，北方是特殊的大位，在五行中之

（84）見馬書田：《華夏諸神·道教卷》，同注（79），頁115—118。

（85）同上注，頁124。

（86）見黃兆漢：〈玄帝考〉，載《道教研究論文集》，同注（70），頁121—156。

水位。水能勝火，所以奉祀玄帝實為防禦水火二災之最妥善辦法。其次龜蛇也是水火二精，又是玄武隨身的二物，所以漸漸成了玄武的象徵，甚至化身，受世人奉祀。[87]香港位於中國南方，何以會祀北神？據《天官書》載："北宮黑帝，其稱玄武……粵人祀赤帝並祀黑帝，蓋以黑帝位居北極，而司南溟，南溟之水，生於北極，北極為源而南溟為委。祀赤帝者以其治水之委，祀黑帝者以其司水之源也。"[88]可知南方人崇祀赤帝（南海洪聖大王）和北帝，均與水有關。香港既為漁港，奉祀玄武是可以理解的。今日香港長洲的北帝廟，灣仔的玉虛宮，即為奉祀玄武之所。

（七）譚公

譚公又稱譚公爺、譚公仙聖。譚公一般相信只是個十來歲的小孩，所以是小孩神。或相傳他每次顯靈，都會化身為小孩，至於稱"公"，相信是尊稱。黃兆漢、鄭煒明在《香港與澳門之道教》書中，提及澳門路環島譚仙聖廟時，據《惠州府志》卷 44〈人物篇・仙釋〉："譚公道者，歸善人也。……每杖屨出山，一虎隨之，……"，並以路環島譚仙聖廟內牆壁上有猛虎之畫像佐證，考得譚公原名應為"譚公道"，是惠州人氏。[89]據說譚公能知未來，而且治病如神，更有撒豆成雨，平靜風浪和滅火消災的神力，所以得到漁民和戲班的奉祀。[90]

譚公的信仰範圍不大，大概只有香港、澳門及沿海一帶。譚公廟，澳門只有路環的一間，香港也只有筲箕灣和黃泥涌兩間。又九龍有譚公道，據說這街道上本來有譚公廟，淪陷時期坍毀，所以以譚公道命名，以為紀念。現存最古老的是筲箕灣譚公廟，建於光緒三十一年（1905）。[91]

（87）同上注，頁 125—126。

（88）轉引自《香港廟趣》，同註（8），頁 25。

（89）同註（1），頁 79—80。

（90）參見黃兆漢：〈香港八和會館戲神譚公考〉，載《道教與文學》，台灣，1994 年，頁 191—199。

（91）見《香港廟趣》，同註（8），頁 10。

（八）華光

　　華光是粵劇的戲神，也是"八音"、[92]金銀、首飾、珠寶的行業神。有關華光的原始材料不多，只知他生來就具三隻眼睛，為"火之靈"。黃兆漢根據《南遊記》及《三教搜神大全》的〈靈官馬元帥〉的資料，從華光的本性、出身、師承、專長和行事，均與火有密切的關係，推斷他是一位火神。[93]

　　雖然在上述的傳說故事中，並無隻字片語提及華光與粵劇戲行的關係，但粵劇行業卻非常尊崇華光，香港八和會館就以華光為主神供奉。至於供奉的原因，其中以往日戲棚演戲，易召祝融，所以奉祀華光，求其保佑，以免火燒戲棚，波及衣箱的說法最為可信。[94]不過今日的粵劇行業大都不知道這個原因，反以為華光是教演戲的或教打鑼鼓和音樂的祖師。[95]

（92）據徐珂：《清稗類鈔·音樂類》，北京，1986 年，第 10 冊，頁 4920。載："八音者，以彈唱為營業之一種，……所唱有生、旦、淨、丑諸戲曲，不化裝，而用鑼鼓。"

（93）見黃兆漢：〈粵劇戲神華光考〉，載《道教與文學》，同注（90），頁 155—188。

（94）見黃兆漢、曾影靖編訂：《細說粵劇 —— 陳鐵兒粵劇論文書信集》，香港，1992 年，頁 32。

（95）同注（93），頁 177。

第二十二章

佛教和民間宗教

葉嘉輝　鄧家宙

一 · 香港佛教的傳入

秦漢年間，廣州已與南亞通航，中外商客僧侶往來漸趨頻繁。其時，航程遠及東亞，據宋代《嶺外代答》所載："三佛齊[1]之來也，正北行歷上、下竺與交洋，乃至中國之境。其欲至廣州者，入自屯門；欲至泉州者，入自甲子門。"[2]

魏晉年間，廣州已發展為嶺南佛教重鎮，其時沿海路進出弘法的華梵僧侶不下百人，他們多以廣州為起點（或終點），例經屯門。羅香林教授對此曾下定論："自廣州出海，既必自屯門揚帆，而自外國至廣，又必入自屯門，則屯門昔時為廣州海上交通之外港，不言而喻唉。"[3]加上本港氣候溫和，港闊水深，港口有高山屏護，適宜旅海船隻停泊、避風、取水辦糧，客旅過境留駐亦是自然不過之事。例如劉宋年間，梵僧杯渡由中原菆止屯門，候船回國，就是最有力的證明。而禪師停駐期間，在灣旁高山闢庵暫居，隨緣弘法，接引鄉民，成為本地最早之佛教史踪，可知本港早期之佛教發展，實與地理優勢與交通航道有密切關係。

佛教最早傳入香港者，與杯渡禪師有關。《新安縣志》有云："元嘉五年（428）三月，（禪師）憩邑屯門山，後人因名曰杯渡山。"又云"靈渡山在縣南三十里，

（1）　三佛齊，即印尼之蘇門答臘（Srivijaza），該島位處東亞與印度洋交界，緊扼馬六甲海峽及卡里馬達海峽，是海上交通必經地帶。

（2）　【宋】周去非（著），武泉（校注）：《嶺外代答校注》，北京：中華書局，1999 年，卷三〈航海外夷〉條，頁 126。

（3）　羅香林：《一八四二年以前之香港及其對外交通 —— 香港前代史》，香港：中國學社，1959 年 6 月初版，頁 8。

圖 22.1　凌雲寺是明代時由鄧氏族人所建的佛寺

與杯度山對峙，舊有杯度井，亦禪師卓錫處"。[4] 故知禪師曾登臨屯門青山，結廬
駐錫，後來遷駐靈渡山，是將佛教傳入香港之第一人。

　　考杯渡禪師來歷眾說紛紜，據《高僧傳》載："杯渡者，不知姓名，常乘大木
杯渡水，因以為目。初見在冀州，不修細行，神力卓越，世莫測其由來……。"
可幸在各地方志尚有禪師行蹤的紀錄，整理推知，禪師應由陸路來華，先在華北

（4）　見王崇熙：《新安縣志》，卷四〈山水略〉之〈靈渡山〉一條，嘉慶版。

活動，沿長江至江南各處，雲遊五省，在離開金陵（南京）時，表示往交廣地區。[5] 以現存史蹟所知，香港屯門應是禪師離開中國之前最後活動之地。時至今日，屯門青山禪院背後仍有杯渡岩遺蹟[6] 及杯渡禪師石像。[7]

相傳杯渡禪師初在青山岩穴隱修，後遷至岑田靈渡山歇居。平時則以密咒替鄉民治病，皆有靈效，鄉人為追念禪師乃於岩址建杯渡庵，後來荒廢。明初，屯門陶氏族人於遺址旁建青雲觀，至清道光九年（1829）重修，屬於道家先天道一派。民初有陳春亭[8] 興建青山禪院，更捨道入佛，振興寺門；至於靈渡寺則位於元朗廈村山谷，相傳歷代善信到此祈福均有感應，尤以清代廈村鄉民鄧寵榮增福延壽之例最為著名，鄧族更豎立〈先父寵榮公軼事碑記〉以為事證。靈渡寺傳建於唐代，歷朝均有復修，屬廈村鄧氏產業。

明初，又有錦田鄧族創建凌雲靜室。據鄧氏家譜所記，當年築修靜室與家族孝悌事件有關：明萬曆年間，鄧洪儀公的胞弟洪贊公娶何真弟弟何迪的女兒為妻，何真死後，其子何榮捲入"藍玉案"而被誅，何迪率眾遁海作亂被捕，被遣戍遼東。洪贊公以姻親關係受牽連，同發遼東充軍。洪儀公知弟性鈍，恐在途中遇上不測，便冒名替罪。三年後，放還途中，由於生活極度困苦，便題詩行乞，於江南得陳翁賞識，作為家庭教師，並將養女黃氏許配洪儀公，二年後生子名銷。再過三年洪儀公死。陳翁遣黃氏攜同幼子及洪儀公遺骨返回錦田。黃氏到達錦田後，洪儀公三子：鄧欽、鄧鎮、鄧銳等皆感驚訝。黃氏重述洪儀公生前所述錦田家事，並出示洪儀公遺扇一把。閱至："行乞江南，任教陳家私塾，娶黃氏，生鄧銷……"，鄧氏兄弟哭喪祭祀，一家上下，遵穿孝服。一年後，鄧銷死，黃氏悲痛不已，鄧欽兄弟極力勸慰，以子繼嗣，並在觀音山麓，建"凌雲靜室"供奉洪儀公木主並兼予黃氏奉佛靜修，以享晚年。[9] 據羅香林教授考究，凌雲靜室建於永樂初葉，[10] 清代道光元年（1820）有滌塵法師重修靜室，改名為凌雲寺，後又荒廢。到光緒末年再度重興，歸佛門人士管理。

清代時期尚有坪輋長山古寺、大嶼山雞翼角的普濟禪院，兩寺均位海陸行旅

（5）　拙作《杯渡禪師考》，未刊稿，2015 年。

（6）　杯渡岩相傳為禪師當日結廬之處。

（7）　王崇熙；《新安縣志・藝文志》云該禪師像乃："漢乾和十二年 (954) 歲次甲寅，關翊衛副指揮，同知屯門鎮檢點乃遇右靖海都巡陳巡，命工鑴杯渡禪師之像，充杯渡山供養。"惟據考證，原有禪師像已毀，今所見者乃宋代仿造，古風雖失，但意義猶存。

（8）　陳春亭，又名陳吉祥，原籍福建，原是本地股商。1909 年當出任青雲觀司理，後來皈依佛門。1921 年經高鶴年及黎乙真引介，前赴寧波觀宗寺，投入天台宗大德諦閑老法師出家，法號"顯奇"。1932 年三月初四日在青山寺圓寂，終年 73 歲。

（9）　香港錦田鄉鄧惠翹續修之《鄧氏師儉堂家譜》，1966 年。

（10）　羅香林：《一八四二年以前之香港及其對外交通 —— 香港前代史》，頁 217。

圖 22.2 鹿湖山門是大嶼山最古老的道場，本屬道教，後在 20 世紀初轉為佛教。

之要道，住持大開方便，接待客商過境旅宿，藉機宣揚佛理，廣結善緣。至新界歸屬英治，古道廢弛，寺務亦歸平淡。[11]

　　杯渡寺、靈渡寺與凌雲寺，為香港早期梵宇，近人合稱"香港三大古刹"。另外，尚有傳香港境內有古梵刹多達三十多所，[12] 如：青山慧善庵、粉嶺龍溪庵等。然而，本地早期的佛寺僅屬廣東佛教的分支，多屬個人清修靜養之地，或屬鄉眾祈福禳災之所，本地佛教未有太大發展。

二·清末至 1945 年的佛教

　　鴉片戰爭以後，國內情勢日趨混亂，佛教內部亦受西方宗教及"廟產興學"政策的衝擊，[13] 華南僧尼以香港環境自由安穩，漸漸來港定居，有的在港購置屋宇、也有在郊區開山劈石，自建茅室、亦有復興寺宇，改觀為寺。與此同時，南來僧尼也將內地寺院的規制引入，豐富了本地佛教的內涵，亦將民初時期國內佛教復興運動的風氣和形式傳入。[14]

（一）復興寺宇

　　民初時期，有凌雲寺及青山禪院之復興。

　　明初興建之凌雲寺一度荒廢，由鄉紳鄧伯裘收回作別墅。直至 1900 年，僧人妙參法師來港，深感此地氣魄深佳，並受佛教信眾之請，決心重建凌雲寺。1913 年妙參法師說服鄧伯裘皈依佛門，並捐出凌雲寺及附近地方，用來弘揚佛法。1917 年，禪堂首先落成，同年冬天更設"女叢林"制度，來山掛單修學者不計其

（11）拙作《香港佛教史》，第一章，香港：中華書局，2015 年。

（12）大光法師撰〈香港之三大古刹序〉云："香港地區之古寺，根據有關文獻記錄，實不止此，應有三十餘所……。"惟部分寺庵，至今仍無法考證。詳蕭國健：《香港之三大古刹》，香港：顯朝書室，1977 年，頁 8。

（13）鴉片戰爭以後，滿清國勢日下，張之洞及康有為等人提出以"廟產興學"，到光緒二十九年（1905）清廷頒令將寺廟產業歸公撥作興學經費，甚至直接佔取資產以應付各種開支，對佛教造成致命打擊。

（14）面對佛教長期以來的積弊及外部情態的衝擊，清末的佛教寺院已瀕於滅絕的地步。一些熱心佛教存亡的僧侶居士產生強烈挽救佛教、革新僧團的願望和要求。其中，以楊文會成立金陵刻經處輯刊失傳佛典，並開辦"祇洹精舍"，以居士身份傳佛教學教，培養弘教人材，晚清學者譚嗣同、梁啟超、章太炎、歐陽漸及後來主持佛教改革的太虛大師均是其門生，成為日後推動佛教改革與復興的主要力量，影響力不容忽視。

圖 22.3　1935 年間東夫人興建了東蓮覺苑，此為香港第一間專為女眾而設的佛學院。

數。1918 年殿閣落成，並發起傳戒及傚效國內叢林興辦佛學研究社，培養人才，開本地之先河。

　　約 1909 年，又有陳春亭道長管理青山青雲觀，他於昔日的杯渡庵遺址逐步興建佛寺，並與張純白居士，募捐集資修建大雄寶殿、杯渡巖、天王殿、青雲觀、韋陀殿、觀音閣、海月亭、法堂、方丈室、居士林、山門、牌坊等。至 1920 年基本完成，總稱青山禪院。未幾，陳春亭捨道入佛，出家為僧，法號"顯奇"。[15] 此後銳意經營，不單擴建殿閣規模，更舉辦經會佛事，吸引不少遊人登山參禮，盛極一時。港督金文泰（Sir. Cecil Clementi）亦兩度率領士紳登山遊覽，至今尚存金文泰所題"香海名山"牌坊，當時之盛況可以推想。

（二）轉道為佛

　　除復興寺院外，亦有不少道觀廟宇由僧侶接手，然後改為佛教道場。當中較著名者有大嶼山之鹿湖精舍及般若精舍等。

1. 鹿湖精舍

　　原稱純陽仙院，建於光緒九年（1883），由羅元一道長手創，原稱"鹿湖洞"，屬羅浮山系宮觀。清末時，有觀清法師由羅浮山來到與住持一見如故。1909 年，住持意欲轉業，向撫華道（華民政務司）呈請備案，"託觀清禪師代理仙院各事及田租納糧等件，以免有累國課之敝"。[16] 此後，觀清法師將道院改宗佛教，院內制度儀式皆遵禪門軌範，但保留呂祖殿以示尊重。直至 1955 年始易名為鹿湖精舍。

2. 般若精舍

　　該寺位於沙田排頭村，鄰近火車站。1915 年，宏賢尼師接收道觀普靈洞，改為佛教道場，本作靜修之所，後來廣開大門，禮請高僧宣講教理。1948 年經虛雲老和尚指示，正名為般若精舍。戰後，獲胡文虎捐助鉅資，獨力支持開辦安老院，接濟孤苦耆老，貢獻良深。

（15）拙文〈陳春亭與青山寺史事新研〉，載《香港史地‧第一卷》，香港：香港史學會，2010 年 1 月初版，頁 21—42。

（16）見鹿湖精舍所藏 1909 年稟呈撫華道之"託產信函"。

3. 羌山觀音寺

大嶼山羌山舊有蓬瀛古洞,供奉玄天上帝及觀音菩薩。宣統二年(1910),有先天道信徒葉善開築建淨室五幢,專供女眾修持。[17] 該處雖依道教制度,但教理俗儀亦溝雜佛教思想儀軌,實在是佛道兼弘。1940 年,葉善開往生,繼任的張二姑及淨觀女士皈依佛門,決意將道堂改為佛寺,另請華嚴宗大德海山法師住持道場。至 1952 年正名為觀音殿,今通稱觀音寺。

(三)開闢道場

清末民初,國內僧侶來港定居者漸多,他們初蒞報到,舉目無親,多在郊外草創靜室,實行農禪隱修,其中以大嶼山、荃灣及沙田等地最為密集。

大嶼山方面,昔有渡船來往廣州,蒞港僧侶在大澳或東涌登岸,選在村落後山闢地隱修,遂有鹿湖、薑山、地塘仔、昂平及萬丈瀑之五大叢林,其中尤以昂平之靜室數量冠於全島。

清光緒年間已有僧侶在昂平築結茅廬,至光緒二十年(1894)有大悅師和頓修師登臨彌勒山峰,見該處有破爛茅蓬一座,遂取其便闢為靜室,號之曰“大茅蓬”。[18]

時至 1924 年,從鎮江金山寺來港的紀修和尚偶遇大悅師等。因緣際會,紀修和尚被請住持大茅蓬,紀老以風雲際會,因緣難卻,是為第一代住持,並將道場改稱“寶蓮禪寺”,依照鎮江金山寺軌範,奠豎宗風,經營數年,道風遠播,很多掛單者從四面八方湧來。當時紀修和尚訂下《寶蓮禪寺同住規約》,共 27 項守則。其中有 11 項若犯者,明令出院;其餘 16 項若犯者,則受處罰。這些規章的目的皆是維持禪寺的正常運作。1930 年,紀老自覺年時已高,主動退席,推請筏可和尚繼任住持,此後在山靜養,至 1938 年圓寂。

筏可和尚繼任後,蕭規曹隨。每三年舉行一次“秋期傳戒”、每年元月舉行“禪七”法會,而農曆四月、七月、九月修建“大悲法會”各一次。在建設方面,戰前先後建成韋陀殿、彌勒殿、“妙湛總持”山門牌坊,並親筆題刻“寶蓮禪寺”

---

(17) 薑山觀音寺內舊殿仍存乾隆二十一年 (1756) 之銅鐘一口,距今逾 150 年歷史。

(18)《大嶼山昂平寶蓮禪寺各項法事記略暨同住規約登記》,年份不詳 (二戰前之手稿)。

匾額，修造妙法華蓮華經塔、羅漢塔、客堂、雲水堂、禪堂、東石圓門、西石圓門、安樂室（退休方丈遊宴所）、指月堂、地藏殿、鑄地藏菩薩銅像（重四百斤）、鑄巨型銅鐘一口（重 2,000 斤），恭請南洋玉佛一尊，供於大雄寶殿內。直到 1970 年新大殿落成，也意味着寶蓮禪寺進入新階段。

1929 年，曾在台灣弘教的茂峰法師在荃灣老圍購地建寺，供奉觀音菩薩，經三年落成，定名"東普陀寺"。法師將老圍千石山改稱千佛山，大水坑改名為三疊潭，又增建若干景點，展拓為佛門勝地。淪陷期間，日軍滋擾荃灣鄉民，婦孺老弱無可退避，茂公廣開方便大門，一一收容保護。每當有日軍登山搜寺，茂公即穿起天皇所賜金縷袈裟擋在寺前，令日軍有所避忌，不至過份騷擾；重光以後，又因國共內戰，大批外省僧侶來港避難，眼見僧伽兄弟流浪街頭，棲息無所，苦不堪然，茂公決定海單接眾，親自鋸木削竹，架搭茅舍，總之盡力接濟佛門子弟及貧苦居民，功德無量。[19]

20 年代末，另有融秋法師來港覓得荃灣芙蓉山土地，開闢"竹林禪院"，定期舉辦法會，參加者眾，不少更由南洋越洋而來。

在二戰以前，在郊外新建之佛寺尚有荃灣的鹿野苑、南天竺及弘法精舍；大埔蘭若園、半春園及大光園；沙田則有慈航淨院、道榮園及西林寺等。

（四）市區道場與活動

清末以來，港九地區先後歸入英治，發展成遠東商埠，港九信徒即使有意學佛亦難以經常前往郊外的道場。於是有志佛法事業者在市區興建道場或組辦佛學社團，以貼近都市人生活的手法傳播佛法。

1916 年最先有潘達微、陳靜濤、陸蓬仙、吳子芹、盧家昌、羅嘯嗷等人合資在港島堅道 62 號成立香港佛學講經會，旨在研究佛學。定期邀請居士學者作通俗演講，偶之印發佛學小冊子之類，作為流通。該會規模細小，卻是本港第一間都市佛教社團，意義特殊。

1931 年改組為香港佛學會，積極傳播佛法，除禮請高僧宣講佛經，亦出版《香海佛化刊》雜誌、辦佛學函授課程及五會念佛團等。宗教以外，又開辦義學，

（19）了一法師：〈本寺開山祖茂峰老法師窣堵波銘〉，1965 年。該碑仍存寺後墓地。

圖 22.4　香港佛學會出版的《香海佛化刊》雜誌

收容貧童讀書，另作贈醫施藥、賑濟災難等等，不特弘揚教理，亦關心社會，施行佛教悲智同修的精神，是佛教深入社會的濫觴，意義尤其深遠。

20 年代，沙田西林寺住持浣清法師在九龍城長安街購置洋房，開設西鄉園，經營素菜館及流通佛經，是當時最大規模的齋舖。又因店址鄰近碼頭，營業時間長，吸引佛教信徒經常到店聚腳。1935 年，法師另於沙田開創西林寺并西鄉園菜館，每逢假日頗多遊人惠顧；而殷商黃筱煒亦在蒲崗村開辦哆哆佛學社，聚眾念佛，又定期舉行焰口佛事。假日則於大埔石古壟半山之半春園內與同修談禪論道。港九鬧市新辦的道場尚有香海蓮社、菩提場、志蓮淨苑等。

佛教活動方面，1918 年 2 月，跑馬地馬棚發生火災，死亡者逾六百人，是至今最嚴重的意外事故。由於事態嚴重，社會人心不安，事後有富商何棣生自行捐資在跑馬地愉園啟建超幽法會七天，禮請本港青山禪院、六祖禪堂、福勝庵、延壽庵之僧尼登壇誦經。據報章載述，出席法會之善信多達二千餘人，是本港有紀錄以來首次之大型法會。[20] 同年 4 月，東華醫院有鑑於馬棚火災後，各方人士情緒低落甚或疑神疑鬼，另行建醮七晝夜，禮請國內高僧虛雲老和尚及鼎湖山僧來港主持，藉此超渡幽靈，安撫民心。該等佛事活動在港島市區舉行，開啟公開傳播佛法的模式與經驗。[21]

1920 年，講經會邀請當代佛教領袖太虛大師來港，假坐北角名園遊樂場演講佛學，"開啟了香港未有的講佛學風氣"，[22] 是次講題為〈佛乘宗要〉，內容由胡任之筆錄整理，並刊載於《華字日報》供廣大市民、善信參閱。"社會人士以該講座前所未有，又因報章大事宣揚，均樂於參聽，而佛弟子更感殊榮，大都踴躍赴會。"[23] 此次公開講座被受社會注意，亦影響到日後的弘教方式。

兩年後，何東爵士、劉鑄伯等邀請南京棲霞寺住持若舜和尚來港，主持佛七法會。同年，又有定佛尼師假北角名園舉行公開念佛會，是都市首行舉次修持活動。法會邀請上海妙善和尚來港主持，每日分上、下、黃昏三堂，由妙善和尚開示，李公達翻譯，參加者絡繹不絕。活動歷時七天，由紳商名流贊襄經費，"經此會後，香港人士對佛教儀制又多一重體驗。"（《循環日報》港聞版）

1924 年，日本真言宗大僧正權田雷斧來華弘法，本港信徒黎乙真、張蓮覺等

（20）見《香港華字日報》，1918 年 3 月 26 及 27 日。

（21）見《香港華字日報》，1918 年 4 月 10 日。

（22）太虛大師著《太虛自傳》，星洲：南洋佛學書局，1971 年 12 月初版。

（23）見 1920 年 8 月 13 至 26 日之《華字日報》。

圖 22.5　1993 年 12 月，大嶼山寶蓮寺天壇大佛落成開光。

邀請大僧正到港，開壇灌頂。這次雖是私人法會，卻是本港史上首次密教灌頂法
會，意義深遠。事後，大僧正召令黎乙真東渡日本學法，特授阿闍黎資格。1926
年，黎乙真回港設壇，舉行灌頂活動。同年在大坑光明台創辦真言宗居士林，大
弘密法，失傳逾千年的密法，正式反哺中華，為中國佛教史掀開重要一頁。1930
年，女眾修士頗多，於是由張圓明另組女居士林，得權田僧正許可，特賜張圓明
晉職阿闍黎，成為本港首位榮獲阿闍黎資格的女修士。自居士林建立後，歸依學
法者凡千有餘人，不少是本港社會名流。除共修活動，亦編著密宗書刊、儀軌共
數十種，對密教返華重興奠下根基。

　　西藏密教方面，1924 年，寧瑪派的諾那呼圖克圖由西康過境香港，隨緣弘揚
密法，是有紀錄以來，藏傳佛教傳入香港之始。此後又有覺拔格西、榮增堪布、

吐登喇嘛等來港傳法，部分更設立會社，定期舉行灌頂活動，當中以堅道的"密藏院"最為著名。可惜至香港淪陷，所有密教活動即告終輟。

30 年代，有何東夫人捐資舉辦寶覺第一義學及青山寶覺佛學研究社，意願向貧苦青年提供世俗與宗教兼備的義務教育，為求長遠發展，自資購入跑馬地山光道地皮，興建新式道場。佛寺於 1935 年落成開幕，取何東與張蓮覺兩名，合稱"東蓮覺苑"，是二戰以前港島區唯一的佛教寺院。

張蓮覺有感傳統女性地位低微，難以謀生，特意發展女子教育，提供職業訓練，同時開辦佛學院，供有志修持佛學的青年女子留宿進修。寶覺學校的教育理想有四點：（1）為貧家女子提供教育，使她們有一技傍身；（2）為佛教育才；（3）為家國育才；（4）為香港社會培育人才。由此反映張蓮覺本人的識見與胸襟，藉着她對宗教的熱誠與願力，開拓香港佛教的新篇章。

另外，東蓮覺苑經常接待海內外高僧大德，成為港島區最重要之佛教場所。戰前戰後，許多佛教活動和會議都在這裡舉行，地位可見一斑。加上何氏家族的社會地位，佛苑興辦的事業均獲各界階層響應，佛教在本港社會之地位與影響力亦因而提高。

文化傳播方面，自都市佛教團體成立以來，為廣泛流宣教義，或便利信徒能將修持行儀引伸至家中奉行，多刊印經書雜誌。其中以青山禪院編印之《青山禪院大觀》是本地最早的佛教書刊。該書於 1927 年出版，內容包括青山寺發展概況，亦有詩畫藝文；20 年代末尚有潘達微、朱恨生、賴際熙等人創辦《佛教學報》，但出版不久便停刊，後來潘達微又與羅海空辦《天荒畫報》，亦只出版數期；1934 年，何張蓮覺將過去參訪名山的遊歷見聞結集編成《名山遊記》一書，介紹國內多處佛教勝地。篇末另有〈筆記〉一篇，講述張蓮覺興佛因緣；約 1930 年，大嶼山寶蓮寺亦出版《佛事報》流通佛法；[24] 1931 年，香港佛學會倡導念佛，出版《五會新聲念佛譜》，讓善信依循學習。該書對念佛之起源詳加考證，又參考古本偈讚佛曲，配以新式歌譜，重新編訂念佛曲譜凡 24 首，為念佛法門的現代化改革；1938 年 8 月，觀音山凌雲寺刊印《凌雲佛學研究社五週年紀念刊》，內容以該寺沿革為主，由鎮庵法師主編；另外，在 40 年代以前，曾出版《觀無量壽經》英譯版，雖無法證知是否港人翻譯，卻是本港最早印行之英文佛書。

（24）據釋東初著《中國佛教近代史》，上冊，台灣：東初出版社，1974 年，頁 240 之記載，香港寶蓮禪寺曾出版《佛事報》，惟查該寺現無該刊物之紀錄。

　　至於雜誌，最先有《人海燈》的發行。該刊原創於廈門，後因經費問題而停刊。1931 年，得張蓮覺等人資助，動員寶覺義學全體師生職員協助其事，《人海燈》半月刊在港復刊，藉賴文字傳播佛學，間亦報導教界活動消息。[25] 1940 年 10 月，寶覺義學同人創辦《寶覺季刊》，至淪陷前只出版兩期。兩本刊物均因香港淪陷而停刊。

　　1932 年 4 月又有《香海佛化刊》季刊的面世，該刊由香港佛學會出版，最初為書刊，1935 年 8 月起改版附印於《新中日報》，每週一次，維持不久亦告停刊；1938 年 9 月，青山彌陀閣出版《華南覺音》，由滿慈法師主編，每月一期，屬非賣品。因時值國內抗戰，故內容除一般佛學文章，亦有時事討論，篇末尚有佛教新聞資訊等，報導中外佛教消息等。至 1940 年中，刊物遷至澳門出版。

　　日治時期，日軍成立佔領地總督部，一方面厲行管制居民生活，一方面實行皇民教育（Japanization），包括利用宗教控制民眾思想。其時，總督部設置以日本宗教為主的機關統一監控全港宗教團體。1942 年 7 月，文教課公佈 71 個宗教團體獲准恢復傳教，當中包括三間佛教團體。公佈又呼籲各宗教"規劃新政的推展、以與大東亞建設協力"，亦表明"當局為着布教傳道或宗教團體得以健全經營計，決逐次予以視察考查，若能改善者當予以極力協助之，若在反面暗中進行不良行為者，勢必受嚴厲處置……"，[26] 文詞間足見日軍對宗教團體之監控。1944 年 8 月，地區事務文教課又對本地各宗教團體進行調查，以進一步加強控制。

　　香港淪陷後，日本佛教宗派順勢來港佈教，諸如淨土真宗、日蓮宗、法華宗、曹洞宗先後來港設立佈教所及道場。[27] 1943 年，日蓮法華宗的藤井日達僧正（Rev. Fujii Nichidatsu）在銅鑼灣禮頓山設立日蓮法華宗香港日本山妙法寺，銳意經營；而西本願寺則開辦私立香港西本願寺幼稚園，是日本佛教團體在港最早興辦的教育單位，另外真言宗僧侶亦曾到港訪問佈教。

　　1942 年，本願寺僧侶宇津木二秀（Rev. Utsuki Nishu）意欲成立香港佛教聯合會，統理全港佛教機構，藉口沒收荃灣東普陀寺及徵用東蓮覺苑作籌備處。同年 8 月，先後成立日華佛教聯合會及香港佛教聯合會，強推筏可法師及茂峰法師為兩會主席，並舉行盛大典禮，圖以柔性手段攏絡佛教信徒，港內佛教團體並未響

（25）《人海燈》第四卷五期，嶺東佛學院。出版資料不詳。

（26）《香港日報》，香港：民國三十一年（1942）七月三十一日。

（27）《香港占領地總督部公告》第 11 號。1943 年（昭和十八年）4 月 16 日。

應加入，但高僧大德難免被逼出席。

　　1943 年 2 月 25 日，本願寺僧侶宇津木二秀與平江貞牧師（Rev. Hirae Misao）在松原酒店九樓舉行"香港宗教懇談會"，有數十人出席，包括基督教、天主教、回教、印度教、金光教、佛教、密宗、淨土宗、曹洞宗、臨濟宗、真宗、日蓮宗等代表，但以日本教派為主，文教課長等多人亦到場參加，相談相互協作與交流事宜。[28]

　　同年 9 月，香港日本山妙法寺鑑於禮頓山是"香港攻略戰時激戰之地"，特於此瓦礫之間建立一座"東洋文化精神結晶之舍利塔"，並與"香港神社"及"忠靈塔"同屹於銅鑼灣一帶，成為"香港三大靈勝之地"。該寺先在禮頓山建築臨時性之舍利塔，塔身樓高兩層，上階安奉"靈寶佛舍利"，地階則為該寺僧侶食宿誦經之所。[29]

　　總之，戰時的佛教活動近乎全由日本佛教團體所興肆，內容亦多配合日軍宗教懷柔方針，每週日本節慶及軍政紀念日更主動籌備相關祝禱儀典，藉以從思想文化方面徹底更改港人之反日意志。直至 1945 年日本宣佈投降，日軍徹離香港，日僧亦結束在港的道場，相關宗教活動亦全面結束。

三·1946 年後的香港佛教

　　香港重光後，社會百廢待興，急需救濟，佛教發展亦以復興道場和慈善事業為主。

　　1945 年底，宇津木二秀將香港佛教聯合會產業轉贈陳靜濤、林楞真等居士，要求接收後續行宗教用途。未幾"香港佛教聯合會"向政府華民政務處重新註冊，以聯絡本港佛教信徒為宗旨，並擔當政府與佛教徒溝通的橋樑。

　　佛聯會成立之初，將灣仔東本願寺物業改作義學及西醫贈醫施藥處，其餘辦公議事則襄借東蓮覺苑舉行。隨着社會發展，佛聯會先後倡辦各級教育事業、設立佛學科會考、佛教墳場、佛教醫院及爭取落實佛誕日為法定公眾假期等等，將佛教慈悲濟世的精神延伸至社會各階層。

（28）《香港日報》，香港：民國三十二年（1943）二月二十六日。

（29）《香島日報》，香港：民國三十二年（1943）九月八日。

　　40 年代末，北省僧侶陸續來港避戰，初時散居港九各地，部分精舍廣開方便之門，予以接濟。由於來者極眾，促成華南學佛院的成立，主要收容年青學僧給予僧伽教育，為日後的佛教發展儲備人材。雖然僧校僅辦兩屆便停辦，但培養的學僧，成為往後本地佛教的重要人力資源，他們在港九建立道場社團，興辦種種事業，令本地佛教迅速發展起了關鍵的推動作用。

　　道場精舍方面，1946 年，覺光法師、王學仁和陳靜濤等居士創辦正覺蓮社，其宗旨是適應時代的需要，接引戰後茫無所依，心靈虛怯的人心能皈依三寶。日常舉辦講座、法會，更推行"一百零八次週六念佛會"等共修活動，正覺蓮社更於 1960 年 6 月創辦《香港佛教》雜誌。

　　郊外地區，亦有許多新創道場，包括著名的東林念佛堂。該寺位於荃灣芙蓉山，由北方來港的定西法師所創立。最初由茂蕊法師率先借與山地，並得佛聯會、居士林及四眾全人協助，先建淨室，取名為"東林淨舍"，後來志蓮淨苑贈送芙蓉山地，擴充為"東林念佛堂"。該寺開宗明義主張念佛法門，內設淨土宗師印光大師紀念堂，平常舉辦共修法會。至 70 年代更創辦東林安老院等入世的社會福利事業。

　　另外，都市的佛學社團亦接踵成立，其中著名者包括：世界佛教友誼會、三輪佛學社、金剛乘學會等。

　　1952 年，本港佛教居士響應錫蘭的世界佛教友誼總會邀請，成立港澳區分會，以加強各國會員之溝通，團結一致，弘揚佛法，達致世界和平為宗旨。每屆國際會議，世佛會均派代表出席交換資訊，而外國會員亦不時來港訪問，開創本地與海外佛教團體聯繫友誼的先河。

　　1953 年，金剛乘學會成立，是戰後首個傳揚藏傳密宗的團體，該會由組織至管理運作，皆由劉銳之上師親身領導，定期舉辦灌頂及密宗靜座法，又翻譯藏文經典，編刊密宗書籍和《金剛乘季刊》，使港人得窺藏密文化，習密者與日俱增。

　　三輪佛學社於 1962 年創立，免費開辦佛學星期班，以居士講學形式，宣揚佛法。佛學星期班的出現開啟普羅信徒研習佛學的風氣，影響所及，不少佛社團體均開辦佛學班，現今許多佛學社團的領袖、僧人、學者，亦曾就讀佛學星期班，而畢業的同學希望能深造佛學，促成了經緯書院佛學系的成立，其影響可見一斑。

　　宗教活動方面，隨着都市佛教活動與信徒的日增，傳播手法亦趨多元化。例如佛教僧伽會舉辦"短期出家"活動，讓信徒在限定時間內體驗出家靜修的生活，至今仍有舉辦；60 年代起，佛教文化藝術協會成功爭取在香港電台廣播"佛教文化講座"，播出逾 60 講。時至 1981 年，再由葉文意主持《空中結緣》恢復佛學廣播，至今未有間斷。

西環道慈佛社為發揚孝道，於母親節及父親節舉辦慶祝大會，邀請社會賢達及高僧演講，並有舞蹈表演及佛化話劇，藉由歡愉有趣的活動弘揚慈孝精神，亦令社會大眾對佛教"出世無情"的誤解有所改觀。

香港佛教一直都有贈醫施藥服務，如跑馬地黃泥涌道香海正覺蓮社、黃大仙慈濟中醫贈診所、沙田般若精舍的慈光西醫贈診所及灣仔的大慈精舍等。佛教全寅有感社會需要，在 50 年代倡議興建佛教醫院，到 1960 年佛聯會議決肩負籌建工作，成立"香港佛教醫院籌建委員會"，並發起連串籌款，諸如福田獎券籌款、《觀世音》電影慈善首映、紅伶義演大會及清代名畫義賣等，一方面籌募經費，一方面強化宣傳。

1966 年得政府免費批發九龍老虎岩公地 122,440 方呎為建院基地，更批准將老虎岩街改名為"杏林街"，為建院踏出重要里程。1969 年 2 月，佛教醫院舉行奠基禮。翌年 4 月，佛教醫院工程即將完竣，佛聯會特別召開"世界佛教弘法大會"，邀請各國佛教代表蒞港共商教務，強化國際聯繫，全球 26 個國家，共 262 位代表蒞港參加，[30] 港督戴麟趾爵士（Sir. David Trench）更發佈賀辭，表示"佛教信仰因無界域之分，業已成為世界各國人士間之一項重要連繫。此次大會無論在心靈修養或關懷世俗事務方面均足以加強此種聯繫"，又"對本港佛教善信及佛教團體歷年來為促使本港社會進步而作之種種貢獻，深致謝忱"。[31]

1970 年 9 月，佛教醫院建築基本完成，率先將門診部及第一期病床 178 張提前投入服務。佛教醫院花費無數人力、資源和心血，經歷十多年，終於在 1971 年 3 月 12 日落成，由港督戴麟趾爵士主持開幕。醫院樓高九層，設置病床 350 張，外科手術室三間、門診部另置外科手術室三間。住院的專科、輔助醫療部門全部齊備，醫療儀器均屬第一流新型設備。每年施診逾十數萬人次。

佛教醫院是全球首間由佛門人士開辦之醫院，充分體現佛教慈悲入世的精神，意義重大。醫院雖以佛教命名，但服務對象，以方便各界貧苦大眾為根本，並不限於佛教人士。

戰後，佛教人士有感兒童流浪街頭，無所事事，遂自資興辦義學，收容適齡

（30）《香港佛教》，第 120 期，香港：正覺蓮社出版，1970 年 5 月，頁 39。

（31）詳見港督戴麟趾爵士〈世界佛教弘法大會開幕禮獻詞〉。

圖 22.6 1955 年華南學佛院第二屆學僧畢業照

學童，其中以慈祥尼師最為著名。當時，法師將大埔大光園祖堂闢為課室，傾己所有，購置教具，招收失學兒童，提供免費教育。兩年後，獲政府資助，改為津貼小學，而學生的學費依舊由大光園代為支付。1956 年因應地區需要，向政府申請增建中學，讓適齡少年可以繼續升學，不致淪落街頭，荒廢學業。此後不斷增建校舍及設備，使學校教育日趨完善。慈祥尼師本着慈愛之心為教育事業付出畢生心血，貢獻良深。1978 年獲英女皇頒贈 M.B.E 勳章，是本地首位獲勳之僧人。當時，慈祥尼師表示："希望她這次獲勳，能引起社會人士的正視，不要再以為出家人即等於出世，不問世事。"⁽³²⁾

佛教聯合會亦因應時代步伐，由王學仁倡議增辦文法中學，得林楞真、黃允畋、陳靜濤、馮公夏等董事參與策劃，又獲黃鳳翎女士捐贈經費，學校才得以順利展開。學校於 1959 年建校，定名為佛教黃鳳翎中學。其創校碑記標明創校宗旨是"隨機設教，免鹿牛淪劫而莫挽"、"宗學廣材，樂育化成，修行六度中之法施也"，可見香港佛教全人從出世的佛教傳統，轉移投入世俗社會的發展路向。

1967 年，又有洗塵法師倡議建立佛教大學，待至 1969 年租用居禮書院課室四間，正式成立能仁書院。該校又以"溝通中西學術，發揚中國文化，培養社會建設人材"為辦學宗旨。⁽³³⁾"草創伊始，雖設備簡陋，然以管教嚴謹，師資優良，頗獲家長信賴，負笈來學者日漸增多"。⁽³⁴⁾1970 年自置六層校舍，大專部擴為九個學系，更創設附屬中學。1972 年校方向台北教育部立案頒授學位，核准設立六個學系，有感學生增長與發展需要，於荔枝角道自建第二期校舍，樓高七層。1979年成立哲學及文學研究所，另於元州街購置樓房一層，作研究所校舍。

能仁書院的成立，意義深遠。70 年代是香港經濟發展起飛的時期，工商金融領域，需要大量人材，這時，佛教在原有的中小學教育的基礎上，運用教界內僅有的力量，創辦大專院校，直接參與高等教育事業，為香港培養專上人材，承擔了社會責任。

70 年代，天主教香港教區代表訪問佛教社團，開展宗教交流。1976 年 10月，羅馬教廷派遣畢里多尼樞機主教（Sergio Cardinal Pignedoli）訪問香港佛教團體，由佛教聯合會覺光法師率眾接待，參觀東蓮覺苑並舉行座談。席間樞機主教

（32）《香港佛教》，第 213 期，香港：正覺蓮社，1978 年 2 月，頁 34。

（33）《內明》，第 12 期。內明雜誌社，1973 年 12 月，頁 50。

（34）見《能仁書院創校碑記》，1974 年立，仍藏於該校大堂門口旁。詳拙作，《香港佛教碑銘彙釋（一）：港島、九龍及大嶼山》，香港：香港佛教歷史與文化學會，2012 年 6 月。

表示"藉著宗教間聯繫之敘會，對世界人類會有良好影響，在目前世界似屬物質豐裕，但靈性精神上仍感缺乏，相信兩大宗教，都可為現今未來的一代有較好較大之貢獻"。[35] 其後，兩教合辦香港宗教聯誼晚會，於是促成日後成立的"香港六宗教領袖座談會"，以交換促進社會福利意見，至今仍定期舉行會議及聯合發表新春文告，至今已逾四十年。

　　隨着社會環境趨於安定富裕，科技發展亦一日千里，國際之間的聯繫交流日趨緊密，外地佛教團體紛紛來港開設分會，包括台灣的佛光山、法鼓山、慈濟功德會等，亦有來自韓國、泰國的道場，他們帶來外地的弘教方式，諸如"星雲大師佛學講座"、佛誕嘉年華等等，豐富本地佛教弘教方式的內涵。與此同時，藏傳佛教的各派領袖亦陸續來港弘教，建立道場，相關機構逾 50 所，相當興盛。這些海外團體的弘教方式各異，宗旨未盡相同，但利益眾生的目標依然未變。

　　90 年代以來，本地佛教界亦有幾項大事影響深遠。

　　大嶼山寶蓮禪寺參考日本鎌倉大佛和台灣彰化大佛的經驗，發起在寺前興建天壇大佛，供市民朝禮瞻仰。[36] 經過 25 年的籌備，並克服重重困難，天壇大佛於 1993 年底舉行開光典禮。期間適值"香港前途談判"和"後過渡期"，市民對前景感到迷惘，而大佛的籌建與落成正能凝聚社會各界，對佛教人士來講固然能生起無比的崇信，對於各界階層，亦是安定祥和的標誌。

　　1997 年，香港特區政府通過自 1999 年起始，將每年佛誕日列為法定公眾假期。佛誕假的實施，是本地佛教徒經過近四十年爭取的成果，讓港人在享受假期之餘，漸漸對佛陀的精神有潛移默化的作用，對淨化社會亦有推助。

　　佛誕假期實施後，亦有信徒爭取官方認可佛教婚禮。林志達律師搜集佛教經典理據，證明佛教教義符合香港"一夫一妻"的婚姻制度，經過多番努力，於 2004 年獲香港特區政府認可，批准觀宗寺為合法婚禮場所，並在是年 3 月 20 日舉行首次佛教婚禮，由覺光法師主持儀式及簽發結婚證書。

　　近年，因應影視潮流與網路科技的應用，佛教團體亦善用相關技術，除了製作網頁外，更利用 Facebook 和 Youtube 等免費網絡媒界將講經影片或活動花絮定時上載到網路，擴大傳播效果。亦有團體開設"閱藏平台"，開發《大藏經》手機程式，讓讀者能隨時隨地利用手機閱讀佛經。而"佛門網"則善用虛擬概念，開設

（35）《香港佛教》，第 198 期，香港：正覺蓮社，1976 年 11 月，頁 36。

（36）詳《雷音——寶蓮禪寺開光特刊》，香港：佛教青年協會，1970 年。

《B 頻道》製作電子報刊及直播網上佛學節目，利用網絡無遠弗屆的特性，將佛法傳播世界。[37]

總而言之，戰後的香港佛教發展趨於入世與多元，無論道場創建、慈善事業、佛學教育、弘法方式等方面均有長足發展，弘教事業不再局限於佛教內部及傳統手法，其影響已遍及社會各個階層，在社會的地位和影響力與日俱增。

而電子科技和通訊的發達，香港與世界各地的聯繫和交流有增無減，不少海外佛教團體來港設立分會，令本已成熟的香港佛教，帶來新的思維與衝擊。除了一般的佛學講座、法會、佛學班、展覽、遊藝表演會等室內的活動外，亦開始步出道場，走入市區舉辦大型和公開的弘法活動，配合現代社會潮流，主動與大眾接觸，不但為人接受，也顯映出本地佛教發展的生機。

四 · 民間信仰

傳統的民間信仰，崇拜對像龐雜，亦滲雜了儒釋道教義、命理方術、小說傳聞、地方風俗等成分。儘管欠缺系統，但信奉者極眾，對民眾生活及地方文化之影響力實在不容忽視。香港雖處中國南端，但歷代客籍人士來遷而將中原、閩粵的信仰風俗帶到香港。考察本港民間信仰概況，可略分為：自然崇拜、地方神明、行業神明、節慶傳說、命理方術等。

自然崇拜方面，古人因知識所限，凡風雨雷電等自然現象，或是對形狀特殊的樹木石頭，均會奉祀。諸如：上水華山的“求雨石”、港島寶雲道的“姻緣石”、大埔林村“許願樹”等。而新界鄉村之出入口處，例必設有社壇（或稱“土地”），祈求神靈保土安民。至於家庭亦多設置天官、灶君及土地神位，儘管規模簡單，但祈求家宅平安之意義仍是相同。

在香港，民間神靈信仰當中最廣為供奉者，非觀音與關帝莫屬。觀音原屬佛教菩薩，因其大慈大悲、尋聲救苦、慈航普渡的形象深入民間，歷代廣受供奉；關帝則因其忠義，歷代均受朝廷晉封祭祀。本港約有 60 間觀音廟和 20 間關帝廟，數量雖未及天后廟多，但綜觀各大廟宇均以觀音及關帝為“陪神”，加上工商各業及家居供奉者，稱為全港之冠，亦符實況。

（37）拙文〈香港佛教團體應用電子互聯網系統弘教之概況〉，香港：香港亞洲研究學會第十屆研討會發表論文，2015 年 3 月。

圖 22.7　"天宮" 和 "土地" 是民間最常見的神

圖 22.8　衙前圍天后廟中的天后神像

圖 22.9 坪洲中元節天后出巡前的準備

圖 22.10　每年農曆八月十六日，秀茂坪均有慶祝齊王大聖（猴王）的活動，其中一項是 " 上刀山過火海 " 的顯靈儀式。

圖22.11　道士（俗稱喃嘸佬），基本上是閭山法派，他們在中國傳統宗教的神誕或"醮"中，常被請來起壇作祭。

每逢神靈誕期，善信例必到廟參拜酬恩，亦有信徒按時茹素守齋，允稱虔誠。近年，市民亦流行於正月二十六凌晨到觀音廟"借庫"祈願，請求觀音大士庇佑新一年財運亨通，業已成為本土風俗。

此外，香港位處海濱，從事捕漁、航海、船務、修造、貿易等事業者不在少數，他們基於心靈需要，自必向天后、洪聖、北帝等海神祈禱平安，當中又以天后信仰的影響最廣，獨香港境內之天后廟已近百所，而每年農曆三月二十三日的天后寶誕，各區廟宇均有盛大的慶祝活動，搭建戲棚演戲酬神，自是不可或缺，而元朗十八鄉則舉行天后會景花炮巡遊。另外，不少善信亦參加進香團，前往西貢大廟或深圳赤灣天后宮參拜，場面相當盛大。

民間信仰當中，"土地"的信仰極為普遍，傳統以來皆相信每家每戶都有一個土地神作為守護。在新界圍村，在村前村後皆有供奉土地的社壇。而城市的樓房店舖，門前亦供奉土地神，通常以一紅色木牌或紅紙，上書"五方五土龍神，前後地主財神"等字樣，因此每天燒香供奉，可得其庇佑。

除了主流神明外，中國神靈譜系各有功能作用，可從族群或行業作分類。

清末以來，粵東揭陽及惠東人士相繼來遷，昔日多聚居在港九東部，他們在住處附近設立廟壇供奉家鄉神明，由是引入三山國王及譚公信仰。

三山國王原屬揭陽週邊三座山神，隋唐時期已設廟供奉，宋初勅封"明貺"，傳令廣祀。相傳宋末二帝逃難，三山國王顯靈相助"學佬"護送帝室來港，遂於茜草灣建廟供奉，惟此說無法考證，僅錄之存疑。而清代有惠東人士到牛頭角一帶從事採石，順帶傳入三山國王信仰則大有可能。無論如何，東九龍是本港奉祀三山國王的原點，實無疑問。區內之牛池灣、官塘及飛鵝山亦有三山國王廟之設。另外，南丫島亦有三座三山國王廟，均於戰後創立，而廟宇所在區域，均是潮揭人士聚居的社區。查三山國王祭期為農曆二月二十四及二十五日，香港則慣以二月廿五日為賀誕，是日例有儀典慶祝，尤以牛池灣三山國王廟最為隆重。[38]

譚公信仰則為惠州歸善一帶所供奉的神明。相傳譚公12歲得道，面貌永存童顏，又以神力行醫濟世，廣受當地人士敬奉。清代曾顯靈襄助官兵平亂，獲詔封"譚公仙聖"。開埠初期，港府大興土木，惠東及揭陽人士遠道來遷，從事打石行業。他們主要在筲箕灣謀生聚居，亦有在黃泥涌和土瓜灣居住，遂於該等地區設廟供奉譚公。

（38）《香港歷史探究二：香港東部歷史》，香港：香港史學會，2015年，頁109。

圖 22.12　每年長洲太平清醮均有 "飄色" 的活動

圖 22.13　2015 年錦田鄉舉行十年一屆的酬恩建醮

　　譚公原為惠東人士供奉的地區神靈，傳入香港後漸擴展為打石工人及漁業同工的行業神。每逢四月初八譚公誕日，除一般祭祀外，近年更舉辦盛大的巡遊活動，人神共樂。[39]

　　至於本港的行業神靈，較著名的有三行建造業的魯班先師。清代中葉，港島西環與九龍鯉魚門均是採石礦場，從業者於工作處建廟供奉魯班祖師，工人定時參拜，祈求工作順利，至今仍保持祭祀風俗；另外，戲曲業者則供奉華光先師，每逢承接或公演戲劇，例於臨時戲棚內設壇供奉，這種流動式廟壇亦是本土的獨特信俗。

　　神靈信仰外，每年盂蘭節或特定誕期，新界鄉村及各區坊眾均舉辦大型超幽法會，尤以潮人社團興辦的盂蘭勝會最具規模。

　　盂蘭節原由佛教傳入，指於農曆七月十五日以食品供養僧人並誦經超渡亡靈的儀式。經過長期的漢化與融合，盂蘭節發展成"鬼門關開門"的"鬼月"風俗，而潮汕人士早於數百年前已往海外謀生，期間遇上風傷賊殺，魂斷客途也在所難免，自然對祭神酬恩、超荐親友亡靈特別重視。隨着潮汕、海陸豐人士來港謀生，也帶來祭祀風俗。他們成立盂蘭會社，承辦整個超幽法事的一切事務，包括申請場地、向坊眾募款、安排搭棚及延請道堂和劇社等等。

　　由於潮汕人士的信仰需求，他們在急速都市化的社會裡持續舉辦盂蘭勝會，既能凝聚族群與坊里的關係，也讓傳統的民間信仰活動得以延續，因此於 2011 年被列入"中國國家級非物質文化遺產"名錄。

　　另外，在新界的傳統鄉村亦保持定期舉辦太平清醮的風俗。先民從北省遠道來遷，建村立業，過程中因水土不適或鄉族衝突等而喪生者屢見不鮮，加上四時風雨、疾疫瘟災亦會造成大量傷亡。水陸居民有感生命脆弱，無可應對，唯有寄望信仰，定期發起建醮，酬神超幽，既超渡先人，亦安撫遺屬，同時祈求神靈庇佑往後日子能風調雨順，民康物阜。

　　醮會通常由鄉族長輩或地區首長發起，號召鄉里登記附荐，禮聘道堂承辦，村中居民及海外子孫亦應期參與。醮期一般以七天為期，屆時架搭臨時壇場，安奉紙扎鬼王，作為孤魂代表，供鄉民善信祭祀。法事則由凌晨開始到晚上，輪值舉行多場儀式，規模宏大。由於每次醮會都要動員龐大的人力和財政資源，較富裕的鄉村如元朗鄧氏則擬定十年為期獨力舉辦，而資源較薄弱的雜姓村落則議定

（39）同上注，頁106。

圖 21.14 長洲太平清醮的包山

聯合舉辦，如沙田九約便商定每十年聯鄉舉辦一次。

　　在香港最為人熟悉的醮會是每年舉辦的長洲太平清醮。相傳港島太平山街發生鼠疫，有居民迎請北帝聖像巡街後瘟疫消失，居民認為北帝顯靈，每年建醮酬恩。後因港府為防範火災而禁止建醮，醮會便遷往長洲舉行。

　　每屆醮會先由值理會代表向神明擲杯決定建醮日期，醮期一連七日，除連場祭祀外，全島居民亦配合禮儀，需禁殺齋戒，酒樓食肆亦不例外。到醮期尾聲則舉行神靈出會巡遊，更安排小童作"飄色"以代表神靈巡行街巷，晚上則舉行"祭幽"及"搶包山"活動。昔日的居民相信經過祭祀"平安包"具有神力，因此搶擲帶回與家人分享。自1978年發生包山倒塌意外，政府便禁止搶包活動，直至2005年才恢復舉行"搶包山"不過已改作嘉年華活動，非祭祀的部分。幸賴長洲居民堅持每年舉辦太平清醮，使獨特信俗得以傳承，故被列為"國家級非物質文化遺產"。

　　不少港人對風水命理甚為熱衷，尤其在農曆新年前後，許多善信為求流年運程順暢，專程到廟宇"拜太歲"或"攝太歲"，好向值年歲星祈求事事順利；甚或請購"開光"吉祥物品，佩戴擺放，祈求帶來福運；日常若遇家居商鋪有不美景觀或風水問題，亦有設置"泰山石敢當"石柱或擺放各式吉祥物品，以迴避煞氣，避凶趨吉；又如公路遇上交通意外，坊里於現場豎立"南無阿彌陀佛"石柱，焚香拜祭，藉以超渡亡靈、壓伏凶險。

　　善信若遇前程疑難，亦多到廟宇求籤卜杯，決斷憂疑。諺語有云："來到城隍廟，求枝好籤"在香港，最多善信前往求籤者非黃大仙祠莫屬。由於"黃大仙靈籤"是"有求必應，有應必靈"，每日都有很多人在這裡求神問卜。籤由竹削成長條，每一支寫上號碼，然後全部竹籤置於竹筒。而黃大仙籤共有100支，每支都有相應的籤文。在求籤時，善信誠心地向神明祈告，然後慢慢搖動籤筒，當有一支竹籤掉下，按號碼拿取籤紙就能解答一切心內憂疑。由於籤紙上的文句，多為古人故事，求籤者須從古人的故事中推敲神明的指示與回應。由於籤文玄奧難明，一般都會請教廟祝"解籤"，當然，解籤的吉凶，就視乎經驗與個案，內容因人而異。

　　除黃大仙外，近年亦流行到沙田車公廟求籤，至於其他神廟亦普遍設有求籤服務，以回應善信需求。求籤是普遍的社會現象，並不一定是老人所為，不少年青男女亦喜歡用此方法預測未來，求得精神安慰。

圖 21.15 香港銅鑼灣鵝頸橋下，每逢 "驚蟄" 那一天，都有不少人來這裡 "打小人"。

年初"驚蟄日"，信眾亦保存"祭白虎"的禮俗。[40] 相傳"白虎開口"傷人，漸引伸為是非口舌之災，是日善信到廟宇或街道上祭白虎兼"打小人"，透過祭祀來驅除小人，迎來貴人的信俗儀式。

打小人通常在路口橋邊進行，據說這些地方的煞氣大。而每年的驚蟄日更是打小人最盛行的日子。港島的鵝頸橋就是著名打小人的地方。該處有些專門替人打小人的"神婆"，一般是上了年紀的婦女。打小人的用品主要包括祭紙（如百解符、路錢），香燭及食物。而驚蟄日當天，除了上述用品外，還要用生豬肉來祭白虎。

打小人的儀式需時不定，有長有短，主要分為八個部分：

（1）分別為奉神——對神供奉；

（2）稟告——將事主的姓名、年齡、生辰八字及住址填寫在百解靈符上；

（3）打小人——將小人紙、五鬼紙、男人丁、女人丁、甚至小人的相片或衣物以各種手段毀壞，藉此折磨小人；

（4）祭白虎——在驚蟄日打小人要順道祭白虎。白虎是兇獸，是污穢、不祥的象徵，祭祀時用一小塊生豬肉塗抹"紙老虎"的口，象徵白虎吃飽之後不再開口傷人；

（5）化解——將一切污穢、災害、凶險等不吉利的東西消除；

（6）祈福——透過先前的祭祀，並加以祝禱，從此趨吉避凶，轉向好運；

（7）進寶——將元寶、金紙、銀紙、冥錢、神衣、衣紙等焚化，供奉給鬼神；

（8）打杯——即"打杯筊"。杯是兩片半月形的小木塊。兩塊都是一面平坦，一面凸出，如山丘狀。所謂"打杯"就是將兩塊杯合起置在手中，經過誠心默禱然後擲出，以請求神明指示前程的占卜方法。假如兩塊均為凸面向上，稱為陰杯；若兩塊均為凸面向下，便稱陽杯。若凸面各有一面向上和向下，是為聖杯，表示上天接受先前的祭祀，儀式順利完成。

打小人的目的是藉由祭祀以化解生活上的是非與人際上各種的不稱意。在表面上看似迷信，亦有指打小人所念誦的禱語非常惡毒，理應淘汰。若從另一角度考察，香港作為商業社會，競爭激烈，事事講求效益，是非自是無可避免，當今市民的教育水平已大為提升，但打小人的信俗卻未有減少，反而更趨流行，祭祀

（40）驚蟄日為二十四節氣之一，即每年三月三或四日。是日起氣候趨暖，蛇蟲甦醒為害，古人特以白虎鎮煞。惟白虎過於凶猛，易開口傷人，故有以肥肉祭祀白虎的俗儀。

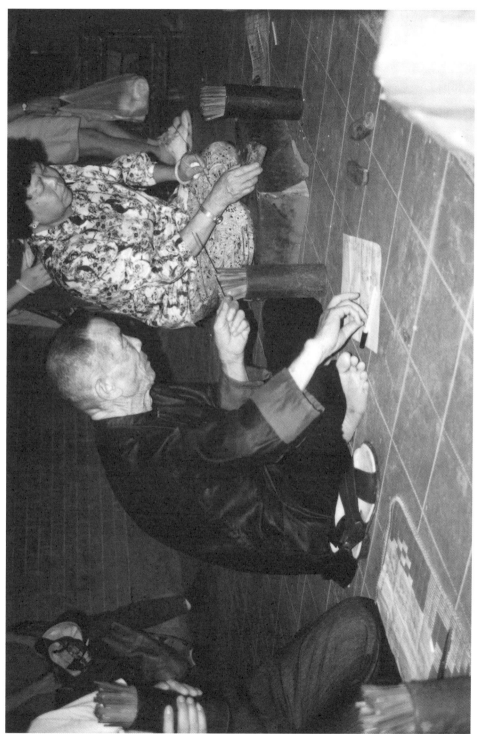

圖 21.16　求籤與打杯笅是香港華人廟宇裡常見的活動

者也不乏工商仕女和青年男女，正反映了打小人與當代香港社會發展的互動關係與時代意義。總之，祭祀者希望透過這種儀式，讓當下的際遇和前程更為坦蕩。

簡言之，一般宗教具有嚴格的組織和運作系統，屬自上而下的方式傳播；民間信仰則多由個人或群體發起，自下而上的推動，當中蘊含緊密的血緣和地緣的特性，相關民俗活動也有維繫族群的意義。

因香港的地理優勢與特殊歷史發展，自古收納各地的移民人口，他們帶來所屬的信仰和民俗，正是族群與地緣互動和結合的成果。而神廟之設不獨供奉神靈，在社會福利尚未完善的時期更是該地區的核心地帶，如上環文武廟、油麻地榕樹頭天后廟等，均設有公所及書院，既供士紳聚會議事，處理諍訟，同時為坊鄰幼童提供教育和接濟。每逢節慶或神誕，廟宇發起大型祭祀外，亦舉辦廟會墟市或聯歡聚餐等等，凡此種種，顯示民間廟宇除信仰功用外，亦具有凝聚族群、溝通社區、接濟坊眾的社區層面意義。[41]

隨着本地經濟起飛，教育與福利水平持續改善，以至城市高速都市化等因素，都對部份小規模的廟宇造成影響，但民間信仰卻未有萎縮，仍由族群團體管理和維持。在 20 世紀 80、90 年代，經濟模式向金融、地產等高值行業轉營，市民對事業與前途的祈盼更趨殷切和複雜，求神問卜，推算前程的風氣相當熾熱，既使神靈信仰得到持續發展，連帶本地玄學理命事業也推向高峰。

近十年，香港政府配合國家推行 "非物質文化遺產" 的保育，進行了廣泛的普查及申報，至今已有 12 項被列入 "國家級非物質文化遺產名錄"。其中，本地的長洲太平清醮、大澳端午遊涌、大坑舞火龍、潮籍盂蘭勝會等信俗活動入選，帶動各區廟宇組織大型廟會、祭祀禮儀等信俗活動，勢必加速民間信仰的復興、推廣和擴張。

（41）《香港歷史探究》，香港：香港史學會，2011 年，頁 87。

表一：香港常見神靈節誕日期簡表

農曆日期	節慶誕期
一月初一日	農曆新年
一月初二日	車公誕
二月初二日	土地誕
二月十三日	洪聖誕
二月十九日	觀音誕
二月二十四及二十五日	三山國王誕
三月初三日	北帝誕
三月廿三日	天后誕
四月初八日	浴佛節／譚公誕
四月十七日	金花娘娘誕
五月初日	龍母誕
五月十三日	關帝誕
六月初六日	侯王誕／包公誕
六月十三日	魯班誕
六月十九日	觀音誕
七月初七日	七姐節
七月十五日	盂蘭節
八月十六日	齊天大聖誕
九月十九日	觀音誕
九月廿三日	二伯公誕
十二月二十三／二十四日	灶君誕

表二：本港鄉村醮期略表

建醮單位	建醮週期	近屆年份（屆數）	參與醮會者
上水金錢村洪潮醮	1 年	2015	金錢村
長洲太平清醮	1 年	2015	長洲全島居民
坪洲天后宮洪文醮	1 年	2015	坪洲全島居民
蒲台島太平清醮	3 年	2015	蒲台島全島居民
大埔七約太平清醮	5 年	2011	泰亨、林村、翕和、集和、樟樹灘、汀角、粉嶺各鄉約村民
泰亨鄉太平清醮	5 年	2015	泰亨祠堂村、中心圍及灰沙圍聯辦
元朗沙江圍太平清醮	6 年	2012	沙江圍六姓居民
屏山鄉太平清醮	8 年	2013（26 屆）	元廟屏山、橫洲六村
塔門聯鄉安龍清醮	10 年例醮翌年壓醮	2009（21 屆）2010	塔門、吉澳、高流灣、三門仔、深灣等
沙頭角吉澳安龍清醮	10 年例醮5 年壓醮	2006（25 屆）2011	沙頭角、吉澳各村
元朗街坊十年例醮	10 年	2013（10 屆）	元朗新墟坊眾等
厦村鄉約太平清醮	10 年	2014（26 屆）	厦村鄧氏及輞井圍鄧氏為核心。屯門、屏山等村參與
元朗錦田鄧氏酬恩醮	10 年	2015（33 屆）	錦田水頭村、水尾村居民
大埔林村約太平清醮	10 年	2008	林村約二十三村聯辦
龍躍頭鄉太平清醮	10 年	2013	龍躍頭五圍六村聯辦
粉嶺圍彭氏太平清醮	10 年	2010	粉嶺圍各村居民
屯門忠義堂九村太平清醮	10 年	2006	屯門忠義堂九村聯辦
九龍衙前圍太平清醮	10 年	2006（29 屆）	九龍衙前圍村
沙田九約太平清醮	10 年	2015	大圍、田心、徑口、陳田、火炭、沙田頭、沙田圍、小瀝源各鄉約居民
上水坑頭安龍清醮	15 年	2008（12 屆）	村內居民
西貢井欄樹邱氏安龍清醮	30 年	2011	井欄樹邱氏子孫
上水鄉廖氏太平清醮	60 年	2006	上水鄉居民

第二十三章

香港的民間傳統風俗

陳蒨

一 · 引言

　　香港地區經歷了一百五十多年英國人的殖民統治，有著不同族裔的族群定居，包括與英國殖民者一同來到香港的印度裔的人和戰後移居來港的猶太裔人士等。不過在人口數量上還是以華人為主。本章主要論述華人的民間傳統風俗，以數百年前已經定居在香港新界村民的傳統習俗為主，這些中國民間傳統風俗習慣大多帶着華南文化特色。香港之所以能保存中國民間傳統風俗，一方面是由於政治上倖免於內地的"文化大革命"，另一方面，新界地區有着傳統的村落，有些是以宗族為核心的村落 .，而且新界部分文化傳統在港英殖民政府管治時期得到尊重和保留。這是由於新界份屬租借地，按《展拓香港界址事條》於 1898 年租借給英國 99 年，因此殖民者應允尊重居住在租地居民的傳統習俗、商業和土地權益，在法律上，有"新界條例"以及"習慣法"來保證某些傳統習俗能維持不變。[1]一方面，這制度化及半制度化的法律及習慣法，提高了所謂"原居民"對自己"傳統"的意識；另一方面，原來是變動的習俗，如祖、堂財產分配法，喪葬禮儀等，就被政府某種程度的積極保留重新強化，甚至是"僵化"在某一個特定的環境中。然

（1）　Chan, Selina C. "Colonial Policy in a borrowed time and place: Invented tradition in the New Territories of Hong Kong." *European Planning Studies*, 1999. 7(2): 231-242. 和 Chan, Selina C. 1998. "Politicizing Tradition: The identity of Indigenous Inhabitants in Hong Kong." *Ethnology*, 1998. 37(1):39—54.

圖 23.1　祠堂樑上的花燈，是添丁的象徵，慶祝宗族後繼有人。

圖 23.2　在新界，吃盤菜是一件盛事。（1995）

而這些傳統風俗亦經歷了都市化與全球化的衝擊，故此在延續中也產生了變異。本章的第二部分從個人的層面探索生、婚及喪事的傳統風俗，第三部分分析社區性集體的傳統習俗。

二·生命週期的儀式習俗

（一）生

按大部分香港人的習慣，不少家庭生孩子以後都會準備一些紅雞蛋分贈親友。如果生下來的是兒子，那就稱作"弄璋"，女兒就稱作"弄瓦"。等到嬰兒滿月時，很多人就在酒樓設宴，稱"滿月酒"，亦即向親朋戚友宣佈添人丁之喜。

在孩子滿月的時候，兒子就會被命名，有些是按族譜字輩命名，按傳家經典的一些含義或取意思較佳的詞為名，有不少男孩的名字皆具有光宗耀祖、齊家興國的意義，至於女兒的命名一般來說就比較馬虎。在 60 年代以前，新界圍村甚至有的時候並沒有給女孩命名，[2] 而一般香港人甚至也不會去有關政府機關登記家裡新生人口的資料。[3]

在新界的圍村裡，男丁的出生絕不僅僅是一個家戶內的事情，而是整個宗族社區的事情。每到新年，前一年有男丁出生的家庭就得準備果品去祠堂、廟宇答謝神恩，並帶一個花燈懸掛在祠堂的樑上，象徵着燈火，慶祝後繼有香燈。同時，有新丁出生的家庭又安排"盤菜"宴請村中各父老。所謂"盤菜"，傳說是宋代有軍人來到新界地區，村民宴請這些軍人，但是又擔心鄉村地方食品不好，於是想出一個法子把所有的菜都煮好，通通放在一個大盤裡。這個盤裡有魚、豆卜（炸豆腐）、蘿蔔、魷魚、腐竹、豬皮、豬肉、雞、燒肉，分層放好，其中肉類，所謂好一點的東西放在上面，下面放一些下價的東西，這些軍人吃得津津有味。

（2）　Watson, James L., "Of Flesh and Bones: the Management of Death Pollution in Cantonese Society," in Bloch, Maurice and Parry, Jonathan（eds.）, *Death and the Regeneration of Life*, 1982, pp. 155—186.

（3）　Watson, Rubie S., "The named and Nameless: Gender and person in Chinese Society.", *American Ethnologists*, 1986, 13(4):619—631.

自此，盤菜習俗就流傳下來。逢年、節、慶典，村民都會以此宴客。[4]

　　在慶祝男丁出生的時候，主家往往會在小孩快滿月的時候，擇日在村口當眼的地點貼幾張紅色的告示，說明自己家裡添了男丁，藉以得到該社區各成員對新生兒的身份有所認同。也就是說，添丁是一個家族性、社會性的事情。事實上，一旦這位男丁作為宗族成員的身份被確認以後，他將來就可以享有家族內各種福利，譬如說，家族中財產的繼承權，即是祖先蒸嘗，祖、堂的財產分享權，甚至死後安葬在祖墳的權利。在傳統時期的新界，男丁作為家族裡合法的成員就具有了這些約定俗成的權利。這種種的權利在英國人租借新界以後被刻意的保留，納入"習慣法"，甚至僵化了原來靈活的傳統習俗。[5]

（二）婚

1. 舊式的禮儀習俗

　　60 年代以前，在鄉村裡，多數人都是採用"盲婚啞嫁"式的婚姻，都是由祖父、母或長輩作決定，較為開放一點的，見過一下面，之後再嫁娶。

　　在舊式的婚禮裡頭，三書是十分重要的。指的是"聘書"，訂定婚娶時男女交換的合約；"禮書"，是男女雙方交換禮物時一齊附上的文件；"迎書"是指迎娶新娘當日附上的。至於六禮，其實是十分繁瑣的。包括：（1）採納：男家打聽到一家合意的女子，派人送點禮物去。（2）問名：女家覺得男家亦不錯，就送了自家女兒的年庚八字給中間人轉往男家。（3）納吉：由算命先生推斷男女雙方八字寫下來，供在家戶內祖先神位下，燒十支香，如果十支香都順利地燒完，那就表示祖先對這門婚事同意。（4）納徵：男家送些金錢和禮物去女家；女家準備嫁妝。（5）請期：商議嫁娶日子。（6）親迎：真正進行嫁娶活動。這六禮本身太複雜，自二次大戰後一直都是部分保留，部分廢除。

（4）　面對殖民解體和回歸中國，不少香港人開始對新界的傳統風俗和各地區的習俗增加了興趣，這些傳統風俗漸漸被視為本土文化特色，廣受大眾關注與消費，詳見 Chan, S. C. "Food, Memories, and Identities" *Global Studies of Identities and Power*, 2010, 17(3): 204—227. 其中不少香港各地區的習俗與傳統也被納入香港非物質文化遺產。
　　在 2014 年香港首份非物質文化遺產清單內，盤菜被列為其中一項非遺。

（5）　詳見 Chan, Selina C. "Colonial Policy in a borrowed time and place: Invented tradition in the New Territories of Hong Kong." *European Planning Studies*, 1999. 7(2): 231—242。

圖 23.3　新界上水松柏塱客家圍內的祠堂

圖 23.4　客家圍祠堂的祖宗神位

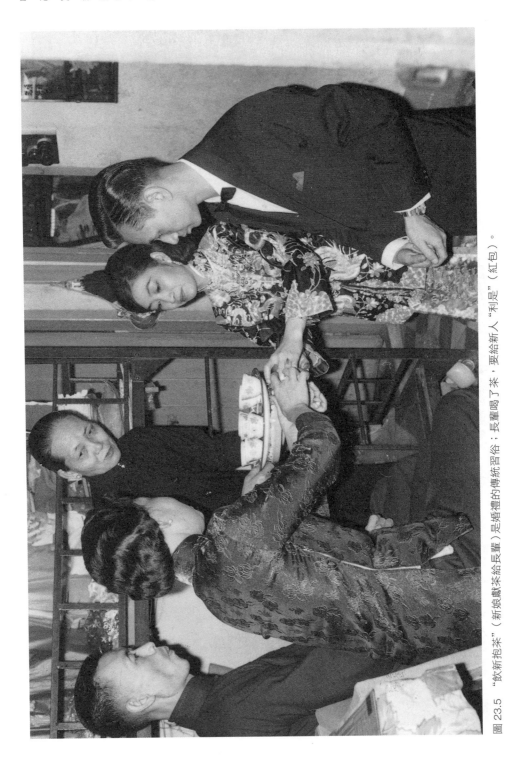

圖 23.5　"飲新抱茶"（新娘獻茶給長輩）是婚禮的傳統習俗；長輩喝了茶，要給新人 "利是"（紅包）。

2. 舊式的婚姻類型

1971 年以前，香港地區除了一夫一妻制的婚姻之外，尚有不少其他形式的婚姻。計有妾婚，即男子除了正室妻子之外尚有娶其他女子入門作妾侍；亦有所謂 "新抱仔" 或 "童養媳" 制度，通常是一些窮苦人家，養不起自家的女兒，變相賣給別人作 "小媳婦"。實際上，這個女孩是以一個 "小媳婦" 的身份去到丈夫家裡，自幼與將來的丈夫以兄妹相稱，長大之後也不需要甚麼儀式就成親了。這種婚姻的目的是預先替男孩留一個妻子，保證長大成婚後有妻子替他生孩子延續香火。[6] 事實上，女孩一旦進了男家，即使未長大，還未來得及與男孩成親就夭折，她的地位還是當作是男家媳婦的。

此外，"冥婚" 俗稱 "鬼婚"，也在香港地區存在。一般情況下，"冥婚" 是為未成年就夭折的男、女童安排婚事。通常這些男、女童在夭折多年以後，家裡的人突然覺得不舒服、或病、或惡運纏擾，他們就歸究是夭折男、女童不悅，決定為她（或他）找一頭夫家、妻家，而這些夫、妻家通常也是夭折的亡魂。替夭折男童找一個妻子就意味着其成人的地位。替夭折女童找婆家的意義就更為重大，因為在中國傳統裡，女兒不同兒子，不屬於父系家族的合法成員，未結婚就死亡的就是孤魂野鬼。冥婚的安排意義就在於替這個女孩找一頭夫家，給予她一個系譜性的名份及地位，成為丈夫家族成員，不再是無家可歸的遊魂。[7]

另外，香港地區也有 "贅婚"。這種情況通常發生在一些只有女兒而沒有子嗣的的家庭裡頭，由於女孩在父親家庭裡沒有系譜性的繼嗣地位，她的父親因而絕房，為了能夠安排子嗣延續女孩父親家族的香火，這個女兒會徵求一個男子入贅她父親的家。這個入贅女婿不需要付出禮金，也不需要更改姓氏；婚後，丈夫就住在女家，在經濟上的意義，妻子與女婿就納入在岳父家庭裡。但是他們都不屬於岳父家族成員，入贅丈夫的系譜地位沒有改變，妻子屬於丈夫家族成員。只是他們的兒子之中至少有一個要屬於岳父家族的成員，姓岳父的姓，繼承他的香火。事實上，贅婚的主要意義是為了借一個入贅女婿來生一個兒子繼承岳父的繼嗣權。[8]

（6）　Wolf, M., *Woman and the Family in Rural Taiwan*, 1972, p. 89.

（7）　Chen, Chi Nan, "The Living and the Dead in Chinese Kinship," Paper Presented at 86th Annual Meeting of American Anthropological Association, 1987, p.8.

（8）　Ibid., pp. 27－28.

3. 今日香港的婚姻形態及禮儀

1949 年，中華人民共和國成立之後，男女平等、自由戀愛等觀念漸趨普及。1950 年中華人民共和國制定新的婚姻法，規定一夫一妻作為唯一合法的婚姻形式。

由於香港在英國的殖民統治之下，居民不受中國的民法管制。一直到了 1971 年，立法局通過婚姻修訂法案，此後唯一合法的婚姻形式是一夫一妻制。21 歲以上的人可以自由在政府的婚姻註冊署或教堂由有關官員或神職人員主持婚禮。不到 21 歲者可以由監護人陪同下簽名結婚。

事實上，這以後婚姻的合法性地位就建基在法制化的程序裡。傳統的"三書"、"六禮"及地方性禮儀已經不再是唯一的合法化的方式，但其角色也沒有完全被法制化的程序取代。

在今日的香港，一般人都是由自由戀愛結合的，決定婚期以後，男家就得贈送一些儀式性的食物、禮金、禮餅給女家。女家還是用這些禮金來買一些首飾給新娘子。結婚前一夜，男女雙方不可以見面。並且要用柚樹葉洗澡，取其淨化之意。然後，準新郎、新娘各自在家由長輩主持"上頭"儀式，也就是說揀定吉利的時辰，由家裡輩份較高，有子有孫的人替他（她）梳頭祝福。

住在圍村的男子，往往在舉行婚禮的當日一大清早就穿戴整齊，帶着大紅花球，拜祭祠堂內祖先及區內土地神，然後，再出門去接新娘。到達女家門前的時候，新娘的姐妹就"攔門"，要求新郎表示深愛新娘，以及付出"開門利是"一封。（如要 1,399.99 元，取其諧音為一生長長久久等）

新娘回到男家的時候，新娘要撐着紅傘以免有精靈鬼怪騷擾，快進入夫家的時候要跨過一個在燃燒的火盆，意為淨化新娘。進門以後，新人要叩拜祖先及獻茶給長輩。如果是新界的鄉民，中午就會在村裡大擺盤菜宴請村中各人，藉以通知親友自己家裡添了媳婦，晚上，又再在酒樓大排筵席。

婚後第三天，一雙新人要帶同禮物、果品、餅食及"燒豬"回新娘的娘家，燒豬之意云新娘是處女。

這種種傳統的禮儀習俗今天雖然不再是唯一見證婚姻合法性的儀式，但是它的角色實在上也相當重要。事實上有不少的人覺得即使在政府那兒登記註冊了，但還沒有宴請親友，舉行習俗性的儀式，也不算真正的結婚。在圍村裡，非常有趣的是，每當族中身在海外的子女結婚，即使在外國已經舉行過婚禮，辦理了登記手續，還在村子裡的父母也會替他們的兒子補辦"完室"之禮，也就是說在新人都缺席的情況下，父母還是要公告村中父老、親戚，請他們來吃盤菜，希望社區、宗族裡的人默許這段婚姻。

面對九七回歸的不安，部分香港人移民海外，個人往往是依附着家人申請移民，一旦結了婚，個人的申請資格就被刪除，所以，也有不少人是為了移民的問題，暫時不在法律上簽訂婚書，但是還會大事鋪張，貫徹執行繁複的婚俗。[9]在他們和眾親友心目中，他們也就是真正的夫妻。這種種就是説明了即使沒有法制化的登記，但是習俗本身在現代化、法治化的香港仍然有相當的社會意義。

（三）喪

喪儀是一個人生命週期中最後一環，但這不僅僅是個人的事情，而是整個家庭、家族、甚至是社區的事務。至於喪儀的細節，漢學家德格魯特（DeGroot, J. J. M.）有詳細的論述。[10]喪儀的意義不只在於説明個人肉體生命的終結，事實上更象徵着家族的"肥沃"、"豐富"、"延續"。

在以往的傳統時期，中國人流行土葬。隨着都市化、現代化的社會變遷，人口增多、土地不足，土葬實際上已經不可能。因此，大部分香港人都採取火葬。只有新界的鄉民，所謂"原居民"，即英國政府所認定的 1905 年以前居住在新界的人，其子孫受《新界條例》保護，也就是説他們的傳統會被尊重。殖民政府因此同意這些原居民應享有土葬的權利，仍舊保留祖墳作土葬！

在今日的圍村裡，如果有喪事，村民一般都動員整個社區內血緣關係比較近的一群人來幫忙處理後事。一大清早，就去殯儀館把遺體抬回村內，安放在村中用來舉行喪事的特定地點，如永別亭之類。

遺體停放村中以後，子孫備以香燭果品等祭之，村內各親屬都來到棺木前跪拜致敬並燒元寶、蠟燭，同時，尼姑、喃嘸為死者超度作法。至親的子女就一面跪拜一面嚎啕大哭，並一面吟唱哭喪歌。[11]

"買水"的儀式一般是在樂師及喃嘸帶領下進行的，長子要到附近的小溪或水

（9）　譚少薇、柯群英：〈習慣婚與合法婚：香港的新趨勢〉，見馬建釗、喬健、杜瑞樂（主編）：《華南婚姻制度與婦女地位》，1994 年，頁 141—158。

（10）　Degroot, J.J.M., *The Religious System of China*, Leiden: Brill, 1892—1910.

（11）　Hase, Patrick, "Observations at a Village Funeral," in Faure, David, Hayes, James and Birch, Alan, (eds.) , *From Village to City*, 1984, pp. 129—163.

圖 23.6、23.7　在香港，清明節和重陽節都是祭祖的日子。圖為粉嶺彭氏族人祭祖情形。

源取水，然後長子象徵性的為死者抹一把臉，此後，棺木就封上。在"買水"的儀式中，有意思的是長子的身份及義務。華森（Watson, J. L.）認為長子作為主要的儀式執行人，經受"污染"危險最大，因此他也會繼承父親較大部分的財產，也就是說父親留下來的祖屋歸他，其他財產由諸子均分。但是，筆者並不認為污染的危險和繼承權有直接的關係。反之，長子作為買水活動的執行者只是表示了他與死者之間的一種系譜意義上的延續關係；同時"買水"者負起慎宗追遠、拜祭祖先的責任。因此，他可以繼承祖屋，也要供奉祖屋裡的祖先牌位。這一個論據可以在沒有親生子嗣的死者身上看得更清晰。事實上，在中國社會裡，不論死者有沒有財產剩下，在喪禮裡頭，也必須要找一個至親的下輩，如叔伯之子侄來"買水"。在這個時候，"買水"人的角色就是繼承、延續死者的系譜線和承擔祭祀的責任，而財產的承繼可能根本就不存在。事實上，在喪禮中男系子嗣所扮演的角色，不過是表現了繼嗣連續性的重要而已，主題是象徵着家族的延續。

三·傳統的習俗

（一）宗族意識為本的活動

以父系繼嗣為基礎的中國人對於祖先有莫大的敬意，無論在儒家的大傳統層面經典上的論述，抑或是小傳統的大眾習俗。在今日的香港，不少人的家裡都還安放着祖先神位，早、晚都上香，過年過節則供奉果品肉類。

在新界宗族裡，祖先崇拜的活動更為重要，除了家戶內的祖先神位以外，社區裡也有祠堂、家祠等。根據歷史學者的考證，香港地區的祠堂多數是建於 17 世紀末 18 世紀初。

祠堂的建立，不獨是為了慎宗追遠，而且也是表示宗族及其成員的財富、功名、勢力等。事實上，每一位死去的先人都是祖先，但是，不是人人死後有資格把自己的神位安放在祠堂裡，通常他們是憑個人有形的財富——金錢及無形的財富——功名來"認購"神位。

在新界的宗族村落中，不難見到他們在清明、重陽舉行有規模的祭祖活動，是日，宗族中 60 歲以上的父老會穿著長袍帶備燒豬果品拜祭祠堂內的祖先。

同時，這個以宗族為單位的群體也會定時舉行其他的宗教活動，如太平清

醮。粉嶺的彭氏宗族、錦田鄧氏、石崗侯氏每十年建醮一次；上水廖氏每 60 年
打醮一次；新田文氏每三年建醮一次。關於太平清醮的來由傳説紛紜，大都與天
災人禍有關，都是由於某地遇到天災、人禍，就請高僧道士，附近地區廟宇內各
神、祠堂裡諸祖先，並設壇祈禳，誦經唸咒，超度亡魂，望能消災解難，求得風
調雨順，平安大吉。

　　此外，宗族經幾百年的歷史，內部一定有功能性的分支。[12] 這種建基於共同財
產、經濟基礎的分支實在可以稱作 "祖"。通常是在下面各種情況下建立的。(1)
男子死後並沒有把全部財產都分給後人，餘下的一部分就按其名成立一祖。(2)
就是丈夫早逝，寡婦膝下又沒有兒子。據傳統的父系繼承法則，妻子沒有權力繼
承丈夫的財產。因此，這些錢就以丈夫的名立祖。這類祖事實上是以父系親屬為
原則構成的法人團體，成員是其子姪後人。

　　這類具有功能性質的父系分支組織的資本通常是用作購買田地、房產用。然
後，再把田地、房子租給別人，租金收益通常用作拜祭該祖的先人，也就是這個
"祖" 建立的最終目的。過去 "祖" 的收益並不多，通常都是僅僅足夠用來買香燭、
燒豬作拜祭用途，儀式完結之後，男性的子孫作為父系家族合法成員有權分享一
塊豬肉，有時候，也不是按丁分，而是按房分。近二十年來，香港發展迅速，都
市化以及城市規劃下，這些 "祖"、"堂" 組織擁有的土地有很大的部分都變賣了，
堆積了大量的現金，也就分配給子孫，在大部分的村子裡，無論是按房或是按
丁，都只有男丁才有權分享，但是在粉嶺的彭氏及青衣、荃灣的一些村子裡，未
嫁出的女兒以及嫁進來的女人也有權分享這些蒸嘗。

（二）風水：宗族、地域組織成員身份的投射

　　"風水" 在福伊希特萬（Feuchtwang, Stephan）看來是在特定宇宙觀下建立的一
套信念，一套象徵符號，分類系統。[13] 研究中國南方村落的著名人類學家弗雷德曼
（Freedman, Maurice）認為 "風水" 的社會意義在於説明所有人生來都是平等的，每

（12）Freedman, Maurice, "Geomancy and Ancestor Worship," in *Chinese Lineage and Society: Fukien and Kwangtung*, 1971, pp. 118—154.

（13）Feuchtwang, Stephan, *The Imperial Metaphor: Popular Religion in China*, 1992, p.2.

個個人都有權利用"風水"在墓地、屋宇建築等方面爭取改善自己目前的情況。[14]

事實上，弗雷德曼總是認為風水與祖先崇拜是對立的，祖先崇拜是同一個家族成員透過父系意識連結起來的表現，也是團結、和諧的象徵。他還以為每個個人都可以利用"風水"選擇較好的墓穴、房子等改進自己運程，獲取更多福澤，改善自己的生活質素。按他的理解，風水是建基於"分化性"的本質及個人意識上。

福伊希特萬也認同弗雷德曼的主要觀點，表示"風水"代表一個分化群，祖墳、祠堂成員者的聚合。但是，不像祖先崇拜，其着重點在於個人競爭之間的紛爭而非群體的向心性，也就是説"風水"的着重點在於鼓吹個人是群體的一部分。

筆者以為風水並非純粹的非群體式個人化的表現。事實上，在同一個宗族裡，祖先崇拜與風水也不一定造成結構性的集體，個人間的對立關係。相反，兩者只是不同層次，不同大小群體身份象徵的投射。即使在選擇墓地時，也並非單純的兄弟個人之間的競爭，而是希望能夠福澤自己的分支和子孫後人，值得進一步説明的是，"個人"在中國社會裡是依賴在一個家庭或親屬群裡的一環，而並非獨立的個體。因此，在這種文化脈絡底下，"風水"更加不可能是單純為個人利用和服務的。確切地來說，風水是另一種層次的集體身份認同的投射。即使在屋宇建築時對風水的考慮，也並非為了個人利益，而是為了使用者一家，甚至將來的子孫，使他們可以得到更多福澤好處。

另一方面，筆者以為弗雷德曼對風水的態度也局限在宗族團體裡，因而極力把祭祖與風水對立起來。事實上，風水在筆者的眼中不只是一個群體意識的投射，而且這個群體可以是超家族的，甚至是一個地域性群體意識的投射，近年元朗八鄉村的例子就正好説明這一點。八鄉上村的雜姓村落，從 1991 年開始因風水緣故，與想在該區建骨灰龕的發展商有一場歷時兩年多的抗爭。

當時私人發展商在上村村民祖墳前興建骨灰龕，村民不滿，發展商不理會村民的抗議如期動工，恰巧有七名村民在一個星期內病逝，村民因而更加確定興建骨灰龕大壞村內"風水"，誓言制止。一直到 1993 年 12 月 7 日，村民經過多方奔走，去信及約見政府各部門有關官員，終於使發展商敗訴，政府的規劃環境地政司以新界地區使用的《建築物條例（新界適用）條例》第五條，否決興建骨灰龕。

整件對抗的事情裡，有趣的是在 90 年代現代的香港，風水這個傳統概念竟然被抬出來，成為有效的政治本錢，成功地爭取到村民所要的結果，事實上，在當

（14）Ibid.（8），p.125.

地村民的心目中，他們的祖先世世代代都葬在同一塊土地上，那一片祖墳亦是一個熟人社會，而在這個熟人社會附近，如果有一大堆陌生人葬在一起，那就會破壞了這個熟人社區的本質，破壞了原本的單一集體。"風水"在這裡是代表着一群超家族的雜姓鄉民的身份認同的投射。

（三）廟宇文化下的慶典醮會

除了宗族組織外，也有不少以廟宇為中心的社區性慶典；例如新界八鄉地區八條村落：上村、蓮花地、長莆、馬鞍崗、元崗、上峰、下峰及橫台山，在 1600 年已集資建造"八鄉古廟"，同時劃出土地用來出租，租金用作廟宇的管理、維修及各項活動之基金。八鄉古廟建成之後，曾經在咸豐十一年（1861）、光緒十三年（1887）、1963 年及 1986 年多次維修。

八鄉古廟是八鄉村民活動的中心，廟內供奉觀音、華光、天后、侯王及土地各神。村民們在古廟內求神，求籤、作福、燒香、上契等……同時古廟內每三年舉行一次打醮，作"四本戲"活動。"四本"者乃是指四組村民，每組村民負責一天的戲目，以抽籤決定。日佔時期，鄉民生活十分艱難，無法籌款，也就停辦，以後一直沒有復辦。

除了八鄉之外，元朗區域內的十八鄉村落亦是一個以廟宇文化為中心的聚落。距今約三百五十年前，元朗河大樹之東，均為水上人漁家住處。漁家崇拜水神天后，在大樹下建一所天后廟，初時只是一所小廟，到錦田大橋墩關成市集，又有 18 條村組成十八鄉後，商議擴建天后廟，建成三殿七廊如今日之建築。天后廟在清康熙、乾隆中葉、光緒甲申重修。[15] 廟內正殿供天后，左右是哼哈神，前面有九尊小佛像。右邊偏殿是學社，供祀文武二帝，求鄉中多出文、武狀元。左邊偏殿是英勇祠，供奉十八鄉與錦田村民械鬥時殉亡的鄉民神位。

事實上，在清乾隆中葉，十八鄉鄉人與錦田鄧氏之間有糾紛，十八鄉的土地是錦田鄧氏所有，十八鄉佃戶和錦田鄧氏地主間時有磨擦，在元朗舊墟大王古廟有《奉列憲定行章程悉以倉斗交租給示勒石永遠遵守碑》一石碑，記載倉斗交租之糾紛，説是倉斗交租初期，地主用倉斗作量器，後來地主用大斗作容器收租，

---

(15) 科大衛、陸鴻基、吳倫霓霞（合編）：《香港碑銘彙編》，1986 年，頁 135。

佃戶不肯；在乾隆三十九、四十兩年抗租不交，四十一年地主鄧氏帶僕人討租，強行牽走牛豬作押，割禾抵租，同時砍傷村民陳氏，遂起訴訟，終於十八鄉訟勝，鄉民十分高興，並開始在廟前演梨園賀天后誕，自此三年一屆，花馨三月二十三，在天后廟內隆重慶祝。同時，每逢清明、重陽，鄉民都去天后廟"英勇祠"拜祭，紀念他們在和錦田鄧氏械鬥中殉亡的族人。

此外，過去沙田地區有九約組織，成員村落包括大圍約、田心約、徑口約、隔田約、排頭約、火炭約、沙田圍約、沙田頭約及小瀝源約。這些約包括了在明、清兩朝時建立的 48 條村。這 48 條村當初因盜寇入侵等問題成立九約，並以地區性的廟宇 —— 車公廟為基礎。另一傳說是三百多年前，大圍村村民夢見南昌五福東大元帥託夢說要來沙田，是夜只見滿天紅光，瑞氣呈祥，於是村民就集資建車公廟。又一傳說是明朝末年，沙田區發生瘟疫，病者無數，以為是邪鬼作祟。沙田村民就建議抬捧車公廟的車大元帥神像，遍遊各村各鄉，並請高僧誦經唸佛，以求消災，不久瘟疫消失，村民均以為這是車公顯靈，遂議團結村民建立"沙田九約"組織。

這 48 條村落組成的九約每十年有一次盛大的打醮活動，每次歷時四日五夜，搭神棚、備巨香。醮會中還有兩項特別的風俗：一是攬榜，二是行鄉。攬榜是在九約的村人中推選二名好命之人。"好命"是指此人必定已是長命富貴，三代同堂，不缺配偶者，他們就擔任"攬榜"一職，代表九約村民拜神求福。"行鄉"是指在建醮首日，各村代表集合建壇，並訪各村。此外，演"木偶戲"或"廣東大戲"給人和神看是不可缺的另一環活動。

四・總結：從民間風俗到非物質文化遺產

在香港這個多元文化組成的社會，一方面它是相當現代化的都市，另一方面卻保留着不少中國傳統習俗。屬於家族性的計有生、婚、喪、祭祖。這些習俗不但說明了個人在家族裡合法性的地位，也表現出個人之間在家族裡達到的結構上的整合。祖、堂的活動就代表着集體內在分化性的特色。風水、醮會就代表另一類集體性的超家族的習俗。一般性的"拜神"活動就是比較個人化的習俗。事實上，這種種習俗本身和其意義，是不斷的由不同的文化群體隨着社會的現代化來調整的。但同時也受到了政府的一些政策所影響，最特出的原因是政治的背景。

由於新界是租借回來的，英政府必須尊重保留在這片土地上生活的居民本來所有的傳統和習俗，這也是香港經一百五十多年的英國殖民統治，還能保留那麼多中國傳統的一個原因吧。到了 97 回歸後，不少傳統習俗又被視為香港本土文化深化港人的身份認同，其中不少習俗更被列入 2014 年香港政府首份非物質文化遺產清單內。[16]

5

10

15

20

25

30

（16）陳蒨：《潮籍盂蘭勝會：非物質文化遺產、集體回憶與身份認同》，2015 年。

第二十四章

結論篇：香港現代社會

王賡武

本書中的各個章節已經論證，今天香港的成功很大程度上是因為她是進入中國的便利門戶。這個基本條件在近一百多年的歷史進程中一直沒有改變。作為英國佔領的殖民地，她也是設在外部世界的窗口。只有香港華人的活力和進取精神，才是香港發展的主要可變因素。在這篇關於香港過去和未來的結論篇中，我將論述香港華人，分析他們的組成情況，以及他們對中國和本區域可能發揮的作用。

儘管香港人生活在殖民統治下，但他們無疑是中國人，也可稱作香港中國人。在此我們留意一下，有許多詞彙描述中國人，例如：中國人、漢人、唐人、華僑、華人等是最通行的用法。

但在現代中國社會，有兩個詞具有特別的歷史意義。它們就是上海人和香港人。這兩個詞反映出 19 世紀以來，中國沿海省份、大陸帝國邊緣新港口城市的顯著發展。從廣東、福建、浙江、江蘇、山東、河北到遼東半島的人迅速城市化，並向海外世界發展。把他們稱作沿海華人也許更為適合。這一稱呼並不指局限在某一特定區域的人們。它表示的是那些出生在中國沿海地區，通過口岸與外部世界進行頻密的貿易活動，在中國和外部世界之間起到橋樑作用的人們。他們跟得上時代變化，對事務反映敏銳，充滿活力和朝氣。自 19 世紀中葉以來，儘管他們當中的許多人和他們的祖先曾經在外國人的管轄之下生活，但他們從未染上殖民地特徵。他們中間的多數人從不屈從於外國利益，而且自從現代民族主義興起之後，他們投入中國的現代化事業，滿腔熱情地為中國的昌盛和尊嚴而奮鬥。

事實上，沿海華人中的重要一群便是香港人，他們的認同意識產生於 20 世紀

70 年代。香港人是指那些即使不公開反對殖民統治，但至少與少數欣賞英國統治的人截然不同的人們。中華人民共和國政府承認他們的認同意識，把香港人與澳門人一同稱作"港澳同胞"。他們有別於台灣人。他們也不是華僑，即那些"暫時"居住在海外或中國領土以外的中國公民。香港人也包括許多新近從大陸來港居住的人，效忠台灣政府的人，甚至取得外國國籍又回港生活和工作的人。

香港人基本上講標準的廣州方言，但他們並不都是廣府人。人口統計數據顯示，超過 1/3 的人來自珠江三角洲以外地區。他們分別講潮州話、客家話和來自廣東、廣西的其他廣府方言；還有的講閩南話（漳－泉）、客家話和來自福建的其他方言；還有一群人被籠統地稱作上海人，這個當地的稱呼是指從中國其他省份來的人們，但主要是從沿海地區來香港的人。

香港人還包括一二十萬的"歸國"華僑。他們多數是在 50 和 60 年代回歸中國，在 70 年代又移居香港的東南亞華人。他們中很少有人還能返回自己在東南亞的家園，所以他們已經把自己當作香港人，或者說沿海華人。

總而言之，不論祖籍何方，香港人包括了那個地區幾乎每一個中國血統的人，只要他們在香港定居，並且承認他們與中國有着深厚的文化淵源。儘管多數人講廣州方言，但每個人都略懂自己的方言。例如，有人講普通話，有人講兩種或多種方言。還有人能講外國語言，像英語、法語、日語和不同的東南亞語言。香港是一個流動性很大的城市，人們來自附近地區和至少三大洲。

香港人主要來自中國南部沿海省份的事實，意味着他們與那些依靠沿海和海外活動為生的人們，特別是那些參與海外貿易的人們有着許多共同之處。這些人一直處於中國中原地區的邊緣，與內地人差異頗大，因而也值得特別關注。正是他們的邊緣地位，使得我們需要了解他們的價值觀、他們的生活方式、甚至他們對世界的看法。

如同世界許多地方一樣，中國南部沿海地區的人口構成經歷了一個漫長的流動和融合的過程。考古學的發現早就證明了南部沿海土著文化中含有許多外來的成份；而秦漢以後國家的統一，大大加速了中原人口的南移和南北文化的交流。到了唐代，以廣州為中心的中國南部海上貿易和對外交往到了一個高峰時期，而這個時期影響的延續，可以從明清時代中國南部沿海人在海外自稱"唐人"，把中國故土稱為"唐山"得到充分的說明。

但是，散居中國沿海的人們除了共用像"唐人"或"閩粵人"這樣一些稱呼外，他們彼此之間卻使用不同的方言。儘管他們中的精英分子共同奔赴京城參加科舉考試，但卻不願在彼此間買賣。他們中間的勇敢商人熱衷從事海外貿易，使用自己的港口，分別與不同的西方和東南亞國家和港口做生意。因此，很久以來，這一地區的人們對外界就採取相對開放的態度。

這些唐人毫無疑問具有中華帝國的歷史經驗和文明。但在帝國時代，派遣來管理他們的官員和軍隊並非都是了解船和海對他們生活的重要性，一些掌握實權的官員反而鼓勵發展農業，甚至以犧牲海外貿易為代價。儘管如此，這些唐人還是追隨他們的傑出人物和文化領袖，認為自己是中國人，至少是中國唐人。

時至今日，唐人這個詞除了被老一代海外華人所用，而且還保留在中國南部沿海的主要方言中，它聽起來似乎有些離奇古怪。"香港人"則不同，它不再簡單地等同於唐人。從文化和歷史角度看，香港人是中國人。這種與國家認同感的聯繫，今天比以往更加強烈。但是，不少香港人卻自認為是有不同意識的中國人。他們拒絕殖民地中國人的概念，對這種"反面形象"已經反感了幾十年，但也不等同於具有中國大陸或台灣的當代主流意識。

香港人這種想法在中國歷史上曾經有過先例，了解它對我們理解香港歷史和香港未來非常重要。在南部中國對外貿易的主要港口也可發現相同情形。從漢代開始，廣州就是外貿口岸。宋朝以來，泉州以及隨後的安海和月港都曾經在短時間內成為重要港口。在幾個世紀中間，還出現過其他港口，如福州、廈門、寧波和長江三角洲上的一些港口。在 16 世紀中葉以後，也出現了由葡萄牙人管治的澳門。但是這些港口的貿易量從不穩定也無法計算，而且在明清時代，官員對這些港口實行嚴格控制。我們有充足證據可以證明，在 19 世紀以前，亞洲和歐洲國家在與中國政府進行貿易時遇到各種困難。這些證據可以幫助解釋，為甚麼這些港口的中國商人沒有能夠形成自己的明確的意識。日本人、葡萄牙人和西班牙人竭力敲開明朝緊閉的大門，荷蘭人和英國人則試圖迫使清政府開放口岸。然而，直到 19 世紀中葉，英國人才通過打敗滿清帝國取得突破，通商口岸制度成為放大了的澳門經驗。這個制度是由西方強權的軍事實力支撐的，也是西方國家在經濟上滲入中國的不懈努力的結果。

此後 100 年，開放口岸發展成為共生中心，在那裡，外國管治下的貿易組織與中國官員、商人和買辦共存。由於地理位置背靠中國最廣泛的內地，上海成為最大的一個中心。她的人口迅速膨脹，來自全世界的外國人都匯集在這裡。那裡的中國人不僅來自南部中國的其他口岸，而且來自鄰近的每個省和縣。在不長的時間裡，上海便成為在中國沿海地區形成的新型社會的都會，被廣泛承認為亞洲最國際化的城市。

　　起初，上海社會以非華人的貿易活動而著名。到清朝末年，大批當地優秀華人也享有盛譽。上海吸引了大官僚和富商家族，他們移居此地並在那裡建立他們的基地。社會開始分化成兩部分：一部分是通商口岸小社會，包括非華人；另一部分是具有新意識的上海人的大社會，包括從各地來上海定居的華人。

　　在同樣時期，香港也混雜居住着不同的人，但在非華人人口中，英國人的比重太大。華人人口主要是來自廣東省的商人、勞工或逃難者。在這種環境中，他們不可能變得英國化。他們中的多數人保持着中國人的傳統。只有兩種人例外。一種是與英國人密切接觸並且帶有英華特點的人。他們當中的一些人被通商口岸小社會所接受，但後來大多數前往上海，或者在其他口岸進進出出，並不僅僅依賴香港。另一種是往返東南亞、美洲和澳洲途中經過香港的人。這些人被稱作"華僑"。他們並不認同香港，僅僅把香港作為移民中心或轉口貿易地。只有一些在英國殖民地居住過的人，會把自己視作英華殖民地居民，但多數香港人並不贊同如此自稱。

　　簡而言之，直到 20 世紀 40 年代，香港勉強屬於新的中國沿海社會。在世紀之交，當廣東籍領袖孫中山等人興起現代中國民族主義的時候，香港曾經發揮了重要作用。但是，當大多數中國人被廣泛喚起民族意識的時候，民族主義的熱情卻向北移到上海、北京和其他內地城市，而香港的中國民族主義意識又回到邊緣去。

　　不過，因為香港華人比在通商口岸的華人更直接地生活在外國管轄之下，所以他們也具有共同的特點，特別是與上海人有許多相同之處。中國沿海華人的關鍵特徵主要來自西方資本主義的衝擊和挑戰，但是上海人的反應明顯，香港人則不直接。讓我來列舉他們的一些共同經歷。

　　首先，法律框架（香港採用英國習慣法），它保護自由，特別是私人商業利益。雖然一小部分中國律師受過訓練，但他們無暇深入到上海的華人中間。但毫無疑問，法治的益處得到承認，來自中國各地的知識分子、藝術家和政治家都尋求法律的保護。

　　其次，資本主義經濟，表現為自由貿易和低稅收，它加速了現代中國企業家的成長，特別是在上海，形形色色的外國商人提供了更多的實習機會。這是早期工業化階段，資本的構成形式簡單，廉價勞工充足。更為重要的是，長江和珠江三角洲的潛在市場廣闊。對當地商人來說，這是一個有深遠意義的刺激因素，能夠促使他們發動中國的工業革命。也許更為重要的是，商人在中國社會中的地位上升，他們更多地參與公共事務。兩個城市的新一代商人能夠擺脫官僚的支配，在國際商人中間找尋自己的位置。

　　另一個特徵是新聞、教育和宗教方面的言論自由。新聞自由反映在外語和中文商業報紙上，隨後也日益反映在政治雜誌上。由於上海缺少單一的政治結構，這使得所有社會和政治組織最大限度地享有自由。上海成為持不同政見和造反的人的溫床；而香港的殖民地政府則因為顧及英國與中國的關係，對潛在的叛逆者和搗亂的人嚴加管制。上海的自主學校、學院和大學教育了新一代中國人。一種新的政治意識開始萌發。也許社會價值觀念的最大變化是對待婦女受教育的問題，尤其是高等教育。香港的教會學校對香港早期意識的形成也有所貢獻，但學校的數量有限。高等教育方面，大型的教會學校和大學都在上海，例如主要由美國人創辦的聖約翰、德國人創辦的同濟、法國人創辦的震旦。此外，新型的國立大學和私立學院也在 20 世紀初在這種開放的環境中湧現出來，它們使來自全國各地的學生極大地增長了學識。

　　這些經歷增加了作為沿海中國人的上海人的文化差異。上海人成為全中國人眼中的仿效樣板，不論是好的還是壞的，他們被視作新型現代中國人。與此相對照，英國人沒有在中國大陸卻在香港建立了大學。但是當香港大學成立的時候，它只是為維繫中英關係所作的一種努力。它確曾培養了一些具有中國沿海特點的華人，但並不僅限於香港人。與上海相比，香港官方並沒有培育出一種特別的香港華人意識。

　　上海成為中國出版業的中心。她也是中國最先接觸現代技術和西方文化的城市，尤其是在科學研究、工程管理、電影、工藝美術、音樂、戲劇和舞蹈等方面。上海吸引了中國一些最優秀的人才，他們成為此後百年中廣為人知的最富創造力的人物。他們為現代華人意識奠定了基石。這種攙和着上海人特點的意識，在其他沿海中國人，特別是在香港人中間傳播。

　　近百年來，香港作為中國與英國的一個次要中心，她具有自己的獨特之處。她顯然是廣東華僑、難民和移民的重要中轉站，也是與東南亞和英語世界保持商務聯繫的通道。她與廣州一起成為珠江三角洲的兩大要港。從更廣闊的角度觀察，此時的香港人已經開始逐漸形成與其他中國人不同的特點。對於敢於冒險的現代廣東人來說，這個城市不僅僅是他們的家，同時也是他們與其他英國殖民地的英華居民，與東南亞其他地區的"南洋華人"保持聯繫的中樞。

與香港和上海華人形成鮮明對照的是，多數中國人還生活在農耕社會。過去，讀書人和考得功名的家庭擁有土地，在中國不同地區的情形大體相同。地區之間經濟和文化的差距縮小到最低限度，至少在清帝國衰落之前是這樣。在民國時期，即 1911 至 1949 年，出於多種原因，中央政府經常處於軟弱和分裂狀態，沿海地區（特別是通商口岸地區）與內地的差距加大。在這種情況下，富人和受過教育的人們，紛紛向安全的城鎮遷居。20 世紀內，他們明顯地移向沿海地區，因為那裡的現代貿易、教育和文化以可觀的速度發展。

最終，政治差距也開始加大。沿海城市在自由的條件下，產生了現代政治民族主義，開始出現城市文化，甚至具備了 "公民社會" 的雛形。但在中國內地，排外情緒有時混雜着對沿海發展的不滿和妒忌。國家經濟崩潰和外國干涉的惡果導致了革命，而正是這場革命使中國共產黨能夠在 1949 年接管政權。由於外國干涉的存在，人們竟然一度不把沿海地區的相對成功當成一種現代化和進步。

中華人民共和國建立之後的頭 20 年，香港是怎樣奮鬥求存以及是甚麼使他們成功等題目，本書都已經論述過。在此，需要論述的是香港人概念的形成，並且簡要探討三個與香港如何成為中國沿海華人的家園特別相關的問題。

第一個問題，中華人民共和國恢復在聯合國的席位，香港被從非殖民化委員會的議事日程上取消，這意味着香港不再是殖民地和事實上的最後一個通商口岸。香港人概念得到承認和香港人新意識的產生並不是巧合，雖然也許存在其他的外在影響。華僑作為一般稱謂已經被淘汰，即使仍是華人，但他們往往冠以居住國的名稱，如 "澳籍華人"、"美籍華人"，以此標明差別。"馬華"、"印華"、"泰華" 和 "新華" 則是另一種區別方式。那些跟隨國民黨政府去到台灣的大陸人也漸漸地跟本地人一樣，被稱作 "台灣人"。所有這些稱呼都具有各自的新含意，香港人的稱呼當然也必須在特定的環境中使用。

把香港看做最後一個通商口岸具有重要意義。當上海和其他口岸被中國收回時，許多沿海華人來到香港。1949 年以後，中華人民共和國政府恢復了傳統的均衡發展政策，要確保全國不同地區的發展水平大致相等。這個政策的結果是減慢、縮小了沿海華人和其他華人之間的經濟和文化差距，但沿海的發展速度則不能充分發揮。從沿海向內地搬遷工廠甚至整個產業，把新產業和研究中心深入北部和西北部的地區便是例子。與此同時，非常相反的事情發生在香港。整個 50 年代和 60 年代初，這裡是移民的聚集地，在 "文化大革命" 期間，移民人數更為可觀。這些新集中來的人口，使得香港可以進行以前因勞力不足而無法開展的計劃。

第二個問題是香港成功地移植了"上海模式"。現代企業家精神和製造業大規模地引進，使香港成為亞太區域以及更大範圍的金融和通訊中心，而且她還逐漸成為中文和英語的出版、電影、電視以及其他傳媒的文化中心。70 年代，我們看到新一代沿海華人產生出來，他們與前輩不同，具有當地的特色。他們以身為香港人而自豪。他們講廣東話，而不是上海話或普通話，他們也懂得英語這個國際語言。

第三個問題源自兩場區域戰爭和近於內戰的"無產階級文化大革命"。這裡頗具諷刺意味。兩場戰爭，即朝鮮戰爭和越南戰爭，使西方加強了對這一地區發展資本主義經濟的承諾，因為他們希望這裡成為防止共產主義蔓延的堡壘。香港人從這些戰爭中獲得巨大的商業利益；更為重要的是，戰爭幫助香港企業家擴大了經營範圍，特別是向北美洲發展。

至於"文化大革命"，它是現代中國歷史上最具破壞性的一個階段。它不僅導致了全中國的動亂和貧窮，而且助長了對外國人無區別的憎恨和對中國傳統的輕蔑，這在中國歷史上從未發生過。這些令人驚恐的發展更加突出香港人的與眾不同，使他們數十年來第一次感覺到自己"更為優越和更為文明"。中國在 70 年代的動亂，逼使香港人反思自己與中華遺產的關聯以及作為中國人的特性。他們的信心有所動搖，並且以意想不到的開放程度接受外來影響。

縱觀香港經濟與技術的顯著成功，我們可以發現，香港人偏離了曾是主要面向中國內地經濟發展的"上海模式"，而是轉為主要面向世界經濟快速發展的開放的國際中心。我相信，經過 40 年的戲劇性的變化，香港人已經成為不同於上海式的中國沿海華人，因此，這為"一國兩制"的方式埋下了基石。人們必須重新和獨立地看待新型的香港式的中國沿海華人的未來作用。

香港華人在 1997 之後能夠發揮甚麼樣的作用，這取決於他們面對變化時的機智和勇氣，這也取決於區域和世界的進一步發展。中國認識到香港作為窗口和渠道的重要性，希望借助她來促進現代化建設。香港在中國現代化中的地位已經得到充分承認，在這個前提下，香港可能有助於培育出 21 世紀的沿海華人。

1949 年以後，許多中國沿海華人來到香港，因此，香港意識與上海和其他沿海省分大口岸的意識產生了血緣聯繫。雖然香港意識是在外國管轄之下形成的，但它近年來比上海意識更受關注。自 1984 年《中英聯合聲明》公佈以來，它不僅成為更加自覺的意識，而且受到仔細研究。在特別行政區《基本法》中，香港人作為特別一類華人而被加以定義。1997 年，香港人將成為特別行政區裡的中國人。

他們有時間在眾目睽睽之下為這種變化做準備。許多香港人已經意識到自己在特別歷史環境中所形成的優勢和缺點。人們將會看到，沿海社會是怎樣能使香港成為中國和區域內其他城市和口岸樣板的。

當中國其他地區的沿海華人移居香港時，他們開始一種全新的生活。作為香港人，一種新型的沿海華人，人們則期望他們為發展沿海其他地區發揮不同的作用。一個顯而易見的例子是，香港可以做上海當年促進香港發展的同樣的事情，反過來促進上海的發展，也促進其他口岸的發展。但這並不是香港人可以長期發揮的作用。

在中國港口城市，如廣州和珠江三角洲的其他城市、上海、天津、大連、廈門、汕頭、福州和寧波等地，新型中國沿海華人其實已經逐漸形成。他們都有要像香港人一樣成功的抱負。除開珠江三角洲，多數地區還保留着從前中國沿海華人的特點，只是特點的形成條件與香港非常不同。在過去四十年中，他們與內地的多數人口一同經歷了變化。他們大多數已經接受了國家的政治和管理文化。因此，他們處於更佳位置向中國欠發達省份提供直接的樣板。

在這並非必然發生的過程中，香港人能夠提供一種刺激性因素。香港人可以在新型現代中國人的演化過程中充當一點催化劑的作用。中國更為開放和與國際市場體系聯繫更緊密之後，以香港人為代表的中國沿海華人可以成為"中國特色社會主義"發展動力的一個部分，有助於形成一種為中國的現代化所需要的經過改革的社會結構。特別行政區將有助於中國人吸取外部世界最有活力的文化，以新鮮的觀念豐富中國通俗文化。

香港及其他中國沿海華人會成為促進國家發展的重要力量。香港的生意正在向北遷移，也有向內地發展。香港企業在珠江三角洲地區已接近飽和。當廣東當地人的競爭力增強的時候，更北部的內陸省份向香港投資者提供了更多機會。新加坡投資北部城市的經過深思熟慮的政策，也表明了這些新機會的可能性。此外，世界上的跨國公司也在中國大陸大量投資，但並不局限在沿海地區。香港企業家當然毫不遜色，他們與台灣伙伴以及那些透過香港金融與商業網絡的海外華人一起，大舉投資中國大陸。他們需要的是沿海華人所具有的勇敢的企業家精神，這已經被證明是他們的優勢，而且他們依然具有這種優勢。

為了增強他們的作用，香港人需要重新評估自己早年在南部中國和東南亞地區所扮演的引人注目的角色。政治局勢已經改變，東南亞國家和區域組織如東南亞國家聯盟的經濟狀況也發生了變化。香港人對東南亞地區的影響和知識也需要加強。他們的作用不僅僅着眼於龐大的跨國界的東南亞商務網絡中的華人。如果只與這一區域的少數華人企業交往，那將是錯誤的。這一地區出現了土生土長的中產階級，他們在本國經濟中發揮着越來越大的作用。香港人能給此區域的貿易提供特殊幫助，特別是當土著精英與當地少數華人合作，共同通過中國南部沿海城市，與中國建立穩固的投資聯繫的時候。

香港人會發現，把自己局限在任何一個單一的區域內將越來越困難。開放貿易體系的確是全球性的，香港已經證明可以通過她的環球聯繫應付這樣的貿易。但是香港確實缺乏足夠的人力去維持和享用這個龐大網絡的所有分支。至今為止，香港的成功依靠與中國內地、日本、西方和東南亞的廣泛合作。當香港回歸之後，更多的中國人，特別是沿海華人，將能夠給香港企業增添更多力量。為了在那些懂得如何取得快速和持續的現代化發展的人們中間尋找合作伙伴，香港人不僅要着眼於中國大陸沿海城市和海外華人，他們還應注重台灣人。

這又引出了"大中華"的概念。有許多關於這個詞的錯誤解釋。這一詞彙容易引起模糊不清的帝國主義的聯想，必須予以澄清。這個詞唯有在表述中國大陸南部沿海地區與台灣、港澳之間的經濟實際整合時才具有意義。沿海華人，包括香港人，應該積極推動"大中華"的發展，把她作為向中國內地和東南亞地區拓展經濟實力的基地。有了這個擴大了的基地和增加了 50 倍的人力資源，香港的中心地位可以確保相當長的時間。

香港歷史學術研究中英文論著書目（1997—2015）[1]

黃文江

《香港史新編》初版出版以來，香港歷史研究方興未艾。中外學界除了對政治、軍事和經濟三方面有頗多的關注，社會與文化的題目尤為觸目，不落掌故的窠臼。這些研究不獨於探究新課題，更採取跨學科視野。本書目包含：專著、學術期刊、論文集等；茲列八大類：

(1) 通論；

(2) 政治史；

(3) 軍事史；

(4) 經濟史；

(5) 社會史；

(6) 文化史；

(7) 宗教史；

(8) 教育、學術思想史。

---

[1] 本書目未有包括機構週年紀念特刊、誌慶刊物、博碩士學位論文等。

一 · 通論

（一）中文書籍

丁新豹：《香港歷史散步》。香港：商務印書館（香港）有限公司，2008 年。

王宏志：《歷史的沉重：從香港看中國內地的香港史論述》。香港：牛津大學出版社，2001 年。

呂大樂：《香港模式：從現在式到過去式》。香港：中華書局（香港）有限公司，2015 年。

李培德編：《香港史研究書目題解》。香港：三聯書店（香港）有限公司，2001 年。

馬金科主編：《早期香港史研究資料選輯》。香港：三聯書店（香港）有限公司，1998 年，上、下冊。

高馬可（John M. Carroll）、林立偉譯：《香港簡史：從殖民地至特別行政區》。香港：中華書局（香港）有限公司，2013 年。[英文版：Carroll, John M. *A Concise History of Hong Kong*. Lanham: Rowman & Littlefield; Hong Kong: Hong Kong University Press, 2007.]

張俊義、劉智鵬：《香港與內地關係研究》。南京：南京大學出版社，2015 年。

強世功：《中國香港：文化與政治的視野》。香港：牛津大學出版社，2008 年。

陳湛頤、楊詠賢：《香港日本關係年表》。香港：香港教育圖書公司，2004 年。

彭麗君編：《邊城對話：香港 · 中國 · 邊緣 · 邊界》。香港：香港中文大學出版社，2013 年。

港澳與近代中國學術研討會論文集編輯委員會：《港澳與近代中國學術研討會論文集》。台北：國史館，2000 年。

程美寶、趙雨樂編：《香港史研究論著選輯》。香港：香港公開大學出版社，1999 年。

劉青峰、關小春編：《轉化中的香港：身份與秩序的再尋求》。香港：中文大學出版社，1998 年。

劉智鵬、劉蜀永編：《新安縣志香港史料選》。香港：和平圖書有限公司，2007 年。

劉智鵬：《香港早期華人菁英》。香港：中華書局（香港）有限公司，2011 年。

劉蜀永：《香港史話》。北京：社會科學文獻出版社，2000 年。〔英文版：Liu, Shuyong. *An Outline History of Hong Kong*. Translated by Wenjiong Wang and Mingyu Chang. Beijing: Foreign Languages Press, 1997.〕

劉蜀永：《劉蜀永香港史文集》。香港：中華書局（香港）有限公司，2010 年。

劉潤和：《新界簡史》。香港：三聯書店（香港）有限公司，1999 年。

蔡榮芳：《香港人之香港史，1841－1945》。香港：牛津大學出版社，2001 年。

蕭國健：《香港古代史》。香港：中華書局（香港）有限公司，2006 年。

蕭國健：《香港的歷史與文物》。香港：明報出版社，1997 年。

蕭國健：《探本索微：香港早期歷史論集》。香港：中華書局（香港）有限公司，2015 年。

蕭國健：《簡明香港近代史》。香港：三聯書店（香港）有限公司，2013 年。

（二）英文書籍

Brown, Judith M. and Foot Rosemary eds. *Hong Kong's Transitions, 1842–1997*. London: Macmillan Press, 1997.

Carroll, John M. and Chi-kwan Mark eds. *Critical Readings on the Modern History of Hong Kong*. 4 vols. Leiden: Brill, 2015.

Chan, Ming K. and Alvin Y. So eds. *Crisis and Transformation in China's Hong Kong*. Armonk: M. E. Sharpe, 2002.

Chan, Ming K. and Shiu-hing Lo eds. *Historical Dictionary of the Hong Kong SAR and the Macao SAR*. Lanham, Md.: Scarecrow Press, 2006.

Chan, Ming K. ed. *China's Hong Kong Transformed: Retrospect and Prospects beyond the First Decade*. Hong Kong: City University of Hong Kong Press, 2008.

Chan, Ming K. ed. *The Challenge of Hong Kong's Reintegration with China*. Hong Kong: Hong Kong University Press, 1997.

Chiu, Wing Kai Stephen and Tai-lok Lui. *Hong Kong: Becoming a Chinese Global City*. Oxford: Routledge, 2009.

Faure, David. *Colonialism and the Hong Kong Mentality*. Hong Kong: Centre of Asia Studies, Hong Kong University Press, 2003.

Hamilton, Gary G. ed. *Cosmopolitan Capitalists: Hong Kong and the Chinese Diaspora at the End of Twentieth Century*. Seattle: University of Washington Press, 1999.

Holdsworth, May and Christopher Munn eds. *Dictionary of Hong Kong Biography*. Hong Kong: Hong Kong University Press, 2012.

Lau, Siu-kai ed. *Social Development and Political Change in Hong Kong*. Hong Kong: The Chinese University Press, 2000.

Lee, Ou-fan Leo. *City between Worlds: My Hong Kong*. Cambridge: Harvard University Press, 2008.

Lee, Ou-fan Leo. *Musings: Reading Hong Kong, China and the World*. Hong Kong: East Slope Pub. Ltd., 2011.

Lee, Pui-tak ed. *Colonial Hong Kong and Modern China*. Hong Kong: Hong Kong University Press, 2005.

Lee, Pui-tak ed. *Hong Kong Reintegrating with China: Political, Cultural and Social Dimensions*. Hong Kong: Hong Kong University Press, 2001.

Leung, K. P. Benjamin. *Hong Kong: Legacies and Prospects of Development*. Burlington, VT.: Ashgate, 2002.

Lui, Tai Lok and Stephen Wing Kai Chiu. *Ten Years after 1997: The Lost Decade of Hong Kong*. Hong Kong: The Chinese University Press, 2007.

Mathews, Gordon, Eric Kit-wai Ma, and Tai-lok Lui eds. *Hong Kong, China: Learning to belong to a Nation*. Oxford: Routledge, 2008.

Ngo, Tak-Wing ed. *Hong Kong's History: State and Society under Colonial Rule*. Oxford: Routledge, 1999.

Shulman, Frank Joseph and Anna Leon Shulman comp. *Doctoral Dissertations on Hong Kong, 1900–1997: An Annotated Bibliography with an Appendix of Dissertations Completed in 1998 and 1999*. Hong Kong: Hong Kong University Press, 2001.

Sinn, Elizabeth comp. *Index to CO129 (1842–1951)* . Hong Kong: Hong Kong University Library. [http://sunzi.lib.hku.hk/co129/]

Sinn, Elizabeth ed. *Hong Kong, British Crown Colony, Revisited*. Hong Kong: Centre of Asian Studies, University of Hong Kong, 2001.

Sinn, Elizabeth, Siu-lun Wong and Wing-hoi Chan eds. *Rethinking Hong Kong: New Paradigms, New Perspectives*. Hong Kong: Centre of Asian Studies, University of Hong

Kong, 2009.

Sinn, Elizabeth. *Pacific Crossing: California Gold, Chinese Migration, and the Making of Hong Kong*. Hong Kong: Hong Kong University Press, 2013.

Tsang, Steve. *A Modern History of Hong Kong: 1841–1998*. New York: St. Martin's Press, 1999.

Wang, Gungwu and John Wong, eds. *Hong Kong in China: The Challenges of Transition*. Singapore: Times Academic Press, 1999.

Wang, Gungwu and Siu-lun Wong eds. *Towards a New Millennium: Building on Hong Kong's Strengths*. Hong Kong: Centre of Asian Studies, University of Hong Kong, 1999.

Wang, Gungwu. *Hong Kong Challenge: Leaning in and Facing out*. Hong Kong: Centre of Asian Studies, University of Hong Kong, 2009.

Yep, Kin Man Ray. *Negotiating Autonomy in Greater China: Hong Kong and its Sovereign before and after 1997*. Copenhagen: Nordic Institute of Asian Studies Press, 2013.

（三）中文論文

文兆堅：〈魯金（1924－1995）與香港史地研究〉，《香港中國近代史學會會刊》，13 期（2014 年 8 月），頁 52－65。

朱耀偉：〈90 年代香港文化研究：體制化及其不滿〉，《香港社會科學學報》，26 期（秋／冬季 2003），頁 81－102。

朱耀偉：〈香港（研究）作為方法：關於"香港論述"的可能性〉，《21 世紀》，147 期（2015 年 2 月），頁 48－63。

吳國樑：〈近四十年來香港醫學發展史的研究概況〉，《近代中國史研究通訊》，31 期（2001 年），頁 73－91。

李培德：〈從"邊緣"邁向"正統"——中國歷史 的香港史研究〉，《近代中國史研究通訊》，35 期（2003 年 3 月），頁 86－101。

邱淑如、林進光、何展云：〈從不同時期華人會館的成立探討香港華人移民史〉，《國家圖書館館刊》，2 期（2014 年 12 月），頁 131－152。

孫晨旭：〈國內外學界關於美港關係史的研究述評〉，《世界歷史》，2014 年 6

期，頁 114－128。

徐新：〈香港猶太社團歷史研究〉，《江蘇社會科學》，2000 年 4 期，頁 102－108。

張麗：〈60 年來大陸地區香港史研究回顧〉，《蘭州學刊》，9 期（2014 年 9 月），頁 15－34。

陳其泰、李鴻生、劉澤生：〈金應熙教授史學成就述略〉，《廣東社會科學》，2006 年 6 期，頁 132－140。

陳福霖：〈尋求研究香港史的新方向：兼論研究 1928－1941 年間香港史之意義〉，《近代中國》，132 期（1999 年 8 月），頁 181－196。

楊祥銀：〈近代香港醫療、疾病與衛生史研究〉，《史學理論研究》，4 期（2008 年 12 月），頁 116－123。

楊祥銀：〈近代香港醫療衛生史研究的新視角〉，《社會科學輯刊》，2010 年 4 期（總 189 期），頁 209－213。

葉農：〈香港英佔初期史研究的新視角與新史料：以《華友西報》為中心〉，《暨南學報（哲學社會科學版）》，32 卷 2 期（2010 年 3 月），頁 155－160。

劉智鵬：〈香港史研究的現狀、功用與設想〉，《港澳研究》，1 期（2013 年 1 月），頁 76－82。

羅永生：〈殖民研究與香港研究〉，王曉明編：《中文世界的文化研究》，上海：上海書店出版社，2012 年，頁 94－105。

羅婉嫻：〈香港早期醫療史（1842 年－1942 年）研究概況〉，《當代史學》，9 卷 1 期（2008 年 3 月），頁 25－32。

（四）英文論文

Carroll, John M. "Colonial Hong Kong as a Cultural-Historical Place." *Modern Asian Studies* 40:2 (2006)：517–543.

Carroll, John M. "Commemorating History in Colonial and Post-Colonial Hong Kong." In *History and Memory: Present Reflections on the Past to Build our Future*, edited by Macau Ricci Institute, 227–250. Macau: Macau Ricci Institute, 2008.

Chan, Ming K. "The Legacy of the British Administration of Hong Kong: A View from Hong Kong." *China Quarterly* 151 (1997) : 567–582.

Chin, James. "The Returned Overseas Chinese Community in Hong Kong: Some Observations." In *Power and Identity in the Chinese World Order: Festschrift in Honour of Professor Wang Gungwu*, edited by Billy K.L. So, 291–310. Hong Kong: Hong Kong University Press, 2003.

Chu, Yik-yi Cindy. "Back to the Masses: The Historiography of Hong Kong's Recent Political Developments and the Prospects of Future Scholarship." *American Journal of Chinese Studies* 10:1 (April 2003) : 29–42.

Hampton, Mark and Carol Tsang. "British History in Contemporary Hong Kong." *Twentieth Century British History* 23:4 (2012) : 563–574.

Lee, Jane. "The New Positioning of Hong Kong after Reunification with Mainland China." In *Power and Identity in the Chinese World Order: Festschrift in Honour of Professor Wang Gungwu*, edited by Billy K.L. So, 121–139. Hong Kong: Hong Kong University Press, 2003.

Liu, Shuyong. "Hong Kong: A Survey of Its Political and Economic Development over the Past 150 Years." *China Quarterly* 151 (1997) : 583–592.

Miners, Norman. "Notes on the Hong Kong Records in the Public Record Office, Kew, London." *The Journal of Resources for Hong Kong Studies* 1 (1998) : 125–136.

Ngo, Tak-wing. "Hong Kong under Colonial Rule: An Introduction." *China Information* 12:1&2 (Summer/Autumn 1997) : 1–11.

Ngo, Tak-wing. "Social Values and Consensual Politics in Colonial Hong Kong." In *The Cultural construction of politics in Asia*, edited by Hans Antlöv and Tak-Wing Ngo, 131–153. Surrey: Curzon Press, 2000.

Wan, Y. C. "Hong Kong under Japanese Occupation: A Bibliography." *The Journal of Resources for Hong Kong Studies* 1 (1998) : 95–102.

Wong, Man Kong Timothy. "Biculturality as Modernity: A Hypothesis about the Origins of Modern Hong Kong." In *Contemporary Asian Modernities: Transnationality, Interculturality and Hybridity*, edited by Stephen Chu and Eva Man, 145–166. Bern: Peter Lang, 2010.

Yeung, Peter. "Hong Kong Research and Library Studies: The Contributions of H. Y. Rydings." *Journal of the Hong Kong Branch of the Royal Asiatic Society* 48 (2008) : 69–87.

二·政治史

（一）中文書籍

丁新豹：《香江有幸埋忠骨：長眠香港與辛亥革命有關的人物》。香港：三聯書店（香港）有限公司，2011 年。

司徒華：《大江東去：司徒華回憶錄》。香港：牛津大學出版社，2011 年。

成名編：《香港政府與政治》。香港：牛津大學出版社，2003 年。

江關生：《中共在香港：上卷（1921－1949）》。香港：天地圖書有限公司，2011 年。

江關生：《中共在香港：下卷（1949－2012）》。香港：天地圖書有限公司，2012 年。

何仲詩：《風雲背後：香港監獄私人檔案》。香港：藍天圖書，2008 年。

何家騏、朱耀光：《香港警察：歷史見證與執法生涯》。香港：三聯書店（香港）有限公司，2011 年。

吳康民口述、方銳敏整理：《吳康民口述歷史：香港政治與愛國教育，1947－2011》。香港：三聯書店（香港）有限公司，2011 年。

李谷城：《孫中山，辛亥革命與香港》。香港：華夏書局，2011 年。

李金強：《一生難忘：孫中山在香港的求學與革命》。香港：孫中山紀念館，2008 年。

李金強：《中山先生與港澳》。台北：秀威資訊科技股份有限公司，2012 年。

李彭廣：《管治香港：英國解密檔案的啟示》。香港：牛津大學出版社，2012 年。

杜葉錫恩著、隋麗君譯：《我眼中的殖民時代香港》。香港：香港文匯出版社，2004 年。[英文版：Tu, Elsie. *Colonial Hong Kong in the Eyes of Elsie Tu*. Hong Kong: Hong Kong University Press, 2003.]

沈旭暉編：《1967：國際視野的反思》。香港：天地圖書有限公司，2015 年。

阮志：《入境問禁：香港邊境禁區史》。香港：三聯書店（香港）有限公司，2014 年。

周平：《香港政治發展：1980－2004》。北京：中國社會科學出版社，2006 年。

周奕：《香港左派鬥爭史》。香港：利文出版，2002 年。

周建華：《香港政團發展與選舉，1949－1997》。香港：香港迷思達蕾科藝公司，2003 年。

　　馬嶽編：《香港 80 年代民主運動口述歷史》。香港：香港城市大學出版社，2012 年。

　　張家偉：《六七暴動：香港戰後歷史的分水嶺》。香港：香港大學出版社，2012 年。〔英文版：Cheung, Ka-wai Gary. *Hong Kong's Watershed: The 1967 riots*. Hong Kong: Hong Kong University Press, 2009.〕

　　梁慕嫻：《我與香港地下黨》。香港：開放出版社，2012 年。

　　莫世祥：《中山革命在香港（1895－1925）》。香港：三聯書店（香港）有限公司，2011 年。

　　陳正茂編：《五〇年代香港第三勢力運動史料蒐秘》。台北：秀威資訊科技股份有限公司，2011 年。

　　陳明銶、饒美蛟編：《嶺南近代史論：廣東與粵港關係，1900－1938》。香港：商務印書館（香港）有限公司，2010 年。

　　陳效能、何家騏：《香港女警六十年》。香港：商務印書館（香港）有限公司，2015 年。

　　陳學然：《五四在香港：殖民情境、民族主義及本土意識》。香港：中華書局（香港）有限公司，2014 年。

　　陳靄婷、何家騏、朱耀光：《荷李活道警察宿舍：那些人、那些事、那些情》。香港：商務印書館（香港）有限公司，2014 年。

　　陸恭蕙：《地下陣線：中共在香港的歷史》。香港：香港大學出版社，2011 年。〔英文版：Loh, Christine. *Underground Front: The Chinese Communist Party in Hong Kong*. Hong Kong: Hong Kong University Press, 2010.〕

　　曾銳生：《管治香港：政務官與良好管治的建立》。香港：香港大學出版社，2007 年。〔英文版：Tsang, Steve. *Governing Hong Kong: Administrative Officers from the Nineteenth Century to the Handover to China, 1862－1997*. Hong Kong: Hong Kong University Press, 2007.〕

　　黃奇仁：《警官手記：60 年代香港警隊的日子》。香港：三聯書店（香港）有限公司，2008 年。

　　葉健民：《靜默革命：香港廉政百年共業》。香港：中華書局（香港）有限公司，2014 年。

　　劉兆佳：《一國兩制在香港的實踐》。香港：商務印書館（香港）有限公司，

2015 年。

劉兆佳：《回歸十五年以來香港特區管治及新政權建設》。香港：商務印書館
（香港）有限公司，2012 年。

劉兆佳：《回歸後的香港政治》。香港：商務印書館（香港）有限公司，2013 年。

劉智鵬：《香港華人菁英的冒起》。香港：中華書局（香港）有限公司，2013 年。

劉智鵬編：《中英街與沙頭角禁區》。香港：和平圖書有限公司，2011 年。

劉智鵬編：《展拓界址：英治新界早期歷史探索》。香港：中華書局（香港）
有限公司，2010 年。

劉潤和：《香港市議會史，1883－1999：從潔淨局到市政局及區域市政局》。
香港：康樂及文化事務署，2002 年。〔英文版：Lau, Y. W. *A History of the Municipal
Councils of Hong Kong, 1883－1999: From the Sanitary Board to the Urban Council and
Regional Council*. Hong Kong: Leisure and Cultural Services Department, 2002.〕

黎文燕：《從政治漫畫分析香港政治的興起》。香港：思匯政策研究所，2006
年。[英文版：Lai Carine. *The Rise of Hong Kong Politics: An Analysis through Political
Cartoons*. Translated by Alison Man-yin Tsang. Hong Kong: Civic Exchange, 2006.]

薛鳳旋、鄺智文：《新界鄉議局史：由租借地到一國兩制》。香港：三聯書店
（香港）有限公司，2011 年。

謝永昌、蕭國健：《國民黨之香港百年史略》。香港：中華文教交流服務中
心，2010 年。

鍾士元：《香港回歸歷程：鍾士元回憶錄》。香港：中文大學出版社，2001
年。〔英文版：Chung, Sze-yuen. *Hong Kong's Journey to Reunification: Memoirs of Sze-
yuen Chung*. Hong Kong: The Chinese University Press, 2001.〕

鍾逸傑（David Akers-Jones）著、陶傑譯：《石點頭：鍾逸傑回憶錄》。香
港：香港大學出版社，2004 年。〔英文版：Akers-Jones, David. *Feeling the Stones:
Reminiscence*. Hong Kong: Hong Kong University Press, 2004.〕

羅永生：《殖民無間道》。香港：牛津大學出版社，2007 年。

羅永生著、李家真譯：《勾結共謀的殖民權力》。香港：牛津大學出版社，
2015 年。〔英文版：Law, Wing Sang. *Collaborative Colonial Power: The Making of the
Hong Kong Chinese*. Hong Kong: Hong Kong University Press, 2009.〕

關禮雄：《日佔時期的香港（增訂版）》。香港：三聯書店（香港）有限公司，
2015 年。

（二）英文書籍

Bickers, Robert and Ray Yep eds. *May Days in Hong Kong: Riot and Emergency in 1967*. Hong Kong: Hong Kong University Press, 2009.

Bowring, Philip. *Free Trade's First Missionary: Sir John Bowring in Europe and Asia*. Hong Kong: Hong Kong University Press, 2014.

Carroll, John M. *Edge of Empires: Chinese Elites and British Colonials in Hong Kong*. Hong Kong: Hong Kong University Press, 2007.

Chan Lau, Kit-Ching. *From Nothingness to Nothingness: The Chinese Communist Movement in Hong Kong, 1921–1936*. Hong Kong: Hong Kong University Press, 1999.

Cheng, Yu Shek Joseph ed. *The Hong Kong Special Administrative Region in its First Decade*. Hong Kong: City University of Hong Kong Press, 2007.

Chu, Yik-yi Cindy. *Chinese Communists and Hong Kong Capitalists: 1937–1997*. New York: Palgrave Macmillan, 2010.

Chu, Yiu Kong. *The Triads as Business*. London; New York: Routledge, 2000.

Dimbleby, Jonathan. *The Last Governor: Chris Patten and the Handover of Hong Kong*. London: Little, Brown and Company, 1997.

Hamilton, Sheilah E. *Watching over Hong Kong: Private Policing, 1841–1941*. Hong Kong: Hong Kong University Press, 2008.

Ho, Ka Ki Lawrence and Yiu Kong Chu. *Policing Hong Kong, 1842–1969: Insiders' Stories*. Hong Kong: City University of Hong Kong Press, 2012.

Ho, Pui-yin. *The Administrative History of the Hong Kong Government Agencies, 1841–2002*. Hong Kong: Hong Kong University Press, 2004.

Hoe, Susanne. *The Taking of Hong Kong: Charles and Clara Elliot in China Waters*. Richmond: Curzon Press, 1999.

Kwan, Daniel Y. K. *Marxist Intellectuals and the Chinese Labor Movement: A Study of Deng Zhongxia (1894–1933)* . Seattle: University of Washington Press, 1997.

Lam, Wai-man, Percy Luen-tim Lui and Wilson Wong eds. *Contemporary Hong Kong Government and Politics*: *Governance in the Post-1997 Era*. Hong Kong: Hong Kong University Press, 2012.

Lam, Wai-man. *Understanding the Political Culture of Hong Kong: The Paradox of*

Activism and Depoliticization. Armonk, N.Y.: M.E. Sharpe, 2004.

Li, Pang-kwong. *Hong Kong from Britain to China: Political Cleavages, Electoral Dynamics and Institutional Changes.* Aldershot: Ashgate Publishing Company, 2000.

Lo, Shiu Hing. *The Politics of Democratization in Hong Kong.* New York: St. Martin's Press, 1997.

Mark, Chi-kwan. *Hong Kong and the Cold War: Anglo-American Relations 1949–1957.* Oxford: Clarendon, 2004.

Mitchell, Robert E. *Velvet Colonialism's Legacy to Hong Kong, 1967–1997.* Hong Kong: Hong Kong Institute of Asia-Pacific Studies, Chinese University of Hon1·g Kong, 1998.

Munn, Christopher. *Anglo-China: Chinese People and British Rule in Hong Kong, 1841–1880.* Richmond: Curzon, 2000.

Pottinger, George. *Sir Henry Pottinger: The First Governor of Hong Kong.* New York: St. Martin's Press, 1997.

Scott, Ian. *Corruption Control in Hong Kong: Rules, Regulations and Policies.* Hong Kong: Department of Public and Social Administration, City University of Hong Kong, 2011.

Share, Michael. *Where Empires Collided: Russian and Soviet Relations with Hong Kong, Taiwan, and Macao.* Hong Kong: The Chinese University Press, 2007.

Sinclair, Kevin and Nelson Kwok-cheung Ng. *Asia's Finest Marches on: Policing Hong Kong from 1841 into the 21st Century.* Hong Kong: Kevin Sinclair Associates Ltd., 1997.

So, Alvin Y. *Hong Kong's Embattled Democracy: A Societal Analysis.* Baltimore: Johns Hopkins U. Press, 1999.

Tsang, Steve. *Hong Kong: Appointment with China.* London: I. B. Tauris, 1997.

Wong, Kam C. *Policing in Hong Kong.* Farnham, Surrey; Burlington, VT: Ashgate Pub., 2012.

Wong, Kam C. *Policing in Hong Kong: Research and Practice.* Basingstoke; New York: Palgrave Macmillan, 2015.

5

10

15

20

25

30

（三）中文論文

吳志華：〈香港總督的美意 ── 港英政府對孫中山革命運動的態度〉，林啓彥、李金強、鮑紹霖編：《有志竟成：孫中山、辛亥革命與近代中國》。香港：香港浸會大學人文中國學報編輯委員會、香港中國近代史學會，2005 年，下冊，頁 624－639。

李秀領：〈40 年代中英香港問題交涉〉，《江蘇社會科學》，1997 年 3 期，頁 105－112。

李金強：〈香港興中會總會的成立及其重要性〉，《深圳大學學報（人文社會科學版）》，28 卷 5 期，（2011 年 9 月），頁 32－38。

李彭廣：〈香港的管治團隊：英治時期的運作與回歸後的更新〉，《港澳研究》，2014 年 4 期，頁 36－43、94。

周乾：〈論二戰後期中英美圍繞香港戰後地位問題的交涉與鬥爭〉，《安徽史學》，2003 年 6 期，頁 60－65。

邱捷：〈《香港華字日報》對研究辛亥革命的史料價值〉，林啓彥、李金強、鮑紹霖編：《有志竟成：孫中山、辛亥革命與近代中國》。香港：香港浸會大學人文中國學報編輯委員會、香港中國近代史學會，2005 年，下冊，頁 683－698。

孫揚：〈"祖國將士"被拘之後：香港"屈士文事件"發微〉，《史林》，5 期（2013 年），頁 32－40。

孫揚：〈"殖民地"的尺度：香港肅奸風波與"國民日報事件"析論〉，《近代史研究》，6 期（2012 年），頁 119－130。

孫揚：〈戰後香港群體性事件析論（1945－1949）〉，《廣東社會科學》，2014 年 2 期，頁 89－96。

桑兵：〈庚子孫中心山上書港督卜力述論〉，林啓彥、李金強、鮑紹霖編：《有志竟成：孫中山、辛亥革命與近代中國》。香港：香港浸會大學人文中國學報編輯委員會、香港中國近代史學會，2005 年，下冊，頁 603－623。

袁小倫：〈戰後初期中共利用香港的策略運作〉，《近代史研究》，2002 年第 6 期，頁 121－148。

張健：〈香港社會政治覺醒的動因：階級關係、參政需求、族群認同〉，《21 世紀》，總 147 期（2015 年 2 月），頁 33－47。

曹寅：〈全球史視角下的殖民帝國史研究：以新加坡和香港的錫克警察為中心

的探討〉,《21 世紀》,總 147 期(2015 年 2 月),頁 82－100。

莫世祥、陳紅:〈清末民初香港報刊的孫中山形象研究〉,孫中山基金會、澳門地區中國和平統一促進會編:《孫中山與辛亥革命:辛亥革命百周年紀念國際學術研討會論文集》。北京:社會科學文獻出版社,2012 年,上冊,頁 251－265。

莫世祥:〈同盟會在港澳策動辛亥廣東起義始末〉,李向玉主編,《辛亥革命與澳門學術研討會論文集》。澳門:澳門理工學院,2012 年,頁 356－369。

莫世祥:〈抗戰初期中共組織在香港的恢復與發展〉,《中共黨史研究》,2009年 1 期,頁 68－75。

莫世祥:〈香港"報變"考 —— 陳炯明在港機關報倒戈事件始末〉,林家有、蕭潤君主編:《孫中山與中國社會:博士論壇論文選集》。廣州:中山大學出版社,2009 年,頁 494－501。

莫世祥:〈清末孫中山、同盟會與港英政府的博弈〉,《深圳大學學報(人文社會科學版)》,28 卷 5 期,(2011 年 9 月),頁 32－38。

許崇德:〈攻心為上:香港政府應對"六七暴動"的文宣策略〉,《21 世紀》,總 147 期(2015 年 2 月),頁 64－81。

陳明銶:〈香港與辛亥革命運動之多元關係:革命基地兼革命對象的重疊角色〉,麥勁生、李金強編:《共和維新:辛亥革命百年紀念論文集》。香港:香港城市大學出版社,2013 年,頁 235－258。

陳學然:〈"五四在香港"話語的形成與重探〉,《21 世紀》,總 131 期(2012年 6 月),頁 74－86。

葉漢明、蔡寶瓊:〈殖民地與革命文化霸權:香港與 40 年代後期的中國共產主義運動〉,《中國文化研究所學報》,10 期(2001 年),頁 191－215。

葉漢明:〈香港與 40 年代中國民主運動的邊緣化〉,《史藪》,3 卷(1998 年),頁 323－356。

葉漢明:〈從"中間派"到"民主黨派":中國民主同盟在香港(1946－1949)〉,《近代史研究》,6 期(2003 年),頁 45－71。

蔡惠堯:〈深港聞人劉鑄伯:生平、志業與意義〉,《台灣師大歷史學報》,50期(2013 年 12 月),頁 199－246。

關詩珮:〈翻譯與殖民管治:早期香港史上的雙面譯者高和爾(1816－1875)〉,《現代中文文學學報》,10 卷 2 期(2011 年 12 月),頁 174－194。

關詩珮:〈翻譯與殖民管治:香港登記署的成立及首任總登記官費倫〉,《中國文化研究所學報》，54 期（2012 年 1 月），頁 97－124。

（四）英文論文

Baum, Richard. "Enter the Dragon: China's Courtship of Hong Kong, 1982–1999." *Communist and Post-Communist Studies* 32:4 (1999) : 417–436.

Brown, Deborah A. "Democracy in Hong Kong: Slow Steps along a Direct Path?" *American Asian Review* 18:1 (2000) : 69–120.

Canning, Craig N. "Hong Kong: Still 'One Country, Two Systems'?" *Current History* 100:647 (September 2001) : 285–290.

Carroll, John M. "Colonialism and Collaboration: Chinese Subjects and the Making of British Hong Kong." *China Information* 12:1 & 2 (Summer/Autumn 1997) : 12–35.

Carroll, John M. "Colonialism, Nationalism, and Difference: Reassessing the Role of Hong Kong in Modern Chinese History." *Chinese Historical Review* 12:2 (Spring 2006) : 92–104.

Carroll, John M. "Colonialism, Nationalism, and Identity in Pre-1949 Hong Kong." *Journal of Oriental Studies* 39:2 (September 2005) : 18–36.

Carroll, John M. "Contested Colony: Hong Kong, the 1949 Revolution, and the 'Taiwan Problem'." In *Critical Zone 3*: *A Forum of Chinese and Western Knowledge*, edited by Douglas Kerr, Q. S. Tong, and Wang Shouren, 75–93. Hong Kong: Hong Kong University Press; Nanjing: Nanjing University Press, 2008.

Carroll, John M. "Ho Kai: A Chinese Reformer in Colonial Hong Kong." In *The Human Tradition in Modern China*, edited by Kenneth J. Hammond and Kristin Stapleton, 55–72. Lanham: Rowman and Littlefield, 2008.

Chan Lau, Kit-ching. "The Perception of Chinese Communism in Hong Kong, 1921–1934." *China Quarterly* 164 (2000) : 1044–1061.

Chan, Cheuk-Wah. "Hong Kong and its Strategic Values for China and Britain, 1949–1968." *Journal of Contemporary Asia* 28:3 (1998) : 346–365.

Chan, Ming K. "Different Roads to Home: The Retrocession of Hong Kong and Macau to Chinese Sovereignty." *Journal of contemporary China* 12:36 (August 2003) : 493–

518.

Chiu, Wing Kai Stephen and Ho-Fung Hung. "The Paradox of Stability Revisited: Colonial Development and Sate Building in Rural Hong Kong." *China Information* 12:1&2 (Summer/Autumn 1997) : 66–96.

Chu, Yik-yi Cindy. "'The Origins of the Chinese Communists' Alliance with the Business Elites in Hong Kong: The 1997 Question and the Basic Law Committee, 1979–1985." *Modern Chinese History Society of Hong Kong Bulletin* 9 & 10 (1999) : 51–68.

Chu, Yik-yi Cindy. "Overt and Covert Functions of the Hong Kong Branch of the Xinhua News Agency, 1947–1984." *Historian* 62:1 (1999) : 31–46.

Chu, Yik-yi Cindy. "The Chinese Communists, Hong Kong, and the Sino-Japanese War." *American Journal of Chinese Studies* 7: 2 (October 2000) : 131–145.

Chu, Yik-yi Cindy. "The Failure of the United Front Policy: The Involvement of Business in the Drafting of Hong Kong's Basic Law, 1985–1990." *Asian Perspective* 24:2 (2000) : 173–198.

Clark, A. Trevor. "The Dickinson Report: An Account of the Background to, and Preparation of, the 1966 *Report* of the Working Party on Local Administration." *Journal of the Hong Kong Branch of the Royal Asiatic Society* 37 (1998) : 1–18.

Fedorowich, Kent. "Decolonization Deferred? The Re-establishment of Colonial Rule in Hong Kong, 1942–1945." *Journal of Imperial and Commonwealth History* 28:3 (2000) : 25–50.

Fedorowich, Kent. "Doomed from the Outset? Internment and Civilian Exchange in the Far East: The British Failure over Hong Kong, 1941–45." *Journal of Imperial and Commonwealth History* 25:1 (1997) : 113–140.

Fong, Brian C. H. "Executive-legislative Disconnection in Post-colonial Hong Kong: The Dysfunction of the HKSAR Executive-dominant System, 1997–2012." *China Perspectives* 1 (2014) : 5–12.

Fong, Brian C. H. "The Partnership between Chinese Government and Hong Kong's Capitalist Class: Implications for HKSAR Governance, 1997–2012." *China Quarterly* 217 (2014) : 195–220.

Goodstadt, Leo F. "The Rise and Fall of Social, Economic and Political reforms in Hong Kong, 1930–1955." *Journal of the Hong Kong Branch of the Royal Asiatic Society*

44 (2004) : 57–81.

Harter, Seth. "Hong Kong's Dirty Little Secret: Clearing the Walled City of Kowloon." *Journal of Urban History* 27:1 (2000) : 92–113.

Hook, Brian and Miguel Santos Neves. "The Role of Hong Kong and Macau in China's Relations with Europe." *China Quarterly* 169 (2002) : 108–135.

Hook, Brian. "British Views of the Legacy of the Colonial Administration of Hong Kong: A Preliminary Assessment." *China Quarterly* 151 (1997) : 553–566.

Kan, Yi-hua Francis. "The Position of Hong Kong in Britain's Policy towards the Two Rival Chinese Regimes during the Early Years of the Cold War." *Civil Wars* 2:4 (1999) : 106–137.

Lau, Siu-kai. "The Hong Kong Policy of the People's Republic of China, 1949–1997." *Journal of Contemporary China* 23 (2000) : 77–93.

Lombardo, Johannes R. "A Mission of Espionage, Intelligence and Psychological Operations: The American Consulate in Hong Kong, 1949–64." *Intelligence and National Security* 14:4 (1999) : 64–81.

Lombardo, Johannes R. "Eisenhower, the British and the Security of Hong Kong, 1953–60." *Diplomacy & Statecraft* 9:3 (1998) : 134–153.

Louis, William Roger. "Hong Kong: The Critical Phase, 1945–1949." *American Historical Review* 102:4 (1997) : 1052–1084.

Lowe, Kate and Eugene McLaughlin. "'Caution! The Bread is Poisoned': The Hong Kong Mass Poisoning of January 1857." *The Journal of Imperial and Commonwealth History* 43:2 (March 2015) :189–209.

Macri, Franco David. "Abandoning the Outpost: Rejection of the Hong Kong Purchase Scheme of 1938–39." *Journal of the Hong Kong Branch of the Royal Asiatic Society* 50 (2010) : 303–316.

Mark, Chi-kwan. "A Reward for Good Behaviour in the Cold War: Bargaining over the Defence of Hong Kong, 1949–1957." *International History Review* 22:4 (2000) : 837–861.

Mark, Chi-kwan. "Defence or Decolonisation? Britain, the United States, and the Hong Kong Question in 1957." *The Journal of Imperial and Commonwealth History* 33:1 (2005) :51–72.

Mark, Chi-kwan. "Development without Decolonisation? Hong Kong's Future and

Relations with Britain and China, 1967–1972." *Journal of the Royal Asiatic Society* 24:2 (April 2014) : 315–335.

Mark, Chi-kwan. "Hostage Diplomacy: Britain, China, and the Politics of Negotiation, 1967–1969." *Diplomacy & Statecraft* 20:3 (2009) : 473–493.

Mark, Chi-kwan. "Lack of Means or Loss of Will? The United Kingdom and the Decolonization of Hong Kong, 1957–1967." *The International History Review* 31:1 (March 2009) : 45–71.

Mark, Chi-kwan. "The 'Problem of People': British Colonials, Cold War Powers, and the Chinese Refugees in Hong Kong, 1949–62." *Modern Asian Studies* 41:6 (2007) : 1145–1181.

Mark, Chi-kwan. "To 'Educate' Deng Xiaoping in Capitalism: Thatcher's Visit to China and the Future of Hong Kong in 1982." *Cold War History* (December, 2015) : 1–20.

Mark, Chi-kwan. "Vietnam War Tourists: US Naval Visits to Hong Kong and British-American-Chinese Relations, 1965–1968." *Cold War History* 10:1 (February 2010) : 1–28.

Moran, Jonathan. "The Changing Context of Corruption Control: The Hong Kong Special Administrative Region, 1997–1999." *Commonwealth & Comparative Politics* 37:3 (1999) : 98–116.

Munn, Christopher. "'Giving Justice a Second Chance': The Criminal Trial in Early British Hong Kong, 1841–1866." *China Information* 12:1 & 2 (Summer/Autumn 1997) : 36–65.

Munn, Christopher. "The Transportation of Chinese Convicts from Hong Kong, 1844–1858." *Journal of The Canadian Historical Association* 8 (1997) : 113–145.

Ngo, Tak-Wing. "The Legend of a Colony: Political Rule and Historiography in Hong Kong." *China Information* 12:1 & 2 (Summer/Autumn 1997) : 135–156.

Peterson, Glen. "To Be or Not to Be a Refugee: The International Politics of the Hong Kong Refugee Crisis, 1949–55." *The Journal of Imperial and Commonwealth History* 36:2 (June 2008) : 171–195.

Roland, Charles G. "The ABCs of Survival behind Barbed Wire: Experience in the Far East, 1941–45." *Canadian Bulletin of Medical History* 16:1 (1999) : 5–23.

Scragg, Richard J. "From Barren Rock to SAR: The Citizen and the Law in Hong Kong, 1840–1997." *History Now* 5:1 (1999) : 21–24.

Shang, Ying. "Corruption Control in Hong Kong." In *Corruption and Good governance in Asia*, edited by Nicholas Tarling, 121–144. London; New York: Routledge, 2005.

Tsang, Steve. "Strategy for Survival: The Cold War and Hong Kong's Policy towards Kuomingtang and Chinese Communist Activities in the 1950s." *Journal of Imperial and Commonwealth History* 25:2 (1997) : 294–317.

Wong, Man Kong Timothy. "The Changing Meanings of Governorship in Hong Kong between 1945 and 1997; with References to the China Factor in Hong Kong." *Journal of the Modern Chinese History Society of Hong Kong* 1 (2003) : 113–130.

Yap, Felicia. "A 'New Angle of Vision': British Imperial Reappraisal of Hong Kong during the Second World War." *The Journal of Imperial and Commonwealth History* 42:1 (January 2014) : 86–113.

Yep, Kin Man Ray and Tai-lok Lui. "Revisiting the Golden Era of MacLehose and the Dynamics of Social Reforms." *China Information* 24:3 (November 2010) : 249–272.

Yep, Kin Man Ray. "Cultural Revolution in Hong Kong: Emergency Powers, Administration of Justice and the Turbulent Year of 1967." *Modern Asian Studies* 46:4 (July 2012) : 1007–1032.

Yep, Kin Man Ray. "The Crusade Against Corruption in Hong Kong in the 1970s: Governor MacLehose as a Zealous Reformer or Reluctant Hero?." *China Information* 27:2 (2013) : 197–221.

三‧軍事史

（一）中文書籍

李超源：《日軍襲港記：圍困中國煞局戰，太平洋戰的序幕》。安大略省：繼善書室，2002 年。

周奕：《香港英雄兒女：東江縱隊港九大隊抗日戰史》。香港：利文出版社，2004 年。

邱逸、葉德平、劉嘉雯：《圍城苦戰：保衛香港十八天》。香港：中華書局（香港）有限公司，2013 年。

　　邱逸、葉德平：《戰鬥在香港：抗日老兵的口述故事》。香港：中華書局（香港）有限公司，2014 年。

　　香港里斯本丸協會編：《戰地軍魂：香港英軍服務團絕密戰記》。香港：画素社，2009 年。

　　唐納德・克爾（Donald W. Kerr）：《克爾日記：香港淪陷時期東江縱隊營救美軍飛行員紀實》。香港：香港科技大學華南研究中心，2015 年。

　　夏思義（Patrick H. Hase）、林立偉譯：《被遺忘的六日戰爭：1899 年新界鄉民與英軍之戰》。香港：中華書局（香港）有限公司，2014 年。〔英文版：Hase, Patrick H. *The Six-Day War of 1899: Hong Kong in the Age of Imperialism*. Hong Kong: Hong Kong University Press, 2008.〕

　　梁柯平：《抗日戰爭時期的香港學運》。香港：香港各界紀念抗戰活動籌委會有限公司，2005 年。

　　莫世祥、陳紅：《日落香江：香港對日作戰紀實（修訂版）》。香港：三聯書店（香港）有限公司，2015 年。

　　陳敬堂、邱小金、陳家亮：《香港抗戰：東江縱隊港九獨立大隊論文集》。香港：香港歷史博物館，2004 年。

　　陳敬堂：《香港抗戰英雄譜》。香港：中華書局（香港）有限公司，2014 年。

　　陳瑞璋：《東江縱隊：抗戰前後的香港游擊隊》。香港：香港大學出版社，2012 年。[英文版：Chan, Sui-jeung. *East River Column: Hong Kong Guerrillas in the Second World War and After*. Hong Kong: Hong Kong University Press, 2009.]

　　陳達明：《大嶼山抗日遊擊隊》。香港：文教企業（集團）有限公司，2002 年。

　　陳達明：《香港抗日游擊隊》。香港：環球（國際）出版有限公司，2000 年。

　　楊奇：《虎穴搶救：日本攻佔香港後中共營救文化群英始末》。香港：香港各界紀念抗戰活動籌委會有限公司，2005 年。

　　楊奇：《香港淪陷大營救》。香港：三聯書店（香港）有限公司，2014 年。

　　劉智鵬、丁新豹編：《日軍在港戰爭罪行：戰犯審判紀錄及其研究》。香港：中華書局（香港）有限公司，2015 年。

　　蕭國健：《香港之海防歷史與軍事遺蹟》。香港：中華文教交流服務中心，2006 年。

　　蕭國健：《粵港中西古炮》。香港：顯朝書室，2007 年。

鄺智文：《老兵不死：香港華籍英兵，1857－1997》。香港：三聯書店（香港）有限公司，2014 年。

鄺智文：《孤獨前哨：太平洋戰爭中的香港戰役》。香港：天地圖書有限公司，2013 年。

鄺智文：《重光之路：日據香港與太平洋戰爭》。香港：天地圖書有限公司，2015 年。

（二）英文書籍

Banham, Tong. *Not the Slightest Chance: the Defence of Hong Kong, 1941*. Hong Kong: Hong Kong University Press, 2003.

Banham, Tong. *We shall Suffer there Hong Kong's Defenders Imprisoned*. Hong Kong: Hong Kong University Press, 2009.

Barman, Charles. *Resist to the end: Hong Kong, 1941–1945*. Hong Kong: Hong Kong University Press, 2009.

Greenfield, Nathan. *The Damned: the Canadians at the Battle of Hong Kong and the POW Experience, 1941–45*. Toronto: HarperCollins Publishers, 2010.

Greenhous, Brereton. *"C" Force to Hong Kong: A Canadian Catastrophe, 1941–1945*. Toronto; Buffalo, NY: Dundurn Press, 1997.

Kwong, Chi Man and Yiu-lun Tsoi. *Eastern Fortress: A Military History of Hong Kong, 1840–1970*. Hong Kong: Hong Kong University Press, 2014.

Lindsay, Oliver. *The Battle for Hong Kong 1941–1945: Hostage to Fortune*. Hong Kong: Hong Kong University Press, 2005.

Linton, Suzannah. *Hong Kong's War Crimes Trials*. Oxford: Oxford University Press, 2013.

Luard, Tim. *Escape from Hong Kong: Admiral Chan Chak's Christmas Day Dash, 1941*. Hong Kong: Hong Kong University Press, 2012.

Melson, P. J. *White Ensign and Red Dragon: The History of the Royal Navy in Hong Kong, 1841–1997*. Hong Kong: Edinburgh Financial Publishing (Asia) , Ltd., 1997.

Melson, Peter ed. *White Ensign-Red Dragon: The History of the Royal Navy in Hong

Kong, 1841–1997. Hong Kong: Edinburgh Financial Publishing (Asia) , 1997.

Snow, Philip. *The Fall of Hong Kong: Britain, China and the Japanese Occupation*. New Have: Yale University Press, 2003.

Tan, Kheng Yeang. *Dark Days: Reminiscences of the War in Hong Kong and Life in China*. Bloomington: Trafford Pub., 2011.

Whitfield, Andrew. *Hong Kong, Empire and the Anglo-American Alliance at War, 1941–1945*. Hong Kong: Hong Kong University Press, 2001.

（三）中文論文

卜永堅：〈第二次鴉片戰爭的前哨戰：1857 年香港東涌戰役〉，李金強主編：《我武維揚：近代中國海軍史新論》。香港：香港海防博物館，2004 年，頁 247－261。

立波：〈東江縱隊與香港抗戰〉，《黨史縱橫》，2007 年 7 期，頁 10－14。

何佩然、許承恩、張明佳：〈抗日戰爭時期的香港烏蛟騰〉，《廣東黨史》，總 115 期（2000 年 4 月），頁 32。

吳志華：〈《後門》與香港海防〉，李金強主編：《我武維揚：近代中國海軍史新論》。香港：香港海防博物館，2004 年，頁 262－269。

馬幼垣：〈與香港光復有關的兩個海軍問題〉，李金強主編：《我武維揚：近代中國海軍史新論》。香港：香港海防博物館，2004 年，頁 38－86。

梁迭戈：〈港九獨立大隊在新界抗戰的組織形式及其與東江縱隊的聯繫〉，《廣東檔案》，2003 年 3 期，頁 18－21。

陳達明：〈東江縱隊港九大隊〉，《源流》，2015 年 9 期，頁 42－43。

葉存：〈東江縱隊港九獨立大隊的抗日功績不容抹煞〉，《廣東黨史》，總 105 期（1998 年 12 月），頁 37－38。

蔡耀倫：〈日軍記錄中的香港防衛戰：第二遣支艦隊與香港攻略作戰〉，麥勁生編：《中國史上的著名戰役》。香港：天地圖書有限公司，2012 年，頁 340－366。

（四）英文論文

Allinson, Sidney. "1,973 Canadian Soldiers Defended Hong Kong; 558 Never Returned Home." *Army Quarterly and Defence Journal* 128:1 (1998) : 55–57.

Banham, Tony. "Hong Kong Volunteer Defence Corps, Number 3 (Machine Gun) Company." *Journal of the Hong Kong Branch of the Royal Asiatic Society* 45 (2005) : 118–142.

Banham, Tony. "The Hong Kong Dockyard Defence Corps, 1939–41." *Journal of the Hong Kong Branch of the Royal Asiatic Society* 50 (2010) : 317–342.

Braga, Stuart. "Hong Kong 1945: Future Indefinite." *Journal of the Hong Kong Branch of the Royal Asiatic Society* 48 (2008) : 51–67.

Chan, Ming K. "New Twist on Gunboat Diplomacy: Sino-British-American Discord over US Naval Visits to Hong Kong and Legacy for the Post-Colonial Era." In *Modern Chinese Naval History: New Perspectives*, edited by Kam Keung Lee, 370–406. Hong Kong: Hong Kong Museum of Coastal Defence, 2004.

Choi, Chohong. "Between the Nine Dragons and a Divine Wind: How Hong Kong's Weather might Have Affected an Allied Invasion to Retake the Territory." *Journal of the Hong Kong Branch of the Royal Asiatic Society* 42 (2002) : 33–66.

Copp, Terry. "The Defence of Hong Kong: December 1941." *Canadian Military History* 10: 4 (2001) : 5–20.

Kwong, Chi Man. "The Failure of Japanese Land-Sea Cooperation: Hong Kong and the South China Coast as an Example, 1942–1945." *Journal of Military History* 79:1 (January 2015) : 69–91.

Lai, Wai-chung Lawrence, Stephen Davies and Y.K. Tan. "Upland World War II Headquarters, Pillboxes and Observation Posts on Hong Kong Island." *Journal of the Hong Kong Branch of the Royal Asiatic Society* 51 (2011) : 207–236.

Lai, Wai-chung Lawrence. "Recollections of the *Battle of Hong Kong and the Life of Pow* by Arthur Ernesto Gomes, 5th Company (Machine Gun) , HKDVC." *Journal of the Hong Kong Branch of the Royal Asiatic Society* 48 (2008) : 25–50.

Lai, Wai-chung Lawrence. "The Battle of Hong Kong: A Note on the Literature and the Effectiveness of the Defence." *Journal of the Hong Kong Branch of the Royal Asiatic*

Society 39 (1999) : 115–136.

Linton, Suzannah. "Rediscovering the War Crimes Trials in Hong Kong 1946–48." Melbourme Journal of International Law 11 (2012) : 284–348.

Macri, Franco David. "Canadians under Fire: C Force and the Battle of Hong Kong, December 1941." *Journal of the Hong Kong Branch of the Royal Asiatic Society* 51 (2011): 238–256.

Ozorio, Anne. "The Myth of Unpreparedness: The Origins of Anti-Japanese Resistance in Prewar Hong Kong." *Journal of the Hong Kong Branch of the Royal Asiatic Society* 42 (2002) : 161–186.

Perras, Galen Roger. "Defeat Still Cries Aloud for Explanaion: Explanining C Force's Dispatch to Hong Kong." *Canadian Military Journal* 11:4 (Autumn 2011) : 37–47.

Waters, Dan and Alison McEwan. "Colin McEwan's Diary: The Battble for Hong Kong and Escape into China." *Journal of the Hong Kong Branch of the Royal Asiatic Society* 45 (2005) : 42–115.

Wilmshurst, David. "Hong Kong during the Sino-French War (1884–85) : Impressions of a French Naval Officer." *Journal of the Hong Kong Branch of the Royal Asiatic Society* 50 (2010) : 141–163.

四·經濟史

（一）中文書籍

何佩然：《地換山移：香港海港及土地發展一百六十年》。香港：商務印書館（香港）有限公司，2004 年。〔英文版：Ho, Pui Yin. *Challenges for an Evolving City: 160 Years of Port and Land Development in Hong Kong*. Translated by C.S. Johnson. Hong Kong: Commercial Press（H.K.）Ltd., 2004.〕

何佩然：《建城之道：戰後香港的道路發展》。香港：香港大學出版社，2008 年。〔英文版：Ho, Pui Yin. *Ways to Urbanisation: Post-war Road Development in Hong Kong*. Hong Kong: Hong Kong University Press, 2008.〕

何佩然：《築景思城：香港建造業發展史，1840－2010》，香港：商務印書館（香港）有限公司，2010 年。〔英文版：Ho, Pui Yin. *Becoming Hong Kong*: *Development History of Construction Industry 1840-2010*. Hong Kong: Commercial Press (H.K.) Ltd., 2010.〕

冷夏：《霍英東傳》。廣州：廣東經濟出版社，上、下冊，1997 年。

利琦珍、中野嘉子、王向華：《由樂聲牌 "電飯煲" 而起：蒙民偉和信興集團走過的道路》。香港：香港大學出版社，2003 年。

宋恩榮：《香港與華南的經濟協作》。香港：商務印書館（香港）有限公司，1998 年。

宋軒麟編：《香港航空百年》。香港：三聯書店（香港）有限公司，2003 年。

李培德：《繼往開來：香港廠商 75 年》。香港：商務印書館（香港）有限公司，2009 年。

周佳榮、鍾寶賢、黃文江編著：《香港中華總商會百年史》。香港：香港中華總商會，2002 年。

金董建平、鄭會欣等編註：《董浩雲的世界》，香港：中文大學出版社，2004 年。

施路雯（Rosemary Sayer）著、林元嘉譯：《點燈又點火：從香港出發的胡應湘》，香港：商務印書館（香港）有限公司，2007 年。〔英文版：Sayer, Rosemary. *The Man Who Turned the Lights on: Gordon Wu*. Hong Kong: Chameleon Press, 2006.〕

張曉輝：《近代香港與內地華資聯號研究》。桂林：廣西師範大學出版社，2011 年。

張曉輝：《香港近代經濟史：1840－1949》。廣州：廣東人民出版社，2001 年。

張曉輝：《香港華商史》。香港：明報出版社，1998 年。

張曉輝：《香港與近代中國對外貿易》。北京：中國華僑出版社，2000 年。

梁鳳儀：《李兆基博士傳記》。香港：三聯書店（香港）有限公司，1997 年。

莊玉惜、黃紹倫、鄭宏泰：《香港棉紡世家：識變、應變和求變》。香港：天地圖書有限公司，2013 年。

莫凱：《香港經濟的發展和結構變化》。香港：三聯書店（香港）有限公司，1997 年。

彭劍鋒編：《從地方智慧到環球金融 150 年的榮耀：滙豐銀行的金融帝國》。台北：上奇時代，2012 年。

馮邦彥：《百年利豐：從傳統商號到現代跨國集團》。香港：三聯書店（香港）有限公司，2006 年。

馮邦彥：《厚生利群：香港保險史，1841－2008》。香港：三聯書店（香港）有限公司，2009 年。

馮邦彥：《香港地產業百年》。香港：三聯書店（香港）有限公司，2001 年。

馮邦彥：《香港金融業百年》。香港：三聯書店（香港）有限公司，2002 年。

馮邦彥：《香港金融與貨幣制度》。香港：三聯書店（香港）有限公司，2015 年。

馮邦彥：《香港產業結構轉型》。香港：三聯書店（香港）有限公司，2014 年。

馮邦彥：《香港華資財團，1841－1997》。香港：三聯書店（香港）有限公司，1997 年。

劉詩平：《金融帝國：滙豐》。香港：三聯書店（香港）股份有限公司，2009 年。

潘慧嫻著、顏詩敏譯：《地產霸權》，香港：天窗出版社有限公司，2010 年。〔英文版：Poon, Alice. *Land and the Ruling Class in Hong Kong*. Second edition. Hong Kong: Enrich Professional Publishing, 2010.〕

鄭宏泰、周文港編：《危機關頭：家族企業的應對之道》。香港：中華書局（香港）有限公司，2015 年。

鄭宏泰、陸觀豪：《匯通天下：香港如何連結中國與世界》。香港：中華書局（香港）有限公司，2013 年。

鄭宏泰、黃紹倫：《一代煙王：利希慎》。香港：三聯書店（香港）有限公司，2011 年。

鄭宏泰、黃紹倫：《香港大老：何世禮》。香港：三聯書店（香港）有限公司，2008 年。

鄭宏泰、黃紹倫：《香港大老：何東》。香港：三聯書店（香港）有限公司，2007 年。

鄭宏泰、黃紹倫：《香港大老：周壽臣》。香港：三聯書店（香港）有限公司，2006 年。

鄭宏泰、黃紹倫：《香港米業史》。香港：三聯書店（香港）有限公司，2005。

鄭宏泰、黃紹倫：《香港赤子：利銘澤》。香港：三聯書店（香港）有限公司，2012 年。

鄭宏泰、黃紹倫：《香港股史：1841－1997》。香港：三聯書店（香港）有限公司，2006 年。

鄭宏泰、黃紹倫：《香港華人家族企業個案研究》。香港：明報出版社有限公司，2004 年。

鄭宏泰、黃紹倫：《商城記：香港家族企業縱橫談》。香港：中華書局（香港）有限公司，2014。

鄭會欣、金董建平主編：《董浩雲：中國現代航運先驅》。上海：交通大學出版社，2007 年 。

鄭會欣：《董浩雲與中國遠洋航運》。香港：中華書局（香港）有限公司，2015 年。

鄭會欣編註：《董浩雲日記（1948－1982）》（三冊）。香港：中文大學出版社，2004 年。

盧受采、盧冬青：《香港經濟史》。香港：三聯書店（香港）有限公司，2002 年。

濱下武志著、馬宋芝譯：《香港大視野：亞洲網絡中心》。香港：商務印書館（香港）有限公司，1997 年。

鍾寶賢：《商城故事：銅鑼灣百年變遷》。香港：中華書局（香港）有限公司，2009 年。

羅金義、李劍明編：《香港經濟：非經濟學讀本》。香港：牛津大學出版社，2004 年。

顧汝德（Leo F. Goodstadt）著、馬山、陳潤芝、蔡枘音譯：《官商同謀：香港公義私利的矛盾》。香港：天窗出版，2011 年。〔英文版：Goodstadt, Leo F. *Uneasy Partners: the Conflict between Public Interest and Private Profit in Hong Kong*. Updated edition. Hong Kong: Hong Kong University Press, 2009.〕

（二）英文書籍

Ching, Frank. *The Li Dynasty: Hong Kong Aristocrats*. Hong Kong: Oxford University Press, 1999.

Chiu, Wing Kai Stephen, K. C. Ho and Tai-Lok Lui. *City-States in the Global Economy: Industrial Restructing in Hong Kong and Singapore*. Boulder: Westview Press, 1997.

Chung, Po Yin Stephanie. *Chinese Business Groups in Hong Kong and Politics in South China, 1900–25*. London: Macmillan Press, 1998.

Faure, David and Pui-tak Lee eds. *Economy: A Documentary History of Hong Kong*.

Hong Kong: Hong Kong University Press, 2004.

Fong, Brian C. H. *Hong Kong's Governance under Chinese Sovereignty: The Failure of the State-business Alliance After 1997*. Oxford: Routledge, 2014.

Goodstadt, Leo F. *Profits, Politics and Panics: Hong Kong's Banks and the Making of a Miracle Economy, 1935–1985*. Hong Kong: Hong Kong University Press, 2007.

Greenwood, John. *Hong Kong's Link to the US Dollar: Origins and Evolution*. Hong Kong: Hong Kong University Press, 2008.

Ho, Lok Sang and Robert Ash eds. *China, Hong Kong and the World Economy: Studies on Globalization*. Basingstoke: Palgrave Macmillan, 2006.

Jao, Y. C. *The Asian Financial Crisis and the Ordeal of Hong Kong*. Westport: Quorum Books, 2001.

Ku, Agnes S. and Ngai Pun. *Remaking Citizenship in Hong Kong: Community, Nation and the Global City*. London; New York: RoutledgeCurzon, 2004.

Kuo, Huei-ying. *Networks beyond Empires: Chinese Business and Nationalism in the Hong Kong-Singapore Corridor, 1914–1941*. Leiden: Brill, 2014.

Kynaston, David and Richard Roberts. *The Lion Wakes: A Modern History of HSBC*. London: Profile Books, 2015.

Latter, Tony. *Hong Kong's Money: The History, Logic and Operation of the Currency Peg*. Hong Kong: Hong Kong University Press, 2007.

Littlewood, Michael. *Taxation without Representation: The History of Hong Kong's Troublingly Successful Tax System*. Hong Kong: Hong Kong University Press, 2010.

Mills, Lawrence W.R. *Protecting Free Trade; the Hong Kong Paradox, 1947–97: A Personal Reminiscence*. Hong Kong: Hong Kong University Press, 2012.

Schenk, Catherine ed. *Hong Kong SAR's Monetary and Exchange Rate Challenges: Historical Perspectives*. Basingstoke: Palgrave Macmillan, 2009.

Schenk, Catherine R. *Hong Kong as an International Financial Centre: Emergence and Development, 1945–65*. Oxford: Routledge, 2001.

Soulard, Francois. *The Restructuring of Hong Kong Industries and the Urbanization of Zhujinag Delta 1979–1989*. Hong Kong: Chinese University Press, 1997.

Wang, Gungwu and Siu-Lun Wong eds. *Dynamic Hong Kong: Business and Culture*. Hong Kong: Centre of Asian Studies, University of Hong Kong, 1997.

Wang, Gungwu and Siu-Lun Wong eds. *Hong Kong in the Asia-Pacific Region: Rising to the New Challenges*. Hong Kong: Centre of Asian Studies, University of Hong Kong, 1997.

Wong, Siu-lun and Toyojiro Maruya eds. *Hong Kong Economy and Society: Challenges in the New Era*. Hong Kong: Centre of Asian Studies, University of Hong Kong, 1998.

（三）中文論文

王永華：〈1950－1954 年美英對香港標運的歷史考察〉，《延安大學學報（社會科學版）》，28 卷 2 期（2006 年 4 月），頁 94－98。

朱燕華：〈香港的家族企業：現況與前景〉，朱燕華、張維安編：《經濟與社會：兩岸三地社會文化的分析》。台北：生智文化事業有限公司，2001 年，頁 75－86。

何漢威：〈香港領土型幣制的演進：以清末民初港、粵的銀輔幣角力為中心〉，《中央研究院歷史語言研究所集刊》，86 卷 1 期（2015 年 3 月），頁 97－227。

李培德：〈1949 年前中共在香港的發展及對本地華商的統戰〉，李培德編：《大過渡：時代變局中的中國商人》。香港：商務印書館（香港）有限公司，2013 年，頁 212－232。

李培德：〈1960 年代香港華人商會的政治分析：以香港中華廠商聯合會與香港工業總會為個案〉，《華中師範大學學報（人文社會科學版）》，52 卷 3 期（2013 年 5 月），頁 115－122。

李培德：〈19 世紀香港粵商之商業網絡〉，葉顯恩、卞恩才主編：《中國傳統社會經濟與現代化》。廣州：廣東人民出版社，2001 年，頁 177－206。

李培德：〈二次大戰結束前香港的華人商會〉，李培德編：《商會與近代中國政治變遷》。香港：香港大學出版社，2009 年，頁 91－104。

李培德：〈早期香港買辦的人際網絡〉，朱燕華、張維安編：《經濟與社會：兩岸三地社會文化的分析》。台北：生智文化事業有限公司，2001 年，頁 141－153。

李培德：〈香港中華廠商聯合會與香港三大商會〉，《閩商文化研究》，2013 年 2 期，頁 58－69。

李培德：〈香港及海外華人商會，華商團體史研究文獻目錄〉，李培德編：《近代中國的商會網絡及社會功能》。香港：香港大學出版社，2009 年，頁 169－185。

李培德：〈香港企業史研究概覽〉，《史林》，2008 年 2 期，頁 162－183。

李培德：〈香港的福建商會和福建商人網絡〉，李培德編：《近代中國的商會網絡及社會功能》。香港：香港大學出版社，2009 年，頁 131－146。

李培德：〈香港股票經紀的上海因緣：董偉口述訪談〉，《史林》，2013 年 S1 期，頁 102－114 及 172。

李培德：〈香港華資銀行口述歷史訪問：永隆銀行〉，《史林》，2007 年 S1 期，頁 181－186。

李培德：〈採訪陸氏兄弟〉，《史林》，2013 年 S1 期，頁 115－119。

李培德：〈港貨、國貨、香港名牌：七十五年來的香港工展會（1933－2008 年）〉，馬敏主編：《博覽會與近代中國》。武漢：華東師範大學出版社，2010 年，頁 540－559。

張展鴻、劉兆強：〈香港新界后海灣淡水魚養殖業的社會發展史〉，《中國飲食文化》，2 卷 2 期（2006 年 7 月），頁 97－120。

梁漢柱：〈看不見的經營者：香港製衣業的工人網絡〉，朱燕華、張維安編：《經濟與社會：兩岸三地社會文化的分析》。台北：生智文化事業有限公司，2001 年，頁 129－139。

郭又新：〈1949－1954 年美國對香港的經濟防衛政策〉，《東北師大學報（哲學社會學報）》，2000 年 6 月（總 188 期），頁 56－61。

蔡志祥：〈關係網絡與家族企業：以香港乾泰隆及其聯號為例〉，朱燕華、張維安編：《經濟與社會：兩岸三地社會文化的分析》。台北：生智文化事業有限公司，2001 年，頁 193－205。

鄭會欣：〈董浩雲與香港的遠洋航運〉，《香港中國近代史學報》，5 期（2010 年），頁 87－109。

（四）英文論文

Becker, Bert. "German Business in Hong Kong Before 1914." *Journal of the Royal Asiatic Society Hong Kong Branch* 44 (2004) : 91–113.

Becker, Bert. "The Merchant Consuls of German States in China, Hong Kong, and Macao, 1787–1869." In *Consuls et services consulaires au XIXe siècle*, edited by Jörg Ulbert and Lukian Prijac, 329–351. Hamburg: DOBU, Dokumentation & Buch, 2010.

Chan, Cheuk-Wah. "Hong Kong and its Strategic Values for China and Britain (1949–1968) ." *Journal of Contemporary Asia* 28:3 (September 1998) : 346–366. .

Chan, Cheuk-Wah. "Hong Kong's Economic Path and its Strategic Value for China and Britain, 1946–56: A Rational-Strategic Approach." *Issues & Studies* 33:6 (1997) : 88–112.

Cheung, Kui Yin, "Economic Integration and the Circulation of Hong Kong Dollars in Southern China." *Journal of Contemporary Asia* 32:2 (June 2002) : 231–244.

Choi, Alex H. "The Political Economy of Hong Kong's Industrial Upgrading: A Lost Opportunity." *China Information* 12:1 & 2 (Summer/Autumn 1997) : 157–88.

Chung, Po Yin Stephanie. "Chinese nouveau riche in Southeast Asia as Movie Moguls in Hong Kong-the Stories of Run Run Shaw & Loke Wen Tho." In *Corporate Globalization, Business Cultures in Europe and in Asia*, edited by Albrecht Rothacher, 26–35. London: Marshall Cavendish Academic, 2005.

Chung, Po Yin Stephanie. "Chinese Tong as British Trust: Institutional Collisions and Legal Disputes in Urban Hong Kong, 1860s–1980s." *Modern Asian Studies* 44:4 (2010) : 1409–1432.

Chung, Po Yin Stephanie. "Migration & Enterprise: The Eu Yan Sang Firm and the Eu Kong Pui Family in Foshan, Penang and Hong Kong." In *Penang and its Region: The Story of an Asian Entrepot*, edited by Yeoh S. G. and Nasution K, 180–190. Singapore: National University of Singapore Press, 2009.

Chung, Po Yin Stephanie. "Moguls of the Chinese Cinema–the Story of the Shaw Brothers in Shanghai, Hong Kong and Singapore, 1924–2002." *Modern Asian Studies* 41:4 (2007) : 665–680.

Chung, Po Yin Stephanie. "Surviving Economic Crises in Southeast Asia and Southern China: The History of Eu Yan Sang Business Conglomerates in Penang, Singapore and Hong Kong." *Modern Asian Studies* 36:3 (July 2002) : 579–617.

Chung, Po Yin Stephanie. "Western Law vs. Asian Customs Legal Disputes on Business Practices in India, British Malaya and Hong Kong, 1850s-1930s." *Asia Europe*

Journal 1 (2003) : 1–13.

Clayton, David W. "A Hong Kong Knitting Factory in 1933: Its Reconstruction from Bankruptcy Court Records." *Journal of Industrial History* 3:2 (2000) : 51–70.

Clayton, David W. "From 'Free' to 'Fair' Trade: The Evolution of Labour laws in Colonial Hong Kong, 1958–62." *Journal of Imperial and Commonwealth History* 35:2 (June 2007) : 263–282.

Clayton, David W. "From Laissez-faire to "Positive Non-interventionism": The Colonial State in Hong Kong Studies." *Social Transformation in Chinese Societies* 9:1 (2013) : unpaged.

Clayton, David W. "Hong Kong as an International Financial Centre: Emergence and Development, 1945–1965." *Economic History Review* 56:1 (February 2003) : 209–210.

Clayton, David W. "Industrialization and Institutional change in Hong Kong." In *Asia Pacific Dynamism, 1550–2000*, edited by A.J.H. Latham and Heita Kawakatsu, 149–169. Oxford: Routledge, 2000.

Clayton, David W. "Labour-intensive Industrialization in Hong Kong, 1950–70: A Note on Sources and Methods." *Asia-Pacific Business Review* 12:3 (July 2006) : 375–388.

Clayton, David W. "The Consumption of Radio Broadcast Technologies in Hong Kong, c.1930–1960." *Economic History Review* 57:4 (November 2004) : 691–726.

Clayton, David W. "Trade-offs and Rip-offs: Imitation-led Industrialisation and the Evolution of Trademark Law in Hong Kong." *Australian Economic History Review* 51:2 (July 2011) : 178–199.

Eng, Irene. "Flexible Production in Late Industrialization: The Case of Hong Kong." *Economic Geography* 73:1 (1997) : 26–43.

Hui, Po-Keung. "The Development of Hong Kong Chinese Business in the Mid-19th to Early 20th Century: A Transnational Perspective." *China Information* 12:1 & 2 (Summer/Autumn 1997) : 114–134.

Hung, C. L. "Business Environment of Hong Kong for Foreign Investors Since the 1997 Handover." *American Asian Review* 18:3 (2000) : 77–96.

Lee, Kim-Ming. "The Flexibility of the Hong Kong Manufacturing Sector." *China Information* 12:1 & 2 (Summer/Autumn 1997) : 189–214.

Lee, Pui-tak. "Linking Global and Local Networks of Credit and Remittances: Ma

Tsui Chiu's Financial Operations in Hong Kong, 1900s-1950s." In *Commodities, ports and Asian maritime trade since 1750*, edited by Ulbe Bosma and Anthony Webster, 165–178. Houndmills: Palgrave Macmillan, 2015.

Miners, Norman. "Bilding the Kowloon-Canton-Hankow Railway." *Journal of the Royal Asiatic Society Hong Kong Branch* 46 (2006) : 5–24.

Miners, Norman. "Sir Sydney Caine: Hong Kong's First Financial Secretary." *Journal of the Royal Asiatic Society Hong Kong Branch* 50 (2010) : 371–377.

Ng, Michael. "Dirt of Whitewashing: Re-conceptualising Debtors' Obligations in Chinese Business by Transplanting Bankruptcy Law to Early British Hong Kong (1860s–1880s) ." *Business History* 57:8 (November 2015) : 1219–1247.

Schenk, Catherine R. "Another Asian Financial Crisis: Monetary Links between Hong Kong and China, 1945–50." *Modern Asian Studies* 34:3 (2000) : 739–764.

Schenk, Catherine R. "Banking Crises and the Evolution of the Regulatory Framework in Hong Kong 1945–1970." *Australian Economic History Review* 43:2 (July 2003) : 140–154.

Schenk, Catherine R. "Commercial Rivalry between Shanghai and Hong Kong during the Collapse of the Nationalist Regime in China, 1945–1949." *International History Review* 20:1 (1998) : 68–88.

Schenk, Catherine R. "Finance of Industry in Hong Kong 1950–70: A Case of Market Failure?" *Business History* 46:4 (October 2004) : 583–608.

Schenk, Catherine R. "'Parasitic Invasions' or Sources of Good Governance: Constraining Foreign Competition in Hong Kong banking, 1965–81." *Business History* 51:2 (March 2009) : 157–180.

Schenk, Catherine R. "Regulatory Reform in an Emerging Stock Market: The Case of Hong Kong, 1945–86." *Financial History Review* 11:2 (October 2004) : 139–163.

Schenk, Catherine R. "The Empire Strikes Back: Hong Kong and the Decline of Sterling in the 1960s." *Economic History Review* 57:3 (August 2004) : 551–580.

Schenk, Catherine R. "The Evolution of the Hong Kong Currency Board during Global Exchange Rate Instability, 1967–1973." *Financial History Review* 16:2 (October 2009) : 129–156.

Sing, Ming. "Economic Development, Public Support, and the Endurance of Hong

Kong's Poiltical Institutions (1970s-1980s) ." *China Information* 12:1 & 2 (Summer/ Autumn 1997) : 215–240.

Smart, Alan and Josephine Smart. "Failures and Strategies of Hong Kong Firms in China: An Ethnographic Perspective." In *Globalization of Chinese Business Firms*, edited by Henry Wai-chung Yeung and Kris Olds, 244–271. London: MacMillan Press; New York: St. Martin's Press, 2000.

Turner, Matthew. "Originality, Imitation and Hong Kong's Registered Designs." *The Journal of Resources for Hong Kong Studies* 1 (1998) : 44–69.

Wong, Siu-lun. "Transplanting Enterprises in Hong Kong." In *Globalization of Chinese Business Firms*, edited by Henry Wai-chung Yeung and Kris Olds, 153–166. London: MacMillan Press; New York: St. Martin's Press, 2000.

Wong, Siuyi Wendy. "Establishing the Modern Advertising Languages: Patent Medicine Newspaper Advertisements in Hong Kong, 1945–1969." *Journal of Design History* 13:3 (2000) : 213–226.

Yu, Fu-Lai Tony. "Learning Governments in Three Chinese Economies: An Evolutionary Perspective of Economic Management in Taiwan, Hong Kong, and the Mainland." *Asian Profile* 30:6 (2002) : 485–496.

五 · 社會史

（一）中文書籍

丁新豹、盧淑櫻：《非我族裔：戰前香港的外籍族群》。香港：三聯書店（香港）有限公司，2014 年。

丁新豹：《人物與歷史：跑馬地香港墳場初探》。香港：香港當代文化中心，2008 年。

丁新豹：《善與人同：與香港同步成長的東華三院（1870－1997）》。香港：三聯書店（香港）有限公司，2010 年。

伊利沙伯醫院編：《伊院人、情、事：伊利沙伯醫院五十周年口述歷史》。香港：知出版，2013 年。

何仲詩：《風雲背後：香港監獄私人檔案》。香港：藍天圖書，2008 年。

何佩然：《地換山移：香港海港及土地發展一百六十年》。香港：商務印書館（香港）有限公司，2004 年。

何佩然：《施與受：從濟急到定期服務》。香港：三聯書店（香港）有限公司，2009 年。

何佩然：《破與立：東華三院制度的演變》。香港：三聯書店（香港）有限公司，2010 年。

何佩然：《源與流：東華醫院的創立與演進》。香港：三聯書店（香港）有限公司，2009 年。

何佩然：《點滴話當年：香港供水一百五十年》。香港：商務印書館（香港）有限公司，2001 年。

吳萱人：《香港六 70 年代文社運動整理及研究》。香港：臨時市政局公共圖書館，1999 年。

吳曉真等編：《工廠‧廚房‧垃圾房：香港女工十五年》。香港：文星文化教育協會；香港婦女勞工協會，2006 年。

呂大樂、王志錚：《香港中產階級處境觀察》。香港：三聯書店（香港）有限公司，2003 年。

呂大樂、王卓祺編：《失業、貧窮與政府的承擔》。香港：香港中文大學亞太研究所，1999 年。

呂大樂：《山上之城：香港紅十字會的故事，1950－2000》。香港：香港大學出版社，2000 年。〔英文版：Lui, Tai Lok. *Light the Darkness: Story of the Hong Kong Red Cross, 1950－2000*. Hong Kong: Hong Kong University Press, 2001.〕

呂大樂：《凝聚力量 —— 香港非政府機構發展軌跡》。香港：三聯書店（香港）有限公司，2010 年。

李東海：《香港東華三院一百二十五年史略》。北京：中國文史出版社，1998。

李峻嶸：《足球王國：戰後初期的香港足球》。香港：三聯書店（香港）有限公司，2015 年。

周永新：《見證香港五十年》。香港：明報出版社，1997 年。

周永新：《香港人的身份認同和價值觀》。香港：中華書局（香港）有限公司，2015 年。

周永新：《真實的貧窮面貌：綜觀香港社會 60 年》。香港：中華書局（香港）

有限公司，2014 年。

周蜜蜜：《香江兒夢話百年》。香港：明報出版社，1997 年，上、下冊。

姚穎嘉：《群力勝天：戰前香港碼頭苦力與華人社區的管治》。香港：三聯書店（香港）有限公司，2015。

胡春惠、李谷城、陳慧麗：《香港調景嶺營的誕生與消失：張寒松等先生訪談錄》。台北：國史館，1997 年。

劉義章、計超：《孤島扁舟：見證大時代的調景嶺》。香港：三聯書店（香港）有限公司，2015 年。

夏其龍編：《米高與惡龍：19 世紀天主教墳場與香港》。香港：香港中文大學天主教研究中心，2008 年。

徐錫安編：《共享太平 —— 太平館餐廳的傳奇故事》。香港：明報出版社有限公司，2007 年。

馬木池：《西貢歷史與風物》。香港：西貢區議會，2011 年。

區志堅、羅永生、胡鈞翔編：《觀塘人表述的觀塘故事：不同年代觀塘社群口述歷史計劃》。香港：觀塘區議會屬卜觀塘區發展及重建專責小組、鷺達文化出版公司，2014 年。

康樂及文化事務署、東華三院合辦、香港歷史博物館、東華三院文物館：《香江有情：東華三院與華人社會》。香港：香港歷史博物館，2010 年。

張少強、崔志暉：《香港後工業年代的生活故事》。香港：三聯書店（香港）有限公司、香港浸會大學當代中國研究所，2015 年。

張展鴻：《漁翁移山：香港本土漁業民俗誌》。香港：上書局，2009 年。

張瑞威：《拆村：消逝的九龍村落》。香港：三聯書店（香港）有限公司，2013 年。

莊玉惜：《印刷的故事：中華商務的歷史與傳承》。香港：三聯書店（香港）有限公司，2010 年。

莊玉惜：《街邊有檔大牌檔》。香港：三聯書店（香港）有限公司，2011 年。

莊玉惜：《街邊有檔報紙檔》。香港：三聯書店（香港）有限公司，2010 年。

郭慧妍編：《世家望族》。香港：壹週刊出版，2003 年。

陳秉安：《大逃港》。香港：香港中和出版有限公司，2011 年。

陳國賁編：《貧窮與變遷：香港新移民家庭的生活故事》。香港：中華書局（香港）有限公司，2011 年。

陳潔華、王惠玲編：《香港性別論述：從屬‧不公‧差異‧越界》。香港：牛津大學出版社，2004 年。

陳曉蕾、周榕榕：《死在香港：見棺材》。香港：三聯書店（香港）有限公司，2013 年。

陳曉蕾、蘇美智：《死在香港：流眼淚》。香港：三聯書店（香港）有限公司，2013 年。

游子安、張瑞威、卜永堅編：《黃大仙區風物志》。香港：黃大仙區議會，2003 年。

黃秀顏編：《冉冉時光：廣華人的承傳與奉獻》。香港：快樂書房有限公司，2013 年。

黃洪：《"無窮"的盼望 —— 香港貧窮問題探析》。香港：中華書局（香港）有限公司，2013 年。

葉農：《渡海重生：19 世紀澳門葡萄牙人移居香港研究》。澳門：澳門特別行政區政府文化局；北京：社會科學文獻出版社，2014 年。

雷鼎鳴著、崔少明譯：《老有所養：退休保障評議》。香港：商務印書館（香港）有限公司，1998 年。

廖迪生、張兆和、蔡志祥編：《香港歷史、文化與社會》。香港：香港科技大學華南研究中心，2011 年。

趙永佳、呂大樂、容世誠編：《胸懷祖國：香港"愛國左派"運動》。香港：牛津大學出版社，2014 年。

趙雨樂、鍾寶賢：《九龍城》。香港：三聯書店（香港）有限公司，2001 年。

趙雨樂、鍾寶賢：《龍城樂善：早期九龍城與樂善堂研究》。香港衛奕信勳爵文物信託，2000 年。

劉智鵬、周家建：《吞聲忍語：日治時期香港人的集體回憶》。香港：中華書局（香港）有限公司，2009 年。

劉智鵬：《我們都在蘇屋邨長大：香港人公屋生活的集體回憶》。香港：中華書局（香港）有限公司，2010 年。

劉智鵬編：《屯門歷史與文化》。香港：屯門區議會，2007 年。

劉智鵬編：《危情百日：沙士中的廣華》。香港：中華書局（香港）有限公司，2013 年。

劉義章：《香港客家》。桂林：廣西師範大學出版社，2005 年。

劉潤和、王惠玲、高添強：《益善行道：東華三院 135 周年紀念專題文集》。
香港：三聯書店（香港）有限公司，2006 年。

潘淑華、黃永豪：《閒暇、海濱與海浴：香江游泳史》。香港：三聯書店（香
港）有限公司，2014 年。

蔡玉萍：《誰是香港人？身份與認同》。香港：進一步多媒體有限公司，
2010 年。

蔡寶瓊：《晚晚 6 點半：70 年代上夜校的女工》。香港：進一步多媒體有限公
司，1998 年。

蔡寶瓊編：《千針萬線：香港成衣工人口述史》。香港：進一步多媒體有限公
司，2008 年。

鄭宏泰、黃紹倫：《何家女子：三代婦女傳奇》。香港：三聯書店（香港）有
限公司，2010 年。

鄭宏泰、黃紹倫：《香港身份證透視》，香港：三聯書店（香港）有限公司，
2004 年。

鄭宏泰、黃紹倫：《移民與本土：回歸前後香港華人身份認同問題的探討》。
香港：香港浸會大學林思齊東西學術交流研究所，2003 年。

鄭寶鴻：《此時彼刻：中西區百年繁華》。香港：中華書局（香港）有限公司，
2014 年。

鄭寶鴻：《香江半島：香港的早期九龍風光》。香港：香港大學美術博物館，
2007 年。

鄭寶鴻：《香江道貌：香港的早期電車路風光》。香港：香港大學美術博物
館，2005 年。

鄭寶鴻：《香江騁懷：香港的早期交通》。香港：香港大學美術博物館，
2009 年。

鄭寶鴻：《幾許風雨：香港早期社會影像，1911－50》。香港：商務印書館（香
港）有限公司，2014 年。

鄭寶鴻：《順流逆流：香港近代社會影像，1960－1985》。香港：商務印書館
（香港）有限公司，2015 年。

鄭寶鴻：《默默向上游：香港 50 年代社會影像》。香港：商務印書館（香港）
有限公司，2014 年。

蕭國健：《災患與香港史》。香港：顯朝書室，2009 年。

蕭國健：《居有其所：香港傳統建築與風俗》。香港：三聯書店（香港）有限公司，2014 年。

蕭國健：《香港華人古今婚俗》。香港：顯朝書室，2012 年。

蕭國健：《香港新界之歷史與文化》。香港：顯朝書室，2011 年。

蕭國健：《香港新界之歷史與文物》。香港：顯朝書室，2010 年。

蕭國健：《香港新界之歷史與鄉情》。香港：中華文教交流服務中心，2008 年。

蕭國健：《香港新界北部鄉村之歷史與風貌》。香港：顯朝書室，2010 年。

蕭國健：《寨城印痕：九龍城歷史與古蹟》。香港：中華書局（香港）有限公司，2015 年。

謝永光：《香港中醫史話》。香港：三聯書店（香港）有限公司，1998 年。

鍾寶賢：《商城故事：銅鑼灣百年變遷》。香港：中華書局（香港）有限公司，2009 年。

關士光：《七十年來家國：一個老香港的回憶》。多倫多：多大、約大聯合亞太研究所，1999 年。

關肇碩、容應萌：《香港開埠與關家》。香港：廣角鏡出版社，1997 年。

（二）英文書籍

Bard, Solomon. *Garrison Memorials in Hong Kong: Some Graves and Monuments at Happy Valley*. Hong Kong: Antiquities and Monuments Office, 1997.

Bickley, Gillian. *Hong Kong Invaded!: A '97 Nightmare.* Hong Kong: Hong Kong University Press, 2001.

Bickley, Gillian. *The Golden Needle: The Biography of Frederick Stewart (1836–1889)* . Hong Kong: The David Lam Institute for East-West Studies, Hong Kong Baptist University, 1997.

Braga, José Pedro. *The Portuguese in Hongkong and China*. Macau: Fundaçao Macau, 1998.

Chiu, Wing Kai Stephen and Tai-lok Lui eds. *The Dynamics of Social Movement in Hong Kong*. Hong Kong: Hong Kong University Press, 2000.

Chu, Yik-yi Cindy. *Foreign Communities in Hong Kong, 1840s-1950s*. New York:

Palgrave Macmillan, 2005.

Chun, Allen. *Unstructuring Chinese Society: The Fictions of Colonial Practice and the Changing Realities of "Land" in the New Territories of Hong Kong*. Amsterdam: Harwood Academic Publishers, 2000.

Cunich, Peter. *Old Hong Kong*. Hong Kong: FormAsia Books Ltd., 2014.

DeBernardi, Jean ed. *Cantonese Society in Hong Kong and Singapore: Gender, Religion, Medicine and Money: Essays by Marjorie Topley*. Hong Kong: Hong Kong University Press, 2011.

Emerson, Geoffrey Charles. *Hong Kong Internment, 1942 to 1945: Life in the Japanese Civilian Camp at Stanley*. Hong Kong: Hong Kong University Press, 2008.

England, Vaudine. *The Quest of Noel Croucher: Hong Kong's Quiet Philanthropist*. Hong Kong: Hong Kong University Press, 1998.

Estes, Richard J. ed. *Social Development in Hong Kong: the Unfinished Agenda*. New York: Oxford University Press, 2005.

Fang, Sinyang Harry. *Rehabilitation: A Life's Work*. Hong Kong: Hong Kong University Press, 2002.

Faure, David ed. *A Documentary History of Hong Kong: Society*. Hong Kong: Hong Kong University Press, 1997.

Faure, David ed. *Hong Kong: A Reader in Social History*. Hong Kong: Oxford University Press, 2003.

Ford, Stacilee. *Troubling American Women: Narratives of Gender and Nation in Hong Kong*. Hong Kong: Hong Kong University Press, 2011.

Fung, Chi Ming. *Reluctant Heroes: Rickshaw Pullers in Hong Kong and Canton, 1874–1954*. Hong Kong: Hong Kong University Press, 2005.

Fung, Chi-Ming. *A History of Queen Mary Hospital Hong Kong, 1937–1997*. Hong Kong: Queen Mary Hospital, 1997.

Gaylord, Mark S., Danny Gittings and Harold Traver eds. *Introduction to Crime, Law and Justice in Hong Kong*. Hong Kong: Hong Kong University Press, 2009.

Goodstadt, Leo F. *Poverty in the Midst of Affluence: How Hong Kong Mismanaged its Prosperity*. Hong Kong: Hong Kong University Press, 2013.

Goodstadt, Leo F. *Uneasy Partners: The Conflict between Public Interest and Private*

Profit in Hong Kong. Hong Kong: Hong Kong University Press, 2005.

Hase, Patrick ed. *In the Heart of the Metropolis: Yaumatei and its people*. Hong Kong: Joint Publishing (H.K.) Company Ltd., 1999.

Hase, Patrick. *Custom, Land and Livelihood in Rural South China: The Traditional Land Law of Hong Kong's New Territories, 1750–1950*. Hong Kong: Hong Kong University Press, 2013.

Hayes, James. *The Great Difference: Hong Kong's New Territories and its people, 1898–2004*. Hong Kong: Hong Kong University Press, 2012.

Ho, Wai-Yip. *Islam and China's Hong Kong: Ethnic Identity, Muslim Networks and the New Silk Road*. Abingdon, Oxon: Routledge, 2013.

Jones, Carol A. G. and Jon Vagg. *Criminal Justice in Hong Kong*. London; New York: Routledge-Cavendish, 2007.

Knowles, Caroline and Douglas Harper. *Hong Kong: Migrant Lives, Landscapes, and Journeys*. Chicago: University of Chicago Press, 2009.

Kwan, Sze Kwong Stanley. *The Dragon and the Crown: Hong Kong Memoirs*. Hong Kong: Hong Kong University Press, 2009.

Law, Suk-mun Sophia. *The Invisible Citizens of Hong Kong: Art and Stories of Vietnamese Boatpeople*. Hong Kong: The Chinese University of Hong Kong, 2014.

Lee, Ho Yin and Lynne DiStefano. *A Tale of Two Villages: The Story of Changing Village Life in the New Territories*. New York: Oxford University Press, February 2003.

Lim, Patricia. *Forgotten Souls: A Social History of the Hong Kong Cemetery*. Hong Kong: Hong Kong University Press, 2011.

Liu, Tik Sang et al. *Traditions and Heritage in Tai Po*. Hong Kong: Working Group on Promotion of Local Community Economy in Tai Po, Agriculture, Fisheries, Commerce, Industries, Tourism and Recreation Affairs Committee, Tai Po District Council, 2008.

Lui, Francis T. *Retirement Protection: A Plan for Hong Kong*. Hong Kong: City University of Hong Kong Press, 1998.

MacKeown, P. Kelvin. *Early China Coast Meteorology: The Role of Hong Kong*. Hong Kong: Hong Kong University Press, 2010.

Meyer, David. R. *Hong Kong as a Global Metropolis*. Cambridge: Cambridge University Press, 2000.

Nicolson, Ken. *The Happy Valley: A History and Tour of the Hong Kong Cemetery*. Hong Kong: Hong Kong University Press, 2010.

O'Connor, Paul. *Islam in Hong Kong: Muslims and Everyday Life in China's World City*. Hong Kong: Hong Kong University Press, 2012.

Poy, Vivienne. *Building Bridges: The Life & Times of Richard Charles Lee, Hong Kong, 1905–1983*. Scarborough: Calyan Pub., 1998.

Sá, Luís Andrade de. *The Boys from Macau*. Macau: Fundação Oriente; Instituto Cultural de Macau, 1999.

Sautman, Barry and Yan Hairong. *Localists and "Locusts" in Hong Kong: Creating a Yellow-red Peril Discourse*. Baltimore, Maryland: Carey School of Law, University of Maryland, 2015.

Scott, Janet Lee. *For Gods, Ghosts and Ancestors: The Chinese Tradition of Paper Offerings*. Hong Kong: Hong Kong University Press, 2007.

Silva, Antâãonio M. Pacheco Jorge da. *The Portuguese Community in Hong Kong: A Pictorial History*. Macau: Conselho das Comunidades; Instituto Internacional Macau, 2007.

Siu, Helen, Richard Wong and David Faure. *Rethinking Hong Kong's Human Resources and Competitiveness: A Pre-policy Study: Interim Report*. Hong Kong: Hong Kong Institute for the Humanities and Social Sciences, 2005.

Smart, Alan. *From Tung Tau to Shek Kip Mei: Squatter Fires, Geopolitics and Housing Interventions in Hong Kong in the 1950s*. Hong Kong: Centre for China Urban and Regional Studies, Hong Kong Baptist University, 2004.

Smart, Alan. *The Shek Kip Mei Myth: Squatters, Fires and Colonial Rule in Hong Kong, 1950–1963*. Hong Kong: Hong Kong University Press, 2006.

Starling, Arthur et al. *Plague, SARS and the Story of Medicine in Hong Kong*. Hong Kong: Hong Kong Museum of Medical Science Society; Hong Kong University Press, 2006.

Strickland, John. *Southern District Officer Reports: Islands and Villages in Rural Hong Kong, 1910–60*. Hong Kong: Hong Kong University Press; London: Eurospan, 2010.

Sussman, Nan M. *Return Migration and Identity: A Global Phenomenon, a Hong Kong Case*. Hong Kong: Hong Kong University Press, 2011.

Ure, Gavin. *Governors, Politics and the Colonial Office: Public Policy in Hong Kong, 1918–58*. Hong Kong: Hong Kong University Press, 2012.

Wan, Po-San and Timothy Ka-ying Wong. *Social Conflicts in Hong Kong, 1996–2002*. Hong Kong: Hong Kong Institute of Asia-Pacific Studies, Chinese University of Hong Kong, 2005.

Wong, Linda, Lynn T. White and Shixun Gui eds. *Social Policy Reform in Hong Kong and Shanghai: A Tale of Two Cities*. Armonk, N.Y.: M.E. Sharpe, c2004.

Yu, Shuk-siu Patrick. *A Seventh Child and the Law* Hong Kong: Hong Kong University Press, 1998.

（三）中文論文

丁潔：〈香港保良局的成立和發展〉，《當代史學》，8 卷 1 期（2007 年），頁 10－20。

丁潔：〈香港保良局歷屆主席社會地位及其角色的演變〉，《歷史與文化》，3 卷（2007 年 5 月），頁 63－79。

古學斌、丘延亮：〈香港中年女工生命史與僱傭策略初探：一些回題與啓示〉，《台灣社會研究季刊》，26 期（1997 年 6 月），頁 167－207。

周佳榮：〈中醫藥在香港早期醫院的應用——以東華三院為考察個案〉，《香港中國近代史學會會刊》，16 期（2015 年 3 月），頁 32－38。

周佳榮：〈香港"新語"——早期中英雙語辭典對近代中日兩國語文的影響〉，《當代史學》，11 卷 3 期（2012 年 9 月總第 43 期），頁 101－106。

姜鍾赫：〈鼠疫與香港殖民醫學下的華人女性病患（1841－1900）〉，《近代中國婦女史研究》，26 期（2015 年 12 月），頁 67－132。

高添強：〈香港墳場發展史略，1841－1950〉，梁美儀、張燦輝編：《凝視死亡：死與人間的多元省思》。香港：中文大學出版社，2005 年，頁 209－247。

張麗：〈20 世紀早期香港華人的職業構成及生活狀況〉，中國社會科學院近代史研究所編：《近代中國與世界：第二屆近代中國與世界學術討論會論文集》。上海：社會科學文獻出版社，2005 年，卷二，頁 337－355。

梁美儀：〈香港墳場：城市空間的"異域"〉，梁美儀、張燦輝編：《凝視死亡：死與人間的多元省思》。香港：中文大學出版社，2005 年，頁 249－277。

許寶強：〈從犬儒到狗智：當代香港的文化政治〉，羅永生編：《文化研究與文化教育》。香港：進一步多媒體有限公司，2010 年，頁 80－97。

　　陳膺強、尹寶珊：〈死因變遷：香港人口死亡的分析〉，梁美儀、張燦輝編：《凝視死亡：死與人間的多元省思》。香港：中文大學出版社，2005 年，頁 305－336。

　　彭淑敏：〈本土歷史的集體回憶——簡介香港十八區風物志〉，《當代史學》，11 卷 3 期（2012 年 9 月總第 43 期），頁 107－115。

　　黃耀忠：〈香港與中國體育發展——以李惠堂、容國團、霍英東的事蹟為例子〉，《歷史教育論壇》，卷 13，頁 47－52。

　　楊祥銀：〈20 世紀上半葉香港殖民政府醫療服務的重組與擴展〉，《鄭州大學學報（哲學社會科學版）》，44 卷 4 期（2011 年 7 月），頁 91－97。

　　楊祥銀：〈公共衛生與 1894 年香港鼠疫研究〉，《華中師範大學學報（人文社會科學版）》，49 卷 4 期（2010 年 7 月），頁 68－75。

　　楊祥銀：〈近代香港醫療服務網絡的形成與發展（1841－1941）〉，李建民主編：《從醫療看中國史》。台灣：聯經出版事業股份有限公司，2008 年，頁 539－601。

　　楊祥銀：〈嬰兒死亡與近代香港的嬰兒健康服務〉，李尚仁主編：《帝國與現代醫學》。台灣：聯經出版事業股份有限公司，2008 年，頁 147－188。

　　溫健民、何家騏：〈香港社會運動的三點歷史補遺：光譜、世代及"三腳凳"〉，《新社會政策》，3 期（2014 年 12 月），頁 140－148。

　　葉漢明：〈保良局檔案與香港婦女史研究〉，《近代中國婦女史研究》，6 期（1998 年），頁 8。

　　葉漢明：〈華人社會、殖民地國家與婦女：香港一例〉，唐力行主編：《國家、地方、民眾的互動與社會變遷》。北京：商務印書館，2004 年，頁 423－437。

　　葉漢明：〈華人傳統、殖民主義與婦女：香港早期的保良事業〉，魏國英、王春梅主：《中國文化與女性》。香港：香港萬海語言出版社，2003 年，頁 60－76。

　　葉漢明：〈慈善活動與殖民主義——香港早期的保良事業〉，張學明、梁元生主編：《歷史上的慈善活動與社會動力》。香港：香港教育圖書公司，2005 年，頁 214－236。

　　劉義章：〈香港元朗客家村落田野調查初步報告〉，賴觀福編：《客家淵遠流長——第五屆國際客家學研討會論文集》。吉隆坡：馬來西亞客家公會聯合會，1999 年，頁 143－160。

潘淑華：〈淺水灣：海濱、海浴與香港殖民地的空間政治〉，劉石吉、張錦忠、王儀君、楊雅惠、陳美淑編：《旅遊文學與地景書寫》。高雄：國立中山大學人文中心，2013 年，頁 115－142。

鄭宏泰、黃紹倫：〈從回鄉證的沿革看香港華人對中國人身認同的轉變：另一角度的分析：研究扎記〉，《香港社會科學學報》，26 期（2003 年秋／冬季），頁 59－80。

戴忠沛：〈香港多元族裔的歷史淵源〉，王惠芬、葉皓羚編：《無酵餅——“中文為第二語言”教與學初探》。香港：香港融樂會，2014 年，頁 48－77。

（四）英文論文

Carroll, John M. "A National Custom: Debating Female Servitude in Late Nineteenth-Century Hong Kong." *Modern Asian Studies* 43:6 (November 2009) : 1463–1493.

Chan, Kwok-Shing. "Negotiating the Transfer Practice of Housing in a Chinese Lineage Village." *Journal of the Hong Kong Branch of the Royal Asiatic Society* 37 (1998) : 63–80.

Chan, Ming K. "Hong Kong Workers toward 1997: Unionisation, Labour Activism and Political Participation under the China Factor." *Australian Journal of Politics and History* 47:1 (2001) : 61–84.

Chan, Selina Ching. "Politicizing Tradition: The Identity of Indigenous Inhabitants in Hong Kong." *Ethnology* 37:1 (1998) : 39–54.

Chan, Selina Ching. "Selling the Ancestors' Land: A Hong Kong Lineage Adapts." *Modern China* 27:2 (2001) : 262–284.

Chen, Yong. "The Internal Origins of Chinese Emigration to California Reconsidered." *Western Historical Quarterly* 28:4 (1997) : 520–546.

Cheung, Sidney C. H. "Fish in the Marsh: A Case Study of Freshwater Fish Farming in Hong Kong." In *Food and Foodways in Asia: Resource, Tradition and Cooking*, edited by Sidney C.H. Cheung and Tan Chee-Beng, 37–52. London; New York: Routledge, 2007.

Cheung, Sidney C. H. "Traditional Dwellings, Conservation and Land Use: A study of Three Villages in Sai Kung." *Journal of the Hong Kong Branch of the Royal Asiatic Society*

43 (2003) : 1–14.

Choa, Gerald H. "Hong Kong's Health and Medical Services." In *Withering Hong Kong: China's Shadow or Visionary Gleam*, edited by Albert H. Lee, 153–186. Lanham: University Press of America, 1999.

Chow, Anne. "Metamorphosis of Hong Kong Midwifery." *Hong Kong Journal of Gynaecology Obstetrics and Midwifery* 1:2 (2000) : 72–80.

Chui, Ernest. "Housing and Welfare Services in Hong Kong for New Immigrants from China: Inclusion or Exclusion." *Asian and Pacific Migration Journal* 11:2 (2002) : 221–245.

Echenberg, Myron. "Pestis Redux: The Intitial Years of the Third Bubonic Plague." *Journal of World History* 13:2 (Fall 2002) : 429–449.

Garrett, Valery. "Chinese Baby Carriers: A Hong Kong Tradition Now Gone." *Journal of the Hong Kong Branch of the Royal Asiatic Society* 41 (2001) : 95–108.

Guilford, C. Michael. "A Collection of Rare Photographs of Early Civil Engineering Projects in Hong Kong." *Journal of the Hong Kong Branch of the Royal Asiatic Society* 37 (1998) : 103–136.

Hase, Patrick H. "Rules on the Protection of the Village Trees in the New Territories and Associated Matters." *Journal of the Hong Kong Branch of the Royal Asiatic Society* 51 (2011) : 31–56.

Hase, Patrick H. "Uk Tau Village and the Books of Cheng Yung." *Journal of the Hong Kong Branch of the Royal Asiatic Society* 47 (2007) : 33–40.

Hayes, James and Tim-keung Ko. "Yip Hing Fai and the Training of an Optometrist in Postwar Hong Kong." *Journal of the Hong Kong Branch of the Royal Asiatic Society* 49 (2009) : 93–103.

Hayes, James. "Hong Kong's Chinese Associations: Their Ceremonial Occasions and their Helpers." *Journal of the Hong Kong Branch of the Royal Asiatic Society* 42 (2002) : 67–100.

Howell, Philip. "Race, Space and the Regulation of Prostitution in Colonial Hong Kong." *Urban History* 31:2 (2004) : 229–248.

Johnson, Graham E. and Yuen-Fong Woon. "The Response to Rural Reform in an Overseas Chinese Area: Examples from Two Localities in the Western Pearl River Delta

Region, South China." *Modern Asian Studies* 31:1 (1997) : 31–59.

Jones, Gordon. "The Kowloon City District and the Clearance of the Kowllon Walled City: Personal Record." *Journal of the Hong Kong Branch of the Royal Asiatic Society* 51 (2011) : 257–278.

Jones, Margaret. "Tuberculosis, Housing and the Colonial State: Hong Kong, 1900–1950." *Modern Asian Studies* 37 (2003) : 653–682.

Ko, Tim-keung. "A Review ot Development of Cemeteries in Hong: 1841–1950." *Journal of the Hong Kong Branch of the Royal Asiatic Society* 41 (2001) : 241–280.

Lai, W. C. Lawrence, Daniel C. W. Ho and P. Yung. "Survey of the Pottinger Battery." *Journal of the Hong Kong Branch of the Royal Asiatic Society* 47 (2007) : 91–114.

Law, Kam-Yee and Cheung-Wai Wong. "More than a Primitive Imperialism: The Colonial Government and the Social Relief of Hong Kong in the Early Twentieth Century." *Journal of Contemporary China* 6:16 (1997) : 513–530.

Law, Lok-yin. "Hong Kong Citizens' Understanding of Islam: The Case of the Sheung Shui Mosque Development Project." *Asian Anthropology* 14:1 (2015) : 57–66.

Lee, Keng Mun William. "Women Employment in Colonial Hong Kong." *Journal of Contemporary Asia* 30:2 (2000) : 246–264.

Lee, Pui-tak. "Colonialism versus Nationalism: The Plague of Hong Kong in 1894." *The Journal of Northeast Asian History* 10:1 (2013) : 97–128.

Levin, David A. and Stephen W. K Chiu. "Trade Union Growth Waves in Hong Kong." *Labour History* 75 (1998) : 40–56.

Levine, Philippa. "Modernity, Medicine, and Colonialism: The Contagious Diseases Ordinances in Hong Kong and the Straits Settlements." *Positions: East Asia Cultures Critique* 6:3 (1998) : 675–705.

MacApline, Mark. "Early Freemasonary in Hong Kong: Joseph Emanuel and the Formation of Lodge St John No. 618 SC." *Journal of the Hong Kong Branch of the Royal Asiatic Society* 51 (2011) : 77–102.

Mackay, Christopher John. "Housing Management and the Comprehensive Housing Model in Hong Kong: A Case Study of Colonial Influence." *Journal of Contemporary China* 25 (2000) : 449–466.

MacKeown, P. Kelvin. "The Hong Kong Mint, 1864–1868: The History of an Early

Engineering Experiment." *Journal of the Hong Kong Branch of the Royal Asiatic Society* 47 (2007) : 41–79.

MacKeown, P. Kelvin. "William Doberc-A Stormy Career: Founding the Hong Kong Observatory." *Journal of the Hong Kong Branch of the Royal Asiatic Society* 44 (2004) : 5–39.

Margaret, Jones. "Tuberculosis, Housing and Colonial State: Hong Kong, 1900–1950." *Modern Asian Studies* 37:3 (2003) : 653–682.

Margold, Jane A. "Democratisation and Bureaucratic Dominance in Hong Kong: Perspectives from a Short-lived University Students' Movement." *Bulletin of Concerned Asian Scholars* 32:3 (2000) : 3–12.

Mathews, Gordon. "Heunggongyahn: On the Past, Present, and Future of Hong Kong Identity." *Bulletin of Concerned Asian Scholars* 29:3 (1997) : 3–13.

Mathews, Jill. "The Private Tiger Balm Garden in Hong Kong: Challenges in Conservation and Restoration." *Journal of the Hong Kong Branch of the Royal Asiatic Society* 46 (2006) : 25–37.

McPherson, Sue. "J. L. McPherson: Hong Kong YMCA General Secretary, 1905–1935." *Journal of the Hong Kong Branch of the Royal Asiatic Society* 46 (2006) : 39–59.

Olson, Sean. "Hong Kong Legacy: A Swedish Connection." *Journal of the Hong Kong Branch of the Royal Asiatic Society* 46 (2006) : 61–74.

Peckham, Robert. "Hygienic Nature: Afforestation and the Greening of Colonial Hong Kong.' *Modern Asian Studies* 49:4 (July 2015) : 1–33.

Pedersen, Susan. "The Maternalist Moment in British Colonial Policy: The Controversy over 'Child Slavery' in Hong Kong, 1917–1941." *Past & Present* 171 (2001) : 161–202.

Poon, Pauline. "The Cultural Meaning of Hakka Architecture in Hong Kong and Guangdong." *Journal of the Hong Kong Branch of the Royal Asiatic Society* 49 (2009) : 21–55.

Poon, Shuk Wah. "Dogs and British Colonialism: The Contested Ban on Eating Dogs in Colonial Hong Kong." *Journal of Imperial and Commonwealth History* 42:2 (December 2013) : 308–328.

Sallnow-Smith, Nick. "The Shaping of Hong Kong's Central Business District." *Journal of the Hong Kong Branch of the Royal Asiatic Society* 47 (2007) : 5–32.

Serizawa, Satohiro. "Edible Mercy: Charity Food Production and Fundraising Activities in Hong Kong." In *Food and Foodways in Asia: Resource, Tradition and Cooking*, edited by Sidney C.H. Cheung and Tan Chee-Beng, 83–95. London; New York: Routledge, 2007.

Sinn, Elizabeth. "Xin Xi Guxiang: A Study of Regional Associations as a Bonding Mechanism in the Chinese Diaspora: The Hong Kong Experience." *Modern Asian Studies* 31:2 (1997) : 375–397.

Smart, Alan and Ernest Chui. "Expansion and Exclusion in Hong Kong's Squatter Resettlement Program: The Ratchet of Exclusion into Temporary and Interim Housing." In *Homing Devices: The Poor as Targets of Public Housing Policy and Practice*, edited by Marilyn M. Thomas-houston and Mark Schuller, 181–198. Lanham, Md.; Toront: Lexington Books, 2006.

Smart, Alan. "Housing Support for the 'Undeserving': Moral Hazard, Fires, and Laissez-faire in Hong Kong." In *Ethnographies of Social Support*, edited by Markus Schlecker and Friederike Fleischer, 17–37. New York: Palgrave Macmillan, 2013.

Solomon, Tom. "Hong Kong, 1894: The Role of James A. Lowson in the Controversial Discovery of Plague Bacillus." *Lancet* 350 (May 1997) : 59–63.

Sutphen, Mary P. "Not What, but Where: Bubonic Plague and the Reception of Germ Theories in Hong Kong and Calcutta, 1894–1897." *Journal of the History of Medicine and Allied Sciences* 52:1 (1997) : 81–113.

Teather, Elizabeth K. "Deathspace in Hong Kong, Guangzhou and Seoul: A Review of Recent Research, 1995–2001." *Journal of the Hong Kong Branch of the Royal Asiatic Society* 41 (2001) : 329–339.

Tsang, Carol. "Hong Kong's Floating World: Crime and Disease at the Edge of Empire." In *Disease and Crime: A History of Social Pathologies and the New Politics of Health*, edited by Robert Peckham, 21–39. New York: Routledge/Taylor & Francis Group, 2014.

Tsang, Carol. "Knowing Chinese Women: Richard Tottenham and Colonial Medicine in Interwar Hong Kong." *Journal of the Hong Kong Branch of the Royal Asiatic Society* 53 (2014) : 167–181.

Waters, Dan. "The Craft of the Bamboo Scaffolder." *Journal of the Hong Kong Branch of the Royal Asiatic Society* 37 (1998) : 19–38.

Wong, Yuk-lin Renita. "Going 'Back' and Staying 'Out': Articulating the Postcolonial Hong Kong Subjects in the Development of China." *Journal of Contemporary China* 30 (2002) : 141–159.

Yip, Ka-che. "Colonialism, Disease and Public Health: Malaria in the History of Hong Kong." In *Disease, Colonialism and the State: Malaria in Modern East Asia History*, edited by Ka-che Yip, 11–30. Hong Kong: Hong Kong University Press, 2009.

Yip, Ka-che. "Science, Culture and Disease Control in Colonial Hong Kong." In *Science, public health and the state in modern Asia*, edited by Liping Bu, Darwin H. Stapleton and Ka-che Yip, 15–32. Oxford: Routledge, 2012.

Yip, Ka-che. "Segregation, Isolation, and Quarantine: Protecting Hong Kong from Diseases in the Pre-war Peiod." *Journal of Comparative Asian Development* 11:1 (June 2012) : 93–116.

Yip, Ka-che. "Transition to Decolonialization: the Search for a Health Policy in Post-War Hong Kong, 1945–85." In *Public Health and National Reconstruction in Post-war Asia International Influences, Local Transformations*, edited by Liping Bu and Ka-che Yip, 13–33. Oxford: Routledge, 2015.

Yip, Ngai Ming. "Urban Social Movements and Housing in Hong Kong: From Antagonism to Guided Participation." *Issues & Studies* 35:6 (1999) : 144–166.

六・文化史

（一）中文書籍

丁潔：《《華僑日報》與香港華人社會，1925－1995》。香港：三聯書店（香港）有限公司，2014 年。

也斯著、黃淑嫻編：《也斯的五〇年代：香港文學與文化論集》。香港：中華書局（香港）有限公司，2013 年。

文潔華：《粵語的政治：香港粵語文化的異質與多元》。香港：香港中文大學出版社，2014 年。

文潔華編：《香港嘅廣東文化》。香港：商務印書館（香港）有限公司，2014 年。

文潔華編：《粵語的政治 —— 香港語言文化的異質與多元》。香港：香港中文大學出版社，2014 年。

王宏志：《本土香港》。香港：天地圖書有限公司，2007 年。

王宏志：《歷史的偶然：從香港看中國現代文學史》。香港：牛津大學出版社，1997 年。

王國華編：《香港文化發展史》。香港：中華書局（香港）有限公司，2014 年。

王國華編：《香港文化導論》。香港：中華書局（香港）有限公司，2014 年。

朱耀偉、梁偉詩：《後九七香港粵語流行歌詞研究》。香港：亮光文化有限公司，2011 年。

朱耀偉、鄭狄麟編：《眾聲對唱：香港流行樂隊組合（1984－1990）研究資料彙編》。香港：香港浸會大學香港流行歌詞研究計劃，2000 年。

朱耀偉：《光輝歲月：香港流行樂隊組合中文歌詞（1984－1990）的文化研究》。香港：香港浸會大學香港流行歌詞研究計劃，1998 年。

朱耀偉：《香港流行歌詞研究：70 年代中期至 90 年代中期》。香港：香港浸會大學香港流行歌詞研究計劃，1997 年。

朱耀偉：《香港粵語流行歌詞研究》。香港：亮光文化有限公司，2011 年。

朱耀偉：《詞中物：香港流行歌詞探賞》。香港：三聯書店（香港）有限公司，2007 年。

朱耀偉：《繾綣香港：大國崛起與香港文化》。香港：匯智出版有限公司，2012 年。

朱耀偉編：《音樂敢言：香港中文歌運動研究》。香港：匯智出版有限公司，2001 年。

朱耀偉編：《音樂敢言之二：香港原創歌運動研究》。香港：Bestever Consultants Ltd，2004 年。

吳俊雄、馬傑偉、呂大樂編：《香港‧文化‧研究》。香港：香港大學出版社，2006 年。

吳俊雄、馬傑偉、呂大樂編：《香港‧生活‧文化》。香港：香港大學出版社，2011 年。

吳俊雄、張志偉、曾仲堅編：《普普香港：閱讀香港普及文化，2000－2010》。香港：香港教育圖書公司，2012 年。

吳俊雄、張志偉編：《閱讀香港普及文化，1970－2000》。香港：牛津大學出版社，2002 年。

　　吳倫霓霞、余炎光：《中國名人在香港：30、40 年代在港活動紀實》。香港：
香港教育圖書公司，1997 年。

　　吳偉明：《日本流行文化與香港：歷史・在地消費・文化想像・互動》。香
港：商務印書館（香港）有限公司，2015 年。

　　李谷城：《香港《中國旬報》研究》。香港：華夏書局，2010 年。

　　李谷城：《香港中文報業發展史》。上海：上海古籍出版社，2005 年。

　　李谷城：《香港報業史新論》。香港：著者，1999 年。

　　李谷城：《香港報業百年滄桑》。香港：明報出版社有限公司，2000 年。

　　李培德編：《日本文化在香港》。香港：香港大學出版社，2006 年。

　　周佳榮、侯勵英、陳月媚主編：《閱讀香港：新時代的文化穿梭》。香港：香
港教育圖書公司，2007 年。

　　周佳榮編：《百年傳承：香港學者論中華書局》。香港：中華書局（香港）有
限公司，2012 年。

　　周家建、張順光：《坐困愁城：日佔香港的大眾生活》。香港：三聯書店（香
港）有限公司，2015 年。

　　林啟彥、黃文江編：《王韜與近代世界》。香港：香港教育圖書公司，2000 年。

　　林淑儀主編：《翼動漫花筒：香港漫畫歷史展覽（2009－2012）》。香港：香港
藝術中心，2012 年。

　　施仁毅、龍俊榮編：《港漫回憶錄：香港漫畫五十年的集體回憶》。香港：豐
林文化傳播有限公司，2014 年。

　　計紅芳：《香港南來作家的身份建構》。北京：中國社會科學出版社，2007 年。

　　袁小倫：《粵港抗戰文化史論稿》。廣州：廣東人民出版社，2005 年。

　　袁小倫：《戰後初期中共與香港進步文化》。廣州：廣東教育出版社，1999 年。

　　馬松伯：《香港報壇回憶錄》。香港：商務印書館（香港）有限公司，2001 年。

　　馬傑偉、吳俊雄、呂大樂編：《香港文化政治》。香港：香港大學出版社，
2009 年。

　　高添強：《九巴同行八十年，1933－2013》。香港：三聯書店（香港）有限公
司，2013 年。

　　高添強：《高山景行：香港仔華人永遠墳場的建立與相關人物》。香港：華人
永遠墳場管理委員會，2012 年。

張少強、梁啟智、陳嘉銘編：《香港‧城市‧想像》。香港：匯智出版有限公司，2014 年。

張圭陽：《金庸與明報傳奇》。台北：允晨文化實業股份有限公司，2005 年。

張美君、朱耀偉編：《香港文學 @ 文化研究》。香港：牛津大學出版社，2002 年。

張美君、朱耀偉編：《香港文學 @ 香港文化》。香港：牛津大學出版社，2002 年。

梁秉鈞、許旭筠、李凱琳：《香港都市文化與都市文學》。香港：香港故事協會，2009 年。

陳少華：《香港文化現象》。香港：獲益出版事業有限公司，2008 年。

陳平原、陳國球、王德威編：《香港：都市想像與文化記憶》。北京：北京大學出版社，2015 年。

陳昌鳳：《香港報業縱橫》。北京：法律出版社，1997 年。

陳清偉：《香港電影工業結構及市場分析》。香港：電影雙周刊出版社，2000 年。

陳清僑：《情感的實踐：香港流行歌詞研究》。香港：牛津大學出版社，1997 年。

陳智德：《解體我城：香港文學 1950－2005》。香港：花千樹出版有限公司，2009 年。

陳漢樑：《香港百年紀念郵票》上、下冊。香港：明報出版社，1997 年。

陳鳴：《香港報業史稿（1841－1911）》。香港：華光報業有限公司，2005 年。

彭志銘：《小狗懶擦鞋：香港粗口文化研究》。香港：次文化有限公司，2007 年。

彭志銘：《次文化語言：香港新方言概論》。香港：次文化有限公司，2010 年。

彭志銘：《旺角詞話：香港街坊雜談話滄桑》。香港：次文化有限公司，2009 年。

智海、歐陽應霽編：《路漫漫：香港獨立漫畫 25 年》。香港：三聯書店（香港）有限公司，2006 年。

華琛、華若璧：《鄉土香港：新界的政治、性別及禮儀》。香港：中文大學出版社，2011 年。〔英文版：Watson, James L. and Rubie S. Watson. *Village Life in Hong Kong: Politics, Gender, and Ritual in the New Territories*. Hong Kong: The Chinese University Press, 2004.〕

黃少儀、李惠珍編：《完全《13 点漫畫》圖鑑：李惠珍的創作》。香港：吳興記書報社，2003 年。

黃少儀、楊維邦編：《香港漫畫圖鑑》。香港：樂文書店，1999 年。

黃少儀：《廣告，文化，生活：香港報紙廣告，1945－1970》。香港：樂文書店，1999 年。

黃少儀：《廣告，價值，消費：香港電視廣告廿年，1970－1989》。香港：龍吟榜有限公司，2003 年。

黃仲鳴：《香港三及第文體流變史》。香港：香港作家協會，2002 年。

黃仲鳴主編：《香港文學大系·通俗文學卷》。香港：商務印書館（香港）有限公司，2014 年。

黃志華、朱耀偉、梁偉詩：《詞家有道：香港 16 詞人訪談錄》。香港：匯智出版有限公司，2010 年。

黃坤堯主編：《香港舊體文學論集》。香港：香港中國語文學會，2008 年。

黃淑嫻等編輯：《香港影片大全，第一卷：1913－1941》。香港：市政局，1997 年。

黃愛玲、李培德編：《冷戰與香港電影》。香港：香港電影資料館，2009 年。

黃愛玲編：《邵氏電影初探》。香港：香港電影資料館，2003 年。

楊國雄：《吳灞陵的香港報業史料》。香港：著者，2007 年。

楊國雄：《香港戰前報業》。香港：三聯書店（香港）有限公司，2013 年。

楊國雄：《舊書刊中的香港身世》。香港：三聯書店（香港）有限公司，2014 年。

游子安、卜永堅主編：《問俗觀風：香港及華南歷史與文化》。香港：華南研究會，2009 年。

趙衛防：《香港電影史 1897－2006》。北京：中國廣播電視出版社，2007 年。

劉登翰：《香港文學史》。香港：香港作家出版社，1997 年。

潘毅、余麗文編：《書寫城市：香港的身份與文化》。香港：牛津大學出版社，2003 年。

鄧兆華：《粵劇與香港普及文化的變遷：《胡不歸》的蛻變》。香港：香港中文大學音樂系粵劇研究計劃，2004 年。

鄭嬋琦編：《老夫子漫畫研究計劃》。香港：香港藝術中心，2003 年。

鄭寶鴻：《百年香港中式飲食》。香港：經緯文化出版有限公司，2013 年。

鄭寶鴻：《百年香港華人娛樂》。香港：經緯文化出版有限公司，2013 年。

鄭寶鴻：《香江冷月：香港的日治時代》。香港：香港大學美術博物館，2006 年。

鄭寶鴻：《香江知味：香港的早期飲食場所》。香港：香港大學美術博物館，2003 年。

鄭寶鴻：《香江風月：香港的早期娼妓場所》。香港：香港大學美術博物館，2003 年。

鄭寶鴻：《百年香港華人娛樂》。香港：經緯文化出版有限公司，2013 年。

黎明海、劉智鵬編：《與香港藝術對話，1960－1979》。香港：三聯書店（香港）有限公司，2014 年。

黎明海、文潔華編：《與香港藝術對話，1980－2014》。香港：三聯書店（香港）有限公司，2015 年。

黎明海編：《功夫港漫口述歷史（1960－2014）》。香港：三聯書店（香港）有限公司，2015 年。

謝均才編：《我們的地方，我們的時間：香港社會新編》。香港：牛津大學出版社，2002 年。

鍾寶賢：《香港影視業百年》。香港：三聯書店（香港）有限公司，2004 年。

羅卡：《香港電影跨文化觀》。北京：北京大學出版社，2012 年。

羅貴祥、文潔華編：《雜嘜時代：文化身份，性別，日常生活實踐與香港電影 1970s》。香港：牛津大學出版社，2005 年。

蘭靜：《近代香港外來移民與香港社會文化發展》。新北市：花木蘭文化出版社，2013 年。

（二）英文書籍

Bickley, Gillian. *The Development of Education in Hong Kong 1841–1897: As Revealed by the Early Education Reports of the Hong Kong Government 1848–1896.* Hong Kong: Proverse Hong Kong, 2002.

Bordwell, David. *Planet Hong Kong: Popular Cinema and the Art of Entertainment.* Cambridge: Harvard University Press, 2000.

Chan, Sui Jeung. *Calendar of Tradition Chinese Festivals and Local Celebrations.* Hong Kong: Wan Li Book Co., 2001.

Cheung, C. H. Sidney and Siumi Maria Tam. *Culture and Society of Hong Kong: A Bibliography.* Hong Kong: Department of Anthropology, The Chinese University of Hong Kong, 1999.

Chu, Yiu-wai Stephen and Esther Cheung. *Between Home and World: A Reader in Hong Kong Cinema*. Hong Kong: Oxford University Press, 2004.

Chu, Yiu-wai Stephen. *Lost in Transition: Hong Kong Culture in the Age of China*. Albany: State University of New York Press, 2013.

Fu, Poshek and David Desser. *The Cinema of Hong Kong: History, Arts, Identity*. Cambridge: Cambridge University Press, 2000.

Fu, Poshek. *Between Shanghai and Hong Kong: The Politics of Chinese Cinemas*. Stanford, Calif.: Stanford University Press, 2003.

Hampton, Mark. *Hong Kong and British Culture*. Manchester: Manchester University Press, 2015.

Lim, Patricia. *Discovering Hong Kong's Cultural Heritage*. Hong Kong: Oxford University Press, 1997.

Louie, Kam. *Hong Kong Culture: Word and Image*. Hong Kong: Hong Kong University Press; London: Eurospan, 2010.

Mathews, Gordon and Tai-lok Lui eds. *Consuming Hong Kong*. Hong Kong: Hong Kong University Press, 2001.

Morton, Lisa. *The Cinema of Tsui Hark*. Jefferson, N.C.: McFarland, 2001.

Snow, Donald B. *Cantonese as Written Language: The Growth of a Written Chinese Vernacular*. Hong Kong: Hong Kong University Press, 2004.

Stokes, Lisa Odham. *City on Fire: Hong Kong Cinema*. New York: Verso, 1999.

Yau, Shuk-ting Kinnia. *Japanese and Hong Kong Film Industries: Understanding the Origins of East Asian Film Networks*. New York: Routledge, 2010.

（三）中文論文

丁潔：〈香港早期中文報紙的版面和特色 —— 以《香港中外新報》為例〉，《香港中國近代史學會會刊》，12 期（2014 年 7 月），頁 24－37。

王光明：〈冷戰年代與香港文學 —— 20 世紀五〇年代香港現代詩〉，《現代中文文學學報》，8 卷 2 期及 9 卷 1 期（2008 年 1 月），頁 171－180。

王宏志：〈"借來的地方，借來的時間"：香港為南來的文化人所提供的特殊文化空間（上篇）〉，梁元生、王宏志編：《雙龍吐艷：滬港之文化交流與互動》。香港：滬港發展聯合研究所，香港亞太研究所，2005 年，頁 109－144。

王宏志：〈怎樣去界定香港文學：香港文學史書寫的一個最基本問題〉，《現代中文文學學報》，8 卷 2 期及 9 卷 1 期（2008 年 1 月），頁 21－39。

吳偉明：〈日本漫畫對香港漫畫界及流行文化的影響〉，《21 世紀》，72 期（2002 年 8 月），頁 105－112。

李谷城：〈香港《中國日報》的社址變遷〉，林啓彥、李金強、鮑紹霖編：《有志竟成：孫中山、辛亥革命與近代中國》。香港：香港浸會大學人文中國學報編輯委員會：香港中國近代史學會，2005 年，卷二，頁 661－682。

李瑞騰：〈香港文學史建構的預備作業〉，《現代中文文學學報》，8 卷 2 期 &9 卷 1 期（2008 年 1 月），頁 74－80。

周佳榮：〈香港近十年來文博事業的發展〉，《當代史學》，8 卷 3 期（2007 年 9 月），頁 69－73。

金惠俊：〈西西《我城》中以空間為中心的香港想像與方式〉，《現代中文文學學報》，12 卷 2 期（2015 年 6 月），頁 106－124。

金惠俊：〈香港專欄散文的嬗變興未來〉，《現代中文文學學報》，8 卷 2 期 &9 卷 1 期（2008 年 1 月），頁 297－310。

姚偉雄：〈被社會壓抑的尚武思維：漫畫《龍虎門》的技擊符號結構〉，《E＋E》，5 期（2002 年 9 月），頁 50－55。

容世誠、李焯然等：〈香港唱片業與粵語通俗文學〉，李焯然主編：《漢學縱橫》。香港：商務印書館（香港）有限公司，2002 年，頁 136－137。

容世誠、黃愛玲：〈從《璿宮豔史》到《璿宮豔史》：荷裏活電影與 50 年代粵語戲曲片〉，黃受玲編：《國泰故事》，香港：香港電影資料館，2002 年，頁 190－199。

容世誠、黃愛玲：〈歡樂青春，香港製造：林鳳與邵氏粵語片〉，黃愛玲編：《邵氏電影初探》。香港：香港電影資料館，2003 年，頁 183－193。

袁勇麟：〈散文的多元化與開放性 —— 以 2000 年至 2007 年《香港文學》為考察對象〉，《現代中文文學學報》，8 卷 2 期 &9 卷 1 期（2008 年 1 月），頁 270－281。

高嘉謙：〈刻在石上的遺民史：《宋台秋唱》與香港遺民地景〉，《台大中文學報》，41 期（2013 年 6 月），頁 277－316。

梁秉鈞：〈一九五七年，香港〉，《現代中文文學學報》，9 卷 2 期（2009 年 7 月），頁 183－195。

梁秉鈞：〈胡金銓電影：中國文化資源與六○年代港台的文化場域〉，《現代中文文學學報》，8 卷 1 期（2007 年 1 月），頁 100－113。

許子東：〈香港短篇小說中的 "北方記憶" 與 "革命想像"〉，《現代中文文學學報》，8 卷 2 期及 9 卷 1 期（2008 年 1 月），頁 132－140。

許翼心：〈早期中文報刊與近代香港文學的開拓〉，《現代中文文學學報》，8 卷 2 期 &9 卷 1 期（2008 年 1 月），頁 201－212。

許寶強：〈從犬儒到狗智：當代香港的文化政治〉，羅永生編：《文化研究與文化教育》。香港：進一步多媒體有限公司，2010 年，頁 80－97。

陳建忠：〈在浪遊中回歸：論也斯環台遊記《新果自然來》與一九七○年代台港文藝思潮的對話〉，《現代中文文學學報》，11 卷 1 期（2013 年 6 月），頁 118－137。

陳效能：〈香港服裝西化的歷程及其社會意義〉，朱燕華、張維安編：《經濟與社會：兩岸三地社會乂化的分析》。台北：生智文化事業有限公司，2001 年，頁 259－268。

陳國球：〈 "選學" 與 "香港" ——香港小說選本初探〉，《現代中文文學學報》，8 卷 2 期 &9 卷 1 期（2008 年 1 月），頁 81－98。

陳智德：〈起源及其變體 —— 香港作家、香港文學與香港新詩〉，《現代中文文學學報》，8 卷 2 期 &9 卷 1 期（2008 年 1 月），頁 158－170。

陳智德：〈都市的理念：三○年代香港都市詩〉，《現代中文文學學報》，6 卷 2 期、7 卷 1 期（2005 年 6 月），頁 176－194。

彭小妍：〈文學史的編撰與香港文學在華文文學中的定位〉，《現代中文文學學報》，8 卷 2 期 &9 卷 1 期（2008 年 1 月），頁 40－50。

曾卓然、吳廣泰：〈香港報告文學中的歷史價值 —— 舒巷城《艱苦的行程》與日本侵港史實辨〉，《香港中國近代史學會會刊》，12 期（2014 年 7 月），頁 44－54。

程美寶：〈從 "省港澳" 到 "粵港澳" ——歷史失憶與現實定位〉，賀照田、高士明主編：《人間思想第一輯：作為人間事件的 1949》。北京：金城出版社，2014 年，頁 264－279。

黃仲鳴：〈由金牙二到三蘇 —— 1930、40 年代香港報刊的 "怪論文學"〉，《文學研究》，4 期（2006 年），頁 51－71。

黃仲鳴：〈政治掛帥 —— 香港方言文學運動的發起和落幕〉，《作家》，11 期（2001 年），頁 106－120。

黃仲鳴：〈既艷且謔而不淫 —— 林藩與高雄筆下的男女色相〉，《文學研究》，2006 秋之卷 3 期（2006 年 9 月 30 日），頁 115－125。

黃仲鳴：〈香港報紙副刊的三及第文學〉，《作家》，19 期（2003 年），頁 19－35。

黃蒂華：〈香港文學對於“重寫” 20 世紀中國文學史的意義〉，《現代中文文學學報》，8 卷 2 期及 9 卷 1 期（2008 年 1 月），頁 51－60。

黃燕萍：〈“南來南國豈為錢”？ —— 從 50 年代初香港的難民潮談到南來文人在香港文壇的生存形態〉，《文學世紀》，4 卷 4 期（2004 年 4 月），頁 51－54。

黃耀忠：〈從上海到香港 —— 張愛玲的雙城故事（1941－1955 年）〉，《當代史學》，10 卷 1 期（2009 年 3 月），頁 8－14。

葉蔭聰：〈旁觀者的可能：香港電影中的冷戰經驗與“社會主義中國”〉，羅小茗編：《製造“國民”：1950－1970 年代的日常生活與文藝實踐》。上海：上海書店出版社，頁 309－332。

趙雨樂：〈港粵文人的雅集與交遊〉，載氏著：《文化中國的重構：近現代中國知識分子的思維與活動》。香港：香港教育圖書公司，2006 年，頁 154－176。

劉登翰：〈走向文學的自覺 —— 20 世紀五〇年代以後香港文學的演變〉，《現代中文文學學報》，8 卷 2 期及 9 卷 1 期（2008 年 1 月），頁 61－73。

慕容羽軍：〈50 年代的香港文學概述〉，《文學研究》，2007 冬之卷期 8（2007 年 12 月 30 日），頁 167－179。

慕容羽軍：〈50 年代浮現的香港文學〉，《文學研究》，2007 夏之卷期 6（2007 年 6 月 30 日），頁 106－112。

樊善標：〈案例與例外 —— 十三妹作為香港專欄作家〉，《現代中文文學學報》，8 卷 2 期及 9 卷 1 期（2008 年 1 月），頁 244－269。

樊善標：〈從香港《大公報 · 文藝》（1938－1941）編輯策略的本地面向檢討南來文人在香港的“實績”説〉，《台灣文學研究》，6 期（2014 年 6 月），頁 281－316。

鄭煒明、龔敏：〈20 世紀三 40 年代港澳報章所見任劍輝之粵劇歷程〉，黃兆漢主編：《長天落彩霞 —— 任劍輝的劇藝世界》。香港：三聯書店（香港）有限公司，2009 年，頁 154－163。

鄭煒明、龔敏：〈戰後至 50 年代初期香港《華僑日報》廣告所見任劍輝之演藝情況〉，黃兆漢主編：《長天落彩霞——任劍輝的劇藝世界》。香港：三聯書店（香港）有限公司，2009 年，頁 164－171。

鄭煒明：〈九七後的香港新詩創作及研究〉，《文訊雜誌》，217 期（2003 年 11 月），頁 68－71。

鄭煒明：〈香港文學的歷史考察——一個文學工作者的觀點〉，《文訊雜誌》，217 期（2003 年 11 月），頁 37－39。

鄭詩靈：〈飲苦茶〉，朱燕華、張維安編：《經濟與社會：兩岸三地社會文化的分析》。台北：生智文化事業有限公司，2001 年，頁 269－281。

魯曉鵬：〈一九五〇年代香港詞壇：堅社與林碧城〉，《現代中文文學學報》，12 卷 2 期（2015 年 6 月），頁 138－209。

廖可怡：〈論戴望舒香港時期的法文小說翻譯（1938－1949）〉，《現代中文文學學報》，8 卷 2 期及 9 卷 1 期（2008 年 1 月），頁 311－344。

羅淑敏、吳妮娜：〈馬家寶的寫實主義——左翼思潮與香港本土藝術〉，《現代中文文學學報》，11 卷 1 期（2013 年 6 月），頁 85－115。

關詩珮：〈知識生產的場域與村上春樹在香港的傳播〉，《現代中文文學學報》，8 卷 2 期及 9 卷 1 期（2008 年 1 月），頁 359－390。

關詩珮：〈親近中國？去中國化？從晚清香港"總督"的翻譯到解殖民"特首"的使用〉，《編譯論叢》，3 卷 2 期（2010 年 9 月），頁 1－31。

（四）英文論文

Carroll, John M. "Displaying and Selling History: Museums and Heritage Preservation in Post-Colonial Hong Kong." *Twentieth-Century China* 31:1 (November 2005) : 76–103.

Chan, Catherine S. "An Old Object in a Futuristic World: Re-imagining Hong Kong through its Clock Tower in the Eyes of Western Settlers and Local Citizens." *East Asian History and Culture Review* 15 (June 2015) : 170–176.

Chan, Catherine S. "The Currency of Historicity in Hong Kong: Deconstructing Nostalgia through Soy Milk." *Journal of Current Chinese Affairs* 44:4 (2015) : 145–175.

Chan, Kwok Shing. "Negotiating the Transfer Practice of Housing in a Chinese Lineage Village." *Journal of the Hong Kong Branch of the Royal Asiatic Society* 38 (1998) : 63–80.

Chan, Kwok Shing. "Poonchoi: The Production and Popularity of a Rural Festive Cuisine in Urban and Modern Hong Kong." In *Food and Foodways in Asia: Resource, Tradition and Cooking*, edited by Sidney C.H. Cheung and Tan Chee-Beng, 53–66. London; New York: Routledge, 2007.

Chan, Wai Keung. "Reinventing Hong Kong History: the Hong Kong Museum of History." In *History Education for 21st Century Chinese Communities*, edited by Wing Sang Lo, 287–289. Hong Kong: History Teaching Support and Research Center, Hong Kong Shue Yan University, 2011.

Cheung, Sidney C. H. "Food and Cuisine in a Changing Society: Hong Kong." In *The Globalization of Chinese Food*, edited by David Y.H. Wu and Sidney C.H. Cheung, 100–127. Honolul: University of Hawai'i Press, 2002.

Chu, Yiu-wai Stephen and Eve Leung. "Remapping Hong Kong Popular Music: Covers, Localisation and the Waning Hybridity of Cantopop." *Popular Music* 32:1 (January 2013) : 65–78.

Chu, Yiu-wai Stephen and Sin Wai Man. "Between Legal and Cultural Colonialism: The Politics of Legitimation of the Cultural Production in Hong Kong." *Tamkang Review* (Spring and Summer 1995) : 49–88.

Chu, Yiu-wai Stephen. "Brand Hong Kong: Asia's World City as Method?" *Visual Anthropology* 24:1 & 2 (Jan 2011) : 46–58.

Chu, Yiu-wai Stephen. "Can Cantopop Industry be Creative? The Transmission and Transformation of Hong Kong Popular Songs." In *Chinese Culture: Transmission and Transformation*, edited by Wang-chi Wong et al., 443–475. Hong Kong: The Chinese University Press, 2009.

Chu, Yiu-wai Stephen. "The Transformation of Local Identity in Hong Kong Cantopop." *Perfect Beat: The Pacific Journal of Research into Contemporary Music and Popular Culture* 7:4 (Jan 2006) : 32–51.

Fu, Poshek, David Desser and Lori Hitchcock. "The Cinema of Hong Kong: History, Arts, Identity." *Journal of Modern Literature in Chinese* 6:1 (January 2005) : 175–183.

Fu, Poshek. "Between Nationalism and Colonialism: Mainland Emigrés, Marginal Culture, Hong Kong Cinema, 1937–1941." In *Constructing Nationhood in Modern East Asia*, edited by Kai-wing Chow, Kevin M. Doak, Poshek Fu, 247–277. Ann Arbor: University of Michigan Press, 2001.

Guilford, C. Michael. "A Look Back: Civil Engineering in Hong Kong, 1841–1941." *Journal of the Hong Kong Branch of the Royal Asiatic Society* 38 (1998) : 81–101.

Hamm, John Christopher. "Local Heroes: Guangdong School Wuxia Fiction and Hong Kong's Imagining of China." *Twentieth-Century China* 27:1 (2001) : 71–96.

Hampton, Mark. "British Legal Culture and Colonial Governance: The Attack on Corruption in Hong Kong, 1968–1974." *Britain and the World* 5 (September 2012) : 223–239.

Hampton, Mark. "Early Hong Kong Television, 1950s-1970s: Commercialisation, Public Service, and Britishness." *Media History* 17 (August 2011) : 305–22.

Hampton, Mark. "Projecting Britishness to Hong Kong: The British Council and Hong Kong House, 1950s-1970s." *Historical Research* 85 (November 2012) : 691–709.

Hase, P. H. "Beside the Yamen Nga Tsin Wai Village." *Journal of the Hong Kong Branch of the Royal Asiatic Society* 39 (1999) : 1–82.

Hase, Patrick. "The Royal Asiatic Society (Hong Kong Branch) and its Journal." *The Journal of Resources for Hong Kong Studies* 1 (1998) : 17–43

Hayes, James W. "Manuscript Documents in the Lfie and Culture of Hong Kong Villages in Late Imperial China." *Journal of the Hong Kong Branch of the Royal Asiatic Society* 50 (2010) : 165–244.

Hon, Tze-ki. "A Rock, a Text and a Tablet: Making the Song Emperor's Terrace a Lieu De Memoire." In *Places of Memory in Modern China: History, Politics, and Identity*, edited by Marc Andre Matten, 133–165. Leiden: Brill, 2012.

Hsu, Amanda Yuk-Kwan. "Reading Hong Kong Literature from the Periphery of Modern Chinese Literature: Liu Yichang Studies as an Example." *Journal of Modern Literature in Chinese* 10:1 (July 2010) : 177–186.

Kluver, Randy. "Comic Effects: Postcolonial Political Mythologies in the World of Lily Wong." *Journal of Communication Inquiry* 24:2 (2000) : 195–215.

Kwan, Uganda Sze-pui. "Hong Kong Films in Singapore." *Intriguing ASIA (Ajia yūgaku)* 116 (2008) : 161–181.

Kwan, Uganda Sze-pui. "The Reception of Matsumoto Seichō in 1980s' Hong Kong." *The Studies of Matsumoto Seichō* 14 (2013) : 100–124.

Kwan, Uganda Sze-pui. "Transnational Mobility, Translation, and Transference: The Cultural Identities of British Interpreters in Two Colonial Asian Cities (1840–1880) ." In *Translation and Global Asia: Relocating Networks of Cultural Production*, edited by Uganda Sze-pui Kwan and Lawrence Wang-chi Wong, 281–316. Hong Kong: Research Centre for translation, The Chinese University of Hong Kong, 2014.

Lai, Linda. "Hong Kong Cinema in the 1930s: Docility, Social Hygiene, Pleasure-seeking and the Consolidation of the Film Industry." *Screening the Past: An International Electronic Journal of Visual Media and History* 11 (2000) . [http://www.latrobe.edu.au/screeningthepast/>]

Lai, Whalen. "A Minor Hong Kong Legend: Pei-tu." *Ching Feng* 40:2 (June 1997) : 81–92.

Lee, Chin-Chuan, Zhongdang Pan, Joseph Man Chan, and Clement Y. K. So. "Through the Eyes of US Media: Banging the Democracy Drum in Hong Kong." *Journal of Communication* 51:2 (2001) : 345–365.

Lee, Ho Yin and Lynne DiStefano. "From Zero Sum Game to Arranged Marriage: The Struggle between Built Heritage Conservation and Urban Development in Post-colonial Hong Kong." In *Urban Heritage, Development and Sustainability: International Frameworks, National and Local Governance*, edited by Sophia Labadi and William Logan, 196–213. NY: Routledge, October 2015.

Lee, Ho Yin, Lynne DiStefano and Katie Cummer. "Corner Delight: Hong Kong Composite Buildings of the 1950s and 1960s." In *Hong Kong Corner Houses*, Michael Wolf, 8–20. Hong Kong: Hong Kong University Press, 2011.

Lee, Ho Yin. "Chinese Eyes on British Tanks: Historical Verification of a War Heritage." *Surveying & Built Environment* 21:2 (December 2011) : 12–20.

Lo, Shuk-ying. "Monuments to Hong Kong World War II Dead, 1945–2005." *Journal of the Hong Kong Branch of the Royal Asiatic Society* 46 (2006) : 75–100

Lung, David, Lynne DiStefano and Ho Yin Lee. "Hong Kong." In *Living Heritage: Vernacular Environment in China*, edited by Kai-Yin Lo and Puay-Peng Ho, 204–231.

Hong Kong: First Asia Resources, 2001.

Man, Eva. "A Museum of Hybridity: The History of the Display of Art in the Public Museum of Hong Kong and Its Implications for Cultural Identities." In *Visual Anthropology*, edited by Paul Hockings, 90–105. Routledge: Taylor & Francis, January, 2011.

Man, Eva. "The Notion of 'Orientalism' in the Modernization Movement of Chinese Painting of Hong Kong Artists in 1960s: The Case of Hon Chi-fun." *Filozofski Vestnik* 22:2 (August 2001) : 161–178.

Sinn, Elizabeth. "Emerging Media: Hong Kong and the Early Evolution of the Chinese Press." *Modern Asian Studies* 36:2 (2002) : 421–465.

Sinn, Elizabeth. "Fugitive in Paradise: Wang Tao and Cultral Transformation in Late Nineteenth Century Hong Kong." *Late Imperial China* 19:1 (1998) : 56–81.

Siu, Kin Wai Michael. "Lanterns of the Mid-Autumn Festival: A Reflection of Hong Kong Cultural Change." *Journal of Popular Culture* 33:2 (1999) : 67–86.

Sun, Yi-Feng and Shuk-Han Wong. "Special Issue: Cultural Transformation in the 1950s: From Mainland China to Hong Kong." *Journal of Modern Literature in Chinese* 11:1 (June 2013) : 9–14.

Sun, Yi-feng. "Transition and Transformation: With Special Reference to the Translation Practice of Eileen Chang in the 1950s Hong Kong." *Journal of Modern Literature in Chinese* 11:1 (June 2013) : 15–32.

Tapp, Nicholas. "Post-Colonial Anthropology Local Identities and Virtual Nationality in the Hong Kong-China Region." *Journal of the Hong Kong Branch of the Royal Asiatic Society* 39 (1999) : 165–193.

Waters, Dan. "Safeguarding One's Fortunes: The Importance of Tun Fu 83." *Journal of the Hong Kong Branch of the Royal Asiatic Society* 39 (1999) : 83–114.

Waters, Dan. "The Hungry Ghosts Festival in Aberdeen Street, Hong Kong." *Journal of the Hong Kong Branch of the Royal Asiatic Society* 44 (2004) : 41–55.

Watson, James L. "Living Ghosts: Long-haired Destitutes in Colonial Hong Kong." In *Hair: Its Power and Meaning in Asian Cultures*, edited by Alf Hiltebeitel and Barbara Miller, 177–193. Albany: State University of New York Press, 1998.

Watson, James L. "McDonald's in Hong Kong: Consumerism, Dietary Change, and the Rise of a Children Culture." In *Golden Arches East: McDonald's in East Asia*, edited by James L. Waton, 77–109. Stanford: Stanford University Press, 1997.

Wong, Siuyi Wendy and Lisa Cuklanz. "Critiques of Gender Ideology in Hong Kong Comic Arts, 1966–1999." *Journal of Gender Studies* 11:3 (2002) : 253–266.

Wong, Siuyi Wendy and Lisa Cuklanz. "The Emerging Image of the Modern Woman in Hong Kong Comics of the 1960s & 1970s." *International Journal of Comic Art* 2:2 (2000) : 33–53.

Wong, Siuyi Wendy. "Establishing the Modern Advertising Languages: Patent Medicine Newspaper Advertisements in Hong Kong, 1945–1970." *Journal of Design History* 13:3 (2000) : 213–226.

Wong, Siuyi Wendy. "Fifty Years of Popularity of Theresa Lee Wai-chun and Miss 13-Dot: Changing Identities of Women in Hong Kong." *Journal of International Comic Art* 16:2 (2014) : 582–596.

Wong, Siuyi Wendy. "Globalizing from Japan to Hong Kong and Beyond." In *Manga: An Anthology of Global and Cultural Perspectives*, edited by Toni Johnson-woods, 332–350. New York: Continuum, 2010.

Wong, Siuyi Wendy. "Globalizing Manga: From Japan to Hong Kong and beyond." *Mechademia: Emerging Worlds of Anime and Manga* 1 (2006) : 23–45

Wong, Siuyi Wendy. "Hong Kong Comic Strips and Japanese Manga: A Historical Perspective on the Influence of American and Japanese Comics on Hong Kong Manhua." *Design Discourse* Inaugural Preparatory Issue (2004) :22–37.

Wong, Siuyi Wendy. "Manhua: The Evolution of Hong Kong Cartoons and Comics." *Journal of Popular Culture* 35:4 (2002) : 25–47.

Wong, Siuyi Wendy. "The Rise of Consumer Culture in a Chinese Society: A Reading of Banking Television Commercials in the 1970s of Hong Kong." *Mass Communication and Society* 3:4 (2000) : 393–413.

Zheng, Shusen. "Colonialism, the Cold War Era, and Marginal Space: The Existential Condition of Five Decades of Hong Kong Literature." In *Chinese Literature in the Second Half of a Modern Century: A Critical Survey*, edited by Pang-yuan Chi and David Der-wei Wang, 31–38. Bloomington: Indiana University Press, 2000.

七・宗教史

（一）中文書籍

甘穎軒：《全人醫治半世紀 —— 香港浸信會醫院史》。香港：三聯書店（香港）有限公司，2015 年。

朱益宜：《玫瑰修女》。香港：公教報，2010 年。

朱益宜著、周玉鳳譯：《關愛華人：瑪利諾修女與香港，1921－1969》。香港：中華書局（香港）有限公司，2007 年。〔英文版：Chu, Yik-yi Cindy. *The Maryknoll Sisters in Hong Kong, 1921－1969: In Love with the Chinese*. New York: Palgrave Macmillan, 2004; Paperback Edition, 2007.〕

吳麗珍：《香港黃大仙信仰》。香港：三聯書店（香港）有限公司，1997 年。

巫美梅、劉銳宏：《拜祀衣紙札作與香港民間風俗》。香港：中華文教交流服務中心，2011 年。

李志剛：《馬禮遜牧師傳教事業在香港的延展》。香港：香港中文大學宗教與中國社會研究中心，2007 年。

李志剛：《基督教與近代中國人物》。台北：基督教宇宙光全人關懷機構，2006 年。

李志剛：《基督教與與香港早期社會》。香港：三聯書店（香港）有限公司，2012 年。

李志剛編：《辛亥革命與香港基督教》。香港：基督教文藝出版社有限公司，2014 年。

李金強：《自立與關懷：香港浸信教會百年史，1901－2001》。香港：商務印書館（香港）有限公司，2002 年。

李金強：《聖道東來：近代中國基督教史之研究》。台北：基督教宇宙光全人關懷機構，2006 年。

李金強主編：《香港教會人物傳》。香港：香港華人基督教聯會，2014 年。

邢福增、劉紹麟：《天國・龍城：香港聖公會聖三一堂史（1890－2009）》。香港：基督教中國宗教文化研究社，2010 年。

邢福增：《此世與他世之間：香港基督教墳場的歷史與文化》。香港：基督教文藝出版社有限公司，2012 年。

邢福增：《香港基督教史研究導論》。香港：建道神學院，2004 年。

邢福增：《願你的國降臨：戰後香港"基督教新村"的個案研究》。香港：建道神學院，2002 年。

周佳榮、黃文江：《香港聖公會聖保羅堂百年史》。香港：中華書局（香港）有限公司，2013 年。

夏其龍編：《天主作客鹽田仔：香港西貢鹽田仔百年史蹟》。香港：香港中文大學天主教研究中心，2010 年。

梁家麟：《福音與麵包：基督教在 50 年代的調景嶺》。香港：建道神學院基督教與中國文化研究中心，2000 年。

梁德華主編：《利物濟世：香港道教慈善事業總覽》。香港：香港道教聯合會，2011 年。

陳智衡：《太陽旗下的十架：香港日治時期基督教會史（1941－1945）》。香港：建道神學院，2009 年。

陳慎慶編：《諸神嘉年華：香港宗教研究》。香港：牛津大學出版社，2002 年。

陳蒨：《潮籍盂蘭勝會：非物質文化遺產、集體回憶與身份認同》。香港：中華書局（香港）有限公司，2015 年。

游子安主編：《香江顯跡：嗇色園歷史與黃大仙信仰》。香港：嗇色園，2006 年。

游子安主編：《道風百年：香港道教與道觀》。香港：蓬瀛仙館道教文化資料庫：利文出版社，2002 年。

游子安主編：《爐峰弘善：嗇色園與香港社會》。香港：嗇色園，2008 年。

湯泳詩：《"社會良心"抑"搞事份子"：香港基督教工業委員會歷史之研究》。香港：基督教中國宗教文化研究社，2007 年。

湯泳詩：《一個華南客家教會的研究：從巴色會到香港崇眞會》。香港：基督教中國宗教文化研究社，2002 年。

湯泳詩：《驀然回首——香港婦女基督徒教會幹事口述歷史》。香港：香港婦女基督徒協會，2007 年。

黃彩蓮：《香港閩南教會研究》。香港：建道神學院，2005 年。

黃慧貞、蔡寶瓊：《華人婦女與香港基督教：口述歷史》。香港：牛津大學出版社，2010 年。

廖迪生、盧惠玲編：《風水與文物：香港新界屏山鄧氏稔灣祖墓搬遷事件文獻彙編》。香港：香港科技大學華南研究中心，2007 年。

廖迪生：《香港天后崇拜》。香港：三聯書店（香港）有限公司，2000 年。

劉紹麟：《中華基督教會合一堂史：從一八四三年建基至現代》。香港：中華
基督教會合一堂，2003 年。

劉紹麟：《香港華人教會之開基：一八四二至一八六六年的香港基督教會
史》。香港：中國神學研究院，2003 年。

潘玉娟：《汪彼得牧師在香港工作之初探》。香港：基督教中國宗教文化研究
社，2002 年。

蔡志祥、韋錦新、呂永昇編：《儀式與科儀：香港新界的正一清醮》。香港：
香港科技大學華南研究中心，2011 年。

蔡志祥：《打醮：香港的節日和地域社會》。香港：三聯書店（香港）有限公
司，2000 年。

蔡志祥、韋錦新編：《延續與變革：香港社區建醮傳統的民族誌》。香港：中
文大學出版社，2014 年。

鄧家宙：《香港佛教史》。香港：中華書局（香港）有限公司，2015 年。

鄭煒明：《中國民間信仰之研究史 —— 香港卷》。香港：香港大學饒宗頤學術
館，2015 年。

黎志添、游子安、吳真：《香港道教：歷史源流及其現代轉型》。香港：中華
書局（香港）有限公司，2010 年。

黎志添主編：《香港及華南道教研究》。香港：中華書局（香港）有限公司，
2005 年。

黎志添主編：《香港道教科儀歷史與傳承》。香港：中華書局（香港）有限公
司，2007 年。

盧龍光、楊國強：《香港基督教使命和身分尋索的歷史回顧》。香港：基督教
中國宗教文化研究社，2002 年。

賴品超、何慶昌、邢福增：《使命傳承：香港靈糧堂及子堂發展史》。香港：
香港靈糧堂，2010 年。

謝永昌、蕭國健：《香港民間神靈與廟宇探究》。香港：香港道教聯合會，
2010 年。

謝永昌、蕭國健：《香港廟神志》。香港：香港道教聯合會，2010 年。

謝永昌：《香港天后廟探究》。香港：中華文教交流服務中心，2006 年。

魏克利、陳睿文：《萬代要稱妳有福：香港聖公會聖馬利亞堂史（1912─2012）》。香港：基督教中國宗教文化研究社，2014 年。

瀨川昌久著、錢杭譯：《族譜：華南漢族的宗教、風水、移居》。上海：上海書店出版社，1999 年。

龔立人、陳澤群：《福利與信仰：香港教會推行"慈惠"之果效研究報告》。香港：基督教中國宗教文化研究社，2002 年。

（二）英文書籍

Chu, Yik-yi Cindy ed. *The Diaries of the Maryknoll Sisters in Hong Kong, 1921–1966*. New York: Palgrave Macmillan, 2007.

Ha, Louis and Patrick Taveirne eds. *History of Catholic Religious Orders and Missionary Congregations in Hong Kong*. Hong Kong: Centre for Catholic Studies, The Chinese University of Hong Kong, 2009.

Kwong, Chunwah. *Hong Kong's Religions in Transition: Confucianism, Taoism, Buddhism, and Christianity, and the Restructuring of Their Public Roles during Hong Kong's Incorporation into Mainland China, 1984–1998*. Waco, Tex.: Tao Foundations, 2000.

Leung, Beatrice and Shun-hing Chan. *Changing Church and State Relations in Hong Kong, 1950–2000*. Hong Kong: Hong Kong University Press, 2003.

Nedilsky, Lida V. *Converts to Civil Society: Christianity and Political Culture in Contemporary Hong Kong*. Waco, Texas: Baylor University Press, 2014.

Ticozzi, Sergio. *Historical Documents of the Hong Kong Catholic Church*. Hong Kong: Hong Kong Catholic Diocesan Archives, 1997.

Wolfendale, Stuart. *Imperial to International: A History of St. John's Cathedral, Hong Kong*. Hong Kong: Hong Kong University Press, 2013.

（三）中文論文

卜永堅：〈抗租與迎神：從己卯年（1999）香港大埔林村鄉十年一度太平清醮

看清代林村與龍躍頭鄧氏之關係〉,《華南研究資料中心通訊》,18 期 (2000 年 1 月),頁 1－7。

何穎琪:〈香港日佔時期 (1941－1945) 赤柱拘留營的基督教會〉,李金強、劉義章主編:《烈火中的洗禮:抗日戰爭時期的中國教會,1937－1945》。香港:建道神學院,2011 年,頁 179－195。

吳梓明:〈香港華人教會的發展 —— 聖公會諸聖堂個案研究〉,黃文江、郭偉聯、劉義章:《法流十道:近代中國基督教區域史研究》。香港:建道神學院,2013 年,頁 63－88。

李志剛:〈抗日戰爭時期基督教在新生活運動所起的作用及香港基督教的響應〉,《基督教與中國文化研究中心通訊》,55 期 (2011 年 6 月),頁 4－22。

李志剛:〈香港張祝齡牧師的本色化理念及實施〉,李金強、湯紹源、梁家麟編:《中華本色 —— 近代中國教會史論》。香港:建道神學院,2007 年,頁 173－190。

李志剛:〈香港張祝齡牧師的本色化理念及實施〉,李金強、湯紹源、梁家麟編:《近代中國基督教本色化的歷史回顧》。香港:香港浸會大學近代史研究中心;建道神學院基督教與中國文化研究中心,2005 年,頁 173－190。

李志剛:〈孫中山之革命與老師區鳳墀長老之關係〉,林啟彥、李金強、鮑紹霖編:《有志竟成:孫中山、辛亥革命與近代中國》。香港:香港浸會大學人文中國學報編輯委員會、香港中國近代史學會,2005 年,下冊,頁 640－655。

李金強:〈20 世紀上半葉中國教會自立運動 —— 以香港浸信會為個案的研究〉,《近代中國基督教史研究集刊》,4 期 (2001 年),頁 41－55。

李金強:〈抗戰時期的香港教會:以旅港潮人中華基督教會為例〉,李金強、劉義章主編:《烈火中的洗禮:抗日戰爭時期的中國教會,1937－1945》。香港:建道神學院,2011 年,頁 159－178。

李金強:〈香港基督教才子 —— 歐陽佐翔牧師 (1919－2002) 的生平與事奉〉,《近代中國基督教史研究集刊》,7 期 (2006 / 2007 年),頁 68－75。

李金強:〈基督徒商人 —— 呂明才 (1888－1956) 父子及其貢獻〉,黃文江、張雲開、陳智衡編:《變局下的西潮 —— 基督教與中國的現代性》。香港:建道神學院,2015 年,頁 685－698。

邢福增:〈1949 年前香港教會的發展 —— 宏觀歷史的考察 (1842－1949)〉,《近代中國基督教史研究集刊》,4 期 (2001 年),頁 5－40。

邢福增：〈文以載道 —— 戰後（1950－1960 年代）香港基督教文字出版事業的發展與評檢〉，黃文江、張雲開、陳智衡編：《變局下的西潮 —— 基督教與中國的現代性》。香港：建道神學院，2015 年，頁 543－566。

邢福增：〈擴張境界 —— 香港島基督教發展的區域布局（1842－1941）〉，黃文江、郭偉聯、劉義章：《法流十道：近代中國基督教區域史研究》。香港：建道神學院，2013 年，頁 23－46。

周佳榮：〈香港聖公會 —— 從教區到教省〉，黃文江、郭偉聯、劉義章：《法流十道：近代中國基督教區域史研究》。香港：建道神學院，2013 年，頁 47－62。

郭鴻標：〈香港神學研討會：巴特神學的再思後記〉，《神學與生活》，22 期（1999 年），頁 175－179。

湯紹源：〈上世紀遺事 —— 從長洲教會的開發說起〉，李金強、湯紹源、梁家麟編：《中華本色 —— 近代中國教會史論》。香港：建道神學院，2007 年，頁 275－300。

黃玉明：〈五六十年代香港教會社會事工概念的轉化和承擔〉，《建道學刊》，15 期（2001 年 1 月），頁 393－430。

黃玉明：〈香港教會女性牧職的發展歷史初探〉，滕張佳音主編：《華人女教牧今貌：香港、台灣、北美三地統計研究》。香港：建道神學院，2011 年，頁 47－82。

黃玉明：〈香港教會的社會參與教導（1982－1997）：聖公會、宣道會及香港基督徒學會的個案研究〉，《建道學刊》，30 期（2008 年 7 月），頁 73－128。

廖迪生：〈由"聯鄉廟宇"到地方文化象徵：香港新界天后誕的地方政治意義〉，林美容、張珣、蔡相煇編：《媽祖信仰的發展與變遷：媽祖信仰與現代社會國際研討會論文集》。台北：台灣宗教學會：財團法人北港朝天宮，2003 年，頁 79－94。

劉紹麟：〈香港倫敦會華人教會自立過程的分析〉，李金強、湯紹源、梁家麟編：《中華本色 —— 近代中國教會史論》。香港：建道神學院，2007 年，頁 261－274。

劉義章、張雲開：〈寧養的靈性基礎 —— 基督教靈實協會的個案〉，黃文江、張雲開、陳智衡編：《變局下的西潮 —— 基督教與中國的現代性》。香港：建道神學院，2015 年，頁 305－320。

劉義章：〈基督教靈實協會在香港將軍澳區的發展〉，李金強、湯紹源、梁家麟編：《中華本色 —— 近代中國教會史論》。香港：建道神學院，2007 年，頁

343－372。

　　蔡志祥：〈祖先的節日、子孫的節日：香港新界粉嶺圍彭氏的洪朝、清明和太平清醮〉，《溫州大學學報（社會科學版）》，23 卷 4 期（2010 年），頁 17－25。

　　蔡志祥：〈開山宿老與英雄：歷史記憶與香港的移民、定居與糾紛的傳說〉，賴澤涵、傅寶玉編：《義民信仰與客家社會》。台北：南天書局有限公司，2006 年，頁 247－276。

　　蔡志祥：〈儀式與身分轉換：香港新界北約地區的醮〉，譚偉倫編：《中國地方宗教儀式論集》。香港：香港中文大學崇基書院宗教與中國社會研究中心，2011 年，頁 325－348。

　　蔡志祥：〈模作他者：以香港新界東北吉澳島的節日、儀式和族群為中心〉，《歷史人類學學刊》，9 卷 2 期（2011 年），頁 65－88。

　　鄭煒明、龔敏、羅慧、余穎欣、陳德好、林愷欣：〈香港朱大仙信仰的來源、建醮與展望〉，《民間文學年刊》，3 期（2009 年），頁 161－178。

　　盧龍光、湯詠詩：〈香港基督教口述歷史研究述評〉，《近代中國基督教史研究集刊》，5 期（2002／2003 年），頁 66－78。

　　鄺振華：〈九七回歸與香港教會的社會角色〉，《近代中國基督教史研究集刊》，4 期（2001 年），頁 56－70。

　　羅婉嫻：〈倫敦傳道會與 19 世紀末香港西方醫療體制在華人社區的發展〉，《近代中國基督教史研究集刊》，6 期（2005 年 6 月），頁 17－30。

（四）英文論文

　　Ali, Jason R. and Ronald D. Hill. "Feng Shui and the Orientation of Traditional Villages in the New Territories, Hong Kong, China." *Journal of the Hong Kong Branch of the Royal Asiatic Society* 45 (2005) : 27–39.

　　Brown, Deborah A. "The Roman Catholic Church in Hong Kong: Freedoms Advocates Struggles with the SAR Government in Electoral Politics and Education." *American Asian Review* 2001 19 (4) : 19–61.

　　Chu, Yik-yi Cindy. "From the Pursuit of Converts to the Relief of Refugees: The Maryknoll Sisters in Twentieth Century Hong Kong." *The Historian* 15:2 (2002) : 353–376.

Dawar, Lina. "Social Security Systems of Hong Kong, Singapore, and Taiwan." *Asian Profile* 28:4 (2000) : 273–285.

Der, Edmund. "A Bibliographical Review of Resources on the Life of Florence Tim Oi Li (1907–1992) ." *Anglican and Episcopal History* 67:2 (1998) : 227–237.

Lam, Anthony. "The Difficulties of the PIME Fathers in Hong Kong during World War II." In *Baptist by Fire—The Chinese Church during the Sino-Japanese War (1937–1945)*, edited by Kam-keung Lee and Yee-cheung Lau, 361–378. Hong Kong: Alliance Bible Seminary, 2011.

Minford, John. "Bizarre Circuses, Barbaric Costumes: Hong Kong and the Aspirations of Translation." *Journal of Modern Literature in Chinese* 10:2 (December 2011) : 8–33.

Roper, Geoffrey. "The History and Design of the Lin Fa Kung Temple, Tai Hang, Hong Kong." *Journal of the Hong Kong Branch of the Royal Asiatic Society* 47 (2007) : 81–90.

Sweeting, Anthony. "E. J. Eitel's Europe in China: A Reappraisal of the Messages and the Man." *Journal of the Hong Kong Branch of the Royal Asiatic Society* 48 (2008) : 89–109.

Ticozzi, Sergio. "The Catholic Church and Nineteenth Century Village Life in Hong Kong." *Journal of the Hong Kong Branch of the Royal Asiatic Society* 48 (2008) : 111–149.

Wong, Man Kong Timothy. "A Survey of English and Chinese Source Materials Related to the History of Christianity in Hong Kong." *Ching Feng* 41:1 (March 1998) : 1–40.

Wong, Man Kong Timothy. "Local Voluntarism: The Medical Mission of the London Missionary Society in Hong Kong, 1842–1923." In *Healing Bodies, Saving Souls: Medical Missions in Asia and Africa*, edited by David Hardiman, 87–113. Clio Medica: The Wellcome Series in the History of Medicine; Amsterdam: Rodopi, 2006.

Wong, Man Kong Timothy. "On the Limits of Biculturality in Hong Kong: Protestantism as the Case Study." *Fides et Historia: Journal of the Conference on Faith and History* 35:1 (2003) : 9–25.

Wong, Man Kong Timothy. "The China Factor and Protestant Christianity in Hong Kong: Reflections from Historical Perspectives." *Studies in World Christianity: The Edinburgh Review of Theology and Religion* 8:1 (2002) : 115–137.

八·教育、學術思想史

（一）中文書籍

孔憲鐸：《我的科大十年》。香港：三聯書店（香港）有限公司，2002 年。

方駿、熊賢君：《香港教育通史》。香港：齡記出版有限公司，2008 年。

吳家瑋：《同創香港科技大學：初創時期的故事和人物誌》。香港：商務印書館（香港）有限公司，2006 年。

吳梓明：《五十年來崇基學院的基督教教育》。香港：香港中文大學崇基學院宗教與中國社會研究中心，2001 年。

周佳榮、丁潔編：《陶行知與香港 "中業" 教育》。香港；書作坊，2010 年。

周愛靈著、羅美嫻譯：《花果飄零：冷戰時期殖民地的新亞書院》。香港：商務印書館（香港）有限公司，2010 年。

林亦英、施君玉：《學府時光：香港的歷史面貌》。香港：香港大學美術博物館，2001 年。

高錕著、許廸鏘譯：《潮平岸闊：高錕自述》。香港：三聯書店（香港）有限公司，2005 年。〔英文版：Kao, Charles K. *A Time and a Tide: A Memoir*. Hong Kong: Chinese University Press, 2011.〕

張慧真、孔強生：《從十一萬到三千：淪陷時期香港教育口述歷史》。香港：牛津大學出版社，2005 年。

梁家麟編：《菁莪樂育我真光 —— 真光創校一百三十年校史》。香港：九龍真光中學校董會、香港真光中學校董會，2002 年。

梁慶樂：《緣何沉淪 —— 香港中學中國歷史課程研究（1990－2005）》。香港：教研室出版社，2009 年。

陳方正主編：《與中大一同成長 —— 香港中文大學與中國文化研究所圖史，1949－1997》。香港：香港中文大學中國文化研究所，2000 年。

陸鴻基：《從榕樹下到電腦前：香港教育的故事》。香港：進一步多媒體有限公司，2003 年。

陸鴻基：《殖民地的現代藝術：韓志勳千禧自述》。香港：香港教育學院，2008 年。

曾繁光：《香港特區教育政策分析》。香港：三聯書店（香港）有限公司，

2011 年。

黃嫣梨、黃文江編：《篤信力行：香港浸會大學五十年》。香港：香港浸會大學，2006 年。

黃麗松著、童元方譯：《風雨絃歌 ── 黃麗松回憶錄》。香港：香港大學出版社，2000 年。〔英文版：Huang, Rayson. *A Lifetime in Academia: An Autobiography.* Hong Kong: Hong Kong University Press, 2000. (Revised Edition 2011).〕

劉紹麟：《古樹英華：英華書院校史》。香港：英華書院校友會有限公司，2001 年。

劉智鵬：《香港達德學院：中國知識份子的追求與命運》。香港：中華書局（香港）有限公司，2011 年。

鄭宗義編：《香港中文大學的當代儒者：錢穆，唐君毅，牟宗三，徐復觀》。香港：香港中文大學新亞書院，2006 年。

鮑紹霖、周佳榮、區志堅編：《第二屆廿一世紀華人社會歷史教育論文集》。香港：中華書局（香港）有限公司，2012 年。

鮑紹霖、黃兆強、區志堅編：《北學南移：港台文史哲溯源》。台北：秀威資訊科技股份有限公司，2015 年。

羅慧燕：《藍天樹下：新界鄉村學校》。香港：三聯書店（香港）有限公司，2015 年。

顧明遠、杜祖貽主編：《香港教育的過去與未來》。北京：人民教育出版社，2000 年。

顧思滿、區士麒、方駿編：《教院口述歷史》。香港：香港教育學院，2002 年。

（二）英文書籍

Chan Lau, Kit ching and Peter Cunich, ed. *An Impossible Dream: Hong Kong University from Foundation to Re-establishment, 1910–1950.* New York: Oxford University Press, 2002.

Chan, Si-wai. *Using Habermas's Theory of Communicative Action to Analyze the Changing Nature of School Education in Hong Kong (1945–2008) .* Hong Kong: Red Publish, 2012.

Cheng, Irene. *Intercultural Reminiscences*. Hong Kong: The David Lam Institute for East-West Studies, Hong Kong Baptist University, 1997.

Chou, Ai Ling Grace. *Confucianism, Colonialism, and the Cold War: Chinese Cultural Education at Hong Kong's New Asia College, 1949–63*. Leiden; Boston: Brill, 2012.

Cribbin, John and Peter Kennedy. *Lifelong Learning in Action: Hong Kong Practitioners Perspectives*. Hong Kong: Hong Kong University Press, 2002.

Cunich, Peter ed. *A History of the University of Hong Kong*. Hong Kong: Hong Kong University Press, 2012.

Kan, Lai Fong Flora. *Hong Kong's Chinese History Curriculum from 1945: Politics and Identity*. Hong Kong: Hong Kong University Press, 2007.

Matthews, Clifford and Oswald Cheung. *Dispersal and Renewal: Hong Kong University during the War Years*. Hong Kong: Hong Kong University Press, 1998.

Sweeting, Anthony. *Education in Hong Kong, 1941 to 2001: Visions and Revisions*. Hong Kong: Hong Kong University Press, 2004.

Vicker, Edward. *In Search of an Identity: The Politics of History as a School Subject in Hong Kong, 1960s-2002*. Oxford: Routledge, 2003.

Wong, Man Kong Timothy. *For the Future: Sir Edward Youde and Educational Changes in Hong Kong*. Hong Kong: Ming Pao Pub. Ltd., 2007.

Wong, Ting Hong. *Hegemonies Compared: State Formation and Chinese School Politics in Postwar Singapore and Hong Kong*. Oxford: Routledge, 2002.

Yeung, Yue-man. *From Local to Global and Back: Memoir of a Hongkonger*. Hong Kong: The Commercial Press (H.K.) Ltd., 2012.

（三）中文論文

王立誠：〈滬江大學與香港浸會大學 —— 20 世紀浸會華人高等教育事業的歷史變遷〉，《近代中國基督教史研究集刊》，2 期（1999 年），頁 67－86。

何漢威：〈全漢昇先生事略〉，《香港中國近代史學報》，2 期（2004 年），頁 185－189。

何漢威：〈全漢昇與中國經濟史研究〉，《中國經濟史研究》，2002 年 3 期，頁

146－149。

　　李金強：〈孫師國棟（1922－2013）與新亞研究所〉，《新亞學報》，32 期（2015年），頁 11－20。

　　李廣健：〈逯耀東先生與香港中國近現代史研究〉，《香港中國近代史學報》，4 期（2006 年），頁 159－172。

　　周佳榮：〈日本人與近代香港報業〉，《香港中國近代史學會會刊》，12 期（2014年 7 月），頁 38－43。

　　周佳榮：〈香港學界的日本研究 —— 書刊及論文出版繫年〉，《當代史學》，8卷 1 期（2007 年 3 月），頁 21－27。

　　周佳榮：〈陳荊和及其東亞史研究〉，《香港中國近代史學報》，3 期（2005年），頁 121－130。

　　林啟彥：〈香港地區中國近代史研究的先驅 —— 王德昭教授〉，《香港中國近代史學報》，3 期（2005 年），頁 107－116。

　　區志堅：〈"在非常環境非常心情下做了"——試析錢穆先生在香港興學的原因〉，黃兆強主編：《錢穆研究暨當代人文思想國際學術研討會論文集》。台北：東吳大學，2010 年，頁 45－69。

　　區志堅：〈中外文化交融下香港文化之新運：羅香林教授中外文化交流的觀點〉，趙令揚、馬楚堅編：《羅香林教授逝世二十週年紀念論文集》。香港：薈真文化事業出版社，2006 年，頁 36－52。

　　區志堅：〈以人文主義之教育為宗旨 —— 溝通世界中西文化交流：錢穆先生籌辦新亞教育的宏願及實踐〉，王宏志、梁元生、羅炳良主編：《中國文化的傳承與開拓：香港中文大學四十周年校慶國際研討會論文集》。香港：中文大學出版社，2009 年，頁 85－180。

　　區志堅：〈保全國粹、宏揚文化：學海書樓八十年簡介〉，學海書樓編：《學海書樓八十周年紀念集》。香港：學海書樓，2003 年，頁 13－25。

　　區志堅：〈香港大學中文學院成立背景之研究〉，《香港中國近代史學報》，4期（2006 年），頁 29－58。

　　區志堅：〈香港成為國際漢學交往的橋樑：從乙堂問學書信看戰後羅香林與海外學人之交往〉，林慶彰：《國際漢學論叢》。台北：樂學書局，2005 年，頁251－290

　　區志堅：〈香港與清華學術的承傳關係：羅香林與陳寅恪〉，《21 世紀世界

與中國 —— 當代中國發展熱點問題》。北京：清華大學出版社，2003 年，頁
573－586。

　　區顯峰：〈陳荊和對越南史研究之貢獻〉，周佳榮、范永聰主編：《東亞世界：
政治、軍事、文化》。香港：三聯書店（香港）有限公司，2014 年，頁 367－386。

　　許振興：〈清遺民經學家寓居香港時期的史學視野 —— 區大典《史略》考索〉，
《中國學術年刊》，34 卷 1 期（2012 年 3 月），頁 31 – 56。

　　郭少棠：〈文化的衝擊與超越：當代香港史學〉，《歷史研究》，2003 年 1 期，
頁 120－128。

　　彭淑敏：〈李金強教授對中國基督教史研究的貢獻〉，黃文江、張雲開、陳智
衡編：《變局下的西潮 —— 基督教與中國的現代性》。香港：建道神學院，2015
年，頁 743－750。

　　黃秀政、李昭容、郭佳玲：〈羅香林與客家研究〉，《興大歷史學報》，18 期
（2007 年 6 月），頁 291－314。

　　黃秀顏：〈陳學霖教授：學術生平和明史研究簡述〉，《明代研究》，18 期（2012
年 6 月），頁 1－21。

　　黃庭康：〈國家權力形構與教育：戰後香港黑市學校的歷史個案〉，《台灣社
會學刊》，44 期（2010 年 6 月），頁 107－154。

　　溫帶維：〈傳統文化在中港："魂不附體"到"魂飛魄散"？〉，學海書樓編：《學
海書樓八十周年紀念集》。香港：學海書樓，2003 年，頁 61－65。

　　葉漢明：〈婦女、性別及其他：近廿年中國內地和香港的近代中國婦女史研究
及其發展前景〉，《近代中國婦女史研究》，13 期（2005 年 12 月），頁 107－166。

　　趙雨樂：〈戰後香港文化承傳：以孫國棟的史學視野為例〉，載氏著：《文化
中國的重構：近現代中國知識分子的思維與活動》。香港：香港教育圖書公司，
2006 年，頁 224－261。

　　劉述先：〈港台新儒家與經典詮釋〉，學海書樓編：《學海書樓八十周年紀念
集》。香港：學海書樓，2003 年，頁 159－181。

　　劉詠聰：〈林天蔚教授生平及學術補識〉，《香港中國近代史學報》，3 期（2005
年），頁 131－140。

　　鄭會欣：〈近十年來香港民國史研究概述〉，《民國研究》，7 期（2003 年 12
月），頁 163－175。

　　鄭會欣：〈饒宗頤教授與香港的學術淵源〉，《廈大史學》，2 期（2006 年 3

月），頁 1－13。

羅樂然：〈二戰後香港的韓國歷史與文化研究回顧與展望〉，《慶南學》，34 期（2015 年 12 月），頁 1－54。

譚少薇、葉漢明：〈性別研究課程在香港高等院校的發展問題〉，譚少薇編：《兩岸三地社會性別研究》。香港：商務印書館（香港）有限公司，2012 年，頁 24－40。

關詩珮：〈大英帝國、漢學及翻譯：理雅各與香港翻譯官學生計劃（1860–1900）〉，《翻譯史研究》，2 期（2012 年），頁 59－101。

關詩珮：〈翻譯課程及全人教育之爭？──香港聖保羅書院與香港政府的恩怨（1849–1855）〉，《翻譯史研究》，4 期（2014 年），頁 77－106。

（四）英文論文

Chou, Ai Ling Grace. "Cultural Education as Containment: The Ambivalent Position of American NGO's in 1950's Hong Kong." *Journal of Cold War Studies* 12:2 (April 2010) : 3–28.

Cunich, Peter. "Making Space for Higher Education in Colonial Hong Kong, 1887–1913." In *Harbin to Hanoi: The Colonial Built Environment in Asia, 1840 to 1940*, edited by Laura Victoir and Victor Zatsepine, 181–205. Hong Kong: Hong Kong University Press, 2013.

Hughes, Christopher and Robert Stone. "Nation-building and Curriculum Reform in Hong Kong and Taiwan." *China Quarterly* 160 (1999) : 977–991.

Lau, Wai Wah and Flora Kan. "Colonialism and Secondary Technical Education in Hong Kong: 1945–1997." *Journal of Vocational Education & Training* 63:2 (2011) :171–189.

Lee, Zardas Shuk Man, Phoebe Y. H. Tang and Carol C. L. Tsang. "Searching for an Identity: Debates over Moral and National Education as an Independent Subject in Contemporary Hong Kong." *International Journal of Historical Learning, Teaching and Research* 11:2 (Spring 2013) : 88–97.

Sweeting, Anthony. "With the Ease and Grace of a Born Bishop? Re-evaluating James Legge's Contributions to Secular and Religious Education in Hong Kong." *Journal of the*

Hong Kong Branch of the Royal Asiatic Society 45 (2005) : 5–25.

Vickers, Edward and Flora Kan. "The Re-education of Hong Kong: Identity, Politics, and History Education in Colonial and Postcolonial Hong Kong." In *History Education and National Identity in East Asia*, edited by Edward Vickers and Alisa Jones, 171–202. New York: Routledge, 2005.

Vickers, Edward, Flora Kan and Paul Morris. "Colonialism and the politics of 'Chinese history' in Hong Kong's Schools." *Oxford Review of Education* 29:1 (2003) : 95–111.

Waters, Dan. "A Brief History of Technical Education in Hong Kong, 1863–1980." *Journal of the Hong Kong Branch of the Royal Asiatic Society* 40 (2000) : 210–225.

Wong, Man Kong Timothy. "Christian Schools as the Major Provider of Public Education in Hong Kong up to the 1920s; with Special Attention of the London Missionary Society." In *Setting the Roots Right–Christian Education in China and Taiwan*, edited by Peter Chen-main Wang, 485–527. Taipei: Limin Publishing Company, 2007.

Wong, Man Kong Timothy. "From Expansion to Repositioning: Recent Changes in Higher Education in Hong Kong." *China: An International Journal* 2:1 (March 2004) :150–166.

Wong, Man Kong Timothy. "Higher Education and Research Culture in Hong Kong: With Special Reference to Medical Education, Research and Professionalism, 1880s-1980s." In *Transmitting the Ideal of Enlightenment: Chinese Universities since the Late Nineteenth Century*, edited by Ricardo Mak, 83–108. Lanham: University Press of America, 2009.

作者簡介（按各章順序排列）

區家發

　　資深考古工作者。1953 年華南師範大學歷史系本科畢業。後又在北京第二屆考古訓練班畢業。1956 年任廣東省文化與文物工作隊隊長，從事田野考古和研究凡四十餘年。曾任香港考古學會主席、香港古物諮詢委員會委員、香港博物館和區域市政局博物館榮譽顧問。主要研究粵港地區史前考古和歷史，已發表的考古調查發掘報告和學術論文二十餘篇，共數十萬字。

霍啟昌

　　香港大學歷史系學士、夏威夷大學歷史系碩士、博士。曾任香港古物古蹟委員會資深委員及市政局香港博物館本地史名譽顧問、香港考試局高級程度會考歷史科委員會主席多年。霍博士曾在港大歷史系任教香港史多年，曾任職澳門大學教授。現任職澳門中西創新學院副校監及院長，並任香港大學歷史系榮譽教授。已出版個人專著十二部，合著及編著九部，論文五十餘篇，時事評論五十餘篇。

丁新豹

　　廣東豐順人，香港大學博士，前香港歷史博物館總館長，現為香港中文大學歷史系客席教授及名譽高級研究員，香港大學及香港教育學院榮譽院士。研究領域包括：歷史繪畫、香港史、珠三角史等。著作包括《善與人同：與香港同步成長的東華三院 1870 — 1997》等。

鄭赤琰

新加坡南洋大學政治學學士、加拿大西安大略大學政治學碩士、美國紐約州立大學（賓漢頓校園）政治學博士。1977 至 1998 年歷任香港中文大學政治與行政系講師、教授及系主任，期間創立海外華人研究中心。1998 至 2001 年任嶺南大學族群與海外華人經濟研究部主任。90 年代參與成立香港海峽兩岸關係研究中心，並出任秘書長兼副會長。1992 年成立香港國際客家學會，並出任會長至今。曾擔任香港崇正總會副理事長。現任馬來西亞大馬新聞資訊學院院長及香港中文大學兼任教授。研究興趣主要包括海外華人問題、客家研究、中國外交政策、亞洲國際關係、東南亞政治與政府等。知名時事評論員。鄭氏是香港及東南亞著名的政論家，經常在華文報刊上發表時事評論，並有多本著作及編著問世，也經常在學術刊物發表論文。

冼玉儀

生於香港，肄業於拔萃女校及在香港大學獲得博士學位。專研近代中國史及香港史。著作包括 Power and Charity: *The Early History of the Tung Wah Hospital, Hong Kong*、*Growing with Hong Kong: The Bank of East Asia 1919-1994*、*Pacific Crossing: California Gold, Chinese Migration, and the Making of Hong Kong* 等。2014 年退休前為香港大學亞洲研究中心副主任。現為香港大學香港人文社會研究所榮譽教授。

龍炳頤

香港大學建築學系教授，專注研究香港古蹟文物、城市發展及中國民居等。現任古物諮詢委員會主席、城市規劃委員會委員和土地發展公司董事。

莫凱

美國密西根州立大學經濟學碩士及博士，曾任香港中文大學經濟系教授，專研國際經濟、經濟發展、香港經濟及經濟思想史。著有《香港經濟的發展和結構變化》等。

周亮全

美國威斯康辛大學碩士及博士。現任澳門中西創新學院常務副院長。曾任香港大學經濟金融學院高級講師，亦曾任教於美國科羅拉多州立大學，夏威夷大學及泰國法政大學。主要的研究專題為所得分配、經濟發展的理論和實務。

饒美蛟

香港中文大學社會學學士（優異）（主修經濟）、美國范德寶（Vanderbilt）大學碩士（經濟學）、加拿大不列顛哥倫比亞大學工商管理碩士、西蒙菲莎（Simon Fraser）大學哲學博士、英國愛丁堡大學博士後研究員。曾任香港中文大學組織與管理學講座教授、商學院副院長、MBA課程主任、管理系系主任；嶺南大學副校長兼香港商學研究所所長，現為嶺南大學榮休講座教授、澳門理工學院特聘高級顧問（學術評審）。研究專長為工業研究、企業策略及合資企業管理。

陳弘毅

香港出生和受教育，1984年開始任教於香港大學法律系至今，教學和研究領域主要為公法學和法哲學。中文著作包括《法治、人權與民主憲政的理想》、《一國兩制下香港的法治探索》等書。

文基賢 (Christopher Munn)

在英國出生和在加拿大受教育，長居香港超過30年，其史學著作包括 *Anglo-China: Chinese People and British Rule in Hong Kong, 1841-1880*。

吳海傑

香港出生和受教育，香港大學法律學院中國法研究中心副主任，研究領域為法律史。任教大學之前在法律和金融行業工作超過十五年。其法律史學著作包括：*Legal Transplantation in Early Twentieth-Century China: Practicing law in Republican Beijing (1910s-1930s)*。

吳倫霓霞

原籍廣東南海，出生香港，畢業於香港大學，繼獲美國明尼蘇達大學博士學位。1970 年開始在香港中文大學任教。教學及研究範圍包括英國史及香港史。多集中對香港教育、新界、孫中山及中英在港關係之歷史問題研究。已出版專著共十多種。現已退休。

程介明

香港大學榮休教授。倫敦大學哲學博士。曾任中學教師，港大教育學院講座教授、教育學院院長、副校長、校長資深顧問，哈佛大學訪問教授。專供教育政策分析。

李少南

1986 年獲美國密西根大學傳播博士。之後，任職香港中文大學新聞與傳播學系，講授課程包括中國船舶是及國際傳播等科目。

黃維樑

香港中文大學一級榮譽學士，美國俄亥俄州立大學博士。歷任香港中文大學中文系教授、美國 Macalester College 及四川大學客座講座教授。黃氏著作有《中國詩學縱橫論》、《香港文學初探》、《中國現代文學導讀》、《中西新舊的交匯》、《黃維樑散文選》等二十多種。歷任香港等地多個文學團體主席或顧問。作品曾獲多個文學獎，入選各地選集及編入中學語文教材。

史文鴻

　　生於香港。於中大攻讀哲學獲學士及碩士，柏林自由大學哲學博士，研究範圍有維根斯坦語言哲學、法蘭克福學派批判理論，博士論文處理社會美學。曾全職任教香港浸會學院、香港理工大學及香港嶺南大學，短暫任香港自由黨行政總幹事及 NOW 有 電視顧問及新聞節目主持。現任台灣台南崑山科技大學視訊系及媒體藝術研究所教授。

鍾景輝

　　美國耶魯大學戲劇學院藝術碩士，美國哈姆斯頓大學榮譽哲學博士，香港公開大學榮譽文學博士，香港演藝學院榮譽戲劇博士。曾任香港演藝學院戲劇學院院長。資深舞台、電影及電視導演及演員，多次榮獲最佳導演及最佳演員獎。鍾氏曾於香港無線電視及亞洲電視擔當高級行政及節目製作等職位。

梁沛錦

　　香港大學中文系博士，教研粵劇、元劇四十年，著作頗豐。曾任廣東政協、區局增選議員、文化基金信託人、藝展局委員。曾捐文物建醫院，在慈善事業方面，亦頗有貢獻。

湛黎淑貞

　　英國金斯頓大學哲學博士，致力研究香港音樂教育和粵劇教育的歷史與發展。曾任職香港教育局，具有豐富的師資教學、視學及課程發展經驗，退休後仍積極投入音樂和粵劇教育工作。著作有小學音樂課本《音樂新領域》及音樂教材《現代音樂探索：中小學音樂教材匯篇》，亦為黎鍵遺著的《香港粵劇敘論》擔任主 工作。現擔任的公職有香港中樂團顧問、民政事務局藝術發展諮詢委員會委員與專家顧問、以及香港粵劇發展諮詢委員會委員職務。

劉靖之

倫敦大學和香港大學文學士、哲學碩士與博士，並考獲英國皇家音樂學院理論作曲文憑；曾任職於英國廣播公司、香港大學、嶺南大學，現為香港大學香港人文社會研究所名譽研究員、上海音樂學院外聘專任教授；論、編著作涵蓋中國20世紀音樂史、音樂評論、翻譯理論、元人雜劇研究等，四十餘種。

5

李志剛

廣東寶安人，博士。專研中國基督教會史及港澳基督教會史，多有論文專書出版。現任基督教文化學會會長、禮賢會灣仔堂顧問牧師。

10

黃兆漢

出生於1941年。澳洲國立大學哲學博士（道教史）、香港大學文學碩士（詞曲史）、香港大學文學士（一級榮譽）。曾任澳洲國立大學中文系兼任導師，香港大學中文系講師、高級講師、副教授、正教授等教職。研究及教學範圍包括道教史、詞曲史、藝術史和戲劇史（包括粵劇），為博士、碩士研究生指導教授。著作甚豐，專書有道教研究八種，詞曲研究及創作17種，藝術研究及創作九種，粵劇研究七種，共41種。此外，著有學術論文數十篇。1998年7月自香港大學提早退休，定居澳洲，專心從事教授中國書畫及推廣各種中國藝術文化活動。現為澳洲塔省博物及藝術館名譽首席顧問（中國藝術及古物）、香港大學饒宗頤學術館名譽研究員、北京師範大學 — 香港浸會大學聯合國際學院藝術文化發展中心名譽顧問、香港特別行政區康樂及文化事務署博物館專家顧問、中國四川省社會科學院宗教研究所道教研究室特邀研究員、澳洲中國藝術協會會長、澳中友好協會塔州分會贊助人、任劍輝研究計劃總策劃人。

15

20

25

吳麗珍

香港中文大學榮譽文學士，專治元代道教文學。著作有《香港黃大仙信仰》。

30

葉嘉輝

廣東省東莞縣人，香港新亞研究所文學碩士。現任職中學教師，研究興趣主要集中在道教及華南一帶的民間信仰，著述有《元代神仙道化劇研究》等。

鄧家宙

大學講師，香港史學會總監，新城電台嘉賓主持及專欄作家。專注研究民國史、香港史及整理金石文獻。著有《香港華籍名人墓銘集（港島篇）》、《香港佛教碑銘彙釋（一）：港島、九龍及大嶼山》、《香港佛教史》及主編《香港歷史探究》、《香港史地》等專書，並發表學術論文多篇。

陳蒨

英國牛津大學社會人類學博士，曾任教育新加坡國立大學社會學系，現任香港樹仁大學教授級當代中國研究中心副主任。

王賡武

40、50 年代在南京中央大學、新加坡馬來亞大學和英國倫敦大學受教育。曾任馬來亞大學歷史學講座教授、澳洲國立大學遠東歷史講座教授、香港大學校長、新加坡國立大學東亞研究所所長等職位。現任新加坡國立大學李光耀公共政策學院教授、主席。

黃文江

生於香港，香港中文大學哲學博士。現任香港浸會大學中國研究課程主任、歷史系副教授。專研香港社會史、近代中國基督教史等。

詞彙索引

四劃

十一劃

十二劃

十六劃

圖片索引

下冊

主要參考書目

中文著作與文獻

丁新豹：〈香港早期之華人社會 1841 － 1870〉（香港：博士論文，1989 年，未刊稿）

丁新豹編：《香港教育發展 —— 百年樹人》（香港：香港市政局，1993 年）

中國史學會編：《鴉片戰爭》（上海：神州國光社，1954 年）

中國社會科學院新聞研究所：《新聞研究資料》39 輯（北京：中國社會科學出版社，1987 年）

中國第二歷史檔案館編：《五卅運動和省港罷工》（南京：江蘇古籍出版社，1985 年）

《反對蓄婢會年報》（香港：1932 － 1936 年）

戈公振：《中國報學史》（台北：台灣學生書局，1982 年）

文史資料研究委員會等編：《銀海縱橫》（廣州：廣東人民出版社，1992 年）

文物編輯委員會編：《文物考古工作十年》（北京：文物出版社，1990 年）

文慶等編：《籌辦夷務始末》（道光朝，1930 年影印本）

方美賢：《香港早期教育發展史》（香港：中國學社，1974 年）

方國榮　陳迹：《昨日的家園》（香港：三聯書店〔香港〕有限公司，1992 年）

方梓勳　蔡錫昌編：《香港話劇論文集》（香港：中天製作有限公司，1992 年）

王一桃：《香港文學評析》（香港：雅苑出版社，1994 年）

王一桃：《香港作家掠影》（香港：現代教育研究社有限公司，1990 年）

王崇熙：《新安縣志》（香港，1979 年重印本）

王誌信：（香港：基督教文藝出版社，1986 年）

王齊樂：《香港中文教育發展史》（香港：波文書局，1983 年）

王劍叢等編：《台灣香港文學研究述論》（天津：教育出版社，1991 年）

司馬遷：《史記》（北京：中華書局，1959 年）

史澄：《廣州府志》（1879 年）

《市政局中文文學周十周年誌慶紀念論文集》（香港：市政局公共圖書館，1988 年）

《本地生產總值估計：一九六六年至一九九一年》（香港：政府統計處，1992 年）

《正統道藏》（台北：新文豐出版社，1977 年）

田英傑：《香港天主教掌故》（香港：聖神研究中心暨神修院校外課程部，1983 年）

白德著　招紹瓚譯：《香港文物志》（香港：香港市政局，1991 年）

《全港發展策略檢討：徵詢民意報告 —— 摘要》（香港：香港政府規劃署，1994 年 9 月）

《百年商業》（香港：光明文化事業公司，1941 年）

危丁明編：《香江梵宇》（香港：香江梵宇出版委員會出版，1999 年）

佐佐木正哉：《鴉片戰爭的研究》（東京：近代中國研究社，1964 年）

余光中：《春來半島 —— 香港十年詩文選》（香港：香江出版公司，1985 年）

余慕雲：《香港電影掌故（1896 － 1934）》（香港：廣角鏡出版社，1985 年）

吳楚帆：《吳楚帆自傳》上、下集（香港：偉青書店，1956 年）

呂汝漢：《香港金融體系》（香港：商務印書館，1991 年）

《宋會要輯稿》（1936 年國立北平圖書館影印版）

宋濂等撰：《元史》（北京：中華書局，1976 年）

宋蘅芝：《香港大學中文學會紀事》（香港：香港大學，1931 年）

李志剛：《香港基督教會史研究》（香港：道聲出版社，1987 年）

李志剛：《基督教早期在華傳教史》（台灣：商務印書館，1985 年）

李家園：《香港報業雜談》（香港：三聯書店〔香港〕有限公司，1989 年）

李養正：《當代中國道教》（北京：中國社會科學出版社，1993 年）

阮元：《廣東通志》（1822 年）

阮柔：《香港教育制度之史的研究》（香港：進步教育出版社，1948 年）

阮紀宏：〈唯一趣報有所謂：一份清末革命報刊的個案〉（香港中文大學傳播學部碩士論文，
1992 年 5 月）

周永新：《目睹香港四十年》（香港：明報出版社，1990 年）

周永新：《香港社會福利的發展與政策》（香港：大學出版印務公司，1984 年）

周廣：《廣東考古輯要》（1893 年）

屈志仁：《李鄭屋漢墓》（香港市政局，1970 年）

《明會要》（北京：中華書局，1957 年）

林友蘭：《香港史話》（香港：上海印書館，1978 年）

姚啟勳：《香港金融》（香港：泰唔士書屋，1962 年）

姚薇元：《鴉片戰爭史實考》（北京：人民出版社，1984 年修訂本）

科大衛　陸鴻基　吳倫霓霞合編：《香港碑銘匯編》（香港：香港市政局，1986 年）

胡宗憲、鄭若曾：《籌海圖編》（1974 年重印本）

茅元儀：《武備志》（1621 年）

《英國外交部檔案編號 17》

香港中文大學中國文化研究所專刊（八）：《南中國及鄰近地區古文化研究》（香港：香港中文大學出版社，1994 年）

香港中華文化促進中心：《香港歷史文化考察》（香港：三聯書店〔香港〕有限公司，1993 年）

《香港中華青年會六十周年紀念特刊》（香港：香港中華青年會，1961 年）

香港文匯出版社編：《英國如何撤出殖民地》（香港：香港文匯出版社，1993 年）

香港市政局　香港博物館編：《香港歷史圖片》（香港：香港市政局，1982 年 2 月）

《香港未來十年內之中學教育》（香港：香港政府，1974 年）

《香港東華三院百年史略》（香港：東華三院，1970 年）

香港政府：《一九七九年經濟多元化諮詢委員會報告書》（中文版本，1979 年）

《香港基督教女青年會三十周年》（香港：基督教女青年會，1950 年）

香港博物館編：《嶺南古越族文化論文集》（香港：香港市政局，1993 年）

《香港華人社團總覽》（香港：國際新聞社，1947 年）

《香港華商總會年鑑》（香港：香港華商總會，1932 年）

香港電台：《香港廣播六十年 1928 － 1988》

《香港與中西文化之交流》（香港：中國學社，1961 年）

《香港歷史探究二：香港東部歷史》（香港··香港史學會出版，2015 年）

《香港歷史探究》：（香港：香港史學會出版，2011 年）

香港國際電影節歷屆香港電影回顧專題（香港：市政局出版）：
1979：《戰後香港電影回顧》（1946 － 1968）
1988：《香港電影與社會變遷》
1993：《國語片與時代曲（四十至六十年代）》

《香港蓄婢問題》（香港：反對蓄婢會，1923 年）

徐珂：《清稗類鈔·音樂類》（北京：中華書局，1986 年）

徐潔民：《宗教工作基礎知識》（北京：中國旅遊出版社，1990 年）

恩格斯：《家庭、私有制和國家的起源》（北京：人民出版社，1972 年）

班固：《漢書》（北京：中華書局，1962 年）

珠海博物館等編：《珠海考古發現與研究》（廣州：廣東人民出版社，1991 年）

馬沅：《香港法例彙編》第一卷（香港：華僑日報，1936 年）

馬建釗　喬健　杜瑞主編：《華南婚姻制度與婦女地位》（廣西：廣西民族出版社，1994 年）

馬書田：《華夏諸神・道教卷》（台北：雲龍出版社，1993 年）

浙江省社會科學院越文化研究中心等編：《百越民族研究》（南昌：江西教育出版社，1990 年）

《高中及專上教育：未來十年內香港在高中及專上教育方面發展計劃》（香港：香港政府，1977 年）

高添強：《香港今昔》（香港：三聯書店〔香港〕有限公司，1994 年）

《國際條約大全》（北京：商務印書館，1925 年）

張學仁：《香港法概論》（武漢：武漢大學出版社，1992 年）

《教育委員會對香港未來十年內中等教育擴展計劃報告書》（香港：香港政府，1973 年）

《教育統籌委員會第一號報告書》

梁廷枏：《夷氛聞記》（北京：商務印書館，1936 年）

梁嘉彬：《廣東十三行考》（上海：商務印書館，1937 年）

莫凱：《香港經濟的發展和結構變化》（香港：三聯書店〔香港〕有限公司，1993 年）

許地山編：《達衷集》（香港：龍門書店，1969 年）

陳明銶主編：《中國與香港工運縱橫》（香港：香港基督教工業委員會，1986 年）

陳炳良編：《香港文學探賞》（香港：三聯書店〔香港〕有限公司，1991 年）

陳銘珪：《長春道教源流》（台灣：廣文書局，1975 年）

勞炯基、蔡穗聲：《香港城市建設與管理》（香港：中華書局，1992 年）

彭華亮編：《香港建築》（香港：香港萬里書店、中國建築工業出版社，1989 年）

斯當東著　葉篤義譯：《英使謁見乾隆紀實》（香港：三聯書店〔香港〕有限公司，1994 年）

舒懋官主修，王崇熙總纂：《重修新安縣志》（香港：黃承業、陳日新、劉皇發等排印本，1979 年）

游子安：《道風百年：香港道教與道觀》（香港：香港蓬瀛仙館道教文化資料庫，2002 年）

黃兆漢　曾影靖編訂：《細說粵劇 —— 陳鐵兒粵劇論文書信集》（香港：光明圖書公司，1992 年）

黃兆漢　鄭煒明：《香港與澳門之道教》（香港：加略山房有限公司，1993 年）

黃維樑：《香港文學初探》（香港：華漢文化事業公司，1985 年）

黃維樑編：《中華文學的現在和未來 —— 兩岸暨港澳文學交流研討會論文集》（香港：鑪峰學會，1994 年）

黃維樑編：《璀璨的五采筆：余光中作品評論集》（台北：九歌出版社，1994 年）

嗇色園董事會編：《嗇色園》（香港：嗇色園董事會，1991 年）

楊奇主編：《香港概論》上卷（香港：三聯書店〔香港〕有限公司，1990 年）

楊奇主編：《香港概論》下卷（香港：三聯書店〔香港〕有限公司，1993 年）

聖神研究中心：《香港的宗教》（香港：聖神研究中心、香港天主教社會傳播處，1988 年）

《道教研究論文集》（香港：中文大學出版社，1988 年）

《道教與文學》（台灣：學生書局，1994 年）

靳文謨：《新安縣志》（1688 年）

暨南大學歷史系中國古代史教研室編：《中國古代史論文集》第一輯（廣州：暨南大學歷史系，1981 年）

齊藤幸治：《軍政下的香港》（香港：香港東洋經濟社，1944 年）

劉以鬯編：《劉以鬯卷》（香港：三聯書店〔香港〕有限公司，1991 年）

劉昫：《舊唐書》（北京：中華書局，1975 年）

劉紹唐編：《民國人物小傳》（台北：傳記文學出版社，1981 － 1991 年）

劉粵聲：《香港基督教教會史》（香港：香港基督教聯會，1936 年）

劉蜀永編：《一枝一葉總關情》（香港：香港大學出版社，1992 年）

廣州地理研究所：《珠江三角洲形成發育演變》（廣州：科學普及出版社，1982 年）

廣東省文史研究館譯：《鴉片戰爭史料選譯》（北京：中華書局，1983 年）

廣東哲學社會科學研究所歷史研究室編：《省港大罷工資料》（廣州：廣東人民出版社，1980 年）

潘亞暾　汪義生：《香港文學概觀》（廈門：鷺江出版社，1993 年）

潘亞暾主編：《台港文學導論》（北京：高等教育出版社，1990 年）

蔣孟引：《第二次鴉片戰爭》（北京：三聯書店，1965 年）

蔣祖緣　方志欽主編：《簡明廣東史》（廣州：廣東人民出版社，1987 年）

鄭宇碩：《變遷中的新界》（香港：大學出版社，1983 年）

鄧小平：《鄧小平文選》（第三卷）（北京：人民出版社，1996 年 7 月）

鄧家宙：《杯渡禪師考》（未刊稿，2015 年）

鄧家宙：〈香港佛教團體應用電子互聯網系統弘教之概況〉（香港：香港亞洲研究學會第十屆研討會發表論文，2015 年 3 月）

鄧家宙 陳覺聰合編：《香港佛教碑銘彙釋（一）：港島、九龍及大嶼山》（香港：香港佛教歷史與文化學會出版，2012 年 6 月）

鄧家宙：《香港佛教史》（香港：中華書局，2015 年）

鄧中夏：《中國職工運動簡史（1919 － 1926）》（香港：文化資料供應社，1978 年）

鄧聰　區家發編：《環珠江口史前文物圖錄》（香港：香港中文大學出版社，1991 年）

魯言：《香港掌故》1、2、5、7、8、10、11、12 集（香港：廣角鏡出版社，1977 － 1991 年）

魯金：《香港廟趣》（香港：次文化堂有限公司，1992 年）

黎晉偉編：《香港百年史》（香港：南中編譯出版社，1941 年）

盧瑋鑾：《香港文縱》（香港：華漢文化事業公司，1987 年）

蕭國健：《香港前代社會》（香港：中華書局，1990 年）

蕭國健：《香港之三大古剎》（香港：顯朝書室，1977 年）

霍啟昌：《香港與近代中國》（香港：商務印書館，1992 年）

龍炳頤：《中國傳統民居建築》（香港：區域市政局，1991 年）

龍炳頤：《香港古今建築》（香港：三聯書店〔香港〕有限公司，1992 年）

謝常青：《香港新文學簡史》（廣州：暨南大學出版社，1990 年）

鍾紫主編：《香港報業春秋》（廣州：廣東人民出版社，1991 年）

聶振光：《香港公務員制度》（香港：中華書局，1991 年）

魏源：《海國圖志》（邵陽：急當務齋本，1880 年）

羅孚：《南斗文星高 —— 香港作家剪影》（香港：天地圖書有限公司，1993 年）

羅香林：《香港與中西文化之交流》（香港：中國學社，1963 年）

羅香林：《一八四二年以前之香港及其對外交通 —— 香港前代史》（香港：中國學社，1959 年）

饒美蛟著：《經營與管理：從西方到東方》（香港：大學出版印務公司，1987 年）

饒餘慶：《走向未來的香港金融》（香港：三聯書店〔香港〕有限公司，1993 年）

顧炎武：《天下郡國利病書》（上海，1901 年）

顧長聲：《從馬禮遜到司徒雷登 —— 來華新教傳教士評傳》（上海：人民出版社，1985 年）

顧炳章：《勘建九龍城砲台全案文牘》（1846 年）

外文著作與文獻

A Statistical Projection of Manpower Requirements and Supply for Hong Kong, Hong Kong: Hong Kong Government, 1990

Abel, Clark, Narrative of a Journey in the Interior of China, London: Longman, Burst, Rees, Orme and Brown, 1818

Annual Report of Radio Hong Kong, 1954-1957

Anonym, The Hong Kong Guide 1893, Hong Kong: Oxford University Press, 1982

Baker, Hugh, A Chinese Lineage Village: Sheung Shui, London: Cass, 1965

Bard, Solomon, Traders of Hong Kong: Some Foreign Merchant Houses, 1841-1899, Hong Kong: Urban Council Hong Kong Museum of History, 1993

Birch, A., etc., (eds.), Research Materials for Hong Kong Studies, Hong Kong: Centre of Asian Studies, University of Hong Kong, 1984

Bloch, Maurice and Parry, Jonathan (eds.), Death and the Regeneration of Life, Cambridge:

Cambridge University Press, 1982

Blumler, Jay G. (ed.), Television and the Public Interest-Vulnerable Values in West European Broadcasting, London :SAGE, 1992

Bonner-Smith, D., Lumby, E. W. R. (eds.), The Second China War 1856-1860, London: The Navy Records Society, 1954

Borget, Aunguste, Sketches of China and the Chinese, London: Tilt and Bogue, 1842

Bristow, Roger, Hong Kong's New town, Hong Kong: Oxford University Press, 1989

Bristow, Roger, Land-use Planning in Hong Kong, Hong Kong: Oxford University Press, 1991

Cell, John W., British Colonial Administration in the Mid-Nineteenth Century: the Policy-Making Process, New Haven & London: Yale University Press, 1970

Chan, Ming K.,"Labour and Empire: The Chinese Labour Movement in the Canton Delta, 1895-1927", PH.D. dissertation, Standord: Stanford University, 1975

Chan, Ming K. (ed.), Precarious Balance: Hong Kong Between China and Britain, 1842-1992, Hong Kong: Hong Kong University Press, 1994

Chan, W. K., The Making of Hong Kong Society - Three Studies of Class Formation in Early Hong Kong, Oxford: Clarendon Press, 1991

Chen, K. Y. Edward , Nyaw, Mee-Kau and Wong, Teresa (eds.), The Industrial and Trade Development of Hong Kong, Hong Kong: Centre of Asian Studies, University of Hong Kong, 1991

Cheng, Joseph Y.S., The Other Hong Kong Report (1990), Hong Kong: The Chinese University of Hong Kong Press, 1990

Cheng, Irene, Clara Ho-tung: A Hong Kong Lady, Her Family and Her Times, Hong Kong: The Chinese University of Hong Kong, 1976

Cheng, K. M., "The Concept of Legitimacy in Educational Policy-making: Alternative Explanations of Two Episodes in Hong Kong," University of London, Institute of Education, Unpublished Ph.D. thesis

Cheng, Tien-hsi, East and West: Episodes in a Sixty-Years' Journey, London: Hutchieon, 1951

Chesneaux, J. (ed.), Popular Movements and Sercret Societies in China, 1840-1950, Stanford: Stanford University Press, 1972

Chiu, Ling-yeong, "The Life and Thought of Sir Ho Kai," PH.D. thesis, Sydney: University of Sydney, 1968

Cho, Gerald, The Life and Times of Sir Ho Kai, Hong Kong: The Chinese University Press, 1981

Choa, G. H., The Life and Times of Sir Ho Kai, Hong Kong: The Chinese University Press, 1987

Coates, Austin, Prelude to Hong Kong, London : Routledge & Kegan Paul, 1966

Collins, Charles, Public Administration in Hong Kong, London & New York: Royal Institute of International Affairs, 1952

Costin, W. C., Great Britain and China, 1833-1860, Oxford: Clarendon Press, 1937

Davis, John F., China, During the War and Since the Peace, Pt. II, London: Longman, Brown, Green and Longmans, 1952

Davis, S. G., Tregear, M., Man Kok Tsui, Hong Kong: Hong Kong University, 1961

De Groot, J. J. M., The Religious System of China, 6 vols., Leiden: Brill, 1892-1910

Des Voeux, William, My Colonial Service, Vol. II, London: John Murray, 1903

Education Policy, Hong Kong: Hong Kong Government, 1965

Eitel, E. J., Europe in China, the History of Hong Kong from the Beginning to the year 1882, Hong Kong: Oxford University Press, 1983; first published, 1895

Ellis, Henry, Journal of Proceedings of the Late Embassy to China, London: Murray, 1817

Empson, Hall, Mapping Hong Kong: a Historical Atlas, Hong Kong: Government Information Services, 1992

Endacott, G. B., A Biographical Sketch-Book of Early Hong Kong, Singapore: Eastern University Press Ltd., 1962

Endacott, G. B., Government and People in Hong Kong 1841-1962, Hong Kong: Hong Kong University Press, 1964

Endacott, G. B., A History of Hong Kong, Hong Kong: Oxford University Press, 1964

Endacott, G. B. & Birch, Alan, Hong Kong Eclipse, Hong Kong: Oxford University Press, 1978

Estimates of Gross Domestic Product 1966 to 1992, Hong Kong: Census and Statistics Department, 1993

Faure, David, The Structure of Chinese Rural Society: Lineage and Village in the Eastern New Territories, Hong Kong, Hong Kong: Oxford University Press, 1986

Faure, David, Hayes, James & Birch, Alan (eds.), From Village to City: Studies in the Traditional Roots of Hong Kong Society, Hong Kong: Centre of Asian Studies, University of Hong Kong, 1984

Featherstone, W. T., The Diocesan Boys School and Orhanage, Hong Kong: Ye Olde Printerie, 1930

Feuchtwang, Stephan, The Imperial Metaphor: Popular Religion in China, London: Routledge Press, 1992

Fieldhouse, D. K., The Colonial Empires: A Comparative Study from the Eighteenth Century, London: Weidenfield & Niedson, 1966; 1st published, 1965

Fok, Kai Cheong, "The Macao Formula: A Study of Chinese Management of Westerners from the Mid-Sixteenth Century to the Opium War Period," Hawaii: Unpublished Ph. D. dissertation, University of Hawaii, 1978

Freedman, Maurice, Chinese Lineage and Society: Fukien and Kwangtung, London:

University of London: The Athlone Press, 1971

Geiger, T. (ed.), Tales of Two City-States: The Development Progress of Hong Kong and Singapore, Washington: National Planning Association, 1973

Grantham, Alexander, Via Parts, from Hong Kong to Hong Kong, Hong Kong: Hong Kong University Press, 1965

Greenberg, Michael, British Trade and the Opening of China, 1800-42, Cambridge, 1951

Hamilton, G. C., Government Departments in Hong Kong 1841-1966, Hong Kong: Government Press, 1967

Harris, Peter, Reflections on Hong Kong, Hong Kong: Heinemann Asia, 1981

Hase, P. H. and Sinn, E. (eds.), Beyond the Metropolis: Villages in Hong Kong, Hong Kong: Joint Publishing (HK) Company Ltd., 1995

Hase, Patrick, "New Territories Poetry and Song," Collected Essays on Various Historical Materials for Hong Kong Studies, Hong Kong: produced by the Hong Kong Museum of History, published by the Urban Council Hong Kong, October 1990

Hayes, James, The Rural Communities of Hong Kong: Studies and Themes, Hong Kong: Oxford University Press, 1983

Ho, Henry, C. Y. and Chau, L. C. (eds.), The Economic System of Hong Kong, Hong Kong: Asian Research Service, 1988

Holt, Edgar, The Opium Wars in China, London: Putnam, 1964

Hong Kong 1986 By Census, "Main Report", Vol. 1

Hong Kong Annual Report, 1975

Hong Kong External Trade, various issues, Hong Kong: Census and Statistics Department

Hong Kong Review of Overseas Trade, various issues, Hong Kong: Census and Statistics Department

Hong Kong Statistics, 1947-1967, Hong Kong: Census and Statistics Department, 1969

Hong Kong Urban Council, Urban Council 1883-1983, Hong Kong: the Urban Council, 1983

Hopkins, Keith (ed.), Hong Kong: The Industrial Colony, Hong Kong: Oxford University Press, 1971

Hornell, W. W., The University of Hong Kong, Its Origin and Growth, Hong Kong: Ye Olde Printerie Ltd., 1925

Hsu, Chung-yueh, The Rise of Modern China, New York: Oxford University Press, 1975

Hunter, William C., The Fan Kwae at Canton Before Treaty Days, 1825-1844, Shanghai: The Oriental Affairs, 1938

Hutcheon, Robin, SCMP: The First Eighty Years, Hong Kong : South China Morning Post Publications, 1983

King, Ambrose Yeo-chi and Lee, Rance P.L. (eds.), Social Life and Development in Hong Kong, Hong Kong: The Chinese University Press, 1988

Lang, Graeme and Ragvald, Lars, The Rise of a Refugee God: Hong Kong's Wong Tai Sin, Hong Kong: Oxford University Press, 1993

Lary, H. B., Imports of Manufactures from Less Developed Countries, New York: Columbia University Press, 1968

Lau, Kwok-Wah, "A Cultural Interpretation of the Popular Cinema of China & Hong Kong, 1981-5," Ph.D. dissertation, Northwestern University, 1989

Lead, J. M. M., Narrative of a Voyage in His Majesty's Late Ship Alceste, London: Murray, 1817

Leavenworth, C. S., The Arrow War with China, London: Low, Marston, 1901

Lee, C. Nehrt, et al. (eds.), Managerial Policy, Strategy and Planning for Southeast Asia, Hong Kong: The Chinese University Press, 1974

Lethbridge, David G., The Business Environment in Hong Kong, Hong Kong: Oxford University Press, 1984

Lethbridge, H. J., Hong Kong: Stability and Change, Hong Kong: Oxford University Press, 1978

Lo, Hsiang-lin,et al., Hong Kong and Its Communications before 1842: The History of Hong Kong Prior to British Arrival, Hong Kong: Institute of Chinese Culture, 1963

Lobscheid, W., A Few Notes on the Extent of Chinese Education and the Government Schools of Hong Kong, Hong Kong: China Mail Office, 1859

Maclehose, M., Governor's Speech, Hong Kong: Hong Kong Hansard, 1972

Marsh, R. M. & Sampson, J. R., Report of Education Commission, 1963

McQuail, Dennis (ed.), Sociology of Mass Communications, Middlesex: Penguin, 1972

Mellor, Bernard, The University of Hong Kong, An Informal History, Hong Kong: Hong Kong University Press, 1980

Miners, Norman, Hong Kong Under Imperial Rule, Hong Kong: Oxford University Press, 1987

Miners, Norman, The Government and Politics of Hong Kong, Hong Kong, Oxford University Press, 5th edition, 1991

Morris, Jan, etc., Architecture of the British Empire, N.Y.: The Vendorne Press, 1986

Morse, H. B., The Chronicles of the East India Company Trading to China 1635-1834, London: Oxford University Press, 1926

Morse, H. B., The International Relations of the Chinese Empire 1834-1860, London: Longmans, Green & Co., 1910

Newcomb, Horale, Television-The Critical View, N.Y.: OUP, 3rd Edition, 1982

Ng Lun, Ngai-ha, Interactions of East and West, Development of Public Education in Early Hong Kong, Hong Kong: Chinese University Press, 1984

Norton-Kyshe, James William, The History of the Laws and Courts of Hong Kong, Vol. I, Hong

Kong: Vetch & Lee, 1971; 1st published, 1898

Osgood, Cornelius, The Chinese-A Study of a Hong Kong Community, Arizona: The University of Arizona Press, 1975

Papers Laid Before the Legislative Council of Hong Kong 1900, Hong Kong: Noronha & Co., Government Printers, 1901

Parliament, Great Britain, Parliamentary Papers: China, Shannon: Irish University Press, 1971

Pomeranantz-Zhang, Linda , Wu Tingfang (1842-1922), Reform and Modernization in Modern Chinese History, Hong Kong: Hong Kong University Press, 1992

Rabushka, Alvin, The Changing Face of Hong Kong; New Departure in Public Policy, Washington, D.C.: American Enterprise Institute for Public Policy Research, 1973

Report of Education Commission 1963, Hong Kong: Hong Kong Government, 1963

Report of the 1880-1882 Education Commission, Hong Kong: Hong Kong Government Printer, 1883

Report of the Committee on Education, Hong Kong: Hong Kong Government Printer, 1902

Restricted: Consultation on the Review of the Hong Kong Planning Standards & Guidelines, Proposed New Chapter, `Design & Development', TPB Paper no. 3041, Hong Kong: Town Planning Board, Mar. 1995

Restricted: Reclamation in the Victoria Harbour, TPB Paper no. 2880, Hong Kong: Town Planning Board, Oct. 1994

Restricted: Town Planning Procedures and Practice, Hong Kong: Town Planning Board, Jul. 1992

Ride, Lindsay, James Legge-A Biographical Note, Hong Kong, 1962

Riedel, James, The Industrialization of Hong Kong, Tubingen: J. C. B. Mohr (Paul Siebeck) , 1974

Rostow, W. W., The Stages of Economic Growth, Cambridge: Cambridge University Press, 1960

Ryan, T. F., The Story of A Hundred Years-The Pontifical Institute of Foreign Mission in Hong Kong, Hong Kong, 1960

Sayer, Geoffrey Robley, Hong Kong: 1841-1862, Birth, Adolescence and Coming of Age, Hong Kong: Hong Kong University Press, 1980

Sayer, Geoffrey Robley, Hong Kong: 1862-1919, Hong Kong: Hong Kong University Press, 1975

Sinn, Elizabeth (ed.), Between East and West-Aspects of Social and Political Development in Hong Kong, Hong Kong: Centre of Asian Studies, University of Hong Kong, 1990

Smith, Carl, Chinese Christians, Elites, Middlemen and the Church in Hong Kong, Hong Kong: Oxford University Press, 1985

Smith, George, A Narrative of an Exploratory Visit to Each of the Consular Cities of China, Hong Kong: reprinted by Cheng Wen Publishing Company, 1972

Stokes, John & Gwenneth, Queen's College: Its History, 1862-1987, Hong Kong: Queen's College Old Boys' Association, 1987

Sweeting, Anthony, Education in Hong Kong, Pre-1841 to 1941, Hong Kong: Hong Kong University Press, 1990

Sweeting, Anthony, A Phoenix Transformed, Hong Kong: Oxford University Press, 1993

Szczepanik, Edward, The Economic Growth of Hong Kong, London: Oxford University Press, 1958

The Administrative Reports (1879-1883, 1908-1930)

The Department of Music, University of Hong Kong, Music 93, Hong Kong: The Department of Music, University of Hong Kong, June 1993

The Hong Kong Annual Reports (1946-1993)

The Hong Kong Blue Books (1844-1939)

Trench, D., Hong Kong 1970 Address by His Excellency the Governor, Hong Kong: Hong Kong Legislative Council, 1970

Ts'ai, Jung-Fang, Hong Kong in Chinese History: Community and Social Unrest in the British Colony 1842-1913, New York: Columbia University Press, 1993

Tsang, Steve, Democracy Shelved: Great Britain, China and Attempts at Constitutional Reform in Hong Kong, Hong Kong: Oxford University Press, 1988

Tsao, Pen-Yeh and Law, Daniel P. L., Studies of Taoist Rituals and Music of Today, Hong Kong: The Society of Ethnomusicological Research of Hong Kong, 1989

Weatherhead, Alfred, Life in Hong Kong 1856-1859 (Type-written Manuscript, kept at the library of the University of Hong Kong)

Welsh, Frank, A History of Hong Kong, London: Harper Collins Publishers, 1993

World Tables, Washington, D.C.: The World Bank, 1983

Wright, Arnold, Twenty Century Impressions of Hong Kong, Shanghai and Other Treaty Ports of China, London: Lloyd's Greater Britain Publishing Co., 1908

Yeh, Anthony Gar-on, Urban Planning Under a Leasehold System, Hong Kong: University of Hong Kong, March 1993

Youngson, A. J., Hong Kong Economic Growth and Policy, Hong Kong: Oxford University Press, 1982

增訂版後記

（一）

2015 年夏天，香港三聯書店決定增訂 1997 年 5 月出版的《香港史新編》（以下簡稱《新編》）。從該年 7 月起工作全面鋪開，到今年 6 月完成，前後花了一年時間。

一部史學著作面世近二十年，雖然時間驗證了它存在的價值，但增訂毫無疑問仍是必要的。其一是作品在現實的檢驗中會有各種回應，包括作品的不足與缺漏；其二是作者的研究不斷加深，對以前的陳述可能會有更新與修訂；其三是新的歷史資料和訊息會不斷被發現而需要增加。

我們在研究增訂計劃的時候，首先考慮的是作品的結構問題。作為一個作品的結構，不僅是涉及作品的表述方式與層次，同時亦涉及它的內部邏輯和外部形態是否與內容相符的問題。第一版《新編》既不是傳統的專題史，也不是傳統的通史或斷代史。全書以香港歷史縱向發展的大脈絡為統領，即從遠古說起，一直延續到當代。而在每一章，都設立一個明確的中心 —— 專題，在具體的敘述方面，仍以時間先後為次序，即用縱和橫二元結合的結構方式來處理。

我們認為用這種結構的原因是基於香港歷史的特殊性。我們既不能忘記香港歷史的本源，又不能忽略香港發展的最重要階段。

香港位於中國南部的邊陲地帶，珠江的出海口，自古就有人類在此活動，而在秦朝就被納入中國的版圖，歷代都在王朝的管治之下。然而，它與內陸一些地區的發展亦有不同，在 19 世紀中葉以前，它並沒有發展為一個矚目的經濟高度發展的區域，而且在歷史上也沒有留下充分，且具延續性的文獻和考古資料，是屬於一個人口流動性極高的地區。換句話說，它在一段相當長的歷史階段，還沒有遇上一個能充分發展的機遇,但是,這並不説明它在漫長的歷史發展中是一片空白,一直處於荒蕪狀態。過去有些人常常把"從一條小漁村變成一個國際大都會"來形容香港歷史的發展,久而久之,就變成了好像是英國人在 19 世紀中葉從天而降,才把香港這個從來都是渺無人煙的荒島,一下子開拓成繁華的國際城市。這實際是一種對歷史的誤解。因此,認識香港古代的歷史,是認識香港社會文化根源的重要基礎。

我們並不否認香港近現代歷史的起點時間是 19 世紀中葉,並且認為近一百多年是香港發展史上最重要時刻。目前香港社會方方面面的東西,無不與這段時期直接相關。所以,除了從歷史的源頭認識香港社會外,我們更需要從近一百多年香港社會的政治、經濟、社會、文化等方面的存在和變化去認識香港,才能獲得一種理性的認知,而不是人云亦云,容易被人蒙騙。

本書內容安排的整體構思是:第一至第三章,從遠古到現代香港社會發展的歷史脈絡,把當代香港社會的"前因"作明確的描述和交待,然後從第四章開始分專題論述社會各個方面的發展。上冊,着重是社會、政治和經濟;下冊,則是教育、文化、宗教和藝術。

當然,本書所安排的章節內容,並不是香港歷史的全部,而只是對香港歷史發展具較重要影響的方面而已。

是次增訂,我們首先堅持上述談及的二元結構性的安排原則不變,並確定了如下兩個主要的修訂原則和具體辦法。

(1)全書敍述時間,上限仍從遠古開始,到 1997 年香港回歸祖國前為下限。各章在內容上根據需要進行訂正、修改和補充。章節方面只增加〈殖民地時代香港的法制與司法〉一章,以使其在涵蓋香港歷史重點內容方面顯得更加完整。並請黃文江教授,為本次增訂撰寫了一份〈香港歷史學術研究中英文論著書目(1997-2015)〉放在附錄,為讀者提供第一版以來有關香港史研究的中、英文著述目錄。

(2)增訂者一般以原作者為主。若因各種緣由(如原作者去世,或因身體原因無法參與、無法聯繫等)才酌量邀請新作者參與。凡遇這種情況,署名方式為原作者加新作者。

(二)

香港史的研究除了讓我們能認識香港地區歷史的發展,明白在特殊的歷史環境下，甚麼成為我們正面的經驗，甚麼是我們的歷史教訓之外，當然，我們也應看到，香港在內地受到各種問題的困擾和衝擊的年代，相反經濟得到發展，那是因為香港在“天時、地利、人和”的多重因素配合下而取的成果，而並不是殖民制度當然的“恩賜”。我們要本著“事實求是”和“以史為鑒”的態度研究香港歷史。知過去而懂現在，懂現在而籌未來，為開拓香港更美好的前景而從事香港歷史的研究。

從學術的角度看，香港研究亦可視作一個有價值的研究課題，把它視為世界殖民時期一個特別的案例進行研究，從而可以更加清楚地看到殖民時代歷史的真實演繹過程，殖民時代退出歷史舞台的時候給我們留下了甚麼。香港是在世界殖民高峰時期被英國通過戰爭、不平等條約，用割讓和租借等手段變成為殖民地的。一方面，香港在英國的管治下社會制度和文化受到西方一定的影響；但另一方面，香港並沒有因為被割讓而中止與祖國的聯繫。我們清楚地看到，通過人口流動，和各種渠道的交往，以及殖民政策中的種族隔離、歧視所得到的相反效果，香港地區在文化上仍然是以中華文化為主體的地區。我們應該看到，香港的經濟起飛是在 20 世紀 70 年代，並不是 19 世紀 30 年代到 20 世紀初的“維多利亞時代”，香港人自身自強不息的努力是成功的重要因素。

另外，香港歷史在近現代進程中構成的複雜性也是非常吸引我們的地方。如我們看到在香港近現代成長的過程中，中華文化的底色如何在各個歷史階段，通過不同的方式滲入社會。它並非以社會政權倡導或行政干預作為後盾，而是在與西方文化接壤的前沿地帶自然凝聚，它並非因陳守舊，而是有所變化和創新，充分說明中華文化對社會變化的適應性和具有的張力。

很值得關注的一點是香港自被英國殖民主義割佔後，並非與中國的社會進程截然脫離，置之度外。我們應非常清楚地看到，無論是民國時期還是後來中華人民共和國建立前後，香港都以特殊的身份和形態被捲入這些社會變革的洪流之中，從人員、物質、精神的參與和支持從不間斷，只要我們翻開香港的歷史報刊，有哪一天沒有內地的報導呢？從歷史的宏觀來看，內地的人民沒有忘記香港，香港人也沒有忘記祖國。在香港回歸以前，香港人早就已經被稱為“同胞”了，這個意味深長的稱呼深刻地表述了內地對香港人的基本態度。我們也可以這樣說，中國今天的成就，絕對少不了香港人的貢獻和努力。這些歷史的進程和事實我們應該永遠記取。

我們應該承認，由於香港曾經離開母體而受到西方殖民的管治，在文化上產生一些不同的因素，這是完全合理和可以理解的。我們應當承認差異，但無論如何，“血濃於水”，兄弟姐妹之間不同的個性應該互相包容，在認同大原則的基礎上，在生活中不斷磨合，而對香港歷史發展進程的確實了解，是分離時代造成隔閡的良性治療劑。

（三）

聚集二十多個各種研究領域的學者、專家寫一本歷史書，特別是他們都有香港的生活體驗，而且絕大部分就是香港人，實在是難能可貴。作為學者，他們具有嚴謹的學風、良好的素養、廣闊的視野和敢言的精神；作為香港人，他們有很深的經歷，對香港社會既有感性又有理性的認識，特別是有對這片土地懷有很深的感情，這是我在參與此書編撰和出版過程中最深的感受。

當然，每一個學者都有自己的研究方法和觀點。我們在整個出版過程中，把專重學者們的學術觀點和看法放在首位，在此基礎上，我們充分考慮結構上的問題，使這本由多人合作而成的史書成為一部內在邏輯性較強的作品。

王賡武教授在本書〈序〉的第一句話就指出"人類和國家的歷史值得反覆書寫"。尤其是一些重要的地區、國家的歷史，它的存在和發展，與世界的進程息息相關，或者可以説它是人類歷史發展的節點，它的歷史內涵更加豐富。香港應該列入它們的行列。

上文曾經提及，香港歷史是當代一個值得特別關注的課題。特別是當今世界風雲變幻，殖民時代過去了，以美英為首的世界霸權時代亦已結束，中國和一些"後進"的國家正在興起，然而，我們不得不處裡過去遺留的歷史問題，一個時代的終結並不是意味著一切的終結。"前事不忘，後事之師"，研究和了解歷史不是為了死去的人而是為了活著的人，為了未來的人。

（四）

是次增訂除眾位作者及編輯人員外，仍有許多在書中不具名的人士及機構，他們為不同章節的增訂提供了寶貴幫助。他們是（排名不分先後，僅按章節順序列）：

香港古物古蹟辦事處，為第一章〈香港考古成果及其啟示〉的部分表格提供了檔案資料；

盧淑櫻小姐，丁新豹教授助手，協助第三章〈歷史的轉折：殖民體系的建立和演進〉的增訂；

吳鼎航先生，龍炳頤教授助教，協助第六章〈香港的城市發展和建築〉的增訂；

張詠藍小姐，澳門理工學院高級技術員，協助第九章〈香港工業發展的歷史軌跡〉的增訂；

大山文化出版社，為第十八章〈香港粵劇藝術的成長和發展〉提供相關圖片；

夏其龍神父，為第二十章〈天主教和基督教在香港的傳播與影響〉提供相關資料。

在此，謹表深切謝意。

鄭德華

2016 年 6 月 30 日